KB269283

블루의 세 가지 빛깔

3 SHADES OF BLUE

3 SHADES OF BLUE
블루의 세 가지 빛깔

MILES DAVIS
JOHN COLTRANE
BILL EVANS
AND THE LOST EMPIRE OF COOL

마일스 데이비스, 존 콜트레인, 빌 에번스
그리고 잃어버린 쿨의 제국

제임스 캐플런 지음

김재성 옮김 | 이기준 감수

『키스 자렛: 즉흥의 상태』의 마무리 작업이 한창이던 지난여름 지인으로부터 연락이 왔다. 아는 출판사에서 재즈 관련 책을 출간하는데 감수와 더불어 추천사를 맡아줄 수 있겠느냐는 요청이었다. 일단 어떤 작업인지 구체적인 내용을 알아본 뒤 결정하겠다고 답을 하면서 출판사에 이메일 주소를 전달해달라고 일렀다.

며칠 후 받은 메일에서 의뢰하는 책의 제목을 보고 반가운 마음이 먼저 들었다. "3 Shades of Blue: Miles Davis, John Coltrane, Bill Evans, and the Lost Empire of Cool." 미국에서 작년에 출간된 이 책을 이미 알고 있었다. 저자 제임스 캐플런은 그의 대표작인 프랭크 시나트라의 전기를 비롯한 여러 책들에서 음악 이론과 역사적 사실을 무게감 있게 다루면서도, 감각적인 스토리텔링을 유지하는 것으로 좋은 평가를 받았다. 서사적 재즈 비평이라는 새로운 형식으로 자신만의 필치를 확장시킨 작가다. 한국에 있는 음악을 사랑하는 독자들에게 그의 책이 소개되는 일에 기꺼이 손을 보태기로 했다.

이 책의 한국어판 제목은 원제를 그대로 옮긴 『블루의 세 가지 빛깔: 마일스 데이비스, 존 콜트레인, 빌 에번스, 그리고 잃어버린 쿨의 제국』이다. 무한한 창조성을 가진 세 인물 마일스 데이비스, 존 콜트레인, 빌 에번스는 불멸의 재즈 거장이라는 면에서는 같지만 제목처럼 각기 다른 '블루'였다.

저자는 이 책에서 시대를 초월한 재즈 앨범 《Kind of Blue》를 중심에 두고 세 인물이 어떤 길을 걸어오다 어떻게 함께 이 앨범을 탄생시켰는지, 또 어떻게 각자의 길로 흩어졌는지를 유려한 글솜씨로 풀어낸다. 수많은 인용과 인터뷰, 참고문헌이 보여주듯 다양한 자료를 바탕으로 여러 이야기와 인물을 능숙하게 연결하면서도 전체적인 큰 흐름을 놓치지 않아 때로는 소설처럼 생생하고 때로는 역사책처럼 묵직하다.

《Kind of Blue》 앨범과 마일스 데이비스의 음악 세계를 이해하기 위해 짚고 넘어가야 할 중요한 사실이 있다. 마일스 데이비스가 《Kind of Blue》를 발표하기 전에 소속되어 있던 프레스티지 레코드는 연주자의 즉흥성을 최대한 존중하는 녹음 방식을 따랐다. 편집을 거의 하지 않았는데, 이는 미학적 신념이자 시간과 예산 부족이라는 현실의 반영이기도 했다.

하지만 컬럼비아 레코드는 달랐다. 당시 수석 프로듀서 조지 아바키언은 새로운 편집 기술인 스플라이싱 기법을 적극 활용해 마일스의 연주를 여러 테이크로 나눈 뒤 가장 좋은 부분만을 정교하게 이어 붙이는 방식으로 음반을 완성했다. 《Sketches of Spain》의 경우, 한 트랙에 열 번이 넘는 편집이 가해질 정도였다.

그럼에도 불구하고 《Kind of Blue》만은 예외였다. 마일스는 '자연스럽고 살아 있는 사운드'를 원했고, 이 앨범의 편집을 일절 허용하지 않았다. 《Kind of Blue》는 '즉흥성'과 '완성도'라는 두 축 사이에서 타협하지 않은 '재즈'로 탄생했다.

이 앨범이 재즈 역사상 최고의 작품 중 하나로 평가받는 이유는 여러 가지로 설명할 수 있겠지만, 본질은 단순하다. 이 앨범에는 조작의 흔적이 없다. (녹음 분위기를 엿볼 수 있는 《Kind of Blue》의 Legacy Edition을 들어보라.)

지금도 여전히 사랑받는 이 앨범이 역설적으로 재즈를 대중과 단절시키는 전환점을 만든 것은 재즈 역사에서 아이러니한 필연이었다. 왜냐하면 1959년 《Kind of Blue》 발매 이후, 재즈는 예술 음악으로서의 면모를 본격적으로 드러내기 시작했기 때문이다. 같은 해에 쏟아져 나온 명반들, 예컨대 찰스 밍거스의 《Mingus Ah Um》(10월), 오넷 콜맨의 《The Shape of Jazz to Come》(11월), 데이브 브루벡의 《Time Out》(12월), 존 콜트레인의 《Giant Steps》(1960년 1월)는 대중적인 재즈가 예술 음악의 영역으로 경계를 넓혔음을 보여주기에 충분했다.

나에게 재즈는 의심의 언어다. 의심이란 믿음과 불신 사이에 떠 있는 마음 상태 혹은 하나의 정신이라고 할 수 있다. 그것은 어느 쪽에도 완전히 속하지 않으면서 양쪽 모두를 품는다. 완전한 믿음도 아니고 완전한 부정, 불신도 아니다.

재즈 또한 그렇다. 재즈는 전통과 혁신, 구조와 자유, 명확함과 모호함, 질서와 혼돈, 확신과 불안 사이에 존재하는 음악이다. 재즈는 그 경계를 넘나들며 숨을 쉬고, 그 불안정함 속에서 생명을 얻는다. 재즈 뮤지션은 악보 위에서 믿음을 가지고 출발하지만, 즉흥 속으로 들어서는 순간 믿음은 의심으로 바뀐다. 그리고 그 의심의 공간에서 비로소 음악이 살아 움직이기 시작한다. 그곳에서 연주자는 더 이상 '연주자'가 아니라 '탐험가'가 된다. 의심 안에서 다른 질서를 발견하고, 그로 인해 완전히 새로운 음악이 탄생한다. 마일스가 그랬고 콜트레인과 빌 에번스가 그러했다.

이 책에 등장하는 예술가들은 재즈라는 의심의 언어를 끝없이 탐험하며 새로운 음악을 창조했고, 때로는 또 다른 자기 자신과 투쟁했으며, 예술가이기에 어쩔 수 없었던 처절한 대가를 지불해야 했다. 이 책은 그 모든 이야기를 정직하게 그려낸다. 재즈를 찬양하며 쌓아 올린 성역을 파괴하고, 즉흥의 미학에 둘러싸여 볼 수 없었던 재즈라는 껍데기 안에 숨겨진 시대와 인간의 균열 그리고 절망의 여정을 낱낱이 드러낸다.

『블루의 세 가지의 빛깔』은 재즈의 황금기 한복판으로 우리를 이끈다. 진부하지 않은, 진심으로 써내려간 재즈 이야기다. 예술가의 불안과 고통, 재즈 세계의 어두운 그림자를 알고 싶은 이들, 재즈를 단순한 음악이 아닌 삶의 결로 이해하려 애써온 이들이라면 이 책이 오랜 기다림 끝에 도착한 반가운 답장이 되어줄 것이다. 또한 재즈 음악을 좋아하는 이들은 물론이고, 재즈가 무엇이었는지 혹은 무엇이 될 수 있었는지를 진지하게 묻는 모든 이들에게도 이 책은 또 하나의 출발점이 되어줄 것이다.

이기준

월리스 로니

그리고 마일스를 추모하며

재즈 밴드의 유일한 어려움은 다음에 뭘 할지
결코 알 수 없다는 것. 하지만 그 음악을 듣는 사람들이
뭘 할지는 언제나 알 수 있답니다. 다 함께 몸을 들썩이며
리듬을 타고 있겠죠.

— 1917년 4월 22일자 몬태나주의 신문 『데일리 미줄리언』에 실린
  오턴 브러더스 레코드점 광고

음악인은 과학자이면서 또 철학자다.

— 레스터 영

정말이지, 나다운 소리를 찾기까지 한참 걸릴 때가 있다.

— 마일스

1 스튜디오에서 《Kind of Blue》 앨범을 녹음 중인 마일스 데이비스. 뉴욕, 1959.

2 스튜디오에서 《Kind of Blue》 앨범을 녹음 중인 존 콜트레인과 마일스 데이비스(배경). 뉴욕, 1959.

3 스튜디오에서 《Kind of Blue》 앨범을 녹음 중인 빌 에번스와 마일스 데이비스와 폴 체임버스(배경).
   뉴욕, 1959.

2

3

So What?

So, What—

is jazz?

일러두기

— 본문의 고딕체는 원서에서 이탤릭체로 강조한 부분이다.
— 단행본·잡지·신문 등은 겹낫표(『 』)로, 기사·단편·영화·뮤지컬·방송 프로그램 등은
  홑낫표(「 」)로, 앨범은 겹화살괄호(《 》)로, 곡은 홑화살괄호(〈 〉)로 묶었다.
— 본문의 각주는 대부분 옮긴이 주이며, 저자의 주는 (저자)로 표시했다. 번호를 붙인 후주는
  원서의 주이다.
— 인지명 등의 외래어 표기는 국립국어원 외래어 표기법을 준용하되 일부 굳어진 표현은
  관용을 따랐다.

재즈?

어떤 재즈를 말하는 거지?

어느 코미디언이 심야 토크쇼에 나와 난감했던 데이트 이야기를 꺼내며 농담했다. 그는 지금껏 여성들에게 들었던 최악의 데이트 계획이 둘 있는데, 각각 두 단어로 이루어져 있었다고 말했다. '미술관 관람' 그리고 '재즈 브런치'.

한 세기 전, 재즈는 흑인 음악이라는 이유로 점잖은 사회에서는 두려움과 비방의 대상이었다. 백인 사회가 흑인성과 관련하여 상상하고 무서워해온 온갖 것들에 순진한 백인 젊은이들이 물들 수 있다는 우려 때문이었다. 그중에서도 가장 큰 두려움은 성적 방종이었다.

오늘날 재즈는 아예 존재감이 없는 건 아니지만 낡았다, 밋밋하다, 이해하기 어렵다 등 가지각색의 이유로 많은 이들에게 외면받는다. 재즈는 전성기가 지났다. 재즈는 틈새다. 재즈는 양치류 화분과 바나나 포스터§와 젊고 똘똘한 웨이터가 있는 레스토랑에서 브런치를 먹으며 듣는 잔잔한 배경 음악이다. 그게 아니라면 요란한 삐걱거

---

§ 미국 뉴올리언스에서 유래한 디저트. 황설탕, 버터 등을 넣어 만든 캐러멜 소스에 바나나를 익혀 아이스크림과 함께 먹는다.

림, 빵빵대는 색소폰 소리, 다시 말해 소음이다.

나에게 재즈는 경이로움이다. 그 자체로 하나의 사명이자 제국이다. 재즈는 19세기 말 뉴올리언스 민속 음악의 잡탕 수프에서 끓어오른 미국 유일의 토착 예술 형식이다. 재즈는 강과 철로와 푸른색 지방도를 따라 오클라호마시티, 캔자스시티, 세인트루이스, 시카고, 뉴욕으로 거침없이 퍼져나갔다. 그 힘에 사로잡힌 젊은 남녀들은, 초반에는 흑인이었고 (곧이어 재빨리 동참한) 백인들은, 재즈를 전례 없는 예술적 표현의 형태로 받아들였다.

천재들이 나타났다. 수많은 천재들이. 버디 볼든, 스콧 조플린, 제임스 리스 유럽, 킹 올리버, 루이 암스트롱, 젤리 롤 모턴, 빅스 바이더벡, 메이미 스미스, 베시 스미스, 제임스 P. 존슨, 유비 블레이크, 윌리 "더 라이언" 스미스, 그리고 또…

이 책의 중심이 될 세 명의 천재는 재즈가 생겨나고도 30~40년이 지난 즈음에 태어났다. 그들은 제2차 세계대전이 끝날 무렵 부상했다. 1920년대, 1930년대, 1940년대 빅밴드들이 점점 사라지고 재즈를 댄스 음악으로 여기던 인식이 희미해지면서 대신 예술 음악, 감상용 음악으로서의 재즈가 자리를 잡기 시작하던 시절이었다.

댄스 음악으로서의 재즈가 죽자 재즈라는 예술은 쪼그라들기 시작했다. 연주하기 어렵고 재즈 뮤지션들조차 적어도 처음에는 이해하기 어렵다는 비밥의 등장과 함께 이미 줄고 있던 재즈 청중은 더심하게 줄어들었다. (그럼에도 비밥의 공동 창시자이자 독보적인 알토 색소폰 주자 찰리 파커가 현악 반주에 스탠더드 발라드를, 참으로 아름다우면서도 어쩌면 대담하다 싶게 연주한 앨범을 내놓자 오히려 청중이 늘어났다.)

하지만 시간과 대중문화가 무자비하게 전진하는 가운데, 숫자는 줄었을지언정 더욱 열렬해진 재즈 청중들에게 비밥은 근본적이고 공명하며 감동을 주고 서정성을 지닌 음악으로 여겨지게 되었다. 비밥에 이어 등장한 재즈는 한층 더 와닿고 서정적으로 보였다. 이 시기의 재즈는 장르의 세분화를 요구하는 이들에게 충분한 설명이 되지 못할 뿐 아니라 오해의 소지마저 있는 이름인 하드 밥으로 알려졌다.

뒤이어 다른 재즈 장르들도 생겨났지만, 솔직히 고백건대 나는 내가 원하고 필요로 하는 재즈의 대부분을 대략 1942년에서 1967년 사이 25년 동안 만들어진 비밥과 하드 밥 안에서 찾는다. 나는 비밥의 또 다른 공동 창시자인 디지 길레스피가 프로듀싱한 음악에서 위대한 예술을 발견한다. 조금 다른 맥락에서 **슈퍼 왕족**으로 불렸던 그는 눈부신 재능과 위엄을 지닌 위대한 사람들과 함께(대부분이 남자고 대부분이 흑인이다) 잇달아 걸작을 만들어냈다.

케케묵지도 밋밋하지도 겁나게 어렵지도 않고, 원초적으로 전율케 하는.

나는 이 책의 핵심 인물인 천재 마일스 데이비스를 마음 깊이 존경한다. 그는 경력 말년에 자신이 열여덟 살부터 서른다섯 살 사이에 (1944년에서 1961년까지) 프로듀싱하고 연주한 서정적인 걸작들로 복귀할 의향이 전혀 없다고 선언하며, 그 음악으로 돌아가는 것은 식어버린 칠면조 고기를 다시 먹는 것이나 매한가지라고 못 박았다. 물론 마일스의 모든 것을 존경하지만, 그럼에도 위대하고 영원히 퇴색하지 않을 이 시기의 음악이야말로 이 책의 맥박이다.

1959년 3월 2일, 아이젠하워 행정부의 끝에서 두 번째 해의 늦은 겨울 월요일. 맨해튼 날씨는 맑고 온화했다. 그날 아침 『뉴욕 타임스』 주요 기사의 헤드라인은 이랬다. 아메리칸 엑스포트 여객선 컨스티튜션호 안개 속에서 유조선과 충돌, 대도시 지역 계속 늘어나는 자동차 이용이 불러온 "출퇴근 대란", 동아프리카 백인 식민지 이주민과 흑인 원주민 간 긴장 고조. 이 마지막 기사는 "아프리카인 대다수가 자치 정부를 갖추기에는 너무나 준비가 부족하다"는 한 영국 은행가의 주장을 인용하고 있다.

지금보다 낡고 고루한 세상이었다. 두 번째 섹션의 첫 번째 페이지에 실린, 젊은 기자 게이 텔리즈가 쓴 "얼빠진 커플 클럽들"에 대한 기사는 교외 생활에 싫증을 느낀 사람들이 색다른 재미를 찾기 위해 뉴욕 시내의 요가 클럽, 야간 법원, 바워리 거리에 있는 식당 등을 방문한다는 내용을 다뤘다.[1] 그리고 섹션 안으로 들어가 이른바 공연면을 보면 신문사 소속 재즈 비평가 존 S. 윌슨이 쓴 텔로니어스 멍크의 타운 홀 공연 평론이 나온다. "그는 명백한 불확실성을 고상하고 세련된 예술로 끌어올렸다. ⋯ 그는 매 공연마다 새롭고도 도발적인 경험을 준다."[2]

뒷장으로 넘어가면 해운 뉴스와 일반 날씨 사이에 헤로인 과다 복용으로 인한 사망을 전하는 단신이 묻혀 있다.³ 마약 소지 혐의로 체포되어 여자 교도소에 구금 중이던 로절런드 오언스의 소식이다. 주소지는 할렘의 8번로 2492번지, 나이는 서른 살이었다. 무명에다 아마도 흑인 여성일, 『뉴욕 타임스』 독자들에게는 전혀 중요치 않은 누군가의 죽음이었다. 그러나 그로부터 넉 달 뒤, 재즈 역사에 있어 중대한 해의 어느 날, 로절런드 오언스와 같은 병에 시달리던 또 한 명의 흑인 여성이 세상을 떠났다. 본명인 엘레노어 페이건보다 빌리 홀리데이라는 예명으로 세상에 더 잘 알려진 그녀는 마흔넷의 나이에 할렘 병원 침상에서 수갑이 채워진 채 사망했다.

『뉴욕 타임스』 기사 속 사진에 포착된 맨해셋의 얼빠진 커플 클럽은 부유해 보이고 자기만족이 묻어나는 유쾌한 표정을 짓고 있다. 그들이 바워리의 슬럼가 탐방을 소수 민족 식당 방문 너머까지 확장했다면, 쿠퍼 스퀘어 5번지에 위치한 파이브 스폿 카페의 아늑하고 연기 자욱하고 어수선한 좁은 공간에 발을 들여놓았을 수도 있으리라. 미군 출신의 이탈리아계 미국인 형제 조 터미니와 이기 터미니가 공동 운영하는 이곳은 지난 3년 동안 당대 최고의 재즈 뮤지션들을 섭외해왔다. 그중에는 세실 테일러, 캐넌볼 애덜리, 그리고 가장 눈에 띄는 이름인 텔로니어스 멍크가 포함되어 있었다. 1951년 마약 단속 중 경찰의 판단 실수로 멍크는 뉴욕시 카바레 카드를 압수당하면서 술을 파는 클럽에서 공연할 권리도 잃었다. 뉴욕시 카바레 카드는 경찰이 마약 사용을 억제하기 위해 발급한 (법적으로나 현실적으로 미심쩍은) 조건부 신분증이었다. 터미니 형제는 그런 그가 6년 만에 카드를 되찾도록 도와주었다.

담배와 마리화나 향, 찌든 맥주 냄새가 섞여 퍼지는 이 작고 어두운 살롱에서(진 한 잔이 50센트, 맥주 피처가 1달러였다) 맨해셋의 얼빠진 커플 클럽은 (알아보지 못했을 것이 거의 확실하지만) 빌럼 더코닝, 조앤 미첼, 마크 로스코 같은 화가들, 잭 케루악, 앨런 긴즈버그, 프랭크 오하라 같은 작가들, 그리고 마일스 데이비스, 존 콜트레인, 빌 에번스 같은 젊은 재즈 거인들로 이루어진 파이브 스폿의 단골들과 어깨를 맞대고 앉아 있었을지도 모른다.

파이브 스폿은 월요일에 문을 닫았지만 그 3월의 월요일에는 데이비스, 콜트레인, 에번스에게 어차피 다른 일이 있었다. 마일스의 주도하에 컬럼비아 레코드의 30번가 스튜디오에 색소폰 주자 캐넌볼 애덜리, 베이스 주자 폴 체임버스, 드럼 주자 지미 코브가 모였다. 역사상 가장 많이 팔리고 가장 많이 사랑받았음이 거의 분명한 재즈 앨범 《Kind of Blue》를 만들기 시작했던 것이다. 3월 2일과 4월 22일. 첫날에 세 곡을 녹음했고(〈So What〉 〈Freddie Freeloader〉 〈Blue in Green〉), 둘째 날 두 곡을 녹음했다(〈All Blues〉 〈Flamenco Sketches〉). 〈Flamenco Sketches〉 한 곡만 빼고 앨범에 실린 연주는 모두 첫 번째 테이크였다. 에번스가 LP의 라이너 노트에 썼듯, 이 과정은 팽팽하게 펼친 얇은 종이 위에 수묵으로 자연을 따르듯 중단 없이 그려나가는 일본 전통 미술과 비슷했다. 마일스가 중시한 즉흥성의 이상이 실현된 결과였다.

이렇게 나온 음반의 고요하고 불가사의한 위엄은 재즈의 전형을 보여주는 동시에 장르를 초월한다. 그 강력하고 영속적인 신비로 인해 이 앨범은 재즈, 록, 클래식, 랩 등 모든 장르의 뮤지션과 음악 애호가들에게 널리 사랑받는다. 이 책은 서양 음악의 최고 고전 중 하나를 만들기 위해 힘을 합쳤던 세 명의 천재에 대한, 즉 이들이 어느 날 세상에 두각을 나타내고, 마치 광막한 우주의 입자들이 우연히 충돌하듯 한자리에 모여 찬란한 빛을 발하더니, 그 후 각자의 길로 흩어져 저마다 불멸의 재즈 거장이 된 과정을 되밟아보는 이야기다.

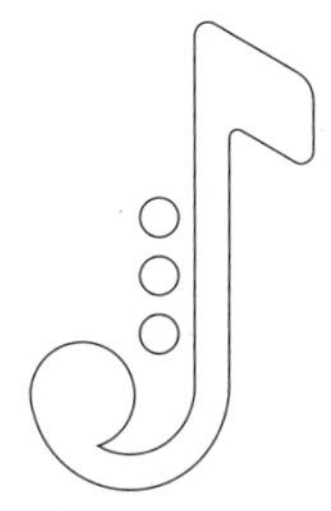

1

파란

트럼펫

Miles Davis

정확히 30년 후인 1989년 3월, 나는 두근거리는 가슴을 안고 센트럴 파크 사우스에 위치한 에식스 하우스의 엘리베이터에 올라 14층으로 향했다. 마일스 데이비스를 인터뷰하기 위해서였다. 퀸시 트루프와 마일스가 공동 집필한 마일스의 회고록이 곧 출간될 예정이었는데, 『배니티 페어』의 편집자가 회고록의 발췌글에 덧붙일 이 전설적인 트럼펫 주자의 인물 특집 기사를 써줄 사람을 찾고 있었다. 마침 잡지 편집자인 내 남동생이 그와 아는 사이여서 내가 운 좋게 이 일을 맡게 된 터였다. 『배니티 페어』 편집자는 반드시 재즈를 아는 사람이어야 한다는 조건을 걸었다고 했다. 동생 피터 W. 캐플런은 그에게 내가 재즈를 그저 아는 정도가 아니라 재즈의 모든 것을 안다고 말했다.

완곡히 표현해도 그건 과장이었다. 나는 재즈를 **좋아했다**. 그것도 내가 아는 범위 안에서 굉장히 좋아했다. LP에서 CD로 옮겨가기 시작한 내 음반 컬렉션은 록과 블루스 위주에 클래식과 재즈가 조금 곁들여져 있었다. 나는 내 귀를 훈련시키는 중이었는데(지금도 마찬가지다) 그때나 지금이나 과정이 길고 더디다. 나는 마일스 데이비스가 그 분야의 거장이라는 것을 알았다. 또 그가 1940년대에 찰리 파커와 함께 연주했다는 것을 알았다. 뭐 그런 정도였다. 나는 마일스의 앨범을 딱 두 장 갖고 있었다. 하나는 친구의 기숙사에서 듣고 은은하게 아름다워서 샀던 1969년작 《Filles de Kilimanjaro》, 다른 하나는 발매 당시 어쩐지 안 사면 안 될 것 같아서 샀던 어둡고 섬뜩한 1970년작 《Bitches Brew》였다.

재즈의 모든 것을 알기는 뭘 아냐고 툴툴거리는 나를 동생이 저지했다. 이건 『배니티 페어』라고. 답답한 소리 그만하라는 투로 동생이 말했다.

나는 동생의 말을 알아들었다. 전설이 되어가는 중이던 티나 브라운이 이끄는 이 잡지는 그 시절 누구나 기고하고 싶어 하는 최고의 지면이었다. 게다가 나는 아내와 젖먹이 아들이 있는 가장이자, 웨스트체스터에 대출 낀 집을 소유한 채무자였다. 그런 나에게 『배니티 페어』에 발을 들일 수 있다는 건 정말 탐나는 기회가 아닐 수 없었다. 마음에 드는 필자에게는 두둑한 계약금을 준다는 소문도 들려왔다.

나는 동생의 지인인 편집자에게 전화를 걸어 놀랍게도 나의 재즈 식견에 대한 논의는 사실상 거의 없이 일을 따냈다. 그런 뒤 곧장 타워 레코드로 가서 들을 시간이 있을지 없을지 고려도 하지 않고 매장에 있는 마일스 데이비스 CD를 전부 샀다. 이어 마일스의 홍보 담당자에게 전화를 걸어 당당히 『배니티 페어』 기자라고 밝혔다.

에식스 하우스의 엘리베이터 안에서 홍보 담당자와 나란히 섰을 때 비로소 이 사기 행각의 무게가 내 어깨를 제대로 짓눌러오기 시작했다. 나는 아무도 아니었다! 나는 아무것도 몰랐다! 구글도 위키피디아도 없던 시절이라 단박에 스스로를 권위자로 내세울 쉬운 길도 없었다. 홍보 담당자가 보내준 마일스의 회고록 견본을 훑어보면서

그 분량에서부터 압도되었다. 책 전반에 깔려 있는 어둡고 분노에 찬 분위기, 거의 또는 생판 모르는 수많은 재즈 뮤지션들의 이름은 말할 것도 없었다. 내가 작성한 질문 목록은 너무나 짧고 얕팍했다. 일단 대화의 흐름이 형성되면 자연스레 이어서 떠오르는 질문이 있지 않겠나 하고 안이하게 기대했다. 배낭에는 크기와 무게가 두꺼운 대학 교재만 한 소련 스타일의 라디오 섀크 카세트 녹음기와(C형 건전지가 다섯 개나 들어간다), 여분의 건전지, 공테이프 대여섯 개까지 들어 있었다. 어깨가 무거울 수밖에. 홍보 담당자는 한 시간짜리 단 한 번의 인터뷰만 허용했다. 한 시간 만에 필요한 모든 것을 어떻게 얻어낼 수 있단 말인가. 그나저나 필요한 게 뭔지는 알기나 하고?

나는 마이크 타이슨이 했다고 전해지는 (여러 버전의) 그 유명한 말을 생각해보곤 한다. **누구에게나 계획은 있다. 주둥이를 얻어터지기 전까지는.** 모든 인터뷰는 이를테면 주둥이를 얻어터지는 종류의 경험이다. 대화를 나눌 상대에 대한 나름의 예상을 갖고 들어가지만 막상 전혀 다른 사람을 마주하게 되고 그렇게 모든 예측이 날아가버린다. 현명한 인터뷰 진행자는 예기치 않은 상황에도 유연하게 대처하는 법을 안다. 몸을 낮추고 상대의 공격을 요리조리 피하며 즉흥적으로 대응한다. 그러나 당시의 나는 현명과는 거리가 멀었다. 게다가 마일스 데이비스의 아파트에 도착했을 무렵 나는 완전히 겁에 질려 있었다. 문을 열고 나오는 그는 체구는 작지만 강렬한 존재감을 풍겼다. 번뜩이는 검은 눈, 웃통은 벗은 검은색 잠옷 바지 차림, 화려한 가발처럼 보이는 갈색 곱슬머리.

우리는 자리에 앉아 이야기를 시작했다. 그가 말했다. "자, 뭘 **알고 싶지?**"[1]

내가 뭘 알았을까? 아무것도 몰랐다. 뭘 알고 싶었을까? 전부 다였다.

　　　　　하지만 마일스 데이비스는 전부 다 말해주지 않을 터였다. 나에게 할당된 한 시간 동안 전부 다의 1퍼센트의 1퍼센트도 말해줄 수 없었다. 다만 그 한 시간이 거의 두 시간이 되었고, 인터뷰가 끝날 무렵에 내가 시간을 더 내어줄 수 있을지 소심하게 묻자, "내일 다시 오게" 하고 쉰소리로 대답해주기는 했다.

이튿날 나는 당연히 다시 갔다. 이번에는 홍보 담당자 없이 혼자였다. 두 번째 인터뷰도 첫 번째와 대체로 비슷하게 흘러갔다. 대화는 서로 무관한 주제들에 관해 마일스가 내뱉은 말의 조각들로 가득했다. 이를테면 자신의 미술 작품에 대한 추가 논의, 나로서는 이해할 방도가 없는 사안들과 사람들에 대한 이야기, 나의 재즈 질문에 대한 종잡을 수 없는 간결한 대답 등. 세 시간에 걸친 인터뷰에도 불구하고 마일스에게서 쓸 만한 정보를 끌어내지 못할 거라는, 특히나 상상컨대 『배니티 페어』의 신적인 수준을 충족시킬 기사를 쓰기에는 턱없이 부족할 거라는 불길한 예감이 들었다.

그러나 1989년 『배니티 페어』의 음악 관련 수준은 전혀 신적이지 않았다. 아니, 음악은 아예 핵심이 못 되었다. 잡지는 유명 인사, 스타일, 핫 이슈, 추문 따위에만 관심이 있을 뿐이었고 마일스에 대해서라면 상당히 선정적인 회고록으로 이미 그런 걸 충분히 확보하고 있었다. 명사, 우상이라는 그의 사회적 지위는 뮤지션으로서의 위상과 항상 경쟁해왔다. 그것은 그가 원했던, 아니 설계했던 대로였다. 1945년 줄리아드를 중퇴하고 찰리 파커의 밴드에 들어간 순간부터

그는 적극적으로 자신의 이미지를 구축해갔다. 마일스 데이비스는 청각은 물론 시각까지 사로잡는 인물이었다. 그에게는 활용 가능한 자원이 많았다. 문자 그대로나 비유적으로나 아름답고 검었다. 화가 많고 다혈질이었다. 1950년대와 1960년대 초반에 즐겨 입었던 아이비리그 스타일 맞춤 정장이든 1980년대 중후반의 우주복 같은 의상이든 상관없이 언제나 스타일이 좋았다. 그는 백인 세계가 '검둥이' 연예인에게 기대한(또는 요구한) 모습, 그리고 때로 연예인들이 분명 마음속 쓸쓸한 분노를 억누르며 보여주었던 아첨의 기색이라고는 일절 없었던 흑인 남성이었다. 그는 무대 위에서 선글라스를 꼈다. 연주할 곡의 제목을 알리지 않았다. 사실 말 자체를 안 했다. 연주 중에도 연주에서 빠져 있을 때도 관객을 등진 것은 잘 알려진 사실이다.

이것이 유명 인사로서의 마일스 데이비스였다. 1989년 뮤지션으로서의 마일스라는 질문은 그보다 복잡한 문제였다. 그의 음악 인생은 처음부터 잠시도 가만있지 못하는 변신의 연속이었는데 그것은 협업자, 스타일, 연인과 친구에 있어서도 마찬가지였다. 줄리아드로부터 버드§, 《Birth of the Cool》, 블루 노트와 프레스티지의 앨범들, 헤로인 중독이라는 지옥으로 추락, 중독에서 벗어나 1955년 뉴포트에서 당당히 컴백하여 음반 업계의 롤스로이스인 컬럼비아와 계약, 최초의 위대한 5중주단(마일스, 존 콜트레인, 폴 체임버스, 레드 갈런드, 필리 조 존스) 결성, 갈런드를 빌 에번스로 교체, 에번스와의 결별, 그리고 《Kind of Blue》를 위해 그를 다시 데려온 것까지.

---

§ 찰리 파커.

《Kind of Blue》이후 데이비스는 끝없이 진화했다. 먼저 앨범의 6중주단에서 에번스가 빠졌다. 본인의 3중주단을 이끌기 위해서였는데 그는 평생 이 형태를 고수했다. 이어서 콜트레인이 빠졌다. 그는 스스로의 힘으로 독립적인 리더이자 예술의 선구자가 되었다. 그리고 1960년대 초, 마일스는 색소폰 주자 웨인 쇼터, 피아노 주자 허비 행콕, 드럼 주자 토니 윌리엄스, 베이스 주자 론 카터로 이루어진 두 번째 위대한 5중주단을 조직했다. 1960년대 말에는 어쿠스틱 재즈를 완전히 버리고 재즈와 록의 편안하고도 불편한 융합으로 옮겨 갔다. 재즈 순혈주의자들에게 실망을 안겨준 이 변화는 훗날 퓨전으로 알려지게 된다. 그러다 1975년, 수많은 건강 문제와 중독에 시달리다 아예 음악을 떠나 1981년까지 돌아오지 않았다.

청중과 음반 구매자들은 그의 귀환을 환영했지만, 재즈의 열혈 문지기들은 그의 스타일상의 일탈과 상업적 야심에 여전히 조바심 쳤다. 《Bitches Brew》이래로 재즈 순혈주의자들은 마일스가 노골적인 상업주의로 기울고 있다며 성토해온 터였고 그의 일거수일투족에는 언제나 날카로운 비난이 따라붙었다. 그의 1985년 컬럼비아 앨범 《You're Under Arrest》에는 창작곡 외에도 엄청난 히트를 기록한 팝송 두 곡의 리메이크가 포함되어 있었다. 신디 로퍼와 로브 하이먼의 〈Time After Time〉과 마이클 잭슨의 초대박 앨범 《Thriller》에 수록된 존 베티스와 스티브 포카로의 〈Human Nature〉였다. 잡지 『롤링스톤』은 《You're Under Arrest》앨범에 대해 확실히 엇갈린 평가를 내렸으며, 이 앨범이 재즈계에서 "즉각적 악명"을 얻었다고 언급했다.

마일스가 자신의 "기름 부음을 받은 후계자이자 같은 레이블 소속 동료 아티스트" 윈턴 마살리스와 불가피하게 비교된다는 사실도 상황을 악화시켰다.[2] 《You're Under Arrest》 발매 당시 겨우 스물셋의 나이에 이미 세계적으로 유명했던 마살리스는 재즈 순혈주의의 대표 격인 인물이었다. 뉴올리언스의 뛰어난 재즈 가문 출신에 놀랍도록 뛰어난 재능을 지닌 트럼펫 주자 마살리스는 1970년대 후반에 음악계에 등장하자마자 단숨에 주목을 받았다. 여기에는 재즈뿐만 아니라 클래식 트럼펫 레퍼토리까지 섭렵한 연주 실력은 물론 당대 재즈계, 특히 그가 한때 우상으로 삼았던 마일스 데이비스에 대한 거침없는 비판도 한몫했다.

이 젊은 트럼펫 주자는 자기주장이 강했고 그것을 대단히 재치 있게 표현할 줄 알았다. 처음부터 불화의 낌새를 눈치 챈 음악 매체들은 마살리스가 마일스에 대해 쏟아낸 불만에(마일스가 무대에서 입기 시작한 괴상한 의상을 "드레스"라 부르며 비판했을 정도다) 아낌없이 지면을 할애했다. 두 사람의 첫 대면에서 마일스는 "오, 경찰이 납셨군" 하고 말했다.[3]

한편 데이비스와 마살리스가 소속된 음반 레이블인 컬럼비아의 재즈 A&R(아티스트 및 레퍼토리) 담당 부사장 조지 버틀러는 유망한 신인에게 너그러운 축복을 내려줄 수 있도록 막후에서 데이비스를 열심히 달랬으나 별 효과가 없었다.

"조지는 윈턴 마살리스와 [나를] 계속 친구로 만들려 했다네." 마일스가 내게 말했다. "한번은 내가 스케치를 하고 있는데 갑자기 전화벨이 울려. 시슬리 [타이슨]이 받아서는 조지라고 알려주더군."

"내가 '용건이 뭐래? 그냥 자기한테 말하라고 해' 했더니 조지가 안 된다고 한다는 거야. 그래서 수화기를 받아 물었지, '조지, 뭔데요?'"

"그러니까 '윈턴에게 전화 좀 하지 그래요?' 이러는 거야."

"내가 '왜요?' 했더니."

"'윈턴 생일이거든요. 지금 세인트루이스에 있어요'라는 거야."

"내 대답이 뭐겠어. '어휴, **조지**—'"

내가 소리 내어 웃었다.

"봐, 당신 웃지." 마일스가 말했다. "그런데 막상 자기한테 이따위 일이 생기면 **뭐야?** 이렇게 된다고. 윈턴하고 만나서 음악 이야기를 했을 때 윈턴은 클래식 연주가 질린다고 하더구만. 내가 말해줬지. '그래도 우리 흑인 중에 클래식을 하는 건 자네뿐이잖아. 그것도 아주 **훌륭하게**.'"[4]

이것이 마일스가 마살리스에 대해 내게 **해준** 말이다. 그러나 본인 또한 그에 맞서 여러 공개 석상에서 무차별적 비판을 퍼부었다. 특히 마살리스가 1982년 최초의 바로크 협주곡 앨범을 발표한 이후에 했던 말을 자주 되풀이했다(그는 이 말을 자서전에도 기록함으로써 후세에 길이길이 남겼다). "쟤네가 윈턴에게 오래전에 죽은 유럽 사람의 음악을 연주하게 시켰군."

그리고 1986년 사건이 발생했다.

♩ ♩ ♩

제1회 밴쿠버 재즈 페스티벌에서 벌어진 이 사건은 실로 여러 해 만에 재즈계에 찾아온 가장 흥미진진한 일이었다. 이 일로 인해 미국 대중문화 전반에서 오랫동안 소수 취향의 장르로 축소되어 있던 재

즈가 모처럼 주목을 받게 되었고, 곧 전설처럼 회자되며 퍼져나갔다. 예순의 노쇠한 데이비스와 스물네 살의 마살리스가 실제 몸싸움 직전까지 갔다는 말도 있다. 윈턴은 2015년에 그날을 돌아보며 그게 다 페스티벌에서 함께 공연한 세 뮤지션, 즉 드럼 주자 제프 "테인" 워츠, 베이스 주자 로버트 허스트, 피아노 주자 마커스 로버츠의 부채질에서 시작된 일이라고 설명했다.[5]

마살리스의 회상에 따르자면, 넷이 탄 차가 밴쿠버에 거의 다다랐을 무렵 로버츠와 워츠와 허스트가 마살리스를 놀리기 시작했다. 마일스가 윈턴과 뉴올리언스 재즈계에서 왕족 대접을 받는 그의 음악 가문에 대해 언론에 대고 내뱉은 폄하 발언을 두고서였다(아버지 엘리스 마살리스 주니어와 그의 세 형제 브랜퍼드, 델피요, 제이슨 모두가 이름난 재즈 뮤지션이었다). 대체 얼마나 더 견딜 참인데? 그들이 짓궂게 물었다. 왜소하고 늙어빠진 마일스가 무서워? 마침 오늘 밤에 데이비스 공연이 있지. 우리는 없고. 그들이 부추겼다. 트럼펫을 들고 무대로 올라가서 마일스 공연에 확 끼어들어버려, 어때?

마일스를 너무나 존경하기 때문에 그럴 수는 없다고 윈턴이 진지하게 대답하자 그들은 웃음을 터뜨리면서 거물과 맞붙기가 겁이 나는 거 아니냐며 장난삼아 내기를 걸기 시작했다. 마살리스가 따라 웃는 가운데 점점 판돈이 올라갔다. 마침내 두당 100달러에 도달하면서 동료들의 내기가 자못 진지해지자 윈턴은 하겠노라고 선언했다. 그리고 실제로 그렇게 했다.

통신사 보도는 다음과 같다.

윈턴 마살리스가 모두를, 특히 마일스 데이비스를 경악시켰다. 데이비스와 그의 밴드가 블루스 곡을 한창 연주하는 도중에 초대받지 않은 채 예고도 없이 트럼펫을 들고 무대 위로 올라온 것이다. 신예 마샬리스가 노장 데이비스에 다가갔지만 마일스는 고개를 저어 부정적인 의사를 전했다. 하지만 마샬리스는 내려가기는커녕 마이크 앞으로 가 연주를 시작했고 급기야 데이비스가 연주를 중단했다. 언제나 데이비스를 존경해온 마샬리스는 겸연쩍어하며 무대에서 내려왔다. "그가 왜 올라왔는지 모르겠습니다." 마일스가 말했다. "우리는 할 것들이 정해져 있었고, 모든 걸 시간에 맞춰 진행했습니다. 즉흥 공연을 하고 싶으면 클럽에 가면 되지 않나요? 만약 내가 그렇게 했다면 어땠을지 궁금하군요."[6]

마일스가 자서전에서 회고하기를, 당시 그와 그의 밴드는 입석만 남았을 정도로 청중이 꽉 들어찬 야외 원형 극장에서 연주하고 있었다. 음악에 몰입해 있던 마일스는 문득 곁에서 누군가의 기척을 느꼈고, 관객들이 술렁이는 모습이 눈에 들어왔다. 무대 위 마일스 바로 옆에 선 마샬리스가 그의 귀에 대고 소곤거렸다. "나더러 올라가라고 그래서요."

마일스는 격분했다. "당장 무대에서 내려가"라고 쏘아붙이자 마샬리스는 충격을 받은 얼굴이었다.[7] "제기랄, 여기 왜 올라온 거야?" 데이비스가 다시 말했다. "당장 꺼지라고!"

마일스는 밴드의 연주를 중단시킨 이유에 대해 이렇게 적었다. 마샬리스는 "어울리지 않았을 것이다. 윈턴은 우리가 하던 그런 음악을 연주하지 못한다."[8]

마샬리스는 데이비스가 오르간을 연주할 때 무대에 올라갔다고,

음악 소리가 너무 커서 마일스가 하는 말이 하나도 들리지 않았다고 주장했다. 밴드가 연주를 멈추자, 원턴의 기억에 따르면, 마일스가 그에게 몇 마디를 했으나 "제기랄" 같은 소리는 포함되어 있지 않았다. 그리고 비록 데이비스가 신체적으로 쇠약하긴 했지만 왕년에 복싱을 배웠다는 걸 떠올리며 원턴은 그의 손을 유심히 바라보았다. 어떤 식으로든 몸싸움이 벌어진다면 자신, 즉 원턴이 이기겠지만 본인이 약자를 괴롭히는 깡패쯤으로 보이는 결말로 이어질 거라는 확신이 들었다고 그는 회고했다.

실제로 일어난 일에 비해, 그와 그의 밴드가 상상했던 것에 비해 이야기가 엄청나게 부풀려져 전해졌다고 마살리스는 말했다. 그리고 판돈 300달러를 받지도 않았다고 덧붙였다.[9]

이 사건을 기억하는 또 다른 사람의 이야기도 들어볼 필요가 있다. 마일스의 친구이자 유일하게 공식 제자로 인정받은 트럼펫 주자 월리스 로니가 그날 밤 객석에 있었다. 로니는 드럼 주자 토니 윌리엄스 그룹의 일원으로 페스티벌 공연에 참여했다. "원턴이 무대로 걸어갔어요. 마일스가 막 솔로를 시작하던 참이었죠." 로니가 내게 말했다. "원턴이 무대에 올라가서 '함께 연주해도 될까요?'라고 말하자 마일스가 '뭐?'라고 했죠. 일단 마일스가 등을 돌린 채 서 있었고, 원턴이 다시 말했어요. '함께 연주하고 싶어요. 혹시 우리 밴드에 합석하고 싶다면 언제든 환영합니다.' 마일스는 '아니, 아니야. 무대에서 내려가'라고 했어요. 그런데 원턴이 내려가지 않고 버티고 서서 솔로를 시작한 거죠. 꼭 들어보세요. 사실 마일스와 원턴의 연주는 차이가 크거든요. 블루스 한 코러스§가 끝나자 마일스가 연주를 중단했어요. 사람들이 마일스에게 야유를 보내자 마일스가 말했죠. '제기랄,

내 무대에서 꺼지란 말이야, 이 개자식아.' 실제 그렇게 말했어요. 윈턴이 맞받아쳤죠. '엿이나 드셔.' 그러고는 무대에서 내려갔어요."

"이제 와서 윈턴이 자기는 그럴 마음이 없었는데 밴드가 [시켰다고 하잖아요], 그건 그냥 다, 그러니까, 헛소리예요."[10]

진실은 여러 사람들의 이야기가 뒤섞인 어느 지점에 있을 테지만 우리가 잊지 말아야 할 사실이 하나 있다. 연주자의 무대 난입, 그러니까 다른 사람이 연주하는 도중에 갑자기 무대에 뛰어올라 주인공을 압도하거나 "커트cut"하는 행동은 재즈의 오랜 전통이자 반쯤은 명예로운 행위로 여겨진다. 마일스 자신도 젊은 시절 그랬던 적이 있고, 재즈 전통주의의 최고봉인 윈턴 마살리스 역시 분명 잘 알고 있었다.

월리스 로니는 마일스 데이비스에 대한 논의며 사고와 관련하여 독특한 관점을 제시했다. 1960년 필라델피아에서 태어난 그는 네 살에 이미 절대음감을 지녔다고 알려진 음악 신동이었다. 로니가 어렸을 때 그의 아버지—역시 월리스라는 이름의 열렬한 재즈 팬—는 일종의 블라인드 테스트를 하며 아들의 재능을 친구들에게 과시하곤 했다. 음반을 틀어놓고 로니에게 연주자가 누구인지 알아맞히게 했던 것이다.

"'트럼펫 연주자, 누군지 알겠니? 꼬마 월리?'

아버지가 물으면 나는 유심히 듣고 '블루 미첼이요' 하고 대답했

---

§ 하나의 곡 구조를 처음부터 끝까지 한 번 연주하는 것. 예를 들어 12마디 블루스라면 12마디 한 번 연주가 한 코러스가 된다.

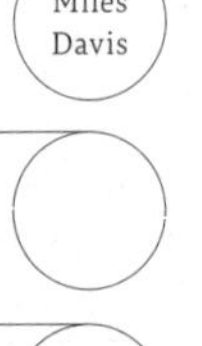

죠."

"'그럼 색소폰은, 월리? 존 콜트레인일까?'

그러면 내가 들어본 다음 대답해요. '음이 많지도 않고 블루스 색채가 있으니까… 행크 모블리일 거예요. 콜트레인은 아니에요.'" 로니는 아버지의 퀴즈를 떠올리며 함박웃음을 짓더니 덧붙였다. "콜트레인 연주에는 **댄스**가 녹아 있거든요, 그렇게 생각해요."

2019년 봄, 우리는 뉴저지주 클리프턴에 있는 이 트럼펫 주자의 작은 집, 그 어수선한 거실에 마주앉아 있었다. 공교롭게도 내가 마일스와 처음 만난 날로부터 정확히 30년이 지난 바로 그날이었다. 걸걸한 목소리에 배가 불룩 나온 로니는 우리가 이야기를 나누는 동안 바닥에 놓인 2리터짜리 과일 주스 병을 들어 틈틈이 마셨다. 당뇨가 있는 모양이었다. 당시에는 몰랐지만 그때 월리스 로니에게 허락된 시간은 1년도 채 되지 않았다. 로니는 2020년 3월에 코로나 19 관련 질병으로 세상을 떠나게 된다. 그는 뛰어난 실력을 지녔지만 과소평가된 뮤지션이었다. 날카로운 분석가였고, 다정하고 따뜻하고 너그러운 사람이었다. 또한 장르를 불문하고 마일스 데이비스의 사사를 받았다고 자신 있게 말할 수 있는 유일한 뮤지션이었다.

여섯 살에 트럼펫 연주를 시작한 로니는 필라델피아의 세틀먼트 음악학교에 장학생으로 입학하여 저명한 스승이자 필라델피아 오케스트라의 트럼펫 주자인 시그먼드 헤링을 사사했다. 열두 살에는 클래식 합주단인 필라델피아 브라스 앙상블에 최연소 멤버로 입단했다. 그러나 그의 진짜 열정은 재즈에 있었다. "마일스 데이비스! 콜트레인! 허비 행콕! 아트 블레이키! 버드 파월! 세상에, 멍크! 세 살에 이미 완전히 빠져버렸던 거예요. 열두 살에는 할머니에게 용돈을 달라고 졸라 마일스와 리 모건의 신보를 사들였죠."

부모님이 이혼하자 로니는 아버지를 따라 워싱턴 D. C.로 이사하여 듀크 엘링턴 예술 고등학교에 들어갔다. 졸업할 무렵에는 디지 길레스피, 클라크 테리, 우디 쇼를 만나 그들 앞에서 연주를 선보이기도 했다. 이 트럼펫 주자들은 모두 로니에게 칭찬과 조언을 아끼지 않았고, 로니도 그들 모두를 존경했다. 하지만 그의 우상은 아직 만나지 못한 마일스 데이비스였다.

로니는 줄리아드의 입학 제의를 거절하고 하워드 대학에 진학했다. 3학년을 마치고 여름방학 동안 뉴욕을 방문했을 때 필리 조 존스의 무대에 올라 함께 연주했고, 이어 아트 블레이키와도 연주했다. 이후 블레이키가 로니를 초청하면서 재즈 메신저스 유럽 투어에 합류하게 되었다. 원래 메신저스의 트럼펫 자리는 윈턴 마살리스가 맡고 있었지만 마침 허비 행콕과의 투어를 위해 밴드를 잠시 떠난 상태였다.

1983년 가을, 컬럼비아 레코드의 조지 버틀러가 라디오 시티 뮤직홀에서 열리는 특별 행사에 참여해달라고 로니를 초청했다. "조지가 다가와 이러더군요. '이봐, 마일스 헌정 공연을 할 생각이네. 마일스도 올 거야. 그의 밴드가 연주할 거고. 다만 전반부는 과거에 마일스와 같이 연주했던 뮤지션들이 연주할 거야. 또 하나 해보고 싶은 게 있는데, 트럼펫 주자 일곱 명이 무대에 올라 마일스를 위한 팡파르를 울리면 마일스가 무대로 올라오게 하는 거지. 그중 한 명으로 참여할 생각 있나?'"

로니가 고개를 저었다. "아, 난 속으로 '진짜 장난치는 거 아냐?' 싶었어요. 그런 공연이라면 돈을 내고서라도 **보러** 갔을 거예요. 당연

히 승낙했죠." 다른 트럼펫 주자들로는 랜디 브레커, 루 솔로프, 지미 오언스, 아트 파머, 존 패디스, 메이너드 퍼거슨이 선정되었다. "모든 일이 순조롭게 진행됐어요. 그런데 아트 파머가 '네가 그렇게 존경하는 사람이 널 만나고 싶다는데'라고 하는 거예요. 내가 '진짜요?' 하자, 그의 말이 '응. 너 그 사람 만나고 싶어 하잖아. 그분이 **너**를 만나길 원한다고'였어요."

"로케츠§가 있는 지하실로 내려갔어요. 대기실로 쓰던 공간이죠." 로니가 말했다. "있잖아요. 거긴 아주 길고 널찍한 곳이에요. 아트가 엘리베이터 쪽으로 걸어가기 시작하는데 나는 멈췄어요. 함께 있던 동생[색소폰 주자 앤트완 로니]과 [재즈 드러머] 신디 블랙먼이 나더러 '왜 그래?' 묻더라고요. '아, 혹시 마일스가 기분 상하게 하는 말이라도 하면 어쩌지?' 했더니 이구동성으로 '이런 기회가 다시는 안 올 수도 있어'라고 하더라고요."

"이게 다 20초 사이에 일어난 일이에요. 아트는 내가 걸음을 멈춘 것도 몰랐죠. 나이가 좀 있으니까요. 계속 걸어가는 아트를 따라 엘리베이터를 타고 올라갔어요. 마일스의 대기실은 5층이었을 거예요. 그렇게 마일스와 처음 만났죠. **'자네가 연주하는 거 들었네.'**"

로니가 마일스의 목소리를 흉내 냈다. 수많은 재즈 뮤지션들을 인터뷰하면서 발견한 사실은 (나를 포함해) 마일스 데이비스를 직접 만난 적 있는 거의 모든 사람이 그의 속삭이듯 쉰 목소리를 흉내 내기를 즐긴다는 것이다. 그러면 성미 고약한 이 천재가 잠시나마 다시 살아나는 것만 같다. 그리고 마일스를 흉내 내면서 "머더퍼커

---

§ 라디오 시티 뮤직홀 전속 여성 댄스팀.

motherfucker"(개자식)를 여러 번 말해보는 것도 재미있다. 어찌됐든 데이비스와 트루프 공저 회고록에 이 단어가 거의 모든 페이지에, 때로는 한 페이지에 여러 차례 등장하기 때문이다. 하지만 마일스를 잘 알았던 몇몇 사람들은 이걸 포함해 책에 담긴 많은 내용이 마일스 데이비스보다는 퀸시 트루프의 색깔에 더 가깝다고 주장한다.[11](책의 상당 부분이 데이비스가 이전에 했던 인터뷰를 통째로 베낀 거라는 주장도 있다.[12]) 사실이 무엇이든, 마일스를 "머더퍼커" 따위로 단순화시키는 것은 참을 수 없는 일이다.

"그는 좋은 말을 해줬어요." 로니의 이야기가 계속되었다. "나에게 전화번호를 주며 다음 날 전화하라고도 했고요. 다음 날, 이게 정말 멋진 일인데, 아침 9시에 눈이 떠진 거 있죠. 제기랄, 지금도 그렇게 일어날 수 있다면 얼마나 좋겠어요. 시계를 보며 혼잣말을 했어요. '전화를 걸까?' '너무 일찍 전화하기는 싫은데.' 그렇게 매시간 시계를 보고, 생각하고, 보고, 생각하고… 그러다 마침내 12시에 전화를 걸었죠. 그가 집으로 오라고 해서 바로 갔어요."

로니는 웨스트 77번가 312번지에 위치한 마일스의 집으로 가지 않았다. 과거 러시아 정교회 예배당이었던 전설적인 5층짜리 브라운스톤 건물은 개보수 중이었다. "70번가였어요. 웨스트엔드 펜트하우스였죠." 그가 내게 말했다. "시슬리의 집이었어요. 도어맨이 있는. 그 집에 올라가 문이 열리자마자 마일스가 내게 던진 첫마디가, **첫마디가요.**" 그는 다시 마일스 흉내로 돌아갔다. "'나는 브라운을 한 번도 좋아한 적이 없다네. 클리퍼드 브라운 말이야. 시샘이나 그런 건 아니고.' 그게 첫마디였다고요! 막 문을 열고 들어오는 나에게 말이에요!"

"'그를 시샘하거나 그런 건 아니고.'" 로니가 마일스가 되어 말했다. "사람은 괜찮았는데. 연주 실력은 아무리 봐도 사람들 평가만큼 쓸 만해 보이지 않았거든. 브라운과 맥스[§]는 항상 빠르게만 연주하지. 클리퍼드가 스윙을 못했으니까. 맥스도 버드를 떠난 후로는 스윙이 사라졌고 말일세."

로니가 기가 막히다는 듯 활짝 웃었다. "이게 **첫마디**였다니까요."

그는 고개를 저었다. "나는 아무 말도 안 했죠. 반박하지 않았어요. 아니, 내가 왜 그러겠어요? 사람들은 '에이, 그래도 네가…' 어쩌고들 하는데 난 그냥 **그의** 말을 듣고 배우고 싶었을 뿐이에요. 그래서 듣고 있었어요. 그 순간부터 아, 정말 멋진, 그러니까 사제 관계가 시작됐어요. 친구라고는 못하겠어요. 친구라고 하기에는 급 차이가 너무 크니까. 그는 내게 우상이었어요."

그리고—클리퍼드 브라운은 정말 스윙을 못했다![13]—사제 관계가 제대로 시작되기 전, 다른 우상은 모두 때려부숴야 하는 법이다.

한 사람을 받아들인다는 것은 필연적으로 다른 사람들을 밀어낸다는 뜻이다. 윈턴 마살리스에게는 중요한 스승들이 차고 넘쳤다. 젊은 시절 그는 드럼 주자 아트 블레이키와 엘빈 존스, 트럼펫 주자 독 치텀, 그리고 위대한 소설가이자 가끔 재즈 평론가로도 활약한 랠프 엘리슨의 애정 어린 가르침을 받았다. 그러나 그 자체로 독보적인 존재이자 마살리스가 우상으로 섬겼던 마일스 데이비스와의 관계가 출발부터 삐끗했다는 사실이 마살리스로서는 견디기 힘

§ 드러머 맥스 로치.

들었을 것이다.

"컬럼비아 레코드를 비롯한 모두가 윈턴을 제2의 마일스로 미는 중이었어요." 로니가 내게 말했다. "어차피 윈턴은 온갖 **헛소리**를 쏟아내고 있었고요. 윈턴이 온갖 헛소리를 하고 다닌다는 걸 마일스가 알았는지는 모르겠어요. 다만 마일스는 윈턴의 연주에서 아무런 감동도 받지 못했죠. 정말이지, 아주 **전혀**요. 마일스가 보기에 윈턴은 그냥 클래식 음악을 연주하는 사람이고 줄리아드를 나왔을 뿐이에요. **이런** 음악을 연주하는 데 있어야 할 무언가가 정말 하나도 없었죠. 그의 기술적인 역량이 전달되지가 않았다고 할까요. 그래서 윈턴이 마일스에 대해 잡소리를 늘어놓은 거예요. 마일스가 자기 연주를 좋아하지 않아서."

"그런데 윈턴을 정말 약이 오르게 만든 건요, 컬럼비아 레코드도 약이 올랐을 텐데, 내가 알기로 컬럼비아 레코드의 홍보 부서에서 윈턴을 제2의 마일스로 부각시키려고 돈을 엄청 쏟아부었거든요. 그런데 마일스가 윈턴을 별로 마음에 들어하지 않으니까 홍보 부서에서 마일스는, 권투 선수가 그러듯, 어느 누구도 달갑게 보지 않는다는 식으로 문제를 희석시키려고 했어요. 그런데 갑자기 자기들이 밀지 않는 사람을 마일스가 좋아한다지 뭐예요. 1983년 그날 밤 들었던 내 연주가 마음에 들었던 것 같아요. 내 연주 어딘가에서 디지의 연주를 처음 들었을 때의 자기 자신이 떠올랐다고 했어요. 그리고 여러 연주자들 중에 '월리가 제일 좋다' 이렇게 마음먹은 거죠. 그리고 별안간 소문이 돌기 시작했어요. **월리스가 마일스랑 어울려다닌다.** 컬럼비아 레코드가 뭐라고 했을지 눈에 선합니다. '홍보비를 그렇게 쳐들였는데 마일스가 결국 그놈을 택했다고!'"

　　　월리스 로니가 데이비스의 라디오 시티 뮤직홀 대기실에서 마일스를 만났을 때 마일스는 그에게 어떤 트럼펫을 사용하는지 물었다. 로니는 자기 소유 트럼펫이 없어서 웨스트 46번가에 있는 악기 수리점 자르디넬리에서 빌려 쓴다고 대답했다. 로니가 시슬리 타이슨의 펜트하우스에 올라갔던 날에는 클리퍼드 브라운 펌하 발언 뒤에 곧바로 마틴 커미티에서 제작한 트럼펫 네 개를 꺼내더니 로니에게 불어보라고 권했다.

　청록색, 검정색과 적갈색, 붉은색, 은색, 이렇게 각각 다른 색 래커로 색을 입힌 네 개의 트럼펫 앞에서 젊은 뮤지션은 나의 우상이 그중 하나를 줄 것만 같아 아찔하고 붕 뜨는 기분이었다. "그래서 불어봤어요." 로니가 내게 말했다. "마음에 드는 게 있더라고요."

　그의 마음에 든 것은 청록색 트럼펫이었다. 은줄 세공에 금빛 밸브 키와 튜닝 슬라이드가 있는, 눈부시게 아름다운 악기였다. 마일스가 그에게 준 것은 그보다 아주 살짝 덜 눈부신 검정색과 적갈색 트럼펫이었다. 트럼펫의 소유주를 감안할 때 금전적 가치는 1만 달러 초반 정도였겠지만 월리스 로니에게 있어 그 가치는 계산할 수 없을 만큼 컸다. 아주 약간의 드러낼 수 없는 실망감이 있긴 했지만 말이다.

　시간을 앞으로 돌려 1987년으로 가보자.

　"토니 윌리엄스와 토론토에 갈 예정이었어요." 로니가 회고했다. "출발하려는데 마일스에게 전화가 왔어요. '윌리, 뭐 하나?' 공연하러 갈 참이라고 하자 '이쪽으로 와봐' 하는 거예요."

　"에식스 하우스였어요. 불을 안 켜서 실내가 어두웠고, 우리는 소파에 앉아 있었죠. 그는 별말이 없더라고요. 그러더니 '공연이 몇 시야?' 하고 물어요. 8시경에는 공항에 도착해야 했거든요. 내가 대답도 하기 전에 마일스가 일어나서 코트를 걸치더니 열쇠를 챙기는 거예요. 공연 장소가 무슨 뱅가드§라도 되는 듯 말이에요. 그래서 내가 '아니, 토론토예요' 했더니 '그럼 가야겠네' 그러더군요."

"우린 웃음을 터뜨렸고, 그가 나를 꼭 안아줬어요. 그리고 '여기' 하며 작은 케이스를 하나 건넸죠. 열어보니 그 파란 트럼펫이었어요."

§ 뉴욕의 대표적인 재즈 클럽인 빌리지 뱅가드.

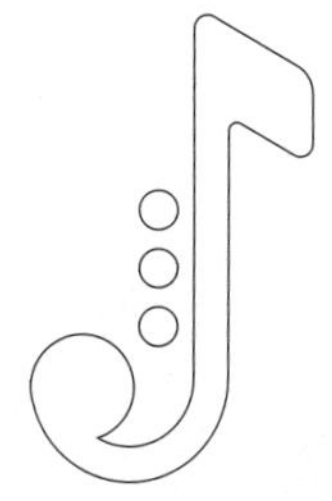

2

치과 의사의

아들

Miles Davis

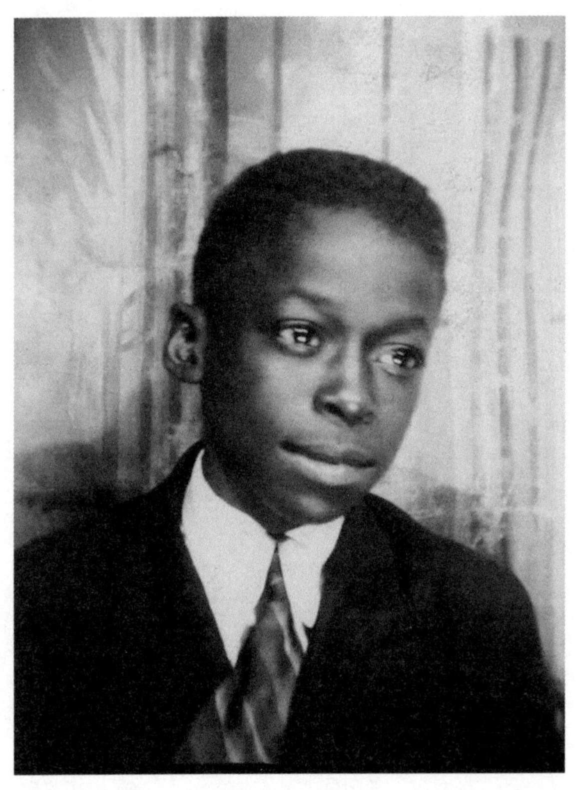

아홉 살에서 열 살 무렵의 마일스 데이비스, 1935~1936년경.

마일스 데이비스는, 윌리스 로니와 달리, 처음부터 등극이 예정된 제왕이었다. 1950년대 중후반 언젠가, 아무도 정확히 짚어내지 못하지만, 누군가가 데이비스에게 어둠의 왕자라는 별명을 붙여주었다. 글자 그대로, 또 비유적으로 그의 어둠은 그 자체로 하나의 주제다(이 부분은 뒤에서 다룰 것이다). 어쨌든 그는 출발부터 왕자였다.

마일스 듀이 데이비스 3세는 특권층 출신이었다. 물론 20세기 초 아프리카계 미국인에게 규정된(또는 제한된) 특권 안에서의 이야기지만. 그의 집안은 양가 모두 "유색인 귀족"이라 불린 계층이었다(백인들은 재미와 우월감을 담아, 흑인들은 시기와 경멸에서 존경까지 다양한 태도를 보이며 그렇게 불렀다). 그의 부모는 둘 다 아칸소주 출생이었다. 어머니 클레오타는 바이올리니스트이자 피아니스트 겸 음악 교사였다. 마일스 말로는, 어머니 쪽 집안에 대해 잘 알지는 못했지만 직접 만났거나 전해들은 외가 친척들은 "중산층인 것 같았고, 태도에 약간 거만한 구석이 있었다."[1]

그의 아버지의 아버지, 마일스 1세는 아칸소주의 성공한 회계원이자 지주였다. 마일스에 따르면, 세기의 전환기에 질투심에 찬 백인들이 마일스 1세가 직접 구입한 약 200만 제곱미터 대지에서 그를 쫓아냈지만, 아마도 본래 대지의 일부였을 파인블러프 인근의 약 80만

제곱미터 땅은 가족 소유로 지켜냈다(그곳에서 운영한 양돈 농장이 꽤 번창했다). 마일스는 거기서 누나, 남동생과 함께 사냥, 낚시, 승마를 즐기며 어린 시절을 보냈다.

마일스 듀이 데이비스 2세는 노스웨스턴 대학에서 치의학 박사 학위를 받은 치과 의사였다. 신혼 때 시카고에서 개업했다가 첫째 도 러시가 태어날 무렵인 1925년에 일리노이주 올턴으로 이사했다. 미 시시피 강가에 위치한 도시인 올턴은 일리노이주 북부 중심지에서 남쪽으로 약 480킬로미터 떨어져 있으며, 미주리주 세인트루이스 북 쪽으로는 불과 30킬로미터 정도 거리에 있다. 인구가 3만 명이 채 안 되었지만 올턴은 거대한 역사를 가진 도시였다. 남북전쟁이 일어나 기 전 수년간 그곳은 노예제 폐지 운동의 중심지였다(일리노이주는 자유주였고, 미주리주는 1820년 미주리 협정에 따라 북부의 유일한 노예 주가 되었다. 강만 건너면 자유가 있었던 셈이다). 1858년 제7차 링컨-더글러스 토론이 올턴에서 열렸는가 하면, 수정헌법 제13조의 공동 작성자 중 한 명인 라이먼 트럼불 상원의원이 올턴 주민이었다.

올턴은 또한 아프리카계 미국인 인구가 비교적 많고 안정적으 로 뿌리내린 편이었기에 일과 가정에 모두 충실한 젊은 흑인 치과 의 사의 이주는 지역 사회에서 상당한 뉴스거리였다. 1925년 3월 7일자 『올턴 이브닝 텔레그래프』는 그 지역 모금 행사 관련 기사에 이렇게 썼다. "오후에는 세인트루이스의 유명 미용사 에벌린 호턴 부인이 자신과 같은 인종을 위한 6000달러 규모의 새 건물 건립 계획에 대 해 이야기할 예정이다. 시카고 출신 치과 의사로 머지않아 곧 올턴에 정착할 마일스 D. 데이비스 박사도 이 자리에 참석해 연설할 예정이 다."[2]

마일스와 클레오타는 1926년 5월 26일 올턴에서 그들의 둘째 아이이자 첫아들을 세상에 맞이했다. 이듬해에 이들 가족은 일리노이주의 이스트 세인트루이스로 이주했다. 아마도 데이비스 박사가 치과 사업을 더 키워보려고 했던 것 같다. 이스트 세인트루이스는 미주리주 세인트루이스의 강 건너편에 위치한 인구 7만 5000명 규모의 도시였다. 마일스 데이비스 3세는 바로 이곳에서 자랐다(집안에서는 주니어라는 그가 몹시 싫어한 별명으로 불렸다). 처음에는 아버지의 치과 병원 뒤편에 있는 아파트에서, 이후에는 캔자스가와 노스 17번로 모퉁이의 작은 집에서였다.

가정은 행복하지 않았다. 대공황이 덮치자 마일스의 아버지는 풍요로운 생활에 익숙해진 가족을 부양하기 위해 더 열심히 일해야 했다. 집에 없는 시간이 많았고 어쩌다 있더라도 아내 클레오타와 부딪치는 일이 잦았다. 때로는 폭력으로 번지기까지 했다. 마일스와 어머니의 사이도 그리 좋지 않았다. 마일스의 표현에 따르면, 둘 다 "강하고 독립적인 성격"이었기 때문이다. 그렇긴 해도 그는 어머니에게 존경할 만한 점이 많다는 것을 알았다.

어머니는 아름다운 분이셨다. 동인도풍의 카먼 맥레이를 연상시키는 분위기와 세련된 멋을 지녔고, 짙은 밤색 피부는 매끈하고 부드러웠다. 높은 광대뼈와 인디언을 닮은 머릿결. 크고 아름다운 눈. 나와 남동생 버넌이 어머니를 닮았다. 어머니는 밍크코트와 다이아몬드도 갖고 있었다. 정말 화려한 여성이었고, 온갖 종류의 모자며 장신구에 관심이 많았다. … 어머니는 언제나 끝내주게 차려입었다. 나는 외모는 물론이고 옷을 좋아하는 취향이나 스타일 감각도 어머니에게서 물려받았다. 어쩌면 내가 가진 예술적 재능 역시 어머니로부터 왔다고 해도 되지 않을까 싶다.[3]

짐 크로 법이 시행되던 미국에서, 특히 제1차 세계대전 이후부터 대공황 시기까지 성장기를 보낸 수천 명의 흑인 소년들에게 전문 연주자를 목표로 악기를 익히는 것은 아프리카계 미국인에게 허용된 절망적일 만큼 적은 진로 선택지를 우회하는 방법 중 하나였다. 이는 사회적으로(그리고 부모들 사이에서도) 승인된 가난에서 벗어나는 길이기도 했다. 그에 비해 마일스 데이비스는 예술에 대해 진지하게 고민할 여유가 있었다. 그는 아홉 살에 트럼펫을 불기 시작했고, 열두 살 무렵에는 음악이 그의 삶에 가장 중요한 것이 되었음을 깨달았다. 중고등학교 시절 그는 아버지의 환자인 흑인 재즈 트럼펫 주자 겸 음악 교사 엘우드 뷰캐넌에게 레슨을 받았다. 뷰캐넌은 마일스에게 너무 높지도 낮지도 않은 중간 음역대의 청량한 소리를 비브라토 없이 연주하도록 가르쳤다. 음에 떨림이 섞이면 잣대로 제자의 손가락 마디를 톡톡 치곤 했다. (마일스는 초창기 트럼펫 우상 중 한 명인 해리 제임스 흉내 내기를 참아야 했는데, 제임스의 과시적인 솔로 연주는 강한 비브라토에 기반을 두고 있었기 때문이다.)

역시 세인트루이스 출신에 마일스보다 여섯 살 많은 위대한 트럼펫 주자 클라크 테리는 당시 친구 뷰캐넌을 통해 만난 그를 이렇게 회상했다.

뷰크가 나에게 늘 말하곤 했어요. "아, 여기 학교 꼭 와봐야 해. 이 꼬맹이 연주를 들어봐야 한다니까. 끝내주는 놈이 하나 있거든." 그

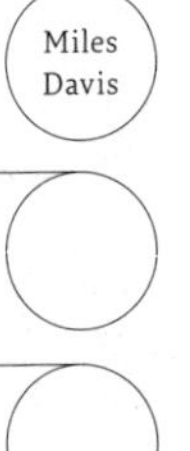

래서 결국 어느 날 이스트 세인트루이스에 있는 링컨 고등학교에 갔죠. 거기서 그 말라깽이 녀석을 만났어요. 하도 말라서 옆으로 세 워놓으면 눈에 안 보여 결석 처리되겠다 싶을 정도였죠. 수줍음이 진짜 많았어요. 눈도 제대로 못 마주치고 내내 바닥만 보며 조용조 용 말하더군요. 연주를 들어봤죠.

음, 그제야 끝내주는 놈이 나타났어요. 어렸지만 아주 제대로 연 주를 하더라고요.[4]

마일스는 뷰캐넌의 스승인 조지프 거스탯에게 추가 레슨도 받았 다. 세인트루이스 교향악단의 수석 트럼펫 주자인 거스탯은 빅스 바 이더벡이 직접 찾아가 사사받기를 청했을 만큼 저명한 교육자였다. (빅스의 특이한 운지법을 보자마자 거스탯은 그의 운지법을 교정하지 않 고 그냥 두어야 이 젊은 코넷 주자의 재능이 더 크게 꽃피울 수 있을 거라 고 판단했다.)

음악 활동 내내 반항아로 이름을 날린 마일스 데이비스지만 학생 시절에는 순종적이고 성실하며 호기심이 많았다. 그는 음악 이론에 관한 책이라면 닥치는 대로 읽었고, 이스트 세인트루이스 링컨 고등 학교의 (전원 흑인으로 구성된) 마칭 밴드에서 활동했으며 제복 입는 것을 자랑스럽게 여겼다. 그에게 옷은 중요했다. 어머니의 모범을 따 르고, 프레드 애스테어와 캐리 그랜트 같은 영화 속 인물들을 본보기 삼아 브룩스 브라더스 재킷에 허리 위까지 올라오는 바지, 그리고 목 을 거의 돌릴 수 없을 정도로 빳빳하게 풀을 먹인 태브 칼라 셔츠를 입는 등 멋스럽게 차려입는 데 열중했다.

마일스는 승마도 했다. 1940년대 초, 그의 아버지가 이스트 세인트루이스에서 남쪽으로 약 40킬로미터 떨어진 일리노이주의 시골 마을 밀스타트에 120만 제곱미터 규모 농장을 구입했다. 본채는 현관 앞에 흰 기둥들이 늘어선 콜로니얼 양식의 주택으로 방이 열두 개가 있었고, 말들이 사는 마구간도 있었다. 마일스와 누나, 남동생은 말 타는 것을 무척 좋아했다.

집으로 돌아와서는 친구 둘과 함께 재즈 캄보combo§를 결성했다. 피아노 주자 듀크 브룩스와 곱사등이 드럼 주자 닉 헤이우드였다. 이들은 세인트루이스 지역의 사교 클럽이나 교회 만찬 행사 등에서 연주하여 약간의 용돈을 벌었다. 마일스는 꾸준히 연습하고 배웠다. 반음계를 독학으로 익혔고 갈수록 깊어지는 예술혼으로 지역 뮤지션들에게 높은 평가를 받았다. 링컨 고등학교에서 그는 첫 여자 친구를 만났는데 성姓부터 의미심장한 아이린 버스Birth였다.[5] 마일스보다 두 살 많은 그녀는 피부색이 옅었고 무용수처럼 날씬한 몸매에, 훗날 마일스가 회고하길, "작고 예쁜 발"을 갖고 있었다. 마일스에게 지역 밴드 리더인 에디 랜들에게 연락해 블루 데블스 오디션을 보라고 용기를 준 사람이 바로 아이린이었다. 블루 데블스는 세인트루이스 시내 노스 카디널 애비뉴와 올리브 스트리트가 만나는 사거리에 위치한 엘크스 클럽의 위층에 있던 럼부기 클럽의 10인조 하우스 밴드였다.

마일스는 블루 데블스의 멤버 자리를 얻었고, 더불어 큰 무대에 설 수 있는 중요한 기회를 잡았다. 블루 데블스는 짧은 활동 기간 동안 마일스뿐 아니라 클라크 테리, 그리고 테너 색소폰 주자 지미 포

§ 소규모 재즈 밴드. 두 명에서 여섯 명 규모로 편성.

에디 랜들이 이끄는 블루 데블스의 멤버가 되어 럼부기 클럽에서 연주하는
마일스 데이비스(뒷줄 맨 오른쪽). 이스트 세인트루이스, 1944.

러스트까지 몸담았던 탄탄한 실력파 밴드였다. 다른 멤버들이 모두 본업이 있는 성인 남성이어서 열일곱 소년 마일스가 랜들의 음악감독이 되어 편곡이며 리허설 준비 등을 도맡았다. 이는 음악 기술의 측면에서뿐 아니라 사업적으로도 그에게 값진 경험이었다. 훗날 리더가 되기 위한 밑거름이 되어준 것이다.

나라 밖에서는 전쟁이 터졌으나 스윙 시대는 계속해서 스윙을 이어갔다(다만 징집으로 많은 뮤지션들이 빠져나가면서 밴드 간 교류가 빨라졌고, 밴드 리더들은 빈자리를 메우기 위해 끊임없이 분주하게 움직여야 했다). 흑인과 백인 빅밴드들과 테리토리 밴드territory band—보통 규모가 작고 덜 유명한 무대에서 연주하는 소규모 밴드—들이 기차나 전용 버스를 타고 전국 방방곡곡을 종횡무진 누볐다. 세인트루이스는 캔자스시티, 시카고와 함께 음악 인재들이 끊임없이 탄생하던 곳으로 듀크 엘링턴, 카운트 베이시, 지미 런스퍼드 같은 제왕처럼 위엄 있는 유명 밴드 리더들이 반드시 들르는 중요한 거점이었다. 콜먼 호킨스, 베니 카터, 로이 엘드리지, 케니 도럼, 패츠 나바로, 소니 스팃 등 수많은 당대의 거장들과 미래의 거장들이 블루 데블스의 연주를 듣기 위해 일부러 찾아왔다. 타이니 브래드쇼의 밴드에서 활동 중이던 스팃은 마일스에게 자신들과 투어를 다닐 생각이 있느냐고 물었다. 데이비스 박사와 클레오타가 반대하고 나섰다. 아직 고등학교도 졸업하기 전이었다.

결국 마일스는 1944년 1월에 원래보다 한 학기 빨리 졸업했다. 1944년은 마일스에게 여러모로 다사다난한 해가 될 것이었다. 부모님이 이혼했다. 아이린이 딸을 낳았다. 마일스의 아버지는 아이린의 방탕한 행실에 대한 강한 의혹을 제기했지만 마일스는 딸을 자신의

아이로 받아들였다. 둘은 아이에게 셰릴이라는 이름을 붙여줬다. 그리고 빌리 엑스타인의 밴드가 마을에 찾아왔다. 세라 본, 아트 블레이키, 찰리 파커, 디지 길레스피 같은 천재들을 대동하고서.

델라웨어주 윌밍턴. 디데이 사흘 후인 6월 9일. 한여름 무더위 속에 에어컨도 없는 그레이하운드 실버사이드 밴드 전용 버스가 2차선 도로를 따라 남부를 끝없이 달린다. 뒤쪽에는 밴드 재킷을 걸어두는 선반이 있다. 화장실은 없다. 열어놓은 창으로 뜨거운 바람이 밀려들어온다. 워싱턴 D. C., 노스캐롤라이나, 사우스캐롤라이나, 조지아, 플로리다, 앨라배마, 루이지애나, 텍사스, 오클라호마, 미주리. 밴드가 순회공연을 다니는 동안 몇몇 연주자가 징집으로 떠나고 대체할 연주자가 들어온다. 드럼 주자 새도 윌슨이 군에 입대해 그의 자리가 비어 있다. 언제나 부실하기 마련인 대체 연주자를 각 현지에서 찾아야 한다. 보스턴에서 활동하던 드러머 아트 블레이키가 엑스타인의 설득에 넘어가 그의 밴드에 합류면서 밴드의 사운드가 모양을 갖추기 시작한다. 디지와 버드 외에도 진 애먼스와 러키 톰프슨이 테너 색소폰을, 소니 스팃이 알토 색소폰을, 버디 앤더슨이 트럼펫을, 토미 포터가 베이스를 책임져준다. 위대한 태드 대머런은 디지를 도와 편곡을 맡고, 절대음감에 폭넓은 음역대를 자유자재로 넘나드는 목소리를 지닌 음악계의 경이 세라 본은 그녀 자체가 훌륭한 트럼펫과 다를 바 없다.

"낭만적인 노래의 대가 빌리 엑스타인과 그의 오케스트라." 신문 광고는 그들을 이렇게 소개한다. 리더의 관능적인 얼굴 사진이 함께 실려 있다. 어둠에 반쯤 가려진 그는 로맨틱한 자세로 몸을 기울인 채 짙은 눈으로 청중을 응시하고 있다. 그리고 로맨스가 있다. 클럽, 무도회장, 공연장에서 가수와 그의 젊고 열정적인 밴드에 사로잡힌 흑인 관객들은 발라드에 맞춰 서로 밀착해 느리게 춤을 춘다. 하지만 곧 빠른 곡이 나온다. 디지가 그런 곡들을 편곡했기 때문이고, 이 젊고 열정적인 연주자들이 블루스 연주를 답답해하기 때문이기도 하다(솔직히 말하자면 수치스러워했다). 빠른 곡이 아주 많다.

"쉽지 않았다. 우리 음악은 거의 콘서트 스타일의 재즈였으니까." 엑스타인의 회고다.

사람들이 춤을 추기 시작하다가 이내 돌아서서 연주를 듣곤 했다. 가끔은 우리 템포가 춤추기에 적합하지 않을 때도 있었다. 디지가 〈Max Is Makin' Wax〉를 편곡했는데 그건 본인과 버드가 등장하는 아주 어려운 곡이었다. 도저히 춤출 수 없는 음악이었던 거다. 사람들이 그 자리에 서서 그냥 지켜보기만 했다. …6

"우리의 호흡과 프레이징은 다른 밴드들과 달랐다. 따라서 당연한 말이지만 우리의 사운드도 아주 달랐다." 디지가 회고했다. "빌리 엑스타인 같은 사운드는 어느 밴드도 낼 수가 없었다. 우리는 연주를 시작하는 순간부터 강렬했고 비밥이라는 새로운 현대적 스타일의 음악을 연주했기 때문이다. 이런 밴드는 세상에 하나뿐이었다."7

이건 좋은 일이었지만 오로지 좋기만 한 일은 아니었다. "젊은 뮤지션들하고는 아무 문제도 없었다. 모두 다 좋아했으니까. 우리 밴드를 무척 좋아했다." 빌리 엑스타인의 말이다.

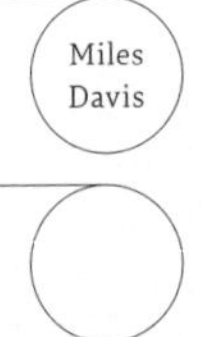

어디를 가도 젊은 뮤지션들이 쫓아다녔다. 하지만 일반 대중, 밴드를 고용하는 힘 있는 사람들, 클럽들은 특정 유형의 음악을 듣는 데 익숙해 있었다. 그러니 우리가 나타나는 걸 달가워하지 않을 수밖에. 미쳐 날뛰는 젊은 애송이들이 하는 이런 스타일의 연주 말이다. 한번은 우리가 공연하던 어떤 업소에서 한 남자가 나에게 돈을 줄 테니 시내에 가서 합주 악보 좀 사오라고 한 일도 있었다.[8]

비밥의 씨앗이, 찬란한 폭발의 씨앗과 몰락의 씨앗이 동시에 뿌려지고 있다. 이 현대적 스타일의 음악은 새롭고 현란하게 빠르고 짜릿하지만, **춤을 출 수는 없다**. 서서 들을 수는 있지만 듣는 이에게 고도의 집중력을 요구한다. 본질적으로, 또 여러 면에서, 뮤지션의 음악이다.

빌리 엑스타인은 뭔가 놀라운 일이 일어나고 있다는 걸 알고 있고, 그 변화가 굉장히 마음에 든다. 이 밴드를 사랑하고 밴드 멤버들도 그를 사랑한다. 벤드 맴버들은 엑스타인을 B. 아니면 미스터 B.라고 부른다. 디지는 리더가 노래하는 동안 장난을 친다. 그를 가리켜가며 치아가 틀니라거나, 남자랑 자는 걸 좋아하는 남자라는 몸짓을 한다. 엑스타인이 뒤돌아보면 길레스피는 천사 흉내를 내듯 하늘을 올려다보며 순진한 표정을 짓는다. 엑스타인은 그저 미소 지을 뿐이다.

밴드는 댈러스와 포트워스와 털사와 오클라호마시티를 뒤흔든 뒤 … 세인트루이스로 향한다. 그들로서는 처음으로 2주 동안 그곳에서 상주하며 공연하는 일정이 잡혀 있다. 도시에서 가장 화려한 공연장, 이름부터 불길하기 짝이 없는 클럽 플랜테이션에서 말이다.

그 지역의 군소 마피아 조직원인 토니 스카펠리가 소유한 플랜

테이션은 시카고의 그랜드 테라스와 뉴욕의 코튼 클럽을 본떠 지었다. 무대 위 공연자는 전부 흑인, 공연을 관람하는 관객은 오직 백인뿐인 고급 나이트클럽이다. 음식과 청량음료, 얼음과 잔을 제공하고 (주류는 판매하지 않으며 손님이 마실 것을 가지고 온다) 지역 법에 따라 새벽 1시 이후에도 영업이 허용된다. 클럽 플랜테이션은 흑인이든 백인이든 누구도 두려워하지 않는 빌리 엑스타인이 밴드의 첫 리허설을 이끌기 위해 당당히 정문으로 걸어 들어가다가 곧 누군가—겁먹은 웨이터? 거만한 매니저? 토니 스카펠리 본인?—에게 유색인 연예인은 뒷문을 사용해야 한다는 사실을 귀띔 받는 곳이다. 그러면 키크고 늘씬하고 쿨한 데다 흠 잡을 데 없이 완벽하게 차려입은 미스터 B.가 그에게 **그 쿨한 표정**을 보여주고는 개의치 않고 그대로 앞으로 걸어가는 곳이다.

또한 리허설 휴식 시간 동안 찰리 파커가, 찬 음료를 들고 앉아 있는 뮤지션들 하나하나에게 다가가 "그 잔으로 마신 거야?" 하고 묻고는 **응**이라고 답하면 잔을 바닥에 내동댕이치며 "이 잔은 오염됐어!" 하고 외치길 열 번, 열두 번, 열다섯 번 반복하는 곳이다.

플랜테이션의 경영진은 그 의미를 알아차린다. 엑스타인의 뉴욕 에이전트 덕분에 상주 공연 장소가 곧 리비에라로 변경된다. 델마 대로의 동쪽에 위치한 더 웅장한 공연장이며 관객과 공연자의 피부색이 일치하는 곳이다. 그리고 1944년 그 여름, 엑스타인의 밴드를 따라다니던 젊은 뮤지션들 중 한 명이자 조용하고 부끄럼 많은, 이제 막 열여덟 살이 된 마일스 데이비스가 친구 보비 댄지그와 함께 자신의 트럼펫 케이스를 들고 찾아간 곳이다. 눈에 띄고 싶다는 막연한 희망을 품고—꿈은 꿔볼 수 있는 거잖아!—이미 전설로 떠오른 빌리

엑스타인 밴드의 멤버들 중에서도 찰리 파커와 디지 길레스피 옆에 앉아도 되겠냐고 청할 수 있기를 기대하면서.

남부 일대의 풍문을 타고 밴드보다 밴드의 명성이 먼저 도착해 있었다. 마일스는 파커와 길레스피에게 이미 경외심을 품고 있었다(그가 갖고 있는 다섯 장의 음반 중 하나는 파커가 제이 맥샌 밴드와 함께 연주한 〈Hootie's Blues〉, 다른 하나는 길레스피가 콜먼 호킨스와 함께 연주한 〈Woody 'n' You〉였다). 그들의 연주를 직접 보고 듣는 일은 영혼을 뒤흔들고 삶을 뒤바꿔놓는 경험이었다. "나는 '뭐지? 이게 도대체 뭐냐고?' 이러고 있었다." 그의 회고담이다. "정말 끝내줬다. 내 온몸을 파고들었다. 그 밴드가 연주하는 방식이란 … 정말이지 내가 듣고 싶었던 **전부**였다."[9]

그리고 마치 꿈처럼, 그는 무대 위에서 그들과 연주하고 있었다.

마일스의 회상에 따르면 그는 친구와 밴드의 리허설을 듣고 있었다. 그때 어떤 남자가 달려오더니 트럼펫 연주자냐고 물었다. 그런데요. 노조 카드union card[§] 있어요? 네, 있어요. "그러자 이러는 거예요. '이봐요, 지금 당장 트럼펫 주자가 필요해요. 우리 트럼펫 멤버가 몸이 안 좋아서요.'"[10]

그 어떤 남자는 다름 아닌 디지 길레스피였다. 몸이 아픈 트럼펫 주자는 버디 앤더슨이었다. 그는 4년 전 캔자스시티에서 찰리 파커와 디지 길레스피를 서로에게 소개해준 인물이기도 했다. 세인트루이스에 도착한 뒤에 폐결핵 진단을 받은 앤더슨은 요양을 위해 오클

---

§ 당시 미국 음악가들은 음악가 노조에 가입하고 노조 카드가 있어야 공연장이나 클럽에서 연주할 수 있었다.

라호마시티로 돌아갔고 곧 은퇴하기로 결정한 뒤로 다시는 진지하
게 트럼펫 연주를 하지 않았다. 그리고 마일스 데이비스가 버디 앤더
슨의 자리에 앉아 엑스타인 밴드의 리비에라 클럽 공연에 2주 내내
함께하게 되었다. 이 2주는 그 누구보다 열여덟 살짜리 남자애에게
더 강렬하게 기억될 시간이었다. 엑스타인은 그때를 떠올리며 이렇
게 말했다. "마일스 말인데, 목관§ 뒤에서 연주하는 그의 소리는 아예
들리지도 않았다."[11]

조용하고 부끄럼 많은, 그러나 굳은 결의에 차 있었던 시절을 마
일스는 이렇게 회고했다. "바로 그때 다짐했다. 세인트루이스를 떠나
야겠다고. 끝내주는 뮤지션들이 있는 뉴욕에서 살아야겠다고."[12]

§ 재즈 악기 중 리드reed를 사용하는 색소폰을 말함.

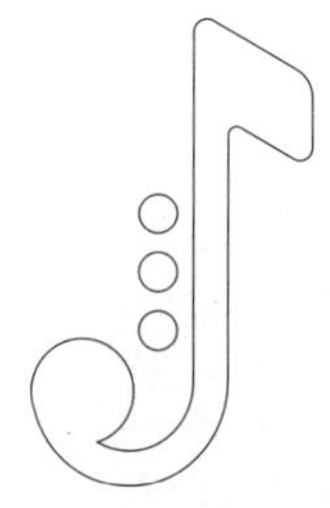

3

머리로 듣고

영혼으로 느껴야 한다

Miles Davis

마일스 데이비스의 홍보용 사진, 1948.

1944년 9월, 그는 맨해튼에 도착한다. 도시 중의 도시인 이곳의 크기와 속도와 부산함에 마음이 들뜨면서도(그리고 아직 전시여서 육해군 병사들로 가득하다), 재즈의 중심지에서 이름을 내겠노라는 결심을 다졌다. 그는 스스로가 위대한 인물이 될 운명임을 안다. 그러나 아직은 아버지에게 순종적인 면을 간직한 그는 아버지가 뉴욕 이주를 허락하며 내건 조건에 동의한다. 마일스는 트럼펫 오디션에 합격하고 음악학교 중의 음악학교, 그 이름 자체만으로도 고급 예술의 광채를 뿜어내는 줄리아드에 입학했다.

줄리아드는 "연막, 잠시 머무르는 곳, 버드와 디지 근처에 있기 위해 이용한 핑계"일 뿐이었다고 훗날 데이비스는 말했다.[1] 전에 세인트루이스에서 파커와 길레스피가 혹시 뉴욕에 들르게 되면 찾아오라고 했다는 것이었다. 무슨 말이든 해야 할 때 사람들이 대수롭지 않게 툭 던지는 그런 말이다. 진지한 초대였을까, 아니면 인사치레였을까? 엑스타인 밴드의 순회 일정을 고려할 때 버드와 디지가 마일스와 같은 시점에 뉴욕에 있게 될 줄 어떻게 알 수 있었을까?

사실 "여행에 신물이 나 뉴욕에 돌아가고 싶어 안달"이었던 찰리 파커는 8월에 엑스타인을 떠났다. 디지도 몇 주 뒤 밴드 리더에게 탈퇴하겠다고 통보했다.[2] 둘 다 자유의 몸이었고 둘 다 맨해튼으로 돌아와 있었지만 데이비스는 그 사실을 알 길이 없었다.

두 천재가 이 성실하고 조용한 청년 트럼펫 주자에게 마음이 쓰였음은 의심의 여지가 없다. 그가 장차 위대한 인물이 될 것임을 간파했는지는 또 다른 문제다. 빌리 엑스타인의 경우 마일스의 잠재력을 가늠해볼 여유가 아예 없었다. 그는 밴드 리더로서 냉혹할 만큼 현실적인 판단을 했다. 시카고의 리걸 극장에서 있을 다음 공연에 목관과 함께 연주할 때 소리가 들리지 않는 트럼펫 주자를 빼고 매리언 "부니" 헤이즐을 기용한 것이다. 이 퇴출이 한동안 자기 확신에 상처를 남겼지만 세인트루이스 일대에서 몇 차례 무대에 오르며 동부로 향하기 전 자신감을 회복할 수 있었다고 마일스는 회고했다.

그의 자신감은 대단했다. 열여덟 살의 마일스는 뉴욕에서의 첫 주를 줄리아드—당시 웨스트사이드 끝자락 122번가와 클레어몬트 애비뉴의 교차점에 있었다—의 수업을 듣고, 할렘의 민턴스와 사보이 볼룸, 다운타운의 52번가 클럽들을 탐방하며 보냈다. 단지 버드와 디지를 찾으려는 목적뿐 아니라 그곳의 실력자들을 살펴보기 위해서이기도 했다. 엄청난 재능들이 차고 넘쳤다. 하지만 마일스는 주눅이 들기는커녕 나이도 재능도 엇비슷한 동료들을 발견했다고 느낀 듯하다. 민턴스에서는 세인트루이스에서 처음 만나 즉흥 공연을 했던 플로리다 출신의 스물한 살 트럼펫 귀재 시어도어 "패츠" 나바로와 재회했다. 또한 역시 스물한 살인 디트로이트 출신의 비브라폰 주자 밀트 잭슨과, 같은 동네 출신으로 스물셋의 나이에 하우스 밴드를 이끌던 테너 색소폰 주자 에디 "록조" 데이비스(친척 아님)를 만나고 그들의 연주를 들었다.

사보이와 민턴스를 경험한 마일스에게 52번가의 클럽들은 충격

일 만큼 옹색하고 추레하게 느껴졌다. 특히 쓰리 듀시스는 워낙 명성이 자자했기에 "뭐 되게 으리으리하겠지" 했는데 무대는 피아노 한 대 놓기도 빠듯할 만큼 작았고, 손님용 테이블도 다닥다닥 붙어 있었다. "이스트 세인트루이스와 세인트루이스의 클럽들이 더 멋지고 힙해 보였다"고 데이비스는 생각했다.[3]

52번가 전체가 다 그랬다. 길을 따라 늘어선 브라운스톤 건물 지하에 자리한 클럽들은 예전에 밀주를 팔던 술집으로 "길고, 천장이 낮고, 좁고, 실제보다 늘 더 붐벼 보이는" 구멍가게에 불과했다.[4] "클럽들이 죄다 신발 상자같이 생겼고, 입구에는 지저분한 차양이 달려 있었다"고 재즈 평론가 레너드 페더는 회고했다. "컵 하나 겨우 놓을 만한 크기의 테이블에 딱딱한 나무 의자. 물 탄 술. 형편없는 장소들. 음악 말고는 정말 내세울 게 하나도 없었다."[5]

하지만, 아, 음악만큼은. 52번가는 청중, 다시 말해 백인 청중이 격변하는 재즈를 들으러 가는 곳이었다. 보통은 이해하지도 못하고 받아들이지도 못하면서 말이다. 빅밴드는 저물고 있었다. 이 거리에 퍼지는 음악은 찰리 파커의 연대기 작가 로스 러셀에 따르면 "날렵해진 미래형 밴드"에게서 나왔다.

전면에 트럼펫과 색소폰을 내세운 이 밴드는 금관 일곱, 목관 다섯이라는 전통적인 빅밴드의 악기 편성을 금관 하나, 목관 하나라는 최소 공통분모로 줄여버렸다. 각 악기 하나가 하나의 섹션인 것이다. 두 악기가 유니슨unison§ 파트를 연주했다. 리드lead‡를 주고받고, 카운터 테마counter theme‡를 즉흥으로 만들어내고, 물론 솔로 연주도 했다. 찰리 파커와 디지 길레스피 같은 젊은 재즈인들의 연주에는 빅밴드가 할 수 있었던 모든 것이 단 두 개의 관악기에 응축되어 있었고, 게다가 훨씬 더 많은 것을 표현해냈다. 연주는 끝없는 창조의 과정이었다. 악보집 같은 건 없었다. 듀시스에 온 손님들은 편곡된 악보는커녕 오선지 한 장조차 본 적이 없었다. 그 곡들은 이름도 번호도 없었다. 그저 뮤지션들의 머릿속에 있는, 들으면서 익힌 곡이었다. 곡의 제목은 나중에 붙었다.[6]

이 새로운 사운드의 위력은 가까이서 들을 때 깜짝 놀랄 만큼 압도적이었다. "파커-길레스피 공연은 음악적 에너지의 폭발이었다." 러셀의 말이 계속된다.

청중은 그 위력에 몸이 뒤로 훅 밀리며 멍해지는 느낌을 받았다. 볼든에서 베이시까지 미국 재즈 전체가 철저한 재검토의 대상이 되고 있었다. 베레모를 비스듬히 눌러 쓴 디지는 염소수염을 깐닥거리며 트럼펫을 입술 중앙에 갖다 대고 찬연한 음들을 뿜어냈다. 색소폰이 고조되는 그의 연주를 받쳐주고, 그의 문장에 주석을 달고, 밑줄을 긋고, 환언하고, 구두점을 찍고, 반문했다. 색소폰 솔로는 더욱 눈부셨다. 트럼펫이 멈춘 지점에서 시작하는 듯했다. 색소폰은 듣는 이의 머리끝이 쭈뼛할 만큼 빠르고 정확하게 연주되었다. 뉴올리언스에서 출범한 킹 올리버 크레올 재즈 밴드가 1922년 젊은 루

§ 둘 이상의 다른 악기가 같은 멜로디를 연주하는 것.
‡ 한 악기가 멜로디나 중심 파트를 이끄는 것.
⁑ 주요 멜로디와 대조되거나 화성적으로 조화를 이루는 독립적인 또 다른 멜로디.

이 암스트롱을 제2 코넷 주자로 영입해 시카고의 링컨 가든스에서 데뷔 공연을 펼친 이래 이런 밴드는 처음이었다.[7]

52번가 클럽들에서 눈에 띄게 사라진 하나가 바로 댄스 플로어였다. "우리는 마침내 콘서트의 시대에 진입했다." 디지 길레스피의 말이다.

음악은 단순히 춤추는 그루브가 아니라 듣는 그루브가 되었다. 나는 언제나 춤을 좋아했지만 춤추지 않고도 즐거운 시간을 보낼 수 있다. 춤은 우리를 울리지 않는다. 울음은 강한 감정이다. 누군가의 연주를 듣고 "와, 진짜 눈물나더라. 거기 앉아서 막 울었다니까" 하고 말한다. 때로는 아주 강력한 그루브를 듣는 것만으로도 허리를 삐끗한 것처럼 몸이 휘청거릴 수 있다.[8]

음악은 가장 열성적인 팬들조차 깨닫지 못할 만큼 빠르게 변화하고 있었다. 재즈와 대중적인 춤곡의 결합체인 스윙만 해도 진부해져가는 중이었다. 게리 기딘스는 이렇게 썼다. "스윙 시대의 재즈는 주로 백인이었던 멍청한 밴드 리더들 탓에 너무 자주 망가졌다. 그들은 헌신적인 뮤지션들의 작품을 희석시키고 감상적으로 만들고 훼손했다. 그렇기에 대담하고 새로운 연주 기교가 반드시 필요했다."[9]

현장의 실질적인 여건이 혁명을 재촉했다. 미국음악인연맹 파업으로 인해 스윙 밴드들이 2년 넘게 새 앨범을 발표하지 못했다. 지방으로 순회공연을 다니던 중대형 밴드들은 전시 상황, 그중에서도 연료 배급과 징병 때문에 큰 타격을 입었고, 보통 소규모 관객을 대상으로 연주하던 흑인 밴드들은 피해 정도가 특히 더 심했다. 파커와 길레스피가 떠난 뒤 얼 하인스는 징집으로 핵심 연주자 대여섯 명을 빼앗겼다. 눈길을 끌 만한 해결책으로 "징집 걱정 없는" 여성 연주자들로만 구성된 현악기 섹션이라는 방법을 써봤지만 잘 풀리지 않았다.

거기에 더해 1944년 전쟁 지원을 명분으로 연방 카바레 세금이 5퍼센트에서 30퍼센트로 폭등했다. 이 조치는 공연장에 큰 피해를 주었고, 그 결과 예상대로 빅밴드들의 구인 규모가 확연하게 줄었다. 비밥을 개척한 5중주단, 4중주단, 3중주단처럼 이른바 소규모 그룹이 소규모인 데에는 예술적 이유뿐 아니라 경제적인 이유도 있었던 셈이다. 52번가의 작은 클럽들이야말로 새로운 음악의 폭발에 완벽한 무대가 되어주었다.

마일스는 클럽들이 실망스러웠지만 음악만큼은 아니었다. 듀시스에 처음 갔을 때 테너 색소폰의 거장 돈 바이어스가 이끄는 연주를 접했다. 당시 서른둘이던 바이어스는 새로운 음악의 원로급으로 여겨지고 있었다. "그 조그만 무대에서 그가 연주하는 온갖 음악을 탄복하며 들었던 게 기억난다"고 마일스는 말했다.[10]

그때 누군가 마일스에게 디지의 전화번호를 주었다. 젊은이의 혈기로 그는 자신의 우상에게 전화를 걸었고, 너그러운 성품의 길레스피는 그에게 아내 로레인과 함께 사는 할렘의 아파트로 찾아오라고 말했다. 평소에는 재즈 뮤지션들의 방문(이라고 쓰고 더부살이라고 읽는다)을 달가워하지 않던 로레인 길레스피는 앳된 얼굴의 10대 소년을 마음에 들어 했다. 길레스피 부부는 그를 환대해주었으나 버드가 대체 어디 있는지는 디지도 전혀 모르고 있었다.

마일스는 버드를 계속 찾아다녔다. 어느 날 밤 쓰리 듀시스 앞을

서성이고 있는데 클럽 매니저 새미 케이가(동명의 밴드 리더와는 무관함) 피부가 검고 체구가 작고 몹시 어려 보이는 이 청년을 의심의 눈초리로 쳐다보며 여기서 뭘 하고 있느냐고, 열여덟 살 이상만 입장할 수 있다고 말했다. 마일스는 자기도 열여덟 살이라고, 버드를 찾는 중이라고 답했다. 그러자 케이는 찰리 파커가 얼마나 저질 마약 중독자인지, 주변에 얼마나 나쁜 영향을 끼치는 인간인지 등 막말을 쏟아내기 시작했다. 이런 사실을 모두 알고 있었던 마일스는 장광설을 펼치는 이 백인 사내의 시선을 피한 채 무덤덤하게 서 있었다. "어디서 왔니, 애야?" 이윽고 남자가 물었다. 호칭에 움찔하며 이스트 세인트 루이스라고 마일스가 대답했다.[11] 거기로 돌아가는 게 좋을 거라고 새미 케이가 충고했다.

케이의 충고를 따르는 대신 위대한 콜먼 호킨스가 헤드라이너로 무대에 서는, 길 건너 오닉스 클럽으로 향했노라고 데이비스는 썼다. 클럽 입구를 서성이며 엑스타인 밴드 멤버라든지, 혹시 낯익은 얼굴이 없나 찾고 있을 때 잠시 휴식 중이던 호킨스가 밖으로 나왔다. 그해 가을 마흔에 접어든, 가느다란 콧수염을 기른 잘생기고 말쑥한 이 색소폰 주자는 재즈계의 진정한 유명 인사, 한마디로 슈퍼 왕족이었다. 젊은이의 경솔함에다 자신도 위대한 인물이 될 거라는 아직 확인되지 않은 집요한 신념을 품은 데이비스는 이 대가에게 다가가 자기소개를 했다. 그리고 줄리아드에 다니지만 사실은 찰리 파커를 찾으러 뉴욕에 온 거라고 덧붙였다. 실망스럽게도 호킨스의 반응은 새미 케이와 똑같았다. 웃으며 데이비스에게 말하길 "버드 같은 사람과 어울리기에는 아직 너무 어리다"고 했다. 순간 상대가 누구인지를 잊은 마일스는 화를 내며 따지듯 물었다. "아 됐고, 그가 어디 있는지 알아요, 몰라요?"

호킨스는 시건방진 청년에게 업타운 쪽 민턴스 같은 데를 찾아보라고 한 뒤 "줄리아드 공부를 마치고 버드는 잊어버리라고 충고하고 싶네" 하고 한마디 더 보탰다.[12]

물론 마일스는 버드를 잊을 수 없었다. 얼마 지나지 않아 파커가 히트웨이브라는 할렘의 클럽에서 잼 세션을 할 거라는 소문이 들려왔다. 혹시나 하는 마음에 트럼펫을 챙겨 클럽으로 향했다. 테이블을 잡고서 한쪽 눈을 출입문에 두고 잔뜩 긴장한 채 앉아 있었다. 몇 시간을 헛되이 기다린 끝에 마일스는 바람이나 쐬러 나가기로 했다. 길모퉁이에 서 있는데 뒤에서 그의 목소리가 들렸다. "이봐, 마일스! 자네가 날 찾으러 다닌다면서?"

깔끔한 성격의 데이비스에게 가장 먼저 보인 것은 버드의 꼴이 엉망이라는 것이었다. 며칠을 갈아입지도 않고 잔 것만 같은 펑퍼짐하고 주름투성이인 양복, 퉁퉁 부은 얼굴, 벌겋게 충혈된 눈. 그러나 10대 트럼펫 주자에게 파커는 자신감과 쿨함의 정수이기도 했다. 그가 이 젊은 지망생의 어깨에 팔을 두르고 함께 히트웨이브로 들어서자 탄성과 함께 관객들이 길을 터주었고, 그 순간 마일스는 그 세계의 **일원**이 되었다.

버드가 색소폰을 입술에 대고 불기 시작했을 때 "힘과 아름다움이 그에게서 마구 쏟아져 나오며" 길거리 마약 중독자에서 천재 음악가로의 변신이 완성되었다.

곧이어 마일스 역시 무명의 음악학도에서 떠오르는 별로 변신했다. 민턴스의 어느 월요일 밤, 버드와 디지가 무대 위로 손짓하며 잼 세션을 함께 하자고 불렀을 때였다. 뉴욕 재즈 신scene에서 모두가 가

장 탐내는 기회이자 최고 수준의 시험대였다. 죽느냐 살아남느냐, 빠져 죽느냐 헤엄쳐 나오느냐, 둘 중 하나였다. 많은 이가 빠져 죽었다. 마일스 스스로 평가하기에 그날 밤 대단한 연주를 한 건 아니지만 그래도 그 정도면 괜찮았다. "내가 하던 스타일대로 죽어라 연주했다. 당시 디지로부터 영향을 받긴 했지만 어쨌든 그와는 달랐다."[13] 그의 연주가 끝나자 두 대가가 미소를 지었다.

한편 유럽의 (백인) 클래식 음악 전통에 압도적인 편향성을 보인 줄리아드에 대한 그의 환멸은 커져만 갔다. "돌아다니며 배우는 게 더 많았기 때문에 학교는 얼마 안 있어 지겨워졌다." 그의 말이다. "게다가 지독하게 백인 중심적이고 인종차별도 심했다."[14]

그는 음악사 수업 이야기를 들려준다. 백인 여자 선생이 말하길 흑인들이 블루스를 연주하는 이유는 가난하고 목화를 따야 했고 그게 슬펐기 때문이라고 했단다. 이 말을 듣고 마일스가 손을 들더니 일어서서 말했다. 나는 이스트 세인트루이스 출신이고 아버지는 부유한 치과 의사이며 나도 블루스를 연주한다고. 아버지는 목화를 따본 적 없고, 나(마일스) 또한 오늘 아침에 슬픔 속에서 일어나 블루스를 연주하지 않았다고. 블루스 연주에는 그 이상의 것들이 있다고. 수업을 듣는 모두에게 말했다. 선생은 제대로 혼쭐이 난 셈이다.

지루하기 짝이 없는 교과 과정, 백인 중심의 서유럽 음악 작품이 가진 한계를 줄리아드에 입학하기 한참 전부터 발견했다고 그는 말한다. "고등학교 다닐 때 **상**도 꽤 받곤 했지." 그가 1989년에 내게 말했다. "그러다 어느 날 문득 이런 생각이 들더군. '아니야, 이딴 건 정말 형편없어. 감정이 전혀 느껴지지 않잖아.' '도대체 뭐하자고 〈왕벌의 비행〉 따위를 연주하고 있는 거냐고!'"[15]

그럼에도 처음 뉴욕에 왔을 때 그가 만난 어떤 뮤지션보다 본인이 음악에 대해 아는 게 더 많다는 사실을 알고서 놀랐고 실망했다고 그는 회고록에서 말한다. 예외는 단 셋, 같은 트럼펫 주자인 길레스피와 로이 엘드리지, 그리고 지금은 잊힌 조 가이뿐이었다. 흑인 뮤지션들 다수가 음악 이론을 전혀 모르는 것 같았다. 마일스가 알기론 피아니스트 버드 파월 정도가 악보를 읽고 쓸 줄 아는 몇 안 되는 사람 중 한 명이었다. 그가 겪어본 나이 든 연주자들은 대개 이론을 공부하면 연주의 감을 상실한다고, 백인 음악처럼 들리게 될 거라고 생각했다. 레스터 영, 콜먼 호킨스, 찰리 파커 같은 이들이 박물관이나 도서관 방문이며 악보 연구를 거부하는 게 믿어지지 않았다.

마일스는 달랐다. 줄리아드 도서관을 자주 드나들면서 스트라빈스키, 베르크, 프로코피예프의 악보를 대출했다.

음악 전반에 일어나는 모든 일들을 알고 싶었다. 지식은 자유이고 무지는 예속인데 그토록 자유에 가까운 이들이 그걸 활용하지 못하는 것이 정말이지 믿기지 않았다. 얼마든지 이용할 수 있는 온갖 것들을 흑인들이 왜 이용하지 않는지 아직도 이해할 수 없다. 어떤 것들은 안 하는 게 맞다고, 그런 것들은 백인들만 하는 거라고 말하는 건 게토의 사고방식이다. 다른 뮤지션들 앞에서 이런 이야기를 꺼내면 대체로 무시했다. 무슨 말인지 알겠는가? 그래서 나는 내 갈 길을 가면서 사람들에게는 입을 다물었다.[16]

♪♪♪

물론 내 갈 길을 간다는 건 줄리아드를 그만두는 것을 의미했다. 친구이자 역시 트럼펫 주자인 프레디 웹스터의 조언에 따라 데이비스는 세인트루이스에 돌아가 가을 학기에 등록하지 않겠다는 결정을 알렸다. 아버지는 이 선언을 놀랄 만큼 차분히 받아들였는데, 마일스의 설명에 따르면 데이비스 박사가 환자의 치아를 치료 중인 진료실에 들이닥쳐 소식을 전했다고 한다.

퀸시 트루프의 마일스 회고록을 보면 대체로 글 속에서 마일스가 살아 움직이는 것 같은 느낌이 들 만큼 솜씨가 좋은데, 마일스 3세와 마일스 2세 사이의 설득 장면만큼은 너무도 설득력이 떨어진다는 점에서 오히려 눈에 확 들어온다.

내가 말했다. "아버지, 들어보세요. 뉴욕에서 뭔가가 일어나고 있어요. 음악이, 스타일이 변하고 있다고요. 저도 거기 동참하고 싶어요. 버드랑 디지랑 같이요. 그래서 아버지께 말씀드리려고 돌아온 거예요. 줄리아드를 그만두고 싶어요. 거기는 죄다 백인 음악만 가르쳐요. 저는 그런 음악에는 관심이 없거든요."

"알았다." 아버지가 말했다. "네가 뭘 하려는지 확실히 알기만 한다면 다 괜찮다. 다만 뭘 하든 제대로 해라."

그러고는 절대 잊지 못할 이야기를 들려주셨다. "마일스, 저 창밖의 새소리가 들리지? 흉내지빠귀란다. 자기 소리는 없고 다른 새들의 소리를 흉내 내지. 저렇게는 되지 말거라. 너만의 소리를 가진 독립적인 인간이 되어야 한다. 그게 중요한 거야. 그러니까 절대 다른 누군가가 되지 말고 너 자신이 되어야 해. **너만이 네가** 뭘 해야 할지 알 테고 나는 너의 판단을 믿는다. 그러니 걱정마라. 네가 자립할 때까지 돈은 계속 보내주마."[17]

마일스에 따르면, 데이비스 박사는 이런 지혜로운 충고를 들려주고는 다시 진료로 돌아갔다. 그 환자 또한 흉내지빠귀 이야기를 다 들었을 것이다.

이렇게 현명하고 너그러운 아버지가 과연 있을까? 이 장면이 실제로 어떻게 펼쳐졌는지(또는 펼쳐지기나 했는지) 누가 알겠나. 마일스의 회고 속 아버지는 자신과 이름을 나눠 쓰는 정확하고 냉랭한 아버지이기보다 그가 마음속으로 원했던 따뜻하고 지혜로운 아버지에 더 가깝다. ("부모님과 가까웠나요?" 1989년에 내가 마일스에게 물었다. "별로." 한참 만에 그가 대답했다. "그게, 내 아버지는 전문직 종사자였다네. 스물넷에 학위만 세 개를 취득한 사람이라고."[18])

분명한 것은 데이비스 박사가 자신의 뛰어난 아들을 줄리아드에 보낸 일 자체가 마일스의 음악 교육에서 중요한 부분을 차지한다는 사실이다. 저항할 무언가를 얻은 것이 거기서 배운 교훈 중 하나였다고 해도 말이다. "줄리아드는 내게 아무짝에도 쓸모가 없었지." 마일스는 인터뷰 도중 내게 이렇게 말했지만 반드시 그렇지는 않은 것 같다.

"마일스는 정말 운이 좋았어요." 데이비스의 친구이자 예술적 영감의 원천이던 피아니스트 아마드 자말이 2000년대 초 인터뷰에서 말했다.

③ 머리로 듣고 영혼으로 느껴야 한다

그는 재능이 아주 뛰어났고, 축복받은 친구였어요. 음악적으로 적절한 시간, 적절한 장소에 있었죠. 나도 가고 싶었던 곳인 줄리아드에 보내줄 수 있는 환경에서 태어났습니다. 내 음악 이력에서 그 부분은 중단되고 말았죠. 가끔 후회되는데 왜냐면 젊은 정신은 언제나 보호받아야 한다고 생각하기 때문이에요. 그런 보호막이 충분하지 못해 우리는 수많은 위대한 인재를 잃게 됩니다. 찰리 파커, 패츠 나바로, 태드 대머런, 빌리 홀리데이. 열한 살짜리가 나이트클럽에 있으면 안 되는 거니까요. 예스와 노의 차이조차 모를 때잖아요. 진흙 덩어리여서 모든 걸 흡수하죠. 그런데 마일스는 운이 좋아서 줄리아드를 경험했어요. 그의 배경 덕분에 얻은 여러 혜택도 마찬가지고요.[19]

그리하여 1945년 이른 봄, 마일스는 뉴욕으로 돌아와 보호막을 벗어던질 채비를 시작했다.

그해에 담배를 피우고 술도 조금 마시기 시작했다고 그는 회고했다. 아이린과 딸 셰릴이 최근에 (그리고 뜻밖에도) 147번가와 브로드웨이 교차로에 있던 그의 셋방에 찾아왔다. 마일스는 프레디 웹스터와 함께 할렘에서 잼 세션을 하고 다운타운으로 내려가 52번가와 빌리지 지역에 늘어선 클럽들을 드나드는 등 대부분의 시간을 밖에서 보냈다. 두 사람이 주로 한 일은 디지 길레스피의 연주를 들으러 다닌 것이었다. 디지는 버드와 함께 한 연주 세션에서 재즈 트럼펫을 재정립하고 있었다. "프레디 웹스터와 나는 매일 밤 디지의 연주를 들으러 갔다." 데이비스의 회고담이다. "하루라도 빠지면 뭔가 중요한 걸 놓치는 기분이었다. 우리는 52번가로 내려가 디지의 연주를 들으며 귀를 훈련시켰다. 바 옆에 서서 25센트 동전을 던진 다음 떨어질 때 어떤 음이 나는지 맞히기도 했다. 소리는 워낙 빠르게 지나가니까 그런 식으로 우리 자신을 시험했던 거다."[20]

프레디 웹스터는 데이비스에게 또 하나의 음악적 본보기였다. 길레스피의 속도는 사실상 도달이 불가능해 보였던 반면, 널리 인정받는 웹스터의 스타일은 손 닿는 곳에 있었다. "그의 연주 방식이 무척 마음에 들었다. 음을 낭비하지 않았고 크고 온화하고 감미로운 사운드였다." 마일스가 말했다. "그와 비슷하게 연주하려고 노력했다. 비브라토는 빼고."[21] 데이비스보다 거의 열 살이 많은 웹스터는 그 시기에 그의 최고 단짝이었다. 서로의 옷을 나눠 입을 정도였다. 그로부터 2년 뒤 시카고의 한 호텔방에서 스물아홉의 나이에 헤로인 과다 복용으로 웹스터가 사망한 일은 손아래 뮤지션에게 크나큰 충격으로 남는다.[22]

1944년 가을, 파커는 한동안 147번가에 있는 마일스의 방에서 함께 살았다. 처음에는 그 사실에 우쭐해져서 아버지가 매주 보내주는 40달러 용돈을 버드에게 나눠주기까지 한 마일스였지만 금세 자신의 관대함을 후회하게 되었다. 버드는 집에 있는 음식을 모조리 먹어치웠을 뿐 아니라 마일스에게 돈을 더 달라고 끊임없이 요구했는데, 분명 헤로인을 사기 위해서였을 것이다. 어느 날 밤 데이비스가 집에 돌아와보니 마일스의 여행 가방을 전당 잡힌 돈으로 마약을 한 파커가 멍한 상태로 바닥에 앉아 있었다. 또 어느 날은 자신의 유일한 슈트를 전당 잡혀 마일스의 훨씬 작은 슈트를 입고 연주를 하러 갔다. 재킷 소매 아래로 셔츠가 10센티미터는 삐져나왔고 바지 끝은 복사

뼈 위로 한참을 올라가 있었다. 아이린과 셰릴이 오면서 파커는 같은 건물의 다른 방으로 옮겼으나 달라진 건 크게 없었다. "그의 방에는 작은 주방이 있었다." 데이비스가 말했다. "그런데도 자꾸 내 집에 와서 음식을 죄다 먹어치웠다. 며칠씩 굶다가 한 번 먹을 때 폭식을 했다. 나중에는 배고프냐고 묻는 것도 그만뒀다."

버드에 대한 마일스의 감정은 딱 반으로 나뉜다. "훌륭한 천재 뮤지션이었다. 아, 하지만 또 한편 세상에서 가장 비열하고 탐욕스러운 개자식 중 한 명이었다."[23]

"버드는 **평범과는 거리가 멀었지.**" 그가 내게 말했다. "완전 자기만의 세계에 살았어."[24]

맨해튼 배회하기, 마약 구하기, 마약 하기, 연주하고 싶을 때 하기, 연주하기 싫을 때 안 하기가 버드의 세계였다. 혼자 있고 싶을 때는 혼자였다. 누군가가 필요하면 그와 기꺼이 함께할, 그가 원하는 모든 것을 바칠 준비가 되어 있는 (점점 늘어나는) 신봉자들과 추종자들이 항시 대기 중이었다. 그는 이 모든 것을 제왕의 특권인 양 당연하게 받아들였다. 공연을 아예 펑크 내거나 몇 시간씩 늦게 나타나기로 악명 높았다. 그러나 느지막이 클럽에 나타나 모두의 시선을 받으며 유유히 무대에 올라 오직 그만이 할 수 있는 연주를 선보였다. 뭇 평범한 뮤지션들은 헤로인과 술에 절어 있을 때 힘을 못 썼지만, 버드는 마약이나 위스키로 인사불성이 되어도 툭툭 흔들어 깨우면 단박에 눈부신 연주를 시작할 수 있었다.

이런 와중에 여러 분야의 책을 읽을 시간도 있었던 모양이다. 버드는 누구와 어떤 주제로든 대화할 수 있었다. ("언변이 뛰어났고 무척 친절했어요." 색소폰 주자 앨 콘이 게리 기딘스에게 말했다. "지식인들과 음악이나 미술에 대해 대화하다가 돌아서서는 노숙자들하고도 마치 같은 처지인 양 이야기를 나눴죠."25) 그는 걸핏하면 누가 봐도 가짜인 영국식 억양을 구사하기도 했다. 그와 디지가 하인스 밴드와 함께 디프사우스Deep South 지역(아칸소주의 파인블러프)을 갔을 때의 일이다. 세트set§와 세트 사이, 디지가 피아노 건반을 가볍게 두드리고 있는데, 한 백인 손님이 5센트 동전을 무대에 던지더니 '흑인 비하 용어N-word'를 쓰며 〈Darktown Strutters' Ball〉을 연주하라고 명령하듯 말했다. 디지는 이 백인 촌뜨기를 무시했다. 나중에 화장실에서 나오는 디지의 머리를 누가 뒤에서 병으로 내리쳤다. 찰리 파커가 잽싸게 그쪽으로 뛰어가며 배우 로널드 콜먼에 완전 빙의하여 외쳤다. "그대는 내 친구를 모욕했소, 이 비열한 자여!"26

둘은 친구였고, 둘 다 천재였다. 길레스피는 파커와 달리 모든 면에서 안정되어 있었지만 말이다. 디지에게는 집이 있었고 아내가 있었고 야망이 있었다. 버드는 셋방에서 살았고 주로 중독 덕분이지만 끝없이 방랑했다. (파커는 한 친구에게 팔에 난 주사 자국을 가리키며 "이게 내 집이고, 이게 내 전 재산이고, 이게 내 캐딜락이야"라고 말했다27). 디지도 술을 좋아했고 마리화나도 즐겼지만 적어도 알고서 헤로인에 손대지는 않았다. (코카인인 줄 알고 헤로인을 흡입한 일이 한 번 있었는데 곧바로 기절했다.28) 디지는 자신의 '디지한 면dizziness'을 완벽히 통제할 줄 알았다. 그의 유머는 그의 삶을 밝혀주었을 뿐 아니라 그만의 브랜드가 되었다. 특히 백인들의 구미에 맞는 브랜드.

§ 주로 클럽 공연에서 연주하는 공연 단위. 한 세트 공연이 끝나고 잠시 쉰 후 다음 세트 공연이 이어진다.

버드랜드에서 공연 중인 토미 포터, 찰리 파커, 디지 길레스피, 존 콜트레인. 뉴욕, 1951.

이는 상반된 결과를 불러왔다. 마일스는 그걸 비난했다. "나는 디지가 무척 좋았다. 하지만 그가 백인들 앞에서 하던 광대 짓거리는 딱 질색이었다."[29] 하지만 디지는 결단코 '톰 아저씨Uncle Tom'가 아니었다. 루이 암스트롱이 수많은 흑인 뮤지션들로부터 톰 아저씨 짓을 한다고 비난을 받다가 그를 제대로 알게 되면서 오해가 풀린 것처럼, 디지 또한 음악에서 오는 즐거움과 그 음악을 연주할 때의 빛나는 기량이 발산되었을 뿐이다. 이름부터가 기억하기 좋았고 (이름 자체에 어떤 선율이 있어) 부르기도 재미있었다. 파커는 재즈 뮤지션에게는 경외의 대상이었어도 외부 세계에서는 무명에 가까웠던 반면, 길레스피는 흑인 신문과 백인 신문을 가리지 않고 온갖 지면에 등장했다. 1945년 잡지 『에스콰이어』는 길레스피에게 재즈 트럼펫 부문 신인상을 수여했다. 알토 색소폰 부문은 허비 필즈에게 돌아갔다.

그해 4월 중순, 디지는 실용주의 사업가답게 쓰리 듀시스에서 8주간 상주 공연 계약을 따냈고 함께 연주할 멤버로 버드와 피아노 주자 앨 헤이그, 베이스 주자 컬리 러셀, 드럼 주자 스탠 레비를 고용했다. (이 공연이 시작될 즈음에 베니 카터와 투어 중이던 맥스 로치가 곧 돌아와 레비를 대체했다.) 5중주단은 매일 오후 민턴스에 모여 리허설을 했다. 그곳의 매니저 겸 뮤지션 테디 힐이 너그럽게 사용을 허락해준 덕분이었다. 길레스피와 파커는 음악적 유대감을 더욱 끈끈히 다져가며 황홀하고 엄청나게 빠른 유니슨을 완벽하게 가다듬었고, 이 유니슨은 때로 도입부나 마무리에 또 그들이 연주하던 새로운 곡(⟨Be-Bop⟩ ⟨Groovin' High⟩ ⟨Salt Peanuts⟩ ⟨Hot House⟩)을 풍성하게 꾸미는 장식으로 사용되었다.

이 그룹은 거의 매일 밤 만원 청중 앞에서 공연했다(듀시스의 최

대 수용 인원은 125명이었다). 많은 관객들이 새로운 음악의 새로움 자체에 이끌려 이곳을 찾았다. 심지어 동료 프로 뮤지션들조차도 그들의 음악을 들으며 얼이 빠지곤 했다. "들어가면, 이 녀석들이 각자 악기를 집어 들고서 미친 듯이 불어젖히는 거야." 베테랑 드러머 데이브 터프의 회고담이다. "하나가 갑자기 연주를 멈춰. 그리고 다른 누가 아무 이유도 없이 연주를 시작하지. 언제 솔로가 시작될 거고 끝날 건지 전혀 알 수가 없는 거야. 그러다가 다 같이 한순간에 연주를 멈추고 무대에서 내려가버려. 정말 무시무시하더군."[30]

마일스와 프레디 웹스터도 넋을 잃고 빠져들어 계속 그곳을 찾았다. 열아홉 살의 데이비스는 이제 막 이름이 나기 시작하던 참이었고, 스탠 레비에게 강한 인상을 남겼다. "마일스 데이비스는 시건방진 놈이었다." 그의 회고담이다.

우리가 쓰리 듀시스 근처에서 성냥갑에 코드 진행을 받아 적고 있을 때면 그는 항상 단추 세 개를 다 채운 브룩스 브라더스 정장 차림으로 그곳을 서성였다. 허리를 살짝 숙이고 발을 끌며 느릿하게 걷는, 한마디로 온갖 폼을 다 잡은 힙한 걸음걸이에 늘 트럼펫이 든 가죽 케이스를 메고 다녔다.

어느 날 휴식 시간에 쓰리 듀시스에 있는 우리를 마일스가 찾아왔다. 알다시피 그는 시건방진 놈이었다. 디지한테 다가가더니 말하길, "당신이 연주하는 건 뭐든 나도 다 할 수 있어요" 하는 것이 아닌가. 디지가 미소를 지으며 말했다. "물론이겠지, 한 옥타브 낮게 말이야." 마일스는 말대답을 밥 먹듯 하고 입도 거칠었다. 우리는 늘 그에게 "입 닥쳐, 꼬맹이야, 알지도 못하면서 까불지 말고" 이렇게

말하곤 했다.[31]

너무 금방 또 너무 예상대로, 찰리 파커가 공연에 늦게, 더 늦게 오더니 급기야 아예 나타나지 않기 시작했다. 디지가 그 문제에 대해 이야기해보려 했지만 버드는 무작정 부인하며 잡아떼는 식으로 대응했다. 디지의 인내심에 한계가 오고 결국 악명 높은 사건으로 이어졌다. 어느 날 밤 또다시 클럽에 늦게 나온 파커는 오자마자 화장실에 틀어박혔다. 기딘스에 따르면 "한참 후에 길레스피가 화난 목소리로 파커가 저 안에서 팔에 바늘을 꽂고 있다고 로치에게 말했다. 길레스피는 자기 옆에 마이크가 켜져 있는지 몰랐고 클럽 안에 있는 모든 사람이 그의 말을 들었다. 화장실에 있던 파커까지. 그는 배신감을 느꼈다."[32]

서로에 대한 애정과 존중으로 둘은 헤어졌다가도 다시 뭉치길 반복했다. 다만 그 관계는 또 다른 균열이 찾아오기 전까지만이었다. 디지를 지치게 만든 것은 미덥지 못한 '야드버드'만이 아니었다. 스콧 드보가 쓴 대로, 그 무렵 디지는 "자신의 음악 생활에서 중심점을 찾기 위해 고군분투하고 있었다."[33] 작은 클럽 무대라는 형태 자체가 문제였다. 그는 새로운 음악을 더 많은 이들에게 들려주고 싶었고, 이 음악이 누구의 것인지 더 광범위한 대중에게 보여주고 싶었다.

그해 봄, 재즈 공연 세 곳에서 길레스피-파커 5중주단의 쇼케이스 무대가 있었다. 첫 번째 무대는 5월 16일, 웨스트 43번가의 타운 홀이었는데, 결과는 절반의 성공이었다. 〈Shaw 'Nuff〉 〈A Night in Tunisia〉 〈Groovin' High〉 〈Be-Bop〉 〈Round Midnight〉 〈Salt Peanuts〉 같은 센 곡들을 가지고 기세 좋게 출발했다. 그런데 광고를 가득 채운 카운트 베이시, 테디 윌슨, 그리고 밴드 리더이자 색소폰 주자인 조지 올드를 포함한 여러 이름 있는 게스트들이 나타나지 않았다. 자존심 상할 만큼 저렴한 25달러라는 출연료 제안에 모두 공연을 거절한 것이다.

6월 5일, 5중주단은 필라델피아 음악원에서 열린 '올스타 재즈 콘서트'에 출연해 훨씬 성공적인 무대를 선보였다. 혁신적인 사운드로 공연장을 가득 채운 관객들을 열광시켰고, 관객 중에는 당시 10대였던 존 콜트레인과 베니 골슨이 있었다.

6월 22일 열린 두 번째 타운 홀 공연은 최첨단 장비로 공연 전체가 녹음되었다. 근 60년간 유실된 줄로만 알았던 마스터 디스크가 2004년에 발견되었는데, 하이파이 녹음은 파커와 길레스피가 새로운 위세의 정점에 달했음을 여실히 보여준다.

사실 처음에는 디지뿐이었다. 늘 그랬듯 버드는 지각이었고 그 대신 길레스피는 이제 보험으로 다른 연주자를 준비시키는 법을 배웠다. 재즈 디제이 "심포니 시드" 토린의 소개 멘트는 두 가지 사실을 분명히 보여준다. "자, 출연진 구성에 대해 이미 아시겠지만, 디지 길레스피와 그의 5중주단으로 시작할 예정이며 찰리 파커도 참여합니다. 다만 찰리가 도착했는지는 모르겠네요. 그래서 돈 바이어스가 대기 중입니다."[34]

그룹은 이어서 〈Be-Bop〉 연주에 들어간다. 길레스피와 바이어스가 유니슨 인트로를 시도하지만 어딘지 힘이 없고 머뭇거리는 느낌이다. 이어지는 디지의 솔로는 주춤대듯 시작했다가 차차 힘을 얻는다("불어젖혀요, 디지!" 관객 중 누군가가 외친다). 다음은 바이어스의 솔로. 제법 훌륭한 연주다. 다만 그의 테너 색소폰 저음부가 디지의 트럼펫과 버드의 알토 색소폰만큼 어우러지지 않아서 과연 객원 연주자임을 느끼게 한다. 길레스피의 두 번째 솔로가 튼튼하게 치받고 들어온다. 마침내 찰리 파커가 등장하자 길레스피의 에너지가 눈에 띄게 올라간다. 파커의 다섯 코러스 솔로는 많은 이들이 왜 그에게 열광해왔는지, 지금도 또 앞으로도 어떠할지를 깨닫게 해준다. 디지가 흥겹게 맞받는다. 그들이 아웃트로에서 보여준 물샐틈없는 유니슨에 귀가 호강한다.

그러나 친구와 연주하면서도 디지의 눈은 더 푸른 초원을 향해 있다. 그는 버드를 기다리고, 버드 대신 변명을 늘어놓는 일에 신물이 난다. 매번 고작 125명 앞에서 연주하는 것도 질렸다. 미국 전역에 아직 그가 누구인지 발견해야 할 이들이 차고 넘친다. 그에게는 불멸의, 혹은 어쨌든 상업적인 욕망이 있다. 그는 빅밴드를 이끌고 싶다.

사태가 위중하다. 왜냐면 백인 밴드 리더 겸 클라리넷 주자 우디 허먼과 그가 이끄는 밴드인 퍼스트 허드가 라디오에 출연하고 투어를 다니며 비밥 냄새가 나는 곡들로 엄청난 흥행을 이어가고 있기 때문이다. 그중 세 곡(⟨Down Under⟩ ⟨Woody 'N' You⟩ ⟨Things to Come⟩)은 디지 작곡이었다. 허먼 밴드의 트럼펫 주자이자 편곡자 닐 헤프티는 길레스피의 연주법과 작곡법을 충실히 따랐다. 또 베이스 주자 처비 잭슨 역시 비밥에 푹 빠져 이 양식을 이해하고 사랑하는 젊고 매력적인 (백인) 연주자를 기용하라고 허먼을 부추긴다. 이런 상황에서 디지는 그해 7월 댄싱 듀오 니컬러스 브러더스와 몇몇 공연 팀들이 출연하는 "1945년의 헵세이션스Hepsations of 1945" 쇼에 자신의 오케스트라를 데리고 참여하여 투어에 나선다. 어떤 면

에서 자기 자신과 경쟁하는 셈이다.

사실 경쟁이라고 하기도 어렵다. 대규모 시장은 백인 중심이다. 미국은 엄격하게 분리되어 있고 흑인 재즈는 게토화되어 있다. 1939년 정제된 블루스풍의 빅밴드 히트곡 〈Woodchopper's Ball〉로 혜성처럼 등장한 허먼은 상업적으로 기민하게 반응하는 카멜레온 같은 인물이다. 친근하고 카리스마 있는 밴드 리더이자 흑인 음악(블루스와 밥)이든 백인 음악(빠르고 느린 춤곡)이든, 그 중간의 뭐가 됐든 노래하고 연주할 수 있다. 1945년 봄에 R&B의 원형인 점프 블루스 곡, 루이스 조던의 〈Caldonia〉("칼도니아! 칼도니아! / 네 큰 머리는 왜 그리 단단하지?")가 레이스 레코드Race Records 차트 1위를 기록하고 있을 때, 이 곡의 빅밴드 버전 두 곡(어스킨 호킨스, 우디 허먼) 또한 판매 실적이 좋다. 호킨스는 흑인이다. 그의 음반은 R&B 차트 2위, 빌보드 팝 차트 12위에 올랐고, 허먼의 음반은 팝 차트 2위를 차지한다. 그해 여름 허먼과 그의 밴드 퍼스트 허드는 CBS 라디오를 타고 미국 전역에 울려 퍼지는 반면 디지 길레스피 오케스트라는 미국 남부를 돌며 대부분 이해하지도 못하는 흑인 관객들 앞에서 연주한다.

"일반 대중을 비밥으로 끌어들이려면," 디지는 훗날 이렇게 썼다. "남부 주들을 돌며 남부의 대규모 흑인 대중에게 이 음악에 대한 감각을 먼저 심어줘야 했다. 하지만 일이 뜻대로 풀리지 않았고 첫 번째 빅밴드는 내 기억 속에 흐릿하게 남아 있을 뿐이다. 차라리 잊어버리고 싶다."[35]

한편 찰리 파커는 쓰리 듀시스 무대를 통해 명성을 쌓았고 이제 디지의 부재로 그의 진가가 더욱 빛나기 시작했다. 다만 사이드맨sideman[§]으로만 녹음에 참여했기 때문에 아직 일반 대중에게는 대체로 무명의 존재였다. 7월 말 파커는 듀시스로 돌아가 같은 5중주단 멤버로 한 달간 무대에 섰다(길레스피 자리는 돈 바이어스가 메웠다).[36] 흥미로운 조합이었으나 안타깝게도 이 공연은 녹음이 전혀 남아 있지 않다.

마일스는 디지가 떠나면서 잠시 상실감에 빠졌지만("디지가 그룹을 그만두자 음악계 전체가 충격에 빠졌고 그들이 함께 연주하는 걸 사랑했던 모든 뮤지션들이 서글퍼했다."[37]), 결과적으로 전화위복이 되었다. 52번가의 클럽 주인들이 버드에게 다음 트럼펫 주자는 누가 될지 물었다. "어느 클럽에선가 버드와 함께 있는데 업주가 그 질문을 던졌다." 데이비스의 회고담이다. "그러자 버드가 나를 향하더니 이렇게 말했다. '바로 여기, 내 트럼펫 주자야. 마일스 데이비스.'"[38]

그는 약속을 지켰다. 10월 초, 파커는 새로운 상주 공연을 시작했다.[39] 이번에는 52번가의 단 두 곳뿐인 흑인 소유 클럽 중 하나인 클라크 먼로스 스포트라이트에서 6중주단으로 나섰다. 찰스 톰슨 경이 피아노를, 레너드 개스킨이 베이스를, 스탠 레비가 드럼을, 덱스터 고든이 테너 색소폰을, 마일스 데이비스가 트럼펫을 맡았다.

겉으로는 자신감 넘쳐 보여도 트럼펫 주자는 겁에 질렸다. 그럴 만했다. "버드 옆에서 마일스는 **한참** 불리했어요." 색소폰 주자 데이브 리브먼이 내게 말했다. "자기도 알았죠. 왜냐면 버드하고 함께라는 건, 그야말로 20세기의 가장 중요한 목소리 옆에 서 있는 거잖아요. 내가 항상 말하는 게 버드와 아르놀트 쇤베르크 이후 사람들이 음악을 보는 방식이 바뀌었다는 거거든요. 바로 그 찰리 파커 옆에

§ 밴드 리더가 아닌 연주자로 특정 공연이나 녹음에 참여하는 멤버.

선 거예요. 스물두 살이 감당하기에는 엄청난 부담일 수밖에요."[40]

사실은 열아홉이었다. 결혼도 했고 아이도 있었으나 아직 미성년 자였다. "음악사를 통틀어 최고로 끝내주는 알토 색소폰 주자와 함께 연주하는 것"에 대한 마일스의 당초 두려움은 헛다리를 짚은 게 아니었다. 재즈 역사상 가장 빠르고 고음역을 구사하는 트럼펫 주자 디지를 대신하는 자리인 만큼 그는 또 다른 디지가 되어야 했다. 하지만 그는 디지가 아니었다. 마일스는 길레스피의 연주를 속속들이 이해했지만 그것을 재현하기란 한마디로 불가능했다. "디지가 하듯 고음을 낼 수가 없었다. 내 입술이 그만큼 발달하지 못해서이기도 했고 그 고음역에서는 음악이 **들리지** 않았다."[41] 너무 긴장이 되어 매일 밤 버드에게 그만두면 안 되냐고 물었다고, 그는 썼다. "이렇게 물었다. '내가 어디에 필요한데요?'"

다른 이들도 같은 질문을 했다. 세계에서 가장 경쟁이 치열한 재즈의 장場인 뉴욕, 커팅 콘테스트cutting contest§가 일상처럼 벌어지던 곳, 로이 엘드리지 같은 대가들이(그렇다, 버드와 디지 같은 이들도 마찬가지였다) 민턴스와 먼로스의 잼 세션에서 밤마다 주제넘은 신참들을 갈기갈기 찢어버리며 가학적 쾌감을 느끼는 이곳에서 미스터 줄리아드에 대한 좋지 않은 소문이 번져가고 있었다. "찰리가 캔자스시티에서 색소폰을 불기 시작할 때 찰리가 나타나면 거기 형님들이 '아 이런, 또 저 자식이야?'라고들 떠들었다." 버드 존슨의 말이다. "마일스 데이비스도 52번가에서 똑같은 대접을 받았다. '저 친구가 무대에 선다고? 그럼 난 빠져.' 그 정도로 연주가 형편없었다."[42]

---

§ 1930년대에 재즈 뮤지션들 사이에서 활발히 이루어졌던 연주 배틀.

재즈 뮤지션이자 평론가인 로런 쇼언버그는 내게 이렇게 말했다. "찰리 파커와 디지 길레스피는 밴드를 함께 했죠. 둘 다 속주速奏의 대가였어요. 둘이 갈라선 다음 무슨 이유에선지 찰리 파커는 여러 면에서 자기 연주 스타일과 정반대인 사람을 기용해요. 아무도 장래성을 인정하지 못하는 누군가를 말이죠. 나는 하워드 맥기하고도 알았고 그 시절 사람들 여럿하고도 이야기를 나눠봤는데 찰리 파커가 도대체 왜 마일스 데이비스를 기용했는지 **아무도** 이해하지 못했어요."

쇼언버그에게 본인 의견은 어떤지 물어봤다.

"마일스 데이비스가 (10년 뒤에) 존 콜트레인을 기용한 것과 같은 이유라고 생각해요. 다듬어지지 않은 원석을 알아보고서 이 친구에게 뭔가 있다, 잠재력이 있다는 걸 간파했을 거예요. 사실 1946년과 1947년 초반의 마일스에게서는 찾아보기가 정말 힘든데도요. 디지 길레스피와 비슷한 연주자를 쓰기 싫었던 것 같아요. 패츠 나바로, 하워드 맥기, 레드 로드니, 케니 도럼을 쓸 수도 있었으니까요. 물론 나중에 기용하긴 했지만. 그 대신 자신의 양陽에 대비되는 음陰을 택한 거예요. 높고 빠르게 연주하지 않는 누군가를."[43]

훗날 '어둠의 왕자' '쿨의 제왕'으로 불리게 될 남자의 젊고 설익고 겁에 질린 모습을 떠올리는 건 묘한 일이다. 비록 내면에는 야망과 확신의 용광로가 달아오르고 있긴 했지만 말이다. 하지만 마일스의 회고록에서 덱스터 고든—데이비스보다 더 유복한 집안 출신에 나이는 세 살 더 많고 키도 데이비스보다 거의 30센티미터나 더 큰 198센티미터였다[44]—이 마일스에게 끔찍할 만큼 촌스럽다고 훈계하며 개선책을 알려주는 장면은 도저히 웃음을 참기 힘들다.

덱스터는 예전에 정말 힙하고 멋쟁이였다. 그 시절 누구나 입던 어깨 넓은 슈트를 입고 다녔다. 나 역시 무척 힙하다고 생각한 브룩스 브라더스 스리피스 슈트를 입고 있었다. 세인트루이스 스타일 그딴 것 말이다. …

그런데 덱스터는 내 복장이 힙하지 않다고 생각했다. "짐(당시 뮤지션들 사이에서 자주 쓰던 표현), 그 꼴로는 우리랑 못 어울리지. 다른 걸 좀 입지 그래, 짐? 슈트를 몇 벌 사라고. F&M에 가서 말이야." 미드타운 브로드웨이에 있던 옷가게 말이었다. …

그러면 나는 의기소침해져서, "하지만 덱스, 이것도 좋은 옷이에요" 하고 말했다.

"그래, 넌 그게 힙하다고 생각하겠지, 마일스. 근데 아니야. 난 그런 고지식한 옷 입은 애랑 다니는 거 딱 질색이야. 그리고 버드의 밴드에서 연주하잖아? 이 세상에서 가장 힙한 밴드 말이야. 이봐, 그 정도는 좀 알고 다니라고."[45]

10대 후반에서 20대 초반까지, 본인 스스로 인정하듯, 예쁜 여자애 같은 외모를 지닌 마일스에게 고든은 콧수염이나 턱수염을 길러 보라고 조언했다. 마일스가 반격에 나섰다.

"어떻게요, 덱스터? 머리 말고는 털 나는 데도 별달리 없고 겨드랑이랑 아랫도리 주변에나 조금 난 게 전부란 말예요. 우리 집안은 인디언 피가 많이 섞였거든요. 흑인이나 인디언이나 수염을 기르지 않고 얼굴에 털도 거의 없다고요. 내 가슴은 토마토처럼 매끈매끈해요, 덱스터."

"그래도, 짐(고든이 대답했다), 뭐라도 좀 해봐. 그런 꼴로는 우리 랑 못 어울려. 쪽팔리니까. 수염도 못 기르면 가서 힙한 슈트나 좀 사두지 그래."[46]

마일스는 47달러를 모아 F&M에서 어깨가 넓은 슈트를 한 벌 샀 고, 비로소 텍스터는 그를 진짜 힙한Truly Hip 그룹의 일원으로 받아 주었다. 하지만 새로운 음악의 뜨거운 중심부에는 이미 마일스 스스 로 들어선 참이었다.

"나이트클럽 네 곳에 제재 조치." 1945년 11월 5일 자 『뉴욕 타임스』 뒤쪽 지면의 단신 기사 하나에 이런 제목이 붙었다.

경찰청은 52번가에 있는 나이트클럽 네 곳의 카바레 면허를 "압 수했다." 이는 제4 경찰국 청장 코닐리어스 올리리 앞에서 열린 청 문 절차 이후의 일이다. 올리리 국장은 이 네 곳의 업주에게 "해당 업소에 마약 밀거래에 연루된 자들이 빈번히 출입하여 관련 규칙과 규정을 위반했는데도 카바레 면허를 취소하면 안 되는 이유를 설명 해보라고 요청했다."[47]

마일스의 말로 옮기자면, 52번가 클럽들은 재즈 애호가 외에도 이런 사람들로 들끓었다.

사기꾼, 수많은 매춘부를 거느리고 방탕하게 생활하는 포주들, 힙 스터, 마약 밀매업자 ⋯ 흑인과 백인 가리지 않고 ⋯ 그 빌어먹을 놈

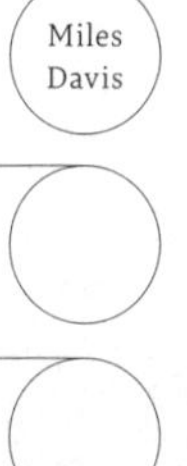

들은 어디에나 있었고 원하는 짓은 뭐든지 했다. 그들이 경찰에게 뇌물을 바친다는 사실은 공공연한 비밀이었고, 이 사기꾼들이 백인인 한 괜찮았다. 그러나 음악이 업타운에서 다운타운으로 내려오자 흑인 사기꾼들도 따라 내려왔다. … 이 상황을 백인 경찰들이 곱게 보지 않았다.[48]

전시 내내 52번가와 그 주변에는 흑인 뮤지션과 술에 취한 백인 병사들 간에 주기적으로 긴장 상태가 조성되었다. 대개 휴가를 나와 불법적인 즐길 거리를 찾는 이들이었다. 디지 길레스피는 술에 취해 화를 내는 한 무리의 해군 병사들을 피해 지하철역으로 달려 내려가 간신히 도망쳤던 일화를 들려주었다.[49] 결국 사태가 최악으로 번졌다. "토요일 청문 절차가 끝난 뒤," 『뉴욕 타임스』 기사가 이어졌다.

경찰국 청장 올리리는 결정을 유보했다. 그러나 어젯밤 클럽들은 (웨스트 52번가의 57번지 오닉스, 66번지 다운비트, 56번지 스포트라이트, 72번지 쓰리 듀시스) 공연을 올리지 않았으며 손님도 거의 없었다. 오닉스의 면허는 열흘 전 취소됐고, 나머지 세 업소들의 면허 취소는 어제 새벽 3시에 발효되었다.[50]

이 단속의 자연스러운 결과로 음악이 업타운으로(버드의 5중주단 경우는 민턴스로) 옮겨갔고, 마일스 데이비스에게 이것은 주머니 사정은 아닐지라도 자존심 측면에서 좋은 일이었다. 이 변화 덕분에 자신감이 올라갔다고 그는 썼다. 어쩌면 흑인이 대부분인 할렘의 관객들이 자기 편에 서주었기 때문이 아닌가 짐작한다. 파커의 기가 막힌 솔로 후에 쏟아지던 우레 같은 박수가 별안간 마일스에게도 쏟아졌다. 〈Cherokee〉나 〈A Night in Tunisia〉 같은 디지 스타일에 딱 들어맞는 빠른 곡에서는 여전히 애를 먹었지만, 차츰 자신의 길을 찾아가고 있었다.

그리고 느닷없이, 버드와 연주하는 것뿐 아니라 녹음까지 하게 되었다.

사보이 레코드는 1942년 뉴어크의 음반 가게 주인인 허먼 루빈스키가 설립한 R&B 전문 소형 레이블이었다. 루빈스키는 금세 "거만한 악당, … 전형적인 허풍선이, 뚱보, 매력이라고는 아예 없는 시가 애호가 음반 업자",[51] 또한 "입이 걸고 자린고비에다가 자신이 녹음한 뮤지션들을 대개 얕잡아보는 사람"이라는 평판을 얻었다.[52] 그런 루빈스키의 삶에 1945년 한 인물이 등장했다. "130킬로그램이 넘는 체중에 약 183센티미터의 키, 할렘에서 태어난 유대인 프로모터 … 재즈 세계의 도둑들과 천재들 사이에서 성장했으며 어린 나이에 인맥 쌓기 기술에 통달한 열렬한 재즈 팬"이었다.[53] 그의 이름은 테디 리그, 그는 52번가에 자주 출몰하던 인사들 가운데 한 명이었다.

리그는 존경하던 연주자들의 환심을 사기 위해 친하게 굴었고(그가 항상 마리화나를 넉넉히 소지하고 다닌 것도 한몫했다), 또 허먼 루빈스키에게 의도적으로 접근하여 사보이의 재즈 음반들을 프로듀싱할 기회를 얻어냈다. 1945년 11월 26일 월요일, 어떻게 보더라도 역사적으로 중요한 이날, 테디 리그는 드디어 그걸 했다. 바로 찰리 파커가 처음으로 리더로 나선 녹음 세션을 감독한 것이다. 이 세션은 《Charlie Parker's Reboppers》라는 이름으로 발매될 78회전 음반 시리즈 중 하나였다. 그 세션에서 버드는 마일스 데이비스에게 함께 연주

를 해달라고 청했다. 버드 파월이 참여할 수 없었기 때문에 피아노
는 미네소타 출신의 포러스트 아곤 손턴(후에 사딕 하킴으로 개명[54])
이 맡았고 베이스에는 컬리 러셀, 드럼에는 맥스 로치가 함께 했다.
디지 길레스피에게서 벗어난 파커를 세상에 소개하기 위한 목적으
로 기획된 앨범이었다. 하지만 참관인으로 참석한 디지도 어찌된 영
문인지 결국 녹음에 참여하여 세 개의 트랙에는 꽤 훌륭한 피아노 컴
핑comping§을, 그리고 한 개의 트랙에는 트럼펫 연주를 남겼다(다만
다른 음반 레이블과의 계약 때문에 공식 기록에는 이름이 빠졌다).

《Reboppers》덕분에 리그는 부정한 방법을 쓰는 비공식 해결사,
마약 밀매업자, 유명인 주변을 어슬렁거리며 콩고물이나 노리던 신
분에서 일대 도약을 이뤄냈다. 데이브 겔리의 『재즈 저널』 기사에 따
르면 리그는 "연주자들을 집합시키고, 현금으로 임금을 지불하고, 노
조를 응대하고, 한 세션당 마스터 본을 네 개씩 만드느라 일이 끝이
없었다." 좋은 점도 있었다. "녹음할 곡이 모두 오리지널 곡이어서 저
작권 사용료 걱정은 없었을 것이다."[55]

11월 26일 세션은 사실 여섯 개의 녹음으로 구성되어 있었다.
⟨Billie's Bounce⟩, ⟨Warming Up a Riff⟩, ⟨Now's the Time⟩, (⟨Anthro-
pology⟩라고 알려진) ⟨Thriving on a Riff⟩, (⟨Embraceable You⟩의 코드 구
조를 바탕으로 한) ⟨Meandering⟩, 그리고 ⟨Ko-Ko⟩. 마일스는 ⟨Billie's
Bounce⟩ ⟨Now's the Time⟩ ⟨Thriving on a Riff⟩ 세 곡에만 참여했다. 중
간 템포의 첫 두 곡에서 그의 솔로는 아주 서정적이지는 않아도 선

---

§ 재즈 연주에서 다른 연주자의 즉흥 솔로에 맞춰 순간순간 코드와 리듬을 즉흥적으로 선택
해 뒷받침하는 창의적인 반주 스타일.

율이 살아 있다. 아직은 그의 소울풀함이 우러나기 전이었다. 버드가 음악적 조화로움과 가능성을 엿본 유능한 연주자였지만 장차 보게 될 위대함은 아직 모습을 드러내지 않았다.

빠른 곡 〈Thriving on a Riff〉는 다르다. 약음기mute§를 끼운 트럼펫으로 연주하는 데이비스의 솔로로 시작하는데, 거의 디지의 속도에 버금갈 만큼 빠르다. 경쾌하면서도 배짱 있는 연주에서 완숙한 마일스를 미리 엿볼 수 있으며, 겨우 열아홉 살임에도 함께 하는 쟁쟁한 연주자들 사이에서 그가 얼마나 강한 야심을 지니고 있었는지를 떠올리게 한다.

하지만 과시적인 야망만으로는 〈Ko-Ko〉에 도전하기에 충분치 않았다. 〈Ko-Ko〉는 〈Cherokee〉의 코드를 바탕으로 한 정열적인 곡이다. 파커가 마일스에게 반주를 요청했다. 마일스의 회고에 따르면,

버드는 당시 내가 〈Cherokee〉를 연주하는 데 애를 먹는다는 걸 **알았다**. 그래서 내가 그 곡을 연주하면 좋겠다는 그의 말에 나는 못한다고, 안 하겠다고 답했다. 바로 그래서 〈Ko-Ko〉와 〈Warming' Up a Riff〉와 〈Meandering〉에서는 디지가 트럼펫을 연주한다. … 내가 하다가 망신 당하고 싶지 않았다. 정말이지 나는 〈Cherokee〉의 템포로 연주할 준비가 안 됐다는 생각이었기에 얼버무리지 않고 솔직하게 말했다.[56]

디지와 버드가 빈틈없는 유니슨으로, 이어 각자의 솔로로, 다시

§　특정한 음색을 내기 위해 악기에 부착하는 장치.

쓰리 듀시스에서 공연 중인 찰리 파커(중앙), 마일스 데이비스(오른쪽), 토미 포터, 맥스 로치.
뉴욕, 1947년경.

유니슨으로 끝내는, 재즈 역사상 가장 전설적인 이 녹음에서 기막힌 연주를 하는 동안 마일스는 "빌어먹을 바닥에 누워 쿨쿨 잤노라"고 말한다. 마일스의 심리 상태를 드러내는 흥미로운 부분이다. 완전히 곯아떨어진 채, 자신의 연주가 비교 당하며 밀리는 걸 듣고 싶지도 않고, 그 현장에서 체면을 구기고 싶지도 않았던 것이다.[57]

"버드를 찾는 온갖 사기꾼들과 마약 밀매업자들"이 들이닥쳐 세션 녹음이 번번이 중단되었다고 마일스는 기억했다. 버드는 그때마다 화장실로 사라졌다가 "완전 떡이 되어" 돌아왔지만 "약에 취하고 나면 혼신을 다해 연주했다."[58]

그리고 출세를 염원하는 젊은이들에게 보내는 암호 같은 메시지가 있었다. 이 앨범으로 점화된 커져가는 파커의 명성과 불가피하게 뒤엉킨 채, 마치 세이렌siren의 치명적인 유혹처럼 젊은 뮤지션들을 잘못된 결론으로 이끌 삼단논법의 두 전제. **버드는 헤로인을 한다. 버드는 헤로인을 하고도 신처럼 연주한다.** 안타깝게도 실제로 많은 이들이 그 길을 갔고 그로 인해 많은 이들에게 깊은 슬픔을 안겨주었다.

1945년 12월 52번가 클럽들이 문을 닫으면서 분위기가 차갑게 가라앉자 마일스는 이스트 세인트루이스 고향집으로 돌아가 크리스마스를 보내기로 마음먹었다. 며칠 뒤, 베니 카터와 그의 밴드가 리비에라 클럽에 왔다. 인사차 찾아갔을 때 카터가 마일스에게 투어에 함께 하자고 제안했다. 카터가 세인트루이스 다음 로스앤젤레스로 갈 거라고 하자 마일스는 같이 가겠다고 했다. 숨은 동기는 버드, 디지와 다시 뭉치는 것이었다. 최근 두 사람이 재결합하여 할리우드의 나이트클럽 빌리 버그스에서 공연 중이라는 소문을 들었기

때문이다(또 다른 동기는 가정의 굴레에서 되도록 벗어나는 것이었다. 아이린이 셰릴에 이어 둘째를 임신했다).

로스앤젤레스에 도착한 마일스는 길레스피가 버드 없이 혼자 뉴욕으로 돌아갔다는 사실을 알게 되었다. 버드는 빌리 버그스 공연 이후 술과 마약에 빠져버린 상태였다. 데이비스는 파커를 찾아냈고, 둘은 리틀 도쿄에 있는 피날레라는 애프터아워스after-hours 클럽§에서 잼 세션을 가졌다. 버드와 다시 연주를 해보면서 베니 카터의 음악을 새로운 관점으로 다시 보게 되었다. 노장의 밴드 리더이자 뮤지션이자 편곡자인 그를 깊이 존경하긴 했으나 그의 밴드가 연주하는 스윙 스타일 편곡에 금세 싫증이 났다. 돈도 없고 전망도 불투명했지만 마일스는 결국 밴드를 그만두었다. 러키 톰프슨의 집에 얹혀 지내다가 나중에는 하워드 맥기의 집에서 신세를 졌다. 그리고 맥기의 권유로 그를 따라다니던 화려한 금발 여인에게서 용돈을 받아 썼다.

한편 찰리 파커는 디지 길레스피와 공동 주연으로 무대에 서는 일에 진절머리가 났다. 홀로 빛나고 싶었고, 나의 밴드를 이끌고 싶었다. 마일스는 밴드의 주도권을 두고 경쟁하지 않으면서 이상적인 반주자가 되어줄 인물이었다. 마일스가 고음역대가 아닌 중음역대로 트럼펫을 연주했기 때문에 버드는 자신의 화려하고 난해한 솔로 연주를 자유롭게 펼칠 수 있었다. 2월 말 파커는 다이얼 레코드와의 첫 녹음 세션에서 함께 연주하자고 마일스를 초대했다. 로스 러셀이 최근 설립한, 버드 음악을 중심으로 한 레이블이었다. 마일스는 흔쾌

§ 정규 공연 시간이 끝난 후에도 뮤지션들이 계속해서 즉흥 공연을 이어가는 무대가 허용되는 심야 클럽.

히 응했다.

이것은 사실 러셀이 버드를 위해 마련했던 두 번째 세션이었다. 첫 번째 세션은 충분히 짐작 가능한 이유로 버드가 나타나지 않았다. 하지만 3월 27일 밤 피날레에서의 혼란스런 리허설에도 불구하고 이번 세션은 실제로 진행되었다. 버드, 마일스, 러키 톰프슨에 두 명의 (백인) 연주자 기타리스트 아빈 개리슨과 피아니스트 도도 마마로사가 합류했다. 로스 러셀은 그날 저녁이 "말다툼과 당초 예정되어 있던 멤버들의 교체"로 얼룩졌으며 "찰리도 약속했던 자작곡들을 써놓지 않았다"고 썼다.[59]

러셀을 달래려고 던져둔 약속이었던 것 같다. 마일스는 파커의 작곡 과정을 보다 깊이 이해하기 시작했다. "버드는 연주자들이 어떻게 연주하기를 원하는지에 대해 체계적으로 설명하지 않았다"고 그는 회고했다.

그는 그저 자기 생각대로 연주를 해줄 것 같은 사람을 데려다놓고, 그걸로 끝이었다. 멜로디 스케치 정도는 몰라도 적어둔 계획 같은 건 없었다. 그가 원하는 건 오직 연주를 하고, 돈을 받고, 나가서 헤로인을 사는 것이었다.

버드는 자신이 원하는 멜로디를 연주했다. 다른 연주자들은 그가 뭘 연주했는지 기억해야 했다. 정말로 즉흥적인 사람이라 본능대로 움직일 뿐이었다. 모든 것을 계획하고 조직하여 연주자들이 그룹 내에서 상호 작용하며 연주하는 방식, 그러니까 웨스트코스트 스타일을 따르지 않았다. 그는 즉흥 연주의 달인이었고, 바로 거기서 진정 위대한 음악이 나오며, 위대한 뮤지션이란 그런 방식을 통해 나오는

거라고 믿었다. "종이에 써놓은 건 다 개소리야"라는 식이었다.[60]

찰리 파커에게는 아무리 능수능란한 뮤지션이라 해도 좀처럼 갖기 어려운 능력, 다시 말해 마치 음반처럼 음악을 기억하는 능력이 있었다. 독야청청 오직 자신만의 세계에 갇힌 채 그는 이 재능의 비범함을 제대로 알지 못했거나 적어도 그 가치를 인정하려 하지 않았다. 오리지널 곡을 별다른 가이드 없이 연주하여 후세에 남겨야 하는 이 아슬아슬한 줄타기에 발을 올린다는 건 연주자들에게 여간 불안한 일이 아니었다. 시간이 흐르면서 마일스는 버드의 이런 방법 없는 방법non-method method을 인정하고 배우게 되지만, 1946년 3월 28일 오후의 녹음 세션에서는 겁에 질렸고 약간 어찌할 바를 모르겠는 심정이었다.

"그날 나만 빼고 다 연주를 잘했던 것 같다." 그의 회고담이다.

버드와의 두 번째 녹음이었는데 왜 능력만큼 연주가 안 나왔는지 모르겠다. 긴장 때문일 수도 있다. 끔찍한 연주였다는 건 아니다. 그냥 뭐랄까, 더 잘할 수 있었다. 로스 러셀은 내 연주의 뭔가에 하자가 있다고 했다. 버드를 흡혈귀처럼 빨아먹는 일 말고 아무것도 하지 않는 인간이라 나하고 절대 죽이 안 맞는, 거머리 같은 사기꾼 후레자식. 사기꾼 백인 새끼는 개에게나 던져주라지. 뮤지션도 아닌 주제에 버드가 뭘 좋아하는지 퍽이나 안답시고 주둥이를 나불대! 그래서 로스 러셀에게 말했다. 엿이나 먹으라고.[61]

그 중대한 다이얼 녹음 세션으로부터 40년이 넘는 세월이 지나

쓴 마일스의 회고는 러셀의 기록과 일치하지 않는다. 양쪽 모두 주관적인 기억이라는 점을 감안하더라도 데이비스는 열아홉 살이던 당시의 자신을 방어하려는 듯하다. 그는 아마도, 데이브 리브먼의 표현대로, 20세기의 가장 중요한 목소리 바로 옆에 서 있다는 사실만으로도 주눅 들어 있었을 10대 소년이었다.

전날 밤 엉망이었던 리허설이나 거의 모든 상황에서 보였던 평소 행동과는 대조적으로 이날 오후 찰리 파커는 리더다웠고 "완전 일 모드"였다고 러셀은 회상한다.

> 그는 소매를 걷어 올리고 색소폰을 꺼내 들더니 음계 몇 개를 불어젖힌 뒤 작업에 돌입했다. 이 가벼운 음 몇 개만으로도 분위기가 잡히는 듯했다.
>
> 건장한 체구에 떡 벌어진 가슴에서 나오는 낮고 단호한 목소리로 찰리는 밴드 리허설에 들어갔다. 먼저 자신이 원하는 템포로 한 줄을 연주해본 다음 각자 파트별로 반복 연습을 시켰다. 이따금 코드나 음표를 지시하기도 했으나 대체로 그냥 이어지는 연주였다. 20분 후, 밴드는 첫 마스터 녹음을 할 준비가 되어 있었다. 연주자들을 향해 붉은 경고등이 켜졌다. … 찰리가 고개를 까딱하자 턴테이블이 돌아가기 시작했다.[62]

러셀은 마일스의 연주에 하자가 있다고 말한 일이 없다. 적어도 『마일스』보다 16년 먼저 출간된 『버드는 살아 있다!』에 따르면 그렇다. 대신 "무표정에 뻣뻣이 굳은 마일스 데이비스는 솔로 연주는 별달리 없었지만 특유의 풍부한 음색으로 합주 부분에 온기를 불어넣

었다"고 쓰고 있다. 그리고 이어진다.

> 녹음이 한 번 끝날 때마다 찰리는 마스터본을 재생해보라고 했다. 실수를 잡아내고 수정한 뒤 다시 녹음했다. 만족스런 버전이 나올 때까지. 실수는 전부 **사이드맨**[강조는 필자]들에게서 나왔다. 그중에서도 새 곡을 배우는 속도가 느렸던 마일스 데이비스가 특히 그랬다.[63]

로스 러셀은 버드의 심리는 예리하게 간파했지만, 마일스에 관한 한 간과한 것이 있다. 이 트럼펫 주자가 그냥 어렸고, 버거운 상황에 겁을 먹고 있었다는 사실이다. 어린아이가 망신당하지 않으려고 무심한 표정으로 버티고 있었던 것이다. 새 곡을 배우는 속도가 원래부터 느렸다고는 믿기 어렵다. 그는 처음부터 뛰어난 뮤지션이었기 때문이다. 그 순간의 상황에 압도되었을 가능성이 훨씬 높다.

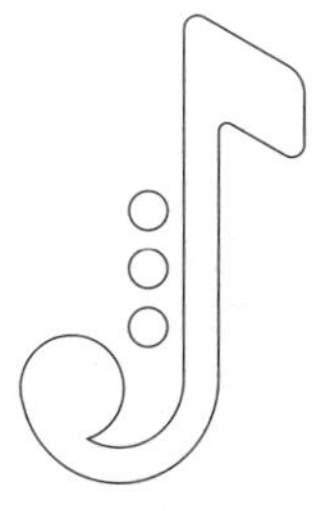

4

진지함

John Coltrane

일레이트 클럽 볼룸에서 지미 히스 오케스트라와 함께 색소폰을 연주하는 찰리 파커를 지켜보고 있는
존 콜트레인. 필라델피아, 1947년 12월 7일.

젊은 존 콜트레인이 솔로 연주 중인 찰리 파커를 바라보는 사진이 있다. 날짜는 진주만 공격일로부터 정확히 6년 후인 1947년 12월 7일, 일요일. 장소는 콜트레인의 고향인 필라델피아의 사우스 브로드가에 있는 일레이트 클럽 볼룸. "최근 전차 사고로 두 다리를 잃은 여섯 살 소녀 메리 에타 조던을 위한" 자선 공연이었다. 이 행사에 약 3000명이 참석했다.

지미 히스 오케스트라의 색소폰 주자로 무대에 앉은 콜트레인은 그해 9월에 스물한 살이 되었다. 사진 속 그가 뭘 하고 있고 뭘 쳐다보고 있는지 한눈에 알아보기 어렵다. 그러나 사진을 확대해보면 이 젊은 색소폰 주자는 대가가 연주하는 동안 자신은 연주를 멈춘 채 대가를 보고 있다. 불붙인 담배를 손에 들고 있는데 버드를 하도 뚫어져라 응시하고 있어 자칫 담뱃불에 손이 델 것만 같다.

그래서 콜트레인이 천재적인 알토 색소폰 연주에 넋을 잃은 것이냐 하면 막상 어딘가 이상하다. 얼굴에 떠오른 표정이 진지함을 너머 거의 분한 듯 보인다.

존 콜트레인이 버드의 연주를 처음 들은 건 아니다. 첫 경험은 두 해 전인 1945년 6월 5일 저녁, 어느 기자가 썼듯, "비밥이 필라델피아를 침공한" "잊을 수 없는 밤"이었다.[1] 이 행사는 필라델피아 음악원

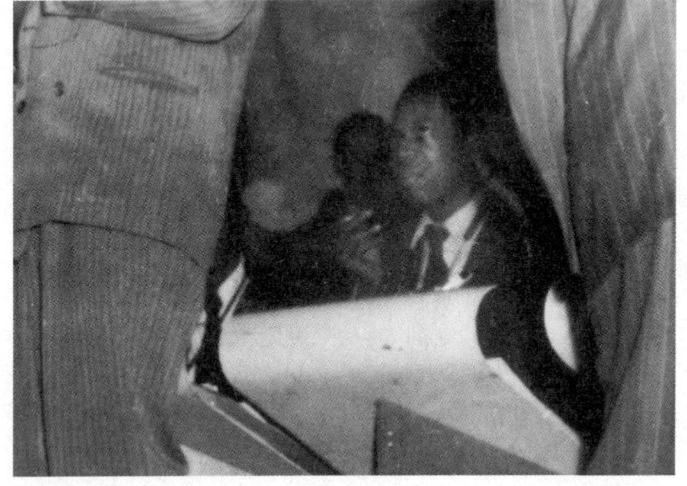

콜트레인이 불붙인 담배를 손에 든 채 버드를 뚫어져라 보고 있다.
얼굴에 떠오른 표정이 진지함을 너머 거의 분한 듯 보인다. 112면 사진 확대.

에서 열린 '올스타 재즈 콘서트'로, 프로그램에는 이렇게 쓰여 있었다. "디지 길레스피와 그의 5중주단, 찰리 파커 출연." 발코니의 맨 뒷줄 바로 앞에 앉은, 열여덟 살 콜트레인과 친구이자 역시 색소폰 연주자 지망생인 열여섯 살 베니 골슨은 길레스피를 직접 보게 되어 신이 났다. 하지만 파커에 대해서는 들어본 적이 없었다. 그는 아직 상업 음반 활동이 거의 없었고, 있어도 사이드맨으로만 참여했기 때문이었다.

길레스피와 파커 외에 피아노에 앨 헤이그, 베이스에 컬리 러셀, 드럼에 스탠 레비로 구성된 5중주단은 길레스피와 프랭크 파파렐리가 함께 쓴 〈Blue 'n' Boogie〉를 비롯해 새로운 스타일의 음악 몇 곡을 연주했다. 아마도 (두어 주 후 뉴욕의 타운 홀에서 가진 공연에서 길레스피-파커가 연주한 곡목들을 참고한다면) 디지의 〈Be-Bop〉〈A Night in Tunisia〉〈Groovin' High〉〈Salt Peanuts〉[2], 그리고 태드 대머런의 〈Hot House〉가 포함되어 있었을 것이다.

길레스피와 파커라는 쌍발 대포가 발사하는, 정신없이 내달리는 빠른 속도와 복잡한 코드 진행이 수두룩한 새로운 음악을 듣는 순간 "머리를 세게 얻어맞은 것 같았죠"라고 훗날 콜트레인은 말했다.[3]

"하마터면 발코니에서 떨어질 뻔했어요." 골슨이 웃음을 터뜨리며 회고했다.

왜냐하면 선례가 없는 새로운 음악이었거든요. 우리는 다른 종류의 음악, 그러니까 지미 런스퍼드, 라이어널 햄프턴의 〈Flyin' Home〉, 듀크 엘링턴의 〈A Train〉 같은 것에서 벗어나려 하고 있었어요. 이런 [새로운] 음악을 듣고, 정말이지 우리 인생이 바뀐 거예요.

그래서 이게 도대체 어떤 음악인지를 제대로 알아봐야만 했죠.

공연이 끝난 뒤, 우리는 애들처럼 무대 뒤로 가서 연주자들한테 일일이 다 사인을 받았어요. 저녁 공연이었고, 찰리 파커는 다음에 다운비트라는 곳에서 첫 공연이 잡혀 있어 떠날 참이었죠. 그래서 존과 나는 그를 따라 브로드가를 걸어갔어요. 존은 "파커 씨, 색소폰 들어드릴까요?" 하며 말을 걸고, 나는 또 반대편에서 "마우스피스는 어떤 걸 쓰세요? 리드는 어떤 걸 쓰시고요? 리드 강도는 어느 정도인가요? 색소폰은 어디 회사 거죠?" 따위의 질문을 퍼부었어요. 완전 철부지였죠. 그런데도 파커가 대답을 다 해주니까, 아 내가 진짜 핵심 정보를 캐고 있구나, 그런 생각도 들더라고요.

클럽에 도착하자, 물론 우리는 나이가 어려서 들어가지는 못했는데, 파커가 우리에게 "꼬맹이들, 열심히 해봐" 하더니 위층으로 올라가는 거예요. 우리는 그날 밤 클럽 앞에 서서 2층에서 흘러나오는 연주에 귀를 기울였어요. 공연이 끝나고 집으로 돌아가는 길에도 내내 연주 이야기를 했고요.⁴

역시 필라델피아 토박이에 역시 열여덟 살인 지미 히스도 그날 밤 그 객석에 앉아 있었다. 여러 해 뒤에 그는 콜트레인을 재즈 색소폰의 가장 영향력 있는 인물로 여기며 숭배하는 음악학도들에게 일레이트 클럽 공연에서 찍힌 사진을 즐겨 보여주었다. "학생들한테 '이 모든 게 콜트레인으로부터 시작되었다면 그는 왜 자기 손이 타는 것도 모르고 입을 헤벌린 채 찰리 파커 연주를 보고 있었을까?'라고 하죠."⁵

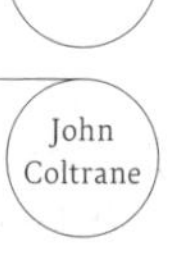

♪♪♪

1946년 7월 13일 존 콜트레인은 하와이주 오아후섬에 있는 미군 라디오 방송국 스튜디오에서 생애 첫 녹음을 했다. 열아홉 살의 그가 미 해군 일등 수병으로 복무하던 부대에서 멀지 않은 곳이었다. 이날 콜트레인과 함께 녹음에 참여한 뮤지션들로는 백인 동료 수병들인 트럼펫 주자 덱스터 컬버트슨, 피아노 주자 노먼 폴쇼크, 베이스 주자 윌리 스태더, 드럼 주자 조 타이머가 있었고, 보컬을 맡은 베니 토머스 육군 일병이 유일한 흑인이었다. 상업용 목적보다 사적인 용도의 녹음이라 세션은 급하고(딱 한 시간) 조용하게 진행되었다. 미군 전반이 그랬듯 해군 또한 공식적으로 인종 분리 정책을 시행하고 있었다. 흑인 수병과 백인 수병이 함께 모여 음악을 연주하는 일은커녕 어울리는 것조차 허용되지 않았다. 섬에서 근무가 끝난 뒤 이따금 인종이 섞여 잼 세션을 벌인다는 이야기도 있었지만, 존 콜트레인은 이날 오후 함께 녹음한 뮤지션들을 전에는 한 번도 본 적이 없었다. 콜트레인은 전원 흑인으로 구성된 해군 밴드 멜로디 마스터스에서 알토 색소폰 주자로 제법 알려지면서 이날 초청을 받아 이곳에 왔다. 혹은 조 타이머가 그날 녹음한 78회전 음반의 슬리브에 적은 것처럼 "이 세션은 버드의 제자 존 콜트레인에게서 영감을 받아 이루어졌다. …"[6]

버드의 제자 … 오늘날에는 너무나 익숙하게 들리지만 1940년대 중반에 이 표현은 콜트레인을 비밀스런 하위문화 집단, 달리 말하면 미국 전역의 젊은 연주자들과 재즈 청중을 열광시키기 시작한 새로운 음악의 한 갈래에 속한 일원으로 규정짓는 문구였다. 비밥은 완전

미 해군 복무 시절의 존 콜트레인, 1945년경.

히 새로운 장르였다. 게다가 매력 있고 사진발도 잘 받는 데다 상업적 감각까지 갖춘 디지 길레스피야말로 비밥을 대표하는 얼굴이자 많은 이들이 보기에 창시자였다. "음반 구매자들에게 디지는 듀크 엘링턴이나 루이 암스트롱보다 더 익숙했다"고 로스 러셀은 쓰고 있다. "찰리가 캘리포니아에 머무는 동안 디지는 돈을 쓸어 담았다. 반면 찰리 파커는 대중에게 거의 알려지지 않은, 신비롭고 예언자 같은 존재로 남아 있었다."[7]

내부자, 그중에서도 진정한 내부자만이 버드의 변혁적인 힘을 알아봤다. 존 콜트레인이 해군 입대를 두 달 앞둔 1945년 6월 필라델피아 음악원에서 열린 공연에서 목격한 것이 바로 그 힘이었다. 파커와 길레스피가 리더 클라이드 하트와 만든 음반들에서 그 배아를, 파커의 초기 사보이 음반들에서 완전히 성숙한 형태를 들었다. "해외로 파병 나가서도 버드의 음반들을 계속 들으며 그의 연주를 미친 듯이 따라 했다. 그가 뭘 하는 건지 알아내려고"라고 그는 회고했다.[8] 재즈의 미래는 이미 도착해 있었다. 그는 그 안으로 들어가고 싶었다.

멜로디 마스터스는 단단하고 실력 있는 17인조 밴드였다. 해군 공식 행사에서는 행진곡을 연주했고 사교 행사(심지어 백인들의 사교 행사도 포함되었다)에서는 스윙 음악, 즉 댄스 음악을 연주했다. 이런 자리에서 콜트레인이 가끔 솔로 연주를 했을 수도 있지만, 빅밴드들이 대부분 그렇듯 멜로디 마스터스도 편곡 악보대로 연주했을 것이다. 어쩌면 근무 시간 이후의 잼 세션에서 동료 연주자들에게 강한 인상을 심어주었을지도 모른다. 그는 말보다는 색소폰을 통해(노먼 폴쇼크는 콜트레인을 "아주 과묵한 사람"으로 기억했다[9]) 버드의 복음을 전파했다. 소문이 퍼졌다. 저 친구는 버드를 **만나기까지** 했대!

7월 13일 세션에서 콜트레인은 최대한 찰리 파커가 되어 연주하려 했다. 하지만 기적적으로 살아남은 그날의 녹음을 들어보면 열아홉 살 수병이 자기도 완전히 이해하지 못한 무언가에 사로잡혀 있음이 확연히 드러난다. 혹은 만일 이해했다면, 수많은 초보 뮤지션들이 그랬고 파커 자신이 수련하던 시절에 그랬듯, 머릿속에서 들리는 음악을 아직 손가락으로 표현할 수 없었다.[10]

60분의 스튜디오 사용 시간 동안 일곱 곡을 녹음했다. 카이 윈딩의 〈Sweet Miss〉, 이프 하버그와 해럴드 알린의 〈It's Only a Paper Moon〉, 미첼 패리시와 클리프 버웰의 〈Sweet Lorraine〉, 찰리 파커의 〈Ko-Ko〉와 〈Now's the Time〉, 태드 대머런의 〈Hot House〉, 그리고 조지 거슈윈과 아이라 거슈윈의 〈Embraceable You〉였다.

모든 곡에 콜트레인의 솔로가 들어가 있다. 연주는 매끄럽고 안정적이며, 일부 구간은 영감에 차 있기도 하다. 다만 멈칫거리거나 듣기 힘들 정도로 불협화음을 이루는 구간들이 더 많다. 파커에게서 따온 것이 분명한 리프들이 있긴 하지만 10대 소년의 창의성은 아직 얕은 수준에 머물러 있다. 예를 들어 〈Ko-Ko〉를 보면, 그와 트럼펫 주자가 새롭고 나름 괜찮은 빈틈없는 유니슨으로 도입부와 마무리를 만들어낸다(아마도 그와 컬버트슨이 버드와 디지의 녹음에서 그들이 어떻게 연주했는지 알아내지 못했기 때문일 가능성이 높다). 한편 콜트레인의 긴 솔로는 부드럽게 이어지며 생동감 있게 시작했다가 금세 아이디어가 바닥나면서 짧은 리프를 연주하기 시작한다. 불연속적인 음표 덩어리들, 그중 많은 부분이 누가 들어도 알 정도로 틀린 음들이다. 조 존스가 그 자리에 없었던 게 천만 다행이다. 그에게 심벌을 내던졌을지도 모르니까.[§] 냇 킹 콜과 깊은 연관이 있는 발라드 세 곡

에서도 젊은 색소폰 주자는 그다지 나아지지 않는다.

놀랍게도 마일스 데이비스가 이 음반을 들었다. 더 놀라운 건 연주에 좋은 인상을 받은 것처럼 보인다는 사실이다. 석 달 후, 조 타이머가 동료 해군 뮤지션 빌 골드스타인에게 보낸 편지에 이런 내용이 있다. (콜트레인의 전기 작가 루이스 포터에 따르면 데이비스의 제자가 된) 덱스터 컬버트슨이 마일스에게 7월 13일에 녹음한 음반을 들려줬다고 한다. "마일스가 콜트레인의 연주에 완전 넋이 나갔대. 말이 돼?? **자그마치** 마일스 데이비스가 그렇게 말했다는 걸 콜트레인이 들으면 완전 놀라 자빠질걸. 진짜 대박이지!!"

포터는 이 편지가 쓰인 날짜가 1946년 10월 29일이라고 쓰고 있는데, 아직 수련 중이던 스무 살짜리 마일스를 **자그마치** 마일스 데이비스라고 칭하는 사람이 있었다는 사실 자체만도 놀랍다. 하지만 혹시 날짜가 틀렸다 해도, 컬버트슨이 제자라기보다 단순히 비밥 신 주변을 어슬렁거리던 인물이었다 해도, 마일스가 콜트레인의 연주를 그저 예의상 칭찬한 것에 불과했다 해도, 어쨌든 그 이상한 연결—포터 말로는 "결국 콜트레인의 음악 인생의 출발점이 될 연결"—이 맺어졌던 것이다.[11]

해군이 싫었지만 존 콜트레인은 근면한 수병이었던 듯하다(인종차별적인 규정에 따라 백인 수병들은 전임 음악가 활동을 허락했으나 같은 자격을 갖춘 흑인 수병들에게는 경계 근무와 취사 업무

§ 스윙 시대의 전설적인 드러머인 조 존스는 아마추어 뮤지션 찰리 파커가 솔로를 엉망으로 연주하자 무대 중앙에 심벌을 던졌다.

를 요구했다). 진지하고 총명했던 그는 훈련병에서 시작해 V6(일반 업무 및 특기병)를 거쳐 일등 수병으로 진급했다. 1946년 8월 제대와 함께 일반 훈장—태평양 전역戰域 리본, 미국 본토 전역 리본, 승전 기념 메달—을 받았으며, 최저 1에서 최고 4까지의 근무 실적 평점은 품행 4.0, 리더십 3.6, 선박조종술 3.6을 받았다.[12]

그에게는 경계심에 찬 슬픔이, 그늘이 드리운 듯한 분위기가 있었는데 유년기에 시작된 그것은 그의 짧은 생애 끝까지 사라지지 않았다. 웃고 있는 사진이 거의 없다. 노스캐롤라이나주 하이포인트에서 보낸 어린 시절은 상실로 인해 부서졌다. 외동이었던 콜트레인은 열두 살까지 그 도시의 흑인 거주지 중 가장 좋은 동네로 꼽히는 그리핀 파크의 외가에서 살았다. 중산층 대가족이 함께 사는 안정된 환경이었다. 외할아버지 W. W. 블레어 목사는 성 스테판 아프리카 감리교 시온 교회의 감리사監理師였으며 아버지 존 R.(아들 존은 존 윌리엄이다)은 세탁소 겸 양복점을 운영했다. 생활 깊숙이 음악이 자리하고 있는 집안이었다. "우리 가족은 교회 음악을 좋아했기 때문에 집에서는 재즈를 들을 일이 없었다." 콜트레인의 기억이다.[13] 존 R.은 바이올린을 꽤 잘 켰고 클라리넷과 우쿨렐레도 조금씩 했다. 콜트레인의 어머니 앨리스는 성악을 배웠고 피아노를 쳤다. 어린 존은 초등학교 합창단에서 노래했고 보이스카우트에도 가입했다.

그러다 1938년에서 1939년으로 넘어가는 겨울 몇 달 사이에 그의 가족은 연이어 가슴 아픈 죽음을 겪게 된다. 먼저 사랑하는 이모가, 이어 외할아버지 블레어 목사가, 그다음 존에게는 가장 치명적이게도 아버지가 세상을 떠났다. 존 모자는 갑작스럽게 가장을 잃었을 뿐 아니라 생계까지 무너졌다. 이후 앨리스의 언니 베티 라이얼리와

그녀의 딸 메리가 들어와 함께 살았고, 앨리스는 침실을 비워 하숙을 쳤다. 앨리스, 베티, 메리, 존은 식당에 간이침대를 펴고 잤다. 은근한 장난기는 있었지만 본래 말수가 적었던 아이는 느닷없는 삶의 파열로 인해 더욱 내향적이 되었다.

콜트레인은 초등학교 내내 모범생이었으나 1939년 9월 윌리엄 펜 고등학교에 입학한 순간부터 성적이 급격히 떨어졌다. 여전히 상실의 슬픔에 잠겨 있던 그는 음악에서 안식처를 찾았다.

20세기 초, 아프리카계 미국인 소년들은 부모나 학교로부터 음악을 배우도록 권유받는 일이 많았다. 음악은 갖가지 말썽에 휘말리지 않을 하나의 방도로, 또 흑인 남성에게 직업의 기회가 적은 미국에서 가능한 진로 중 하나로 여겨졌기 때문이다. 찰리 파커나 디지 길레스피처럼, 또 마일스 데이비스처럼, 존 콜트레인도 10대에 접어들기 전부터 악기 연주를 시작했다. 열두 살에는 보이스카우트 단장 워런 B. 스틸이 지도하는 지역 밴드에 들어가 처음에는 알토 호른(찰리 파커의 첫 악기였을 수도 있는 밸브가 달린 금관 악기)을 연주했고 얼마 후 클라리넷으로 바꿨다.

정식 교육을 받은 뮤지션으로 여러 악기를 능숙하게 다뤘던 스틸은 클라리넷을 어떻게 잡아야 하는지, 올바른 음을 내고 있는지를 콜트레인에게 가르쳐줄 수 있었다. 그걸로 충분했다. 소년은 재능과 의욕을 겸비한 학생이었다. 그는 처음부터 강박적으로 연습에 매달렸다. "조그만 어린애가 [식탁에] 앉아서 하루 종일 연습을 했어요." 사촌 메리의 기억이다. "아주 **온종일** 말이죠."[14] 음계를 반복하고, 또 반복해서 불었다. 콜트레인은 1939년 가을 글렌 밀러가 히트시킨 호기 카마이클의 곡 〈Blue Orchids〉의 악보를 샀다. 음역이 넓은 데다 반음계 구간도 여러 군데 있는, 꽤 복잡한 곡이었다. 콜트레인은 그 곡을 한 음 한 음 정확히 익혔다.

스틸이 이끄는 지역 밴드의 성공에 자극을 받은 윌리엄 펜 고등 학교 교장이 학교 밴드를 만들었다. 콜트레인은 창단 멤버로 그 밴드 에 들어갔다. 밴드 단장 겸 교사 그레이스 W. 요클리는 흑인 작곡가 너새니얼 뎃 밑에서 수학한 피아니스트이기도 했다. 1991년 요클리 는 한 신문 기자에게 소년 콜트레인에 대한 기억을 들려주었다. "배 우고자 하는 열의가 있었고, 항상 음악적으로 커다란 잠재력을 보여 줬어요. 모든 걸 완벽하게 해내고자 하는 의욕이 강했죠. 리듬감이 굉장히 뛰어난 아이였고, 집중력도 대단했어요."[15]

어느샌가 그에게 리듬이 중요해졌다. 세상과 단절된 집안에서 자 라며 재즈라고는 들어보지 못했던 소년이 호르몬의 분출과 함께 별 안간 귀가 활짝 틔었다. "재즈에 대한 흥미는 고등학교 시절에 시작 됐습니다." 그의 회고담이다.

시작은 정기적으로 열리던 댄스 행사였어요. 처음부터 그냥 재즈 에 맞춰 춤춘 게 전부였죠. [R&B 색소폰 주자] 루이스 조던 같은 밴 드들이 마음에 들었어요. 루이스의 음악을 즐겨 듣다가 그걸 계기 로 관악기 연주를 더 많이 듣기 시작했습니다. 그 당시 듀크 [엘링 턴] 음악은 많이 못 들었어요. 그런 종류의 음악은 접하기 힘들었거 든요. 대부분이 소위 로큰롤 같은 음악들이었죠.[16]

1940년 가을 무렵, 콜트레인은 조던과 레스터 영(영은 테너 색소폰 을 불었지만)에게서 영감을 받아 클라리넷에서 알토 색소폰으로 악

기를 바꾸었고, 이전보다 더 음악에 집중하게 되었던 듯하다. "존은 정말 쉬지 않고 색소폰을 불었다." 당시 밴드 동료 플로이드 B. 피퍼의 회상이다. "나는 [연습] 시간에만 했는데 말이다. 왜냐면 다른 관심사들도 있었으니까. 하지만 그는 여가 시간도 색소폰만 불며 보냈다. 그래서 실력이 더 월등했다. 리듬감이 있었고 감미로운 음색을 만들 줄 알았다. 그의 색소폰은 끽끽대지 않았다."[17]

"그는 늘 색소폰을 갖고 다녔다." 친구 로제타 헤이우드의 기억이다. "학교가 파한 뒤에도 음악실에서 혼자 연습하는 소리를 들을 수 있었다. 건물 어디서든 말이다. 재즈였던 것 같다. 어쨌든 그는 색소폰을 끔찍이 사랑했다."[18]

아무한테도 말하지 않았지만 그는 뮤지션으로 살기로 결심했다. "빨리 성장하고 싶었어요." 1961년 프랑스 비평가 프랑수아 포스티프에게 콜트레인이 한 말이다. "이건 내게 새로운 일이었어요. 나는 온몸과 영혼을 던졌죠."[19]

그가 졸업반이던 해에 어머니는 하이포인트보다 나은 일자리를 찾아 필라델피아로 이주했다. 비슷한 시기, 이모 베티와 사촌 메리도 북쪽으로 떠났다. 노스캐롤라이나에 홀로 남은 존은 식탁에 앉아 침울한 얼굴로 색소폰 연습을 하고, 외로운 마음이 들 때면 앨리스와 메리에게 엽서를 써 보냈다. 금요일 밤마다 친구들과 파티를 즐기면서 음악 외에 새로운 위안을 발견했다. 위스키와 와인이었다.

　　　졸업 후 그는 어머니가 있는 필라델피아로 이사했다. 어머니 앨리스는 백인 가정의 입주 가정부로 일하며 주중에는 그곳에서 지내고 주말이 되면 베티, 메리와 함께 사는 아파트로 돌아왔는데 이제 존도 함께 지내게 되었다. 일자리는 금방 찾을 수 있었다. 처음에는 시내에 있는 제당 공장에서 일했고, 이후 강 건너 캠던에 있는 캠벨 수프 공장으로 이직했다. 매일 출근 전 아침 시간과 퇴근 후 오후 시간에 색소폰 연습을 했다. 이웃이 불평하자 베티와 메리가 다니는 교회의 목사가 존에게 건물 열쇠를 주며 아무 때나 와서 연주해도 좋다고 했다.

그는 진지하게 음악을 공부하기 시작했다. 오른스타인 음악학교에 다니며 리드 악기 연주자 마이크 거라의 색소폰 수업과 이론 수업을 들었다. 그는 아무것도 모른 채 건너온 이 도시가 재즈의 산실이었다는 사실을 곧 깨달았다.

라시드 알리. 케니 배런. 클리퍼드 브라운. 레이 브라이언트. 조 체임버스. 버디 디프랭코. 소니 포천. 지미 개리슨. 베니 골슨. 지미 히스와 앨버트 히스와 퍼시 히스. 필리 조 존스. 자이미 메릿. 행크 모블리. 리 모건. 오딘 포프. 레드 로드니. 아치 셉. 지미 스미스. 보비 티먼스. 매코이 타이너. 윌버 웨어. 레지 워크먼. 후세대로는, 팻 마티노. 마이클 브레커와 랜디 브레커, 케빈 유뱅크스, 크리스천 맥브라이드. 모두가 형제애의 도시§에서 태어났거나 자란 사람들이다.

젊은 콜트레인이 필라델피아에 도착했을 때 그곳의 재즈 역사는 이미 상당히 진척되어 있었다. 일찌감치 1917년에도 필라델피아 백인들은 당시로서는 대담하게 흑인 재즈 밴드가 연주하는 댄스홀에 갈 수 있었다(덜 대담하게는 B. F. 키스의 보드빌 극장에 가서 랠프 던바의 올드 타임 다키스Old Time Darkies, "남부 출신 4중창단" 같은 공연을

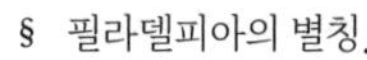

§ 필라델피아의 별칭.

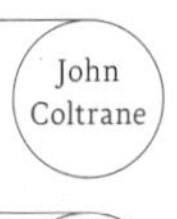

즐길 수도 있었다[20]). 흑인 대이동이 한창이던 1930년대 초에 이르러서는 필라델피아에 흑인 인구가 늘어나면서 재즈에 맞춰 춤추는 그들만의 공간들이 생겨났고, 유색 음악인 조합을 뒷받침할 만큼 지역의 재즈 신이 활성화되었다(조합의 사무국장이자 밴드 리더 프랭키 페어팩스는 10대인 존 버크스 길레스피를 자신의 밴드 트럼펫 섹션에 기용한 바 있다). 콜트레인이 이 도시에 왔을 무렵에는, 피아노 주자 레이 브라이언트가 루이스 포터에게 말했듯, "흑인 커뮤니티의 많은 사교 클럽들이 일레이트 볼룸, 엘크스 로지, 봄베이 가든스, O. V. 캐토 로지 같은 곳에서 다양한 카바레 파티와 댄스 행사를 주최했다."[21]

또한 도시에는 재즈를 들을 수 있는 술집이나 클럽들이 넘쳐났다. 콜트레인이 살던 12번가 아파트 근처에 우드바인 클럽이라는 애프터아워스 술집이 있었는데 레스터 영, 콜먼 호킨스, 듀크 엘링턴 같은 제왕들이 도시 어딘가에서 공연을 마친 뒤 이따금 이곳에 들러 음악을 듣고, 잼 세션을 하기도 했다. 아직 어려서 클럽에는 들어가지 못하는 신예들도 나름의 에너지 분출구를 찾았다. "필리 곳곳, 이 사람 저 사람 집에 찾아가서 잼 세션을 엄청 했다"고 베니 골슨은 회고했다.[22]

"우리는 존을 천재로 보지 않았어요. 존은 그냥 존이었죠." 그의 사촌 메리가 말했다. "우리는 방 두 개에서 다 함께 살았어요. 존은 그냥 앉아서 늘 연습하고 담배를 피웠죠. 내 화장대 앞에 앉아서 거울에 비친 색소폰 부는 자기 모습을 보기도 했고요."[23]

이것은 허영이었을까, 아니면 운지법 연습이었을까, 둘 다였을까? 혹은 어쩌면 전혀 다른 무엇이었을지도 모른다. 머릿속에 있는 걸 색소폰으로 전달하기 위해 몸부림치던 과정 속에서 스스로를 진짜 뮤지션으로 바라보고, 새로워진 자신을 받아들이려는 하나의 방법이었을까?

콜트레인은 베니 골슨을 처음 만난 1945년 초 무렵에 연주를 직업으로 삼아 활동을 시작했던 것으로 보인다. 당시 그가 추구했던 예술적 이상은 듀크 엘링턴의 리드 알토§ 주자 조니 호지스의 정교하고 서정적이고 보드라운 음색이었다. 호지스는 발라드를 정말 아름답게 연주했다.

존은 음악인 조합에 가입했고 한동안 3중주단 멤버로 활동했다. "피아노 주자, 기타 주자와 함께 연주했어요." 포스티프에게 그가 말했다. "일종의 칵테일 음악이었지만 덕분에 먹고살 수 있었죠."[24]

그러다 징집을 피하려고 해군에 자원입대했다.

1946년 8월 그는 제대하자마자(아직도 스무 살이 안 됐다) 필라델피아로 돌아와 프로 재즈 뮤지션이 되고자 전력투구했다. 밤에는 작은 그룹과 함께 도시 곳곳에서 프리랜서 연주자로 활동하며 생계를 꾸렸다. 때로 레이 브라이언트와 함께 연주하기도 했다. 낮에는 제대군인원호법GI Bill의 혜택으로 학비를 지원받아 그라노프 스튜디오 음악학교에서 재즈 기타리스트 데니스 샌돌에게 클래식 음악과 이론을 배웠다(샌돌은 이 진지하고 포부가 큰 청년의 멘토가 되었다). 콜트레인은 또 색소폰 주자 매슈 라스텔리와 함께 자신의 악기를 연구했다. 제자가 처음에는 악보를 읽을 줄 몰랐지만 빠르게 달라졌다고 라스텔리는 말했다.

그해 가을과 겨울, 콜트레인은 인디애나폴리스를 기반으로 하는

§ 빅밴드에서 알토 색소폰 파트를 리드하는 수석 연주자.

④ 진지함

R&B 성향의 조 웹 밴드와 투어에 나섰다. 블루스 샤우터blues shouter[§] 빅 메이벨이 특별 게스트로 투어에 함께 했다. 첫 순회공연이었던 이 투어가 그에게는 직업적 전환점처럼 느껴졌다. 조 웹 밴드 투어에서 돌아와 얼마 지나지 않아 이번에는 캔자스시티의 트럼펫 주자 킹 콜랙스(윌리엄 리틀)의 17인조 댄스 밴드에 리드 알토로 들어가 다시 투어를 떠났다(킹 콜랙스는 전쟁 전에 잠시 찰리 파커를 기용한 적이 있었다). 콜트레인은 훗날 웹이나 콜랙스와 일한 경험을 야구의 마이너리그에 비유했다. "배움의 장으로는 좋았어요, 어쨌든."[25]

밴드가 로스앤젤레스에서 공연 중이던 1947년 2월 19일, 그는 C. P. 맥그레거 스튜디오에서 있었던 찰리 파커의 다이얼 레코드 녹음 세션을 참관했다. 이후 그 스튜디오였는지 아니면 레스터 영의 아파트에서였는지, 콜트레인은 파커의 초대로 버드와 잼 세션을 벌였다.[26] 하루아침에 마이너리그를 벗어난 것이다.

그해 5월부터 1948년 말까지 콜트레인은 다시 필라델피아 곳곳에서 프리랜서로 활동했는데, 동료 알토 색소폰 주자인 지미 히스가 최고 실력자들을 모아 최근에 새롭게 결성한 밴드와도 자주 공연했다. 히스가 훗날 회고했듯 갑자기 놀랍게도 "콜트레인은 [이제] 뛰어난 독보讀譜 능력을 갖췄다. … 말 그대로 모든 면에서 훌륭한 뮤지션이 된 것이다."[27]

존 콜트레인과 함께한 거의 모든 사람들은 그의 음악 전반에 대한 지적 갈망, 특히 자기 악기에 대해 배우고자 하는 탐닉에 가까운

[§] 마이크 없이도 밴드의 연주를 뚫고 나올 만큼 강한 성량과 호소력 있는 창법을 가진 블루스 가수.

열정에 주목했다. 그는 늦은 밤 사람들의 수면을 방해하지 않으려고 실제 소리는 전혀 내지 않은 채 몇 시간이고 운지법을 익혔다. 찰리 파커처럼 모든 조성으로 연주할 수 있도록 연습했고, 역시 파커처럼 또 마일스처럼 재즈에 국한하지 않고 유럽의 현대 음악까지 폭넓고 깊이 있게 들었다. "콜트레인과 나는요," 지미 히스가 회고했다.

> 자주 함께 필라델피아 도서관에 가서 서양 클래식 음악을 들었어요. 거기엔 이어폰이 있었거든요. 스트라빈스키 같은 작곡가들이랑 좌우간 우리가 들을 수 있는 건 뭐든 다 들었어요. 〈불새 모음곡〉과 〈봄의 제전〉도 들었는데 왜냐면 파커가 스트라빈스키의 축소판 총보를 들고 다닌다는 소문이 있었거든요. 버드와 디지가 하는 것은 뭐든 따라 했어요. 그래야 한다는 걸 우리는 알았어요.[28]

콜트레인이 해야 했던 또 다른 일은 생계를 유지하는 것이었다. 그러기 위해 에디 "클린헤드" 빈슨과(콩크conk 헤어스타일을 시도했다가 실패한 뒤 머리를 박박 밀고 다녀 생긴 별명[29]) 그의 새 밴드를 따라 투어에 나서기로 했다. 직전 투어가 끝나자 빈슨은 기존 뮤지션들을 전부 해고하고 새 6중주단을 결성했는데 이들에게는 한 가지 공통점이 있었다. 1949년 1월 아프리카계 미국인 신문 『디트로이트 트리뷴』은 이렇게 보도했다. "클린헤드 씨가 결성한 이 화제의 새 캄보 밴드에는 리더를 제외하면 스물네 살이 넘는 멤버가 한 명도 없다."

서른한 살의 '노장' 빈슨 외에 이 새 밴드는 테너 색소폰에 콜트레인, 트럼펫에 조니 콜스, 바리톤 색소폰에 제임스 영, 피아노에 윌리엄 "레드" 갈런드, 베이스에 제임스 로즈, 드럼에 찰리 라이스로 이루

어져 있었다. "경험 많은 뮤지션 다수가 이런 새 계획에 의문을 표했다."『트리뷴』기사가 이어진다. "하지만 빈슨은 '젊은 층이 좋아하고 이해하는 그런 현대 음악을 연주할 거라면 그걸 만든 세대보다 더 잘 연주할 수 있는 사람은 없다'고 반박했다."[30]

콜트레인이 테너 색소폰으로 바꾼 것은 어쩔 수 없는 선택이었다. 밴드에 알토 색소폰 자리는 하나뿐이었고, 그 자리는 밴드 리더인 에디 빈슨의 몫이었기 때문이다. 콜트레인의 오디션은 고난의 시험대였다. 필라델피아에 있는 재즈 클럽 에머슨스 태번에서 가진 빈슨과 옛 밴드의 마지막 무대에서 밴드가 "테너 솔로가 있는 곡을 연주했는데 에디가 존에게 '테너 색소폰 들어. 솔로 네가 맡아' 라고 말했다." 베니 골슨의 회고담이다. "존이 좀 망설이자 에디가 단호하게 다시 말했다. '어서! 악기를 들라고!' 그래서 색소폰을 들고 불었는데 기막히게도 덱스터 고든의 연주처럼 들렸다."[31]

오아후 녹음 세션 이후 열여섯 달 동안 콜트레인은 눈에 띄게 성장했다. 하지만 수천 시간의 연습이며 공부는 모두 알토 색소폰으로 한 것이었다. 더 큰 악기를 들고 곧바로, 새로운 음악에서 이미 확고히 자리 잡은 젊은 거장처럼 연주한다는 것은 굉장한 재주였다. 고든은 콜트레인보다 고작 세 살 반 많았지만 1945년부터 자기 이름으로 음반을 내왔다. 클린헤드 씨는 감탄했다.

"콜트레인에게 다행스럽게도," 루이스 포터의 글이다. "빈슨 (1917~1988)은 비밥을 이해하고 수용할 만큼 세련된 뮤지션이었다. 게다가 공연과 음반 활동으로 인기가 높았으니 일거리가 많았을 것이다."[32]

그러나 밴드 리더로서 그가 지닌 음악적 성향에는 양면성이 있어서 필연적으로 충돌할 수밖에 없었다. 일거리가 많다는 건 남부의 무도회장과 담배 창고 같은 곳을 하루씩 돌며 공연하는 것을 의미했다. 흑인 청중과 백인 청중 앞에서, 때로는 시끄럽고 통제되지 않는 관객들 앞에서 말이다. 〈불새 모음곡〉과는 동떨어진 현실이었다. 또한 새로운 음악을 이해는 했지만 빈슨이 돈을 버는 방식은 대중적인 쇼맨이었다. 그는 춤곡을 연주하며 관객들의 흥을 돋우는 색소폰 연주자이자 블루스 샤우터였다. 빌리 엑스타인과 디지 길레스피가 밴드 리더 시절에 깨달은 대로 비밥 곡들을 군데군데 끼워 넣을 수야 있었지만 현명한 리더라면 언제 어떤 곡을 연주할지 신중하게 선택해야 했다. 춤출 수 없는 음악이라면 (공연장 밖에서 소리를 들으며 표를 살지 말지 망설이는) 손님들이 지갑을 열지 않을 것이기 때문이다.

다른 젊은 뮤지션들과는 달리 R&B를 들으며 자란 콜트레인은 블루스도 상관없었다. 하지만 클린헤드 빈슨이 기억하기에 그가 새 악기에 자신감을 갖는 데에는 시간이 좀 걸렸다.

"그래요, 그 어린 콜트레인이 내 밴드에서 연주한 적 있어요." 빈슨이 아버지 같은 미소를 띠며 기억을 더듬었다. "내켜하지는 않았어요. 나는 밤새도록 연주를 했는데 내가 '이봐, 자네는 연주 안 하고 뭐해?' 하고 물으면 '그냥 듣는 게 좋아서요' 하고 대답했지요."[33]

즉답을 피하는 듯 들리나 진심에서 우러난 대답이기도 했다. "에디 빈슨의 밴드랑 공연하려고 테너 색소폰을 산 이래로 훨씬 더 넓은 청취의 영역이 열렸어요." 콜트레인의 회상이다.

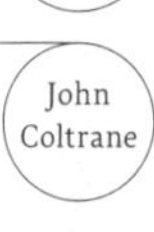

알토 색소폰이라면 버드가 나의 전부였죠. 하지만 테너 색소폰에는 알토의 찰리만큼 지배적인 권위자가 없어 보이더군요. 그래서 당시 나는 모든 연주자들에게서 배웠어요. 레스터부터 시작해 훌륭한 테너 주자들의 연주는 모두 들었죠. 정말이지, 그들 모두에게서 뭔가를 얻었어요. 녹음이 없는 몇몇 연주자들까지 포함해서 말이에요.[34]

그러나 버드를 향한 무한한 동경과는 별개로 그는 버드라는 위대한 본보기가 오히려 자신의 길에 방해가 되었음을 인정하기도 했다. "나만의 방법을 찾고 싶었지만 준비가 되어 있지 않았어요. 먼저 기본기에 충실한 연주를 익혀야 했죠. 아직 배워야 할 게 너무 많았거든요. 애써 뭔가를 시도하려는 노력은 안 했어요. 너무 많은 걸 바라지도 않았죠. 난 찰리 파커에 사로잡혀 있었어요. 나보다 훨씬 앞서 있었고 따라가는 것만도 버거웠으니까요."[35]

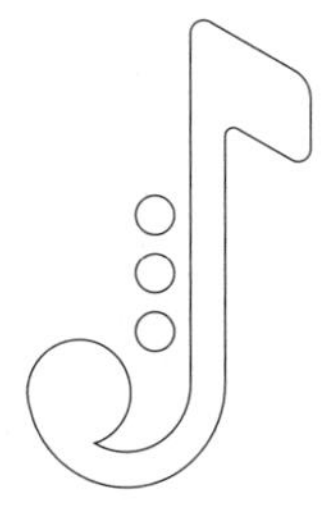

5

이동

Miles Davis

마일스 데이비스, 1960년경.

존 콜트레인이 진짜 실력을 숨기느라 바쁠 때 마일스 데이비스는 마일스 데이비스가 되는 데 골몰하고 있었다. 콜트레인보다 고작 넉 달 먼저 태어났지만 스물한 살의 마일스는 야망과 확신과 에너지로 들끓고 있었다. 특권의식. 그는 황태자였고 천재였다. 스스로도 그걸 알았다.

마일스는 버드와의 녹음 후 몇 달 동안 태평양 연안에서 지냈다. (버드는 7월에 고의로 혹은 실수로 호텔 침대에 불을 질러 체포되었고, 캐머릴로 주립 정신병원에 구금되었다.) 이 기간 동안 마일스는 비범한 재능을 갖춘 성마른 성격의 베이스 주자 겸 작곡가 찰스 밍거스와 리허설을 했고, 이어 2년 전에 비하면 더 또렷하게 들리고 기량도 향상된 상태에서 빌리 엑스타인의 밴드 재합류 요청을 승낙했다. 소니 스팃과 진 애먼스와 세실 페인이 색소폰을, 에롤 가너의 형 린턴 가너가 피아노를, 토미 포터가 베이스를, 아트 블레이키가 드럼을, 마일스와 호바트 닷슨과 레너드 호킨스와 다재다능한 킹 콜랙스가 트럼펫을 맡은 약 20인조 규모의 빅밴드였다. 밴드는 캘리포니아 일대를 돌며 공연하다가 점차 동쪽으로 이동해 뉴욕까지 진출했다. 훌륭한 연주자가 모여 훌륭한 음악을 연주하는 훌륭한 밴드였지만, 1946년 즈음에는 이미 빅밴드의 퇴조 추세가 확연해지고 있었다. 심지어 듀

크 엘링턴도 하루짜리 공연 계약을 맺는 신세가 되었다.[1]

1월에 엑스타인은 밴드 해체 소문을 부인했다. 2월에는 오하이오와 펜실베이니아를 거쳐 동부로 이동하던 중 어쩌면 밴드 규모를 줄일 수도 있다고 언론에 인정했다. 그러다 결국 미스터 B.가 백기를 들었다. "사람들은 지금도 여전히 전설적인 빌리 엑스타인 밴드에 대해 이야기들을 해요." 여러 해가 지난 후 그가 말했다. "아, 그런데요, 그 전설적인 빌리 엑스타인은 그 빌어먹을 밴드와 함께 굶어죽을 지경이었다니까요. 그래서 해체하기로 결심했죠."[2]

자유의 몸이 된 마일스는 맨해튼으로 돌아와 세라 본과 버드 존슨의 의뢰로 편곡 작업에 참여했는가 하면, 홍킹honking[§] 테너 색소폰 주자이자 밴드 리더인 일리노이 재킷과 음반 녹음도 했다.[3] 4월 초에는 버드가 캐머릴로 주립 정신병원을 퇴원한 뒤 기운을 되찾고는 또다시 중독된 상태로 뉴욕에 돌아왔다(그는 "몸 안에서는 뽑아낼 수 있어도 정신에서는 못 뽑거든"이라고 말했다[4]). 마일스는 그를 기다리고 있었다.

로스 러셀과 찰리 파커의 뉴욕 여자 친구 챈 리처드슨의 끈질긴 협상 덕에(출연 계약 대행사들에서는 버드를 손대려 하지 않았다), 버드는 쓰리 듀시스 클럽에서 4주 공연 계약을 따냈다. 꽤 유리한 조건이었고, 5중주단으로 무대에 오를 예정이었다. 애초 계획에는 하워드 맥기(트럼펫), 에롤 가너(피아노), 워델 그레이(테너 색소

[§] 테너 색소폰 주자들이 저음역의 소리를 크고 거칠고 힘 있게 내지르듯 연주하는 방식. 포효하거나 울부짖는 듯한 소리가 만들어진다.

폰)가 포함되어 있었지만 이들의 참여가 무산되면서 파커는 7월이 되도록 5중주단의 구성을 마치지 못했다. 하지만 그달에 듀시스에서 콜먼 호킨스 5중주단이(호킨스, 마일스 데이비스, 피아노 주자 행크 존스, 베이스 주자 컬리 러셀, 맥스 로치) 연주할 때 가끔 게스트로 함께 무대에 오르면서 파커는 마일스와 로치를 영입하는 데 성공했다. 뒤이어 토미 포터와 피아노 주자 듀크 조던이 합류했고, 드디어 듀시스에서의 첫 공연이 8월 7일로 잡혔다.[5]

"찰리의 사이드맨들은 하나같이 다른 데서 더 많은 돈을 받고 일할 수도 있었다." 로스 러셀이 썼다. "그런데도 버드와 함께할 수 있다는 유혹이 그 어떤 현실적 고려보다 강했다."[6] 버드로서는 상당히 이례적으로 첫 공연 일주일 전에 리허설을 소집했지만 늘 그랬듯 정작 본인은 나타나지 않았다. 그 주 내내 데이비스가 밴드 리허설을 맡았다.

전쟁이 끝난 후 52번가는 새로이 부흥하고 있었고 첫 공연 날 밤 듀시스는 관객들로 가득 찼다. "일주일 내내 버드는 코빼기도 안 비쳤지만 우리는 뼛골 빠지게 리허설에 집중했다." 마일스의 회고다.

이 사람이 실실 웃으며 들어오더니 가짜 영국식 억양으로 다들 준비됐냐고 하는 게 아닌가. 시작 시간이 되자 그가 "뭘 연주하는 거지?" 하고 물어서 내가 알려주었다. 그는 고개를 끄덕이며 박자를 세더니 우리가 리허설한 그 키 그대로 아주 정확하게 연주했다. 정말 끝내주는 연주였다. 박자 하나, 음 하나 놓치는 법이 없었고 밤새 키에서 벗어나는 실수도 없었다. 정말 대단했다. 기가 차서 자기를 쳐다보는 넋이 나간 우리를 보며 "설마 이럴 줄 몰랐던 거야?" 하는

듯이 미소를 싱긋 지어 보였다.[7]

흐름을 탄 버드는 경이로움 자체였다. 다만 그와 합을 맞춰야 했던 연주자들에게는 공포의 대상이었다. 다시 마일스의 말이다. "그의 연주는, 그러니까 감이 제대로 와서 **진짜로** 연주할 때 말인데, 정말 무시무시했다. 그런 그와 매일 밤 연주한 것이다. '뭐야? 지금 **저거** 들었어?'라는 말만 계속 하고 있을 수도 없었다. 그렇게 감탄만 하고 있다가는 아무 연주도 할 수 없기 때문이다."[8]

듀시스에서의 무대는 8월 초부터 9월 24일까지 이어졌고, 10월 말에 다시 돌아와 일주일간 공연했다. 1948년 1월과 3월에 다시 한번 뭉쳤고, 7월 초에는 길 건너 오닉스에서 공연했다. 이 무대들을 중심으로 역사가 형성되면서 5중주단은 '황금기 비밥 파이브'로 알려지게 되었다. 마일스뿐 아니라 듀시스 공연에서 5중주단의 오프닝 무대를 맡았던 맹인 아방가르드 피아니스트 레니 트리스타노와 기타리스트 텔 팔로 역시 재즈 연대기 작가 필 샤프에게 증언하기를, 1947년과 1948년 내내 파커가 **진짜 뛰어난 연주**를 했으며, 쓰리 듀시스와 오닉스야말로 그의 천재성이 정점을 찍은 무대였다고 말했다. 그러나 이것은 역사history, 혹은 전설의 탄생에 관한, 우리가 기억하는 공식적인 역사History일 뿐이다. 이보다 훨씬 더 유익하고 비교도 안 될 만큼 즐거운 일은, 파커에 대해 집요하게 파고든 연대기 작가 딘 베네데티가 따온 녹음을 듣는 것이다. 1948년 3월 31일 밤 쓰리 듀시스에서, 그리고 1948년 7월 6, 7, 10, 11일 오닉스에서.

꽤 괜찮은 테너 색소폰 주자였던 베네데티는 1945년에 버드의 음반을 처음 듣고, 많은 이들이 그랬듯, 자신이 알고 있던 재즈의 모든

것을 재검토해야 한다는 사실을 깨달았다. 파커의 솔로 연주를 연구하기 위해서는 오선지에 옮겨 적어야만 했는데 속도가 워낙 빨라 녹음 외에는 다른 길이 없었다. 그는 1947년 2월 말 로스앤젤레스의 하이-디-호 클럽에서 시어스 사의 휴대용 레코드 녹음기를 사용하여 아세테이트 78회전 레코드에 녹음을 시작했다(캐머릴로에서 막 퇴원한 파커가 하워드 맥기의 5중주단에서 사이드맨으로 연주 중이었다). 파커가 도대체 어떻게 그런 연주를 할 수 있는지를 이해하기 위해 다른 연주자들의 지루한(적어도 그에게는) 연주 부분을 빼고 파커의 솔로만 녹음했다. 하지만 듀시스와 오닉스에서 한 녹음을 들어보면 마일스도 귀에 들어온다. 특히 3월 31일에 녹음된 〈All the Things You Are〉가 그렇다. 마일스는 파커의 압도적으로 눈부신 연주와 완벽하게 어우러지면서도 자신만의 빛을 발하는 능력을 갖추고 있다. 이 저녁 무대들의 즉흥적인 자유로움, 가벼움, 에너지는 실로 짜릿하다.[9]

5중주단은 1947년 첫 상업용 음반 녹음에 들어갔다. 10월에는 존재의 이유를 좇아 다이얼 레코드를 동부로 옮긴 로스 러셀이 버드의 첫 뉴욕 음반 프로듀싱을 맡았다.

첫 세션은 10월 25일,[10] 48번가와 브로드웨이의 교차로에 위치한 WOR 스튜디오에서 진행되었다. 캘리포니아에서의 경험 덕에 스튜디오 예약을 저녁 8시부터 잡아놓았고, 연주자들[마일스를 비롯한 듀시스 5중주단 전원]에게는 7시까지 나오라고 일렀다. 이번에도 찰리에게 한 방 먹었다. 6시 반에 도착해보니 그가 벌써 와 있었다. 그는 초초해 보였고 50달러가 필요하다고 했다. 자신의 [마약 공급업자와] WOR에서 만나기로 했다는 거였다. 소문이 공식화된 순간이었다. "그러니까, 다시 시작했군." 돈을 건네며 내가 말했다. 그는 아무 말 없이 화장실에 들어가 마약을 준비했다. 20분 후, 다이얼 스튜디오 기록이 보여주듯, 그는 여유로운 모습으로 돌아와 "미친 듯이 불어젖힐 기분"이 되어 있었다.[11]

파커에게 헤로인이 없었다면 긴장을 풀기 위해 상당량의 술을 마셔야 했을 것이고, 그랬다면 녹음 세션은 몹시 다른, 의심의 여지 없이 훨씬 안 좋은 결과로 이어졌을 것이다. 러셀에 따르자면, 네 시간 동안 진행된 녹음은 놀라울 만큼 창의적이었고 효율적이기까지 했다. 여섯 곡을 단 15회 녹음으로 모두 끝냈다. 〈Dexterity〉("리드미컬하고 레스터스러운 연주, 그의 본향인 캔자스시티를 떠올리게 함"), 〈Bongobop〉("아프로-큐반 리듬이 덧입혀진 흥미로운 곡"), 〈Dewey Square〉와 〈The Hymn〉("연주력 과시 곡, 메트로놈 310, 그의 유명한 〈Ko-Ko〉 스타일"), 마지막으로 발라드 두 곡 〈Bird of Paradise〉("〈All the Things You Are〉에 기반한 곡")와 원곡의 제목을 그대로 사용한 〈Embraceable You〉.[12]

제목은 그대로지만 버드가 굉장히 매혹적으로 선율을 바꾼 〈Embraceable You〉는 재즈 역사상 가장 위대한 즉흥 연주로, 현장에서 바로 작곡했다고는 믿기 어려운 경이로운 업적이다(바흐와 모차르트 역시 즉흥 연주자였다). 한편으로는 파커의 천재적인 솔로 연주 대부분이 깊은 밤 클럽이나 잼 세션에서 이루어졌으며 그렇게 찬란하게 반짝이다가 녹음되지 않은 채 허공으로 사라져버렸다는 슬픈 사실을 떠올리게 된다.

버드는 단연코 주인공이었다. 그리고 베네데티 녹음이 확인시켜

주듯 마일스는 그의 유능한 공동 주연이었다. 마일스의 연주를 듣고도 아무도 이해하지 못하던 그때, 찰리 파커가 애초에 이 앳된 트럼펫 주자에게서 감지했던 모든 것이 이제 열매를 맺고 있었다. 데이비스의 나직하고 매끄러운 중음역대 솔로는 그의 우상에 필적할 만큼 독창적이다. 또한 사색적이고 서정적이고 절제되어 있으면서도 관능미 넘치는 훗날 마일스의 성숙한 스타일을 미리 엿볼 수 있다. 〈The Hymn〉에서 보여준, 〈왕벌의 비행〉을 연상시키는 빠른 연주를 들어보면 그가 속도 면에서 디지나 패츠 나바로에 견줄 만해졌음을 알 수 있다. 한편 그의 발라드 연주를 들어보면 비교가 불가능할 만큼 독보적인 위치에 올랐음을 깨닫게 된다.

다이얼 녹음 세션은 사실 1947년에 마일스가 버드와 함께 녹음한 세 번째 음반이었다. 앞서 두 번은 5월 8일과 8월 14일에 사보이 레코드와 작업했는데, 그중 8월 녹음은 올된 데이비스가 주도했다. "52번가에서 매일 밤을 버드와 연주하고, 내 연주를 보여주고 들려준 경험이 마침내 리더로서 첫 음반을 녹음할 수 있게 해주었다"고 마일스는 쓰고 있다.[13] 그는 모든 면에서 리더다웠다. 《Miles Davis All Stars》라는 제목의 10인치 LP에 담은 네 곡이 다 그의 작곡, 편곡이었다. 먼저 〈Milestone〉(종종 〈Milestones〉라 불리기도 하고 피아니스트 존 루이스의 곡으로 표기되기도 함. 1958년 마일스가 쓴 위대한 모달 재즈 곡과 혼동하지 말 것), 이어 〈Little Willie Leaps〉와 〈Half Nelson〉, 그리고 〈Sippin' at the Bells〉(벨스는 마일스가 즐겨 찾던 할렘의 술집)다. 앨범 제목의 '올스타즈'는 마일스, 테너 색소폰의 찰리 파커, 피아노의 존 루이스, 베이스의 넬슨 보이드, 드럼의 맥스 로치를 가리켰다.

그렇다. 버드가 알토 색소폰이 아닌 테너 색소폰을 맡았다. 젊은 리더의 예술적 자신감이 자신의 우상인 찰리 파커가 기꺼이 악기를 바꿔 불도록 할 만큼 강했던 것이다. 마일스의 트럼펫과 더욱 뚜렷한 대비를 보여주고, 앨범 전체의 음향적 색채에 맛을 더하기 위해서였다. 피아니스트이자 밴드 리더 존 바티스트가 내게 말했다. "마일스의 음악적 재능은 무엇인가의 핵심을 이해하고 그것을 트럼펫으로 구현하는 데 있어요. 거기에다 음악이 훗날 어떻게 받아들여질지를 고민하고, 이 핵심을 창조해내는 데 적합한 연주자들을 배치하는 기획자로서의 재능도 탁월했고요."[14]

그 무렵 맨해튼에 와 있던 또 한 명의 재능 있는 연주자 겸 편곡자가 데이비스를 만나보길 원했다. 그 역시 전 세계의 다른 사람들처럼 찰리 파커를 통해 데이비스를 처음 알게 되었다. 그는 바로 캐나다 출생의 길 에번스(빌 에번스와는 관계없음)로, 1930년대 후반부터 10여 년간 클로드 손힐의 빅밴드를 위해 곡을 써왔으나 최근 음악적 관계에 고비를 맞고 있었다.

손힐 음악의 트레이드마크는 분위기를 자아내는 사운드였다. 음역과 음향 모두에서 풍성하고 나지막하되 비브라토 없는 소리, 빅밴드에서는 좀처럼 사용되지 않는 프렌치 호른과 튜바에 기반한 음악이었다. 그러나 에번스는 이 달콤한 음악에서 점차 퀴퀴한 냄새를 맡기 시작했다. 수많은 사람들처럼 그도 찰리 파커와 비밥에 매료되었고, 디지 길레스피와 빌리 엑스타인이 자신들의 밴드에 그랬듯, 그도 클로드 손힐의 낭만적인 발라드 오케스트라에 새로운 사운드를 도입하기 시작했다.

1940년대 중후반은 재즈 역사에 있어 변곡점이었다. 빅밴드가 시들해지고 새로운 음악이 재즈 팬들의 상상력을 사로잡았다. 악보에

지휘 중인 길 에번스, 날짜 미상.

적는 편곡 기술이 퇴조하면서 찰리 파커의 가히 신적인 솔로를 등대 삼아 즉흥 연주 기술이 주도적인 위치를 차지하게 되었다.

찰리 파커의 귀는 그가 지닌 경이로운 음악적 재능의 일부였다. 그는 바흐, 베토벤, 쇼팽, 드뷔시에서 버르토크, 스트라빈스키, 쇼스타코비치, 쇤베르크 같은 현대 음악 작곡가들까지 흠모했다. 파커는 그들 작품의 짧은 구절을 솔로 연주에 집어넣기도 했는데, 특히 관객들 중에 그 인용을 알아볼 사람이 있다 싶을 때 그랬다. 그는 파리로 가 나디아 불랑제 밑에서 작곡을 공부하길 꿈꿨던 적도 있었다. 만년에 이르러서는 음악 이론을 배우지 않은 것을 깊이 후회했고 블루스나 팝송 따위에 점차 싫증을 느껴 초현대주의 작곡가 에드가르 바레즈를 찾아가 제자로 받아달라고 간청하기도 했다. "나를 아기라 생각하시고 부디 음악을 가르쳐주십시오. 나는 하나의 목소리로만 곡을 씁니다. 구조를 갖추고 싶어요. 관현악곡을 써보고 싶습니다."[15]

그러나 버드는 짧은 생애 동안 혼돈에 지배당했으며, 자신의 욕망과 중독에 무기력하게 매어 있었다. 비록 본능적이고 눈부신 재능이었더라도 결국 하나의 목소리에만 머물 운명이었다. 사람들로부터 숭배를 받았지만 그의 천재성이 오히려 그를 세상과 분리시켜 고립되게 만들었다. 찰리 파커만큼이나 뛰어난 귀를 지녔던 마일스 데이비스는 달랐다. 그의 예술적 야망 그리고 한계는 그가 평생에 걸쳐 협업하고 더 넓은 음악적 의미를 찾아 나서도록 그를 이끌었다. 바로 그 항해의 출발점에 길 에번스가 찾아와 합류했던 것이다.

1947년, 에번스는 새로운 음악을 용감무쌍하게 탐험하는 스무 살의 걸출한 알토 색소폰 주자 리 코니츠를 손힐 밴드에 기용했다. 2018년 말에 내가 만난 코니츠는 기억이 희미해져가는 노인이었으

나 길 에번스의 유명한 미드타운 아파트에 대해 묻자 얼굴에 미소가 떠올랐다. "마리화나를 엄청 피워댔던 게 기억납니다." 그가 말했다.

흑인과 백인을 막론한 수많은 뮤지션들이 그랬듯, 존 루이스와 제리 멀리건이 그랬고 곧 마일스 데이비스도 그랬듯, 코니츠는 웨스트 55번가 14번지 이발소 옆 아시아 세탁소 뒤편에 있는 아파트 지하층에서 많은 시간을 보냈다. 조용하고 너그러운 성격에다 끝없는 음악적 호기심을 지닌 에번스는 천장이 낮고 길게 뻗은 자신의 아파트를 이른바 전후 미국 재즈의 바토 라부아르Bateau-Lavoir§ 같은 장소로 바꿔놓았다. 이곳은 떠오르는 젊은 뮤지션들의 합숙소이자 아지트였으며, 편리하게도 "52번가에서 자빠지면 닿을 거리"에 위치해 있었다.[16] 모든 이에게 열린 공간인 이 집은 에번스가 있든 없든 문이 잠겨 있는 법이 없었다. 그곳은 아늑하면서도 지저분했다. 배관이 노출된 실내에는 업라이트 피아노가 있었고, 전열기 위에 놓인 냄비 안에는 늘상 스튜나 수프가 보글거리며 끓고 있었다. 뚱뚱한 검은 고양이 베키가 있었고, 이따금 찰리 파커가 싱글 침대에 쓰러져 코를 골며 자고 있었다. 마리화나의 향기로운 연기가 음식 냄새와 뒤섞여 허공을 맴돌았다.

문자 그대로도 감정적으로도 따뜻한 공간이었다고 코니츠는 회상했다. 임차인이자 정신적 지주의 인품을 그대로 반영하듯 지저분하지만 친근한 분위기, 누구든 전적으로 받아들이는 분위기가 감돌았다. 키가 크고 호리호리한 몸집에 매부리코를 가진 에번스는 자기

---

§ 파리의 몽마르트르에 있던 목조 건물. 1904년 이후 피카소를 비롯한 가난한 젊은 예술가들이 모여 살았다.

집을 뻔질나게 드나드는 젊은 뮤지션들에게 일종의 보이스카우트 분대장 같은 존재였다. 나이도 30대 중반이었으니 젊은 뮤지션들에 비해 대략 열 살 정도 더 많았다. 그렇다고 가부장처럼 완고하게 굴기보다는 선사禪師의 기운을 띤 자유로운 영혼이었다. 버드 5중주단의 연주를 듣기 위해 쓰리 듀시스에 온 에번스를 마일스는 이렇게 기억했다.

> 그는 소금을 찍어 먹을 "고추냉이horseradish"—우리는 무를 그렇게 불렀다—를 봉지째 들고 나타났다. 키가 크고 깡마른 체구에 누구보다 힙한 캐나다 백인 남자였다. 정말이지 그런 백인을 나는 **단 한 번도** 본 적이 없었다. … 페그레그 바지§와 주트 슈트‡를 빼입고 제대로 멋을 부린 흑인 뮤지션들이 득실거리는 이 분주한 52번가에서 야구 모자를 쓰고 다니는 사람. 아, 정말 보통내기는 아니었다.[17]

에번스가 캐나다인이라는 점 또한 대다수 흑인 예술가들이 백인에게 품고 있던 의심의 벽을 넘어서도록 도와준 면이 있다. 훌륭한 연주자들이 길의 아파트를 자주 드나든 데는 환대뿐만 아니라 음악에 취하게 만드는 분위기도 한몫했다. "나는 늘 다른 뮤지션들에 관심이 있었어요." 에번스가 재즈 비평가 냇 헨토프에게 한 말이다. "음악적 동료애랄까, 그런 걸 많이 경험해보지 못한 탓에 굶주려 있었던

---

§ 엉덩이 부분은 주름 따위로 부풀리고, 아래로 갈수록 좁아지는 바지.

‡ 어깨가 넓고 라펠이 있으며 기장이 길고 품이 넉넉한 재킷과, 허리 부분은 주름을 잡아 풍성하고 발목 부분은 좁은 하이 웨이스트의 바지로 이루어진 남성복.

거죠. 음악 이론을 놓고 자유 토론을 벌이는 그런 것 말이에요."[18]

트럼펫 주자 겸 작곡가 조니 캐리시는 이렇게 회고한다. "길의 집에 가면, 그는 스트라빈스키, 라벨, 버르토크 등등 20세기 작곡가들의 최신 음반을 들려주었다. 한 무리의 사내들이 모여 현대 클래식을 들을 수 있는 장소라니 … 참으로 특별했다. 그 아파트에서 길은 우리에게 많은 영향을 주었다. 그는 음악적인 확장을 꾀하고 있었다. 우리 역시 그에게서 배운 걸 활용하기 시작했다."[19]

음악적인 확장이란 비밥 너머를 바라본다는 것을 의미했지만, 그 변화가 단번에 일어난 것은 아니었다. 1947년 가을의 어느 시점, 아마도 쓰리 듀시스에서, 길 에번스는 찰리 파커에게 5월에 사보이에서 5중주단이 처음 녹음한 당신의 〈Donna Lee〉가 정말 마음에 든다고 했다.[20] 버드는 사보이가 그 곡의 작곡자로 자신을 올린 것은 착오였으며 실은 마일스가 작곡했다고 대답했다. 마일스 데이비스 작품 중 최초 녹음이었던 것이다.

그럴 만도 한 착오였다. 속사포 같은 템포, 경쾌하지만 달콤하지 않은 굽이굽이 휘돌아가는 멜로디, 도입부와 종결부를 장식하는 색소폰과 트럼펫의 빠른 유니슨으로 이루어진 〈Donna Lee〉는 비밥 그 자체였고, 마치 찰리 파커 곡처럼 **들렸다**. 에번스가 이 곡에 끌린 이유이기도 했다. 그리고 이제 그와 마일스는 처음으로 만난 자리에서 정중하면서도 조금은 조심스러운 대화를 나누었다. 데이비스의 회고담이다.

내 곡 〈Donna Lee〉를 사용하고 싶다며 허락해달라고 하더라고요. 편곡을 하고 싶다고. … 그러라고 하면서 대신 내게 코드를 좀 가르쳐주고 클로드 손힐과 일하며 작업했던 악보 몇 가지를 공부할 수 있게 해달라고 나도 청했습니다. 그가 클로드를 위해 만든 [찰스 톰슨 경의 곡] 〈Robbins Nest〉 편곡이 나를 정말 뒤흔들었거든요.[21]

"얼마 동안 대화를 나누고 서로를 떠보는 시간을 가진 뒤, 나는 길의 작곡 방식이 마음에 들고, 그는 내가 연주하는 방식을 마음에 들어 한다는 것을 알게 되었다." 마일스가 회고록에서 말했다. "우리는 듣는 방식이 동일했다."[22]

음악의 변화를 위한 무대가 준비되었다. 길은 〈Donna Lee〉를 비롯한 비밥 몇 곡(〈Anthropology〉〈Sorta Kinda〉〈Yardbird Suite〉)을 편곡했고 손힐 오케스트라는 그 곡들을 공연에서 연주하고 녹음도 했다. 오늘날 이 연주를 들어보면 음악적으로 풍성한 색다른 형식으로 비밥을 재구성했음을 알 수 있다. 그러나 춤을 추려고 돈을 내고 입장한 손님들은 그 곡을 좋아하지 않았고, 에번스와 듣는 방식이 같다고 느낀 마일스조차 길이 편곡한 〈Donna Lee〉를 손힐이 연주한 방식이 마음에 들지 않았다. "내 취향으로는 너무 느리고 지나치게 형식적이어서 뻔하게 느껴졌다. 다만 길이 다른 곡에서 보여준 편곡과 작곡에서 가능성을 들을 수 있었기에 〈Donna Lee〉의 편곡이 그렇게 거슬리지는 않았다. 그래도 마음에 걸리긴 했다."[23]

클로드 손힐은 이 모든 게 달갑지가 않았다. 에번스의 편곡을 존중하고 심지어 좋아할 수도 있을 정도로 음악적으로 영민한 사람이었지만 밴드 리더는 예술가인 만큼이나 사업가이기도 해야 한다. 새 곡이 연주될 때마다 돈을 내고 온 손님들이 고개를 절레절레 저으며

댄스 플로어에서 내려가는 모습에 손힐은 더는 참을 수가 없었다. 결국 그는 새벽 3시에 에번스를 찾아가 더 이상 비밥을 연주하고 싶지 않다고 말했다.

한편 마일스는 찰리 파커와 연주하면서 명성과 자신감 모두 크게 높아졌다. 마일스는 1947년에 막 『에스콰이어』 뉴 스타 상을 받았고, 평론가들을 대상으로 한 『다운비트』 설문 결과 디지와 공동 1위를 기록했다.[24] 그러나 음악적으로는 점점 자신의 우상과 어긋나는 느낌이었다. 버드는 속수무책인 자기중심적 생활로 나날이 신뢰할 수 없는 사람이 되어갔고, 명성이 커질수록 더욱 고압적인 행태를 보였다. 아예 연주자들에게 보수를 지급하지 않을 때조차 있었다. 데이비스의 눈에 그만큼이나 고약한 것은 파커가 52번가의 백인 관객을 위해 민스트럴 쇼[§] 같은 우스꽝스런 무대를 연출하고 있다는 사실이었다. 심지어 〈Suck You Mama's Pussy〉 같은 노래를 선보이기도 했다. "남부끄러웠다." 마일스의 회고다. "난 광대랑 일하려고 뉴욕에 온 게 아니었다."[25]

그러는 동안 마일스는 길 에번스의 아파트에서 더욱 많은 시간을 보냈다. 따뜻하고 고무적인 분위기의 그곳에서 새로운 사운드에 대해 생각하고 대화를 나눴다. 에번스의 전기 작가 스테퍼니 스타인 크리스의 글이다.

1948년 봄 무렵, 데이비스는 "드림 밴드"라는 주제로 길, 멀리건,

[§] 19~20세기 초 미국 사회를 풍미한 버라이어티 쇼로 흑인을 희화화하여 백인 관객을 웃기는 내용의 공연.

조니 캐리시, 존 루이스, [아방가르드 작곡가] 조지 러셀 사이에서 오가던 대화에 적극적으로 참여했다.

수개월 전, 길은 11인조 밴드를 염두에 둔 곡을 몇 개 스케치해두었다. 의도는 … 손힐 사운드의 풍부한 공명—재즈의 문맥에서는 여전히 매우 이례적인—을 소규모 편성에 활용함으로써 작곡가, 즉흥 연주자, 앙상블에 더 많은 유연성을 부여하자는 것이었다.[26]

애초에 에번스와 멀리건이 구상했던 드림 밴드는 이런 것이었다. "그룹 멤버들이 곡을 쓰고 그 곡으로 다 함께 이런저런 시도를 해보는 리허설 밴드."[27] 하지만 거장의 야심을 품고 있던 마일스의 머릿속에는 그보다 현실적인 것이 들어앉아 있었다. 그의 말에 따르면 아이디어와 기악 편성은 길과 제리에게서 나왔으나 "이론과 음악적 해석, 밴드가 무엇을 연주할지는 내 아이디어였다. 리허설 장소 예약이나 리허설 소집 같은 실제적인 준비와 진행을 내가 맡아서 했다."[28]

멀리건도 확인해준다. "마일스가 관심을 갖게 되면서 음악적 방향이 최종적으로 정립되었다. 어차피 리드 파트를 맡을 사람은 마일스라는 게 우리 선택이었고. 게다가 신기하게도 당시 트럼펫 주자로서 널리 인정받지 **못했던** 마일스의 연주 방식을 우리는 무척 좋아했다."[29]

마일스가 마일스가 되기 전, 그러니까 길 에번스와 제리 멀리건이 이미 알았던 것을 온 세상이 알게 되기 전에 그에 대한 평가는 테크닉이 부족하다는, 특히 빠른 연주를 못한다는 것이었다. 하지만 무엇보다 이는 비밥의 관점에서 나온 평가였고, 비밥이 시들해지면서 다른 스타일들이 밀려오기 시작하던 시기였다. 게다가 곧 그것은 사

실이 아니게 되었다. ("디지와 [그리고 패츠 나바로와 함께 한 1949년 녹음에서] 연주한《Metronome All-Stars》를 들어보세요." 월리스 로니가 내게 말했다. "팻 걸§을 압도하고 있잖아요!"[30]) 또 하나, 마일스는 새 길을 개척하고 있었다. 그 길은 섬세하고 서정적인 연주로 중간 음량과 트럼펫의 중음역에서 밴드를 이끄는 방식이었다.

예술의 개척자였던 마일스로서는 숨어 지낼 생각이 전혀 없었다. 드림 밴드는 그럴듯한 아이디어였지만 그는 대중 앞에서 공연하지 않고 녹음하지 않는 밴드는 밴드가 아니라고 생각했다. 다시 제리 멀리건이다. "마일스는 그걸 구체화할 실행에 나섰다. 그는 자기가 원하는 사람이면 누구든 부를 수 있을 정도로 발이 넓었다. 나로서는 떠올리지도 못했던 사람들, 이를 테면 맥스 로치 같은 사람 말이다. 맥스는 그 밴드에 안성맞춤이었다."[31]

물론 마일스가 주도권을 쥐게 될 터였다. 버드가 테너 색소폰을 맡아야 한다고 판단한 1947년 8월 사보이 녹음 세션을 시작으로 1948년과 1949년을 거치는 동안 마일스는 점차 사이드맨이 아닌 리더로서 사고하기 시작했다. 그때는 물론 이후 경력 내내, 그의 예술적 재능의 중요한 부분은 위대한 화가, 영화감독, 오케스트라 지휘자가 알고 있는 것, 즉 '색채, 배우, 사운드가 무엇이든, 그 무엇을 어디에 배치해야 하는가'를 아는 능력이었다. 손힐 오케스트라의 음악적 색채와 질감은 아름다웠으나 열여덟 명 편성은 데이비스가 생각한 새 밴드에 필요한 인원의 두 배였다. 마일스는 밴드가 합창단 같은, 다시 말해 소프라노, 알토, 바리톤, 베이스로 이루어진 인간의 4부 합

---

§ 패츠 나바로의 별명.

창처럼 들리기를 원했다. 그는 트럼펫, 트롬본, 프렌치 호른, 알토 색소폰, 바리톤 색소폰, 튜바, 피아노, 베이스, 드럼까지 아홉 개의 개별 악기로 그가 원하는 풍부한 공명을 창조할 수 있었다.

듀시스에서 버드가 결국 선을 넘은 후—마일스에 따르면 최후의 결정타는 제발 나가서 예정대로 연주를 하라는 새미 케이의 간청에도 버드가 대기실에 앉아 태연하게 크래커와 정어리를 먹으며 케이를 망신 준 사건이었다[32]—파커 5중주단은 47번가와 48번가 사이 브로드웨이에 위치한 지하 술집 로열 루스트 무대에 서기 시작했다. (로열 루스트는 처음에 프라이드치킨 식당이었는데 WMCA 재즈 디제이 심포니 시드 토린이 주인 랠프 왓킨스에게 비밥 밴드를 들여오면 장사가 잘될 거라고 설득해 시작된 곳이다.) 버드의 이탈은 그러잖아도 퇴조하던 52번가에 사망 선고와도 같았다. 1940년대 말 주로 파커의 5중주단이 듀시스와 오닉스에서 선보인 무대에 힘입어 잠시 살짝 반등했던 52번가는 이제 완전한 쇠락의 길에 들어섰다. 재즈 클럽들이 속속 스트립 클럽들로 바뀌어가기 시작했다. 한편 마일스는 사이드맨이자 리더로서 다른 그룹들과의 연주를 통해 자신의 영역을 확장하고, 새로운 서정적 목소리를 계속해서 탐색해나갔다.

1948년 9월, 프로모터 몬티 케이는 마일스의 강력한 권유로 길 에번스와 제리 멀리건과 마일스가 탄생시킨 9중주단의 로열 루스트 공연을 계약했다. 데이비스에 따르면 밴드는 8월 말부터 9월 초까지 2주간 공연이 예정되어 있었고, 카운트 베이시의 오케스트라 바로 다음 순서로 홍보되고 있었다. 그런데 실제 상황은 더 복잡했던 것 같다. 마일스의 9중주단과 베이시의 오케스트라는 둘 다 그달 로열 루스트에서 연주한 것으로 보인다. 그런데 찰리 파커의 5중주단(버

드, 마일스, 피아노에 태드 대머런, 베이스에 컬리 러셀, 드럼에 맥스 로치), 테드 대머런의 6중주단(대머런, 패츠 나바로, 테너 색소폰에 앨런 이거, 비브라폰에 밀트 잭슨, 컬리 러셀, 드럼에 케니 클라크), 그리고 마일스 데이비스가 이끄는 5중주단(마일스, 리 코니츠, 피아노에 존 루이스, 베이스에 앨 매키번, 로치) 역시 무대에 올랐다.[33]

새로운 사운드를 창조하는 데 필요한 최소 인원은 아홉 명이었을지 모르나 클럽 주인 입장에서는 네 명이나 많은 숫자였다. "우리가 루스트 첫 무대에 오를 때," 마일스의 회고다.

클럽 외부에 "마일스 데이비스의 9중주단. 제리 멀리건, 길 에번스, 존 루이스의 편곡"이라고 써 붙이게 했다. 루스트 주인 랠프 왓킨스와 죽기 살기로 싸워 관철시킨 것이다. 다섯이면 충분할 텐데 아홉씩이나 돈을 줘야 하는 게 억울하다는 생각에 그는 애초에 아무것도 할 생각이 없었다.[34]

9월의 어느 늦은 밤, WMCA 생방송을 통해 9중주단이 첫 선을 보였다. 낭랑한 목소리의 소유자이자 지칠 줄 모르는 비밥 옹호자 심포니 시드는 이들을 소개하면서 새로움의 충격을 누그러뜨리고자 최선을 다했다.

신사 숙녀 여러분, 자, 이제 여러분께 현대 음악의 새로운 어떤 것을 선보이려 합니다. '현대 음악의 인상들', 위대한 마일스 데이비스 그리고 그의 멋진 새 밴드와 함께 합니다. 드럼에 맥스 로치, 피아노에 존 루이스, 베이스에 앨 매키번, 알토 색소폰에 리 코니츠, 바리톤 색소폰에 제리 멀리건, 다들 기억하시죠? 진 크루파 밴드하고 디스크자키 점프 공연을 했던 그 제리 말입니다. 튜바에 빌 바버, 네 맞습니다, 바버가 튜바를 연주합니다. 프렌치 호른에 주니어 콜린스, 트롬본에 마이크 즈웨린입니다. 신사 숙녀 여러분, 모던 재즈의 새 시도에 큰 박수 부탁드립니다. 마일스 데이비스 밴드가 여러분에게 존 루이스가 편곡한 곡을 첫 곡으로 들려드립니다. 자, 제목은 〈Move〉입니다. …[35]

그리고 공개되었다. 〈Move〉는 원래 드러머 겸 작곡가 덴질 베스트가 비밥 곡으로 썼으나 루이스의 편곡을 거치면서 전혀 다른 무엇, … 추진력 있고 선율적인 곡이 되었다. 마일스와 코니츠가 빠른 유니슨으로 테마를 연주하며 비밥처럼 시작하고 연주가 이어지는 동안 솔로를 양념처럼 곁들이는 구조. … 하지만 비밥과의 유사성은 거기까지다. 템포는 빠르지만 맹렬한 건 아니다. 이건 분명히 **작곡**된 곡이었다. 마치 즉흥 연주로 착각할 만큼 자유롭게 쓰였으나, 그럼에도 작곡된 곡. 편곡에는 밀고 나가는 힘과 남성적인 감미로움이 있다. 관악기들이 시종 화음을 주고받으며, 푸가를 연상시키는 유니슨 구간도 나온다. 오늘날의 청자에게 〈Move〉는 모던 빅밴드 음악처럼 들린다. 그러나 이는 모던 빅밴드 음악이 로열 루스트에서 준비되지 않은 관객들에게 처음 선보인 후, 그로부터 발전해왔기 때문이다.

전반적인 반응은 감탄이 담긴 어리둥절함이었던 것으로 보인다. 어쨌든 어리둥절함이긴 했다. 라디오 방송 녹음에서 들리는 갈채는 예의 정도의 수준이다. 9월 23일자 리뷰는 베이시의 밴드에 열렬한 찬사를 보낸 후 마일스의 9중주단에 대해서는 규모조차 엉뚱하게 전달했다.

베이시 밴드가 내려간 무대를 채운 팀은 현대 음악의 새로운 모든 것을 구비한 마일스 데이비스와 그의 5중주단이다. 데이비스 5중주단의 음악은 베이시 밴드의 음악과는 유사성이 전혀 없는 다양한 음악적 즐거움을 선사한다. 이 밴드가 지닌 독특한 점은 통상적인 비밥 연주자들 옆에 튜바와 프렌치 호른을 배치했다는 것이다. 이런 혁신 덕분에 음악이 계속 뇌리에 남는 경향이 있다.[36]

며칠 밤 동안 공연을 지켜본 베이시 본인도 당황스러운 반응을 보였다. "그 느린 곡들, 낯설면서도 좋더군요. 무슨 음악인지는 잘 모르겠는데 어쨌든 들어보니 마음에 들었어요."[37]

〈Move〉는 비밥보다 느렸지만, 그렇다고 느린 곡이라고 할 수는 없었다. 한편 9월 18일 밤 루스트에서 선보인 글렌 밀러의 발라드 〈Moon Dreams〉의 9중주단 버전은 합창단 사운드라는 마일스의 이상을 구현한 관악기들의 풍성한 화음으로 가득 차 있음에도, 장송곡 같다고 하면 지나치겠고 몽환적인 음악 같았다. 클럽의 비밥 애호가들이 어떻게 받아들였을지 짐작하기 어렵다. 다만 WMCA 라디오 방송 실황 녹음에는 기침 소리 하나, 잔 부딪치는 소리 하나도 들리지 않는다.[38] 당시 캐피틀 레코드의 프로듀서로 일하던 모더니스트 작곡가 겸 편곡가 피트 루골로는 이 음악에 감명을 받아, 공연이 모두 끝난 뒤 마일스에게 (1948년 1월에 시작된) 미국음악인연맹 파업이 끝나면 9중주단 녹음을 할 수 있겠느냐고 물었다.

한편 버드에 대한 마일스의 불만은 최고조에 달해 있었다. 12월 중순, 파커에게서 몇 주째 보수를 받지 못한 데이비스가 버드를 찾아갔다. 그는 로열 루스트 테이블에 앉아 프라이드치킨 대짜를 먹으며 "술과 헤로인에 취해 완전히 맛이 가" 있었다.[39] 마일스가 밀린 돈을 달라고 요구했지만 버드는 그를 없는 사람 취급하며 계속 먹고 마셨다. 마일스가 버드의 멱살을 잡고 돈을 안 주면 죽이겠다고 협박하자, 결국 버드는 밀린 보수의 절반을 주었다.

크리스마스 직전, 이번에도 루스트에서 마일스는 버드에게 나머지 돈을 요구했다. 버드는 또다시 지불을 미뤘다. 공연 도중에 파커가 장난감 총으로 앨 헤이그를 쏘는 시늉을 하고, 풍선을 크게 불어 마이크에 대고 바람을 빼는 등 장난을 치자 마일스는 무대를 박차고 내려갔다. 이어 로치도 따라 내려갔다. 그날 이후 데이비스는 잠시 돌아와 버드와 몇 차례 더 녹음을 하기도 했지만(가장 유명한 것은 메트로놈 올스타즈와의 1949년 1월 녹음) 다시는 파커의 영향권에 머무르지 않았다. 이제부터는 마일스의 영향권 안으로 다른 이들이 들어올 것이었다.

파업이 끝났다. 캐피틀 레코드는 9중주단과 세 번의 녹음 세션을 진행했다. 1949년 1월 21일, 4월 22일, 1950년 3월 9일. 세션마다 구성에 변화가 있었지만 마일스, 멀리건, 코니츠, 튜바 주자 빌 바버는 모든 세션에 참여했고, 길 에번스와 존 루이스가 편곡을 담당했다. 첫 음반은 1월 세션이 끝난 직후 발매되었다. 그날 녹음된 신나는 네 곡은 두 장의 78회전 싱글에 나눠 담았다. 한 장에는 A면에 제리 멀리건의 〈Jeru〉, B면에 조지 월링턴의 〈Godchild〉를 실었고, 다른 장에는 버드 파월의 비밥풍 곡 〈Budo〉(일명 〈Hallucinations〉)와 덴질 베스트의 〈Move〉를 담았다.

보라색 바탕의 캐피틀 레코드 라벨에는 "마일스 데이비스와 그의 오케스트라"라는 문구와 함께 참여 연주자 전원의 이름이 기재되어 있었고, 이 음반은 "비밥 기악곡"으로 분류되었다. 모든 곡의 모든 음이 악보에 기록되어 있고, 모든 연주자가 그 악보를 읽고 그대로 연주했음에도, 세상은 이 음악을 비밥 기악곡으로 이해했다. 아니, 실은 오해했다. 그런 까닭에 1949년 3월 13일 『아마릴로 선데이 뉴스 글로브』 음반 칼럼 면에는 다음과 같은 단평이 실렸다.

〈Budo〉는 캐피틀 레코드가 비밥의 길로 들어선 첫걸음으로, 마일스 데이비스와 그의 밴드가 연주하는 정신없이 빠른 템포의 오리지널 곡이다. 최정상급 비밥 연주자들이 모여 창의적인 편곡이 빛나는 흥미롭고 신나는 솔로 연주를 차례로 들려준다. 뒷면의 〈Move〉 또한 빠른 템포의 기악곡이자 순수한 비밥 스타일로 데이비스의 뛰어난 트럼펫 연주가 하이라이트를 이룬다.[40]

이제 "비밥"이란 용어는 공식적으로 본래의 의미를 잃은 듯 보였다. 그저 재즈의 어떤 괴상한 새 사운드, 또는 그런 사운드를 연주하는 뮤지션들의 어떤 뜻밖의 특색을 가리키는 말이 되어버린 것이다. (다른 신문의 표현대로 "이슬람 개종, 헐렁한 옷차림, 낡아빠진 트럼펫 등 이상한 흐름이 있다."[41]).

아프리카계 미국인 신문 『클리블랜드 콜 앤드 포스트』의 음반 칼럼니스트는 이렇게 썼다. "와, 마일스를 음반에 담아내다니, 정말 기쁘다."[42] 데이비스는 스물둘의 나이에 이미 주목해야 할 이름이 되었고, 그때부터 이후 영원토록 "마일스"라는 한 단어는 많은 이들에게 재즈의 모든 것과 동일시되었다.

마일스가 이렇게 부상했음에도 음악이 제대로 인정받지 못하는 상황이었기에 그의 명성이 음반 판매에는 아무런 도움이 되지 않았다. 시간이 지나 9중주단의 로열 루스트 무대와 캐피틀 세션의 녹음은 《Birth of the Cool》이라는 음반으로 발매되어 전설적인 지위를 얻게 된다. 이는 비밥 이후 새로운 재즈 흐름의 탄생을 알리는 출발점이자, 제리 멀리건이 고향 캘리포니아로 가져가 웨스트코스트 재즈를 탄생시킨 씨앗이 되었다. 그러나 1940년대 후반부터 1950년대 초반에만 해도 이 새로운 사운드는 그저 '현대 음악의 인상들'이라는 밋밋하고 '몸에 좋으니 억지로 먹는 채소' 같은 두루뭉술한 분류 속에 묶여 있었다. 그리고 음반은 팔리지 않았다.

그럼에도 주목해야 할 이름이 된 마일스는 1949년 봄, 태드 대머런과 함께 파리에서 처음 열리는 국제 재즈 페스티벌에 초청을 받았다. 이 축제는 전후 문화 부활을 기념하는 행사였다. 데이비스로서는 생애 첫 해외여행이 될 터였다. 페스티벌의 주최 측은 재즈 역사의 다양한 시대를 대표하는 미국 뮤지션 열두 명 가량에게 초청장을 보냈다. 여기에는 뉴올리언스 출신의 클라리넷 주자 시드니 베셰(1897년생), 부기우기 피아니스트 피트 존슨(1904년생), 트럼펫 주자 오란 "핫 립스" 페이지(1908년생) 같은 원로들, 그리고 버드와 당시 그의 5중주단 멤버였던 케니 도럼(마일스 대신 트럼펫을 맡았다), 헤이그, 포터, 로치 등이 있었다. 그중 서른 살인 포터를 제외하면 모두 20대 청년들이었다.

회고록에서 마일스는 대머런과 함께 한 자신의 5중주단이야말로 (테너 색소폰에 제임스 무디, 베이스에 해외에서 활동 중이던 미국 베이스 주자 바니 스필러, 드럼에 케니 클라크) "시드니 베셰와 더불어" 페스티벌의 최고 화제였다고 주장했다.[43] 그런가 하면 로스 러셀은 마일스에 대한 언급은 전혀 없이 버드의 무대가 "아방가르드 지지층에게 환영을 받았다"면서도 비밥 5중주단의 사운드가 "대형 음악홀 연주로는 지나치게 내밀하여, 거의 개인적인 연주처럼 들렸다"고 덧붙였다. 대조적으로 거장 베셰는 재즈의 기원으로 거슬러 올라가는 힘차고 거친 블루스 기반 연주로 "청중들이 통로로 나와 춤을 추게 만들었다."[44]

누가 알겠나? 페스티벌 녹음 자료로 본다면 대머런-데이비스 5인조의 연주에는 근사한 비밥 에너지가 있었다. 마일스는 평소와 달리 길레스피를 떠오르게 하는 고음역대의 빠른 연주를 선보여 열광적인 박수를 이끌어냈다. 재즈 작가 댄 모건스턴에 따르면 버드와 케니 도럼에 맞서 리더로서 연주한다는 것은 "마일스에게 해방이자 도전을 뜻했는데 그는 그 상황에 걸맞은 역량을 발휘하며 잘 대처했다."[45]

유럽인들의 귀는 대체로 아직 전쟁 전 사운드에 익숙했지만 유럽은 마일스에게 그 자체로 새로운 발견이었다. 23년 동안 미국의 인종차별이라는 구둣발에 짓눌려 살아온 그는 별안간 예상하지 못했던 해방감을 느꼈다. "한 번도 경험해보지 못한 느낌이었다." 그가 말했다. "프랑스에 있다는 자유, 인간으로 마치 중요한 사람으로 대우받는 자유였다." 청춘의 절정에서 자유를 만끽하는 남자. 때는 봄. 장소는 세상에서 가장 아름다운 도시. 어찌 그가 사랑에 빠지지 않을 수 있었겠는가.

스물두 살 쥘리에트 그레코의 삶은 이미 파란만장했다. 전쟁 중
에는 레지스탕스의 일원이었고, 보헤미안 카바레 가수이자 배우였
으며, 전후 실존주의자들의 뮤즈였고, 장 폴 사르트르의 절친이었으
며, 알베르 카뮈의 연인이었다. 작은 체구에 검은 머리, 지중해 특유
의 뚜렷한 이목구비를 지닌 그녀는 마일스의 리허설에 나타나자마
자 단숨에 그의 눈길을 사로잡았다. 그가 검지를 구부려 오라는 제스
처를 하자 그녀가 다가왔다. "드디어 이야기를 나누게 되었다." 그의
회고다. "나에게 자기는 남자를 좋아하지 않는데 나는 좋다고 말했
다. 그 순간부터 우리는 줄곧 함께 지냈다."[46]

5월 초 마일스가 파리에 머물던 그 한 주 동안 이어진 짧고 뜨거
운 연애였지만(마일스가 1957년 파리에 왔을 때 다시 불붙긴 했다), 이
일은 그에게 파리라는 도시만큼이나 강렬한 영향을 남겼다. 그레코
는 그를 피카소와 사르트르에게 소개했다. (버드 또한 이 실존주의자
와 잊지 못할 만남을 가졌다. "만나게 되어 반갑습니다, 사르트르 씨." 그
가 말했다. "당신의 연주를 무척 좋아합니다."[47]). 마일스와 쥘리에트는
센 강변을 따라 걸었다. 손을 맞잡고 서로의 눈을 들여다보며 촉감과
시선으로 대화했다. 서로의 언어로 말할 수 없기에 불길은 더욱 뜨겁
게 타올랐다.

마일스가 아이 둘이 있는 유부남이라는 사실은 부차적인 문제였
다. "아이린을 무척 아꼈지만 이런 느낌은 내 인생 처음이었다." 그가
말했다.[48] 페스티벌이 끝난 뒤 케니 클라크는 파리에 머물기로 했지
만, 마일스는 자신이 가장 잘 아는 그 고달픈 나라로 돌아가야 한다
는 사실을 알고 있었다. "돌아오는 비행기 안에서 너무나 우울해 오

는 내내 아무 말도 할 수 없었다." 그의 회고다.

그 일이 나를 그렇게까지 강타할 줄 몰랐다. 돌아와서도 우울감이 너무 심해 나도 모르게 헤로인에 손을 댔고 거기서 빠져나오는 데 4년이 걸렸다. 통제력을 잃어버린 건 그때가 처음이었다. 나는 엄청나게 빠른 속도로 죽음을 향해 곤두박질치고 있었다.[49]

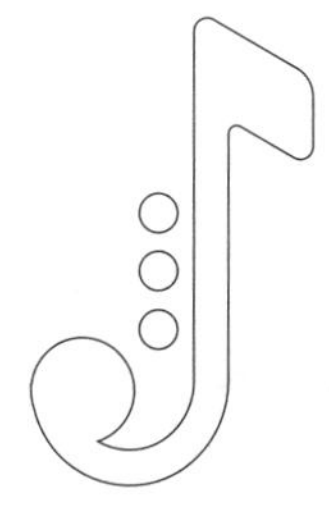

6

바위를

걷다

John Coltrane

뒷마당에서 존 콜트레인. 뉴욕 퀸스, 1963.

1949년 봄에서 여름 사이 언젠가 에디 "클린헤드" 빈슨의 투어가 중도 해산되었다. 아마도 리더의 음주 문제 때문이었을 것이다. 이후 콜트레인은 필라델피아로 돌아갔다. 그러다 9월에 콜트레인은 꿈의 일자리를 얻게 된다. 디지 길레스피가 그를 기용한 것이다. 곧이어 친구 지미 히스도 디지의 빅밴드에 알토 색소폰 주자로 연주하게 되었다. 카운트 베이시 출신의 테너 색소폰 주자 폴 곤살베스, 비밥 트롬본의 젊은 실력자 J.J. 존슨, 베이스 주자 앨 매키번, 드럼 주자 스펙스 라이트도 함께였다. "아름다운 밴드"였다고 길레스피는 애틋하게 회고했다. "기술적으로 … 내가 이끌었던 밴드 중 단연 최고였다."[1]

엄밀히 말하자면 밴드는 기름칠 잘 된 기계처럼 원활하게 돌아갔다. 콜트레인의 귀에 이것은 즐거움인 동시에 좌절이기도 했다. 다시 알토 색소폰으로 돌아오면서(그것도 리드 알토) 정해진 대로, 대개 악보를 읽으며 연주해야 했기 때문이다. 솔로 연주는 거의 없었다. 밴드의 기술적 강점은 곧 약점이기도 했다. 돈이 되는 건 댄스 무대였고, 길레스피의 아내 로레인의 지적이 모든 것을 설명해준다. "당신 밴드는 댄스 밴드가 아니잖아!"[2]

"춤추는 사람들은 네 박자 리듬이 확실하게 들리면 그만이었다. 우리가 만들어내는 아름답고 복잡하고 세련된 화성과 리듬, 우리의 연주 기량 같은 난해한 면에는 전혀 관심이 없었다. 그저 춤만 출 수 있으면 되니까"라고 디지는 썼다. 하지만 그 화성과 리듬과 연주 기량이 하도 매혹적이어서 사람들은 춤을 추는 대신 듣기 시작했다. "그냥 무대 주변에 서서 멍하니 바라보았다. 그러니 댄스홀 주인들이 우리를 더는 부르지 않게 되었다."[3]

게다가 길레스피는 강력한 문화적 대세를 거스르고 있었다. 빅밴드가 사라지고 최소한의 반주만으로도 돈을 벌 수 있는 가수들, 그리고 로큰롤의 선조인 R&B가 주류로 떠오르는 중이었기 때문이다. 빌리 엑스타인처럼 디지 역시 임금과 이동 비용 등의 지출을 감안하면 20인조 오케스트라는 버는 돈보다 나가는 돈이 더 많다는 걸 깨달았다. "나야, 밴드야," 로레인이 그에게 말했다.[4] 1950년 6월, 길레스피는 한숨을 내쉬면서 자신의 꿈에 마침표를 찍었다.

언제나 그랬듯 활기 넘치고 현실적인 그답게 디지는 거의 바로 다시 움직이기 시작했다. 훨씬 작은 규모로 그룹을 꾸리고, 다시 한번 콜트레인을 기용했다. 이번에는 테너 색소폰이었다. 8월 말, 길레스피는 7중주단과 함께 투어에 나섰다. 멤버에는 장차 위대한 연주자가 될 이들인 알토 색소폰에 지미 히스, 비브라폰에 밀트 잭슨, 베이스에 지미의 형인 퍼시 히스가 있었고, 그 외에 드럼에 스펙스 라이트, 콩가에 프레드 스트롱도 포함되어 있었다. 언제나 그랬듯 디지에게는 좋은 기사들이 뒤따랐다(도러시 킬갤런은 전국에 실리는 자신의 신디케이트 가십 칼럼에서 디지를 자주 언급했다). 아랫입술 아래 남겨둔 조그만 턱수염, 환한 미소, 리듬감 있고 유쾌한 그의 이름까지, 그는 온 국민이 다 아는 스타였다. 그러는 동안 상대적으로 무명이었던 버드는 여전히 동부 어디쯤에서 고군분투하고 있었다.

하지만 미소 아래 문제가 부글거렸고, 문제의 핵심에 바로 콜트레인이 있었다. 그와 지미 히스는 둘 다 2년 넘게 헤로인을 코로 흡입해왔다. 루이스 포터는 콜트레인이 필라델피아 시절에 이미 주사를 사용하기 시작했을지도 모른다고 주장한다. (찰리 파커는 히스에게 이렇게 말했다. "그걸 코에 대면 아직 신사지만 팔에 꽂으면 그 길로 놈팡이가 되고 세상이 다 알게 되는 거야."[5])

대부분의 뮤지션들은 그걸 코로 흡입했는데—길레스피는 몰랐지만 그의 빅밴드에서 여섯 명이나 그러고 있었다—코로 들이마시는 방식은 팔에 주사하는 방식보다 원할 때 끊기가 더 수월했다. 그러나 7중주단이 오하이오주 데이턴에서 공연하는 동안 콜트레인과 히스는 촌구석에서 구한 희석된 헤로인 때문에 몸이 아프고 신경이 곤두서 있던 상태였다. 그때 "스펙스 라이트가 디디라는 여자를 데려오면서 한숨 돌릴 수 있게 되었다. 그녀가 '장비'(주삿바늘과 마약)를 가져와 모두에게 정맥 주사를 놓아준 것이다. 그들은 모두 즉시 강한 약 기운에 취해버렸다."[6]

이 사건은 지미 히스에게 지옥과도 같았던 7년 중독의 시작이었다. 콜트레인과 자기 위안용 물질 사이의 관계는 이보다 더 복잡했다. 그는 단것을 하도 먹어 체중과 치아에 문제가 생겼고, 잦은 치통을 과음으로 다스렸다. 헤로인을 구하지 못하거나 끊으려 할 때도 술을 마셨다. 1950년 10월, 길레스피 밴드와 함께 로스앤젤레스에 머무르던 중에 그는 주사로 헤로인을 맞은 뒤 호텔방에서 의식을 잃었고, 히스가 그를 발견해 소생시켰다.[7]

이 일로 겁을 먹은 콜트레인은 대신 술로 옮겨갔다. 그러나 투어의 다음 공연지에서, 이번에는 무대에 서야 할 시간에, 또다시 의식을 잃고 말았다. 디지는 얼마 전 지미 히스와 스펙스 라이트가 주사기를 소지한 것을 발견하자마자 그들을 해고했다. 그리고 이번에는 콜트레인에게도 내쫓겠다고 매섭게 말했다.[8] 다시 한번 기회를 달라는 콜트레인의 간청에 리더는 마음을 누그러뜨렸다.

디지 길레스피의 엄격한 중독성 마약 금지 정책은 도덕적 우월감이 아닌 상업적 실용성에서 비롯된 것이었다. 그는 위대한 뮤지션이었을 뿐 아니라 밴드 리더이자 사업가로서 자신이 자랑스럽게 여기는 재즈라는 훌륭한 상품을 일관된 품질로 관객에게 제공하고 싶었다. 천성이 쾌활하고 너그러웠던 그는 자신이 기용한 뛰어난 연주자들을 아꼈고 그들에게 자신의 어마무시한 음악적 지식을 아낌없이 나누어주었다. 그가 바란 것은 모든 밴드 멤버들을 똑같은 기술적 수준으로 끌어올리는 것이었고 대체로 성공했다. 그러나 모든 연주자들이 마약을 끊게 만드는 것만은 끝내 성공하지 못했다.

재즈가 시작된 이래 뮤지션들의 약물 남용은 거의 피할 수 없는 직업적 위해에 가까웠다. 1900년부터 1940년까지는 술이 뮤지션들 사이에서 최고의 선호 약물이었고 마리화나가 그 뒤를 바짝 따랐다. 그다음으로 헤로인이 유행하게 되었고, 찰리 파커는 헤로인의 대표주자였다.

버드는 물론 완벽했다. 그의 천재성은 너무도 비현실적이고, 그의 헤로인 사용은 노골적이고도 극단적이어서, 마술적 사고에 빠지기 쉬운(모든 예술가에게는 어느 정도 그런 성향이 있다) 젊은 연주자들로서는 둘을 연결 짓지 않기가 어려웠다. 그리고 일단 연결이 되고 나면 헤로인을 재즈의 대가로 가는 왕도로 보지 않기가 어려웠다. "찰리 파커를 들었고, 그걸로 끝이었어요"라고 레드 로드니는 말했다.[9]

너무나 어리고 미성숙하고 제대로 교육받지도 못한 상태에서, 내게 찰리 파커가 그랬던 것처럼 매번 자신의 위대성과 천재성을 입증해 보이는 우상이 있다면 … 그 천재의 연주를 매일 밤 들으며, 틀림없이 이런 생각을 할 것이다. "저 선을 넘어 마약을 하게 되면 나도 저렇게 연주할 수 있을까?"[10]

유대감과 동조 심리 또한 마술적 사고만큼이나 강력했다. "소속감을 원하니까요." 로드니의 말이다. "다른 사람들과 같아지고 싶은 거예요. … 헤로인은 우리의 배지였어요. 우리에게 특별한 클럽에 들어갈 수 있는 회원권이었어요. 그 회원권을 위해 우리는 세상의 모든 것을 포기했어요. 모든 야망. 모든 욕망. 모든 것을요. 대부분의 사람들을 망쳤습니다."[11]

버드도 망가졌다. 다만 시간이 걸렸다. 그동안 그의 천재성과 강인한 체력, 그리고 가끔 약에 취한 상태에서 최고의 기량으로 연주해내던 능력이 결합하여, 그는 **언제나** 헤로인에 취했을 때 최고의 연주를 한다는 신화를 낳았다. 경외심으로 가득했던 햄프턴 호스는 이렇게 썼다. 파커가 "위스키 열한 잔을 연달아 들이킨 뒤 벤제드린 한 움큼을 입안에 털어넣고 팔에 끈을 묶은 다음 [주삿바늘을 찔러 넣은 채] 마리화나를 피우는" 모습을 지켜보았다. "그는 5분 동안 땀을 뻘뻘 흘리더니 일어나서 정장을 차려입고 30분 후에 무대에 서서 힘 있고 아름다운 연주를 들려주었다."[12]

이 이야기는, 어두운 면이 있긴 하지만, 존 헨리나 폴 버니언§ 전설과 비슷한 데가 있다. 버드가 초인적 영웅으로 등장하는 미국 민담 말이다. 한편 호스는 파커를 공연할 클럽까지 차로 데려다준 기억도 들려준다. "그는 너무 취해서 차에서 내릴 수조차 없었다. 하워드 맥기가 나더러 버드가 어디 있느냐고 묻기에 내가 대답했다. 차 안에 앉아 있다고. 끌어낼 필요도 없었다. 어차피 연주는 불가능했다." 한참을 차 안에 앉아 있던 파커가 몸을 추스르고 자신의 유서 깊은 극적 장면을 연출한다.[13] 클럽 안으로 걸어 들어가 테이블 사이를 지나 무대에 올라 오직 그만이 할 수 있는 연주를 들려준다.

하지만 그가 아예 나타나지도 않았던 다른 수많은 경우는?

버드는 오직 버드뿐이었다. 다른 이들로 말하자면, 모든 연주자가 저마다 필요와 취약점은 달랐지만 뮤지션으로서 마주치는 삶의 함정과 덫은 놀라울 만큼 닮아 있었다. "정기적으로 일을 하면, 공연하고 리허설하고 그러면, [헤로인은] 당최 나올 일이 없다." 중독에 맞서 힘겨운 싸움을 벌였고 때로 한 번에 두어 해씩 끊어낸 적도 여러 번 있었던 덱스터 고든의 말이다. "그런데 일이 드문드문해지면 따분해지고 게을러지고 우울해지기 마련이다. 그러면 밀매업자들이 꾀기 시작하고 자기도 모르는 새 다시 약을 하고 있는 거다. 아, 그 밀매업자들은 정말로 당해낼 수가 없다."[14]

사방이 유혹과 압박 천지였다. "나는 1945년 무렵에 처음 손에 댔는데 당시 이름 있는 사람들은 거의 다들 하고 있었어요." 여러 해 후 고든이 인터뷰에서 한 말이다.[15] 버드, 소니 스팃, 버드 파월, 패츠 나바로, 진 애먼스, 빌리 홀리데이. 백인 뮤지션들도 마찬가지였다. 스탠 게츠, 제리 멀리건, 레드 로드니, 쳇 베이커. 마일스는 회고록에서

§ 둘 다 미국 민화에 나오는 가상의 인물로 존 헨리는 전설적인 흑인 철도 부설공, 폴 버니언은 거인 영웅이다.

1940년대 중후반에 마약에 깊이 빠져 있던 젊은 뮤지션들에 대해 말한다. 고든에서 시작하여 태드 대머런, 아트 블레이키, J.J. 존슨, 소니 롤린스, 재키 매클레인, 그리고 그 자신도.

1940년대와 1950년대 재즈계에 왜 마약이 그토록 널리 퍼졌다고 생각하는지 소니 롤린스에게 묻자 그가 말했다. "음, 몇 가지가 있을 거예요. 먼저, 범죄 조직들이 지역 사회에 마약을 풀고 있었어요. 그리고 재즈 뮤지션들은 항상 사회에서 멸시받고 소외된 계층이었고요."

흑인 뮤지션들은 특히 그랬다. 하지만 롤린스는 비밥의 본질과 표현 방식 또한 이전과는 완전히 다른 대대적인 변화를 보여주었다며 말을 이어갔다. "내 생각에 비밥은 단순히 다른 음악이었던 게 아니라 재즈 연주자들이 연예인이어야 했던 시대와의 결별을 의미했다고 봅니다. 찰리 파커로 대표되는 비밥은 더더욱요. 그는 똑바로 서서 연주했어요. 춤을 춰댄다거나 그러지 않고 말예요. 그렇게 온갖 훌륭한 음악을 연주했는데, 그게 사회에 닥칠 변화의 어떤 조짐이었던 거죠. 모든 인종의 사람들이 비밥이 얼마나 멋진 음악인지를 인정했어요. 찰리 파커 경우는 특히, 내 생각에는 미국 사회를 바로잡으려는 일종의 인종적인 무언가가 있었다고 봐요."

표현이 좀 엉뚱하기는 하지만 의미는 명확했다. 예전 구조에서는 남부 촌뜨기 백인 손님이 5센트 동전 하나를 탁 내려놓으며 디지 길레스피에게 〈Darktown Strutter's Ball〉을 불어보라고 명령하는 게 더없이 자연스러운 일이었다. 그것이 바로 민스트럴의 규칙이었다. 하지만 새 시대에 들어서면서 민스트럴 공연자로 취급받던 이들이 이제 점점 더 자유롭게 스스로를 귀족으로 여기며 자신들만의 암호화된 언어와 관습을 만들어갔다. 소니 롤린스가 보기에 마약은 그런 관습 중 하나였다.

"사회에서 일어나고 있는 것들 말고 자기 거라고 부를 수 있는 무언가를 뮤지션들이 발견한 것이라고 봐요." 그가 내게 말했다. 헤로인은 "우리가 가진 어떤 것이었어요. 우리 것 말이에요. 그래서 차별에 맞서, 미국 문화에 맞서 벌이는 우리의 투쟁이 된 거죠."[16]

이는 놀라운 발언이다. 다만 아무리 진심에서 우러난 것이고 얼핏 정당해 보이는 사고방식이라 할지라도, 헤로인이 수많은 젊은 뮤지션들의 삶을 좌지우지한 것도 모자라 결국 그들의 목숨 자체를 앗아갔음을 상기하면 악화일로의 비극적인 결과를 불러온 사고방식이기도 하다. 롤린스가 본인의 헤로인 중독에 관해 내게 들려준 이야기는 마일스의 사연과 비슷하게 들렸다. 롤린스는 고등학교를 갓 졸업하고 음악 신동으로 불리던 시절 처음으로 손을 댄 뒤로 계속 약을 하다가 1955년 스물다섯 살에 켄터키주 렉싱턴의 연방의료원에 자발적으로 입원하여 아직 실험 단계였던 메타돈 치료를 받았다. 두 사람의 삶과 음악 경력은 1950년대 초반에 종종 교차했다.

찰리 파커는 강철 같은 체력 덕분에 간혹 취한 상태에서도 매혹적인 연주를 할 수 있었다. 그러나 파커가 육체적으로 경이로운 존재였던 것뿐 아니라 허무주의자의 측면도 있었다는 것이 로스 러셀의 주장이다. "찰리 파커가 중독에서 제대로 벗어난 적이 단 한 번도 없다는 것은 살아가는 방식, 절망의 문제였다. 성공을 거두고 명망이 높아져가고 있었음에도 불구하고 찰리 파커는 자신이 연주하는 음악에서도, 미국에서 흑인으로 살아가는 것에 대해서도 미래를 보지 못했다. 단 한 번의 삶, 극한까지 살아보는 것. 그것이 그의 전략이었다."[17]

한편 콜트레인은 찰리 파커를 한없이 존경하고, 음악적으로 그를 따라잡는 건 도저히 넘기 어려운 거대한 산 앞에 선 듯한 막막한 일임을 깨달았지만 헤로인의 힘으로 버드처럼 연주할 수 있으리라는 어떤 마술 같은 상상을 고백한 일이 (적어도 기록상으로는) 전혀 없다. 그의 마약 사용은 전혀 다른 곳에서 비롯된 듯 보인다. 상실과 깊은 슬픔, 찰리 파커라는 이름을 듣기 한참 전인 사춘기 초기부터 그를 괴롭혀온 악령들. 『콜트레인이 직접 들려주는 콜트레인』에 실린 수백 쪽에 달하는 인터뷰에서 콜트레인 본인은 마약 사용에 대해 전혀 언급하지 않는다. 다만 1960년 스웨덴의 저널리스트 비에른 프레메르에게는 술과 마약 중독에 대해 솔직히 털어놓으며 "그것들 때문에 인생에서 너무 많은 시간을 허비한 것이 깊이 후회된다"고 말했다고 한다. 그러나 이후 기사에서 그 부분을 삭제해달라고 프레메르에게 요청했다.[18] 콜트레인이 이 주제를 직접 건드린 것은 1961년 진 리스와의 대화에서 이름을 밝히지 않은 자신의 밴드 멤버에 관해 이야기했을 때뿐이었다. "누구에게나 정말 힘든 일이에요." 콜트레인이 말했다. "뮤지션들에게는 더더욱 힘들죠. 기대할 게 너무나 적거든요. 워낙 불확실한 업이니까요."[19]

세상에서 가장 이름이 날리고 사랑받고 성공한 재즈 뮤지션들 중 한 명이었던 시점에 그의 입에서 나온 말이다.

1951년 초, 디지 길레스피와 이제 6중주단이 된 그의 작은 그룹은(트럼펫에 길레스피, 테너 색소폰에 콜트레인, 비브라폰에 밀트 잭슨, 피아노에 빌리 테일러, 베이스에 퍼시 히스, 드럼에 아트 블레이키) 다시 뉴욕으로 돌아와 버드랜드에서 장기 공연을 이어가고 있었다.[20] 디지는 빅밴드에서 만들어낼 수 있는 보다 폭넓은 스펙트럼의 음악적, 감성적 색채들을 사랑하고 그리워했지만 여섯 명 만으로도 놀라운 깊이와 힘을 끌어낼 수 있었다. 버드랜드에서의 공연 중 몇몇 무대는 라디오로 중계되었고 그중 일부가 녹음되었는데 거기서 콜트레인의 솔로를 들을 수 있다. 그것들을 들어보면 오아후 음반 이후 그가 얼마나 발전했는지 여실히 알 수 있다. 〈A Night in Tunisia〉에서의 블루지한 솔로는 그가 연습에 쏟아부은 수천 시간과 때로는 즐거웠고 언제나 배울 점이 많았던 R&B 밴드들에서의 경험을 증언해준다. 정말 굉장하다.[21] 유려하고 창의적이며 소울이 넘치고 정열적이다.

하지만 이후 4년간 존 콜트레인은 명확하기도 하고 모호하기도 한 이유로 일종의 익명의 시간을 자청한 채 고군분투하며 보냈다. 1961년 그는 프랑스 재즈 저널리스트 프랑수아 포스티프에게 이렇게 말했다. "보세요, 나는 오랜 시간을 무명으로 보냈어요. 뭔가를 더하려고 애쓰지 않고 그냥 나에게 기대하는 음악을 연주하는 게 마음이 편했거든요. 새로운 걸 해보려다가 밴드에서 잘리는 사람들을 너무 많이 봐서, 뭐든 다른 걸 시도하기가 뭐랄까 좀 역겹더라고요."[22]

어쩌면 콜트레인은 길레스피 이후 함께 한 독창성 없는 밴드들이 혐오스러웠던 걸지도 모른다. 하지만 그가 정말로 역겨웠던 것은 자기 자신이었던 것 같다. 그의 헤로인 중독이 바닥을 치던 시기였다. 빌리 테일러는 버드랜드에서 공연할 때 휴식 시간이 되면 6중주단 멤버들은 테이블에 모여 있거나 커피를 마시러 나갔지만 콜트레인은 코빼기도 안 보였다고 회상했다. "[그의] 습관이 문제였다. 그에게 그런 일이 없었다면 함께 어울릴 시간이 더 많았을지도 모르겠다. 말투가 아주 부드럽고 착한 친구였다. 나로서는 답답하기 짝이 없었다.

일생에 만난 사람들 중 처음으로 '아, 뭔가 말해주거나 행동을 해서라도 저 친구가 저걸 그만두도록 설득할 수 있다면 좋을 텐데' 하고 생각한 사람이었다."[23]

그러나 중독자들은 몸이 강하게 마약을 원하는 것만큼이나 마약을 하지 못했을 때 찾아올 지옥 같은 금단 증상을 알기에 그것을 거부하기가 힘들다. 또한 어린 시절 겪은 상실은 몸과 마음 모두에 오래 남는 트라우마가 된다. 존 콜트레인은 사진 속에서도 두드러지게 드러나는 음울한 기운과 그의 내면 깊이 자리 잡은 조용한 슬픔에 짓눌린 채 거의 저항할 수 없는 신체적, 감정적 힘에 붙들려 있는 것 같았다.

버드랜드에서의 공연이 끝난 뒤 콜트레인은 필라델피아로 돌아가 공부와 프리랜서 연주 생활을 이어갔다. 데니스 샌돌과의 이론 수업도 재개했고, 시대를 앞서나간 기인 피아니스트 하산 이븐 알리(매코이 타이너에게도 영향을 미쳤다)를 비롯한 다른 뮤지션들도 만나 생각을 나누었다. 지미 히스와 다시 뭉쳐 '디지 길레스피 얼럼나이'라는 그룹에서 연주했고, 또 종종 마일스 데이비스가 웨스트 필라델피아의 와이얼루싱 애비뉴에 있는 '클럽 421'에서 연주할 때 무대에 올라 합주도 했다.[24]

그러다 다시 투어의 시간이 왔다. 1952년 1월, 콜트레인과 스펙스 라이트는 클리블랜드를 근거지로 한 R&B 밴드 '게이 크로스와 굿 유머 식스'에 합류했다. 루이스 조던의 영향을 받은 이류 밴드였다. 그리고 두 달 뒤에는 밴드 리더 겸 테너 색소폰 주자 얼 보스틱과 계약하게 되면서 한 단계 크게 도약했다. 으르렁대듯 박력 있는 사운드의 보스틱은 전국적으로 이름난 리더일 뿐 아니라 잼 세션 커팅 콘테스트에서 찰리 파커와 정면 대결을 펼칠 만한 실력을 갖춘 뛰어난 연주자이기도 했다. 콜트레인이 훗날 회고한 바에 따르면 보스틱은 "색소폰에 대해 내게 많은 걸 보여주었다. 그는 자기 악기에서 기가 막히게 멋진 기교를 발휘했고, 온갖 묘수를 잘 알았다."[25] 보스틱이 콜트레인에게 아마도 틀림없이 보여줬을 두 가지 기술은, 고도의 기교가 필요한 알티시모 음역§으로 연주하기, 그리고 코로 공기를 들이마시는 동시에 볼 안의 공기를 악기에 불어넣는 이른바 순환 호흡이라는 신비로운 기술이었다.

콜트레인은 보스틱과 녹음을 했지만 솔로는 전혀 없었다. "이 시기 내내 나는 음악적으로 내가 원한 발전을 거의 이루지 못했어요." 1960년 그가 프레메르에게 말했다. "훌륭한 동료들과 함께 있으며 배우는 정도였죠. 스스로 적극적인 행동을 취할 단계에는 이르지 못했어요."[26]

이 말은 당분간 그가 쇼 비즈니스에 묶여 있을 수밖에 없었음을 의미한다. 얼 보스틱은 버드와 겨룰 수야 있지만 비밥 연주로 전국에 알려진 리더도 음반을 내는 연주자도 아니었다. 심장을 뛰게 하는 R&B풍 댄스 음악이 그의 밥줄이었다. 존 콜트레인을 포함한 그의 연주자들이 백업 보컬을 맡아 노래를 해야 할 때도 있었다. 콜트레인에게는 필라델피아의 여러 클럽들에서 임시로 꾸린 밴드들과 연주하며 "바 위를 걸어야walk the bar" 하는 밤들도 있었다. 말 그대로 칵테일과 맥주병이 널린 바 위를 걸어 다니며 최대한 요란하게 솔로 연주

---

§ 색소폰에서 일반적인 음역대를 넘는 초고음 영역.

를 하는 것이다. 베니 골슨이 "포인트 바에 들어갔는데 마침 바 위에서 연주하던 콜트레인이 그를 보고는 몹시 당혹스러워하며 '아, 안 돼!' 하고 외치더니 클럽을 뛰쳐나갔다"고 포터는 쓰고 있다.[27]

보스틱 이후에도 R&B의 나날은 계속되었다. 콜트레인이 빌 에번스에게 "10년쯤 후에 라스베이거스 라운지에서 볼 법한 밴드"라고 묘사한 '데이지 메이 앤드 더 헵 캣츠'에도 있었고,[28] 1950년대 초반에 잊힌 인물인 불 무스 잭슨과도 함께 했다. 잭슨은 선정적인 노랫말을 담은 점프 블루스 곡들이 장기였던 테너 색소폰 주자 겸 가수다.[29]

그러다 콜트레인은 또 하나의 꿈같은 일자리에 안착했다. 그의 우상 중 하나로 일명 래빗으로도 알려진 알토 색소폰의 대가 조니 호지스의 소규모 그룹에 합류한 것이다. 1951년부터 1955년까지 4년간 호지스는 듀크 엘링턴의 오케스트라에서 나와 자신의 밴드를 이끌었고, 콜트레인은 1954년 초에 테너 색소폰 주자로 계약했다. 구성은 7인조에서 12인조 사이를 오갔다. 존 콜트레인은 그해 여름 이 그룹과 두 차례 녹음을 했고, 솔로는 맡지 않았다. 하지만 그 시기 이 밴드의 공연을 담은 놀랄 만큼 깨끗한 음질의 비공식 녹음에서 그의 긴 솔로를 들을 수 있다. 앨 시어스의 블루스 ⟨Castle Rock⟩, 듀크 엘링턴의 ⟨In a Mellotone⟩, 도러시 필즈와 지미 맥휴의 발라드 ⟨Don't Blame Me⟩.[30] 연주는 아름다웠고 제대로 콜트레인다웠다. R&B 경험이 심어준 활력으로 으르렁대듯 강타하면서, 중간 템포의 ⟨Mellotone⟩에서는 혼이 담긴 부드러운 연주를 들려주는가 하면, 그보다 느린 ⟨Don't Blame Me⟩는 예상치 못한 화성 영역에 파커풍의 작은 탐색을 끼워 넣는데, 그 리프들에서 장차 완성될 위대함이 엿보인다.

“우리는 이 밴드에서 정직한 음악을 연주했다.” 훗날 콜트레인은 호지스와 함께했던 몇 달간에 대해 이렇게 말했다. “내게는 옛 세대에게 배우는 교육이었다.”[31] 스물여덟 살, 이미 많은 재즈 뮤지션들이 노련한 고참으로 자리 잡는 나이지만 존 콜트레인은 여전히 자신을 학생으로 여기며 스스로 능동적인 발걸음을 내딛기를 주저하고—또는 두려워하고—있었다.

그의 중독은 그가 앞으로 나아가지 못하는 증상이자 원인이었다. 콜트레인은 찰리 파커와는 달랐다. 파커는 부주의하고 노골적으로 반사회적이며 한없이 자기에게만 몰두했다. 또한 등에 올라탄 원숭이[§]를 달래기 위해 거짓말을 일삼고 남을 속이고 끊임없이 도둑질을 하면서도 그런 일을 후회하는 경우는 드물었다. “콜트레인은 자신의 병을 알고 있었다. 자신의 습관도 알았고. 그래서 스스로를 아주 훌륭하게 통제했다.” 1947년 일레이트 클럽에서 콜트레인과 함께 연주를 시작했던 피아니스트 제임스 포먼의 말이다. “누구를 등쳐먹으려 하지도 않았고, 언젠가 내게 끊겠다고 말한 적도 있었다. ‘이봐, 나 오늘 80달러 썼어. 끊어야 되는데!’ 그때는 꽤 큰돈이었다.”[32]

헤로인의 전형이라 할 버드가 허세 가득한 나르시시스트였다면 부드러운 말투에 하염없이 겸손한 콜트레인은 가족, 친구들과 유대가 깊었다. 마약을 사는 데 적잖은 돈을 지출하고 있었음에도 1952년에는 제대군인원호법을 통해 5416달러를 대출받아 10퍼센트를 보증

---

§ 마약 중독을 말함.

금으로 내고 필라델피아의 스트로베리 맨션 동네에 집을 샀다. 그곳은 그의 본거지이자 어머니, 베티 이모, 사촌 메리, 그리고 옛 학교 친구 제임스 킨저를 위한 보금자리가 되었다.[33]

그러나 그는 여전히 습관의 마수에 단단히 붙들려 있었다. 약속된 시간에 무대에 나타나지 않거나 관객 앞에서 약에 취해 조는 등 실수가 잇따르자 조니 호지스는 1954년 여름 로스앤젤레스에서 콜트레인을 해고했다. (로스앤젤레스에서 공연하다 만난, 젊은 다중 악기 연주자 에릭 돌피가 콜트레인에게 돌아갈 여비를 빌려주었다고 한다). 그해 9월, 콜트레인은 다시 필라델피아로 돌아와 프리랜서 생활을 재개했다.

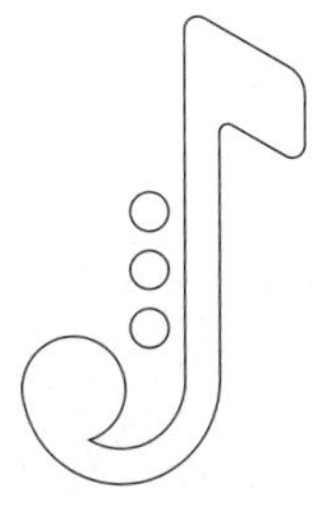

7

약쟁이의

시간

Miles Davis

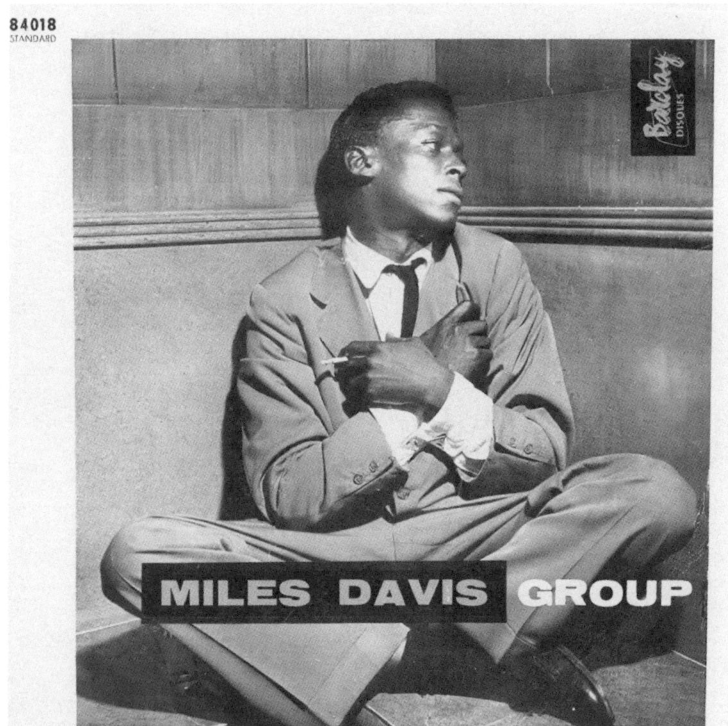

마일스 데이비스의 앨범 《Miles Davis Group》 커버. 바클레이 레코드, 1956.

파리에서 돌아온 마일스에게 현실은 가혹한 추락이었다. 황홀한 사랑과 봄날의 파리로부터. 찬사는 물론 기본적인 존중으로부터. 파리에서 그는 모든 백인이 다 같은 건 아니라는 사실을 배웠다. 어떤 백인은 그와 얼굴을 마주보고 서서 그야말로 인간 대 인간으로서 이야기를 나눌 수 있는 사람들이었다. 1949년 뉴욕의 그는 쥘리에트 그레코와 바다를 사이에 두고 떨어져 있었을 뿐 아니라 다시 이등 시민으로 돌아갔다. 백인 미국인의 눈에 그는 그저 한갓 검둥이에 지나지 않았던 것이다. 수모는 거기서 그치지 않았다. 일자리조차 구하기 어려웠다. "내《Birth of the Cool》을 흉내 내는 백인 뮤지션들에게 일감이 돌아가고 있었다."[1]

"맥 빠지는 시절이었다." 재즈 역사의 산증인이자 탁월한 평론가인 댄 모건스턴이 1940년대 말부터 1950년대 초까지의 데이비스를 묘사한 말이다.[2] 1949년 여름, 마일스는 가정적인 가장인 척하며 퀸스 세인트 올번스의 조용한 거리에 있는 아파트에서 아이린과 두 어린 자녀와 지냈다. 하지만 그 안에서 그는 조용히 미쳐가고 있었다. 권태와 상사병과 무일푼 처지에.

따라서 그가 할렘에 강하게 끌린 것은 그다지 놀랄 일도 아니다. 마일스는 1948년형 파란색 닷지 컨버터블 중고차를 할부로 구입했다. 가장 익숙하고, 확실히 마약을 구할 수 있는 장소를 쉽게 오가고 싶어서였다. 할렘은 그를 알아보았고 존중했으며 조금은 사랑하기까지 했는데 다만 그 사랑은 조건부였다. 그는 쿨함의 최전선에 서 있는 **마일스 데이비스**였지만 그 쿨함에는, 비록 그 뿌리는 저항에 있다 해도, 나름의 규칙이 있었다. 유대감과 동조.

헤로인이 우리의 배지였다. …

"분명한 건, 그렇게 약에 취할수록 그 패거리에 더 깊숙이 들어갈 수 있었다." 피아니스트 월터 데이비스 주니어가 말했다. "그러는 게 유행이었다. [누가 연주가 괜찮으면] 오가는 말들이 '쟤는 대체 누구야?' 하고 물으면 '아무개야' 하고 답을 한다. 그럼 이어지는 질문이 '약 했대?' '물론이지, 떡이 되게 하더라고' 이런 식이었다."[3]

마일스는 처음에 가끔가다 헤로인이나 코카인을 코로 흡입하는 것—거리 은어로 치핑chipping—으로 시작했지만 '가끔가다'의 간격이 갈수록 짧아졌다. 그의 회고에 따르면, 어느 날 퀸스의 길모퉁이에 서 있는데 몸이 너무 안 좋았다. 오한이 나고 콧물이 흐르고 열도 있는 것 같았다. 그때 마일스와도 구면인 마티네라는 이름의 사기꾼이 다가오더니 왜 그러냐고 물어봤다고 한다. 마약을 흡입해왔는데 그날은 맨해튼에 약을 구하러 가지 못했다고 대답했다. 그러자 마티네가 매서운 눈으로 쏘아보며 습관habit[§]이라고 말했다는 것이다.

"습관이라니, 무슨 뜻이죠?" 마일스가 물었다.

"콧물 줄줄 흐르지, 오한 나지, 기운 없지, 그게 바로 염병할 습관이라고, 이 자식아."

§ 습관성 중독을 말함.

마일스는 마티네가 근처에서 구해온 헤로인을 코로 흡입하자 곧바로 몸이 나아지는 걸 느꼈다. 다음번에 이 사기꾼을 만났을 때, 마티네가 마일스에게 말했다. "마일스, 코로 할 약 조금씩 구하는 데 돈 낭비하지 마. 그래봤자 다시 아플 거니까. 그냥 주사로 해. 훨씬 나을 거야."

바로 그것이 "끔찍한 4년"의 시작이었다고 마일스는 말했다.[4]

> 빅스 바이더벡, 1903~1931
>
> 버니 베리건, 1908~1942
>
> 레스터 영, 1909~1959
>
> 빌리 홀리데이, 1915 – 1959
>
> 프레디 웹스터, 1916~1947

그는 1949년 늦여름에서 초가을 즈음 헤로인을 주사하기 시작했다. 딱 덱스터 고든이 말한 공식 그대로, 일거리가 뜸해지면서 딱히 할 일도 없고 따분하고 우울한 상황이었다. 마약을 주사하고 나면 최대 여섯 시간 정도 지속되는 황홀한 시간 동안은 세상 모든 것이 괜찮다고 느껴졌다. 불안정한 일자리, 가난, 어린 두 아이와 그들의 엄마에 대한 책임 따위의 현실은 담배 연기처럼 천천히 흩어져 사라졌다. 그러다 졸음이 덮치면서 달콤한 망각이 찾아왔고, 정신이 들면 다시 뼛속 깊은 곳에서부터 다시 그 축복 속으로 돌아가고픈, 무슨 수를 써서든 돈이 얼마나 들든 헤로인을 손에 넣고픈 간절한 욕망이 차올랐다.

처음 경험했을 때만큼 좋았던 적은 없었다. 하지만 또 그때처럼 좋을 수 있을 거라는 환상, 거기에 점점 더 심해지는 신체적 중독 증상이 끊임없이 그를 몰아세우며 항상 더 많은 마약을 찾아 헤매게 만들었다. 헤로인은 빠르게 마일스의 상사가 되어가고 있었다. 도저히 만족시킬 수 없는 상사가.

"처음 뉴욕에 왔을 때는 사람들이 다들 반짝반짝 생기가 돌고 의욕이 넘쳐 보였다." 아이린의 회고다. "그런데 언젠가부터 전부 꾸벅꾸벅 졸고 있었다."[5] 집에서 보내는 시간이 드물고 아내에게 성적 관심이 거의 없는 마일스를 보며 아이린은 처음에 외도를 의심했다. 그러다 그의 소매에 묻은 핏자국을 보고 사태를 파악했다. 그 시절 겨우 서너 살쯤이던 아들 그레고리 데이비스는 어머니 아이린이 마일스가 마약을 구하러 나가지 못하게 하려고 신발을 감추던 장면을 기억하고 있었다.[6]

1950년대 초 마일스는 퀸스를 떠나 어린 아이들과 아내를 데리고 웨스트 47번가의 호텔 아메리카로 이사했다. 『흑인 여행자 그린북The Negro Traveler's Green Book』[§]에 소개된, 아프리카계 미국인들이 환대받을 수 있는 할렘 남부의 몇 안 되는 맨해튼 호텔들 중 하나였다. 버드랜드와 밥 시티를 비롯한 브로드웨이 클럽들에 걸어서 갈 수 있는 거리인 데다 마약 시장과도 한결 가까웠다.[7] 호텔 아메리카는 세인트루이스의 오랜 친구 클라크 테리를 비롯한 여러 재즈 뮤지션들이 사는 곳이기도 했다. 마일스는 오래잖아 자신을 우러러보던

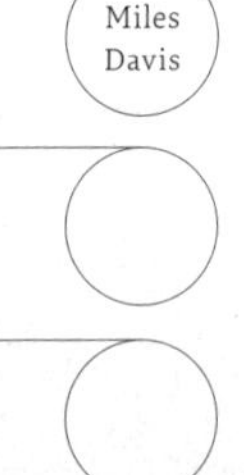

---

§ 미국에 만연했던 인종차별과 짐 크로 법으로 인한 어려움을 해결하기 위해 아프리카계 미국인들에게 친화적인 식당, 숙소, 상점 등을 소개한 책자. 1936년부터 1966년까지 매년 발행되었다.

떠오르는 젊은 가수 베티 카터에게 아이린과 아이들을 떠맡겼다. 그러는 동안 마일스는 소니 롤린스, 그리고 할렘의 슈거힐 지역에 살던 그의 무리와 어울렸다. 쉽게 말해 헤로인에 중독된 훌륭한 뮤지션들의 카페 모임이었다. 거기에는 10대 알토 색소폰 주자 재키 매클레인, 피아노 주자 월터 비숍 주니어, 드럼 주자 블레이키, 로치, 아트 테일러 등이 속해 있었다. 다른 중독자들과 같이 마약을 하면 외로움을 덜 수 있었고 마약을 얻기부터가 수월했다. 중독이 점점 그를 밑바닥으로 끌어내리고 있었지만 그래도 마일스는 일을 계속했다.

2월에 마일스는 버드랜드에서 J.J. 존슨, 스물세 살의 테너 색소폰 주자 스탠 게츠, 태드 대머런, 베이스 주자 진 레이미, 로치로 이루어진 6중주단을 이끌었다. 구성원은 조금씩 바뀌었지만 자신을 변함없이 환영해준 그곳에서 7월 초까지 꾸준히 공연했다. 그리고 3월에는 오랜 공백 끝에 《Birth of the Cool》 9중주단을 이끌고 세 번째이자 마지막 녹음을 했다. 마일스, 제리 멀리건, 길 에번스가 편곡한 네 곡을 담았다. 캐피틀 레코드는 이번에도 10인치짜리 78회전 음반으로 발매했으며, 이번에도 평은 훌륭했으나 판매는 보잘것없었다.

5월에는 버드랜드에서 또 다른 6중주단을 이끌었고, 찰리 파커의 밴드에 합류해 죽어가던 패츠 나바로와 함께 연주했다. 마일스가 너무나 사랑했던 '팻 걸', 우주에서 유일하게 높고 빠른 소리마저 서정적으로 들리게 연주할 수 있었던 트럼펫 주자는 피골이 상접한 모습으로 기침에 시달리고 있었다. 결국 7월 초 나바로는 스물여섯 살의 나이에 헤로인 중독과 폐결핵 합병증에 무릎을 꿇고 말았다.

그해 여름 무렵 마일스는 헤로인이 자기를 "다정하고 조용하고 정직하고 친절한 사람에서 정반대의 누군가로" 바꿔놓았다고 회고했다.[8] 헤로인 주사를 간절히 끊고 싶은데도 그러지 못하는 인간이 되어버린 것이다. "앓지 않기 위해 뭐든지 했다. 그 말인즉슨 밤낮없이 헤로인을 구하고 주사를 놓았다는 뜻이다."[9] 이는 결국 어떻게든 그 돈을 마련해야 한다는 뜻이기도 했다. 트럼펫을 전당 잡히면 좀 버틸 수 있었지만 그것도 금방이었다. 간헐적으로 일을 하며(일거리가 생기면 아트 파머한테서 하룻밤에 10달러씩 주고 트럼펫을 빌렸다) 호텔 방세와 자동차 할부금이 밀리자 습관을 지탱하기 위해 포주pimp 짓에까지 손을 댔다. 다만 존 스웨드에 따르면 "백인들이 말하는, 이를테면 여자들을 거리로 내몰아 이윤을 챙기는 포주와는 달랐다. 그는 성을 팔아 생활하는 여자들뿐 아니라 그렇지 않은 여자들에게서도 선물을 받았을 뿐이었다."[10]

여기에는 성적인 구석이 전혀 없었다. 헤로인이 그의 성욕을 무디게 만들고 있었다. 여자들은 그가 젊고 귀엽고 상처받기 쉽고, 어쩌면 이것이 큰 요인일 수도 있는데, 자기들의 말을 들어주었기 때문에 그에게 돈을 주었다. "직업적 약쟁이"가 되었다고 그는 말했다.[11]

어느 날 클라크 테리가 충혈된 눈으로 콧물을 흘리며 길가 연석에 앉아 있는 마일스를 발견했다. 테리는 마일스에게 아침밥을 사주고 자신은 카운트 베이시와 곧 공연을 떠날 거니 몸이 나아질 때까지 내 방에서 지내라고 말하며, 나갈 때 문만 잘 잠그라고 당부했다. 마일스는 테리의 옷과 트럼펫 하나를 훔쳐 전당 잡히는 방식으로 이 선의에 보답했다. 그런데도 테리는 마음을 가라앉히고 그를 용서해주었다.

잠시 뉴욕을 떠나 있는 게 도움이 될 것 같은 느낌에 마일스는 아이린과 아이들을 (소니 롤린스가 '블루 디몬'이라 이름 붙여준) 닷지 컨

버터블에 태우고 이스트 세인트루이스로 향했다. 아버지의 집 앞에 차를 세운 직후 금융 회사가 차를 회수해갔다.

마일스의 회고록에서 마일스와 공저자는 몇몇 주제를 교묘히 처리하고 있는데, 아이린의 세 번째 아이 임신이 그중 하나다. 마일스와 트루프는 가족이 일리노이에 도착한 후에야 마일스가 그녀의 임신 사실을 알게 되었다고 쓰고 있다. 그러나 일부 자료에 따르면 마일스 4세가 8월에 태어났다고 하고, 적어도 두 개의 자료에서는 그의 출생을 1949년 11월 11일로 기록하고 있다.[12] 만약 아기가 1950년 8월에 태어났다면 몇 달 전부터 누가 봐도 아이린의 상태를 알아챘을 것이다. 만약 아기가 전해 11월에 태어났다면 블루 디몬이 꽉 찼을 것이다. 어찌됐든 마일스는 그 아이가 자기 아들이 아님을 알았다고 말한다. 아이린과 잠자리를 하지 않은 지가 오래되었기 때문이다. 게다가 "한 친구"가 귀띔하기를, 아이린이 다른 남자와 호텔에서 나오는 걸 본 적이 있었다고 했다. 그렇다면 왜 마일스가 그 아이에게 자기 이름을 붙여주었는지, 아니 적어도 그렇게 이름 짓도록 허용했는지는 불분명하다.[13] 그러나 당시 마일스의 삶에 대해서는 알려진 것이 어차피 많지 않기도 하다.

귀향은 결국 이 사실혼 관계의 종말을 불러왔다. "우리는 언쟁이나 그 비슷한 것도 없이 그냥 끝났다."[14] 마일스 4세는 말할 것도 없고, 여섯 살 셰릴과 네 살 그레고리는 또 어떻게 할 것인지에 대한 불편한 질문은 회피한 채 마일스가 말했다. 그는 혼자서 뉴욕으로 돌아와 다시 빌리 엑스타인과 합류했다. 이번에는 6중주단 멤버로 도시에서 도시로 옮겨다니는 버스 투어에 따라가기로 했다. 마지막 도시는 로스앤젤레스였다.[15] 엑스타인의 낭만적인 발라드에 반주를 해야 하는 건 별로였지만 아트 블레이키, 덱스터 고든, 버드 존슨 등 그가 존경하는 뮤지션들이 밴드에 속해 있었고, 게다가 딱히 다른 제안이 있는 것도 아니었다.

로스앤젤레스 공연 후 마일스와 블레이키와 고든이 샌프란시스코에서 있을 다음 공연을 위해 버뱅크 공항으로 차를 몰고 가는 중에 블레이키가 아는 마약 밀매업자에게서 약을 구하겠다며 차를 멈춰 세웠다. 공항에 도착하자 경찰차가 그들을 세웠다. 마약 척결을 내세운 십자군이자 악명 높은 인종주의자인 연방 마약국 국장 해리 앤슬링거의 지시에 따라, 전국의 경찰서에서 재즈 뮤지션들을 특별히 주시하던 시기였다. 그들은 대부분 마약을 했고, 대부분 흑인이었다. 마약 소지와 사용 둘 다 불법이었기 때문에 중독자의 팔에 남은 주삿바늘 자국조차도 증거로 쓰일 수 있었다. 마약 밀매업자의 집에서부터 데이비스와 블레이키와 고든을 뒤따라온 로스앤젤레스 경찰관들은 블레이키의 주머니에서 헤로인 캡슐을 발견했고 마일스의 팔에서 주삿바늘 흉터를 확인했다. 그들은 즉시 체포되었다. 경찰관이 이름을 묻자 데이비스와 고든은 순순히 따랐으나 블레이키는 새로 받은 이슬람 이름 압둘라 이븐 부하이나를 고집했다. "허튼짓 그만하고 네 빌어먹을 미국 이름이나 대란 말이야, 네 진짜 이름!" 받아 적던 경찰관이 소리를 질렀다.[16]

이건 한마디로 아주 큰 문제였다. 흑인 뮤지션들이 이슬람교로 개종하고 이슬람 이름을 받아들인 이유는 노예제와 백인 지배의 흔적을 모조리 벗어던지기 위해서였다. 블레이키/부하이나는 특히 백인 경찰관들에 불만이 많았다. 1930년대 말 플레처 헨더슨 오케스트라와 남부 투어 중에 조지아주 올버니의 한 경찰관에게 심하게 구타를 당

했던 것이다. (그 도시의 인종 분리 버스 법률을 위반했다는 혐의였는데 블레이키는 훗날 "흑인이라서, 검둥이라서 체포됐다. 그게 내 죄목이었다"고 말했다.[17]) 블레이키는 그 일로 머리에 금속판을 삽입하는 수술까지 받아야 했다. 그래서 그는 로스앤젤레스 경찰들에 끝까지 물러서지 않았고, 결국 그와 데이비스는 카운티 교도소에 구금되었다.

마일스는 처음 겪어보는 감금에 몹시 겁을 먹었다. "아주 여린 사람이었다." 당시 블레이키, 데이비스와 같은 감방에 구금되어 있었던 색소폰 주자 해들리 캘리먼이 말했다. "조금 울기도 했고. 이런 깡패들과 한방에 갇혀 있다는 사실을 끔찍해했다."[18]

그 시절 늘 그랬듯 마일스는 아버지에게 도움을 청했고, 아들의 전화를 받은 데이비스 박사는 자신의 저명한 아프리카계 미국인 인맥을 총동원했다. 그 가운데 치과대학의 한 동창에게 연락이 닿았고, 그가 로스앤젤레스의 젊은 흑인 변호사 레오 브랜턴을 연결해주었다. 브랜턴은 인종차별주의로 악명 높은 로스앤젤레스 경찰을 상대로 용감하게 위법 행위 소송을 제기해 막 이름을 날리기 시작하던 중이었고,[19] 이후 유력 흑인 피고인들을 변호하며 오랜 기간 활동했다. 보석으로 풀려난 마일스에게 변호사는 충격적인 사실을 전해주었다. 블레이키가 가벼운 처벌을 받기 위해 마약을 한 사람이 본인이 아니라 마일스라고 진술했다는 내용이었다. 사실 마일스는 엑스타인과 투어 중이라 어쩔 수 없이 헤로인을 아주 조금밖에 할 수 없는 상황이었고, 그래서 어쩌면 헤로인을 끊는 과정에 있는 건 아닐까 생각해온 터였다. 그러나 경찰은 그의 팔에 난 주삿바늘 자국이 해묵은 것인지 아니면 최근 것인지 알 길이 없었다.

마일스의 기록에는 이 사건에서 덱스터 고든이 어떻게 되었는지에 대한 언급이 없다. 맥신 고든은 이 색소폰 주자가 스물일곱 나이에 이미 로스앤젤레스의 마약 사용자들에게 가혹하기로 유명한 형법 체계에 단련이 되어 있었다고 쓰고 있다. 고든은 스물세 살이던 1946년 "마약 운반" 혐의로 처음 체포되었고,[20] 1948년에는 처음으로 수감 생활을 했다. 마일스와 고든 두 사람은 석방 후 한동안 함께 지냈는데, 덱스터가 헤로인을 쉽게 구할 수 있었던 탓에 다시 주사를 놓기 시작했다고 마일스는 말한다.

11월에 나온 재판 결과는 무죄였지만 여론의 법정에서 그는 이미 유죄였다. 뮤지션이 어떤 종류든 간에 마약 사용자로 드러나는 것은 엄청난 스캔들이었다. 당시는 아직 재즈와 마약 사용이 서글픈 클리셰가 되기 전이었다. 재즈계에서 이미 주목받는 이름이었던 마일스의 명성도 이 스캔들로 얼룩이 졌다. 11월 18일, 미시시피주의 흑인 신문『잭슨 애드보케이트』는 다소 부정확하지만 충분히 치명적인 보도를 했다. "해안 도시에서 들려온 소식에 따르면 뉴욕 출신의 두 뮤지션, 일류 드럼 주자 아트 블레이클리[블레이키의 오기]와 트럼펫 주자 마일스 데이비스가 마리화나를 소지한 혐의로 체포되었다."[21] 하지만 그 전날 이미 훨씬 심각한 타격이 가해졌다.『다운비트』에서 이 내용을 다룬 것이다. 이 잡지는 올해 1월에 마일스에 관한 첫 특집 기사를 내보내면서 "온화하고 겸손하고 말수 적고 선배들에게 깊은 존경심을 갖고 있는 스물세 살 청년"이라는 매우 길고도 호의적인 내용을 실은 바 있었다.[22] 그런데 이번에는 마일스와 블레이키의 로스앤젤레스 체포 사건을 사례로 들며 음악 업계의 마약 문제를 신랄하게 지적한 사설을 실은 것이다.[23] 순식간에 두 사람의 일자리 기회가 허공으로 날아가버렸다. 다만 놀랍게도 마일스가 작년 크리스마스에 어니타 오데이의 반주를 맡았던 시카고의 하이노트에서 이번에는 빌리 홀리데이의 반주를 맡아달라고 다시 요청해왔다. 빌리 홀리데이는 수년간 마약 문제로 여러 차례 체포된 사실이 공공연히 알려져 있었음에도 1950-1951년 연말 공연에 마일스와 함께 무대에 올랐다. 2주간의 공연은 연일 만원 관객을 끌어모았다. 일부 관객에게는 두 스타를 에워싼 어떤 금기의 분위기가 훌륭한 음악에 짜릿한 향취를 더해주었을 것이다.

그렇게 마일스는 대체로 호사스럽고 안락하게, 또는 적어도 그 비슷한 상태로 지냈다. "그 무렵 그는 굉장한 호텔에 묵었다"고 피아니스트 길 코긴스는 회고했다.

내 기억에 아마 주당 28달러였는데 그러니까 **당시**로서는 … 정말 꽤 괜찮은 호텔이었다! 그 무렵 마일스는 여기저기서 아무 여자하고나 어울려댔다. 아버지가 75달러씩 보내주고 있었고 … 마약이 되게 쌌다. 캡슐 하나가 고작 1달러였으니까. … 순도 높고 강력했다.[24]

양쪽 해안의 클럽 주인들은 모두 그를 기피했지만 뉴욕의 한 음반 레이블 대표가 그와 작업하기를 간절히 원했다.

태드 대머런, 1917~1965

찰리 파커, 1920~1955

조 가이, 1920~1962

워델 그레이, 1921~1955

패츠 나바로, 1923~1950

♩ ♩ ♩

밥 와인스톡은 이제는 더 이상 찾아보기 힘든 유형의 뉴욕 유대인이었다. 거구에 강인하고 뚱뚱하고 거칠고, 그 시절 표현을 빌리자면 말을 에두르지 않고 바로 스트레이트 펀치를 날리는 타입이었다. 예민한 영혼을 지닌 **깡패**라고나 할까. 그는 여덟 살에 재즈에 빠졌다. 아버지가 세일 중인 음반 가게에 데려가서 한 장에 9센트 하는 78회전 음반을 한 아름 사주었다. 듀크 엘링턴, 베니 굿맨, 카운트 베이시, 루이 암스트롱 등의 음반이었다. 그는 그 음반들을 넋을 잃고 듣고 또 들었다. 열다섯 살 무렵 밥은 가족과 살던 어퍼 웨스트사이드 아파트에서 재즈 음반 우편 주문 장사를 시작했고, 그 일이 꽤 성공하면서 열여덟 살이던 1947년에 웨스트 47번가에 '재즈 레코드 코너'라는 이름의 음반 가게를 열 수 있었다.

가게에서는 항상 재즈 음악이 흘러나왔는데, 근처에서 일하던 뮤지션들이 그 소리에 호기심을 느꼈다. "로열 루스트에 연주하러 가는 길에 음악이 들리면 그 소리를 따라 들어와 보곤 했죠." 와인스톡의 회고다.

그들이 발견한 것은 재즈 음반의 보물 창고였다. 밥 와인스톡이 훗날 자랑스럽게 말했듯 "벙크에서 멍크까지 모든 것을" 취급했다. 즉 초기 뉴올리언스 트럼펫 주자 벙크 존슨에서 텔로니어스 멍크까지 모든 것 말이다. 다만 찰리 파커의 다이얼 음반과 사보이 음반을 비롯한 비밥 음반을 수천 장씩 팔았음에도 와인스톡은 처음에 이 새 음악이 취향에 맞지 않았다.

그러다 몇몇 재즈 애호가들이 그의 삶을 뒤바꿔놓았다. 1939년

블루 노트 레코드를 공동 설립한 독일 망명자 알프레드 라이언은 클라리넷 주자 시드니 베셰나 조지 루이스 같은 전통적인 재즈 아티스트들의 음반으로 오랜 기간 좋은 성과를 거두었다. 밥 와인스톡의 가게에서도 특히 많이 팔리는 음반들이었다. 와인스톡과 라이언은 점차 친분을 쌓게 되었다. 블루 노트는 1947년 멍크를 녹음하기 시작했다. 이 혁명적인 피아니스트는 처음에는 잘 팔리지 않았으나 라이언은 그에 대한 믿음이 있었다. 밥 와인스톡에게 멍크 음반들을 들고 가 꼭 들어보라고 권할 만큼 말이다. "그가 제작한 옛 재즈 음반들을 들으며 그토록 존경해왔던 알프레드 라이언 같은 사람이 멍크에 빠졌다니, 비로소 진짜 눈이 뜨이더군요." 와인스톡의 회고담이다.[25]

그의 배움은 계속되었다. 음반 가게 단골이던 드러머 케니 클라크가 그를 로열 루스트로 데려가 멍크, 태드 대머런, 패츠 나바로, 덱스터 고든, 워델 그레이, 버드 파월, 맥스 로치, 그리고 그 밖에 새로운 음악의 대가들을 소개해주었다. 열렬한 비밥 애호가로 탈바꿈한 와인스톡에게 클라크는 직접 음반 레이블을 시작해보라고 권했다.

1947년 가을 와인스톡과 활발하게 거래를 하며 가까워진 로스 러셀이 자신의 다이얼 레코드를 할리우드에서 뉴욕으로 이전했다. 와인스톡은 맨해튼에서 진행된 찰리 파커 5중주단의 녹음 세션에 두어 번 참석했고, 그 자리에서 버드, 그리고 막 스타로 떠오르던 마일스를 처음으로 만났다. 와인스톡이 젊은 트럼펫 주자에게 술 한잔 같이 하자고 청하자 마일스는 아이스크림이 낫겠다고 답했다.[26] 와인스톡은 이 젊은이에게 푹 빠졌다.

음반 가게 주인의 눈에도 케니 클라크의 제안이 그럴싸해 보이기 시작했다. 메이저 음반 레이블들은 비밥에 관심이 없었다. 판매량 자체가 대단치 않았기 때문이다. 그러나 다이얼과 사보이가 보여주었 듯 고정비 지출이 훨씬 적은 소규모 업체라면 활기를 띠기 시작한 틈 새시장에서 어쩌면 괜찮은 실적을 거둘 수도 있었다.

1949년 1월, 밥 와인스톡은 '뉴 재즈'라는 이름의 새 레이블을 출 범했다. 나름 적당은 했지만 인상에 남을 만한 이름은 아니었다. 뉴 재즈 레이블의 첫 음반은 리 코니츠와 레니 트리스타노의 세션을 프 로듀싱하여 낸 《Subconscious-Lee》라는 10인치 LP였다. "재즈계에서 대성공이었어요." 와인스톡이 말했다. "모든 평론가들이 별 다섯 개 를 줬죠. 미국 전역의 음반 가게에서 전화가 빗발쳤고, 주문이 쏟아 졌어요. 정신이 하나도 없었죠." 와인스톡은 곧 레이블 이름을 프레 스티지로 바꿨다.

밥 와인스톡이 왜 마일스와 바로 계약하지 않았는지는 분명치 않 다. 1948년 내내 데이비스가 너무 확실한 버드의 사이드맨이었던 까 닭에 갓 프로듀서가 된 그로서는 마일스를 리더로 삼아 녹음할 생각 을 하지 못했을 수도 있다. 그리고 이어진 2년은 마일스의 잃어버린 시기였다. 그러다 1950년 말 어느 시점에 밥 와인스톡은 마일스 데이 비스와 녹음하겠다고 마음을 굳혔다. 그때 마일스는 재즈계에서 페 르소나 논 그라타persona non grata§인 데다 사람들의 관심에서도 멀 어져 있던 상태였다. 마일스에 따르면 1950년 초겨울 와인스톡은 세 인트루이스와 이스트 세인트루이스에 사는 모든 데이비스에게 전화 를 돌리다 마침내 마일스의 아버지와 연결이 되었고, 마일스가 시카

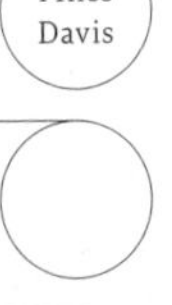

§ 외교에서 상대국이 외교 사절로 받아들이기를 기피하는 사람, 즉 환영받지 못하는 사람이
라는 의미.

고의 하이노트에 있다는 답변을 받았다. "내가 그랬죠. '마일스와 연락 되시면 제발 뉴욕의 저에게 전화해달라고 전해주세요.'" 와인스톡의 회고다.[27]

데이비스가 뉴욕으로 돌아오자 와인스톡은 프레스티지와의 1년 계약을 제안했다. 1951년 1월 즉시 시작되며 계약금은 750달러(오늘날 가치로는 약 8800달러)였다. 많다고 할 수는 없었지만, 마일스에 따르면, 그 돈이면 "내가 고른 멤버들로 꾸린 그룹을 이끌고, 녹음하고 싶은 음악을 직접 정하고, 내 주머니에 약간의 돈을 넣어둘" 정도는 됐다.[28] 물론 마약 공급책들의 주머니에도 조금 넣을 수 있었다. 와인스톡은 "내가 약쟁이라는 걸 알았지만 … 결국에는 제자리로 돌아올 거라는 가능성에 기꺼이 모험을 걸었다"고 마일스는 말했다.[29]

밥 와인스톡은 데이비스의 9중주단 녹음도 괜찮았지만 버드와 함께 한 다이얼 세션에서의 마일스가 더 좋았다. 훗날 그는 음악적 올바름과 정치적 올바름이라고는 전혀 없이 아주 노골적으로 말했다.

마일스는 당시 아직 멀리건과 에번스의 쿨 음악§을 좋아하긴 했지만 그 안에 내재된 원시성이 조금씩 분출되기 시작했다. 원시성이라 표현한 건 내가 보기에 비밥 거장들의 음악은 원시적인 음악이었기 때문이다. 킹 올리버, 루이스 같은 초기 뉴올리언스 음악처럼. 마일스는 그쪽으로 다시 조금 옮겨갔고 소니 롤린스와 존 루이스를 좋아했다. 물론 당시 소니는 조잡하긴 했다. 첫날 녹음에서 캐

---

§ 쿨 재즈를 말함.

피틀 녹음 때와는 아주 다른 마일스 데이비스를 들을 수 있다.[30]

와인스톡이 사용한 "원시적"이라는 자극적인 단어를 다른 말로 바꿔보면 그가 말하고자 했던 바가 더 또렷해진다. 뭐, 아주 또렷해지는 건 아니지만 아무튼. 킹 올리버와 루이 암스트롱의 초기 뉴올리언스 재즈에는 화성과 리듬 양면에서 아프리카 및 아프로-카리브해의 영향이 강하게 들어 있다. 또한 암스트롱 본인은 인정하고 싶지 않았을지 몰라도, 그 음악과 버드와 디지의 비밥 사이에는 분명 일직선으로 연결되는 부분이 있다. 감5도, 급감하는 속도, 낯선 리듬 같은 것들 말이다. 제리와 길만큼이나 마일스 본인의 예술적 비전과 관련이 있는 "멀리건과 에번스의 쿨 음악"은 본질적으로 **편곡** 음악이었다. 그렇기에 긴박하고, 헤드 어레인지head arrange§와 즉흥 연주가 중심이었던 비밥과는 상당히 다른 에너지를 발산했다.[31] 특정 시기에 특정 사람들의 귀에는 9중주단의 녹음이 밋밋하게 들렸다는 사실은 분명히 해두어야겠다.

"음악적으로 말하자면, 쿨 재즈 시대는 내게 늘 백인 음악을 떠올리게 했다." 디지가 특유의 거침없는 화법으로 말했다.

그 음악에는 배짱이 없었다. 그렇다고 리듬이 있는 것도 아니고. 무대에서 땀 한 방울 흘리지 않았다. 리 코니츠, 레니 트리스타노, 그런 친구들 말이다. 이 음악은, 그러니까 재즈는 배짱이다. 이 음악을 하려면 사타구니에서 땀이 나야 한다. 그 사람들 입장은 우리처

§ 재즈에서 연주자들이 구두로 협의하는 즉석 편곡.

럼 가슴을 후벼 파듯이, 그렇게 "야만적으로" 가지 않는다는 것이지만, 내가 볼 때 재즈란 그런 거다. 나에게 재즈는 역동적이고 폭발적인 음악이다.[32]

그러면서도 마일스는 봐줬다.

마일스는 그런 식으로 쿨하지 않았다. 마일스는 세인트루이스에서도 "블루스" 정서가 짙게 배어 있는 동네 출신이다. 그의 음악 일부분이 그런 식으로 연주된다, 쿨하게. 사람들은 그 부분, 그러니까 쿨한 면만 가져가고 나머지, 즉 블루스는 놓쳤거나 애초에 알아차리지 못했다.[33]

그렇다면 흥미로운 것은 와인스톡이 첫 작업에서 이 신예 아티스트로부터 무엇을 얻었는가 하는 점이다. 회고록에서 마일스는 1951년 1월 17일을 "춥고 질척거리는 … 눈이 눈으로 내릴지 말지를 결정 못하는 것 같은 날씨 … 개판이고, 날것 그대로의 하루"로 묘사하고 있다.[34] 과장된 묘사인 게 『뉴욕 타임스』에 따르면 이날 날씨는 화창하고 온화한 편에 속했다. 마일스가 기억하는 건 어쩌면 본인의 심리 상태였는지도 모른다. 그는 사실 17일 하루 동안 녹음 세션을 세 차례나 소화했다. 프레스티지와의 첫 녹음 세션뿐만 아니라, 그 앞에 버드의 새 레이블 머큐리에서 찰리 파커와 함께 한 녹음, 마지막으로 프레스티지와 한 자신의 신곡 〈I Know〉의 녹음까지. 이 녹음에는 소니 롤린스가 함께 했다(밥 와인스톡은 이상하게도 스무 살 롤린스의 천재성을 인정하려들지 않았다).

그날 버드가 열정이 넘쳤다고 마일스는 말하고 있는데 증거
가 남아 있다. 파커는 다음 네 곡을 아름답게 연주했다. 자작곡 〈Au
Privave〉 〈She Rote〉 〈K. C. Blues〉, 그리고 진 드 폴과 돈 레이의 스탠
더드 곡 〈Star Eyes〉. 데이비스는 버드와 자신 외에도 피아노를 맡은
월터 비숍 주니어, 베이스의 테디 코틱, 드럼의 맥스 로치까지 모두
가 파커 세션을 훌륭히 해냈다고 느꼈다. 마일스는 과연 군데군데 훌
륭한 연주를 들려주었지만, 〈Star Eyes〉의 솔로처럼 멈칫거리며 거의
길을 잃은 듯 들리는 구간도 있다. 본인 말대로 트럼펫은 육체적으
로 고된 악기다. 대가라면 일류 운동선수처럼 훈련해야 한다. 그리고
그가 시인했듯 연습 부족에 중독으로 인한 산만함까지 더해져 암부
셔embouchure§에도 영향을 주었다.

마일스는 이 망설임을 그의 6중주단(트롬본에 베니 그린, 테너 색
소폰에 롤린스, 피아노에 존 루이스, 베이스에 퍼시 히스, 드럼에 로이 헤
인즈)에까지 끌고 왔다. 마일스는 나중에 경력이 무르익고 마약을 떨
쳐낸 뒤 자신감을 회복하면서 스탠더드 곡들을 다루는 자신만의 방
식을 확립하게 된다. 음을 바꾸거나 강조 부분에 변화를 주어 표현력
을 높이고 곡을 새롭게 만드는 노력이었다. 그러나 1951년 녹음실에
있던 마일스는 음악에 휘둘리고 있었다. 몇몇 구간은 갈피를 잡지 못
하는 느낌마저 준다. 특히 로저스와 하트의 〈Blue Room〉을 두 차례
녹음한 버전을 들어보면 곡에서 완전히 떨어져 나왔다가 루이스의
도움으로 간신히 돌아가는 부분이 있다. ("데이비스는 이 곡이 다소 낮

§ 관악기의 마우스피스를 무는 입 모양 및 연주 시 입술이나 턱 등 얼굴 근육을 사용하는
방법.

선 것 같다."『다운비트』의 평론가는 4월 리뷰에 이렇게 쓰고 10점 만점에 4점을 줬다.[35] 실망스럽게도 그의 연주는 실제로 약쟁이답게 들린다.

롤린스 세션에서 마일스는 트럼펫을 전혀 불지 않았다. 루이스가 떠나야 했기 때문에 대신 피아노 앞에 앉아 블록 코드§ 컴핑으로 소니의 화려하고 성숙한 솔로 연주를 받쳐주었다.‡ 녹음이 끝나고 동료 연주자들이 오늘만큼은 피아노 연주가 트럼펫 연주보다 나았다며 마일스를 놀렸다.

와인스톡은 그래도 그를 버리지 않았다.

엘모 호프, 1923∼1967

윌버 웨어, 1923∼1979

다이너 워싱턴, 1924∼1963

버드 파월, 1924∼1966

소니 버먼, 1925∼1947

그날 녹음을 마치고 소니 롤린스와 헤로인을 구하러 업타운으로 가다가 "이 습관을 끊을 수만 있다면 모든 게 다 괜찮아질 텐데" 하는 생각이 들었다고 마일스는 회고했다.[36] 하지만 그러기에는 아직 멀었

§ 오른손으로는 멜로디를 연주하면서 4성부의 화음을 구성하고, 동시에 왼손으로는 멜로디음의 옥타브를 연주하는 것.

‡ 아트 매슈스의 블록 코드 설명은 다음을 보라. artmatthewsonlinepianolessons.com / ac-22-block-chords-what-are-they-how-to-use-them. 아울러 마일스가 아름답게 연주한 해리 워런의 〈You're Everything〉은 다음을 보라. youtube.com/ watch? v= ekbWB6kBW2I. 여기서 데이비스는 레드 갈런드가 조금 진부한 도입부를 연주하자 휘파람으로 중단시킨 다음 대신 블록 코드를 쓰라고 지시한다. (저자)

고 그 사실을 본인도 잘 알고 있었다고 덧붙였다.

마약 사용자 망신 주기 공세는 계속되었다. 잡지 『에보니』는 2월 호에 「마약이 우리 뮤지션들을 죽이고 있는가? 유명 오케스트라 리더, 밴드 비즈니스의 미래를 심각하게 위협하는 마약 사용을 지적하다」라는 제목의 특집 기사를 실었다. 이 글은 캡 캘러웨이의 이름으로 실렸는데 일부를 읽어보면,

마약이 우리 뮤지션들을 서서히 죽이고 있다고, 재즈 업계가 결국 마리화나의 유독한 연기 속에서 헤로인 주삿바늘이 "톡" 튀는 불길한 소리와 함께 자멸할 운명이라고 경고하는 걱정꾼들이 많다. 나는 걱정꾼은 아니다. 음악계의 마약 위협이 너무나도 현실적이라는 사실을, 그리고 즉각적인 조치를 취하지 않으면 이 훌륭한 예술이 점점 퇴락으로 이어지리라는 것을 알고 있을 뿐이다. 하지만 마약 습관의 확산이 불가항력적인 흐름이라고 생각하지 않는다. 그것은 제어될 수 있다.

이 특집 기사에는 마약에 연루된 적 있는 유명 뮤지션들의 사진이 함께 실렸다. 버드, 블레이키, 덱스터 고든, 빌리 홀리데이, 하워드 맥기, 진 크루파, 그리고 마일스까지. 사뭇 동정적인 어조로 캘러웨이는 이렇게 썼다.

최근 서부 해안에서 헤로인 소지 혐의로 체포된 한 젊은 트럼펫 주자는 동시대 재즈의 가장 뛰어난 지성 중 한 명이기도 하다. 모던 재즈 운동의 성장에 크게 기여했으며, 그의 재능은 널리 인정받는

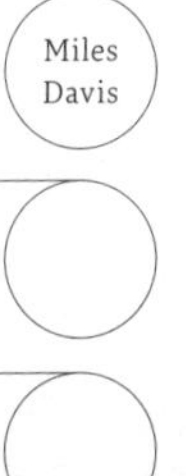

다. 음악은 이 청년을 필요로 한다. 우리나라는 그의 음악을 들어야 한다. 우리 모두는 그의 연주가 우리 삶에 선사할 즐거움과 아름다움을 필요로 한다.[37]

이 기사에서 캘러웨이가 말하는 사람이 누구를 가리키는지 모르는 이는 한 명도 없었으리라.

헤로인에 중독된 재즈 뮤지션들에게는 여러 공통 맥락이 있지만 마약에 얽힌 저마다 다른 사연 또한 갖고 있었다. 평생 마약과 한 몸으로 묶여 산 찰리 파커는 때로는 슬퍼하기도 때로는 부끄러워하기도 했으나 보통은 반항적이었다. 소니 롤린스 역시 이런 반항심을 품었다. "마약을 한다는 건 희한한 방식으로 돈의 윤리를 부정하는 일이었다. 동료들은 이렇게들 말했다. '나는 그딴 거 신경 안 써. 옷을 어떻게 차려입고 어떻게 보이는지 따위 말이야. 내가 신경 쓰는 건 음악뿐이야.'"[38] 덱스터 고든은 "우리는 혁명가였다. 우리는 결과 같은 걸 미리 걱정하지 않고 새로운 것, 앞서나가는 것을 했기 때문이다. 헤로인은 그 장면의 일부였을 뿐이다"라고 말했다.[39]

그리고 처음에는 마약의 치명적 위험에도 불구하고 많은 뮤지션들이 당당하게 즐겼다. 헤로인 자체뿐만 아니라 그와 관련된 모든 것, 그러니까 그것을 특별하고 은밀한 언어로 말하고, 구하고, 투약하는 것까지 말이다. 수십 년이 지난 뒤 그때의 쓰라린 경험을 되돌아보며 고든은 "난 주사가 좋았다. … 매혹, 그 낭만의 일부는 바로 팔에 주삿바늘을 꽂는 행위였다"고 말했다.[40]

롤린스도 비슷한 느낌이었다.

뉴욕에서 마약을 하고 색소폰을 불면서 떠오르는 젊은 연주자로 인정받기 시작하던 시절에 나는 정말로 행복한 상황이었다. … 마약을 절대 끊지 않겠노라고, 왜냐하면 기분을 좋게 해주고, 정신적으로나 육체적으로나 내가 원하는 위치에 있게 해주기 때문이라고 누군가에게 말했던 기억이 난다. 한때의 나는 정말 마약 옹호자였다.[41]

아트 블레이키는 한 인터뷰에서 헤로인을 시작한 이유에 대해 이렇게 말했다. "그게 좋았기 때문이에요. 다른 이유는 없고, 그냥 기분이 좋아져요. … 아무도 그 사실을 몰랐죠, 왜냐면 난 돈이 많았으니까. 돈이라면 뭐든 감출 수 있어요."[42]

우리가 보았듯이, 마일스는 우울과 권태에서 도피처를 찾으려다 마약에 끌려 들어갔다. 신경이 곤두서 있던 이 천재는 또 다른 이점을 발견했다. "처음 헤로인을 했을 때 그냥 의식이 희미해지고 무슨 일이 일어나는지 알 수 없었다. 아, 참 괴상한 느낌이다. 하지만 그렇게 편안할 수가 없었다."[43]

헤로인은 불가피하게 음악 창작 자체에까지 영향을 미쳤다. "술은 재능을 날려버린다. 연주 기법을 엉성하게 만든다." 지미 히스의 말이다.

마리화나는 수많은 아이디어를 떠올리게 하지만 정신이 너무 빠르게 움직인다. 이 생각 저 생각으로 마구 옮겨 다니는 거다. 헤로인은 집중의 마약이다. … 집중을 잘하게 될수록 세심하게 작업할 수 있게 된다. 콜트레인은 마약에 취한 상태에서 하루 종일 연습하곤

했다. 내가 보러 가면 그는 달랑 바지만 입고 있었다. 어떤 때는 집 안이 너무 더워서 땀에 흠뻑 젖어 있는데, 그런데도 끝없이 계속 연습만 했다.[44]

"연주를 하고 싶게 만들었어요." 랜디 브레커가 내게 말했다. "'약쟁이의 시간'이란 표현이 있어요. 박자보다 살짝 뒤에 연주해요. 아주 약간의 지연인데요. 정말 멋진 연주 방식이랍니다."[45]

몇 년 뒤, 캐피틀 레코드와 넬슨 리들의 도움으로 음반 경력을 되찾은 프랭크 시나트라는 마약과는 무관하게 같은 결론에 도달하게 된다(그러나 빌리 홀리데이의 노래와 레스터 영의 연주로부터 깊은 영향을 받았다). 즉 보컬을 박자보다 아주 살짝 늦추면 청자들은 무의식중에 긴장과 해소가 반복되는 순환을 느끼게 되는데, 이는 마치 일종의 성적 쾌감과 비슷한 감정이다. 게다가 그렇게 노래하면 쿨하고 노련하게 들렸다.

마일스는 재즈 측면에서는 쿨했지만 나머지 거의 모든 면에서 결코 대가답지 못했다. 외모에 신경 쓰기를 중단했다. 머리 손질도 그만두었는데 한 번에 5달러라는 비용에 더 긴급한 용도가 있었기 때문이다. 옷도 더러울 때가 많았고 슈트는 주름투성이였다. 끔찍한 악순환이었다. 외모가 좋지 않을수록 자존감이 떨어졌고, 자존감이 떨어질수록 뭔가 고쳐볼 마음조차 나지 않았다. 게다가 사실상 안정된 고용이 거의 불가능하다는 점도 있었다. 버드랜드의 매니저 오스카 굿스타인만이 그를 두 번 이상 고용한 유일한 클럽 운영자였다. 재즈 초창기부터 모든 재즈 뮤지션들이 그랬듯, 그 역시 필요하다면 댄스 음악을 연주했다. 그리고 이제는 반드시 해야만 했다. "마일스는 오듀본 볼룸에서 댄스곡 연주를 하곤 했어요. … 브로드웨이를 따라 한참 올라간 곳이요." 존 콜트레인의 회고다. "그중 하나는 소니 롤린스, 버드 [파월], 아트 블레이키, 나도 같이 했던 걸로 기억해요. 베이스가 누구였는지 모르겠네요."[46] 실로 끝내주는 진용의 이 댄스 밴드가 무대에 선 날은 1951년 3월 11일 일요일 오후였다.[47] 그해를 통틀어 마일스가 일할 수 있었던 기간은 고작 6, 7주 정도뿐이었다.

그는 약에 취한 상태로, 아니면 금단 증상에 시달리는 상태로 회전초처럼 도시를 굴러다녔다. 한동안은 롱아일랜드에 있는 스탠 레비 집에서 살았다. 그러나 그곳에서 나온 뒤로는 다시 호텔 아메리카로, 20번가에 있던 유니버시티로 호텔들을 전전했다. 그즈음 마일스는 열아홉 살의 재키 매클레인과 붙어다녔다. 마일스는 재키보다 여섯 살 위였고 경험이 훨씬 많았으며 음악 업계는 물론 세간에서도 어느 정도는 이름이 알려져 있었다. 그러나 재키와 어울려 다니며 그의 10대 성향이 되살아났다. 그들은 마약을 하지 않을 때면 42번가 극장에 가거나 스틸먼 체육관에서 권투 경기를 관람했다. 약에 취했을 때 가장 신나게 했던 일은 지하철을 타고 다니면서 다른 승객들의 촌스러운 신발과 옷차림을 보며 배를 잡고 미친 듯이 웃는 것이었다.

한편 그의 음악 경력은 간신히 명맥만 유지했다. 그해 늦여름에 『다운비트』는 마일스가 1월에 프레스티지 레이블에서 녹음한 세션 중 추가로 발매된 두 곡 〈Down〉과 〈Whispering〉을 리뷰했다. 평론가는 이렇게 썼다.

마일스의 몹시 형편없는 두 곡 … 소니 롤린스, 베니 그린, 존 루이스, 퍼시 히스, 로이 헤인즈가 거들고는 있지만 아무도 연주에 흥

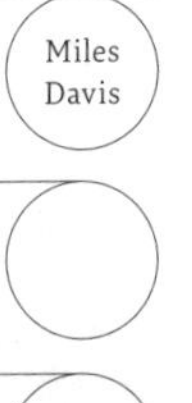

미를 느끼지 못하는 것 같다. 결과적으로 생동감도 영감도 전혀 없는 연주. 이런 것들을 발매하는 건 아티스트에게도 레이블에게도 별 도움이 되지 않는다.[48]

하지만 너저분한 약쟁이의 내면 어딘가에는 자존심의 불씨가 맹렬히 타오르고 있었다. 마일스는 다가오는 10월에 있을 프레스티지와의 두 번째 세션에서 더 나은 연주를 해내겠다는 결의를 품었다. 그날 녹음에는 마이크로그루브라는 신기술을 사용할 건데, 마일스가 그걸로 녹음하는 최초의 재즈 뮤지션 중 한 명이 될 거라는 와인스톡의 언질이 있었기에 더욱 그랬다. 한 면에 3분짜리 곡 하나만 담을 수 있었던 기존 78회전 음반에 비해 새로운 10인치, 33⅓회전 음반은 한 면에 15분까지 가능했다. 이 새로운 포맷 덕분에 연주자들은 여태까지 라이브 공연에서만 할 수 있던 것들을 음반에서도 선보일 수 있게 되었다.

그는 헤로인이 허용하는 한도 내에서 집중력을 최대한 발휘해가며 연습했다. 롤린스, 블레이키, 토미 포터, 월터 비숍, 재키 매클레인으로 밴드를 꾸리고 전곡 리허설에 돌입했다. 신곡 두 곡(조지 시어링의 〈Conception〉과 매클레인의 〈Dig〉), 마일스의 자작곡 세 곡(〈Out of the Blue〉 〈Denial〉 〈Bluing〉), 그리고 스탠더드 두 곡(〈My Old Flame〉 〈It's Only a Paper Moon〉)이었다.

10월 5일 웨스트 57번가 스타인웨이 홀에 있는 에이펙스 스튜디오에서 열린 세션은 마일스뿐 아니라 모두에게 몹시 긴장되는 시간이었다. 녹음 경험이 없던 재키 매클레인은 그야말로 좌불안석이었는데, 설상가상으로 자신의 우상 찰리 파커가 엔지니어 부스에 참관

하러 와 있었다. (찰스 밍거스도 찾아와 크레디트에는 기록을 남기지 않고 〈Conception〉 연주에 동참했다.) 하지만 연주가 좋다고 버드가 안심을 시켜주자 젊은 알토 색소폰 주자는 마음을 가라앉히고 마일스의 신뢰에 보답했다.

이날은 모든 연주자들이 다 그랬다. 매클레인보다 겨우 여덟 달 먼저 태어난 소니 롤린스는 이번에도 놀라울 만큼 성숙하고 자유분방한 기교를 뽐냈다. 마일스는 자신의 명예를 회복했다. 적어도 그는 그렇게 믿었다. 이날 6중주단은 LP 두 장 분량의 음악을 녹음했다. 먼저 데이비스가 리더로서 발표한 첫 번째 앨범 《Miles Davis: The New Sounds》는 두어 달 후에 발매되었다. 이 앨범에는 양면에 11분이 넘는 음악이 수록되었는데,[49] 〈Conception〉과 〈Dig〉가 앞면에, 발라드 곡 〈My Old Flame〉과 〈It's Only a Paper Moon〉이 뒷면에 담겼다.

이 녹음은 지지자와 반대자 모두의 관심을 불러일으켰다. 마일스는 이날 녹음에서 오랜만에 최고의 연주를 했다고 느꼈다(특히 〈My Old Flame〉에서 들려준 아름다운 선율의 발라드 연주를 자랑스러워했다). 물론 그 세션은 사실 최근의 음악들과 강하게 연결되어 있기도 했다. 〈Conception〉은 전해의 9중주단 녹음인 〈Deception〉과 매우 흡사했으며, 〈Denial〉의 엄청난 속도감은 전형적인 비밥다웠다. 하지만 〈Dig〉와 〈Out of the Blue〉의 솔직한 서정성에서는 더없이 새로운 무언가를 들을 수 있다.

평가는 그리 긍정적이지 않았다. 프레스티지가 7분 30초짜리 〈Dig〉를 양면 78회전 음반으로 발매하자 『다운비트』는 이상한 평가와 함께 별 두 개를 주었다. "마일스, 알토 색소폰의 잭[재키의 오기] 매클레인, 테너 색소폰의 소니 롤린스는 아트 블레이키의 거칠고 스윙감 없는 드럼 연주로 인해 피해를 입고 있다."⁵⁰ 10월 세션에서 녹음된 〈Bluing〉과(이 곡은 거의 10분에 달해 A면을 통째로 채웠다), 〈Out of the Blue〉, 1월 세션에서 녹음된 유감스런 〈Blue Room〉이 담긴 마일스의 두 번째 LP《Miles Davis: Blue Period》가 발매되었을 때는 같은 잡지에 이런 평이 실렸다.

> 이 LP의 제목은《Blue Period》인데, 과연 이름값을 한다 싶었다. 마일스의 훌륭한 캐피틀 음반들을 돌아보면 이 전도유망한 신인이, 그 귀한 재능이 얼마나 서글프게 허비되었는가를 비춰보게 한다는 점에서… 51

마일스의 잃어버린 약속이라는 슬픈 서사를 고수해야만 했던 『다운비트』의 평론가가 들은 것은 무기력함과 엉성함이었지만, 오늘날의 감상자들은 그 지점에서 새로운 롱-플레이 포맷 덕분에 해방된 구성의 아름다움을 들을 수 있다. 영역을 확장하는, 새로운 위대함을 향해 비상하는 마일스의 모습이다. 엔지니어 부스에서 (공식 프로듀서인 스물두 살의 재즈 저널리스트 아이라 기틀러와 함께) 열광적으로 귀를 기울이는 밥 와인스톡의 모습이 그려진다. 황홀한 그루브에 빠져 듣다가 거의 10분이 지나서야 음악을 끝내야 한다는 사실을 문득 깨닫는 와인스톡. 그리하여 유리창 너머에서 그가 손을 빙빙 돌리며 이제 마무리하라는 신호를 보내면, 마일스가 연주자들에게 끝내자는 신호를 한다. 그러자 블레이키는 황홀경을 끝내고 싶지 않아 장난스럽게 마지막 음, 아니 그 너머까지 라이드 심벌을 챙챙 울리며 계속 두드린다. 그 순간 마일스가, 음반에 녹음된 대로, 블레이키에게

“이걸 **끝내기**가 [우리에게는] 어렵지, 안 그래?” 하는 것이다.

범상치 않은 곡의 결말만큼이나 놀라운 것은, 그의 트레이드마크가 된 쉰 목소리가 자리 잡기 전인 젊은 마일스의 목소리다.[52]

와인스톡이 왜 그 말소리를 녹음에 남겨두었는지 궁금할 수 있다. 프로듀서로서 그는 리허설이며 추가 연주를 피하는 것으로 명성이 자자했는데, 이는 분명 비용 절감 차원의 정책이었으나, 그는 예술적 신선도를 유지하기 위한 것이라고 주장했다. 불완전한 〈Bluing〉을 음반에 영원히 남겨둠으로써 와인스톡은 그 곡의 아름다움을 보존하는 동시에 평론가들을 은근슬쩍 찔러볼 수도 있었다. 누가 반대하든 변화는 일어나고 있었다. **새로운 사운드**는 귀에 남는 구호에 그치지 않았다. 비밥은 식어가고 있었고 마일스는, 비록 절름거리고 있긴 해도, 다음에 올 무언가를 창조하고 있었다.

아트 페퍼, 1925~1982

어니 헨리, 1926~1957

존 콜트레인, 1926~1967

햄프턴 호스, 1928~1977

빌 에번스, 1929~1980

하지만 그는 대부분의 시간 동안 고통스러웠다. “깊은 안개 속에 갇힌 듯 늘 약에 취해 있었고, 내 습관을 유지하려고 여자들에게서 돈이나 뜯어내며 포주 노릇을 했다.”[53] 운동으로 중독을 퇴치할 수 있을까 싶어 글리슨 체육관의 트레이너로 일하던 전직 프로 권투 선수 보비 맥퀼러에게 훈련을 요청했다. 세상물정에 밝은 맥퀼러는 마일

스가 요청을 하는 그 순간에도 약에 취해 있다는 걸 단번에 알아차렸다. 트레이너는 혐오스럽다는 듯 일리노이의 고향으로 돌아가 몸부터 깨끗이 하라고 말했다. 다시 한번, 마일스는 아들 문제로 늘 마음고생을 해온 아버지에게 연락했다.

마일스에 따르면 어느 날 밤 웨스트 54번가에 있는 르 다운비트에서 연주를 하고 있는데, 청중 한가운데에서 갑자기 데이비드 박사의 모습이 눈에 들어왔다. 우비를 입고 마치 유령이나 꿈속의 환영처럼 서서 그를 매섭게 쳐다보고 있었다. 그날 밤 부자는 이스트 세인트루이스로 돌아가는 기차에 올랐다. 마일스는 "다시 아빠를 따라가는 어린 꼬마 같은" 기분으로 이번만큼은 반드시 마약을 끊겠다고 아버지에게 굳게 맹세했다.[54]

그는 밀스타트의 농장으로 갔다. 말을 타고 맑은 공기를 들이마셨다. 그러나 으레 그랬듯 금세 따분해졌고 금단 현상이 나타나며 따분함이 고통으로 돌변했다. 세인트루이스에서도 마약 공급망은 쉽게 찾아졌고 다시 주사를 놓기 시작했다. 반드시 끊겠노라 약속했던 그 아버지에게서 얼마 안 되는 돈을 빌려 마약을 샀다. 마일스는 블루지한 테너 색소폰 대가이자 역시 마약 중독자인 지미 포러스트와 어울리며 배럴 하우스라는 시내 클럽에서 함께 연주하고, 또 마약을 구해 함께 맞았다. 마일스는 "부모가 구두 가게를 하는 젊고 예쁘고 돈 많은 백인 처녀"라는 새 친구이자 손쉬운 돈줄도 발견했다.[55] 그러나 끊임없이 허기지는 습관으로 갈수록 더 많은 돈이 필요해지자 다시 아버지를 찾아갔다.

마일스의 누나 도러시에게서 마일스가 다시 마약을 한다는 사실을 전해들은 데이비스 박사는 이번에는 거절했다. 마일스는 치과 진료실 한가운데서 아버지에게 욕을 퍼붓고 떼를 쓰는 등 전에 없던 행동을 보였다. 데이비스 박사가 침착하게 어디론가 전화를 했고 거구의 사내 둘이 나타나 마일스를 끌고 갔다. 일리노이주 벨빌 감옥으로.

그곳에 머무른 일주일간, 그는 분노가 치밀었고 끔찍하게 아팠다. 출소한 아들에게 데이비스 박사는 네가 절박하게 도움이 필요한 상태이므로 직접 켄터키주 렉싱턴에 있는 연방 마약 중독 치료 시설에 데려가주겠노라고 설명했다. 지쳐버린 마일스가 동의했다. 데이비스 박사와 그의 두 번째 아내는 마일스를 새 캐딜락에 태우고 여섯 시간을 달렸다.

그러나 막상 도착하자 마일스는 스스로 시설에 갇히기가 주저되었다. 어떤 형태가 되었든 감옥은 싫었을 뿐만 아니라, 렉싱턴이 아무리 인도주의적이고 혁신적인 시설이라 해도 너무 아프고 불신이 깊었던 마일스는 그곳에 들어가고 싶지 않았다.[56] 이미 2주 동안 마약에 손대지 않았으니 어쩌면 끊은 건지도 모른다는 생각도 들었다. 데이비스 박사는 미심쩍었고 걱정스러웠지만 다른 수가 없었다. 아들은 더 이상 미성년자가 아니었기 때문이다. 그래서 그들은 결국 각자의 길을 갔다.[57] 치과의사와 그의 아내는 일리노이로 돌아갔고, 뉴욕으로 온 마일스는 중단되었던 삶을 다시 이어갔다.

쳇 베이커, 1929~1988

행크 모블리, 1930~1986

딕 트워직, 1931~1955

소니 클라크, 1931~1963

윈턴 켈리, 1931~1971

"지난 한 해 마일스의 경력이 곤두박질치는 동안 그의 모방자들이 약진했다."[58] 1952년 런던의 음악 잡지 『멜로디 메이커』 2월호에 레너드 페더가 쓴 글이다. 마일스는 더 넓은 관점에서 이 시기를 돌아보았다. "여러 백인 평론가들은 백인 재즈 뮤지션들, 그러니까 **우리**[강조는 필자]의 모방자들에 대해 계속해서 썼다." 스탠 게츠, 데이브 브루벡, 카이 윈딩, 리 코니츠, 레니 트리스타노, 제리 멀리건 같은 이들을 가리킨다. "그런 놈들이 마치 무슨 신이나 되는 양 말이다. 이 백인들 중에도 우리처럼 약쟁이가 있었는데도 우리한테 하던 것과는 달리 그런 걸 전혀 쓰지 않았다."

한 백인 트럼펫 주자(그리고 같은 마약 중독자)에게 특히 불만이 컸다.

무엇보다도 짜증이 났던 건 평론가들이 하나같이 제리 멀리건 밴드에 있던 쳇 베이커에 대해 말하기 시작했다는 것이었다. 무슨 예수 그리스도가 재림이라도 한 것처럼 떠받들었다. … 젊은 연주자들 중에는 클리퍼드 [브라운]이 단연 최고였다. 적어도 내가 보기에는 그랬다. 그런데 무슨, 쳇 베이커? 도저히 납득할 수가 없었다. 평론가들은 나를 노땅 중 하나로 취급하기 시작했다. 흘러간 추억, 그것도 나쁜 추억이었다. 1952년에 나는 겨우 스물여섯이었다. 그때는 나조차 가끔 내가 한물간 퇴물이 아닐까 생각했다.[59]

게리 맥팔런드, 1933~1971

폴 체임버스, 1935~1969

보비 티먼스, 1935~1974

우디 쇼, 1944~1989

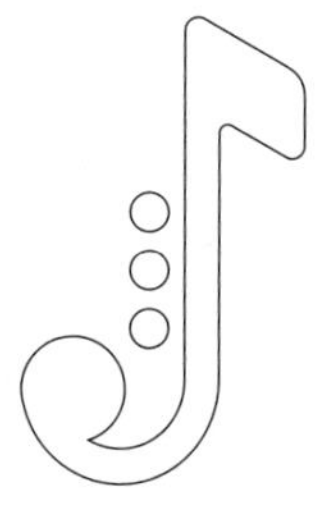

8

도약

Miles Davis

"끊는 데 3년이 걸렸다니까." 풍성한 곱슬머리에 헤어 미스트를 뿌리며 마일스가 내게 말했다. 1989년 이른 봄, 그의 에식스 하우스 스위트룸이었다.

"어떻게 한 거예요?" 내가 물었다.

"아버지 집에 가서 문을 닫았어. 그게 다야."

음, 하지만 3년이란 세월이 정말 흘렀다.

1952년과 1953년, 헤로인이 마일스 데이비스를 완전히 망가뜨린 지경까지는 아니었다. 그러나 피터 로신에 따르면 그는 "중독으로 인해 신임을 잃으면서 프레스티지와의 계약 연장이 불발되었다. 자신이 이끄는 정식 밴드도 없었다."[1]

그는 4월에 렉싱턴을 떠나 다시 북쪽으로 올라갔다. 그 주에 『다운비트』에는 괴상한 단신 하나가 실렸다. "마일스 데이비스가 (체중이 11킬로그램 넘게 불어난 상태로) 다시 도시에 나타나 버드랜드에서 단독 연주 중."[2] 마일스의 작은 체구에 11킬로그램이나 찐 모습이 상상이 잘 안 되기는 하지만, 어쩌면 밀스타트에서 먹은 시골식 아침 식사 덕분이었을지도 모르겠다. 버드랜드에서의 공연은 여성 리더, 바로 필라델피아 출신의 피아니스트 베릴 부커와 함께 했다. 1952년 내내 마일스가 자기 밴드 없이 보냈다는 것도 정확한 사실은 아니다. 부커와의 공연이 어느 정도 성공적이었던 덕에 오스카 굿스타인이 5월 초 마일스에게 버드랜드에서의 일주일 공연을 제안했다. 그해에 7일 밤 동안 6중주단과 함께 연주했다. 알토 색소폰에 재키 매클레인, 비브라폰에 돈 엘리엇, 피아노에 길 코긴스, 베이스에 코니 헨리, 드럼에 코니 케이였다.

마일스는 이들 중 매클레인과 코긴스 둘을 5월 9일 블루 노트 첫 세션에 데려갔다. 이 녹음이 진행된 날은 그의 삶이 지닌 역설적인 상황을 선명하게 보여주었다. 먼저 그는 훌륭한 뮤지션들과 작업할 수 있었고(J. J. 존슨, 오스카 페티퍼드, 케니 클라크도 기용했다), 이날 마일스는 대체로 아름다운 연주를 들려주었다. 스웨덴 민요 선율을 스탠 게츠가 재즈 스타일로 재해석한 〈Dear Old Stockholm〉, 디지의 곡 〈Woody 'n' You〉, 그리고 제롬 컨의 강렬하고 애상적인 발라드 〈Yesterdays〉에서 확인할 수 있다. 그는 포스트 밥 재즈의 흐름 속에서 서정적이고 통렬한 연주로 꾸준히 새로운 길을 개척해가는 중이었다. 그러나 한편으로 1952년 한 해 동안 그의 녹음은 이날이 유일했다.

그해 봄, 보스턴으로 거처를 옮긴 시드 토린이 기획한 자칭 "심포니 시드 올스타즈"라는 투어에 마일스도 참여하기로 했다. 어차피 다른 일도 딱히 없었다. 투어는 좋기만 한 것도 나쁘기만 한 것도 아니었다. 약간은 뒤죽박죽인 구성에 무대 뒤에서는 불협화음도 조금 있었다. 한편으로는 참가 연주자들에게 몇 달 동안 안정적인 일자리가 되어준 반면, 다른 한편으로는 버드랜드와 그 외 여러 곳의 재즈 방송을 통해 북동부와 중서부 지역에서 상당한 명사가 된 시드가 거의 전적으로 주도권을 쥐고 있었다. 몇 차례 멤버 변동 후 결과적으로 모든 연주자가 흑인으로만 구성되자,[3] (백인 관객은 아니고 연주자들 사이에서만) 백인 주인이 흑인 일꾼을 부리는 듯한 불편한 분위기가 감돌았다.[4]

다른 흑인 뮤지션들과 마찬가지로 마일스 또한 토린에 대한 감정이 복잡했다. 시드는 당시 라디오 시대 스타일에 딱 맞는 부드럽고 듣기 좋은 목소리를 지닌 디제이이자 겉으로 보기에는 번드르르하고 가식적인 인물이었다. 하지만, 마일스가 지적했듯이, 이 인생을 바꿔놓을 음악을 열정적으로 알렸을 뿐 아니라 각 가정에 제공해 재즈의 대중화에 기여한 인물이기도 했다. 비밥을 사랑하고 비밥 연주자들과 자신을 동일시했던 그는 밴드를 소개하고 곡 제목을 알리는 멋스러운 말투를 완성했다(실제 행동도 그에 걸맞았는데, 마리화나 단속이 그가 뉴욕을 떠난 이유 중 하나일지도 모른다).

그로부터 5~6년 후 여러 록 디제이들이 그랬듯, 심포니 시드는 어떤 연유인지 스스로를 **음악의 일부**로 여겼다. 이 투어에서 그는 실로 절대적인 존재였다. 결과 또한 좋았다. "적절한 기획으로 잘 연출된 무대를 선보인다는 전제하에, 시드는 모던 재즈의 지속 가능성은 말할 것 없고 시장성까지도 확신하고 있다." 첫 공연지인 보스턴의 한 통신원이 전했다. "그리고 그의 수익이 그걸 증명한다."[5]

그의 수익 말이다. 회고록에서 마일스는 섭외 에이전트이자 진행자로서 ("또한 스스로를 스타라 여기며"[6]) 그가 얼마나 많은 돈을 챙겼는지, 연주자들에게는 얼마나 적게 지불했는지를 분을 삭이지 못하고 주절주절 털어놓는다. 보스턴에서 뉴헤이븐, 토론토, 애틀랜틱시티를 거쳐 영스타운과 클리블랜드, 그리고 뉴욕의 아폴로 극장과 르다운비트까지 공연이 이어지는 동안 긴장이 고조되었다. 밴드 내에서도 마찬가지였다. 헤로인이 귀했던 오하이오에서는 마일스와 지미 히스가 마약을 구하러 다니거나 마약에 취해 있느라 자리를 비우기 일쑤였다. 그들이 없는 상태로 나머지 밴드 멤버들만 먼저 연주를 시작해야 할 때도 있었다. 클라크, 잭슨, 퍼시 히스는 마일스에게 자주 큰 소리로 불만을 표출했다.

투어가 뉴욕에서 마무리되던 무렵 J. J. 존슨이 토린에게 밀린 임금 50달러에 대해 따져 물었다. 당시로는 꽤 큰돈이었다. 토린은 이를 묵살했고, 며칠 뒤 신디케이트 가십 칼럼을 쓰는 도러시 킬갤런이 이 사건을 전 국민에게 알렸다. "디제이 심포니 시드는 며칠 전 밤에 제대로 비밥식 한 방을 맞았다. 그것도 턱에 정통으로. 묵직한 펀치를 날린 이는 트롬본 주자 J. J. 존슨이었다."[7] 마일스의 설명은 훨씬 더 생생했다. "J. J.가 벌떡 일어나더니 시드의 턱에 주먹을 날렸다. 시드의 입에서 튀어나온 의치들이 바닥을 통통 튀며 굴러갔다."[8]

머리끝까지 화가 난 토린이 본때를 보여주겠다며 아는 깡패들을 불러왔지만 마일스를 비롯한 다른 연주자들이 트롬본 주자 편에 서자 시드도 결국 누그러져 임금을 지불했다. 그렇게 투어가 끝나고 마일스는 다시 먹고살기 위해 분투하는 일상으로 돌아갔다. 투어가 끝난 8월 초부터 연말까지 그는 대중 앞에 딱 한 번 섰다. 워싱턴의 하워드 극장에서 있었던 한밤의 잼 세션이었다. 『다운비트』의 연말 설문 조사 결과, 마일스는 트럼펫 부문에서 캐나다 출신 트럼펫 주자 메이너드 퍼거슨에 이어 2위를 차지했다. 퍼거슨은 멤버 전원이 백인인 스탠 켄턴 밴드 소속이었다.

마일스의 중독은 오히려 더 심해졌지만 무슨 이유에서인지 1953년은 마일스에게 조금 더 분주한 해였다. 아마도 최악의 세평이 잦아들고 있어서였는지도 모르겠다. 뉴욕의 르 다운비트와 볼티모어의 티후아나 클럽에서 공연했고, 밥 와인스톡이 새로운 비독점 계약을 제안했는가 하면, 같은 시기에 블루 노트의 알프레드 라이언도 그에게 녹음을 제안했다. 그해 마일스는 네 차례의 녹음 세션을 주도했다(전해에 비해 네 배 많았다). 세 번은 프레스티지에서, 한 번은 블루 노트에서. 피터 로신은 그 세션들을 "종잡을 수 없는"이라고 묘사했다.[9] 자기 밴드가 없어 레퍼토리를 축적하거나 예술적 일관성을 가져가지 못했다는 의미가 아니었을까 싶다. 온갖 어려움—정말 많은 일이 있었다—에도 불구하고 마일스는 연주에 대한 자신감이 점점 커지고 있었다.

그해의 출발은 순탄하지 않았다. 1월 30일에 있었던 프레스티지 녹음 세션은 엉망이었다. 소니 롤린스, 월터 비숍, 퍼시 히스, 필리 조 존스(마일스와의 첫 녹음), 그리고 엉망의 진원인 찰리 파커로 진용이 짜여졌다. 파커는 자기 밴드의 트럼펫 주자 레드 로드니가 헤로인 소지로 체포 구금되자 최근에 헤로인에서 진으로 갈아탄 상태였다. 머큐리 레이블과의 계약 때문에 파커는 그날 녹음에 "찰리 챈"이라는 이름을 올렸고 이번에도 알토 색소폰 대신 테너 색소폰을 불었다. 프로듀싱을 맡은 아이라 기틀러는 버드가 새 악기를 익히며 진 한 병을 다 마시고는 곧바로 곯아떨어졌다고 회고했다.[10]

마일스의 기억에 따르면 책임감이라곤 없는 파커의 모습에 그의 화가 폭발했다. 게다가 자기를 제치고 마치 본인이 세션을 리드하는 듯 행동하며 가짜 영국식 억양으로 그를 꾸짖기까지 했다. 그 때문에 마일스는 일부러 연주를 엉망으로 하기 시작했고, 기틀러가 이를 지적하자 트럼펫을 챙겨 나가버리려고 했다. 그때 멍한 상태로 있던 버드가 갑자기 정신을 차리더니 "아, 그러지 말고 마일스, 연주 한번 해보자"라고 말했다. 그리고 "그 뒤로 우리는 진짜 괜찮은 연주를 했다."[11]

마일스는 여전히 훌륭한 연주를 했지만, 다른 것이 그의 삶을 계속 갉아먹고 있었다. 4월의 블루 노트 세션에 대해 마일스가 주로 기억하는 건 자신과 지미 히스가 금단 증상을 느끼기 시작해 마약을 구하러 스튜디오를 빠져나가려고 알프레드 라이언에게 초등학생 수준의 변명을 했던 일이었다. 히스가 리드를 사러 가는데 자기도 함께 가서 그걸 들어줘야 한다고 말이다. 데이비스 말마따나 리드 한 상자라고 해봤자 크기가 비누만 하다. 어쨌든 라이언은 그들을 보내줬는데 자기 말을 믿은 건지 아니면 어떻게든 녹음을 하기 위해 속아준 건지 모르겠다고 마일스는 말했다. "그래서 그 음반은 끝내주게 취한 상태에서 녹음한 것이다." 마일스와 트루프는 이렇게 썼다.[12]

정말 아름다운 음반이다. 버드 파월이 작곡한 어둡지만 빠른 템포의 〈Tempus Fugit〉에서는 데이비스의 고속 스타카토 주법이 한 치의 오차 없이 정확하고, 가슴 저리도록 아름다운 발라드 곡 〈Enigma〉와 〈I Waited for You〉에서는 약음기를 끼지 않은 마일스의 음색이 깊고 두텁다. 블루 노트 앨범 《Man with a Horn》에 대한 어느 신문 비평은 싱겁기 짝이 없다. "결코 본인의 최고는 아니지만 그는 여전히 마일스여서 멋진 연주를 들려준다."[13] 내가 보기에는 그보다 훨씬 낫다. 어둠의 심연에서 빛을 향해 올라오고 있는 마일스 데이비스를 어떻게 봐야 할지 사람들이 잘 몰랐던 시기였다고 생각한다.

1953년 초 마일스는 아버지의 농장에 돌아가 습관을 떨치려고 노력했다. 그리고 또다시 실패했다. 5월에는 토론토에서 열리는 전설적인 매시 홀 공연에 버드, 버드 파월, 찰스 밍거스, 맥스 로치와 함께 연주하러 간 디지를 대신해 버드랜드 무대에 섰다. 조 캐럴이라는 코믹 비밥 가수의 반주 일이었는데 디지는 그를 재미있어 했지만 마일스에게는 "길레스피가 백인들 앞에서 하던 그 광대 짓"이 떠오를 뿐이었다. 하지만 마일스는 일이 필요했고, 그의 습관은 돈이 필요했다. 며칠 후 어느 날 밤, 공연 중간 쉬는 시간에 그는 약에 취해 더럽고 꾀죄죄한 꼴로 인도를 서성이고 있었다. 그때 로치가 다가오더니 "좋아 보이는데" 하면서 재킷 주머니에 빳빳한 100달러짜리 지폐 두어 장을 넣어주었다.[14]

잔뜩 취해 있긴 했지만 마일스는 뼈저리게 수치심을 느꼈다. 본래 깔끔한 성격에 옷 하나하나에도 세심하게 신경 쓰던 사람이었는데, 자신이 얼마나 나락으로 떨어졌는지가 별안간 실감이 났다. 가까운 친구 로치가 말쑥하고 단정하게 차려입고 나타나 자신을 도와주려는 동시에 동정의 시선은 물론, 의식했건 아니건, 우월감까지 내비치고 있었다. 마일스는 그 돈을 마약 밀매업자에 갖다 바치는 대신, 일리노이주로 돌아가는 버스에 올랐다.

데이비스 박사는 이번에도 탕자의 귀향을 반가이 맞이해주었고, 이번에도 같은 일이 반복되었다. 희망과 따뜻함은 금세 권태로 굳어버렸다. 일리노이에도 친구들이 있었지만 변하지 않은 그들을 보며 자신이 얼마나 달라졌는지를 그 어느 때보다 절감할 뿐이었다. 마일스는 다시 주사를 맞기 시작했다. 그러다 여름 끝자락에 맥스 로치에게서 전화가 걸려왔다.

그는 지금 미국을 가로질러 운전 중이라며, 하워드 럼지의 라이트하우스 올스타즈에 드럼 주자 셸리 맨의 후임으로 들어갈 거라고 말했다. 라이트하우스는 로스앤젤레스의 사우스베이 구역, 태평양 연안 허모서 비치에 자리 잡은 폴리네시아 스타일 술집이었다. 사업가 기질을 갖춘 베이스 주자 럼지는 그곳에서 1949년 밴드를 창립했다. 오래지 않아 그곳에서 열리는 일요일 공연은 다양한 뮤지션들이 돌아가며 무대에 오르면서, 커져가던 웨스트코스트 재즈 신의 중심으로 우뚝 섰다. 럼지는 백인이었지만 처음부터 센트럴 애비뉴의 클럽들과 그 너머에서 활동하던 흑인 뮤지션들을 올스타즈로 기꺼이 받아들였다.[15] 찰스 밍거스와 여행 중이던 로치는 이스트 세인트루이스에 너를 보러 들러도 되겠느냐고 물었고, 마일스는 밀스타트에서 함께 지내자며 둘을 초대했다.

버드랜드 앞에서 로치가 보인 시혜적 태도를 떠올리면 마일스는 여전히 속이 쓰렸다. 로치가 부를 과시하려 번쩍이는 새 올즈모빌을 몰고 농장에 나타나긴 했지만, 아버지의 부유함이 있는 이곳에서 마일스는 체면을 회복할 수 있었다. 거대한 규모, 수많은 가축, 상주 요리사와 가정부를 갖춘 데이비스 박사의 시골 저택에 로치와 밍거스는 깜짝 놀랐다. 마일스에게는 늘 말로 하기 어려운 특유의 분위기가 있었는데 드럼 주자와 베이스 주자는 이제 그게 어디에서 온 것인지 더 잘 이해하게 되었다. 세 뮤지션은 밤새도록 재즈 이야기를 나눴다. 이튿날 로치와 밍거스가 떠날 때 마일스도 따라 나섰다. 서쪽으로 향하는 차 안에서 입심 좋은 베이스 주자가 백인들의 사악함, 동물권, 그 밖에 머릿속에 떠오르는 온갖 주제에 대해 장광설을 늘어놓았다. 마일스는 줄곧 그의 말을 들었고, 이따금 지루함을 달래기 위

해 그와 논쟁을 벌였다.[16]

데이비스는 서부 해안에서 보낸 두어 달간 종종 올스타즈의 무대에 올라 연주했다. 그리고 처음으로 자신의 숙적과 마주쳤다. 네모진 턱에 아기 같은 얼굴, 사진발을 끝내주게 잘 받는 벼락스타 쳇 베이커. 평론가들만 베이커 이야기를 하는 게 아니었다. 지난 봄, 찰리 파커가 로스앤젤레스에 갔을 때도 티파니 클럽에서 2주 공연을 함께 할 트럼펫 주자를 고를 때 수많은 오디션 참가자 중 베이커를 낙점했다.

막상 만나보니 쳇은 의외로 호감 가는 사람이었다. 쳇이 마일스를 우상으로 여긴다는 사실이 드러났을 때는 더욱 그랬다. 스물셋의 젊은 트럼펫 주자는 스물일곱의 마일스 앞에서 자신이 『다운비트』 설문 조사에서 디지 길레스피보다 상위에 오른 것에 대해 적잖이 민망해하며 겸연쩍은 태도를 보였다(마일스와 클리퍼드 브라운은 아예 이름조차 없었다). "그에게 개인적인 원망은 없었지만 그를 뽑은 사람들에게는 화가 났다." 마일스의 말이다. "쳇은 꽤 괜찮은 녀석이었다. 쿨하고 연주 실력도 좋았다. 하지만 쳇도 나도 알고 있었다. 그가 내 걸 엄청나게 베꼈다는 사실 말이다."[17]

맞는 말이긴 하다. 하지만 칭찬하는 동시에 깎아내리는 이런 방식은 오히려 큰 찬사로 보일 수도 있다. 예민한 거장이 자신의 영역을 지키는 방식일 수도 있지 않을까. 사반세기 후에 마일스가 윌리스 로니에게 클리퍼드 브라운을 폄하하는 말을 한 것과 흡사하게 말이다. 베이커는 놀라운 귀와 음악적 기억력을 갖고 있었고 연주도 **할 줄** 알았다. 베이커는 마일스와 여러 면에서 비슷했다. 둘 다 늘씬하고 잘생겼으며 옷차림이 멋졌고 둘 다 약쟁이였다. 둘 다 개와 성능 좋은 차를 좋아했으며, 둘 다 여성들에게 압도적으로 매력을 발산하는 존재였다. 다만 베이커에게는 마일스는 할 수 없는 무언가가 하나 더 있었다. 바로 듣는 이의 마음을 휘어잡는 애잔한 발라드 가수. 그의 가볍고 소년 같은 음색은 마일스 데이비스의 트럼펫 음색처럼 열정과 거리감을 동시에 전달했다.

로스앤젤레스에서 마일스는 프랜시스 테일러를 만났다. 여섯 해 뒤에 데이비스의 첫 아내가 되는 그녀는 캐서린 던햄 무용단 소속의 눈부시게 아름답고 젊은 무용수였다. 첫눈에 둘 사이에 불꽃이 튀긴 했지만 테일러는 당시 남자들에게 워낙 인기가 많았다. 그녀는 "돈 많은 백인 남자", 또 자기가 일하는 TV 파일럿 프로그램에 출연시켜준 새미 데이비스 주니어를 동시에 만나고 있었다.[18] 그리고 마일스는 이 도시를 떠났다.

그의 회고록에는 라이트하우스에서 인종차별적인 바텐더와 주먹다짐한 사건이 헤로인을 완전히 끊는 계기가 되었다고 기록되어 있는데, 실제 이야기는 더 미묘했던 것 같다. 노동절 사흘 뒤에 마일스는 샌프란시스코 다운비트에 도착했다. 정장 재킷의 안주머니에 마우스피스만 꽂혀 있었고, 트럼펫은 없었다. 왜 그런지는 어렵지 않게 짐작할 수 있다. 그는 마약 혐의로 수감 중이던 제리 멀리건의 대타로 무대에 서기 위해 이곳에 왔다. 피아노 주자 케니 드루의 3중주단과 함께(아트 파머의 쌍둥이 형제 애디슨 파머가 베이스를, 조지 워커가 드럼을 담당했다) 4주간 공연한 뒤에는 시카고로 이동해 한 달간 노브 힐 클럽 무대에 섰다. 그런 다음 마일스는 우리가 알 수 없는 이유로 다시 아버지 집으로 돌아갔다.

밀스타트에서 절정에 치달은 헤로인 금단 경험에 대한 마일스의

묘사는 때로는 지나치게 꾸며낸 듯하고 때로는 몹시 낭만화된 것처럼 보이며, 또는 실제 그랬을 법한 열병의 꿈처럼 두서없이 재현되어 있다. 밀스타트의 게스트하우스 2층 방에 갇혀 그는 일주일 넘게 몸을 뒤틀고 땀을 흘리고 환각에 시달렸다. 1989년에 그가 내게 들려준 이야기는 조각조각 끊기고 시간이 앞뒤로 좌우로 왔다 갔다 하는 것처럼 보인다. 그 혼돈과 공포는 충분히 전달되었지만, 내 머릿속에는 지워지지 않는 질문이 하나 남아 있었다.

JK 어떻게 한 거예요?

MD 아버지 집에 가서, … 어 … 문을 닫았어, 그게 다야.

JK 음.

MD 그냥 … 몸에서 닭고기 수프 같은 냄새가 나고 … 창밖으로 뛰어내리려 하는데 … 너무 높더라고.

JK 음.

MD 기절해버릴 것 같았지. 다리가 부러질 테고. 그때 아버지 발소리가 들렸어. 한 32만 평 되는 땅에 지은 콜로니얼 양식의 집이었거든.

JK 음.

MD 계단을 올라가면 거기 … 큰방이 있고, 이쪽에도 똑같은 게 또 하나 있었지. 방이 두 개야. 그래서 그냥 문을 닫아버렸어.

JK 음.

MD 알잖아. 가정부가 와서 묻는 거야, [외침] '도련님, 아침 식사 드려요?' 내가 그랬지. '꺼져! [개년아!] 아침 식사?' 오렌지 주스를 조금 마셨는데 바로 올라오더라고. 그런데 그게 … [기침/구토 소리].

그게 다였다. 내가 수년 동안 궁금했던 건, 닭고기 수프라니?

그러다 수십 년이 지난 뒤 1969년에 나온 『롤링스톤』에서 마일스의 인터뷰를 발견했다. 문장 구성이 의심스러울 만큼 완벽했을 뿐, 금단의 고통에 관한 정리된 이야기는 그가 내게 들려주었던 거의 추상적일 만큼 모호한 회고담과 맞아떨어졌으며, 마침내 닭고기 수프의 미스터리까지 풀어주었다.

나는 누워서 천장을 노려보며 내가 싫어하는 사람들을 모조리 저주했다. 나는 어려운 방식으로 끊고 있었다. 아주 지독한 독감 비슷하지만 그보다 훨씬 끔찍했다. 식은땀을 흘리며 누워 있었고, 콧물과 눈물이 줄줄 흘렀다. 겨우 뭐라도 먹으면 전부 다 토해냈다. 땀구멍이 열리더니 닭고기 수프 비슷한 냄새가 났다. 그리고 그게 끝이었다.[19]

회고록에 나오는 낭만적으로 묘사된 이야기에는 다시 한번 지혜롭고 너그러운 데이비스 박사의 감동적인 연설이 등장한다. "마일스, 너를 괴롭히는 게 여자라면 다른 여자를 찾거나 당장 떠나라고 말해주겠다만, 이 마약이란, 내가 줄 수 있는 게, 아들아, 나의 사랑과 응원밖에는 없구나. 나머지는 네가 할 몫이다."[20]

책에는 고통이 지난 뒤 감동적인 장면이 하나 더 나온다.

그러고 나서 어느 날 모든 게 끝나 있었다. 그냥 그렇게 … 기분이 나아지면서 맑고 깨끗한 느낌이 들었다. 밖으로 나가 청량하고 달콤한 공기를 마시며 아버지 집까지 걸어갔다. 아버지는 나를 보자마자 환한 미소를 지었고, 우리는 서로를 끌어안고 울음을 터뜨렸다. 내가 그걸 이겨냈음을 아버지는 알았다.[21]

문제는, 그가 그걸 이겨낸 게 아니었다는 것이다.

유혹이 가득한 뉴욕으로 바로 돌아가기가 걱정스러웠던 마일스는 디트로이트에서 잠시 숨 돌릴 시간을 갖기로 결심했다. 디트로이트는 마약이 드물거니와 효과도 약했다. 필리 조 존스는 '자동차의 도시'에서 헤로인을 사느니 차라리 그 돈을 아껴 허시 초콜릿을 사먹는 게 훨씬 낫다는 유명한 발언을 한 바 있다. 게다가 1953년에서 1954년 겨울 사이 디트로이트는 도널드 버드, 베티 카터, 토미 플래너건, 커티스 풀러, 배리 해리스, 엘빈 존스, 새드 존스, 유세프 라티프 같은 현지의 스타급 뮤지션들이 활약하는 역동적인 재즈 신이 펼쳐지고 있었다. 마일스는 도심 북서쪽에 위치한 블루 버드 인이라는 작은 클럽에서 일하게 되었다. 색소폰 주자 빌리 미첼이 이끄는 하우스 밴드와 함께 연주했는데 엘빈이 드럼을, 플래너건과 해리스가 피아노를 맡고 여러 베이스 주자들이 동참하는 밴드였다. 블루 버드는 흑인이 소유하고 운영하는 클럽으로 손님 또한 대부분이 흑인이었다. 지역에서 복권 장사를 하던 클래런스 에딘스가 매니저였는데, 마일스가 밑바닥까지 추락해 마약을 대가로 받고 연주한다는 소문이 돌았다.

클럽 문지기 칼 힐의 회고다.

마일스가 처음 블루 버드에 왔을 때 … 마약에 찌들어 있었고, 그랜드 리버와 불러바드 교차로에 있는 서니 윌슨 호텔에 묵었다. …
겨울이었는데 그는 호텔에서 블루 버드까지 걸어서 왔다. 클럽은
사람들로 가득 차 있었고, 모두가 마일스 데이비스를 보겠다고 기
다렸다. 때 묻은 흰 셔츠와 남색 스웨터 차림으로 도착한 마일스에
게 클래런스가 집에 돌아가 타이를 매고 오라고 말했다. … 그러자
마일스는 밖으로 나가 구두끈을 하나 풀어서 셔츠 밑에 매고는 "이
건 어때요, 보스?"라고 말한 뒤 무대에 올라 연주를 시작했다.[22]

존 스웨드에 따르면 "마일스의 디트로이트 생활은 원래부터 질서
라고는 없던 그의 삶 속에서도 특히나 혼란스러웠다. 컴컴한 방에서
늦게까지 자고, 먹는 건 거의 없이 코냑을 마셔대며, 대부분의 시간
을 주로 그의 심부름꾼 프레디 프루, 일명 '멋쟁이 프루'가 가져다주
는 일일 생필품 꾸러미§를 기다리며 보냈다."[23]

"습관을 끊기가 어려웠다." 마일스의 글이다. "그런 놈들 때문에,
또 내가 나약했기 때문에."[24]

이 시기 마일스에 관한 유명한 일화가 있다. 맥스 로치와 클리퍼
드 브라운이 디트로이트에서 연주하고 있었다. 누구에게 듣느냐에
따라 장소는 (현재도 운영 중인) 베이커스 키보드 라운지일 수도 있
고, 크리스털 바 앤드 그릴일 수도 있다. 로치, 브라운을 포함한 5중
주단 멤버—피아노에 버드 파월의 동생 리치 파월, 테너 색소폰에 해
럴드 랜드, 베이스에 조지 모로—들이 방금 폭발적인 연주 한 세트를
끝내고 관객을 완전히 열광시킨 참이었다. 그때 문이 열리더니 코트

§ 마약을 말함.

깃을 세운 채, 비에 쫄딱 젖은 마일스가 들어섰다. 화가 겸 저널리스트 리처드 "프로핏" 제닝스는 이렇게 쓰고 있다.

> 그는 클리퍼드 브라운에게 다가가 트럼펫을 달라고 했다. 코트 안 주머니에 손을 넣더니 마우스피스를 꺼내 클리퍼드의 트럼펫에 끼웠다. … 자, 무대는 아직 뜨거웠다. 여전히 타오르고 있었다. … 마일스는 무대에 올라가 피아노에 엉덩이를 붙이고 기대섰다. 그리고 염병할 트럼펫을 입에 대더니 이 염병할 후레자식이 〈My Funny Valentine〉을 불었다. 클리퍼드 브라운은 거기 서서 그를 보며 고개만 절레절레 흔들 뿐이었다. … 그 흑인 개자식은 폭발적인 열기 한가운데서 사람들을 울렸다. … 연주를 마친 뒤 그는 마우스피스를 빼 코트에 다시 넣고는 브라운에게 트럼펫을 돌려준 뒤 곧장 떠났다. 그게 다였다. 내가 직접 봤다. 내가 **거기** 있었다![25]

♪♪♪

어떻게 된 일인지, 디트로이트에서 1954년 2월 말 맨해튼으로 돌아오는 어딘가에서, 마일스는 헤로인을 영영 끊었다. 영화 「스네이크 핏Snake Pit」§ 같은 공포스러운 금단 증상의 장면도 황홀한 구원의 달콤한 미풍도 역사 속으로 사라졌다. 데이비스 박사와 그의 농장

---

§ 뱀 구덩이라는 뜻으로, 1948년 동명의 영화가 사회적으로 큰 반향을 일으키며 정신병원의 참혹한 환경, 비인간적인 처우를 고발하는 은유가 되었다.

도 관여하지 않았다. 마일스는 대부분이 깨끗하고 대부분이 그를 우러러보는 디트로이트의 뮤지션들로부터 긍정적인 영향을 받았다고 주장한다. 또 그를 격려하고 용기를 북돋아준 예로 "나의 몇 안 되는 우상 중 하나"를 거론하는데, 바로 세련되고 카리스마 넘치고 철저히 프로다운 미들급 챔피언 슈거 레이 로빈슨이다. "슈거 레이는 내 마음속에 품은 영웅 이미지 그대로였다. 내가 뉴욕에 다시 맞설 만한 힘이 있다는 사실을 깨닫게 해준 것도 그였다. 그의 본보기가 정말 혹독한 나날들을 버티게 해주었다."[26]

디트로이트에서 지독하게 앓으면서도 그는 꽤 많은 연주를 해냈고, 실력도 탄탄했다. "음악적으로도 신체적으로도 강인해졌고 … 무엇이든 할 준비가 된" 기분이었다.[27] 그는 뉴욕 5번로 근처 25번가에 있는 알링턴 호텔로 이사한 뒤, 밥 와인스톡과 알프레드 라이언에게 전화를 걸었다. 마약을 끊었다고, 다시 음반을 만들고 싶다고. 그의 말에 그들은 기뻤다.

마일스에게 뉴욕은 달라보였다. 떠나 있었던 다섯 달 동안 재즈 신은 어쩐지 전혀 새로운 무언가로 변한 것만 같았다. 회고록에서 그는 버드가 내리막길에 들어섰다고 주장했다. "완전히 망가졌다. 살이 쪘고, 지쳐 있었고, 어쩌다 공연에 나타나도 연주가 형편없었다."[28] 하지만 실제로 파커는 그해 초 서부 해안에서 스탠 켄턴과 투어 중에 '미국 현대 음악 재즈 페스티벌'이라는 행사에 참여했다. 투어가 끝난 직후인 3월, 낭성 섬유증을 가지고 태어난 버드의 세 살배기 딸 프리가 뉴욕에서 죽었다. 마음이 산산조각 난 채 동부로 돌아온 파커는 서서히 나락으로 빠져들기 시작했다.

한편 세상은 하나같이 쿨 재즈를 이야기하고 있었다. 조지 시

어링과 레니 트리스타노와 쳇 베이커, 그리고 최근 버드의 이름을 딴 클럽에서 첫 무대를 가진 존 루이스의 극도로 쿨한 모던 재즈 쿼텟Modern Jazz Quartet, MJQ 말이다. (아이러니하게도) 관악기가 없는 MJQ가 패러다임을 바꾸고 있었다. 솔로도 없고, 쇼맨십도 없었다. 그저 검은 정장, 검은 타이 차림의 극도로 진지한 젊은 흑인 남자들이 (피아노에 루이스, 비브라폰에 밀트 잭슨, 베이스에 퍼시 히스, 드럼에 코니 케이) 유럽 클래식의 대위법이 스며든 스타일로 재즈 원곡과 아메리칸 송북 스탠더드 곡들을 연주할 뿐이었다. 조용히 스윙하며 결코 위협적이지 않게. 그들의 연주가 워낙 조용했기에, 넷은 종종 더 나지막하게 연주하여 난처해진 관객들이 귀를 기울이도록 만들었다.

마일스는 5중주단 포맷으로 돌아가고 싶었다. 작년 5월 프레스티지와의 마지막 녹음 세션에서부터 다시 이어가고 싶었던 것이다. 알링턴에 투숙하자마자 피아노 주자가 떠올랐다. 같은 호텔에 묵고 있던 카보베르데 출신의 스물다섯 살 청년 호러스 실버였다. 1952년부터 리더 또는 사이드맨으로 녹음해온 실버는 방에 업라이트 피아노가 있었다. 마일스는 그와 시간을 보내며 그의 연주를 듣고, 악상을 주고받았다.[29]

실버의 첫 앨범은 1952년 블루 노트에서 발매한 《New Faces New Sounds (Introducing the Horace Silver Trio)》였는데, 여기서 그는 믿기 힘들 만큼 침착한, 마치 텔로니어스 멍크와 멍크의 위대한 제자 버드 파월의 이마에서 완벽하게 형성된 상태로 튀어나온 것 같은 젊은 피아니스트의 모습이었다. 때로 피아노의 찰리 파커로도 불리는 파월은 버드가 그랬듯 빠른 속도로 뛰어난 즉흥 연주를 할 수 있었다. 문학 평론가 해럴드 블룸은 타악기를 때리는 듯한 강렬한 타건으로 몰아치는 파월의 1951년 작품 〈Un Poco Loco〉를 자신이 선정한 20세기 미국적 숭고의 최종 후보에 올린 바 있다.[30] 그리고 이듬해 발매된 첫 앨범에서 호러스 실버는 〈Un Poco Loco〉에 버금갈 만큼 강력하게 돌진하는 〈Safari〉를 녹음했다. 실버는 발라드도 아름답게 연주할 수 있었다. 거의 멍크처럼 들릴 정도였다. 하지만 무엇보다 그가 가장 열정을 쏟은 부분은 자신만의 추진력 넘치는 단조 기반 펑크 음악을 만들어가는 데 있었던 것으로 보인다. 마일스는 그 사운드에 위에서 자신의 트럼펫을 연주할 수 있기를 간절히 원했다.

1954년 3월 6일 블루 노트 녹음 세션은 데이비스에게 거의 열 달 만의 녹음이자, 장차 전설이 되는 검안사 출신 레코딩 엔지니어 루디 밴 겔더의 뉴저지주 해컨색 홈 스튜디오에서의 첫 작업이기도 했다.[31] 1953년 5월 5중주단 녹음에서는 존 루이스가 피아노를 맡았지만 이번에는 호러스 실버가 피아노에 앉았고(퍼시 히스는 베이스로 돌아왔고, 드럼은 아트 블레이키 대신 맥스 로치가 연주했다), 마일스는 완전히 다른 방향으로 나아갔다.

그날 녹음한 첫 곡은 마일스가 작곡한 〈Take Off〉였다. 1950년 9중주단의 〈Deception〉 코드 진행을 바탕으로 한 곡으로, 이듬해 마일스의 6중주단이 즉석 편곡한 형태로 다시 연주하며 〈Conception〉이라는 제목을 붙인 바 있었다. 9중주단 버전에는 마일스가 작곡가로 기재되어 있는 반면 〈Conception〉의 크레디트에는 조지 시어링의 이름이 올라갔다. 비전문가의 귀에 〈Take Off〉는 완성작이라기보다 매혹적인 연습곡처럼 들리는데, 이는 조지 러셀과 길 에번스가 시도한 날카로운 화성 실험과 관련 있는, 말 그대로 뮤지션을 위한 음악이었다. 마일스의 능수능란한 손에서 이 곡은 리듬감 있는 추진력과 활기

236

와 경쾌한 매력을 발산하지만, 역시 비전문가의 귀에는 수수께끼처럼 느껴진다. 단순한 소음은 아니다. 분명히 노래로 뭔가를 추구하고 있다. 하지만 그게 뭘까? 리듬 섹션이 숨죽인 채 수 초 동안 제자리에 멈춰 선 듯 보이는 구간이 여럿 있다. 실버와 히스가 세 개 음—**봉 봉 봉, 봉 봉 봉**—을 반복해 연주하는 가운데 그 위로 마일스가 **빠르게** 그렇지만 황홀할 만큼 부드럽게 불어나간다. 〈Deception〉/〈Conception〉의 코드 진행을 따르고 있는데 아마추어의 귀에 익숙한 어떤 화성 구조는 아니다. 다시 말하지만 이것은 〈All the Things You Are〉나 〈Blue Moon〉 같은 곡이 아니다. 독자적인 것, 새로운 무언가를 주장하는, 미지의 영역으로 날아오르는 그 무엇인 것이다. "전에는 아무도 그걸 이해하지 못했지만 이제 분명해지고 있었다." 스웨드의 글이다.

데이비스는 과거의 강렬했던 연주자들이 따르던 원칙과는 전혀 다른 새로운 원칙 위에서 재즈 트럼펫의 전통을 다시 세우고 있었다. 〈Take off〉에서 그는 음의 어택attack§을 부드럽게 가져가고, 음 하나하나를 신중하게 선택하는 새로운 접근법으로 트럼펫을 연주한다. 그는 자꾸 예상외의 음에 착지한다. 이 모든 것이 엄청나게 **빠른** 속도로 이루어진다.[32]

봉 봉 봉 간주 부분은 재즈에서 **페달 포인트**라고 알려져 있다. 통상 베이스에서 하나의 음을 반복하는 동안 다른 파트에서 적어도 하나

§ 성악과 기악에서 음을 발생, 지속, 소멸의 세 단계로 나눌 때 발생 부분, 즉 음이 시작할 때 그 성격을 어떻게(강하게, 부드럽게, 빠르게, 점진적으로 등) 표현할지에 관한 방법.

의 불협화음이 들린다. 스웨드는 "화성과 리듬이 정지한 순간, 반복되는 하나의 코드 위에서 트럼펫 솔로를 이어가는 것"이라고 부르며, 이는 "옛날로 치면 브레이크와 간주곡 사이, 머잖아 재즈에서 모달리티modality라 불리게 될 것 사이 어딘가에 위치한 장치로, 재즈는 태생부터 멜로디가 화성에서 해방되면 무슨 일이 일어날지를 암시해 왔다"고 덧붙인다.[33]

헤로인으로부터 벗어나(마약으로부터 벗어난 건 아니다. 본인 말에 따르면 중독성 없는 액상 코카인의 도움으로 긴 녹음 세션과 심야 연주를 해낼 수 있었다) 데이비스는 1954년 맹렬하게 녹음 작업을 이어갔다. 그해 3월부터 12월까지 그는 프레스티지와 다섯 차례 세션을 이끌었는데, 첫 번째 세션(새 계약 후 첫 세션이기도 했다)은 블루 노트 녹음이 끝나고 단 9일 만에 녹음한 것이었다. 블루 노트 녹음 때와 동일한 멤버인 실버, 히스, 블레이키와 함께였고, 장소는 미드타운의 벨톤 스튜디오였다. 마일스는 4중주단을 이끌며 활기차게 첫 두 곡을 연주했다. 하나는 에디 빈슨의 신나는 곡 〈Four〉로, 데이비스가 이후 10년 동안 꾸준히 연주하게 될(심지어 자기 곡이라고 주장하는) 곡이었다.[34] 다른 하나는 버턴 레인과 입 하버그가 쓴, 스탠더드로 자리잡게 될 〈Old Devil Moon〉이었다. 그러나 세 번째, 느린 블루스에서 무슨 이유에서인지 늘어지고 나아가지를 못하자 트럼펫 주자 지망생이자 프레스티지의 파트타임 직원 줄스 콜롬비가 불을 꺼보자고 제안했다. 그 결과 "여태까지 들어본 중 가장 그루비한 블루스가 나왔다. 마치 담배 불빛 아래서 음악을 만들어내는 것 같았다." 하지만 그 곡을 그루비하게 만든 건 마일스의 확신에 찬 맛깔스런 연주 덕분이었다. "그의 프레이징과 음색에 대한 장악력은 지난 몇 년간 프레스티지에서 나온 녹음들과는 뚜렷한 대조를 보인다"고 로신은 쓰고 있다.[35] 최종적으로 〈Blue Haze〉라는 제목을 붙인 이 곡에서 나오는 진한 블루스의 힘은 그의 음악성뿐만 아니라 그의 새로운 힘, 다시 말해 '청색 시대Blue Period'에 갇히기보다 오히려 거기서 영감을 끌어내는 힘에서 비롯되었다.

힘 위로 또 다른 힘이 쌓여갔다. 4월 초 마일스는 밴 겔더 스튜디오를 다시 찾았다. 이번에는 5중주단과 함께였다. 실버와 히스가 여전히 피아노와 베이스를 맡았고, 드럼은 케니 클라크로 바뀌었으며, 찰리 파커 흉내로 유명한 젊고 뛰어난 알토 색소폰 주자 데이브 실드크라우트가 새로 기용되었다. 이러한 멤버 교체는 임의적인 선택이 결코 아니었다. 마일스는 본인이 갖고 있는, 소리로 그림을 그리는 화가로서의 능력을 느끼고 있었다. 이번 세션의 팔레트는 어떤 부드러움을 표현하리라 마음먹은 터였다. 그 자신도 모든 곡을 컵 뮤트cup mute§를 끼운 채 연주할 예정이었고, 데이비스가 사랑하는 브러시 연주 솜씨를 지닌 클라크는 신나는 곡들까지 포함한 전곡을 브러시로만 연주하기로 했다. 실드크라우트도 깜짝쇼 목적으로 기용된 것이 아니었다. 그의 연주는 실제로 버드와 상당히 비슷하게 들렸는데, 다만 음색이 더 부드럽고 감미로웠다.[36]

5중주단은 네 곡을 녹음했다. 마일스의 〈Solar〉(이후에도 라이브로 자주 연주하게 되지만 녹음은 이 한 번뿐이다),[37] 그리고 스탠더드 세 곡, 진 드 폴과 돈 레이의 눈물을 자아내는 〈You Don't Know What

---

§ 관악기에 사용되는 약음기 중 하나로 음량을 감소시킬 뿐만 아니라 가볍고 부드러우면서 탁한 소리를 만든다.

Love Is〉, 월터 도널드슨과 거스 칸의 〈Love Me or Leave Me〉, 드 폴과 레이(그리고 퍼트리샤 존스턴)의 명곡 〈I'll remember April〉이었다.

7분 50초에 달하는 불멸의 녹음 〈I'll remember April〉은 마일스와 실드크라우트가 연주하는 재치 있고 발랄하고 중국풍처럼 들리는 선율 패턴으로 시작한 뒤 비상한다. 로신은 이렇게 쓰고 있다. "데이비스의 이중 코러스 솔로에는 아이디어가 가득하다. 실버의 이중 코러스도 마찬가지다. '하드 밥hard bop'은 이미 도래했다.§ 실드크라우트의 이중 코러스는 버드를 떠오르게 하는 보석이면서 파커가 간혹 내보이는 거친 음색은 빠져 있다. 실버가 연주하는 한 코러스에서는 버드 파월의 악구를 차용하고 있다. 히스가 브리지를 맡고, 데이비스가 마지막 코러스를 장식한다."[38] 다시 한번 처음과 같은 중국풍 패턴을 반복하여 시작과 끝을 아우르며 곡이 마무리된다.

해컨색에서의 이날 오후, 그것은 **실로** 4월, 마일스 부활의 봄이었다.

그는 불타고 있었다. 실드크라우트를 러키 톰프슨으로 교체했다. 스윙에서 R&B, 비밥까지 모두 연주할 줄 아는, 두텁고 따뜻한 음색을 지닌 테너 색소폰 주자였다. 마일스는 4월 하순에 5중주단과 함께 버드랜드 무대에 올랐다. 공연은 돈벌이도 쏠쏠히 하고 평단의 호평도 이끌어냈다.[39] 한편으로는 알링턴 호텔에서 호러스 실버와 함께 업라이트 피아노 앞에 앉아 다음 번 프레스티지 녹음을 준비하며 연주 아이디어를 구체화하는 작업도 병행했다. 지난번 녹

§　기이하게도 곡의 3분 26초 지점에서 피아노 주자가 러너와 로우의 〈With a Little Bit of Luck〉을 인용한 듯한 선율을 흘려 넣는다. 뮤지컬 「마이 페어 레이디」가 나오기 두 해 전이다. (저자)

음이 벨벳처럼 보드라웠다면 이번에는 강렬함을 원했다. 29일에 그는 톰프슨, 실버, 히스, 클라크에다, 마지막에 느낌표를 찍듯, 언제나 역동적인 트롬본 주자 J. J. 존슨까지 더해 밴 겔더 스튜디오를 찾았다. 이번에도 현장에 있었던 줄스 콜롬비에 따르면, 그날 마일스가 가져오지 않은 것이 단 하나 있었으니 바로 자신의 트럼펫이었다.

마일스가 왜 트럼펫을 가져가지 않았는지는 확실하지 않다. 몇 번째인지도 모르게 전당을 잡혔던 걸까? 어쨌든 이미 세션을 위해 상당액을 지불한 와인스톡은 그 소식을 듣고 "하얗게 질렸다"고 콜롬비는 회고했다.

그래서 내가 마일스에게 "내 차 트렁크에 트럼펫이 하나 있어요. 부서 거고 되게 오래됐어요. 열세 살부터 갖고 있던 거니까"라고 했더니, 그가 "가져와봐" 했다. 트럼펫이 잔뜩 샌다는 걸 알았기에 차로 걸어가면서 "도대체 그걸로 어떻게 연주를 할 거지?" 하고 생각했다. 마일스는 트럼펫을 받더니 손가락으로 밸브를 눌러보며 밸브가 헐겁지 않은지 확인하는 정도로만 몸을 풀었다.[40]

마일스의 손가락에 대해 말하자면, 한마디로 범상치 않다. 1986년 어빙 펜은 마일스의 《Tutu》 앨범에 쓸 용도로 그의 손을 흑백 사진으로 여러 장 찍었다.

콜롬비가 이어 말한다.

그러다 카운트를 세면서 템포를 맞추더니 한마디 말도 없이 〈Walkin'〉을 시작했다. 누구나 아는 평범한 블루스 곡이다. 마일스

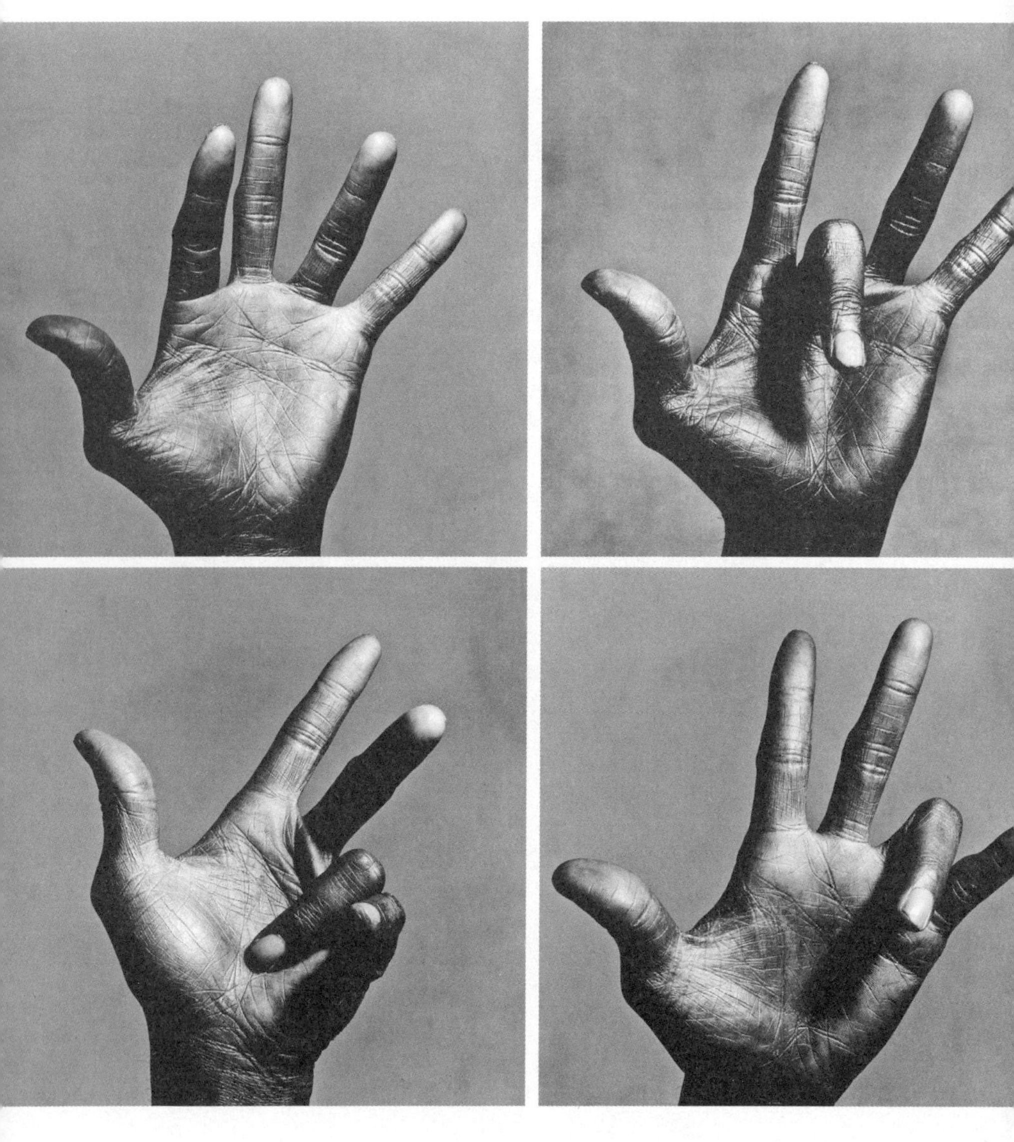

마일스 데이비스의 손. 뉴욕, 1986.

의 연주를 들으면서도 그 트럼펫으로 그토록 아름다운 소리를 낸다는 게 믿기지 않았다. 두 번째 테이크 같은 건 떠올릴 필요도 없었다. 이거야말로 그가 만든 최고의 녹음 중 하나다. 밴드는 디지가 쓴 빠른 템포의 블루스 〈Blue 'n' Boogie〉로 곧장 들어갔다.[41]

로신 말로는 녹음 순서가 정반대였다. 비밥적인 불꽃과 즉흥성에 실버풍 펑크를 결합한, 숨 가쁘게 빠른 속도의 8분여짜리 블루스 〈Blue 'n' Boogie〉가 먼저였고, 〈Walkin'〉이 그다음이었다는 것이다. 이게 사실이어도 마일스가 빌린 허접한 트럼펫으로 역사에 길이 남을 곡을 녹음했다는 드라마를 강조하고 싶었던 콜롬비의 의도는 충분히 용서받을 만하다.

〈Blue 'n' Boogie〉와는 다르게 〈Walkin'〉은 걷는 듯한 속도로 진행된다. 무려 13분 25초 동안. 온갖 드라마가 펼쳐지기에 충분한 시간이다. 러키 톰프슨은 너무나 열중하여 연주를 멈추려 하지 않았다고 퍼시 히스가 스웨드에게 말했다. "마일스가 뒤에서 다가갔는데도 모를 정도였다. 와인스톡이 스톱워치를 보여주었는데도 연주를 멈추지 않았다."[42]

데이비스는 이후 수년간 이 곡을 라이브로 연주했고, 종종 훨씬 빠른 템포로 연주하기도 했다. 그러나 이 곡은 첫 녹음의 속도와 흐름으로 연주할 때 비로소 거대하고 신비로운 힘을 지닌다. 녹음이 끝났을 때 연주자들 모두가 훌륭한 무언가를 마쳤다는 사실을 깨달았다고, 밥 와인스톡과 루디 밴 겔더조차 흥분에 휩싸였다고, 수십 년 후에 데이비스는 말했다. 하지만 "그해 말 앨범이 출시되기 전까지 우리는 이 앨범의 진짜 파급력을 제대로 감지하지 못했다. … 이 앨

범이 내 인생 전체와 경력을 완전히 뒤바꿔놓았다"고 덧붙였다.[43]

전성기의 비밥은 짜릿했다. 그 **새로움**과 속도와 기교, 그리고 무엇보다 찰리 파커 주니어의 손에서 펼쳐진 찬란한 창의성까지. 그러나 비밥은 소통에 한계가 있었다. 음악에 맞추어 콧노래를 부르거나 휘파람을 불 수 있는 비밥 곡은 많지 않았다. 그것은 고수들이 연주하고 열혈팬들이 소속감을 느끼는, 그야말로 사적인 언어였다. 이제 비밥은 버드와 함께 퇴조하고 있었다. 〈Walkin'〉은 과연 태양 아래 새로운 무엇이었다.[44]

5월 중순 쳇 베이커가 5중주단을 이끌고 동부로 건너와 마일스의 5중주단에 맞서 버드랜드 무대에서 2주간 연주했다. '이스트 코스트 대 웨스트 코스트' 또는 '소울 대 쿨'의 대결로 광고만 내지 않았을 뿐 사실 그런 구도나 다름없었다. 베이커는 잘생긴 외모에 무표정한 연주와 노래로 전국적인 관심을 불러일으켰으나, 버드랜드 무대는 대등하지 않은 경쟁이었다. "쳇 베이커의 뉴욕 데뷔는 버드랜드에 몰려든 관객 수로 보면 성공이었다"라고 『다운비트』 평론가는 썼다. "음악적으로 볼 때, 같은 무대에 오른 마일스 데이비스 밴드의 극명하게 대비되는 존재감이 없었다면, 더 인상적으로 들렸을지도 모르겠다. 베이커 밴드의 연주는 다소 연약하고, 안타깝지만 조금 따분하게 느껴졌다."[45]

마약을 끊은 지 고작 반 년째인 마일스에게는 반드시 벗어나야 할 평판이 있었다. 그것은 바로, 한 작가의 표현에 따르면, "공연을 펑크 내고 음을 잘못 짚는 약쟁이."[46] 1950년대 초 평론가들은 일관되게—다소 모호하긴 하지만—그의 "아티큘레이션articulation§과 인토네이션intonation‡"을 문제 삼았다. 데이비스 본인도 그 지적에 어느 정도 동의했다.[47] 중독은 그의 연주력에 아무런 도움이 되지 않았다. 오욕과 실직의 악순환 속에서 암부셔도 자신감도 곤두박질쳤다. 그러나 공연과 함께 자신감을 되찾고, 트럼펫에 대한 물리적 장악력을 회복했음에도 그의 "틀린" 음, 그러니까 잘 알려진 멜로디를 자주 벗어나는 그의 방식은 여전히 남아 있었다. 그는 과거의 결점들을 미덕으로 바꾸어갔다. 밑바닥 시절의 불확실성과 취약함은 그대로 간직하면서 그만의 스타일을 굳혀 나갔다.

6월 말, 밴 겔더 스튜디오에서 또 한 번의 프레스티지 녹음 세션이 열렸다. 이번에는 마일스, 실버, 히스, 클라크에 소니 롤린스가 합류했다. 롤린스가 자신의 곡 〈Airegin〉〈Oleo〉〈Doxy〉를 가져오고, 마일스는 네 번째 곡으로 거슈윈 형제의 〈But Not for Me〉를 추가했다. 그가 흠모하게 된, 피츠버그 출신의 서정적인 청년 피아니스트 아마드 자말에게 바치는 헌사였는데, 이 곡이 자말의 주요 레퍼토리였기 때문이다(아마 이 곡을 레퍼토리로 삼아 자주 연주하고 노래하는 쳇 베이커를 은근히 비꼬려는 의도도 있었을 것이다).

《Miles Davis with Sonny Rollins》를 들어보면 믿기 힘든 놀라운 음악을 접할 수 있다.[48] 이미 재즈 스탠더드가 된 〈Airegin〉의 첫 음이 시작되는 순간부터 녹음 스튜디오 밖이 둥근 차들과 푸른색 지방도와

§ 음 하나하나를 또렷하고 명확하게 내는 것.

‡ 음을 정확한 음정으로 내는 것.

아이젠하워가 있는 미국이라는 사실이 비현실적으로 느껴진다. 그만큼 신선하고 시간을 초월한 사운드다. 밝고 가벼운 다음 곡 〈Oleo〉에서 들려오는 약음기를 낀 마일스의 트럼펫 소리 또한 마찬가지다. 즉각 알아차릴 수 있는, 너무나도 확실하게 마일스 데이비스인 하몬 약음기를 낀 음색이 여기에 처음으로 녹음되어 있다.

마일스는 전에도 약음기를 종종 썼지만 언제나 일자형이나 컵 형태를 사용했다. 트럼펫 연주자들이 아주 옛날부터 써온 방식으로 급할 때면 작은 샐러드 그릇이나 더비 해트derby hat로 해결하기도 했다. 하몬(또는 와와) 약음기는 가운데 있는 구멍에 금속 심을 끼워 밀거나 당겨 음색에 변화를 줄 수 있었다. 그런데 심을 아예 빼버린 순간, 마일스는 원하는 소리를 얻었다. 전처럼 중음역대에, 비브라토는 없으면서, 친밀하면서도 멀리 떨어져 있는 동시에 새로운 질감이 더해진 소리였다. 그의 말소리만큼이나 독특하고 단번에 알아볼 수 있는 이 소리는 곧바로 그의 트레이드마크가 되었다. 고음과 빠른 연주 능력으로 많은 이들로부터 디지 길레스피의 진정한 후계자로 일컬어진 바 있는 트럼펫 주자 존 패디스가 중요한 사실 하나를 지적했다. "마일스 이전까지 대부분의 사람들은 트럼펫을 무척 외향적인 악기로 생각했다."

마일스의 접근법은 보다 내향적이었다. 하몬 약음기—그전까지만 해도 별로 인기가 없었다—를 썼는데, 무척 아름다운 소리가 났다. … 1940년대 마일스가 등장하기 전까지 기술면에서 훨씬 더 뛰어난 연주자들이 있었다. 당시에 그는 디지 길레스피처럼 연주할 만큼의 기교를 갖추지 못했기에 다른 방향으로 가고자 했다. 자신

의 쿨한 페르소나에 걸맞은 방식을 개발한 것이다. 마일스의 연주를 들으면 그 사람 자체를 알아가는 기분이 든다. 음악 속에서 이렇게 말하는 듯하다. "이게 나야. 들어봐."[49]

이게 그였다. "그의 별이 떠오르고 있었고, 거만함과 장난기가 완벽한 조화를 이룬 유머 감각이 그의 매력을 더했다." 중서부 출신의 사교계 아가씨이자 재즈 애호가로, 1950년대 초 뉴욕으로 이끌려와 라디오 진행자가 되었고, 마침내 위대한 재즈 다큐멘터리 중 하나인 「할렘의 어느 근사한 날A Great Day in Harlem」을 만든 다큐멘터리 감독 진 바크가 한 말이다.

그가 하는 말들이란. 아, 정말이지 영락없는 **개구쟁이**였다. 그는 웃긴 사람이 아니라 재치 있는 사람이었다. 사람들이 쓰러지도록 웃게 만드는 그런 재치 말이다. 그가 하는 말, 그가 보는 시선에는 늘 독특한 각도가 있었다. 일종의 잘생긴 요정 같았다. 작고 아름다운 체구에 장난기가 가득했다. 일이 잘 풀려나가자 즐겨볼 심산이었다. 하지만 동시에 그에게는 언제나 어떤 슬픔의 기운이 있었다. 거기 그렇게 깃들어 있었는데 굉장히 날카로웠다. 뭔가에 상처를 받았거나 또는 깊은 우울에 잠겨 있다는 걸 알 수 있었다. 마일스는 자신의 슬픔에 스스로를 가두었고 영영 헤어 나오지 못할 것처럼 보이기도 했다. 그의 불행이 그를 짓눌렀다. 정말 그랬다. 우울증은 그가 분투했던 고통 중 하나였다.[50]

하얀 피부가 가치 있는 세상에서 마호가니 빛 피부는 그에게 특별한 슬픔을 안겨주었다. "내가 아는 마일스는 이 삶이 가한 상처에 멍든, 예민하고 아픈 사람이었다." 시슬리 타이슨의 글이다. "그는 떨리는 입술로 내게 말해주었다. 어린 시절 이스트 세인트루이스에서 친구들이 자기를 검둥이라고 불렀다고. 심지어 가족 중에도 그런 사람이 있었다고. 피부가 검다는 이유로 하찮은 존재로 무시당하고 보이지 않는 사람 취급을 받았다고."[51]

감정적인 성격을 빼고 마일스를 말할 수 없다. 그럼에도 암울한 시기에서 벗어나는 와중에 쿨해 보이는 것은 그에게나 그의 늘어나는 팬층에게나 날로 중요해졌다. 그는 대중문화의 틈새시장에서 강력한 위상을 차지해가던 이 개념을 구현하는 인물처럼 보였다. **쿨**이 정확히 무엇인지에 대한 합의도, 제대로 된 이해도 없이 말이다. 어떤 이들은 1930년대 언제쯤에 뛰어난 재즈 은어 고안자였던 레스터 영이 칭찬의 의미로 이 단어를 도입했다고 말한다. 하지만 1954년에 쿨이란 무엇을 의미했을까?

《Birth of the Cool》이라 불리게 된 9중주단 녹음은 처음부터 그렇게 불리지 않았다. 1954년 중반 캐피틀이 그중 여덟 곡을 컴필레이션 LP로 발매할 당시에도, 마일스가 프레스티지와 역사적인 앨범들을 만드는 동안에도, 그것은 그렇게 불리지 않았다. 대신《Miles Davis—Classics in Jazz》라고 불렸다. 1957년 캐피틀에서 세 곡을 추가하여 컴필레이션 앨범을 재발매하면서 비로소《Birth of the Cool》이라는 타이틀이 붙었다. 도대체 무엇이 탄생한 것일까? 재즈의 시작부터 사랑받아온 것은 즉흥성이었고, 9중주단의 절제되고 정교한 편곡 스타일에 모두가 열광하는 것은 아니었다. 재즈의 대사제들 중 상당수는 제리 멀리건이 서부 해안에서 창시한 쿨 재즈를 곱지 않은 시선으로 바라보았다. 그리고 1954년 마일스가 주도적으로 만들어낸, 재즈에 불꽃과 펑크와 즉흥성을 가득 채운 이 새로운 음악은 '쿨'이라는 단어가 지닌 찬사의 의미를 빼고 나면 조금도 쿨하지 않았다.

그럼에도 마일스는 단어가 지닌 측면, 즉 감정적으로 거리를 두는 태도라는 쿨함을 몸 안에 길러갔다. 헤로인에서 벗어나 육체적, 음악적, 정서적으로 나날이 강인해지던 그로서는 자신을 고용하지 않던 클럽 업주도, 그의 아티큘레이션과 인토네이션을 트집 잡던 평론가도 이제 신경 쓸 필요가 없어졌다. 그놈들은 엿이나 먹으라고 해! "지난 4년간 일어난 일들에 대해 내 안에는 분노가 잔뜩 쌓여 있었다. 누구도 믿을 수 없었다." 회고록에서 그는 말했다.

어디든 연주를 하러 가면 나는 그 빌어먹을 놈들에게 쌀쌀맞게 굴었다. 돈을 내면 연주한다, 그런 식이었다. 나는 누구에게도 아첨하지 않았고 비굴하게 웃는 짓 따위는 하지 않았다. 이 무렵에는 곡목 소개조차 그만두었다. 중요한 건 제목이 아니라 우리가 연주하는 음악 자체라는 생각에서였다. 연주되는 곡을 안다면 굳이 소개할 필요가 어디 있단 말인가. 관객에게 말을 거는 것도 끊었다. 내 말을 들으러 온 게 아니라 내가 연주하는 음악을 들으러 온 사람들이었으니까.

많은 사람들이 내가 차갑고 무뚝뚝하다고 여겼는데, 맞다. 하지만 무엇보다도 나는 누구를 믿어야 할지 알지 못했다.[52]

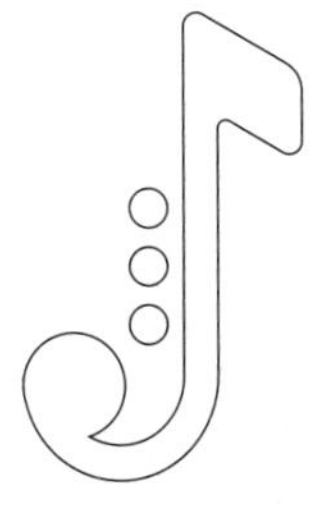

9

왼손잡이
피아니스트

Bill Evans

카파 델타 파이 전국 교육 협회 연감에 실린 빌 에번스 사진. 사우스이스턴 루이지애나 대학, 1949.

1951년, 재즈 색소폰 연주자 겸 작곡가로 장차 빛나는 경력을 쌓아가게 될 스물두 살의 테너 색소폰 주자 베니 골슨은 클라리넷 및 알토 색소폰 주자 허비 필즈가 이끄는 작은 댄스 밴드에 합류했다. "밴드에 들어갔을 때," 그의 회고담이다.

생긴 것도 연주도 영 촌뜨기인 이름 없는 피아노 주자를 만났다. 내가 아는 그 어떤 재능 있는 재즈 피아니스트와도 닮은 구석이 전혀 없었다. 고고학이나 식물학을 전공하는 대학생 같아 보였다고 할까. 미안한 말이지만, 그는 전형적인 '너드nerd'였다. 그의 이름은 빌 에번스였다. 훗날의 그 빌 에번스 말이다. 하지만 우리가 처음 만났을 때 그는 장차 모두가 존경하고 흠모하게 될, 새로운 길을 열어갈 혁신적인 피아노 주술사와는 거리가 멀었다. 연주는 진부하고 딱딱한 데다 경련이라도 일어나는 듯 움찔거리는 움직임이 그의 촌스럽고 융통성 없는 분위기를 더욱 부각시켰다. 이 시기의 빌 에번스는 등을 꼿꼿하게 세우고 앉아 있다가 음악에 몰입하면 몸을 위아래로 통통 움직였다. 햄프[라이어널 햄프턴]와 오래 활동했던 피아노 및 오르간 주자 밀트 버크너를 연상시키는 연주였지만, 연주가 끝난 뒤에도 여운을 남기는 밀트 특유의 추진력이나 스윙감은

없었다. 초기의 빌 에번스는 두 발을 우스꽝스럽게 톡톡 치는 버릇
이 있었다. 한 발이 아니라 '두 발'이다. 그는 연주할 때 두 발을 맞붙
이고 박자에 맞춰 앞뒤로 굴리거나 흔들었다. 뒤꿈치에서 발가락으
로. 반복적으로, 끊임없이. 그렇게 죔쇠로 고정시켜놓은 것 같은 두
발로 흔들의자 같은 동작을 만들어냈다. 그가 어떻게 그렇게 한 건
지 나는 지금까지도 이해하지 못하겠다. 그의 연주 페르소나는 내
가 평생 접해본 그 어떤 재즈적인 자세나 태도, 더 나아가 음악적 자
기표현과도 동떨어져 있었기 때문에 훗날의 위대한 뮤지션이 어떻
게 그런 모습에서 출발했는지 나로서는 도무지 헤아리기가 불가능
하다.[1]

4년쯤 후, 허비 필즈 밴드에서 나온 지 한참이 지난 어느 날, 골슨
은 에번스를 다시 만났다.

믿을 수 없게도 수년 전 내가 잠깐 봤던 빌 에번스는 사라지고 없
었다. 같은 이름의 누군가가, 완전히 다른 빌 에번스가 그 자리에 있
었다. 귀를 열어주는 순간순간들을 들으며 나는 숨이 가빠왔다. 왕
년의 "촌뜨기"가 내가 지금껏 들어본 가장 아름다운 코드와 보이
싱voicing§을 연주했다. 그날 밤 그는 몇 번이고 내 마음을 건드렸다.
놀랍도록 복잡한 음색, 이 세상 것 같지 않은 서정적인 아름다움. 나
는 얼이 빠져 귀를 기울였다. 어떻게 이럴 수가 있지? 코드 선택만

§ 코드의 구성음을 배치하고 연주하는 방법. 음을 어떤 옥타브에, 어떤 순서로, 어떤 간격으로
   배치하느냐에 따라 같은 코드라도 전혀 다른 느낌으로 들린다.

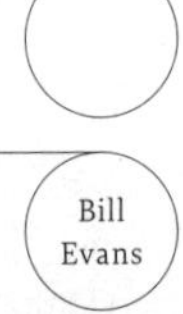

매혹적인 것이 아니라 속도 감각과 시간 감각도 환상적이었다. 그는 언제 어떻게 어두운 음색과 밝은 음색을 넌지시 알릴지를 정확하게 알았고 뚜렷한 강약의 대비는 아껴두었다. 멜로디의 서사를 간결하게 표현하거나 상세하게 펼쳐내는 천부적인 감각이 있었다. 나는 무방비 상태로 꼼짝없이 사로잡혀 그의 연주를 들었다. 단 한 순간도 예측할 수 없었다. 벅찬 감동과 경이로움이 나를 휘감았다. 이것이야말로 진정한 음악적 천재성이었다.[2]

대체 무슨 일이 있었던 걸까?

골슨은 너무 놀라 바로 그 질문을 에번스에게 던졌고 에번스는 멍크스러운 함축적인 답변을 내놓았다. "때로는 변화를 줘야 할 때가 있잖아요."[3]

빌 에번스에 대한 베니 골슨의 첫인상은 음악적인 것이라기보다 거의 전적으로 신체나 태도와 관련된 것이었다. 그는 차마 이 피아니스트의 너드 같은 몸가짐을, 전혀 재즈답지 않음을, 그의—말해도 될까?—지극히 백인스러움을 도저히 뛰어넘지 못했던 것이다. 연주 자체에 대해서는 "진부하고 딱딱하다"고 했을 뿐 그게 정확히 무슨 뜻인지 부연하지 않았다. 박자나 리듬의 문제, 아니면 그것의 결여에 대해서였을까? 치명적인 스윙 능력의 부재였을까? 이 모든 걸 감안해도 다소 이상하게 느껴지는 것이, 공연에 따라서 일곱에서 아홉 명으로 구성된 허비 필즈의 소규모 밴드는 정통 재즈보다 R&B에 가까운 음악을 연주했기 때문이다. "강하게 연주하지 않는다는 비난을 자주 받아왔어요." 훗날 에번스가 말했다. "하지만 이 밴드에서 일할 때는 공연을 마치고 내려오면 손톱이 까지고 팔이 욱신거리기 일쑤였어요."[4] 필즈의 유일한 히트 음반은 1947년에 발표한 1920년대 댄스 곡 〈Dardanella〉를 커버한 것으로 강렬한 부기우기 리듬이 특징이었 다. 그런 필즈가 스윙을 못하는 피아노 주자를 왜 뽑았겠는가?

1947년이라면 아직 빌 에번스가 허비 필즈에 들어가기 4년 전이 었다. 그는 뉴저지주 플레인필드에서 고등학교를 졸업한 바로 그해, 뉴올리언스에서 북서쪽으로 약 75킬로미터 떨어진 해먼드에 위치한 사우스이스턴 루이지애나 대학에 음악 장학금을 받고 입학했다.

굳이 따져본다면 어린 시절의 에번스는 타고난 음악적 카멜레온 이었던 것 같다. 그는 아주 어린 나이부터 클래식 피아노를 배웠고 사랑했다. "여섯 살부터 열세 살까지, 클래식 음악을 초견으로 연주 하는 능력을 습득했어요. … 모차르트나 베토벤이나 슈베르트를 지 적으로, 음악적으로 연주하면서요."

그러면서 그는 이렇게 덧붙였다. "〈My Country 'Tis of Thee〉는 악 보 없이는 연주를 못하겠더라고요."[5]

10대 시절 스트라빈스키의 〈페트루시카〉와 다리우스 미요의 〈프 로방스 모음곡〉을 듣고서, 그리고 라디오에서 흘러나오는 해리 제 임스와 토미 도시 음악에 귀를 기울이면서 음악적 삶이 바뀌었던 에 번스로서는 즉흥 연주라는 개념이 처음에는 납득하기 어려웠다. 그 러다 플레인필드 고등학교의 리허설 밴드에서 연주하면서 문득 깨 달음이 왔다. "어느 날 밤 〈Tuxedo Junction〉을 연습하고 있는데 왠 지 영감이 떠올라서 작은 블루스 느낌을 넣어봤어요." 그의 회고다. "〈Tuxedo Junction〉은 B플랫인데, 오른손으로 D플랫, D, F 같은 것들 을 짠! 하고 조금 넣어본 거죠. 너무 신나더라고요. 딱 맞는 멋진 소 리가 났거든요. 게다가 악보에 없는 건데 내가 해낸 거잖아요. 누군

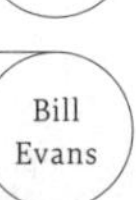

가 생각하지 못한 어떤 걸 음악으로 해본다는 발상이 내게 새로운 세계를 열어주었죠."[6]

그 세계가 재즈였다. 그는 곧 "뉴저지 중부에서 가장 빠른 부기우기" 연주를 직접 음반에 녹음했다. 초견 능력 덕분에 그는 결혼식이나 각종 행사에서 댄스 음악을 연주하며 돈을 벌 수 있었다. 대학 시절 여름방학 동안에는 뉴저지 집으로 돌아가 친구 두 명과 함께 3중주단을 만들어 해변 휴양지에서 공연도 했다. 가끔은 나이가 많은 뮤지션들이 모인 그룹에 합류해 연주하기도 했는데 "고등학교 밴드보다는 재즈 밴드에 가까웠다"는 것이 에번스의 회고다.

일을 하다 보면 재즈를 듣고 싶어 하는 청중을 만나기도 해요. 그러면 그냥 뛰어들어서 해봤어요. 아주 초창기 녹음들이 있는데 들어보면 내가 뭘 하고자 했는지가 아주 확연히 드러나요. …

음반도 많이 사들였죠. … 콜먼 호킨스부터 버드 파월, 덱스터 고든까지. 덱스터 고든의 사보이 레코드 음반에서 버드를 처음 들었어요. 얼 하인스도 아주 일찍 접했고 당연히 킹 콜 트리오도 들었죠. 냇은 정말 최고라고 생각했어요. 지금도 그렇고. 내가 보기에 그는 아마도 재즈 역사상 가장 저평가된 재즈 피아니스트일 거예요.

수업을 땡땡이치고 뉴욕의 파라마운트 극장이나 뉴어크의 애덤스 극장에서 연주하는 모든 밴드를 보러 다녔어요. 재즈 좀 듣겠다고 가짜 징병카드를 들고 52번가 클럽들에 기어들어가기도 했고요. 그런 방식으로 많은 경험을 쌓았고 통찰도 얻을 수 있었어요.[7]

위대한 미국의 예술 형식에 점점 더 매료되어가면서도 에번스는 사우스이스턴 루이지애나 대학에서 오히려 유럽 클래식 피아노를 더 깊이 파고들었다. "그는 한 시간 반 레슨을 매주 두 번씩 받아가며 클래식 레퍼토리를 공부했다." 그의 전기 작가로 콘서트 피아니스트이기도 했던 피터 페팅거의 글이다.

> 모차르트와 베토벤의 소나타를 비롯해 슈만, 라흐마니노프, 드뷔시, 라벨, 거슈윈(피아노 협주곡 F장조), 빌라로부스, 하차투랸, 미요 등의 작품을 배웠다. 에번스가 훗날 재즈에 도입한 음악적 구조에 대한 지식은 이 유럽 전통에 굳건히 뿌리박고 있었다. 철저한 훈련으로 만들어진 정교하고 세련된 건반 터치 또한 마찬가지였다. 세월이 흘러 인터뷰를 할 때마다 기자들이 그의 연주 기법—예를 들면 페달링—의 어떤 면들이 재즈 뮤지션으로서는 유난히 우아하다고 말하면 에번스는 늘 어리둥절해했다. 그의 기억에는 이 모든 과정이 완전히 무의식적으로 이루어졌기 때문이다.[8]

한국전쟁이 한창일 때 징집된 에번스는 운 좋게 특수 근무 오락 분과에 배치되어 일리노이주의 시카고 교외에 자리한 포트 셰리든의 제5군 군악대에서 플루트와 피콜로를 불었다. 그곳에서 부대 라디오 방송국의 재즈 프로그램을 운영하는 일을 도왔고, 휴가 중에는 시카고의 재즈 클럽들에 자주 드나들었다. 밤새도록 피아노를 치며 멕시코산 마리화나를 피우고는, 잠 한숨 자지 않고 부대로 복귀하곤 했다. 오래지 않아 마리화나와 불면이 합쳐지면서 그의 연주력에 해를 끼쳤다. 취했을 때뿐 아니라 그렇지 않을 때도 마찬가지였고, 음악에 대한 자신감마저 떨어졌다. "군대에 가기 전까지 나는 무척 행

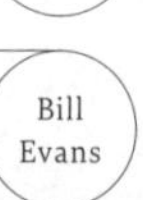

복했고 안정되어 있었어요." 그가 말했다. "그곳에 들어가고 나서부터 알아야 할 뭔가를 모르고 있다는 느낌이 들기 시작했죠. … 내 신념을 트집 잡으며 공격하는 사람들도 있었고, 이 피아니스트처럼 아니면 저 피아니스트처럼 연주해야 한다고 주장하는 뮤지션들도 있었어요. 얼마 지나지 않아 … 내가 하는 모든 게 잘못된 것 같다는 생각이 들기 시작하더군요."[9]

1954년 1월에 제대하고 "부모님 집에 돌아가 1년을 쉬었다. 작은 스튜디오를 만들고 그랜드 피아노를 마련해 1년 동안 연주에 몰입했다. 쉽지 않았다. … 나는 나 자신이 다른 사람들만큼 재능 있다고 평가하지 않는다. 다만 그게 어떤 면으로 보면 장점이기도 했다. 애초에 타고난 재능이 없었기 때문에 보다 분석적으로 접근해야만 했다. 나의 음악을 바닥부터 차근차근, 아주 의식적으로 세워나가야 했다"고 에번스는 회고했다.[10]

빌 에번스의 가장 탁월한 자질을 하나 대라면, 비단 음악만이 아니라 주변의 모든 것을 철저하게 **의식하는** 태도였다. 그는 끊임없이 분석하는 인간이었다. 유럽 클래식 음악을 떠난 것에 죄책감을 느꼈지만, 또 스승들이 그에게 콘서트 피아니스트가 되기에 충분한 기술적 예술적 역량을 갖추고 있다고 말했지만, 그의 마음은 전혀 다른 방향을 가리켰다.

"이제 분명해요. 재즈가 내 인생에서 가장 중심적이고 중요한 존재라는 사실이요." 수련 시절을 보낸 지 10년쯤 흐른 뒤에 그가 말했다. "하지만 그때는 그걸 몰랐어요. 내 말은, 대학에 들어가 교사 학위를 땄잖아요. 나중에 교사가 될지 모른다는 생각으로. 그런데 막상 그 순간이 오자 탕 하고 재즈로 직행했어요. 그러니까 내 내면의 삶

속에 깊이 자리 잡고 있었는데, 그걸 깨닫지 못했던 거죠. 어린아이에게 '자라서 뭐가 되고 싶냐?'고 묻는 거랑 비슷해요. 뭐든 댔을 거예요. 정말 몰랐으니까. 대부분의 아이들도 모를 거예요. 난 그냥 재즈와 너무 엮이게 된 바람에 그게 자연스런 진로가 됐습니다. 재즈가 나를 여기저기 끌고 다니다 마침내 내 인생에서 가장 중요한 것이 되어버렸죠."[11]

짧은 생애의 말년에 에번스는 어린 여자친구 로리 버코민에게(그가 1980년 쉰한 살의 나이로 세상을 떠났을 때 그녀는 스물두 살이었다) 자신의 어린 시절이 더없이 행복했다고 늘 강조했다. 2018년 가을 나는 그녀와 이야기를 나누었는데 복잡하고 모순적이고 응석받이면서 강한 의지를 지녔던 이 천재와의 이야기는 뭉클하기도 하고 때로 재미났다. 이제 예순을 바라보는 여성이 매우 성숙한 시선으로 자신의 젊은 시절을 돌아보며, 사랑과 존경을 담아 또 가벼운 놀림을 섞어가며 이야기를 들려주었다. 그녀는 에번스의 흉내를 내기도 했다. "'완벽한 어린 시절을 보냈는데 왜 이렇게 마약에 빠진 약쟁이가 됐는지 모르겠어, 어쩌고저쩌고.'" 그러면서 그녀는 소리 내어 웃었다. "그의 주변에서 어떤 일이 일어나고 있는지 전혀 몰랐던 거죠. 어머니가 자기를 든든하게 지켜준다고 느꼈던 것 같아요. 어머니와의 관계가 무척 친밀했거든요."[12]

아버지와의 관계는 그렇지가 못했다. 페팅거에 따르면 해리 시니어는 "온화하고 여유로운 성품이었는데 다만 술에 취하지 않았을 때 이야기였고, 여러 정보를 종합해볼 때 그는 술고래였다."[13] 그의 조상은 웨일스 출신이었고, 웨일스의 성악 전통이 그의 몸 안에도 흐르고

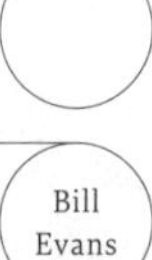

있었던 것 같다. "노래 부르기와 남성 4중창을 굉장히 좋아했어요." 어느 조카의 회고담이다. "친구들이랑 술병을 들고 모여 노래를 부르며 술을 마셨어요. … 해리 삼촌은 바람둥이였어요. 쾌락이 훨씬 중요했기 때문에 가족은 거의 등한시했죠. 술을 퍼마시고 난 다음 울면서 사과해놓고 이틀만 지나면 도돌이표였던 거예요."[14]

에번스의 어머니 메리 소로카는 우크라이나 출신으로 부모가 1890년대에 펜실베이니아 동북부로 이주한 이민자 가정이었다. 1904년 그녀의 아버지가 탄광 사고로 목숨을 잃으면서 가족은 극빈층으로 전락했고, 메리와 그녀의 언니는 러시아 정교회 신부들이 운영한 고아원에서 자라야 했다. 그녀는 당시로서는 늦은 나이인 서른에 해리 에번스를 만나 1927년과 1929년에 두 아들을 낳았지만 남편이 믿을 구석이라곤 없는 인간임을 곧 깨달았다.

"풍파 많은 결혼 생활이었다." 해리 주니어의 아내 팻의 글이다. "[해리 시니어의] 과음과 도박과 학대 때문이었다." 그는 인쇄업에 종사했지만 열의가 없었다. "해리 시니어는 잠으로 인생을 허비했고 운전도 배우지 않았으며 외출 전에는 몇 시간씩 몸치장을 했다. … [메리가] 집집마다 다니며 코르셋을 팔아 가족이 연명했던 시기도 있었다."[15]

하지만 팻의 회고대로 꽤 복잡한 가정이었다. 메리의 어머니, 해리 시니어의 이모, 사촌 두엇까지 다양한 친척들이 수시로 에번스 가족과 함께 살았고, 집안은 "음악으로 흠뻑 젖어 있었다."[16] 메리는 아름다운 알토 음성을 갖고 있었다. "생일날에는 〈생일 축하합니다〉 노래에서 그치지 않고 온 가족이 합창을 했다."[17] 두 아들은 자라면서 피아노 교습을 받았고, 밴드에 들어가 연주했다. 형제가 떼어놓을 수 없을 만큼 절친했다. "서로를 생각해주고 함께 웃고 지켜주고 위험을 무릅썼다. 구형 검정색 폰티액 자동차도 넥타이도 커프스단추도 여자도 공유했다."[18]

두 형제는 자라면서 근육질에 자기주장이 강한 해리 주니어가 "안경을 쓴 내성적이며 … 똑똑하고 연약한" 동생을 보호했다.[19] 하지만 빌의 음악적 기량이 넓어지고 깊어지면서 해리는 방황하기 시작했다. 결국 해리는 열일곱 살에 학업에 흥미를 잃고 해군에 지원 입대했다. 빌이 장학금을 받으며 사우스이스턴 루이지애나 대학에 들어가고 1년이 지난 뒤 해리도 같은 대학에 입학했다. 해리의 전공 역시 음악이었다.

거기서 미래의 남편을 만난 팻 에번스는 그 시절을 이렇게 기록하고 있다. "다른 음악 전공생들과 함께 얻은 집에서 (형제가) 같은 방을 썼다. … 켈리스 바에 가서 자주 주사위 도박을 즐겼고, 카사 데 프레사 호텔에서 멋들어진 저녁 식사를 했다. 둘은 대학 오케스트라, 미식축구 경기의 마칭 밴드, 대학 재즈 밴드에서 연주했다."[20] 하지만 빌은 "음악에 몰입하여 음대 건물에서 살다시피 했고, 시간을 쪼개가며 연습했다. 의무감이 아니라 즐거운 발견의 길이었다. … 그의 연주를 듣기 위해 학생들이 연습실 밖 복도에 모여 앉기 시작했다."[21]

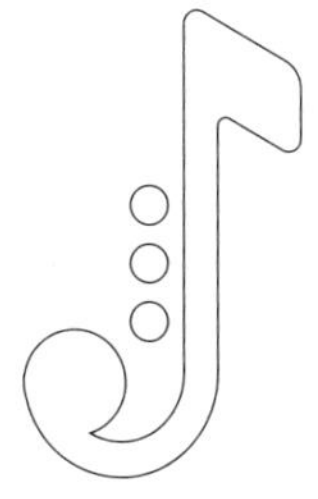

10

때는

지금이다

Miles Davis

1945년 가을, 52번가에서 일하던 마일스는 버드의 밴드에 새로 들어갔지만 그 자리를 차지할 자격이 있는지에 대한 확신이 없었다(그와 같은 생각인 사람들이 많다는 사실도 잘 알고 있었다). 그는 휴식 시간 중에 가끔 스포트라이트에서 다운비트로 달려가 콜먼 호킨스와 그의 뛰어난 피아노 주자 텔로니어스 멍크의 연주를 들었다. "트럼펫을 든 채 왔다." 앨 매키번이 회고했다. "그러고는 무대 위에 앉아 우리 연주를 듣고 멍크가 하는 걸 바라보곤 했다. 가끔 멍크가 뭔가 색다른 걸 치면 … [마일스는] 트럼펫으로 그걸 따라 해보며 이해하려 했다. 그렇다고 연주를 같이 한 건 아니고. 그냥 거기 앉아서 듣고 혼자 피식 웃곤 했다."[1]

본인의 회상 속에서 마일스는 보다 능동적인 역할을 맡는다.

아주 그냥 매일 밤마다 멍크에게 〈'Round About Midnight〉[〈'Round Midnight〉의 오류]를 연주해달라고 부탁했지. "내 연주 괜찮았어요?" 하고 내가 물어봐. 왜냐면 그가 썼으니까. 그러면 "제대로 못했어"라고 그가 대답해. 다음 날 밤에 내가 "이번엔 좀 낫나요?" 하면, 그가 "조금. 하지만 그렇게 가면 안 돼" 하고. 어느 날 밤 내가 또 묻자 [그가 이러더군.] "그래, 괜찮아." … [마침내] 사운드를 찾은

거야. … 그 곡을 연주할 수 있게 되기까지 정말 오랜 시간이 걸렸지.[2]

"그 거리의 어느 누구보다 멍크한테서 배운 게 더 많아. [그는] 나에게 모든 것을 진정으로 보여준 사람이었어"라고 데이비스는 말했다.[3] 말수가 적은 멍크는, 그의 전기 작가 로빈 D. G. 켈리에 따르면, "설명보다 시범으로 가르치는 사람이었다. 말을 거의 하지 않았고 뭔가를 설명할 때 한 번쯤 할까 말까였다. … 배우고 싶으면 정신 바짝 차리고 그가 하는 모든 걸 지켜봐야 했다."[4] 또는 마일스의 말대로 "진지하다면 그에게 배울 수 있지만 건성으로 대하는 식이라면 아무것도 보지 못할" 것이다.[5]

9년 후, 많은 것이 변해 있었다. 중년에 가까워진 멍크는, 그의 곡들을 연주하거나 그의 일부 악절을(또는 곡 전체를) 차용한 연주자들에게는 더없이 기쁘게도, 작곡가로서 발전을 거듭했으나 상업적으로는 여전히 인기를 얻지 못했다. 아직도 엉뚱한 음처럼 들리는 연주를 했으며 그의 특이한 템포는 수준 높은 뮤지션들마저 당황하게 만들었다. 인간적, 음악적 기행奇行은 아방가르드 팬들의 환심을 샀지만 그를 비주류 인사, 즉 아웃사이더 예술가로 머무르게 했다. 평단(특히 레너드 페더)은 그의 연주를 원시적인, 지나치게 단순한, 유치한 등의 신랄한 표현으로 깎아내리기 일쑤였다. "왼손이 두 개"라고 말하는 사람도 있었다. 그러는 동안 아직 겨우 스물여덟 살에 불과한 마일스는 슈퍼스타덤을 향해 비상하고 있었다.

가장 잘나가던 때조차 생계에 어려움을 겪었던 멍크는 1951년 꼬여버린 헤로인 불시 단속에 휘말렸다(멍크는 버드 파월과 함께 그의

차에 앉아 있었는데 경찰이 나타났다. 적발된 마약은 파월의 것이었음에도 그는 법정에서 친구를 배신하지 않았다). 그는 카바레 카드를 잃었고 그 결과 주류를 판매하는 뉴욕 클럽, 다른 말로 하면 모든 뉴욕 클럽에서 연주할 권리도 잃었다. 그나마 외곽 지역은 단속이 느슨해 1953년 말 브루클린의 그랜드 애비뉴와 딘 스트리트 모퉁이에 자리한 흑인 소유의 허름한 술집인 '토니스 클럽 그랜딘'에 고정 일자리를 얻을 수 있었다.

1954년 3월 말 어느 주말에 대해 켈리는 이렇게 쓰고 있다.

멍크는 마일스 데이비스, [작곡가 겸 테너 색소폰 주자] 지지 그라이스, 찰스 밍거스, 맥스 로치와 함께 무대에 섰다. … 그 주 초에 데이비스와 로치가 텔로니어스의 아파트에서 만나 음악을 검토했다. 농구를 하고 돌아오는 길이던 멍크의 조카 텔로니어스("피넛")의 눈에 들어온 것은 업라이트 피아노가 있는 조그만 거실이 마일스, 멍크, 맥스로 꽉 차 있는 모습이었다. 마일스가 멍크의 연주를 깎아내리는 발언을 하면서 분위기가 틀어졌다. 처음에 멍크는 그저 노려보기만 했지만 마일스가 물러서지 않으면서 논쟁이 고성으로 번졌다. "맥스는 아무 말 안 했어요." 당시 열네 살이던 텔로니어스가 회고했다. "버바 삼촌[멍크]이 자리에서 일어나 마일스를 내려다보았고, 둘은 당장이라도 주먹다짐을 벌일 태세였어요. … '이건 내 밴드, 내 음악이야'라는 멍크의 말에 마일스는 '그야 그렇지만 연주가 잘못됐다니까요, 멍크'라며 맞섰죠. 마일스가 멍크를 올려다보는데 트럼펫으로 멍크를 때리는 건 아닌가 싶었어요. 멍크가 마침내 말했어요. '이만 가보는 게 좋겠군. 여기는 내 어머니 집이고 나는 이곳에서 폭력이 일어나는 건 원치 않으니까.'"[6]

　알려진 모든 정보를 종합해보면, 갈등이 가득했던 리허설이 공연에까지 악영향을 미치지는 않았다. 다만 멍크는 나름의 보복을 했다. 마일스가 트럼펫 솔로를 할 때 장난기 많은 이 피아니스트는 "피아노에서 일어나 마일스 뒤로 다가가서는 … 그의 셔츠 주머니에 손을 넣어 담뱃갑을 꺼내고 재킷 주머니를 뒤져 성냥을 꺼냈다. 담배에 불을 붙인 다음 꺼낸 물건들을 다시 데이비스의 주머니에 넣었다."[7] 마일스는 단 한 개의 음도 놓치지 않았다. 그러나 멍크는 사람들 앞에서 그를 놀림감으로 삼았고, 마일스는 그 일을 잊지 않았다.

　12월, 밥 와인스톡은 크리스마스이브에 밴 겔더 스튜디오에서 있을 녹음 세션을 위해 올스타 그룹을 조직했다. 마일스를 전면에 내세워 부각시키려는 의도로 기획한 녹음이었다. 멍크가 피아노를 맡았고, 모던 재즈 쿼텟 네 명 중 밀트 잭슨, 퍼시 히스, 케니 클라크까지 세 명이 참여했다. 프레스티지는 이 5중주단에 모던 재즈 자이언츠라는 이름을 붙였다. 세 명의 스타가 각자 한 곡씩 준비했다. 마일스는 선견지명이 돋보이는 모달 스타일의 〈Swing Spring〉을, 잭슨은 그를 대표하는 스탠더드 곡 〈Bag's Groove〉를, 멍크는 덴질 베스트와 함께 쓴 카리브해 향취의 〈Bemsha Swing〉을 가지고 왔다.

　그날은 여러 면에서 전설이 되었다. 팽팽한 긴장으로 분열되기도 했는데 불만의 대부분은 멍크에게서 비롯되었다. 무엇보다 그는 그 자리에 있고 싶지가 않았다. 그 어떤 재즈 거장보다도 가정적이었던 그는 크리스마스이브라는 특별한 날을 아내 넬리와 곧 다섯 살이 될 아들 T. S.(투트), 한 살배기 딸 바버라(부부)와 보내고 싶었다. 그만큼

이나 짜증났던 또 하나는 사이드맨 기본 세션비나 벌자고 이곳에 나와 있다는 사실이었다. 멍크도 프레스티지와 계약이 있었지만 그가 리더로 낸 앨범들은 팔리지 않았다. 와인스톡이 주도권을 쥐고 있고, 마일스가 세션을 이끌고 있었으며, 멍크는 돈이 필요했다. "오후 2시경 밴 겔더 스튜디오에 도착한 멍크는 이미 약간 날카로워져 있었다"고 켈리는 쓰고 있다.[8]

게다가 마일스는 언제 연주를 하고 언제 하지 말아야 할지를 멍크에게 지시했다. "〈Bemsha Swing〉만 빼고 내 뒤에서는 반주하지 말고 빠져 있으라고 했다. 멍크는 관악기 뒤에서 어떻게 받쳐야 하는지를 전혀 몰랐다. (멍크와 함께 했을 때 괜찮은 소리가 났던 관악기 주자는 존 콜트레인, 소니 롤린스, 찰리 라우스 정도밖에 없었다.)" 하지만 트럼펫은, 자신의 트럼펫은 더더욱, 다른 문제라고 데이비스는 주장했다. "트럼펫 주자는 발라드를 연주할 때조차도 리듬 섹션이 뜨겁게 받쳐줘야 한다. 그렇게 힘차게 밀어주는 맛이 있어야 하는데, 대부분의 경우 멍크가 잘하는 스타일은 아니었다."[9]

그날 오후 녹음한 첫 곡 〈Bags' Groove〉에서 멍크는 지시받은 대로 마일스의 긴 도입부 솔로 내내 가만있다가, (어쨌든 역시 리듬 악기인) 잭슨 뒤로 들어와 멍크만이 구사할 수 있는 특유의 코드를 예측불허의 독창적인 리듬에 실어 끼워 넣는다. 비브라폰 직후에 나오는 멍크의 솔로는 낯설고도 삐딱한 아름다움을 보여주는데, 오른손의 C와 F 음들의 시퀀스가 군대 나팔처럼 단조롭게 반복되다가 [로신에 따르자면] "평론가 앙드레 오데르가 '재즈 역사상 가장 순정한 미의 순간들 중 하나'라고 묘사한 F샤프가 뒤를 잇는다(6분 59초 지점에서)."[10] 다음 코러스에서 마일스가 돌아오자 멍크는 이번에도 순순히 연주를 멈춘다.

녹음만 놓고 보면 멍크는 마일스의 지시를 잘 받아들여 보조 역할이라는 쓴술을 성찬으로 바꿔놓았다. 하지만 스튜디오 현장의 그 순간에는 껄끄러운 상황들이 있긴 했다. 마일스가 〈Bags' Groove〉 첫 부분에서 긴 솔로를 시작하자 멍크가 그의 곁으로 다가와 바로 옆에 섰다. 마일스는 녹음할 때 늘 그렇듯 의자에 앉아 트럼펫의 벨 부분을 바닥으로 향한 채 연주했다. 그런 마일스 위로 곰 같은 체구의 멍크가 무표정한 얼굴로 내려다보며 솔로가 끝날 때까지 그렇게 서 있었던 것이다. "왜 그랬어요?" 테이크가 끝나자 마일스가 멍크에게 물었다. "연주에서 빠져 있는데 굳이 앉아 있을 필요 없잖아." 멍크가 대답했다.[11]

다음 두 곡에서는 멍크가 차분해진 듯 보였다. 자작곡인 〈Bemsha Swing〉에서 멍크는 적절하게도 줄곧 상당히 효과적인 반주로 데이비스를 받쳐주었고, 모달 곡 〈Swing Spring〉에서도 마찬가지였다. 다만 아이라 기틀러의 기억에 따르자면 이 곡을 녹음할 때 멍크가 "화장실이 어디지?" 하고 묻는 바람에 테이크 하나를 망치기는 했다.[12]

하지만 5중주단이 세션의 유일한 스탠더드 곡이자 마지막 곡인 〈The Man I Love〉 연주에 들어가자 쌓여가던 긴장이 폭발하고 말았다. 밀트 잭슨이 낭만적인 도입부 코드를 치자마자 멍크가 "나는 어디서 들어가야 돼?" 하고 툭 내뱉는다. 잭슨이 연주를 멈추고 사방에서 낮은 탄성이 터져나온다. 누군가가 "아, 분위기 다 깨네" 하고 말한다. 그러자 멍크가 불평하길, "어디서 **들어가야** 하는지 모르겠다고. 나도 좀 시작하면 안 되나? 다들 …"

마일스가 말허리를 자르고 들어왔다. "이봐 루디, 이거 녹음에 포

함시켜요. 전부 **다**요."[13]

이 순간 무슨 일이 벌어지고 있었던 걸까? 마일스는 화가 난 걸까? 도발이었을까? 아니면 농담으로 녹음실의 긴장을 풀어주려던 걸까? 이후 수년간 그날 세션 도중에 멍크와 데이비스 사이에 물리적 충돌이 있었다는 소문이 파다했으나 당사자 둘을 포함해 연관된 사람들 모두가 이를 부인했다. 아이라 기틀러는 이날 녹음이 마무리되기 전에 먼저 나와 그 자리에 없었다. 몇 년 뒤 그가 인터뷰에서 멍크에게 이 일에 관해 묻자 피아니스트는 키득키득 웃으며 "나를 쳤다면 마일스는 죽었겠지"라고 했다.[14]

마일스도 동의했다.

멍크는 아기 같았다. 그는 애정이 아주 많은 사람이다. 내가 **아는데** 멍크는 나를 사랑했고 나도 그를 사랑했다. 내가 일주일 내내 자기 발을 밟는다 해도 절대 싸움을 걸지 않았을 건데, 왜냐하면 원체 그런 사람이기 때문이다. 멍크는 온화한 사람이었다. 온화하고 아름다웠다. 하지만 황소처럼 힘이 센 사람이었다. 내가 만에 하나 멍크 면전에서 낯짝에 주먹을 날리느니 어쩌니 하면—물론 그런 일은 없었지만—누군가가 나를 붙잡아 정신병원에 처넣어야 했을 것이다. 멍크라면 나쯤은 가볍게 들어 벽으로 던져버렸을 테니까.[15]

멍크도 훗날 연주에서 빠져 있으라는 요청이 그리 대수로운 일도 아니었다고 주장했다. "그 녹음에서 마일스가 본인 솔로 때 빠져달라고 했을 때, 나는 아무렇지 않았어요. 로이 엘드리지도 예전에 피아노를 빠지게 한 적이 있었는데요, 뭐"라고 또 다른 인터뷰 기자에게

그는 말했다.[16]

녹음 세션 동안 어떤 긴장의 불꽃이 튀었는지 몰라도, 마일스가 중심이 되어 (또한 최근 몇 년 만에 강한 자신감을 갖고) 이끈 5중주단은 결국 멋지게 승리했다. "그날 밤 늦게 민턴스에서," 기틀러의 회고다. "케니 클라크를 마주쳐 '어떻게 됐어요' 하고 묻자 '마일스는 진짜 아름다운 놈이야'라고 대답했는데, 그 말은 여러 난관에도 불구하고 마일스가 끝까지 관철해냈고 그 결과 비범하고 오래 남을 뭔가를 만들어냈다는 사실을 그만의 방식으로 표현한 것이었다."[17]

그들 사이의 불화에 대한 온갖 풍문이 무성했지만, 세션이 끝나고 멍크가 자기 가족과 함께 크리스마스이브를 보내자며 마일스를 집으로 초대했고, 마일스는 새벽까지 그 집에 머물렀으며, 그 외로운 리더를 집에 돌려보내느라 애를 먹었다고, 멍크는 회고했다.

마일스는 "정말 기분 좋게" 1955년을 맞았다. 습관을 떨쳐냈고 그 어느 때보다 좋은 연주를 했을 뿐만 아니라 사람들이 다시 그의 앨범을 사기 시작하고 있었다. 그러다 그는 체포되었다.

3월 초였다. 브루클린에서 열 살 셰릴, 여덟 살 그레고리와 살던 아이린이 데이비스에게서 양육비를 받아내는 데 지쳐서 변호사를 고용했다. 변호사는 맥스웰 T. 코언으로, 빌리 홀리데이의 복잡하게 얽힌 문제를 맡아 처리했고, 훗날 뉴욕의 부패한 카바레 카드 제도를 상대로 한 소송에서 승리한 인물이기도 했다. 코언은 불독 같은 법률가였다. 아이린이 기대했던 것보다 훨씬 더 공격적이었다. 마일스는 체포되어 리커스섬으로 이송되었다. "나도 그렇게까지 할 줄은 몰랐어요." 나중에 아이린이 말했다. "돈이 있으니 지불하겠지, 그렇게만

생각했거든요. 수감됐다는 소식을 듣고 울고 또 울었어요.” 마일스도 상심했다. 면회를 왔던 밥 와인스톡이 떠날 때 그가 소리쳤다. “여기서 나 좀 빼줘!”[18]

그다음으로 면회를 온 변호사 해럴드 러빗이야말로 데이비스가 고대하던 방문객이었다. 그는 재즈계에서 잘 알려진 인물로(맥스 로치를 변호하기도 했다), 옷맵시 좋고 활기가 넘쳤으며 흑인이었다. 이후 그는 데이비스의 가까운 친구로 남게 된다. 하지만 사건 이야기를 꺼내기도 전에 러빗이 끔찍한 소식을 전했다. 버드가 죽었다.

찰리 파커는 3월 12일 토요일 이른 저녁, 5번로에 위치한 호텔 스위트룸에서 사망했다. 그곳은 파노니카 드 쾨니히스바르터 남작부인이 머물던 곳으로, 버드는 조지 와인이 운영하는 클럽 스토리빌에서 있을 공연을 위해 보스턴으로 이동하기 전 잠시 쉬려고 들른 참이었다. 친구들 사이에서는 니카로, 가십 칼럼에서는 재즈의 남작부인으로 불린 드 쾨니히스바르터는 세계 최대 부호인 로스차일드 가문의 괴짜 반항아였다. 열렬한 재즈 애호가인 그녀는 많은 뮤지션들의 가까운 친구이자 후원자가 되어주었다. 특히 텔로니어스 멍크, 버드와 가장 각별했다. 마흔쯤의 나이, 뚜렷한 이목구비와 당당한 아름다움을 지녔으며 기지가 넘치고 냉소적인 그녀는 “은빛 비둘기”라 부른 롤스로이스를 몰았다. 메트로폴리탄 미술관 길 건너 스탠호프 호텔의 아파트는 우아하게 꾸며진 공간으로 뮤지션들이 아무 때고 들러 먹고 마시며 대화를 나누는 살롱 역할을 했다. 하이파이 스피커에서는 재즈가 흐르고 집 안에는 여러 마리의 고양이가 유유히 돌아다니거나 편하게 누워 있었다.

딸이 세상을 떠난 후 버드는 몸도 마음도 위태로운 상태였다. 3월

9일 수요일 니카의 아파트에 들렀을 때 그는 특히 우울하고 몸도 안 좋았다. 그 전주 토요일 밤에 케니 도럼, 버드 파월, 찰스 밍거스, 아트 블레이키와 함께 5중주단을 꾸려 버드랜드 무대에 복귀할 예정이었으나 조현병에 시달리던 파월이 신경 쇠약 증세를 보이며 무대에서 내려가버리는 바람에 한 음도 연주하지 못하고 무산된 일이 있었다. 파커가 마이크 앞에 서서 비통한 목소리로 "버드 파월! 버드 파월! **버드 파월!**"을 끊임없이 외치는 동안 손님들이 클럽을 빠져나갔고, 그날 저녁은 그렇게 끝나고 말았다. (밍거스도 마이크 하나를 잡아 들고 나름대로 할 말을 보탰다. "신사 숙녀 여러분, 이번 일을 저하고 연관 짓지 말아주십시오. 이것은 재즈가 아닙니다. 이들은 병든 자들입니다."[19])

주중에, 그것도 임시로 꾸린 리듬 섹션과 함께 솔로 공연을 하기 위해 보스턴으로 이동한다는 것은 파커로서는 정말 내키지 않는 일이었다. 니카의 아파트에 도착했을 때 그는 위가 아팠고 호흡 곤란 증세도 보였다. 화장실로 가 각혈을 했다. 전화를 받고 득달같이 달려온 남작부인의 주치의가 파커에게 상태가 굉장히 안 좋다며 즉시 입원하라고 권했으나 병원을 끔찍이 싫어했던 파커는 거절했다.

수요일부터 토요일까지 의사가 몇 차례 더 찾아와 재차 입원을 권했지만 버드는 번번이 거절했다. 토요일 이른 저녁, 파커는 니카의 거실 안락의자에 앉아 TV 프로그램 「토미 도시 쇼」를 보며 우스꽝스런 곡예 장면에서 웃음을 터뜨리다 갑자기 숨을 못 쉬더니 쓰러졌다. 니카가 손목의 맥을 짚어보니 맥박이 희미했고 의사가 도착했을 때는 이미 세상을 떠난 뒤였다.

경찰과 검시관이 곧 현장에 도착했다. 형사들이 남작부인을 신문

한 뒤 각종 서류를 작성했다. 니카의 주치의는 파커의 사망 원인을 위궤양과 폐렴으로 진단했다. 중증 간경화와 심장 마비 가능성도 사망에 영향을 미쳤을 거라고 보았다. 사망자의 나이는 오십에서 육십 사이로 추정했다.

남작부인은 파커의 여자 친구 챈 리처드슨과 연락이 될 때까지 이 사실을 숨기려 했지만 "시체 안치소 직원이 신문 기자에게 무심코 흘린 말" 때문에 소식이 퍼졌다고 로스 러셀은 썼다.[20] 3월 15일 화요일에 신문에 보도되었다. 타블로이드 신문들은 이 소식을 대서특필하며 남작부인과 흑인 재즈 연주자 사이에 뭔가가 있지 않겠느냐는 은근한 뉘앙스를 풍겼다. 『뉴욕 타임스』는 17면에 이 소식을 실었는데, 네바다에서 실시한 원자폭탄 실험에서 생긴 방사능 낙진이 뉴저지까지 퍼졌다는 기사와 앨러게니 항공사 광고 사이에 끼워 넣은 짧은 기사였다.

찰리 파커,

재즈의 거장, 사망

비밥의 창시자이자
정상급 색소폰 주자
남작부인의 스위트룸에서 쓰러져

프로그레시브 재즈의 창시자, 또는 비밥의 창시자 중 한 명으로 손꼽히는 찰리 파커가 지난 토요일 밤 사망했다.

"야드버드"로 알려진 이 뮤지션의 사망 소식은 그를 "버드"라는 애칭으로 부르던 틴 팬 앨리를 통해 어젯밤 빠르게 전파됐다. 파커 씨는 듀크 엘링턴, 카운트 베이시 등 걸출한 니그로 뮤지션들과 어깨를 나란히 하는 뛰어난 알토 색소폰 연주자로 …21

기사는 이렇게 끝난다. "경찰은 파커 씨의 나이를 대략 53세로 추정했다."

찰리 파커는 서른네 살이었다.

버드의 죽음은 마일스 말대로 "모두를 조져"버렸지만22 이는 새로운 장의 시작이기도 했다. 몇몇 뮤지션이 진지하게 헤로인을 끊으려는 노력을 시작했다. 일례로 소니 롤린스가 그해 9월에 렉싱턴에 자진 입소했다. 파커를 향한 애도의 물결이 이어졌다(3월 12일 직후 뉴욕 전역에 "버드는 살아 있다!"라는 그라피티가 나타나기 시작했다. 나 또한 1969년 대학에 갓 들어갔을 때 빛바랜 그 글자들과 마주쳤던 기억이 난다). 그러나 한편으로는 비밥이 심각한 타격을 입었다는, 어쩌면 이미 끝났다는 인식이 퍼지면서 재즈계 안에서 새로운 움직임이 시작되고 있었다. 그리고 마일스의 프레스티지 앨범은, 비록 독립 유통망을 통해 재즈 음반을 구입하는 소수 열혈팬들에 국한되긴 했으나, 그가 이 변화의 선두에 서 있다는 사실을 서서히 확인시켜주었다.

그러는 동안에도 마일스는 돈 한 푼 없었고 평단과 클럽 업주들 사이의 평판도 아직 왔다 갔다 했다. 와인스톡과 러빗이 필라델피아의 블루 노트에서 있을 공연의 보수를 당겨 받아 그를 리커스에서 꺼내주었다. 그리고 4월에 그는 소니 롤린스, 레드 갈런드, 젊고 눈부신

베이스 주자 폴 체임버스, 필리 조 존스와 함께 새 5중주단을 결성하여 그곳으로 향했다. 체임버스는 이제 막 10대를 벗어난 어린 나이임에도 돌발적인 화성과 박자를 자유자재로 구사했고 보잉 솜씨 또한 아름다웠다. 갈런드도 데이비스의 마음에 드는 점이 여럿 있었다. 그는 슈거 레이 로빈슨과 시범 경기를 한 적도 있는 전직 웰터급 권투 선수이자, 마일스에게 새로운 서정적 영감을 주었던 아마드 자말의 스타일을 잘 구현할 수 있는 가벼운 터치감과 풍부한 표현력을 지닌 근사한 피아니스트였다. 그해 6월 프레스티지 녹음 세션에서 데이비스는 처음으로 갈런드와 녹음했다. 오스카 페티퍼드와 존스가 함께한 4중주단이었다. 앨범에 수록된 곡 중에 〈Will You Still Be Mine〉과 〈A Gal in Calico〉 두 곡은 자말이 자주 연주하는 레퍼토리였다. 마일스는 첫 번째 곡은 약음기 없이, 두 번째 곡은 하몬 약음기를 끼고 녹음했는데, 그의 연주는 생기 있고 확신이 넘쳤으며, 무엇보다 자유로웠다.[23]

마일스는 회고록에서 1955년 7월 자신이 참가한 뉴포트 재즈 페스티벌이 제1회 페스티벌이었다고 말한다. 하지만 사실 첫 회는 1년 전인 1954년 7월에 이미 열렸다. 그 무렵 마일스는 헤로인을 끊고 프레스티지와 블루 노트의 경이로운—다만 차례차례 천천히 발매될—앨범들을 만들기 시작했지만, 재즈 팬들과 평론가들과 클럽 업주들에게는 아직 여전히 몰락한 스타로 여겨지고 있었다. 그래서였겠지만 첫 페스티벌에 마일스는 초청을 받지 못했다.

뉴포트는 재즈에 푹 빠진 사교계 부부 일레인 로릴러드와 루이스 로릴러드가 보스턴의 클럽 업주 조지 와인과 손잡고 조직한 페스티벌이었다. 로릴러드 부부가 자금을 대고 와인이 아티스트들을 섭외했다. 첫해의 라인업을 살펴보면 에디 콘던, 진 크루파, 스탠 켄턴까지 전통 재즈에 무게를 두고 있다. 여기에 제리 멀리건, 리 코니츠, 레니 트리스타노 같은 젊은 연주자들이 일부 포함되었고, 디지 길레스피, 밀트 잭슨, 오스카 피터슨에 빌리 홀리데이, 엘라 피츠제럴드, 에롤 가너까지 흑인 아티스트들의 참여도도 높았다. 하지만 뉴포트의 상류층 인구 구성을 고려할 때, 페스티벌을 보러 온 사람들은 당연히 로릴러드 부부와 비슷한 사교계 인사들이 주를 이루었을 테고, 그런 백인 관객들의 귀를 시험할 만한 진용은 아니었다.

1955년 페스티벌 역시 전통에 뿌리를 두고 있었다. 루이 암스트롱, 카운트 베이시, 듀크 엘링턴, 우디 허먼까지 모두 밴드를 대동했고, '스탠 루빈과 타이거타운 파이브'는 딕시랜드 재즈§를 선보였다. 그러나 페스티벌의 두 번째 해에는 새로운 재즈 사운드가 더 뚜렷한 존재감을 드러냈다. 코니츠가 이번에도 참가했고 클리퍼드 브라운과 맥스 로치의 5중주단이 처음으로 참가했으며 쳇 베이커와 웨스트 코스트를 대표하는 피아니스트 데이브 브루벡도 마찬가지였다. 텔로니어스 멍크도 참가했고, 마일스는 막판에 추가되었다.

마일스는 자신의 회고에서 막판 합류 사실을 교묘하게 넘겨버리지만, 실제로 페스티벌의 셋째 날이자 마지막 밤인 7월 17일 프로그램에는 그의 이름이 없었다. 모던 재즈 쿼텟이 그날 공연의 첫 테이프를 끊었고 카운트 베이시가 이끄는 소규모 밴드와 레스터 영이 재회하는 무대가 이어졌다. 당시 절정의 인기를 구가하던 브루벡 4중주단이 무대를 준비하는 동안(데이브 브루벡은 전해 『타임』의 표지를 장식했다), 주트 심스, 제리 멀리건, 텔로니어스 멍크, MJQ의 베이스 퍼시 히스와 드럼 코니 케이가 20분간 잼 세션을 할 예정이었다. "그러나 마지막 순간, 페스티벌의 감독 조지 와인이 거기에 마일스 데이비스를 추가했다." 스웨드의 글이다. "마일스는 어딘가 특별하다고, '선율적인 비밥 연주자, 비밥의 보비 해킷', 대다수의 다른 뮤지션들과 달리 더 넓은 대중에게 가닿을 수 있는 연주자라고 와인은 생각했다."[24]

마일스와 조지 와인은 역사가 있었다. 1952년 심포니 시드 투어의 초반 공연지 중 하나가 뉴헤이븐에 막 문을 연 와인의 스토리빌 클럽이었다. 6중주단이 도착했고 시드가 와인에게 경고하기를 마일스에게 절대 돈을 주지 말라고 했다. "당시 마약에 깊이 빠져 허우적대던 마일스가 아마도 바로 전 공연에서 시드에게 돈을 좀 빌린 모양이었다." 와인이 회고록에 남긴 글이다.

그날 밤 늦게 마일스가 내게 다가왔다.

"조지." 그가 입을 열었다. "10달러만 줘요."

"시드가 주지 말랬어요, 마일스. 안 되겠어요."

"조지." 내 말을 못 들은 사람처럼 그가 다시 말했다. "5달러만 줘요."

"아 참, 마일스, 안 된대도요. 절대 주지 말랬어요."

"조지, 1달러만 줘요."

"마일스—"

"50센트만 줘요, 조지. 25센트만 줘요. 조지, 1센트만 줘요."

이것이 내가 마일스 데이비스와 나눈 최초의 대화였다.[25]

3년 뒤, 뉴욕에서 제2회 뉴포트 페스티벌을 준비하던 와인은 미드타운의 야간 업소 '베이신 스트리트 이스트'에 들어갔다가 구석 자리에 홀로 앉아 있는 마일스를 보았다. "우리는 그냥 얼굴이나 아는 사이였다." 와인의 회고담이다.

그런데 클럽에 들어서는 나를 그가 손짓해 부르더니 질문을 던졌다.

"올해도 뉴포트에서 재즈 페스티벌 여나요?"

"네, 마일스."

그가 내 얼굴을 빤히 보며 쉰 목소리로 말했다. "나 없이 재즈 페스티벌은 안 돼요."

"마일스, 뉴포트에 오고 싶어요?"

"나 없이 재즈 페스티벌은 안 돼요." 그는 같은 말을 되풀이했다.

"오고 싶으면 잭에게 전화할게요." 잭 휘트모어는 마일스의 에이전트였다.

"나 없이 재즈 페스티벌은 안 돼요." 다시 똑같은 말이었다. 독특한 의사 전달 방식이었다.[26]

와인이 마일스를 좋아하지 않았을지도 모른다. 그러나 개인적인 호감은 중요하지 않았다. 아직 전속 밴드가 없는 마일스였지만 그를 어떻게든 페스티벌의 라인업에 포함시켜야 한다는 것을 그는 알았다.[27] 그러나 비밥 이후와 하드 밥 이전, 재즈계의 경제 사정이 너무

나 열악했기에, 그가 썼듯이, "**어느 누구도** 밴드를 유지하기가 힘들었다. 연주자들은 잡히는 대로 무슨 일이든 할 수밖에 없었다."

프로그램이 마일스 이름 없이 인쇄된 후였지만 와인은 잼 세션에 그를 추가시켰다.

마일스는 회고록에서 종종 자신의 취약한 부분들을 솔직히 털어놓곤 하지만, 거의 틀림없이 인생에서 가장 중요한 공연이었을 이 무대를 준비하면서 어떤 감정 상태였는지에 대해서는 아무런 말이 없다. 뉴포트 페스티벌이 끝나고 몇 주가 지난 후에 마일스는 그 일요일 밤의 출연을 그저 또 하나의 일거리일 뿐이었다며 짐짓 낮춰 말했다. 그건 사실이 아니었다.

베이시 그룹의 연주가 끝나자 그날 저녁 진행을 맡은 듀크 엘링턴이 마이크 앞에 섰다. "정말 감사합니다, 신사 숙녀 여러분, 카운트 베이시와 지미 러싱, 그리고 캔자스시티 친구들에게 박수 보내주십시오." 그가 낭랑한 목소리로 말했다.

자, 여기 다음 순서가 있습니다. 벅 로저스가 도달하려고 애쓰는 영역에 사시는 신사 분들 같군요. 여러분에게 익숙한 두 분의 신사부터 소개하겠습니다. 모던 재즈 쿼텟의 베이스 퍼시 히스, 그리고 드럼의 코니 케이입니다. 그리고 그 밑에 **마일스 데이비스**가 있네요. 트럼펫! 마일스 데이비스![28]

마일스 데이비스가 호명되자 뜻밖이라는 반응과 함께 열렬한 박수갈채—프로그램에 없었잖은가!—가 터져 나왔다. 듀크가 쇼맨답게 이름을 두 번 반복한 것도 관객의 호응을 읽었기 때문이었다. 어쩌면 엘링턴 본인도 놀랐을지 모른다. 그는 7년 전, 본인 밴드에 마일스를 영입하려 한 적이 있었다. 젊은 트럼펫 주자의 연주는 물론이고 옷차림과 태도까지 마음에 들었다. 엘링턴은 그의 특별한 우상이었기에 마일스는 몹시 으쓱했지만《Birth of the Cool》녹음 세션이 한창이라 안 되겠다고, 감사의 마음을 표하며 거절했다. 사실 빌리 엑스타인의 빅밴드에서 이미 일해봤기 때문에 다시는 "음악 상자 안에 나를 처넣고 매일 밤 똑같은 음악을 연주하고 싶지는 않다"는 말은 생략했다.[29]

듀크 엘링턴은 마일스의 명성이 완전히 추락해버린 일에 대해 잘 알았을 것이다. 그러나 사실을 말하자면 재즈의 그 이상한 시기에 엘링턴 자신도 그다지 별 볼 일이 없었다. 10년이 다 되도록 그와 그의 훌륭한 밴드는 절뚝거리며 겨우 나아가는 중이었다. 심지어 스케이트장에서도 공연했다. 1955년에 위대한 듀크 엘링턴은 음반 계약 하나 없는 신세였다.

따라서 그가 25세기를 배경으로 한 SF 만화의 주인공이자 우주 영웅인 벅 로저스를 언급한 것은 뼈 있는 농담이었던 셈이다. 그토록 위엄 있고, 그토록 눈부시고, 그토록 독보적이었던 듀크 엘링턴도 세상이 자신을 퇴물로 볼까 두려웠을까?

그는 다음과 같이 소개말을 맺었다.

테너 색소폰에 주트 심스 … 그리고 저의 소중하고, 음, 쿨한 친구 제리 멀리건 … 그리고 … 비밥의 대사제, 누구도 흉내 내지 못할 텔로니어스 멍크 …[30]

마일스는 관객들에게 그가 돌아왔음을 알리고 싶었다. 자신의 예고 없는 등장이 놀람을 넘어 충격이 되리라는 걸 알았던 그는 이 효과를 극대화하고 싶었다. 객석의 프로 평론가와 아마추어 평론가 모두에게 당신들이 안다고 생각했던 마일스 데이비스, 즉 쫓겨난 중독자는 이제 과거일 뿐이라는 것을 생생하게 보여주고 싶었다. 마일스는 흰색 시어서커 재킷에 검은 나비넥타이를 맨 단정하고 깔끔한 차림으로 무대에 올라 마이크로 성큼성큼 걸어갔다. 그의 존재감이며 태도는 조지 와인에게 했던 말을 반복하고 있었다. **나 없이 재즈 페스티벌은 안 돼요.** 페스티벌의 들쑥날쑥한 음향 시스템에 운을 맡기고 싶지 않았던 그는 트럼펫 벨을 마이크에 똑바로 대고 불기 시작했다.

6중주단은 세 곡을 연주했다. 멍크의 두 곡 〈Hackensack〉(루디 밴 겔더 스튜디오에 경의를 표하며 붙인 제목)과 〈'Round Midnight〉, 그리고 작곡가 찰리 파커를 추모하는 의미로 고른 비밥의 송가 〈Now's the Time〉이었다. 이 중대한 20분 남짓한 음악에 대해 마치 탈무드처럼 각양각색의 의견이 난무한다. 공연의 영상 기록은 없고 오디오테이프만 있으니 평자들은 관객의 반응을 세세하게 분석한 뒤 그것으로부터 거꾸로 추론하여 마일스의 공연을 가늠할 수밖에 없다.

〈Hackensack〉의 첫 음 시작부터 그의 연주는 시어서커 재킷만큼이나 단정하고, 그가 짙은 눈빛으로 응시하는 시선만큼이나 위압적이며, 멍크의 이 위대한 발라드의 부드러운 구절에서는 오직 그만이 가능한 엄청나게 서정적인 연주를 들려준다. (그리고 멍크와 마일스는 둘 사이에 많은 문제가 있었음에도 불구하고 처음부터 끝까지 손과 장갑처럼 완벽하게 꼭 들어맞았다.)

데이비스는 회고록에서 〈'Round Midnight〉를 약음기를 끼고 연주했으며(아니었다), 그 곡을 최절정의 순서에 놓았고(이 곡은 세 곡 중 두 번째였다), 연주가 끝난 뒤 "기나긴 기립박수를 받았다"고 쓰고 있다(테이프를 들어보면 그런 것 같지 않다). "모두가 나를 무슨 왕이라도 되는 듯 바라보고 있었다. 사람들이 내게 달려와 음반 계약을 제안했다."[31]

그랬을 수도 있다. 아니면 과장일 수도 있다. 이론의 여지가 없는 사실이 하나 있다. 복수의 사람들이 음반 계약을 들고 데이비스에게 달려간 건 아니었어도 아주 중요한 한 사람이 그랬다는 것이다.

그날 밤에 컬럼비아 레코드의 대중음악 부문을 총괄하는 조지 아바키언이 영화 편집자이자 사진작가인 남동생 아람과 함께 객석에 앉아 있었다. 마일스가 〈'Round Midnight〉의 아름다운 솔로를 끝마치기도 전에 아람이 형 쪽으로 몸을 기울여 말했다. "계약해, 당장! 오늘밤이 지나면 저 친구가 돌아왔다는 걸 모두가 알게 될 거야."[32] 밴드가 〈Now's the Time〉에 들어갈 즈음, 조지는 무대 뒤로 향했다. 대기실에 걸어 들어오다 음반사 중역을 본 마일스는 활짝 웃었다. 둘 사이에도 역사가 있었기 때문이다.

10대 초반부터 열렬한 재즈 애호가였던 조지 아바키언은 아직 예일 대학교에 재학 중이던 1940년 컬럼비아 레코드에 입사했다. 컬럼비아에서 그는 '핫 재즈 클래식스'라는 획기적인 재발매 음반 시리즈를 기획했다. 루이 암스트롱, 빅스 바이더벡, 플레처 헨더슨, 베시 스미스, 빌리 홀리데이의 초기작을 광범위한 대중에게 알린 시리즈였다. 제2차 세계대전 동안 육군에 복무한 뒤 아바키언은 컬럼비아에 돌아와 대중 앨범 부문을 총괄하는 자리를 맡았다. 당시는 컬럼비아가 혁신적인 33⅓ 회전 LP 음반 기술로 전환하던 과도기였다. 그에게

혁신적인 아이디어가 하나 떠올랐다. 재즈를 자체 울타리에 가두지 말고 대중음악의 일부로 자리매김하도록 해야 한다는 것이었다.

컬럼비아는 1940년대 말에서 1950년대 초에 메이저 레이블이었으나, 재즈 카탈로그는 아직도 재발매 음반과(루이 암스트롱의 1920년대 핫 파이브스 앤드 세븐스나 베니 굿맨의 1937년과 1938년 카네기 홀 공연 실황 음반이 꾸준하게 팔렸다), 향수를 자극하는 점잖은 옛 음반(《Ralph Sutton Plays Music of "Fats" Waller》)이 중심이었다. 마일스 데이비스는 그걸 바꾸고 싶었다. 1940년대 말에 조지 아바키언을 처음 만나자마자 그는 젊은 음반사 중역을 들볶기 시작했다. "그는 나만 보면 계약하자고 졸라댔다." 아바키언의 회고다. "서로 집이 가까워 그가 종종 놀러오곤 했다. 한번은 자기가 '몇 년째' 계약을 하자고 요청하고 있는지 아냐고 하더니, 처음에는 2년이라고 했다가 다음에는 4년이 되더니, 그다음에는 6년이라고 했다."[33]

문제가 여럿 있었다. 우선 1949년에서 1954년 사이 마일스가 겪었던 그 큰 문제가 있었다. 로스 러셀, 밥 와인스톡, 알프레드 라이언은 소속 연주자의 마약 사용을 어느 정도는 용인할 수 있었다. 그러나 러셀, 와인스톡, 라이언은 자기 레이블을 운영했다. 다이얼, 프레스티지, 블루 노트는 소규모 독립 업체였다. 반면 아바키언은 CBS 계열사라는 대기업 구조에 속해 있었으며 실적을 책임져야 했다. 녹음 일정을 놓치거나 망치는 건 곧 금전적 손실을 의미했다. "약쟁이들은 상대하고 싶지 않았어요." 아바키언의 회고다. "그들이 골칫거리라는 건 뻔한 사실이었으니까요. 마일스가 그렇게 되다니 끔찍했어요. 1952년 무렵에 그는 일도 거의 없었고 그저 월요일에 (누구나 와서 연주할 수 있는) 열린 문 제도를 시행한 버드랜드에 가끔 와서 무대에 올라 연주하곤 했죠. 지저분한 차림에 실력도 엄청 떨어져 있었어요. 서글픈 일이었죠."[34]

두 번째 문제는 첫 번째 문제에서 비롯되었다. 데이비스에게는 그와 함께 지속성을 갖고 활동하는 전속 밴드가 없었다. 전속 밴드는 정체성과 연속성, 상업적 안정성을 뜻했다. 녹음 세션을 위해 훌륭한 임시 밴드를 꾸릴 수야 있지만 음반이 나왔을 때 홍보 활동을 함께 하지 않는다면 판매에도 타격을 입을 수 있었다.

조지 아바키언은 이미 오랜 시간 마일스에 흥미를 느껴왔다. "종전 직후 재즈 시대에 쏟아져 나온 젊은 뮤지션들 중에서도 마일스 데이비스는 가장 서정적이고 가장 즉각적으로 사람들의 마음을 사로잡는 매력을 지녔다."[35] 하지만 아바키언이 보기에 데이비스의 음악적 평판이 그의 최대 강점을 제대로 포착하지 못하고 있었다. "당시 마일스의 음악을 들어본 사람들 대부분이 그를 비밥 연주자로 여겼어요." 뉴포트 재즈 페스티벌 15주년을 맞아 『월스트리트 저널』과 가진 인터뷰에서 아바키언이 말했다. 조지 아바키언은 처음부터 비밥에는 관심이 거의 없었다. "대규모 성공으로 이어지지 못하리라는 걸 알고 있었어요. 기발한 음악이기는 한데 평범한 사람의 귀에는 너무 복잡해서 대중 시장이 그 멜로디를 따라가기가 너무 어려웠으니까요."

"하지만 마일스는 다르게 보였어요. 내 눈에 마일스는 루이 암스트롱 이래 최고의 트럼펫 발라드 연주자였어요. 〈'Round Midnight〉 같은 재즈 발라드일 수도 있습니다. 하지만 나는 마일스의 음악이 거기서 그치지 않고 넓은 대중에게 호소력을 가질 수 있는, 아주 듣기 편안한 아름다운 음악이라고 생각해요. 그러면서도 재즈 애호가들

이 인정하는 수준 높은 음악이기도 하고요."[36] 대형 레이블 음반 업계의 무자비한 경쟁 체제에서 살아남기 위해 절대적으로 필요한 날카로운 상업적 본능을 지닌 아바키언이 깨달은 게 하나 더 있었다. 음악을 넘어 마일스라는 사람 자체에 마법 같은 힘이 깃들어 있다는 것이었다. 음울하면서도 아름다운 (때로 위험해 보이기까지 한) 외모, 정교하게 다듬어진 스타일 감각, 이름이 연상시키는 프루스트적 마술. "특정 맥락에서 그는 재즈를 전혀 모르는 사람들에게조차 엄청난 호소력을 지닌 예술가임을 증명해왔다"고 아바키언은 말했다.[37]

선견지명이 있는 캐피틀 레코드의 중역 앨런 리빙스턴이 2년 전 빈털터리 신세의 프랭크 시나트라와 계약할 당시 회사 내부의 극렬한 저항에 직면했던 것과 비슷하게 아바키언 또한 회사에서 데이비스에 대해 별다른 열의를 발견하지 못했다. "컬럼비아 내부에서는 마일스에게 흥미가 전혀 없었다"고 아바키언은 회고했다. "거대해지고 있던 우리 사업 분야에서 그는 중요한 인물이 아니었어요. 그와 계약하기 전에 누구의 승인도 받을 필요가 없었던 게 다행이었죠."[38]

껄끄러운 문제가 하나 있었다. 데이비스는 이미 프레스티지와 계약이 되어 있는 상태였다. 그러나 여기서 트럼펫 주자 스스로가 기발한 해결책을 떠올렸다. "마일스가 밥 와인스톡에게 제안을 해보라고 말했다. 아직 프레스티지와 계약 상태지만 마일스가 컬럼비아와 녹음하는 걸 허락해달라고. 마스터 음원은 프레스티지와의 계약이 종료될 때까지 보관하고 있겠다는 조건으로. 그러면 컬럼비아에서 첫 음반이 나올 때 발생할 홍보 효과를 프레스티지 또한 누릴 수 있을 거라고. 무모한 생각이긴 했지만 어쩌면 진짜 통할지도 모를 일이었다."[39]

이틀 후 타임 스퀘어의 유명한 식당 린디스에서 아바키언과 마일스는 점심을 함께 하며 2년짜리 계약서에 사인했다. 2000달러 선급금에 4퍼센트 인세 조건이었다.[40] 컬럼비아의 간판스타 도리스 데이보다 단 1퍼센트 낮은 수준이었다. "재즈치고는 거금이었다"고 벤 래틀리프는 쓰고 있다.[41] 데이비스의 프레스티지 계약은 1956년 말에 종료될 예정이었다. 합의 내용에 따라 아바키언은 마일스에게 컬럼비아의 첫 앨범이 나올 1년 반 후에도 그대로 활동하고 있을 전속 밴드를 꾸리라고 말했다.

♪♪♪

데이비스는 4월에 필라델피아에 함께 갔던 5중주단이 마음에 들었다. 다만 심각한 헤로인 중독으로 허우적대던 소니 롤린스가 뉴욕을 떠나 마약을 끊어보겠다는 뜻을 비쳤기에 다른 색소폰 주자가 필요했다.

운명처럼 그해 여름 맨해튼에 걸출한 신예 색소폰 주자가 혜성처럼 등장했다. 찰리 파커의 죽음으로 망연자실해 있던 재즈계에 이 사건은 신화가 되었다. 그의 이름은 줄리언 애덜리, 나이는 스물여섯이었다. 소년 시절에 그는 캐넌볼이라는 별명을 얻었는데, 그의 왕성한 식욕과 통통한 체형 때문이었다("캐니벌Cannibal"이 "캐넌볼Cannonball로 자연스럽게 바뀌었다[§]). 고향 플로리다에서 고등학교

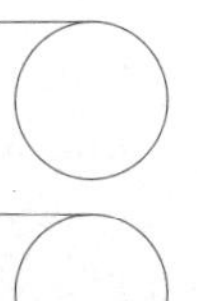

§ 캐니벌은 식인종, 캐넌볼은 포탄.

밴드 지도자로 일하던 그는 석사 학위 취득과 대학 교수직을 목표로 뉴욕 대학교 음악대학원에 진학하기 위해 뉴욕에 왔다. 코넷 주자인 그의 남동생 냇도 함께 왔는데, 냇은 최근 공연을 펑크 내 라이어널 햄프턴 밴드에서 해고된 상태였다. 1955년 6월의 어느 일요일 밤, 냇의 친구이자 햄프턴 밴드에서 함께 활동했던 트롬본 주자 버스터 쿠퍼가 두 형제를 그리니치빌리지 배로 스트리트에 위치한, 뉴욕에서 가장 인기 있는 신생 재즈 클럽 카페 보헤미아에 데려갔다. 오스카 페티퍼드가 이끄는 하우스 밴드가 있는 곳이었다.[42] 애덜리 형제는 각자 자기 악기를 들고 갔다. 줄리아드 대학생 시절 젊은 마일스가 트럼펫을 들고 클럽에 드나들던 것과 같은 마음이었다. 언제 연주 기회를 얻어 무대에 오를지 모른다는 것.

공교롭게도 페티퍼드의 색소폰 주자 제롬 리처드슨이 공연에 나타나지 않아 한 자리가 비었다. 페티퍼드의 눈에 앞 테이블에 앉아 있는 테너 색소폰 주자 찰리 라우스가 들어왔다. 하지만 라우스는 악기를 가져오지 않았다. 그때 발밑에 색소폰을 둔 건장한 청년을 보자 문제가 쉽게 해결될 것 같았다. 페티퍼드는 "저기 저 친구에게" 색소폰을 빌리라고 라우스에게 말했다.

오스카 페티퍼드는 몰랐지만 찰리 라우스는 플로리다의 한 클럽에서 캐넌볼 애덜리와 공연한 일이 있던 터라 그의 실력을 잘 알았다. 라우스는 페티퍼드를 좀 놀려주기로 했다. 캐넌볼이 말하길 누구에게든 자기 악기를 빌려주는 걸 질색한다고, 다만 무대에는 기꺼이 올라 연주를 해보겠다고 한다고 그는 페티퍼드에게 말했다.

전해지는 이야기에 따르면 페티퍼드는 그 말에 어처구니가 없어서 이 애송이에게 한 수 가르쳐주기로 했다. 캐넌볼이 자신의 킹 슈퍼 20 "실버소닉" 알토 색소폰을 들고 무대에 오르자마자 베이스 주자는 빠른 더블 템포로 카운트를 센 다음 〈I'll Remember April〉로 진입했다. 첫 코러스가 끝나자 통통한 신출내기를 가리키며 말했다. **네 차례야, 솔로.** 마음속으로 반쯤은 저 어린 뚱보가 얼어붙거나 쭈뼛쭈뼛 몇 마디 삑삑거리다 말기를 기대하면서. 그런데 이 무명씨는 관객들의 입이 떡 벌어질 만큼 멋진 카덴차를 막힘없이 불었고, 관객들은 순수한 기쁨에 찬 환호성을 질렀다.[43] 페티퍼드는 바로 동생 냇까지 무대로 불러냈고, 냇 또한 현란까지는 아니어도 프로다운 실력을 보여주었다.

그걸로 뉴욕 대학교는 끝이었다.

음반사들이 캐넌볼과 계약하기 위해 앞다투어 달려들었다. 그가 선택한 곳은 머큐리 레코드 산하 레이블인 엠알씨EmArcy였고, 이 회사는 애덜리가 극도로 싫어하는 마케팅 전략을 펼치기 시작했다. "재즈계는 전직 교사 줄리언 '캐넌볼' 애덜리를 고 찰리 파커의 정당한 후계자로 적극 내세우고 있다." 도러시 킬갤런은 9월 본인의 신디케이트 칼럼에 이렇게 썼다.[44] 킬갤런이 여기서 말하는 재즈계란 엠알씨 광고 부서였다. 귀가 있는 사람이라면 캐넌볼의 알토 색소폰 연주 기법이 놀랍도록 유려하기는 하나 파커와의 유사점은 거기까지라는 걸 알 수 있었다. 줄리언 애덜리는 자기만의 색을 지닌 연주자였다. "자유자재로 오르내리는 매혹적인 음색과 풍성한 비브라토", 살아 움직이는 듯 탄탄한 리듬의 맥박을 갖춘 경이로운 블루스 즉흥 연주자였다.[45]

마일스는 서둘러 보헤미아로 달려가 페티퍼드와 애덜리 형제의 무대에 적극적으로 끼어들어 연주했고, 그리 오래지 않아 새로운 색

소폰 주자를 찾았다. 정교하게 조율된 귀를 가진 그가 듣기에도 캐넌
볼은 찰리 파커와 전혀 달랐다. 다만 한 가지 일치하는 점이 있었다.
파커가 본인 특유의 폭포처럼 쏟아지는 음표로 꽉 찬 연주와 대조를
이루게 하려고 절제되고 비브라토 없는 중음역의 소리를 가진 마일
스 데이비스를 기용했듯, 마일스도 애덜리의 유쾌하고 수다스러운
음악적 스타일을 자신의 서정적인 간결함과 대치되도록 만들었다는
점이다.

애덜리는 문자 그대로 수다쟁이였다. 마일스는 캐넌볼과 온갖 것
들에 대해 이야기하기를 좋아했다. 이 색소폰 연주자가 정말 온갖 것
들에 대해 아는 게 많았기 때문이다. 애덜리 형제의 부모는 둘 다 대
학을 졸업하고 교사로 일했으며 두 형제가 자란 가정은 책이 가득했
다. 줄리언도 냇도 책을 읽고 사색하기를 좋아하는 사람이었다. 찰리
파커가 그랬듯 캐넌볼 또한 유능한 고교 밴드 리더의 가르침을 받았
고, 빌 에번스와 존 콜트레인처럼 그도 군에 입대하여 미 육군 36부
대의 군악대에서 연주했다. 유일한 불만은 똑똑하고 달변에 음악적
기초가 튼튼해서인지 마일스가 더 잘 아는 주제에 대해서도 뭐든 다
아는 체를 한다는 것이었다. "당시 캐넌볼은 자신이 무엇이든 다 안
다고 생각했다. 그래서 그가 이상한 코드를 연주해 내가 뭐라고 하
면, 말하자면 접근법을 바꿔야 한다고 일러주면, 그냥 귓등으로 흘려
보냈다."[46]

애덜리는 금방 자신의 실수를 인정하곤 했다고 마일스는 말한다.
하지만 그토록 각광을 받으면서도 그의 너무나도 강한 책임감이 재
즈 생활의 불확실성을 이겨버렸다. 그는 결국 12월까지 남은 교사 계
약을 이행하겠다면서 플로리다로 돌아갔다.[47]

마일스는 다시 색소폰 주자를 찾아야 했다.

이제 갓 스물넷에 접어든 젊은 테너 색소폰 주자 존 길모어는 개척 정신이 투철한 뮤지션이었다. 그는 자신의 음악적 소명을 피아니스트 겸 밴드 리더이자 아프로퓨처리즘Afrofuturism의 선구자 선 라의 초월적 스타일에서 발견했다. 앨라배마주에서 허먼 블라운트라는 이름으로 태어난 라는 지구에서 태어났다는 것을 부정하고, 본인이 음악을 통해 평화를 설파하라고 지구로 보내진 토성의 외계인이라고 주장했다. 그는 자신의 밴드를 '아케스트라'라고 불렀다. 선 라의 화성적 탐구를 혁신적이라고 느낀 길모어는 "[테너 색소폰을] 새로운 극단으로 밀어붙이고 있었다"고 마일스 데이비스뿐만 아니라 선 라의 전기 작가이기도 한 존 스웨드는 말했다.[48]

9월 초, 길모어는 마일스, 갈런드, 체임버스, 존스와 함께 필라델피아의 블루 노트에서 일주일을 보냈다. 마일스는 이 색소폰 주자의 실력을 대단히 존중했지만("진짜 끝내주는 연주자") 그의 사운드는 거장 화가 마일스가 머릿속에 그리던 밴드의 팔레트에는 맞지 않았다. 마일스의 말이다. "그때 필리 조가 존 콜트레인의 이름을 꺼냈다."[49]

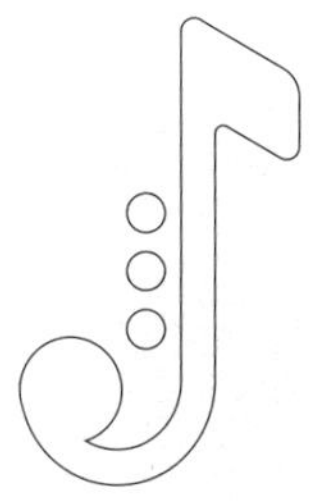

11

그가 왜 나를
선택했는지

Miles Davis, John Coltrane, Bill Evans

스튜디오에서 《Kind of Blue》 앨범을 녹음 중인 존 콜트레인과 마일스 데이비스(배경). 뉴욕, 1959

조니 호지스에게 해고당한 뒤 필라델피아에 돌아온 존 콜트레인에게는 간간이 일거리가 주어졌다. 1954년 새해 전야를 공칠 만큼 '간간이'였다. 그래서 트럼펫 주자 친구 테드 커슨은 약간의 동정심과 전에 존이 음악적 조언을 해준 데 대한 보답으로 뉴저지주 바인랜드에 잡힌 공연에 그를 데려갔다. 이후 재즈 뮤지션으로서 탄탄한 경력을 쌓은 커슨은 수십 년이 지난 뒤 그날 저녁을 이렇게 회고했다. "그가 〈Nancy with the Laughing Face〉를 연주했는데 영원히 잊지 못한다. 그렇게 멋지고, 그렇게 강렬하고, 그렇게 감정이 가득 담긴 연주는 내 생애 처음이었다."[1]

콜트레인에게는 여러 음악적 강점이 있었지만 무엇보다 그는 발라드를 정말 아름답게 연주할 줄 알았다. 하지만 일거리가 없는 건 음악적 기량과는 아무 상관이 없었다. 헤로인 중독자인 그는 1949년부터 1954년까지 마일스 데이비스의 경력을 망가뜨린 것들에 똑같이 시달리고 있었다. 미덥지 못하고 전반적으로 흐트러진 모습은 안정적인 일자리 자체를 불가능하게 만들었다. 자기 밴드를 이끈다는 건 망상에 가까웠다. 그래서 뭐든 걸리는 일자리면 가리지 않고 갔다. 1955년에 간헐적으로 찾아온 일거리 하나는 하이-톤즈라는 즉석 3중주단으로, 위대한 재즈 오르간 주자 셜리 스콧, 히스 형제 중 막내인 드러머 앨버트("투티")가 함께 했다. 셋 다 몹시 진지하고, 정교한 기교를 구사하는 연주자들이었다. "우리가 너무 음악적이라 안 맞는 자리도 있었다"고 콜트레인은 회고했다.[2]

"콜트레인은 그때도 이미 엄청났다." 스콧이 말했다. "우리는 1년 남짓 동안 필라델피아와 그 주변 지역에서 띄엄띄엄 연주를 했다. …〈Half Nelson〉이나 〈Groovin' High〉 같은 비밥, 즉 주로 정통 음악이었다. 연습도 많이 했고 편곡도 많이 했는데, 편곡은 대부분 존이 맡았다."[3]

그러던 중 필리 조 존스에게 전화가 왔다.

필리 조의 본명은 조지프 루돌프 존스인데 훌륭한 스윙 드러머 조 존스와 구별 짓기 위해 앞에 '필리'를 붙였다. 그는 콜트레인과 꽤 오래 알고 지낸 사이였다. 콜트레인이 해군에서 제대한 직후 퍼시 히스와 함께 셋이서 필라델피아 곳곳에서 공연을 하기 시작했다. 색소폰 주자보다 세 살 위인 존스는 조용하고 진지하고 편집광적이던 콜트레인과는 딴판이었다. 명석하고 말주변 좋고 외향적인 성격에다 탭 댄스와 흉내 내기도 수준급이었다. 하지만 그도 심각한 헤로인 중독자였다. "필리 조 존스는 약쟁이계의 베이브 **루스**였어요." 오랜 세월 재즈 신을 지켜봐온 누군가가 내게 말했다. "그야말로 **최고의** 약쟁이, **으뜸**이었죠."

존스와 마일스 역시 오랜 사이였다. 데이비스의 어두운 시절 한동안 둘은 중서부를 함께 돌며 공연을 했다. 필리 조가 마일스보다 먼저 도착해 도시에서 그 지역 사이드맨들을 모아 공연을 준비했다. 결과는 늘 실망스러웠지만 어쨌든 덕분에 본인들도 한동안은 입에 풀칠을 할 수 있었다. 그들의 등에 올라탄 원숭이도 먹여 살렸고 말이다.

마일스가 가장 좋아하는 드럼 주자가 필리 조라는 것은 공공연한 사실이었다. "그는 내가 하려는 모든 것, 내가 연주하려는 모든 것을 **알았다**. 나를 예측하고, 내 생각을 감지했다." 마일스의 솔로가 끝난 직후 존스가 즐겨 치던 특별한 림 샷[§]이 있는데, 재즈계에 필리 릭Philly lick으로 알려지게 된다. 곧 다른 뮤지션들도 자기 드러머에게 필리 릭을 요구하기 시작했다. "나는 필리가 채워줄 음악적 공간을 많이 남겨놓았다." 마일스가 말했다. "필리 조야말로 내 음악에 필요한 드럼 주자라는 걸 나는 알았다. (그가 떠난 후에도 함께 연주한 다른 드러머들한테서 필리 조를 찾으려 귀를 기울이곤 했다.)"[4]

예전에 사이드맨 찾는 임무를 맡겼던 것처럼 마일스는 콜트레인에게 연락하는 일도 존스에게 맡겼다. 다만 이번에는 사정이 더 급박했다. 잭 휘트모어가 마일스 데이비스 5중주단의 투어 일정을 잡아놓았기 때문이었다. 볼티모어와 디트로이트, 그리고 다시 뉴욕으로 돌아와 버드랜드를 거쳐 카페 보헤미아에서 마무리하는 일정이었다. 소니 롤린스가 빠지고 존 길모어도 내보내고 났더니 5중주단이 아닌 4중주단이 되고 말았다.

오르간 주자 지미 스미스와 함께 필라델피아의 스파이더 켈리스에서 일하던 중에 전화를 받은 콜트레인에게 필리 조는 밴드와 리허설을 할 수 있겠느냐고 물었다. 성공으로 갈 절호의 기회일 수 있음을 직감한 콜트레인은 스미스에게 며칠 휴가를 청하고 바로 뉴욕으로 달려갔다. 그러나 일은 순탄치 않았다.

[§] 드럼의 테두리를 드럼헤드와 같이 연주하는 주법.

존 콜트레인은 훗날 탁월한 연주 기교, 음악의 경계를 넘나드는 끝없는 탐구, 삶과 예술에 깊이 스며든 강렬한 영성 덕분에 재즈의 신이 되었다. 하지만 1955년의 그는 자기 분야에서 그 어떤 특별함과도 거리가 먼 어색한 아웃사이더였다. (그가 헤로인을 대하는 태도조차 쿨한 재즈 문화의 전형적인 이미지와는 전혀 맞지 않았다. 그는 자포자기의 상태로 몰래 숨어서 헤로인을 했고, 이를 수치스럽게 여겼다.) 마일스의 오디션에 간 것은 사실상 은신처에서 빠져나온 것이나 다름없었다. 재즈의 지저분한 변두리를 전전하며 프리랜서로 활동하고, 음악의 길을 모색하느라 장장 10년을 보냈기 때문이다. 연주 실력은 향상됐지만 기량에 대한 자신감은 제자리였다. 음악적, 영적 깨달음을 향한 끝없는 탐색으로 그의 내면은 모든 것에 대한 질문, 특히 음악에 대한 질문으로 꽉 차 있었다. 그리고 새로이 비상하던 마일스 데이비스와의 재회는 '그 어떤 답도 주지 않는 자'의 끝판왕과 맞닥뜨린 셈이었다.

"마일스는 좀 별난 친구예요." 1961년 프랑수아 포스티프에게 콜트레인이 말했다. "말수가 적고 음악에 대한 이야기도 거의 안 해요. 항상 뭔가 저기압이라는 인상을 주고, 다른 사람들이 하는 일에 관심이 없거나 영향을 받지 않는 것처럼 보여요. 그런 상황에서는 내가 정확히 뭘 해야 할지 알기가 무척 힘들죠. …"[5]

그 9월의 시험대를 통해 두 가지 좋은 점이 금세 드러났다. 연주자로서 콜트레인의 기량이 과거 오듀본 볼룸 공연 이래 크게 향상됐다는 것, 그리고 그가 마일스의 레퍼토리를 알고 있다는 것이었다. 덜 좋았던 점은, 훗날 데이비스가 회고했듯이, "콜트레인은 염병할 질문들을 지독하게 많이 했다. … 연주에서 뭘 해야 하고 뭘 하면 안 되는지. 그딴 빌어먹을 헛소리 말이다. 내가 봤을 때 그는 프로 뮤지션이었다. 나는 언제나 나와 연주하는 사람들이 음악에서 자기 자리를 찾아내기를 원했다. 그러니 내 침묵과 험악한 표정에 아마 기가 죽었을 거다."[6]

마일스의 이 성난 냉담함은 기이한 것이기는 했다. 한편으로는 명성과 특권의 망토를 두른 듯 일부러 그랬던 것도 같고, 다른 한편으로는 콜트레인과 정말 안 맞았던 것도 같다. 며칠간 리허설을 한 뒤 색소폰 연주자는 데이비스에게 필라델피아로 돌아가야겠다고 말하고 바로 떠났다.

콜트레인이 속으로 마일스가 불쾌한 행동을 거두고 자기를 당장 기용해주기를 바랐다면 이렇게 홀홀 물러나는 것이 아마도 최고의 전략이었을 것이다. 볼티모어의 클럽 라스베이거스에서 열릴 투어의 첫 공연 날짜가 코앞으로 다가왔고, 데이비스의 라인업에는 구멍이 있었다. 콜트레인은 연주할 수 있었고, 곡도 다 알았다. "밴드에 들어와달라고 거의 싹싹 빌어야 했다." 마일스의 회고다.[7] 콜트레인이 합류했다.

같은 시기에 또 하나의 중요한 만남이 있었다. 한 해 전, 베이스 주자 스티브 데이비스와 그의 아내인 재즈 가수 카디자 데이비스의 필라델피아 집에서 열린 토요일 잼 세션에서 콜트레인은 카디자의 친구 나이마 오스틴(본명은 후아니타)을 만났고 둘 사이에 관계가 시작되었다. 진지하고 수줍음 많고 자신의 예술에 엄숙하게 모든 것을 바쳤던 존 콜트레인은 마일스 데이비스나 필리 조 존스, 여타 수많은 다른 뮤지션들과 달리 성적 모험가는 절대 될 수 없었다. 그의 모험은 겉으로 보기에 오롯이 그의 예술 안에서만 이루어졌다. 네 살 딸을 홀로 키우는 엄마이자 독실하고 금욕적인 이슬람교도인 오스틴은 그에 버금가게 진지했다. 그는 자신이 더 나은 인간이 되고자 하는 여정에 그녀가 도움을 줄 수 있기를 바랐다.

9월 27일 콜트레인은 클럽 라스베이거스에서 마일스의 밴드에 합류했고, 곧이어 나이마도 볼티모어로 그를 따라왔다. 5중주단의 일주일 공연이 끝난 다음 날인 10월 3일, 두 사람은 결혼식을 올렸다. 데이비스, 갈런드, 체임버스, 존스가 모두 들러리를 섰다. 콜트레인과 마일스, 그렇게 둘의 분위기는 단번에 바뀌었다. "하나의 그룹으로 무대 위에서나 아래서나 우리는 죽이 잘 맞았다." 데이비스가 말했다.[8]

♪ ♪ ♪

10월 26일, 컬럼비아의 이스트 52번가 스튜디오에서, 조지 아바키언이 총괄하는 가운데, 마일스는 이 레이블의 데뷔 음반을 녹음했다. 아바키언은 마일스를 발라드 연주자로 밀려는 야심 찬 마케팅 계획을 세웠지만, 이 첫 세션은 온전히 비밥 성향의 빠른 곡들로 이루어져 있었다. (마일스의 첫 번째 컬럼비아 앨범 녹음은 두 세션이 추가되었는데—발매까지는 1년 반이 걸렸다—그 과정에서 여러 발라드 곡을 녹음했고, 그중에는 이 앨범의 제목이 된 〈'Round About Midnight〉도 있었다.[9])

이 첫 세션의 기록을 보면 프로듀서 조지 아바키언의 정중하면서도 단호한 면모가 확인된다. 사운드가 조금이라도 아니다 싶으면 테이크를 몇 번이고 중단시킨 뒤 데이비스와 콜트레인에게 마이크에 조금 가까이 또는 조금 멀리 서달라고 요청하거나, 콜트레인의 경우에는 더 자신 있게 연주해보라고 주문했다. "마일스? 마일스, 잠깐만요." 아바키언이 〈Budo〉의 여섯 번째 테이크를 49초 지점에서 중단시키고 말한다.

저기, 우리 처음부터 다시 해볼 수 있을까요? 틀린 음이 몇 군데 있어요. 그리고 존, 이번에도 침 튀는 소리가 살짝 들렸어요. 아마 너무 부드럽게 불어서 그런 것 같아요. 알죠? 조금만 뒤로 물러서면, 음, 좀더 힘 있게 불 수 있을 거예요. ⋯⋯10

좀더 힘 있게 불어봐요. 〈Budo〉의 마지막 테이크에서 콜트레인의 솔로는 유려하지만 묘하게 자신감이 부족해 보인다. 급작스런 지위 상승에 주눅이 든 듯, 마음껏 표현하기를 주저하는 것처럼. (〈Budo〉는 원래 〈Hallucinations〉라는 제목의 버드 파월 곡인데 마일스가 자신의 9중주단 앨범에 가져다 쓰면서 〈Budo〉로 곡명을 바꾸고 자기를 공동 작곡자로 올렸다.)

콜트레인이 볼티모어에서 5중주단에 합류한 직후 마일스는 조지 아바키언에게 와서 들어보라고 청했다. 핵심은 이 특이하고 소심한 색소폰 주자를 승인하라는 것이었다. 마일스가 들은 걸 아바키언도 들었다. "콜트레인의 마지막 세트를 듣고 완전 나가떨어졌던 걸 아직도 생생히 기억합니다." 2005년 그의 말이다. "제 마음을 정하게 만든 결정적인 순간이었죠."11

하지만 아바키언은 소수파였다. 재즈계에서는 마일스가 콜트레인을 기용한 것을 "버드가 [마일스를] 기용한 것만큼이나 이상한 선택으로 봤어요. 1955년 당시 그가 왜 존 콜트레인을 기용했는지 아무도 이해하지 못했죠. 약쟁이에 알코올 중독자였잖아요. 평판도 안 좋았고. 조니 호지스 밴드랑 디지의 밴드에서 해고된 전력도 있었으니, 아주, 아주 이상한 선택이었던 거죠"라고 로런 쇼언버그는 내게 말했다.[12]

빌 에번스는 훗날 이렇게 회고했다. "그룹이 시작될 때 나도 거기 있었어요. 대부분의 사람들이 왜 마일스가 콜트레인을 그룹에 들였는지 의아해했어요. 그는 좀 내성적이었고, 거기다 무대에서도 한쪽 구석에 물러나 있는 식이었죠. 뭐랄까, 긴장해서 멈칫거린다기보다 뭔가를 탐색하는 것 같다고 할까요."[13]

그는 눈을 감고 연주했다. 밖으로 드러내기보다 안으로 성찰하는 유형이었다. 마일스가 말하길 콜트레인은 바로 앞에 아름다운 여자가 알몸으로 서 있어도 몰랐을 것이라 했다.

"콜트레인은 이 세상 사람 같지가 않았어요." 소니 롤린스가 내게 한 말이다. "내가 보기에 그는 언제나 다른 차원에 있었어요. 음악에 완전히 빠져 있었죠. 그냥 음악이라고 하면 안 되고, 초자연적이고 영적인 의미의 음악이라고 해야겠네요. '영적'이라는 단어가 너무 남용되어서 싫어하긴 하지만 달리 표현할 수가 없군요. 콜트레인은 음악을 할 때 영적인 사람이었어요. 음악이 곧 그의 삶이라는 점에서 그의 음악이 영적이라고 할 수도 있겠지만, 음악을 영적인 방식으로 수행했다고 말하는 편이 나을 거예요. 그는 그냥 존재 자체가 영적인 사람이었어요."[14]

그리고 그는 재즈 기준으로는 **늙은이**였다. 스물아홉 살, 아직도 남밑에서 일하는 뮤지션으로서는 제법 고령이었다. 콜트레인에게 가장 혹독한 평론가는 콜트레인 자신이었다. "1955년 처음으로 마일스 밴드에 들어갔을 때 나는 배워야 할 게 정말 많았어요." 1961년 영국의 재즈 저널리스트에게 그가 말했다.

> 전반적으로 음악적인 기량이 부족했어요. 연주 기법상의 문제도 굉장히 많았고요. 예를 들면 적합한 마우스피스가 없었어요. 화성에 대한 필수적인 이해도 없었고. 마일스와 녹음한 초기 음반들은 상당히 부끄러워요. 그가 왜 나를 선택했는지, 나도 모르겠어요. 내 연주에서 성장하리라고 기대한 뭔가를 본 건지도 모르죠. 저에게는 이런 열망이 있습니다. 우리 모두가 그렇겠지만, 최대한 독창적이고 최대한 정직하고 싶어요. 그런데 음악적으로 아직 도달하지 못한 결론들이 너무나 많아 자괴감을 느꼈어요. 그 시절에는 이 모든 게 어쩔 수 없이 안타깝기만 했고 그게 음악으로 고스란히 드러난 거예요.[15]

녹음 세션이 아닌 실제 공연에서 자신감 부족 문제를 해결하는 한 가지 방법은 솔로 부분을 일종의 탐구의 장으로 삼는 것이었다. 즉 코러스를 잇달아 불어젖히면서 진짜 말하고 싶은 것을 어떻게 연주해야 할지 찾기 위해 노력했다. 동료나 밴드 리더로서는 마뜩잖은 방법이었다. "마일스가 그에게 '28코러스 말고 27코러스만 하면 안 될까?' 하고 말하곤 했다." 드럼 주자 지미 코브의 회고다. 어떻게 멈춰야 할지 당최 모르겠다는 콜트레인의 말에 마일스는 "색소폰을 입에서 떼보지 그래?" 하고 건조하게 대꾸했다. 다만 그건 그냥 마일스답게 반응한 것이었을 뿐, 그는 초창기 시절부터 "[콜트레인이] 뭔가를 해결하려고 노력하는 중"임을 이해하는 듯했다고 코브는 말한다.[16]

존 콜트레인 영입이 무엇을 뜻하는지 마일스는 정확히 알고 있었다. "콜트레인의 밀도 높고 수직적인 연주 스타일, 거친 사운드, 격렬한 감정에서 마일스는 자신의 사운드와 스타일을 돋보이게 할 완벽한 짝을 발견했다"고 댄 모건스턴은 썼다. "그와 파커 사이의 대조와 약간 비슷했으나, 단 이번에는 트럼펫 주자가 리더였다."[17]

그리고 이번에는 리더가 맥시멀리스트가 아닌 미니멀리스트였다. 콜트레인도 찰리 파커만큼이나 많은 음을 연주했다. 다만 파커의 즉흥 연주가 블루스, 스탠더드, 비밥 원곡의 코드 구조를 따라가며 멜로디와 연관된 화성을 탐색하는 방식이었다면, 콜트레인은 곡 안에서 생각할 수 있는 모든 화성 진행 자체를 목적으로 삼아 그 안에서 누구도 써볼 생각조차 하지 않았던 음들을 찾아나섰다.

투어를 시작하자마자 5중주단이 마법처럼 빠르게 응집됐다고 마일스는 회상했다. "내가 상상도 못했을 만큼 빨랐다. 우리가 함께 연주하는 음악은 그야말로 믿기 힘들 정도였다. 매일 밤 전율이 일 만큼 굉장했는데 관객도 마찬가지였다."[18]

실제로는 그보다 훨씬 점진적인 변화였고 늘 황홀하지만은 않았다. 자유분방한 젊은 천재 소니 롤린스와 녹음한 마일스의 음반을 꽤 많이 들어온 청중들은 아무 설명도 없이 롤린스가 빠지자 실망했다. 대신 무대 위에는 뭔가를 탐색하는 듯 자신감 없어 보이는 무명의 연주자가 서 있잖은가. 그의 연주는 지루한 정도까지는 아니었지만 그다지 감동을 주지 않았다. 새 테너 색소폰 주자는 마일스의 인내심과

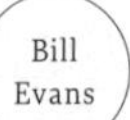

마일스가 자기 연주를 좋아한다는 암시—격려의 말 같은 건 물론 없었을 테니—와 점진적인 향상으로 이어지는 끊임없는 연습에 의지할 수밖에 없었다. (재즈계에서 '리듬 섹션'으로 빠르게 알려지기 시작한) 레드 갈런드, 폴 체임버스, 필리 조와 음악적으로 또 개인적으로 가까워진 게 비결이었다.

콜트레인의 진전은 인간 콜트레인만큼이나 신중했지만 1956년 1월 로스앤젤레스의 재즈 시티에서 있었던 5중주단의 공연이 중요한 돌파구가 되었다. 어느 날 밤, 콜트레인보다 조금 어리지만 이미 대스타였던 스탠 게츠가 무대에 올라 밴드와 함께 연주를 하겠다고 나섰다. 콜트레인이 주눅이 들어 무대에서 내려가려 하자 마일스가 그를 억지로 붙잡았다. 공교롭게도 게츠는 그날 컨디션이 별로였다(어쩌면 마약 문제와 관련이 있었을지도 모른다). 게츠는 리듬 섹션과 삐걱거린 반면 콜트레인은 그 무렵 이미 리듬 섹션과 더없이 호흡이 잘 맞았다. 게츠의 솔로는 불안했고, 콜트레인의 솔로는 매끄러웠다. 커팅 콘테스트는 아니었지만 관객을 감동시킨 콜트레인의 명백한 승리였다. 어쩌면 본인조차 감동받았을지도 모르겠다.[19]

마일스의 5중주단은 서부 해안을 강타했다. 애슐리 칸은 "몇 년 전 제리 멀리건과 쳇 베이커가 피아노 없는 5중주단으로 첫 선을 보인 쿨 재즈 영역에 펑키한 하드 밥에 세련된 서정성을 가미한 뉴욕 사운드가 침범했다"고 썼다.[20] "아무도 그게 뭔지 잘 몰랐어요." 재즈 작곡가이자 편곡가 사이 존슨이 루이스 포터에게 말했다. "그야말로 느닷없이 나타나서 모두를 충격에 빠뜨린 거예요. 웨스트코스트 재즈가 하루아침에 박살난 거죠."[21]

5중주단은 시작부터 바빴다. 1955년 가을과 초겨울, 그들의 투어는 볼티모어, 디트로이트, 뉴욕, 보스턴, 클리블랜드, 워싱턴 D. C., 필라델피아를 돌았고, 1956년 초 로스앤젤레스 공연에 이어 샌프란시스코, 시카고, 쾌벡시티, 보스턴을 거쳐 뉴욕으로 돌아왔다. 한편 와인스톡과 아바키언 간의 이상한 계약 때문에 마일스는 이제 콜트레인, 갈런드, 체임버스, 존스와 함께 프레스티지 녹음을 계속했고, 동시에 첫 컬럼비아 LP도 꾸준히 준비해나갔다.

마일스는 컬럼비아로 이적하기 전까지 프레스티지와 다섯 개의 앨범을 만들어야 했다. 1955년 11월에 녹음된 것은 이듬해 4월 《Miles》란 이름으로 나왔다. 바로 뒤이어 (데이비스의 서른 번째 생일을 2주 앞두고) 5중주단은 그해 프레스티지와 했던 두 번의 마라톤 녹음 세션 중 첫 번째 작업에 들어갔다. 5월 밴 겔더의 스튜디오에서 총 열세 곡을 녹음했고, 10월 말에 다시 돌아와 열두 곡을 더 녹음했다. 이후 5년간 프레스티지는 이 녹음들을 다음 네 장의 LP에 담아 찔끔찔끔 내놨다. 《Cookin' with the Miles Davis Quintet》《Relaxin' with the Miles Davis Quintet》《Workin' with the Miles Davis Quintet》《Steamin' with the Miles Davis Quintet》(마지막 앨범은 1961년 중반까지 발매를 미뤘다).

모든 앨범이 걸작이었다. 아포스트로피로 표현한 제목들만큼이나 신선하고 활력이 넘쳤다. 프레스티지와의 계약 조건이 수수했던 탓에 스튜디오 사용료를 연주자들이 지불해야 했고, 따라서 밴드는 확연한 실수가 아닌 한 대부분의 곡을 한 테이크만에 끝냈다. 그 결과 모든 음반이 라이브 공연 같은 느낌을 준다. (게다가 신선함을 더하기 위해 프레스티지의 관례처럼 굳어진 방식대로 스튜디오 안의 대화 일부를 그대로 실었다.[22]) 아바키언의 체계적인 프로덕션 접근법과는 완전히

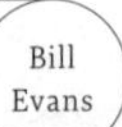

달랐다. 물론 아바키언에게는 예산이 훨씬 많았으니 그럴 만했다.

그럼에도 프레스티지 앨범들과 컬럼비아의 《'Round About Midnight》를 비교해보면 결코 어느 한쪽이 떨어지지 않는다. 프레스티지 LP들은 경쾌하고 가벼운 발걸음을 지녔고, 컬럼비아 음반은 프로덕션의 품질이 높다. 둘 다 리듬 섹션이 완벽하고, 둘 다 최절정에 도달한 마일스의 기량과 최절정을 향해 올라가는 콜트레인의 기량을 확인시켜준다. 1955년 10월 녹음된 〈Budo〉에서 색소폰 주자가 보여준 다소 머뭇거리는 연주와 1년도 채 지나지 않아 〈'Round Midnight〉에서 보여준 매혹적이고 자신 있고 활기찬, 그의 첫 번째 위대한 솔로는 그 차이가 경이롭다.

컬럼비아의 세 번째 세션은 1956년 9월 10일 아침으로 잡혀 있었다. 가을 기운이 느껴지는 맑고 선선한 날이었다. 역시 컬럼비아 소속 아티스트인 레너드 번스타인이 30번가 스튜디오에 와 있었다. 오늘 5중주단의 녹음 목록에 포함된 곡들 중 하나인, 너무나도 많이 연주된 재즈 곡 〈Sweet Sue, Just You〉의 연주를 감독하기 위해서였다. 번스타인은 상당히 다양한 활동을 펼쳤지만 TV에서 음악 강연자로 특히 명성을 얻고 있었다. 인기 프로그램 「옴니버스」의 자신이 진행하는 정규 코너에서 여러 밴드들이 연주하는 〈Sweet Sue〉 영상을 보여주며 재즈의 진화를 설명할 계획이었다. 아울러 방송에 맞춰 관련 콘텐츠를 담은 《What Is Jazz》라는 앨범도 출시가 예정되어 있었다.

테이크 사이에 했던 대화 녹음에서 알 수 있듯 번스타인은 그날 스튜디오에서 거장의 면모를 여실히 보여주었다. 물론 마일스도 거장이었다. 지휘자와 마일스가 서로에게 일정 정도 존중을 표하는 것이 들린다. 하지만 번스타인이 보인 존중은 거기까지였다. 그 곡을 리허설하던 중 레드 갈런드가 묻는다. "이봐, 코러스는 몇 번 할까?" 마일스가 답한다. "각자 한 번씩." 번스타인이 말을 보탠다. "마일스가 한 번, 그리고 음 …""콜트레인." 마일스가 재빨리 끼어든다.[23]

존 콜트레인을 사실상 무명이나 다름없는 아웃사이더로 상상하기란 어렵지만 마일스의 밴드에 처음 합류했을 당시, 그리고 이후 2년간 그는 그런 존재였다. 무대 위와 아래에서 자신의 예술을 갈고 닦으며, 처음에는 그의 연주 속 생경한 아름다움을 이해할 수 없었던 재즈계에 서서히 점차 깊은 인상을 남기기 시작했다.

"마일스가 없었다면, 그러니까 콜트레인의 잠재력에 대한 마일스의 믿음이 없었다면 우리는 콜트레인의 잠재력을 몰랐을 것이고 그가 [남긴] 위대한 업적을 알지 못했을 거라고 생각해요." 훗날 빌 에번스가 말했다. "하지만 마일스는 왠지 실제로 알고 있었어요. 콜트레인이 도달할 깊이와 발전을. 그리고 그에게 모든 공간을 내주었죠. 그냥 모든 공간을 다 내준 거예요. 정말로."[24]

루이지애나에서 에번스는 1년간의 회의懷疑와 공부의 시간을 보낸 뒤 더 강한 자신감과 결의를 품게 되었다. "재즈에서 승부를 가려보자는 마음을 먹고 뉴욕으로 오는 길에 스스로에게 이렇게 물었던 기억이 납니다. **자, 재즈 뮤지션이 되면 먹고사는 문제나 그 밖에 현실적인 문제들에 어떻게 대처해야 하지?** 결국 설령 벽장 안에서 할지언정 오직 음악을 잘해내는 것밖에 없다는 결론에 도달했죠. 그리고 내가 **정말** 그걸 해내면 누군가가 찾아와 벽장문을 열고 **이봐, 우리가 당신을 찾고 있었어**라고 말할 거라고요."[25]

그의 새로운 집은 벽장은 아니었지만 벽장에 가까웠다. 1955년

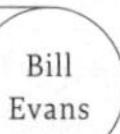

7월 에번스는 버드가 없는 뉴욕에 도착해 모아뒀던 돈을 탈탈 털어 웨스트 83번가에 작은 스튜디오를 얻었다. 그의 크나베 그랜드 피아노가 들어가니 스튜디오가 꽉 찼다. 보면대에는 쇼팽, 라벨, 스크라빈, 그리고 바흐의 『평균율 클라비어곡집』 악보가 놓여 있었다. 연습할 때 그는 클래식을 연주하다가 조바꿈하듯 즉흥 재즈로 옮겨가기를 좋아했다. 템포가 독특한 리듬으로 변하고 화성이 유럽 음악의 것과 사촌처럼 가까워졌다.

그는 재즈에서 성공하기까지 스스로에게 5년의 시간을 주었다. 첫해는 주로 댄스곡을 연주하여 월세를 벌었다. "일주일에 세 차례 밤에 브루클린의 프렌드십 클럽, 그리고 수요일 오후에는 로즐랜드 볼룸. 그는 어지러울 만큼 다양한 '턱시도 연주' 일자리를 쫓아다녔다. 사교계 무도회, 유대인들의 결혼식, 공연 중간 쉬는 시간에 하는 짧은 무대, 그리고 무엇보다 우울했던 곳은 40세 이상을 위한 무도회였다. 지하철을 타고 록어웨이까지 가서 새벽 5시까지 술집을 가리지 않고 어디서든 연주한 다음 쥐꼬리만 한 돈을 받았다."[26]

그는 또 당시 어퍼 이스트사이드에 있던 매니스 음악대학에 등록하여 작곡 과목을 수강했다. 12음 기법을 공부하고 윌리엄 블레이크의 시에 곡을 붙이며 지적 갈증을 채웠다. 블레이크는 그에게 굉장히 중요했다. 세월이 흐른 뒤에 에번스는 인터뷰에서 이렇게 말했다.

거의 민속 시인 같았지만 그 단순함으로 그는 예술의 높은 경지에 도달합니다. 단순한 것, 본질적인 것들이야말로 멋진 건데 우리가 그것을 표현하는 방식은 엄청나게 복잡할 수 있습니다. 음악적 기교도 마찬가지인데요. 단순한 감정, 이를테면 사랑이나 흥분이나 슬픔 같은 것들을 표현하려 하지만 종종 기교에 방해를 받을 때가 있습니다. 감정과 생각이 전달되는 도구여야 하는데 그 자체가 목적이 되어버리는 거죠. 위대한 예술가는 언제나 문제의 본질에 곧장 다가갑니다. 그의 기교는 너무도 자연스러워 보이지도 들리지도 않아요. 나는 항상 재주가 좋은 편이었는데 그래서 오히려 걱정입니다. 그게 방해가 되지 않았으면 좋겠어요.[27]

아무리 지적이라 해도 재즈에 대한 본능적인 사랑은 그를 클럽으로 이끌었다. 베이신 스트리트, 히커리 하우스, 엠버스, 버드랜드. 에번스는 기존 연주자들이 있는 무대에 올라 함께 즉흥 연주를 하기 시작했다. 그의 연주를 들은 사람은 누구나 그가 탁월한 기량을 갖춘 피아니스트라는 걸 알아챘다. 조금은 버드 파월 같고, 조금은 아마드 자말 같았지만 대체로는 그 누구하고도 비슷하지 않은 연주였다. "그가 사우스이스턴에서 수학하던 시절은," 페팅거의 글이다. "그에게 음색, 화성의 효과, 분위기와 감정을 듣는 음악적 감각을 키워주었는데, 이는 유럽 클래식 레퍼토리만이 줄 수 있는 것이었다."[28]

1955년과 1956년에는 더 많은 사이드맨 일거리가 들어왔다. 그는 클래식 교육을 받은 야심 찬 클라리넷 주자 토니 스콧과 함께 4중주단에 속해 투어를 다녔다. 스콧과는 육군에 복무할 때 자주 드나들던 시카고의 재즈 클럽들에서 알게 된 사이였다. 뉴욕으로 막 이사온 직후인 1955년 8월, 에번스는 지금은 잊힌 가수 루시 리드의 앨범 《The Singing Reed》에 반주자로 참여했다. 리드의 공연 역시 시카고의 재즈 클럽에서 처음 보았는데, 그녀는 뛰어난 선율 감각과 세련미를 지닌 보컬리스트로 아메리칸 송북의 덜 알려진 곡들을 골라 건조

Miles
Davis

John
Coltrane

Bill
Evans

하면서도 노련함을 담아 노래했다. 조용하고 정교하게 보이싱된 코드를 쓰는 에번스야말로 그녀에게 꼭 맞는 반주자였다.

8월의 어느 무더운 아침, 리드는 친구인 재즈 작곡가이자 편곡자 조지 러셀에게 전화를 걸어 빌이라는 친구와 함께 찾아가고 싶다고 말했다. 당시 러셀은 아내 후아니타와 함께 이스트 20번가에 있는 비치우드라는 이름의 주거용 호텔에 살고 있었다. 러셀은 리드에게 더위도 피할 겸 다 같이 스태튼 아일랜드 페리나 타러 가자고 제안했다.

이 빌이라는 친구가 누구인지 러셀은 까맣게 몰랐지만 첫인상은 그리 기대할 만하지 않았다. "평범한 인상의 친구였고, 아주 조용하고 아주 내성적이었죠." 이거 온종일 힘든 하루가 되겠는걸, 하고 생각했다. 페팅거의 글이다.

결국 그들은 난로, 침대, 다리미판, 피아노가 방 하나에 쑤셔 넣어진 러셀의 비치우드 호텔방으로 돌아왔다. 조지는 간이식당에서 일하며 생활비를 버는 한편 그의 걸작 이론서[조성 조직의 리디안 크로매틱 개념Lydian Chromatic Concept of Tonal Organization] 집필에 몰두했다. 루시와 함께 할 공연 준비 때문에 그가 편곡한 작품 몇 개가 이미 빌에게 전달된 상태였다. 에번스가 피아노를 칠 수 있게 다리미판을 침대 위로 옮겼다. 러셀은 최악을 예상하며 문가에 서서 핑계를 준비했다. 그런데 아니었다. "끔찍한 전개를 예상했는데, 인생에 마법 같은 순간이 찾아왔다." 그의 회고다. "갑자기 천국의 문이 열리고 … 바로 알았다, 이 친구가 아무 데도 못 가게 꽉 붙들어야 한다는 걸."[29]

조지 러셀은 1923년 백인 아버지와 흑인 어머니 사이에서 태어났다. 그는 재즈를 바꿔놓은 뛰어난 음악 이론가였으나 정작 본인은 거의 무명으로 남게 될 숙명을 지닌 특이한 인물이었다.『조성 조직의 리디안 크로매틱 개념』§은 사실 그가 메이시스 백화점 판매원으로 일하던 1953년에 이미 출간되었다. 또 그의 음악은 최소한 1947년부터 재즈 뮤지션들에게 알려져 있었다. 그해에 디지 길레스피가 자신과 찰리 파커가 함께 창조한 음악‡을 쿠바 재즈와 섞어보려는 시도의 일환으로 러셀이 작곡한 2부작 아프로-큐반 곡 〈Cubana Be/Cubana Bop〉을 녹음했기 때문이다. 1950년에는 아티 쇼가 러셀의 또 다른 곡 〈Similau〉를 녹음했다.

이 두 곡은 전통적인 재즈 곡처럼 들리지 않았다. 팝 음악이나 비밥 곡과는 달리 매우 단순화된 코드 구조, 즉 여러 개의 코드 진행이 아닌 한두 개의 코드와 통상적이지 않은 **모드**에 기반하고 있었기 때문이다.

모드mode는 음계scale, 다시 말해 고유의 소리와 정서적 색채를 지닌 음계, 즉 선법旋法이다. 세계의 음악에는 수십 가지의 다양한 모드 변형이 있다. (그리고 세계의 음악은 대다수가, 피아노와 달리 한 음과 다음 음 사이의 미세한 단계‡까지 표현할 수 있는 현악기와 관악기로 연주된다.) 다른 모드를 사용하면 같은 곡이라도 스페인이나 중동, 중

§ 조지 러셀이 만든 이론으로, 리디안 모드를 중심에 두고 음악을 완전 5도 간격의 '음의 중력' 개념으로 설명한 즉흥 연주와 작곡의 재즈 음악 이론.

‡ 비밥을 말함

✻ 미분음.

312

국이나 인도풍으로 들릴 수 있다. 서양 음악에서는 대중음악과 클래식 대부분이 이오니아 선법(피아노에서 C D E F G A B C의 장음계. E와 F, B와 C 사이가 반음)과 에올리아 선법(피아노에서 흰건반으로 A에서 A까지, 자연단음계)을 바탕으로 한다. 블루스는 주로 도리아 선법(C에서 시작: C D E♭ F G A B♭ C) 아니면 믹솔리디아 선법(C에서 시작: C D E F G A B♭ C)으로 되어 있다.

팝 음악은 화성 진행 위에 세워진다. 때로는 어빙 벌린의 〈Always〉처럼 단순하고, 때로는 제롬 컨의 〈All the Things You Are〉나 빌리 스트레이혼의 〈Lush Life〉처럼 복잡기도 하다. 비밥 곡들은 팝 스탠더드 곡들의 콘트라팩트contrafact§, 달리 말하면 아메리칸 송북의 대표곡들과 같은 코드 구조로 작곡되었다는 뜻이다. 예컨대 〈How High the Moon〉이 찰리 파커의 〈Ornithology〉로, 〈What Is This Thing Called Love〉가 태드 대머런의 〈Hot House〉로, 그리고 〈I Got Rhythm〉이 일일이 열거할 수 없을 만큼 여러 곡으로 다시 태어났다. 그리고 비밥은 정신없이 빠른 속도로 코드 체인지를 하는 것으로 악명이 높아 이미 1940년대 말부터, 찰리 파커의 죽음 이후에 더더욱, 재즈는 새로운 방향을 모색하기 시작했다. 드뷔시나 버르토크 같은 현대 유럽 클래식 작곡가들의 영향도 일부 작용하면서 재즈 뮤지션들은 전통적인 장조/단조 조성을 넘어 새로운 모드와 단순화된 코드 구조로 이동해가고 있었다.

조지 러셀은 이러한 움직임의 중요한 탐험가였다. 재즈 연주자들은 그의 음악에서 완전히 새로운 무언가를 들었다. "조지는 즉흥 연

---

§ 기존 곡의 코드 진행은 그대로 두고 그 위에 새로운 멜로디를 얹어 만든 곡.

주처럼 들리는 작곡을 한다." 빌 에번스가 훗날 말했다. "재즈에 깊이 빠져 있어서 그 모든 요소들을 이해해야만 가능한 일이다."[30] 러셀이 작곡한 것들은 사람을 위축시킬 만큼 이상한 이름들이 붙어 있었고 훈련되지 않은 귀에는 엄청 생소하게 들렸다. 그것은 지금도 마찬가지다.

1956년 말 RCA 레코드는 조지 러셀에게 '재즈 워크숍'이라 명명한 새 음반 시리즈의 앨범 하나를 작곡하고 이끌어달라는 제안을 했다. 그 결과로 탄생한 앨범이 《The George Russell Smalltet》으로, 할 맥쿠식이 알토 색소폰과 플루트를, 아트 파머가 트럼펫을, 배리 갤브레이스가 기타를, 밀트 힌턴이 베이스를, 폴 모션이 드럼을, 그리고 빌 에번스가 피아노를 맡아 참여했다. 스태튼 아일랜드 페리 나들이 이후 몇 달 사이에 에번스와 러셀은 절친한 친구가 되었다. 러셀 부부는 애정을 담아 이 피아니스트를 "목사님"이라 부르며 놀렸다.

《Smalltet》에 수록된 모든 곡을 러셀이 작곡했는데 〈Ye Hypocrite, Ye Beelzebub〉 〈Livingstone I Presume〉 〈Knights of the Steamtable〉 같은 제목만큼이나 하나같이 기발하다.

이것이 진정 재즈 음반이라면, 지금 이야기되고 있는 건 재즈의 정의를 훨씬 넓은 범위로 본 것일 테다. 따지고 보면 재즈라는 형식은 1910년대 초창기부터 현대 유럽 클래식 음악과 영향을 주고받으며 발전해왔을 뿐더러 제2차 세계대전 종전 무렵 스윙의 종말 이래 그 영역을 더욱 확장해왔다. 그리고 《Smalltet》을 들어보면 확실해지듯 처음에는 일부 연주자들조차 낯설게 들렸던 조지 러셀의 음악 언어야말로 빌 에번스에게는 더없이 편안한 세계였다.

앨범에 수록된 곡 중 가장 확실한 증거가 바로 〈Concerto for Billy

the Kid)이다(에런 코플런드가 같은 주제로 1938년 발표한 민중적인 색채의 발레 음악과는 아무 관련이 없다). 불협화음과 예기치 못한 당김음이 많고, 흥얼거리거나 휘파람을 불 만한 악절 하나 없지만 이상할 만큼 신나고 독특한 에너지가 넘치는 작품이다. 분주하고 활력 넘치며 불타오른다. 우주를 배경으로 한 서부극의 주제곡 같기도 하다. 그리고 2분 30초경—정확히는 2분 28초—에 놀라운 일이 일어난다. 다른 악기들이 일제히 연주를 멈추고 에번스의 날래게 덤벼드는, 현란하게 빠른 솔로가 시작된다. **오직 오른손만으로** 마치 물보라가 튀어오르고 꽃망울이 터지듯 음 하나하나의 도약과 회전을 속사포처럼 쏟아낸다. 그 사이사이에 베이스, 드럼, 기타의 스톱-타임stop-time§ **구간**이 끼어든다.

러셀은 이 곡을, 특히 이 솔로를, "빌 에번스의 연주에 담긴 활력과 생동감을 뒷받침할 틀을 제공하기 위해" 설계한 것이라고 했다.[31]

그 시기에 에번스가 자주 만났던 연주자 중 한 명은 오랜 친구이자 미시시피주 출신의 기타리스트 먼델 로였다. 사우스이스턴 루이지애나 대학에서 만난 둘은 당시에도 함께 공연을 했는데, 빌이 뉴욕으로 온 후에 다시 뭉쳤다. 그들의 최근 무대 중 하나였던 1956년 3중주단 연주는 로와 에번스에 베이스 주자 허먼 "트리거" 앨퍼트가 함께 했는데, 앨퍼트가 암펙스 오픈릴 테이프 녹음기를 켜놓은 덕에 그 공연이 보존될 수 있었다. 여기에는 속셈이 하나 있었다. 그도 로도 에번스가 리더로서 첫 음반을 만들 때가 됐다는 데 생각이 일치했다. 그리고 둘은 이 피아니스트가 전반적으로 자신감은 낮고 자기비판

---

§ 솔로를 돋보이게 하기 위해 리듬 섹션이 짧게 딱딱 끊어서 연주하는 기법.

은 지나쳐 그냥 두면 음반은커녕 데모 녹음조차 꺼릴 게 분명하다는 것 또한 알았다.

먼델 로는 리버사이드라는 허접한 신생 독립 레이블에서 4중주단과 5중주단 LP 두어 장을 발매한 적이 있었다. 리버사이드는 대학 동창 사이인 빌 그라우어와 오린 킵뉴스가 공동 창립한 회사로 1950년대 초반에 젤리 롤 모턴과 마 레이니 같은 초창기 재즈 아티스트들의 앨범을 재발매하는 것으로 사업을 시작했다. 그러다 1954년 그들로서는 처음으로 동시대 재즈 뮤지션과 계약을 맺는데 바로 젊은 피아니스트 랜디 웨스턴이었다. (영세한 회사라 그라우어가 사업 전반을 맡았고, 오랫동안 음반 프로듀서를 꿈꿔온 킵뉴스가 직접 프로듀싱을 해보기로 했는데, 막상 해보니 뜻밖에도 소질이 있다는 걸 알게 되었다.) 1955년, 실로 예술계의 쿠데타라 할 만한 사건이 벌어졌다. 리버사이드가 텔로니어스 멍크를 영입한 것이다. 멍크의 자작곡 LP들을 발매했지만 상업적 성공을 거두지 못했던 이전 레이블 프레스티지로부터 108달러 27센트에 멍크의 계약을 넘겨받았다. 이어 리버사이드는 멍크의 대중적 인지도를 높이기 위해 재즈 스탠더드 곡을 연주한 앨범 두 장을 먼저 발매했다.[32]

재즈를 듣는 대중이 아주 많은 세상을 한번 상상해보자. 상상의 나래를 넓혀 거기에 텔로니어스 멍크는 이름부터가 우스꽝스럽고 이해하기 어려운 자작곡을 연주하는 피아니스트이고, 빌 에번스는 이름도 평범하고 거의 무명인 피아니스트라고 해보자. 그게 바로 1956년 미국의 실제 세상이었다.

에번스를 레코드사에 추천하기 위해 로와 앨퍼트는 그라우어와 킵뉴스에게 전화를 걸어 녹음테이프를 들려주었다. 귀가 솔깃해진 레코드사의 젊은 중역들은 에번스의 라이브 연주를 들으러 갔고, 현장에서 더 강렬한 인상을 받았다. 보통 아티스트의 간절한 요청에 따라 아티스트의 매니저나 에이전트가 음반사를 찾아가 데모 테이프를 들려주며 계약을 읍소하는 통상의 절차를 뒤집어 이번에는 그라우어와 킵뉴스가 빌 에번스 유치 작전에 나섰다. 가능한 한 에이전트 같은 중간 단계 없이, 에번스 본인의 이름으로, 3중주단 구성으로 녹음하는 조건 등을 내걸며 계약을 성사시키기 위해 상당한 노력을 기울였다.

리버사이드와의 계약 조건은 사실상 기본적인 수준이었지만 레이블은 그에게 한 가지 중요한 편의를 제공해주었다. 신인 연주자에게는 보통 한 번의 녹음 세션만 주던 통례와 달리 에번스에게는 두 차례 세션을 통해 첫 앨범을 만들 수 있게 허락한 것이었다. 결과물인 《New Jazz Conceptions》는 심심한 제목과는 달리 내용만큼은 신선했다.

1956년 9월 18일과 27일, 이스트 44번가 리브스 사운드 스튜디오. 토니 스콧과 연주했던 동료들인 테디 코틱과 폴 모션이 베이스와 드럼을 맡았고, 에번스는 총 열한 곡을 녹음했다. 스탠더드 다섯 곡(콜 포터의 〈I Love You〉, 듀크 엘링턴과 폴 프랜시스 웹스터의 〈I Got It Bad (And That Ain't Good)〉, 레오 로빈과 랠프 레인저의 〈Easy Living〉, 쿠르트 바일과 오그던 내시의 〈Speak Low〉, 로저스와 하트의 〈My Romance〉), 다른 재즈 작곡가의 두 곡(조지 시어링의 널리 연주된 〈Conception〉과 태드 대머런의 〈Our Delight〉), 그리고 빌 에번스의 자작곡 네 곡(〈Five〉 〈Displacement〉 〈Waltz for Debby〉 그리고 블루스풍의 〈No Cover, No Minimum〉)이었다.

에번스와 오린 킵뉴스는 일정 부분 안전한 선택을 하고 있었다. 다양한 스타일을 한데 모은 꽃다발 같은 앨범이었다. 각 곡마다 인상적인 기교와 젊은 에너지가 느껴지는 연주가 담겨 있어, 누구든 마음에 드는 곡이 하나쯤은 있을 법했다. 스탠더드 다섯 곡은 너무나도 아름다운 화성을 더해 전혀 새로운 곡처럼 들리게 연주했다. 멍크풍의 자작곡 〈Five〉,[33] 그야말로 고르지 않은 템포의 〈Displacement〉, 시어링의 비밥 시대(코드가 몹시 많은) 산물 〈Conception〉 등 난이도 있는 곡들은 모션의 박력 있는 드럼에 발맞춰 역동적인 에너지를 담아 연주했다. 〈I Got it Bad〉〈My Romance〉〈Waltz for Debby〉 등 세 곡의 솔로는 각각 2분이 채 안 되는 매혹적인 소품들로 서정성이 가득한 보석 상자 같았다. 빌이 2년 전 해리와 팻 에번스 부부의 어린 딸을 위해 쓴, 마음을 녹일 듯 사랑스럽게 연주한 〈Debby〉는 고전이 될 운명을 타고났다. 페팅거의 표현을 빌리자면 "또 다른 의미의 고전, 그러니까 로베르트 슈만의 피아노 소품에 견줄 만한 작품"이었다.[34]

1957년 발매된 《New Jazz Conceptions》는 800장이 팔렸다.

1956년 여름 언젠가, 에번스가 늘 고대해온 인생의 전환점이 될 기회가 찾아왔다. 7번로 남쪽에 위치한 유서 깊은 빌리지 뱅가드에서 모던 재즈 쿼텟과 같은 무대에 올라 솔로를 하게 된 것이었다. "당연히, 아무도 나를 몰랐죠." 에번스의 회고다.

MJQ의 세트가 시작되면 객석은 쥐죽은 듯 조용해졌어요. 밀트 잭슨이 매번 나를 정말 멋지게 소개해줬는데도, 관객들은 한 5.5초 정도 조용했다가 이내 시끄럽게 떠들기 시작했죠. 그래도 묵묵히 피아노를 쳤어요. … 정말 기분 좋은 일이 하나 있었는데, 어느 날 밤 연주를 하다 고개를 들고 눈을 떠보니 피아노 끝 쪽으로 귀를 기울여 듣고 있던 마일스의 얼굴이 보이더라고요.[35]

♪♪♪

존 콜트레인은 마일스 데이비스 5중주단의 리듬 섹션을 사랑했다. 음악적으로도 인간적으로도. 레드 갈런드, 폴 체임버스, 필리 조 존스와의 우정이 만족스럽기는 했으나 이 우정은 밴드의 해체로 이어질 씨앗을 품고 있었다. 마일스의 5중주단은 훌륭했다. 그러나 에릭 니센슨이 썼듯 "그룹은 거의 즉각적으로 'D 앤드 D 밴드—술과 마약Drunk and Dope 밴드—라는 별명을 얻었다."[36]

"레드는 공연장에 늦게 오는 날이 많았다." 스웨드의 글이다.

체임버스는 늘 술에 취해 있었다. 밥을 먹다가 기절할 정도였다. 조와 존은 늘 마약에 취해 있었다. 데이비스가 이 밴드로 인하여 골치를 앓은 이야기는 수없이 많다. 어쩌면 마일스는 당시 헤로인을 하지 않은 유일한 멤버였을지도 모른다. 그는 투어 중 대부분의 시간을 멤버들을 챙기는 데 썼다. 그들을 따라다니며 감시하고, 경찰 눈에 띄지 않도록 조치하고, 밥을 먹이고, 술이나 약에서 깨우는 등 엄청나게 애를 썼다. 필리 조에게 주는 수표에 '마약 사라고 주는 돈'이라는 비꼬는 투의 메모를 적기도 했고, 급히 마약이 필요한 비상사태에 대비해 멤버들 몰래 헤로인을 챙겨두기까지 했다.[37]

마일스는 5월에 서른 살이 되었다. 갑자기 어른의 위치가 된 것이다. 물론 갑자기는 절대 아니었던 게, 그는 무너진 평판을 다시 쌓아 올리기 위해 수개월간 초인적인 노력을 쏟아부었고, 다시는 이 명성을 놓치지 않겠다고 다짐했다. 이제 메이저 레이블과 계약까지 하고 큰물에서 큰돈을 벌어들이는 중이었다. 또다시 얼굴에 먹칠하는 일은 결단코 없어야 했다.

5중주단의 또 다른 프런트맨이자 따라서 마일스와 더불어 가장 알려진 연주자인 콜트레인이 특히나 못마땅해지고 있었다. 뉴욕이 콜트레인의 활동 거점이 되면서 그는 전국에서 가장 강력한 헤로인을 구할 수 있게 되었다. 마약을 하지 않으면 술을 마셨고, 이 두 가지가 다 연주에 해를 끼쳤다. 여러 번 끊어보려 했지만 되지 않았다. 제대로 살아보겠다는 작정으로 나이마와 결혼까지 했음에도 지난 1년은 가정에서 지내는 시간 자체가 부족해 그녀의 영향을 전혀 받을 수가 없었다. 6월에 나이마는 카페 보헤미아에서 자주 공연하던 존의 곁에 있기 위해 딸 사이다와 함께 뉴욕으로 이사했다. 하지만 정작 그는 6월과 7월의 대부분을 중서부 투어로 보냈다. 심란한 여름이었다. 6월 26일, 클리퍼드 브라운과 버드 파월의 동생 리치가 자동차 사고로 사망했다. 이 소식은 재즈계 전체를 충격에 빠뜨렸고, 브라운과 함께 역동적이고 성공적인 그룹을 만든 맥스 로치 또한 공황 상태에 빠졌다. 브라운은 겨우 스물다섯이었다. (더욱 끔찍한 아이러니는 다정한 성격으로 모두의 사랑을 받은 이 트럼펫 주자가 당시 유명 재즈 아티스트들 중 드물게 술도 마약도 하지 않았던 인물이라는 사실이다.)

마일스와 밴드는 보헤미아로 돌아와 9월 내내 무대에 섰다. 아이라 기틀러도 그곳에 자주 들렀다. "연주 세트와 세트 사이에 콜트레

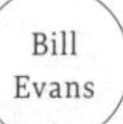

인이 사라지곤 했다." 그의 회고다. "지하실에서 와인과 맥주를 섞어 마시면서 연습했던 것이다. 헤로인을 끊으려고 그랬던 것 같다. 어쨌든 그는 속을 잘 드러내지 않았다."[38]

바로 이어진 보스턴의 스토리빌 공연에서 "콜트레인은 특히 상태가 심각했다. 무대 위에서 꾸벅꾸벅 졸기 일쑤였고 거의 매일 밤 지각하거나 아예 나타나지 않았다. 옷이 더럽고 냄새가 날 때도 있었다."[39] 10월 중순에 밴드가 카페 보헤미아로 돌아오고 나서도 이런 일이 계속되자 마일스는 콜트레인을 해고했다. 아니면 콜트레인이 자진해서 그만뒀을 수도 있다. 그 자리에는 헤로인을 떨치고 복귀한 소니 롤린스가 들어왔다. 어떤 자료들에 따르면, 콜트레인이 돌아와 한 이틀쯤 롤린스 옆에서 연주하다가 데이비스와의 또 다른 말다툼 끝에 다시 그만두고 필라델피아 집으로 돌아갔다고 한다.[40] 어쨌든 그는 그달 말에 다시 돌아와 프레스티지와의 마지막 마라톤 녹음 세션에 참여했다.

10월 31일, 마일스는 잠시 5중주단을 떠나 이른바 버드랜드 올스타즈와 함께 유럽 투어에 나섰다. 레스터 영, 모던 재즈 쿼텟, 버드 파월과 함께였는데 파월은 프랑스, 네덜란드, 벨기에, 독일, 스웨덴 공연 라인업에 이름이 올라 있었지만 조현병이 악화되어 연주가 거의 불가능했다. 프랑스 현지의 리듬 섹션이 데이비스와 영의 반주를 맡아주었다. 마일스는 피아노 주자이자 친구 르네 위르트레제의 누이와 연인 사이가 되었고, 이번 여행에서 쥘리에트 그레코와도 재회했다. 음악적으로나 개인적으로나 즐거운 시간을 보내고 있었지만, 마일스는 영국의 재즈 기자에게 유럽에서 더 지내고 싶지만 예정된 한 달을 연장할 수는 없다고 말했다. "돌아가야 해요. … 나에게 의지하는 동료가 거기 넷이나 있거든요. 현재 나에게는 세계 최고의 리듬 섹션이 있습니다. 필리 조 존스는 정말 굉장해요. 그리고 알다시피 콜트레인은 버드 이후 최고죠."[41]

사실 영국의 재즈 기자 앨런 모건에게는 금시초문이었다. 《Cookin'》《Relaxin'》《Workin'》《Steamin'》의 녹음이 모두 끝나 있었고,《'Round About Midnight》의 세 차례 세션도 마찬가지였지만 앨범이 되어 출시되기까지는 전자는 수년, 후자는 수개월이 걸릴 터였다. 모건이 들어봤을 콜트레인 연주는 『다운비트』 평론가가 색소폰 주자가 "전반적으로 개성이 부족하다"는 사유로 별 하나를 뺀 LP《The New Miles Davis Quintet》이 유일했을 것이다. 앨런 모건은 정중히 다른 화제로 넘어갔다.

프랑스에서 돌아온 즉시 마일스는 예고대로 실행에 들어갔다. 5중주단을 재결성하여 다섯 달간의 투어에 돌입한 것이다. 워싱턴 D. C., 시카고, 로스앤젤레스, 샌프란시스코, 피츠버그, 다시 시카고, 볼티모어를 거쳐 마지막으로 1957년 4월 카페 보헤미아로 돌아오는 일정이었다. 하지만 술과 마약은 계속되었고 투어 도중 언제쯤인가부터 데이비스의 인내심에 한계가 오기 시작했다. 자주 "지각하거나 아예 나타나지 않는" 콜트레인과 필리 조가 특히 문제였다. "콜트레인은 헤로인에 잔뜩 취해 무대 위에서 졸기까지 했다."[42]

시카고의 프리뷰스 모던 재즈 룸에서 연주하던 날, 그의 불만이 뜻밖의 방식으로 표출되었다. 휴식 시간에 마일스가 몇몇 기자들에게 재즈를 그만둘 예정이라고 발표한 것이다. "신물이 나요. 갑작스런 결정이 아니라 오래 생각해온 거예요. 이 공연 마치면 그만둘 겁

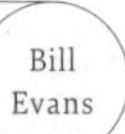

니다." 하워드 대학 강의 제안과 레코드사 음악감독 일자리도 들어와 있다고 했다. 돈은 필요한 만큼 있다고, 이 업계에 지쳤다고 했다. 재즈가 지긋지긋하다고, 그 단어조차 이제 싫다고 했다.[43]

마일스는 콜트레인을 무척 좋아했다. 닮은 데가 너무 없어서 필리 조와 어울리던 것처럼 시간을 함께 보내지는 못했지만 콜트레인의 훌륭한 성품, 깊은 영혼을 이해하고 있었다. 그래서 그는 음반사 프로듀서들이 색소폰 주자와 계약을 하고 싶어 공연장에 찾아왔다가 무대 위에서 조는 모습을 보고는 흥미를 잃고 만다고 그에게 수도 없이 말해주었다. "무슨 말인지 알아듣는 것 같다가도 그는 금세 다시 헤로인 주사를 맞고 술고래처럼 연신 퍼부었다."[44]

카페 보헤미아로 돌아온 마일스 5중주단과 같은 무대에서 (아트 블레이키와 함께) 연주하던 재키 매클레인에 따르면, 마침내 콜트레인이 완전히 끊기로 결심했다. 그러나 "매일 밤 몹시 아픈 상태로 클럽에 들어왔다. 물론 술을 꽤 마시면서 버텨보려 했지만 … 정말 형편없는 몰골이었다. 매번 똑같은 옷, 구겨지고 더러운 셔츠, 똑같은 타이…"[45]

마일스는 곱절로 속이 뒤집어졌다. 우선 자신의 암흑기를 선명하게 떠오르게 하는 모습이 괴로웠고, 아울러 현재 추구하는 깔끔하고 상업적인 이미지와도 정면으로 충돌하는 꼴이었다. 상업적 정도가 아니었다. 컬럼비아는 그를 스타로 만들려 하고 있었다. 어느 날 밤 조지 아바키언과 함께 보헤미아에 온 레이블의 홍보 담당자는 데이비스를 보자마자 "그의 이탈리아산 슈트, 콜 포터의 곡들, 약음기를 사용한 매혹적인 사운드라면 [데이비스를] 『뉴스위크』나 『타임』 표지에 등장하게 만들 수 있다고 호언장담했다."[46] 마일스는 그것도 좋왔다. 클럽 이름이야 '보헤미아'였지만 그에게는 명성이나 부에 대한 보헤미안적 거리낌이 전혀 없었다. 그래 해보자, 싶었다.

그런데 밴드의 색소폰 주자가 "며칠은 입고 잔 것 같은 옷차림으로 연주하고 있었다. … 무대에 서서 꾸벅꾸벅 졸고, 졸지 않으면 코를 후비다가 가끔 먹기까지 하면서."[47]

보헤미아 공연이 모두 끝나자 파국이 닥쳐왔다. 4월 28일, 마일스는 콜트레인과 필리 조를 해고했다. 존스는 잘못된 행동으로 밴드를 방해했을 뿐만 아니라, 마일스가 느끼기에, 콜트레인에게도 나쁜 영향을 미쳤다. 소니 롤린스와 아트 테일러가 두 사람의 자리를 대신 채웠다.

콜트레인을 해고한 것이 다가 아니라고 마일스는 회고록에서 말한다. 하도 진저리가 나 "대기실에서 그의 머리를 후려치고 배에 주먹을 날렸다"는 것이었다. 책에 따르면, 인사차 들른 텔로니어스 멍크가 그 폭행 장면을 목격하고 마일스를 나무란 다음, 콜트레인에게 이런 처우를 참을 필요가 없다고 말했다고 한다. "언제든 찾아와 나랑 연주하게"라고 덧붙였다고도 전해지는데, 앞으로 보게 되겠지만, 진짜로 그런 말을 했을 가능성이 충분하다.[48]

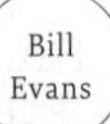

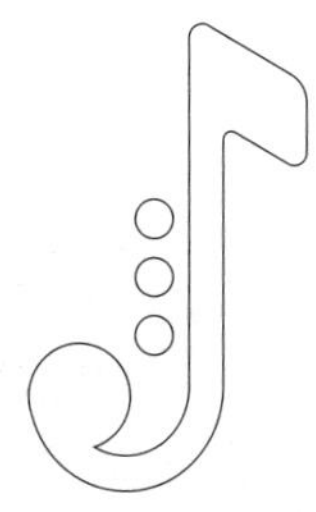

12

내 자리를

받아들이기 시작했어요

Miles Davis, John Coltrane, Bill Evans

파이브 스폿 카페에서 공연 중인 존 콜트레인, 섀도 윌슨, 텔로니어스 멍크, 아메드 압둘-말릭. 뉴욕, 1957.

텔로니어스 멍크는 뭐든 건성으로 하는 사람이 아니었고, 하물며 동료 뮤지션과 한담이나 나누자고 천연덕스럽게 클럽 대기실에 들어갈 인물은 더더욱 아니었다. 주변에서, 심지어 절친한 사람들조차 의아해할 행동을 종종 하긴 했지만 그는 내면의 깊은 감정에 따라 움직이는 사람이었다. 특히 마일스와의 껄끄러운 과거사에도 불구하고 일찍이 데이비스 5중주단의 카페 보헤미아 공연을 좋아한 팬으로서 그는 존 콜트레인을 단번에 알아보았다. 뛰어난 뮤지션이자 자기처럼 고통받는 영혼이라는 것을.

멍크는 엄밀히 말하면 중독자는 아니었다. 마리화나와 술을 이따금 즐기는 정도였고 다만 술은 때로 지나치게 마셨다. 그러나 수많은 동료와 친구들이 헤로인으로 무너지는 모습을 지켜보며, 그의 전기작가 로빈 켈리가 썼듯, "조용하고 자기 비하적인 이 색소폰 주자에게 특별한 애정이 생겼던 것이다. 노스캐롤라이나주 하이포인트에서 나고 자란 동향 후배 콜트레인 또한 1949년 멍크가 디지 길레스피와 함께 〈'Round Midnight〉를 녹음한 이래로 오랫동안 그를 우러러봐왔다."[1] 물론 콜트레인도 최근 그 곡을 마일스와 녹음했다.

켈리는 멍크와 콜트레인이 가까워진 시점을 멍크가 필라델피아의 블루 노트에서 2주간 공연했던 1956년 11월로 추정한다. 마일스가 유럽에 가 있고, 콜트레인은 한 달 동안 고향에 돌아가 있던 시기였다. 역시 시간이 남던 폴 체임버스도 멍크의 4중주단에 함께 했다. "그러니 콜트레인이 밴드 연주를 들으러 블루 노트에 갔을 수도 있고 혹은 체임버스가 멍크를 데리고 33번가의 콜트레인 집을 찾았을 수도 있다. 어느 쪽이든 멍크의 필라델피아 공연으로 두 사람이 뉴욕 바깥에서 서로를 좀더 알아가게 되었다. 여기, 형제애의 도시에서 오랜 우정의 씨앗이 뿌려진 것이었다."[2]

그로부터 다섯 달 후 콜트레인은 실직자가 되었다. 단호하게 쫓아내기는 했지만 자신의 경험을 또렷이 기억하는 마일스는 헤로인만 끊으면 다시 받아주겠노라는 약속을 했다. 콜트레인은 "이 기회를 경력과 사생활을 회복시킬 계기로 삼고 텔로니어스 멍크와 비공식 리허설을 시작했다"고 포터는 쓰고 있다.[3]

재즈의 남작부인 니카 드 쾨니히스바르터는 찰리 파커 사망을 둘러싼 끔찍한 소란 이후 스탠호프 호텔에서 강제 퇴거를 당해 센트럴 파크 웨스트에 자리한 호텔 볼리버로 거처를 옮겼다. 이곳에서도 멍크를 위시한 여러 재즈 뮤지션들의 행렬이 끝도 없이 이어졌고, 그들은 그녀의 스타인웨이 피아노 주변에서 시도 때도 없이 잼 세션을 벌였다. 이번에도 끝은 좋지 않았다. "사람들이 시끄럽다고 호텔 측에 항의한 거예요. 평생 두 번 다시 듣지 못할 기막힌 음악을 듣고 있다는 것도 모르고 말이죠. 그래서 또 쫓겨났어요." 세월이 지나 그녀가 웃으며 회고했다.[4] 그래서 그녀는 피아노와 함께 웨스트 44번가 있는, 겉보기에는 좀더 예술적인 분위기를 내세운 앨곤퀸 호텔의 스위트룸으로 옮겨갔다. 돌아가며 찾아오는 뮤지션 친구들이 이번에도 뒤따랐다. 켈리의 글이다.

멍크 외에도 수많은 피아니스트들이 끊임없이 드나들었는데, 눈에 띄는 인물로는 엘모 호프, 버드 파월, 케니 드루, 호러스 실버, 햄프턴 호스, 딕 캐츠, 소니 클라크 등이 있었다. 아트 블레이키는 늘 거기 있었고 "필리" 조 존스도 가끔 들렀으며 찰스 밍거스와 [베이시스트] 윌버 웨어도 마찬가지였다. 소니 롤린스와 존 콜트레인 또한 앨곤퀸에서 많은 시간을 보냈다. 멍크가 콜트레인의 멘토가 되어주면서 둘은 꽤 가까워졌다. 콜트레인은 마일스 데이비스의 밴드에서 멍크 곡들을 연주한 적이 있었지만 더 많이 배우고 싶었다. 특히 〈Monk's Mood〉를. 앨곤퀸에서의 어느 날 밤, 텔로니어스는 콜트레인과 함께 앉아 직접 〈Monk's Mood〉를 가르쳤다.[5]

멍크는 훌륭한 스승이었다. 1957년 4월 16일, 그러니까 마일스에게 해고당하기 불과 며칠 전, 콜트레인은 윌버 웨어와 함께 멍크의 녹음에 반주자로 참여해 간결하면서도 아름다운 연주를 남겼다. 리버사이드의 명반 《Thelonious Himself》에서 유일하게 솔로가 아닌 이 곡은, 지난 가을 컬럼비아의 〈'Round Midnight〉에서 보여준 콜트레인의 솔로가 그랬듯, 존 콜트레인의 서정성이 한껏 발휘되어 있다. 훗날 그의 팬들이 숭배하게 될 그 콜트레인답게 들린다.

아니나 다를까 남작부인은 이내 또다시 쫓겨났다. ("앨곤퀸이 개방적이고 천재들이 드나드는 걸 좋아한다고 해서 거기로 갔던 거예요"라고 니카는 회고했다. "그런데 [붉은 셔츠 차림에 선글라스를 끼고 흰 지팡이를 짚으며 복도를 돌아다니곤 했던] 텔로니어스는 아마도 그들이 받아들이기에는 너무 지나친 천재였나봐요."[6]) 결국 콜트레인의 음악 수업은 웨스트 63번가에 있는 멍크의 아파트로 옮겨갔고, 거의 매일 독특한 방식으로 계속되었다.

"아파트에 도착해서 자고 있던 그를 깨우면 그는 잠에서 깨 피아노로 가서 연주를 시작하곤 했어요." 1958년 볼티모어의 재즈 애호가 오거스트 블룸과 했던 다양한 주제를 넘나든 인터뷰에서 콜트레인이 말했다.

> 아무 곡이나, 어쩌면 자기 곡도 치고요. 그렇게 연주를 시작하면서 나를 봐요. 그럼 나는 색소폰을 들고 그가 치는 걸 귀로 따라가며 찾기 시작합니다. 그가 같은 구절을 계속해서 치고, 치고, 또 치면 내가 이 부분을 잡아내고, 다음에 그가 다시 계속 반복하면 또 다른 부분을 익히고요. 제법 어려운 부분들은 연주를 멈추고 직접 가르쳐주기도 하고, 내가 많이 힘들어하면 작품집을 꺼내 악보를 보여주기도 했어요. … 그는 제자가 악보를 보지 않고 배우는 편을 선호했습니다. 그래야 곡을 더 잘 느끼게 되니까요. 암기하면, 그러니까 귀로 외우면 느낌이 더 빨리 오거든요. 그래서 내가 곡을 거의 다 익히게 되면 … 나 혼자 연습하게 두고 본인은 어디론가 가버려요. 아마 가게에 가거나 다시 침대에 눕거나 뭐 그랬겠죠. 그럼 나 혼자 거기 남아 계속 반복해서 연습을 합니다. 나름 괜찮게 한다 싶으면 그를 불러서 처음부터 끝까지 함께 맞춰보는 거죠. 어떤 날은 하루에 한 곡만 할 때도 있었어요.[7]

마일스에게 해고당한 일—어쩌면 배에 맞은 일격까지—로, 콜트레인은 드디어 진지하게 삶을 바꿔볼 생각을 하게 되었다. 필라델피아로 돌아가 늘 그랬듯 치열하게 연습했다. 때로는 혼자, 때로는 오

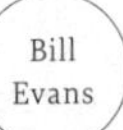

랜 친구이자 트럼펫 주자 겸 작곡가 캘 매시와 함께. 매시는 색소폰 주자 클래런스 "C" 샤프, 베이스 주자 지미 개리슨, 드럼 주자 투티 히스, 그리고 열여덟 살의 피아노 신동 매코이 타이너까지 필라델피아의 뛰어난 연주자들로 구성된 5중주단을 이끌고 있었다. 어느 오후 52번가와 마켓가 교차로에 있는 클럽 레드 루스터에서 매시 밴드의 리허설을 구경하고 있는 콜트레인에게 클럽 주인이 오더니 다음 주에 연주할 수 있겠느냐고 물었다. 밴드가 없다고 주인에게 대답하고는 매시에게 리듬 섹션을 빌릴 수 있느냐고 물었다. 그러자 매시가 직접 물어보는 게 어떻겠냐고 제안했다.

"당연히 좋다고 대답했죠." 타이너의 회고다. "존과 연주하는 건 그게 처음이었어요. … 우리는 꽤 가까워졌죠. 그의 어머니 집 앞 현관에 앉아 이야기를 나누곤 했어요. 내게는 형이나 다름없었어요. 한 가족 같았으니까요."[8]

1957년 5월 초, 그 주와 그다음 주에 존 콜트레인은 헤로인 중독을 단번에 끊어냈다. 중독에 으레 따라오는 금단 현상으로 극도의 고통을 겪었을 것이다. 그 이상도 있었다. 콜트레인은 단것에도 중독되어 충치가 가득했고, 치통이 거의 죽을 지경으로 심했다. 보통 때라면 진통제 삼아 술을 마셨을 테지만, 이제는 술도 끊으려 애쓰고 있었다.

콜트레인의 갱생에 있어 그에게 안정감을 주어온 독실한 이슬람교도 나이마가 어떤 역할을 했는지는 확실치 않다. 둘은 1년 반째 결혼 생활을 이어오고 있었다. 마일스가 중독에서 벗어난 경로라면 우리는 그의 고통스러운 표정 하나하나, 땀방울 하나하나, 아버지를 비롯한 주변인들이 했던 격려의 말 하나하나까지 전부 다 알고 있다. 하지만 몹시 내성적이던 콜트레인 경우는 훨씬 덜 알려져 있다. 나이마의 신앙심이 그에게 영감을 주었거나 그를 이끌었을 수도 있지만, 콜트레인 본인은 이슬람으로 개종하지 않았다. 그를 움직인 것은 무슬림의 신념, 그의 영적이고 철학적인 독서, 마일스 데이비스가 보여준 엄격한 애정, 그리고 텔로니어스 멍크를 향한 묵묵한 경탄이 어우러진 복합적인 영향이었을 가능성이 더 크다. 1964년에 나온 위대한 앨범 《A Love Supreme》의 라이너 노트에 그는 이렇게 썼다.

> 1957년 한 해 동안 신의 가호로 영적 깨달음을 경험했고, 이는 더 풍요롭고 더 충만하고 더 생산적인 삶으로 나를 이끌었다. 당시 나는 감사하는 마음으로 음악을 통해 다른 사람들을 행복하게 해줄 수단과 특권을 허락해달라고 겸손하게 기도했다. 그 청을 신께서 받아주셨다고 나는 느낀다.[9]

1958년 콜트레인은 아이라 기틀러에게 자신의 가치관을 이렇게 설명했다. "깨끗하게 살라. … 옳은 일을 하라. … 인간으로서 나아질 때 연주자로서도 나아질 수 있다. 그것이 우리가 스스로에게 다해야 할 도리다."[10] 1960년대 초 랩프 글리슨과의 인터뷰에서는 좀더 구체적으로 바꿔 말했다. "나는 개인적인 위기를 겪었고 알다시피 거기서 벗어났어요. 그 일을 잘 이겨낸 것이 얼마나 다행인지 몰라요. 할 수만 있다면 사람들을 행복하게 해줄 음악을 연주하는 것, 그게 내가 바라는 단 한 가지였습니다."[11]

여하튼 루이스 포터에 따르면 5월 중순 뉴욕에 돌아온 콜트레인은 "원기가 회복되어 있었다." 4월에는 밥 와인스톡의 프레스티지

와 석 장의 앨범 계약을 맺었고, 5월 31일 금요일에는 해컨색의 루디 밴 겔더 스튜디오에서 리더로서 첫 LP를 녹음했다.[12] 자신감 있는 데뷔 앨범이었다. 스탠더드 곡 〈Violets for Your Furs〉에서의 솔로 연주는 곧 명성을 얻게 될 그의 자질, 즉 발라드에 감정을 불어넣는 능력을 유감없이 발휘한다. 반면 의미심장한 제목을 붙인 그의 자작곡 〈Straight Street〉는 어둠과 낙관을 오가는 빠른 템포의 곡으로 힘을 뺀 콜트레인식 스윙을 보여준다. 그를 짓누르던 버드의 영향은 저 뒤로 물러나 있었다.

♩♩♩

1957년 5월은 텔로니어스 멍크에게 아주 중대한 달이었다. 그의 걸작 《Brilliant Corners》가 발매되었고, 『다운비트』 편집자 냇 헨토프가 이 앨범 리뷰에서 "지금까지 리버사이드가 내놓은 음반 중 가장 중요한 모던 재즈 LP"라고 평하며 별 다섯 개를 주었다.[13] 그리고 거의 같은 시기에 멍크는 카바레 카드를 되찾았다.

카바레 카드를 돌려받게 된 건 영웅적인 팀워크의 결과였다. 변호사를 고용해 피아니스트가 경찰 심리를 받을 수 있게 해준 니카 드 쾨니히스바르터, 퀸스의 고등학교 교사인 멍크의 매니저 해리 콜롬비(트럼펫 주자이자 프레스티지 레코드의 잡일꾼이었던 줄스 콜롬비의 동생), 예술가들의 아지트였던 바워리의 허름한 술집 파이브 스폿 카페의 공동 업주 조 터미니가 그 주역이었다. 뉴욕주 주류 관리국은 클럽 측이 그의 고용을 확약하는 조건으로 심리 절차를 허가했고, 해

파이브 스폿 카페 앞에서 텔로니어스 멍크. 뉴욕, 1957.

리 콜롬비의 로비 덕분에 조 터미니와 술집의 공동 업주인 형 이기가 멍크를 고용한다고 약속하면서 심리가 열리게 되었다. 켈리에 따르면 "그들은 멍크에게 공연 일자리를 주는 데 합의했을 뿐만 아니라, 조가 경찰 심리에서 기꺼이 멍크 편에 서서 증언을 해준 덕에 일이 잘 풀렸다. 승인이 떨어지자마자 멍크는 워스 스트리트 56번지에 위치한 경찰 면허부로 달려가 지문과 사진을 찍은 다음 수수료 2달러를 납부했다(이 돈은 경찰 은퇴 기금에 적립되었다). 멍크는 카드 번호 G7321이 적힌 일할 수 있는 면허증과 일자리를 갖고 그곳을 나섰다."[14] 사이드맨들은 미정이지만 7월 4일부터 일을 시작할 예정이었다. 그의 나이 서른아홉, 무려 10년 만에 얻은 첫 정규 고용이었다.

최고의 해가 될 거라는 기대에 들뜬 텔로니어스는 존 콜트레인과의 약속을 지켰다. **언제든 찾아와 나랑 연주하게.** 6월 25일부터 시작될 리버사이드와의 다섯 번째 앨범 녹음에 그를 기용하기로 했다. 하지만 25일과 26일 저녁에 진행된 세션은 심리적 압박이 상당했다. 우선 멍크의 아내 넬리가 최근 갑상샘 절제술의 후유증으로 감정적, 육체적으로 매우 힘든 상태였다. 또 다른 이유는 멍크가 무척 아끼는 자신의 신곡을 처음 공개하는 자리였기 때문이다. 아내가 발병했을 때부터 쓰기 시작한 〈Crepuscule with Nellie〉는 아내를 위한 헌정곡으로 통절 형식§으로 작곡했다. 마지막 이유는 이번 녹음에 자신의 영웅이자 멘토인 콜먼 호킨스를 참여시켰기 때문이었다. 그 밖에 참여한 연주자로는 트럼펫 주자 레이 코플런드, 지지 그라이스, 윌버 웨어, 아트 블레이키가 있었다.

---

§ 가사의 각 절마다 전혀 다른 선율과 음악을 붙이는 작곡 방식.

지나치게 복잡하고 부담스러웠던 〈Crepuscule〉 때문에 첫 번째 세션은 결국 중단되고 말았다. 이후 두 번째 세션은 "멍크의 몇몇 사이드맨들에게는 긴 밤이었다"고 켈리는 쓰고 있다. "연주자들이 곡을 어려워했고 텔로니어스는 무자비한 감독과 인내심 있는 선생 사이를 오갔다."[15] 앨범 작업이 어려웠던 건 순전히 멍크가 쓴 곡의 절대적인 독창성에서 비롯된 것이었으며, 그 어려움은 결국 기가 막힌 결과물로 승화되었다. 11월에 발매된 앨범 《Monk's Music》은 5월에 발매한 《Brilliant Corners》의 상승세를 이어갔고(서곡이자 관악기만으로 편곡한 찬송가 〈Abide with Me〉§ 외에는 모두 멍크의 자작곡이었다), 텔로니어스 멍크가 그저 괴짜 아니면 이색적인 볼거리를 제공하는 흥미 위주의 인물일 뿐이라는 인식을 무너뜨렸으며 재즈의, 더 나아가 미국의 위대한 작곡가 중 한 명이라는 위상을 강화시켰다.

♪♪♪

바워리 북단 쿠퍼 스퀘어 5번지에 위치한 파이브 스폿은 1900년대 초 '바워리 카페'라는 이름의 허름한 술집으로 처음 문을 열었다. 당시 3번로 고가 철도의 그늘 아래에서 빠르게 늘어나던 수많은 술집들 사이에 있던 그저 그런 작은 술집이었다. 약 1.3킬로미터 남짓한 바워리 거리는 과거 맨해튼의 순진무구했던 목가적인 시대에 작은 농장들이 늘어선 시골길에서 시작되었다("바워리bowery"라는 단어는

§ 새 찬송가 〈때 저물어서 날이 어두니〉.

농장을 가리키는 옛 네덜란드어가 기원이다). 그러나 19세기 중반에 들어서면서 이 길에 술집, 여인숙, 사창굴, 문신 가게, 허름한 식당, 싸구려 옷가게 등이 생겨났고, 무엇보다 부랑자들이 몰려들면서 그들의 존재 자체가 이 길의 이름을 퇴락과 동의어로 바꿔놓았다. 1878년에 이 거리 위로 고가 철도가 세워지면서 음침한 분위기가 굳어지게 되었다.

조와 이기의 부친 살바토레 터미니가 1937년 이 카페를 인수했고, 1946년 두 형제가 전쟁에서 돌아온 뒤에 아버지를 도와 함께 운영했다. 손님은 주로 술주정뱅이들과 블루칼라 노동자들이었다. 술값이 쌌고 고정비도 적게 들고 수익도 그만큼 보잘것없었지만 터미니 일가에게는 안정적인 수입원이 되어주었다. 1951년 살바토레가 은퇴하면서 조와 이기가 가게를 물려받아 운영했고, 그러다 1955년 고가 철도가 철거되자 모든 것이 변했다.

바워리 거리가 더러워지기 시작한 이래로 이 거리를 정화하자고 아우성치는 목소리가 줄곧 있었는데, 다시 햇볕이 들자 드디어 살균 작업이 시작되었다. 시는 도로를 확장하고 새로 포장했으며 나무를 심고 가로등을 설치하고 싸구려 여인숙들을 철거했다. 늘 값싼 아파트나 로프트loft§를 물색하던 다운타운의 화가와 뮤지션들이 이런 변화에 주목했고, 이곳으로 옮겨오기 시작했다. 이제 이 동네가 이스트빌리지로 불리기 시작할 무렵 동네의 새로운 주민들이 술이나 시 낭독회에서 파는 75센트짜리 맥주 피처를 마시러 나오는 모습을 터미니 형제는 눈여겨보았다. 둘은 술집을 새 단장했다. 벽에 미술 포스

---

§ 공장이나 창고 등을 개조한 천장이 높고 기둥이 없는 넓은 공간.

터도 좀 걸었다. 옆 건물에 살던 상선 선원이자 재즈 피아니스트 지망생 돈 슈메이커가 자기 로프트에서 잼 세션을 열곤 했는데, 맥주잔들을 들고 계단을 오르내리기가 질려버린 그는 터미니 형제에게 술집에 피아노를 들이라고 제안했다. 뮤지션들이 술집에서 바로 연주를 할 수 있다고 말이다. 사업적으로 말이 되는 발상 같았다. 형제는 낡은 업라이트 피아노를 사고 카바레 면허를 신청했다. "1956년 8월 30일 면허가 발부되고 일주일 후 그들은 빌리지의 최신 재즈 클럽 파이브 스폿을 오픈했다"고 로빈 켈리는 쓰고 있다. "가게가 새롭게 태어난 지 불과 몇 주 만에 파이브 스폿은 값싼 맥주와 훌륭한 음악을 즐길 수 있는 동네 **최고의** 장소라는 명성을 얻었다."[16]

다운타운 사람들은 술을 마시고 마리화나를 피우고 수다 떨기를 좋아했다. 소문은 봉고 드럼처럼 빠르게 퍼져나갔다. 얼마 지나지 않아 이 조그만 공간이(공식 좌석 수 76석) 화가들과 조각가들로 가득 차기 시작했다. 빌럼 더코닝, 그레이스 하티건, 프란츠 클라인, 조앤 미첼, 래리 리버스, 밥 톰프슨, 잭 트워코프 등 예술이 상품화된 오늘날에는 소더비 경매장에서 최고의 가치가 매겨지는 이름들이지만 당시에는 주로 갤러리 방문객이나 예술가들 사이에서만 알려진 인물들이었다. 그다음은 잭 케루악, 그레고리 코르소, 제임스 볼드윈, 앨런 긴즈버그, 테드 조앤스, 르로이 존스, 프랭크 오하라 같은 작가들이 찾아왔고, 이어 뮤지션들도 그 공간을 채웠다.

재즈 뮤지션들은 좀더 서서히 모여들었다. 재즈 에너지의 핵심은 흑인들이었는데 그 지역은 아직 주로 이탈리아, 폴란드, 우크라이나 등 소수 민족 블루칼라 노동자가 중심이었기 때문에 흑인은 환영받지 못했다. 테드 조앤스는 "공격당할 경우에 대비해 곤봉과 상대의

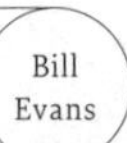

눈에 던질 냅킨에 싼 고추"를 들고 다녔다.[17] 르로이 존스도 비슷하게 "갈색 서류 봉투에 납으로 만든 작은 파이프를 넣어 서류 배달원처럼 겨드랑이에 끼고 다녔다. 겁을 먹은 건 아니고 만반의 준비를 갖추고자."[18]

대담한 작곡자이자 편곡가, 그리고 다중 악기 연주자인 데이비드 앰램도 곧 파이브 스폿을 찾아냈다. 맨해튼 음악학교에서 디미트리 미트로폴로스, 비토리오 잔니니, 건서 슐러를 사사한 그는 자신이 발견한 파이브 스폿을 음악 친구들, 특히 흑인 친구들에게 소개하기 시작했다. 그중에는 파이브 스폿의 백인 단골들이 재즈 뮤지션에게 기대하는 바와는 한없이 멀어 보이던 스물일곱 살 피아니스트도 있었다. 세실 테일러는 롱아일랜드의 지식인 중산층 가정에서 태어나 클래식 음악 교육을 받고 시를 썼으며 폭넓은 분야의 책을 다독했다. (동성애자이기도 했는데 당시는 아무도 그런 이야기를 꺼내지 않던 시절이었다.) 그의 연주는 남달랐다. 텔로니어스 멍크와 덴질 베스트의 〈Bemsha Swing〉은 멍크가 처음 연주한 1952년에 이미 재즈 청중의 귀에 급진적으로 들렸는데, 테일러가 연주하는 〈Bemsha Swing〉은 멍크의 버전을 바탕으로 곡에 담긴 입체파적 요소를 몇 단계 더 앞으로 밀어붙였다. 때로는 원곡의 선율을 알아볼 수 있는 형태의 재해석을 들려주기도 하고, 또 때로는 반짝이는 불협화음 안에서 추상표현주의적인 모험으로 방향을 틀기도 했다. 술집의 작은 테이블에 어깨를 맞댄 채 모여 앉은 시인들과 화가들은 그의 연주를 주의 깊게 지켜보았다. 1956년에서 1957년으로 넘어가는 겨울에 이르자 뱅가드와 보헤미아는 뒷전으로 물러나고 이제 파이브 스폿이 뉴욕에서 실험 재즈의 가장 뜨거운 중심지가 되어 있었다.

1957년 봄 클럽은 전국적으로 유명해졌다. 매그넘 사진작가 버트 글린이 거기서 찍은 사진이 잡지 『에스콰이어』에 실렸고, 스티브 앨런은 TV 프로그램 「투나잇 쇼」에서 클럽에 경의를 표하는 짧은 코너를 방송했다. 같은 시기에 텔로니어스 멍크가 부상했다. 7월 4일 목요일, 그는 파이브 스폿에서 8주간의 공연을 시작했다. 원했던 연주자들이 시간을 낼 수 없자 일단 즉석에서 구성한 베이스 주자 마이클 매토스와 드럼 주자 맥 심프킨스, 두 사이드맨과 함께 했다. 그러다 7월 16일부터는 윌버 웨어, 드럼 주자 프랭키 던롭, 그리고 약속했던 존 콜트레인과 함께 전속 밴드를 꾸려 공연을 이어갔다.

파이브 스폿에서 뭔가 특별한 일이 벌어지고 있다는 소식이 빠르게 퍼져갔다. 그해 주말 밤마다 땅거미가 내려앉을 무렵이면 클럽 앞에 긴 줄이 늘어섰다. 8주가 16주로, 그다음은 거의 6개월로 거듭 연장되었다.[19] 이 장기 공연은 모든 기준에서 역사적 사건이 되었다. 공연이 한창이던 때에도 이미 그걸 알 수 있었다. 재즈를 사랑한다면 반드시 그곳에 있어야 했다. 동료 뮤지션들을 비롯한 수많은 사람들이 그곳을 찾고 또 찾았다. 버드 파월은 나흘 밤 연속으로 객석을 지켰다고 전해진다. 딱 한 번 갔던 J. J. 존슨은 훗날 "찰리 파커 이래로 동시대 재즈에서 내가 들어본 가장 짜릿한 사운드는 파이브 스폿에서 멍크와 함께 하는 콜트레인의 연주였다. … 그런 공연은 정말이지 처음이었다. … 말로는 도저히 표현할 수가 없다. 전에도 들어본 적 없고, 그 이후로도 다시는 들어본 적 없는 무언가를 들었기 때문이다"라고 말했다.[20] 그 시절 클럽에 자주 드나들던 평론가 프랑수아 포스티프는 콜트레인이 당대 재즈 뮤지션들에게 미칠 영향이

"찰리 파커만큼 지대할" 것이라고 예측했다.[21]

콜트레인은 새로운 삶에 진입했다. 변화의 상당 부분은 건전한 생활을 위한 새로운 결심과 관련이 있었다. "그 결정을 내렸을 무렵 술이고 뭐고 전부 다 끊었어요." 오거스트 블룸에게 그가 말했다. "그러자 연주도 바로 나아지더라고요. … 연주도 더 잘 되고 생각도 맑아지고 모든 게 다요. 그리고 그의 음악, 그거야말로 **자극제**였죠." 그가 웃음을 터뜨렸다.[22]

콜트레인은 멍크의 멍크다움, 즉 처음에는 도저히 예측이 불가능한 음악적 특성을 말하고 있었다. 우리가 보아온 대로 마일스도 그 특성과 씨름했으나 처음에는 잘 풀리지 않았다(물론 둘 간의 초기 충돌 대부분이, 음악에 바탕을 두기는 했어도, 두 알파 수컷의 힘겨루기라는 측면도 없지 않았다). 풋내기 반주자들에게 멍크는 무시무시한 존재일 수 있었다. 그의 내면에 있는 메트로놈은 명확한 리듬 신호를 주지 않았고, 간결하면서도 예측하기 어려운 코드들은 명확한 음악적 방향성을 제시하지 않았다. 그와 연주해본 이들은 그의 비전통적인 작곡 구조뿐 아니라 스스로를 **내려놓고** 멍크의 세계관으로 들어가 음악적 뇌 안에 새로운 신경회로를 만드는 방법 또한 배워야 했다.

"공연 첫날 밤, 그는 **모든** 곡에서 고군분투했다." 콜트레인에 대해 르로이 존스는 이렇게 썼다.[23] 하지만 루이스 포터에 따르면 콜트레인은 "연주가 진행되는 동안 변화를 겪었다. 멍크가 작곡한 음악들은 화성 진행에 관한 콜트레인의 지식을 시험했고, 그의 간결하고 타악기적인 반주는 콜트레인에게 새로운 자유를 부여했으며, 모티브에 기반해 구축된 그의 즉흥 연주는 콜트레인이 배울 수 있는 본보기가 되어주었다."[24]

그리고 춤이 있었다. 음악이 신나고 기분이 좋아지면—파이브 스폿에서의 6개월 공연 중에 자주 있었던 일이다—멍크는 이전 공연에서는 하지 않았던 행동을 하기 시작했다. 피아노 의자에서 일어나 다른 연주자가 솔로를 하는 동안 눈을 감은 채 앙증맞은 셔플 댄스 발동작으로 원을 그리듯 무대를 돌다가 적절하다고 느끼는 타이밍에 건반으로 돌아오는 것이었다.

멍크의 춤은 파이브 스폿에서 그가 하던 또 다른 습관과 연결되어 있었다. 콜트레인이 포스티프에게 말했다. "이따금 멍크는 술을 마시러 갔어요. 무대에 윌버 웨어, 새도 윌슨, 나를 남겨놓고 … 그러면 우리는 15분, 20분 동안 아무런 제약 없이 즉흥 연주를 하며 미치광이처럼 각자의 악기를 탐험했어요."[25]

피아니스트는 심지어 대기실로 들어가 한동안, 어쩌면 퍽 오랫동안 창밖을 바라보곤 했다. 여전히 머릿속에서 맴도는 음악 안에서 다른 형태의 솔로, 이를테면 존 케이지식의 침묵을 만들어내고 있었던 것이다.

"멍크가 우리 연주를, 밴드 연주를 듣고 싶다고 하더군요." 콜트레인이 말했다. "그럴 때 그는 관객석에 앉아 밴드 연주를 유심히 들어요. 그런 다음 거기서 뭔가를 얻어서 돌아오죠."[26]

멍크의 방랑하듯 자유로운 방식을 접한 연주자들은 처음에는 당혹스러웠다. "무대 위에서 조금 외로웠어요." 콜트레인이 웃으며 블룸에게 말했다. 별안간 솔로를 할 공간이 활짝 열리기는 했는데 도대체 그 시간 동안 무엇을 연주해야 한단 말인가. 멍크의 기분에 따라서 한 시간이 될 수도, 그 이상이 될 수도 있는데? 콜트레인은 모든 게 베이스 주자와의 즉흥적인 주고받기에 달려 있었다고 말했다. 비록 웨어가 거기 있긴 했지만 그건 또 다른 차원의 도전이었다. "윌버 웨어 같은 베이스 주자는 굉장히 창의적이거든요." 그가 말했다.

> 말하자면 그는 반드시 딸림음을 치지 않아요. … 윌버는 가끔 다른 방식으로 연주하죠. 뭐랄까 조금 이질적인 음들을 연주하는 거예요. 그 곡을 잘 알지 못하면 찾을 수 없는 그런 것들 말이에요. [킥킥 웃음] 왜냐면 여러 개를 겹쳐서 연주하거든요. 아래로 위로 음을 맴돌면서 긴장을 쌓아올리다가 돌아오면 모든 게 빨려 들어가는 느낌이에요. 하지만 나는 보통 곡들을 알았으니까 그런 변화들도 어쨌든 알았죠. 그래서 결국에는 용케 하나가 되어 마무리할 수 있게 돼요. [크게 웃음] 그런 식의 연주는 진짜 재미있죠.[27]

월리스 로니는 콜트레인의 연주를 블루지한 알토 색소폰의 거장 루 도널드슨의 연주와 대조하면서 이렇게 설명했다. "루 도널드슨의 연주를 들으면 아, 연주가 정말 **아름다운데**, 그걸 들어보면 코드가 들리고 그 코드에 정확히 들어맞는 음이 들려요." 로니가 입으로 소리를 내며 시범을 보여주었다. "콜트레인을 들으면," 여기서 그가 훨씬 격렬한 콜트레인 연주를 노래했다. "이런데도 **꼭 맞는** 소리가 나는 거예요." 그가 말을 이어갔다. "음악을, 뭐랄까, **벗어나게** 하는 게 아니라 미래로 이끌고 가는 소리거든요. 무슨 말인지 알겠어요? 어떤 코드가 있으면 그 코드의 **확장된** 음을 연주하는 거예요. 심지어 그 코드에서 **벗어난** 음까지도 연주하고요."[28]

새 5중주단(소니 롤린스, 레드 갈런드, 폴 체임버스, 아트 테일러)과 함께 시내 반대편에 있는 카페 보헤미아에서 연주하던 마일스 데이비스의 귀에도 파이브 스폿에서 무슨 일이 벌어지고 있다는 풍문이 들려왔다. 로니는 이렇게 회고했다. "누가 다가와서는 '이봐, 콜트레인이 멍크랑 하고 있다던데 들었어? 야, 진짜 대박이야!' 이러더래요. 마일스가 '콜트레인 연주야 내가 알지! 이미 예전에 그 친구 끝내준다고 **너한테** 말했잖아' 했대요. 그러자 그 사람이 '그게 아니고, 마일스, 이번에는 진짜 **다르다니까**'라고 하더래요. 그리고 또 **다른 사람이** 와서는 '멍크랑 콜트레인 연주 들었어?' 이러는 거죠."

"그래서 마일스가 파이브 스폿으로 갔대요. 그가 말하길, 딱 들어갔더니, 콜트레인이 솔로를 한창 하고 있는데 멍크는 피아노에서 손 떼고 춤추고 있더라고. 콜트레인은 …" 여기서 로니는 또 한 번 콜트레인의 격렬한 솔로를 흉내 냈다. "마일스 말이 '내가 매일 밤 거길 가 있더라고 … 내 공연에는 맨날 늦고 말이야!' 이러더군요."[29]

물론 데이비스는 콜트레인과 필리 조를 해고하고 나서 마냥 꾸물거리고 있지만은 않았다. 6월 중순에 새 5중주단이 보헤미아에서 첫 공연을 했고, 『다운비트』 평론가가 둘째 주에 공연을 관람한 뒤 야단스럽게 찬사를 늘어놓았다. 마일스는 뉴포트 재즈 페스티벌에서의 성공 이후에도 음악적으로 계속 성장해왔으며 "음색이 갈수록 순수해지다 못해 이제 약음기를 끼우면 속삭이듯 부드럽고, 약음기 없이 연주하면 미묘하면서도 어쩐지 강렬하고 빛나는 소리가 나온다."

평론가는 롤린스, 체임버스, 갈런드에게도 극찬을 보냈다. 소니에 대해서는 "어쩌면 롤린스의 강렬한 존재감이 마일스에게서 이 같은 폭발적인 예술성을 끌어내고 있는지도 모른다. … 소니의 코러스 또한 장인의 솜씨로 대단히 섬세하게 구축되어 있다. 때로는 거칠고 남성적인 힘이 넘치고 때로는 수줍다 싶을 만큼 부드러운데, 그러면서도 절대 중심을 잃지 않는다"고 썼다. 체임버스에 대해서는 그의 "풍부한 음색은 리듬 섹션에서도 돋보이고 그가 연주하는 선율적인 베이스 라인은 앙상블 안에서도 관악기 너머로도 변함없이 들린다"고 썼다. 갈런드에 대해서는 "밴드 안에서는 유연한 민첩성과 리듬감이 돋보이고 솔로에서는 매끄럽고 유려하다"고 썼다.

반면 아트 테일러는 안됐지만 "자주 요란스러운 드럼 연주"라는 몇 마디가 다였다.

그걸 빼고는, 『다운비트』는 5중주단의 보헤미아 공연의 모든 것을 마음에 들어 했다. 평소와 달리 꽉 찬 공연장은 "놀라울 만큼 조용했고 관객들은 그보다 더 놀라울 만큼 공연에 집중했다." 밴드는 "외모도 말끔하고 … 누가 봐도 연주에 몰입한 프로페셔널의 모습이었다." 리더는 어땠을까? "마일스는 한껏 자신감에 차 있었고, 솔로를 마친 뒤 객석으로 내려가 친구들과 담소를 나누었다."[30]

마일스는 **정말** 자신감에 차 있었다. 이 연주자들을 사랑했고 특히 소니 롤린스에게는 깊은 존경의 마음을 갖고 있었다. 그룹은 여름 내내 보헤미아와 몇몇 뉴욕 재즈 페스티벌에서 공연했다. 하지만 마일스는 자꾸만 파이브 스폿으로 발걸음을 돌렸다. 그곳에서 콜트레인과 멍크의 연주를 경탄하며 넋을 잃고 들었다.

콜트레인은 멍크의 음악에 완벽하게 어울리는 색소폰 주자였다. 멍크는 언제나 연주에 공간을 많이 남겨두는데 콜트레인은 그 모든 공간을 당시 그가 연주하던 온갖 코드와 사운드로 채울 수 있었다.

그가 마침내 습관을 떨쳐내고 공연 무대에 꼬박꼬박 나타나는 것도 대견했다. 내 밴드의 소니와 아트의 연주가 언제나 좋긴 했지만 그래도 콜트레인과 필리 조하고 연주하던 때와 같지는 않았다. 나는 그들을 그리워하고 있었다.[31]

그는 타고나기를 끊임없이 방황하는 영혼이었다. 항상 무언가를 찾아다녔지만 어느 순간이든 개인적으로건 예술적으로건 자신의 상황에 결코 만족하는 법이 없었다. 그해 여름 마일스는 캐넌볼과 냇 애덜리 형제가 이끄는 5중주단과 같은 무대에 섰다(캐넌볼은 교사 일을 그만두고 리더로 성공해보자 마음먹고 동생과 함께 북부로 돌아왔다). 마일스는 자신이 캐넌볼의 블루스 연주를 얼마나 사랑했는지를 떠올렸고, 5중주단에 알토 색소폰 주자로 합류해달라고 청했다. 애덜리는 데이비스에게 정중하게 감사를 표하고는 혼자서 해내고 싶다고 말했다.

한편 조지 아바키언은 마일스의 음악적 색채와 상업적인 매력을 확장하기 위한 작업을 하고 있었다. 마일스 역시 매우 적극적인 자세로 임했다. 아바키언의 어퍼 웨스트사이드 이웃이자 작곡가 겸 편곡가 건서 슐러는 모던 재즈 쿼텟(그리고 마일스와 길 에번스의 1948년 9중주단)의 존 루이스와 몇 년째 협업 중이었다. 재즈와 유럽 클래식 음악을 융합하는 작업으로 슐러는 훗날 이를 서드 스트림third stream이라고 이름 붙였다. 1956년 가을 슐러는 아바키언을 설득해 자신과 루이스가 결성한 오케스트라 '브라스 소사이어티'와 함께 컬럼비아 레코드에서 서드 스트림의 앨범을 제작하기로 했다. 그다음 데이비스에게 앨범 수록곡 중 재즈 트럼펫 솔로가 필요한 두 곡이 있는데 연주할 의향이 있느냐고 물었다. 마일스는 그 자리에서 승낙했다. 아바키언은 이렇게 회고했다. "다른 뮤지션 같았으면 '아, 난 그런 거 안 해. 순 사기잖아!' 이랬을 것이다. 그러나 마일스는 온갖 종류의 음악에 흥미가 있는 사람이었다. 그러니 완벽한 적임자일 수밖에. 게다가 그는 플뤼겔호른—트럼펫보다 더 풍성하고 따뜻한 음색을 지닌 악기로 밸브가 달린 군대 나팔처럼 생겼다—을 가져와서 모두를 깜짝 놀라게 했다. 그가 플뤼겔호른을 부는 걸 한 번도 들어본 적이 없었기 때문이다. 마일스는 그것도 아주 훌륭하게 연주했다."[32]

컬럼비아와 계약을 맺고 얼마 지나지 않아 마일스와 조지 아바키언은 대규모 오케스트라 편성의 재즈 앨범을 제작하는 방안에 대한 논의를 시작했다. 기본적으로 9중주단의 확장판 같은 구상이었다. 어떤 형태로 구체화될지는 "불확실했다. 확실한 하나는 우리가 편곡자로 길 에번스를 원한다는 것뿐이었다"고 아바키언은 회고했다.[33] 아바키언은 마일스에게 단 두 개의 조건만을 제시했다. LP의 타이틀은 《Miles Ahead》로 할 것, 앨범 홍보를 위해 동명의 곡을 수록할 것.

마일스와 에번스는 《Birth of the Cool》 세션이 둘이 함께 한 마지막 작업이었고, 주로 에번스가 데이비스의 공연 무대에 들렀을 때 종종 얼굴을 보아온 정도였다. 개인적인, 또 예술적인 이유로 에번스는 항상 환영받는 존재였다. 둘이 서로에게 호의적인 감정을 갖고 있었을 뿐 아니라 에번스야말로 데이비스가 전적으로 신뢰하는 몇 안 되는 음악적 조언자 중 한 명이기 때문이었다. "내 연주를 들으러 오면 슬그머니 옆에 와서 '마일스, 약음기를 끼지 않은 트럼펫 음색이 정말 좋은데, 그걸 좀더 쓰지 그래' 같은 말을 좀 해주고는 훌쩍 사라져버렸다. 나는 혼자서 그의 말을 곱씹어보곤 했다."[34]

1956년 말, 데이비스와 에번스는 앨범 작업에 착수했다. 연주자는 누구를 기용하며 어떤 곡들을 수록할지 등을 논의했다. 아바키언은 유능한 사업가 모드로 전환해 컬럼비아 고위층에게 앨범 콘셉트를 설득하며 적극적으로 밀어붙였고, 마침내 반가운 소식을 전해왔다. "길에게 말했다. '뭐든 다 돼요.' 그러자 길이 미친놈 보듯이 나를 쳐다봤다. 11인조 이상은 안 된다는 소리를 하도 많이 들어왔으니 당연했다."[35]

작업은 신속하게 진행되었다. 그간 억눌린 아이디어로 가득했던 에번스는 이런 예술적 자유를 누리게 된 상황에 너무나 신이 났다. 그는 하나의 곡이 다음 곡으로 물 흐르듯 이어지는 모음곡 형식의 LP를 구상했다. 그와 마일스는 존 캐리시의 〈Springsville〉, 레오 들리브의 〈The Maids of Cadiz〉, 데이브 브루벡의 엘링턴 추모곡 〈The Duke〉, 쿠르트 바일과 아이라 거슈윈의 1941년작 브로드웨이 뮤지컬 「레이디 인 더 다크」에 포함된 〈My Ship〉 등 총 열 곡을 선정했다. 5월에 네 차례의 녹음 세션이 잡혔고, 장소는 컬럼비아의 30번가 스튜디오였다. 이곳은 본래 러시아 정교회 예배당 건물로, 공간이 상당히 넓고 목조 벽면 특유의 풍부한 울림 덕분에 훌륭한 음향 효과를 갖추고 있었다. 마일스를 포함해 무려 스무 명의 연주자가 고용되었다. 트럼펫 다섯 명(데이비스는 이번에도 플뤼겔호른을 불기로 했다), 트롬본 네 명, 프렌치호른 세 명, 튜바 한 명, 알토 색소폰(리 코니츠), 베이스 클라리넷 한 명, 플루트와 클라리넷을 번갈아 할 두 명 등 모두 당대 최고의 스튜디오 뮤지션들이었다. 한편 폴 체임버스가 베이스를, 윈턴 켈리가 피아노를, 아트 테일러가 드럼을 맡았다. 길 에번스는 지휘를 맡았다. 솔로는 단 한 명, 마일스뿐이었다.

음악은 어려웠고 에번스는 까다로웠다. 리허설 횟수도 많고 곡당 수차례의 테이크를 진행해 녹음 세션이 상당히 길어졌다. 경험이 풍부한 고참 연주자들마저도 기진맥진해 불만을 터뜨렸다. 이런 상황이 되자 아바키언은 컨트롤 부스에서 몰래 리허설을 녹음하기 시작했다. 에번스의 완벽주의 때문에 그가 만족할 만한 완전한 테이크를 끝내 얻지 못할까봐 염려되었고, 편집 과정에서 이 리허설 녹음들을 이어붙이면 뭔가 건질 수 있을지 모른다고 생각한 것도 있었다. 완성된 앨범에는 이어붙인 편집 부분이 여러 곳 있고, 그중 네 곡에는 마일스가 8월에 따로 녹음해 오버더빙한 연주도 일부 포함되었다. 오버더빙은 당시로서는 드문 방식이었다.

1957년 10월 LP가 발매되면서 이런 기술적인 어려움들은 금세 잊혔다. 《Miles Ahead》는 즉시 히트를 쳤고, 발매 후 몇 주 만에 10만 장 가까이 팔렸다. 컬럼비아의 손익 분기점을 6~7배 상회하는 성과였다. 다만 발매 수개월 전에 승인을 받아 제작된 앨범 커버가 마일스는 조금도 마음에 들지 않았다. 레이블의 마케팅 부서만이 알고 있는 이유로 (그리고 1950년대 중반의 대중문화 경향과 딱 맞아떨어지게) 젊고 예쁜 백인 여자와 어린 금발 소년이 요트에 앉아 있는 컬러 사진이었다. 표면상으로는 앨범 제목의 시각적 은유였지만 마일스에게는 모욕 그 자체였다. 마일스는 아바키언에게 "그 백인 년을 왜 거기 실은 거예요?" 하고 따졌다(훗날 아바키언은 그게 농담조였다고 첨언했다). "흑인 여자는 왜 안 되고요?"[36] 마일스 사진으로 교체하자는 아바키언의 제안이 받아들여져 재판부터 바뀌기는 했지만 끔찍한 노란색 디자인은 데이비스의 앨범 재킷들 중 가장 덜 매력적인 결과물로 남게 되었다. (적어도 재킷 디자인 면에서는 프레스티지와 블루 노트가 컬럼비아보다 훨씬 나았다.) 어쨌거나 음반은 계속해서 잘 팔렸다.

회고록에서 마일스는 에번스와의 작업과 이 앨범 자체에 대해 애정을 담아 회상한다. 음반이 발매된 후 디지 길레스피가 그를 찾아와 이 앨범은 "진짜 최고야"라고 말하며 음반을 한 장 더 달라고 청했다. 길레스피가 이 음반을 너무 많이 틀어 3주 만에 닳아버렸기 때문이었다.[37] 예전에 《Birth of the Cool》을 지나치게 점잖고 백인 같다고 평가했던 사람치고는 놀라운 변화였다. 이 새 음반은 편곡자가 같고, 참여한 연주자의 수는 두 배였지만 사운드는 매우 비슷했다.

하지만 《Miles Ahead》는 날것과는 거리가 멀었다. 재즈와 서양 클래식 사이에서 예술적으로 비옥한 중간 지대를 찾아낸 길 에번스의 탁월함이 바로 핵심이었다. 한번은 새벽 3시에 에번스가 전화를 걸어 언제든 우울하다면 〈Springsville〉을 들으라고 했다고, 마일스는 쓰고 있다.[38] 과연 LP의 첫 트랙인 존 캐리시의 이 곡은 (《Birth of the Cool》에 수록된 그의 명곡 〈Israel〉처럼) 풍성하고 생기 넘치며 강렬한 리듬감과 활력을 지녔다. 우주 시대 화성을 기반으로 한 빅밴드 음악 같은 느낌을 준다. 조지 아바키언은 뛰어난 상업적 감각은 물론 예술적 깊이 또한 갖추고 있었다(컬럼비아에서 존 케이지의 음반을 녹음한 바도 있다). 그는 계획적으로 마일스의 대중성을 넓히는 작업을 해나가는 중이었으며, 그 결과가 바로 지금 정확하게 일어나고 있는 일이었다(판매 수치는 거짓말을 하지 않는다).

그해 9월 카페 보헤미아에서의 4주 공연은 순식간에 여러 사건이 잇달았다. 불과 며칠 사이에, 마일스는 공연에 나타나지 않은 레드 갈런드를 해고했고, 소니 롤린스는 본인의 그룹을 이끌기 위해 밴드를 떠났다. 아트 테일러는 데이비스가 자신의 드럼 연주를 트집 잡자 발끈해서 그만두었다. 마일스는 결원을 지체 없이 메웠다. 갈런드 자리에는 토미 플래너건을, 롤린스 자리에는 벨기에 출신 색소폰 주자 보비 재스퍼를 불러들였다. 테일러가 빠진 자리는 지미 코브를 잠시 쓰다가 돌아온 탕자 필리 조를 복귀시켰다. 이것이 재즈 세계의 방식이었다. 중독, 성격 차이로 인한 충돌, 음악적 조정이 반복되는 속에서 언제든 눈 깜짝할 사이에 멤버 구성이 바뀔 수 있었다. 이런 상황에서도 마일스는 조금도 낙담하지 않았다. 어쨌든 그는 재즈계의 최고 스타가 아닌가. 마일스는 머릿속으로 끊임없이 자신의 이상적인 밴드를 구상했고 거기에는 캐넌볼 애덜리가 있었다. 보헤미아 무대가 끝나자마자 데이비스는 다시 한번 애덜리에게 합류를 요청했다. (자신의 5중주단이 일거리를 잡는 데 곤란을 겪던 상황이던) 그가 이번에는 수락했다.

디지 길레스피도 캐넌볼에게 자신의 작은 그룹에 들어와달라고 청했지만 애덜리의 선택은 마일스였다. "마일스, [웨스트코스트 드러머이자 밴드 리더인 해밀턴] 치코, 브루벡 외에는 제대로 굴러가는 곳이 거의 없었다. … 디지보다는 데이비스에게서 배울 게 많겠다는 생각도 들었다. 디지가 좋은 스승이 아니라는 건 아니고 마일스보다 상업적인 연주였기 때문이다. 백번 잘한 결정이라고 생각한다."[39]

새로운 5중주단은 재스퍼의 자리에 애덜리가 들어온 편성으로 그해 가을 왕성하게 활동했다. 보헤미아, 버드랜드, 카네기 홀, 필라델피아, 세인트루이스, 시카고, 워싱턴까지. 그리고 11월 말, 마일스는 밴드 활동을 잠시 중단하고 유럽으로 떠났다.

프랑스 프로듀서 마르셀 로마노는 유럽 전역을 순회하는 3주간의 공연에 마일스를 섭외해두었지만, 마일스가 오를리 공항에 도착했을 즈음에는 예정되어 있던 공연의 상당수가 취소된 상태였다. 로마노는 마일스에게 대안을 제시했다. 올랭피아 극장에서의 몇 차례 공연, 클럽 생제르맹에서의 3주 공연, 영화감독 루이 말의 데뷔작 범죄 스릴러 「사형대의 엘리베이터」의 영화음악 작곡이었다. 마일스의 열렬한 팬이었던 스물다섯 살의 루이 말에게는 영화음악에 대한 획기적인 아이디어가 있었다. 영화음악을 작곡하는 대신, 마일스가 베이스 주자 피에르 미슐로, 테너 색소폰 주자 바니 윌런, 피아노 주자 르네 위르트레제 등 걸출한 프랑스 뮤지션 셋, 그리고 파리로 이주해 활동하던 드러머 케니 클라크와 함께 녹음 스튜디오에 들어가 영화 영상을 보며 즉흥 연주를 한다는 것이었다. 그렇게 탄생한 음악은 어떤 때는 오직 마일스만이 만들어낼 수 있는 어둡고 음울한 분위기로, 또 어떤 때는 심장을 뛰게 하는 아주 빠른 템포로 다양하게 이루어졌고, 영화음악은 큰 성공을 거두었다. 주연을 맡은 잔 모로는 국제적인 스타로 떠올랐으며 루이 말 또한 이 작품을 발판으로 감독으로서 빛나는 경력을 쌓아나가게 되었다.

12월 셋째 주 미국으로 돌아온 마일스는 밴드를 재결성할 열의에 불타고 있었다. 레드 갈런드에게 돌아와달라고 하자 그가 수락했다. 그런 다음 멍크와 콜트레인의 역사적인 상주 공연 무대가 마무리되고 있던 파이브 스폿으로 가서 또 하나의 청을 넣었다. 월리스 로니가 들려준 이야기는 우화 같은 울림을 준다.

어느 날 밤 그가 콜트레인에게 가서 말해요. "이봐, 밴드에 돌아오지 그래?" 콜트레인이 "아냐, 마일스. 난 여기가 **좋아**. 정말 즐거워"

하고 대답했어요. 마일스가 이어서 "이딴 걸 왜 하고 싶은데? 우리는 **다른** 음악을 한다, 이 말이야!" 하자 콜트레인이 "아냐, 마일스. 이걸 **즐기고** 있다니까"라고 했죠. 그러자 마일스가 "그러지 말고, 제자리로 돌아와. 필리도 돌아왔고 레드도 돌아왔어. 캐넌볼이란 꼬마 녀석도 있고. 어서 돌아와서 우리랑 음악 같이 하자" 했대요.

마일스 말이 카페 보헤미아로 돌아가 연주 준비를 하면서 곁눈질로 봤더니 콜트레인이 들어오고 있더래요, 색소폰을 들고요! 그 모습을 보면서 마일스가 서둘러 "넷" 카운트에 들어가요. 카운트가 끝나자 마일스가 솔로를 불고 나서 무대 아래로 내려갔고 소니가 이어받아 다음 솔로를 했대요. 그리고 하는 말이, "월리, … 그때 콜트레인이 무대에 올라가 끝내주는 음악을 연주한 거야. 소니의 챔피언 벨트를 가로챈 거지. 완전, 소니를 다리로 보내버린 거야!"

그렇게 콜트레인이 복귀하면서 밴드는 캐넌볼과 콜트레인이 있는 밴드가 된 거예요. 콜트레인이 돌아오자마자, 붐! 음악이 날아올랐지, 마일스가 그러더군요.

"월리, 그 밴드가 얼마나 훌륭했는지 **믿지** 못할 거야." 마일스는 이렇게 말했어요. 그보다 나은 밴드는 **아예** 없었다고 그는 생각해요. 내게 한 말이에요. 이유는 짐작할 수 있어요. 이후에 벌어진 모든 일의 뿌리가 바로 그 밴드였으니까요. 캐넌볼의 밴드도, 콜트레인의 밴드도 거기서 나왔어요. 웨인 쇼터도 콜트레인에게서 나왔죠. 그렇죠? 그게 뿌리였어요.[40]

이 전언을 그대로 받아들이기에는 시간 순서에 몇 가지 문제점이 있다. 우선 소니 롤린스가 마일스의 밴드를 나간 것은 멍크와 콜트레인의 파이브 스폿 무대가 한창이던 9월이었다. 또한 롤린스가 윌리엄스버그 다리 위에서 매일 연습하며 보냈다는 유명한 재즈 안식 기간은 1959년 여름이 되어서야 있었던 일이며, 본인 말에 따르면 콜트레인과의 커팅 콘테스트와는 상관없는 결정이었다. 마지막으로 레드 갈런드는 12월 말이 되어서야 마일스의 밴드에 합류했으며 그때 롤린스는 떠난 지 이미 오래였다.

하지만 로니의 이야기 속에는 전설의 정신이 그대로 담겨 있다. 콜트레인의 연주 실력은 멍크와 함께한 시간 동안 그야말로 기하급수적으로 성장했다. "멍크와 일한 것은 진짜 최고의 음악적 건축가 곁에 있는 경험이었어요." 1960년 8월 『다운비트』 편집자 돈 드마이클에게 그가 말했다. "모든 면에서 그에게 배우고 있다고 느꼈죠. … 감각적으로, 이론적으로, 기술적으로 … 멍크야말로 모든 시대를 통틀어 진정한 대가 중 한 명이라고 생각해요. 정말이지, 진정한 음악의 사상가죠. … 그런 사람은 흔치 않아요."**41**

마일스와 함께 했던 첫 활동이 존 콜트레인에게 음악적 껍질을 깨고 나오게 해주었다면, 멍크와의 파이브 스폿 무대는 그를 뮤지션들의 뮤지션으로 만들어주었다. 일반적인 재즈 청중들에게는 아직 대체로 무명이긴 했으나 끈끈한 프로그레시브 재즈계에서 그는 이미 전설로 떠오르고 있었다. 콜트레인은 1957년 한 해 동안 활발하게 녹음에 참여했다. 멍크를 비롯한 여러 뮤지션의 사이드맨으로 연주했으며, 리더로서는 두 번째 앨범을 녹음했다. 첫 손에 꼽을 만한 역사적인 앨범이 탄생하는 순간이었다.

리더로서의 두 번째 앨범은 블루 노트와 작업한 LP였다. 콜트레인이 프레스티지와 계약하기 전에 맺었던 약정에 따른 것이었다. (프레스티지와는 달리 블루 노트는 연주자들에게 리허설 비용을 지급했다.)
세션은 9월 15일 루디 밴 겔더의 스튜디오에서 진행되었으며, 6인조
편성이었다. 콜트레인이 테너 색소폰, 리 모건이 트럼펫, 커티스 풀
러가 트롬본, 케니 드루가 피아노, 폴 체임버스와 필리 조 존스가 베
이스와 드럼에 각각 기용되었다. 앨범의 대담한 독창성은 수록된 다
섯 곡 중 네 곡이 콜트레인의 자작곡이라는 점에서부터 분명히 드러
난다. 그중에서도 〈Blue Train〉은 LP의 제목으로 올릴 만큼 단연 돋보
인다.

이제 그는 비상할 준비가 되어 있었고, 마일스가 보여주는 음악
적 발전에서 자신과 맞닿은 깊은 울림을 느꼈다. "멍크를 떠나 또 다
른 위대한 음악 예술가 마일스에게로 돌아갔어요"라고 1960년 그는
말했다.

이번에 돌아와서 몇 달 전 내 밴드를 결성하기 전까지 붙어 지내
면서 음악적 발전의 또 다른 단계에 올라서 있는 마일스를 목격했
어요. 전에도 멀티 코드multi chord§ 구조에 몰두했던 적이 있었죠.
코드 자체에 대한 흥미였어요. 이번에는 곡에서 점점 더 적은 코드
를 사용하는 정반대 방향으로 이동하는 듯 보였어요. 자유롭게 흐
르는 선율과 코드 방향을 가진 곡들을 활용했죠. 이런 접근법은 솔
로 연주자에게 화성 중심으로(수직적으로) 연주할지 선율 중심으로
(수평적으로) 연주할지 선택할 수 있게 해줘요. 실제로 그의 음악에

§   두 개 이상의 코드가 동시에 겹쳐서 사용되는 화성 구조. 더 복잡하고 색채감 있는 화성을
    만들어낸다. 폴리 코드라고도 부른다.

흐르는 직선적이고 자유로운 선율 덕분에 내가 가진 화성적인 아이
디어를 적용하기가 수월했어요.[42]

멜로디가 화성으로부터 벗어나고 있었다. 모달 음악이 멀지 않았
다는 뜻이었다.

빌 에번스가 첫 앨범 판매량에 실망했는지 여부
는 말이 없었으므로 알기 어렵다. 겉으로 보기에는 그가 스스로에
게 부여한 높은 성장 기준이 대중적인 인정보다 훨씬 중요한 듯했다.
아직은 대중이 그의 문을 두드리고 있지 않았지만 동료들은 그랬다.
1957년 중반 무렵 재즈 뮤지션이 재즈 뮤지션을 평가하는 기준으로
보면, 그는 이미 자신의 5개년 계획을 훌쩍 앞당겨 실현한 셈이었다.
그는 월세를 내고 있었고, 존경하는 사람들과 연주하고 있었다.
　아방가르드와 적당히 지적인 대중문화를 너무 칼같이 구분하지
않는다면(또 전반적으로 백인 뮤지션에게 지나치게 집중된 경향을 과도
하게 들여다보지 않는다면), 비트 세대, 봉고 드럼, 베레모를 떠올리게
하는 재즈는 1950년대 후반 미국 대중문화 속에서 작지만 분명한 자
리를 차지하고 있었다. 전국의 중형 도시마다 지역 신문이 있었고,
모두 신디케이트 칼럼이나 자체 음악 칼럼을 실었으며, 그 칼럼들에
서 재즈가 진지하게 취급되던 시절이었다. 일리노이주의 지역 신문
『알링턴 하이츠 헤럴드』의 음반에 정통한 칼럼니스트 폴 리틀은 안
톤 브루크너, 패티 페이지, 조지 러셀의 《Smalltet》 앨범을 똑같이 능
숙하게 다룰 수 있었다. 다음은 1957년 6월 27일자 신문 뒷면에 실린
글이다.

러셀이 대단히 재능 있는 작곡가라는 사실은 〈Ye Hypocrite, Ye Beelzebub〉의 첫 부분만 들어봐도 확연히 드러난다. 여기서 그는 옛 영가 곡조를 차용해 독창적인 리듬 해석과 함께 6/4 박자의 색다른 흐름을 부여한다. 배리 갤브레이스의 뜨겁게 타오르는 기타, 아트 파머의 감미로운 트럼펫, 할 매쿠식의 알토 색소폰, 밀트 힌턴의 대담한 베이스, 빌 에번스의 피아노, 조 해리스의 드럼이 포함된 조합이다.[43]

에번스에게 별다른 형용사가 붙지 않은 것은 사실이다. 그래도 그의 이름은 올라갔다. 어쩌면 미국 신문에 처음으로 언급된 것일지도 모른다. 1957년과 1958년, 그리고 1959년까지도 그는 간간이 언론에 등장했다. 항상 사이드맨으로, 항상 잠깐 언급되는 수준으로. 그의 역사적 중요성은 서서히 동트고 있었고, 그동안 그는 미국 재즈의 레이더에서 희미하게 점멸하는 신호와 같았다. 이따금 토니 스콧, 다중 악기 연주자 돈 엘리엇, 쳇 베이커, 비브라폰 주자 에디 코스타, 트롬본 주자 밥 브룩마이어, 기타 주자 조 퓨마와 함께 공연하거나 녹음했고, 가수 헬렌 메릴, 찰스 밍거스와 앨 콘과 주트 심스와도 함께 했다. 또한 프랭크 레서의 곡들(코스타의 앨범《Guys and Dolls Like Vibes》), 동시대의 최신 재즈(밍거스의 LP《East Coasting》), 시대를 한참 앞선 아방가르드와 서드 스트림까지 모두 똑같이 편안하게 소화했다. 1957년 6월 브랜다이스 대학 예술제에서 에번스는 건서 슐러, 조지 러셀, 밍거스, 그리고 음렬/무조 작곡가 밀턴 배빗의 작품을 능숙하게 연주했다.

브랜다이스 행사 바로 전주에, 재즈 애호가이자 NBC TV 「투나잇 쇼」의 진행자 스티브 앨런의 노력 덕분에 조지 러셀은 축제에서 연주할 자신의 음악을 미리 선보일 수 있었다. 3악장으로 구성된 10분짜리 곡 〈All About Rosie〉였다. 조지 러셀 특유의 밝고 활기찬 미국적 감성을 담은 또 하나의 작품으로 휘몰아치듯 빠른 속도에 창의적이고 짜릿하기까지 했지만, 비전문가인 일반인 청중들에게 오래 기억될 만한 곡은 아니었다. 대중의 눈치를 보지 않고 당당하게 표현한 아방가르드 예술 음악이었기 때문이다. 바로 그 순간, 전 국민이 보는 TV 방송에서 〈Concerto for Billy the Kid〉를 연상시키는 격렬한 오른손 솔로를 연주한 이는 다름 아닌 빌 에번스였다.

　　　　　　마일스는 재즈의 판도를 바꿀 6중주단 결성을 꿈꿔왔고 이제 그 꿈을 실현할 여력이 되었다. 1957년 크리스마스가 지난 직후, 그의 새 밴드는 시카고의 서덜랜드 라운지를 시작으로 대규모 투어에 나섰다. 이제 그에게는 세 명의 솔로 주자(자신, 캐넌볼 애덜리, 새롭게 거듭난 존 콜트레인)와 마음에 드는 리듬 섹션(갈런드, 체임버스, 필리 조)이 있었다. 캐넌볼의 알토 색소폰이 뿜어대는 믿을 수 없이 풍성하고 토속적인 블루스 음색과 콜트레인의 나날이 대담해지는 테너 색소폰을 나란히 배치하는 것은 상상만으로도 전율이 일었는데, 실제 그 조합은 상상 이상으로 훌륭했다.

경력이 절정에 오르고, 가족과 친구들도 곁에 있었다. (남동생 버넌은 이스트 세인트루이스에서 올라왔고, 세인트루이스에서 살던 아이들은 매년 크리스마스를 누나 도러시의 시카고 집에서 보냈다.) 마일스는 이미 흡족했고 6중주단의 사운드도 짜릿하기만 했다. 다만 멤버들 중 유일하게 콜트레인과의 연주가 처음이었던 다정한 성격의 애덜리는 당혹스러웠다. "투어는 시작부터 아주 죽여줬다"고 데이비스는 회고했다.

> 쾅! 우리가 등장해 무대를 완전히 박살냈다. 그 순간 뭔가 엄청난 게 되리라는 걸 직감했다. 시카고에서의 첫날 밤, 우리는 블루스 연주로 출발했는데 캐넌볼이 입을 벌린 채 멍하니 서서 콜트레인이 완전 이상한 소리를 블루스 위에 쏟아내는 걸 듣고 있었다. 지금 이 곡이 뭐냐고 내게 묻기에 "블루스"라고 대답해주었다.
> 그가 말했다. "이렇게 연주하는 블루스는 들어본 적이 없는데요."[44]

하지만 애덜리는 금방 적응했고, 투어는 시카고를 떠나 뉴욕으로 돌아왔다. 2월 4일, 마일스와 밴드는 30번가 스튜디오에서 컬럼비아의 첫 앨범 작업을 시작했다. 네 곡을 녹음했다. 디지 길레스피와 존 루이스의 〈Two Bass Hit〉를 빠르고 강렬한 비밥 스타일로 연주한 버전(콜트레인은 솔로 도중에 멍크의 〈Rhythm-A-Ning〉의 한 구절을 인용하여 그에게 감사를 표했다), 옛 곡을 리듬 섹션만으로 연주해 유쾌한 음악적 변칙을 선사한 〈Billy Boy〉, 멍크의 스윙 넘치는 〈Straight, No Chaser〉, 마지막으로 리더의 박진감 넘치는 신곡 〈Milestones〉.[45]

〈Milestones〉는 콜트레인이 1960년 인터뷰에서 언급한, 마일스의 음악적 방향 변화를 온전히 보여준 첫 사례였다. 마일스가 점점 더 적은 코드 체인지를 사용한다던 이야기 말이다. 〈Milestones〉는 단 두 개의 코드 체인지에 바탕을 두고 있으며 코드보다는 선법(모드)에 초점을 맞춘 곡이다. 심장을 쿵쾅거리게 만드는 도입부에서는 세 관악기가 친숙한 스타카토의 4음 패턴 밥-밥-**밥**-밥을 G 도리아 선법(피

아노에서 G에서 G까지 흰색 건반만 쳐보라)으로 불어젖힌다. 그다음 A
에올리아 선법(A에서 A까지 흰색 건반)으로 바뀌었다가 다시 도리아
선법으로 돌아와 같은 진행을 반복한다.

당시 재즈계에서 이런 걸 시도한 사람은 아무도 없었다.

또 다른 혁신은 마일스가 이 곡에서 트럼펫 대신 플뤼겔호른을
불어 풍부하면서도 절제된 사운드를 만들어낸다는 점이다. 가장 좋
은 의미로 '쿨'하다. 다른 두 솔로 연주자들도 잘 해내고 있는데 다만
존 스웨드의 말대로 "두 스케일(음계)은 서로 뚜렷하게 연결되는 부
분이 없기 때문에 즉흥 연주자들은 다른 음계가 불쑥 등장해 흐름을
끊을 때 지금까지 전개해온 연주 흐름에 안주하지 않도록 스스로를
경계해야 한다."[46] 물론 이러한 음악적 발전을 고대했던 콜트레인은
두 선법 모두에서 유려하고 노래하는 듯한 솔로를 들려주고, 이어 등
장한 애덜리 또한 자유롭게 나는 듯한 연주로 그가 콜트레인의 연주
스타일을 얼마나 철저하게 소화했는지를 보여준다.

투어는 피츠버그의 '레니 리트먼스 코파'로 이동했다. 이곳은 중
서부로 들어서는 관문에 위치한, 현란한 연예 공연 사업 세계의 등대
같은 공연장이었다. 지역 신문의 6중주단 공연 홍보 광고에는 마일
스의 사진과 함께 **"지금—이번 주 내내—미국 재즈의 거장들"**이라는 대
문짝만한 문구가 실렸지만, 테너 색소폰 주자의 이름이 잘못 표기되
어 있었다("Coltraine"). 이후 3월 초, 밴드는 뉴욕으로 돌아와 컬럼비
아 LP의 두 번째이자 마지막 녹음 세션에 들어갔다. 다사다난한 세션
이었다.

2월 4일 녹음 세션에서 찍힌 마일스와 레드 갈런드의 사진 두 장
은 일화 하나를 들려준다. 첫 번째 사진은 마일스가 플뤼겔호른을 다

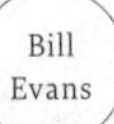

리 사이에 끼우고서 갈런드의 어깨 위로 몸을 기울여 양손을 피아노 건반에 올리고 뭔가 시범을 보이고 있다. 체크무늬 재킷에 페도라를 쓴 갈런드는 두 손을 무릎 위에 둔 채 불쾌한 얼굴을 하고 있다.

두 번째 사진은 반대편에서 찍은 것으로 보인다. 아마 몇 초 뒤 순간일 것이다(마일스의 플뤼겔호른이 피아노 위에 놓여 있다). 사진 속 데이비스는 아까와는 반대편 쪽 갈런드의 어깨 위로 몸을 기울이고 있는데, 얼굴이 갈런드의 귀에 닿을 만큼 가깝다. 양팔은 갈런드의 상체를 끌어안고 있으며 두 손이 건반 위에 올라가 있다. 여기서도 갈런드는 불쾌한 얼굴이다.

이 사진은 아마도 앨범에서 마일스가 플뤼겔호른을 분 유일한 곡인 〈Milestones〉의 두 번째와 세 번째 테이크 사이인 것으로 보인다. 마일스는 연주자들에게 그가 원하는 연주의 방식이나 내용에 대해 조금의 주저함도 없이 말하는 스타일이었다. 여기서도 분명 레드 갈런드에게 밴드가 녹음하는 이 새로운 종류의 곡에 대해 그가 듣고 싶어 하지 않을 만한 이야기를 전해주고 있었을 것이다. 갈런드는 전통 재즈에 기반을 둔 섬세하고 서정적인 터치로 아름답고 우아한 연주를 들려주는 피아니스트였다. 여기서 말하는 전통이란 블루스, 스탠더드 곡들, 그리고 팝 음악의 콘트라팩트나 멀티 코드 구조로 쓰인 오리지널 재즈 곡들을 의미한다. 조지 러셀과 빌 에번스 같은 이들을 흥분시키는 기이한 선법이나 최소한의 코드만으로 쓰인 곡들이 갈런드에게는 맞지 않았던 것일지도 모른다. 게다가 갈런드는 마일스보다 나이가 많았다. 고작 세 살 차이이기는 했지만 때로 그는 연장자처럼 말하는 경향이 있었다. 그런데 지금, 근처를 맴도는 사진작가의 손에, 가르침받는 장면이 찍히고 만 것이다.

스튜디오에서 《Milestones》 앨범을 녹음 중인 마일스 데이비스, 레드 갈런드, 필리 조 존스, 폴 체임버스. 뉴욕, 1958년 2월 4일.

스튜디오에서 《Milestones》 앨범을 녹음 중인 마일스 데이비스와 레드 갈런드. 뉴욕,
1958년 2월 4일.

"마일스는 레드를 무척 **좋아했어요.**" 월리스 로니가 말했다. "하지만, 네, 둘 사이에 긴장도 있었죠. … 레드는 가끔 마일스에게 손아랫사람 대하듯 말을 했을 거예요. 복싱도 한 사람이잖아요. 마일스는 레드를 **두려워하지** 않았어요. 조금도요. 하지만 아무래도 레드를 완전히 **통제**하지는 못했던 걸로 보여요."[47]

존 콜트레인이었다면, 평상시 말없고 무서운 마일스가 무언가를 가르쳐준다면 언제든 좋아했을 것이다. 음악적 기반이 탄탄한 캐넌볼 애덜리는 처음에는 데이비스의 지시에 저항했지만 결국 받아들이고 그로부터 배우게 되었다. 하지만 〈Milestones〉라는 곡은 레드 갈런드에게 도저히 건널 수 없는 다리였는지도 모르겠다. 2월 4일과 3월 4일 두 차례 녹음 사이에 점차 분노가 쌓였던 것 같다. 두 번째 녹음 세션 초반에 "레드는 내가 무슨 말을 좀 해주려고 하자 화가 나서 나가버렸다"고 마일스는 간단명료하게 말한다.[48] 다음 곡은 느릿하게 흘러가는 〈Walkin'〉을 떠오르게 하는 〈Sid's Ahead〉였는데, 이 곡에서 데이비스는 갈런드를 대신해 직접 피아노 앞에 앉아 자신의 트럼펫 솔로 사이사이에 절제된 블록 코드 컴핑을 쳐 넣었다.

갈런드는 4월 초 타운 홀에서 열린, 여러 스타 연주자들이 참여한 공연에서 6중주단으로 돌아와 연주했으나 오래가지는 못했다. 이미 불화의 조짐이 뚜렷했다. 레드는 앞을 향해 나아가기를 갈망하는 마일스의 새로운 음악적 방향이 달갑지 않았다. 마일스는 레드의 잦은 결근과 지각이 못마땅했다. 갈런드는 스스로 리더가 되기를 원했고, 그 후 20년 동안 실제로 그렇게 했다. 대부분 3중주단 형식으로 활동하며 프레스티지를 비롯한 여러 레이블과 왕성한 녹음을 남겼고, 자신과 재즈를 사랑하는 대중 대부분이 듣기를 원했던 정통 재즈 음악을 연주했다. 마일스는 새로운 무엇, 새로운 누군가를 원했다. 그의 기억에 따르면 옛 친구 조지 러셀에게 전화를 걸어 모달 연주를 할 수 있는 피아노 연주자를 찾는다고 하자 러셀이 에번스라는 이름을 언급했다고 한다.

러셀의 이야기는 조금 다르다. 그의 회고다.

밴드 내의 약물 남용 문제로 골치를 앓던 마일스가 나에게 연주 가능한 피아니스트를 아는지 물었다. 나는 빌을 추천했다.

"백인이야?" 마일스가 물었다.

"응." 내가 대답했다.

"안경 써?"

"맞아."

"그 개자식 나도 알아. 버드랜드에서 들었는데, 엄청 진짜 끝내주더라고. 목요일 밤에 브루클린의 콜로니로 데리고 와."[49]

에번스는 제3의 버전을 갖고 있었다. "사실 한 번도 만나본 적 없었다. 어느 날 전화벨이 울려서 수화기를 들고 여보세요 했더니, 상대편에서 '여보세요, 빌, 나 마일스예요, 마일스 데이비스. 주말에 필라델피아에 오지 않을래요?'라고 말했다. 나는 거의, 그러니까, 까무러칠 뻔했다. 그 주말에 갔더니 그가 나더러 밴드에 합류해달라고 했다."[50]

콜로니의 목요일도 필라델피아의 주말도 남아 있는 기록은 없지만 한 가지 분명한 것은 빌 에번스가 피아노를 맡은 마일스 데이비스 6중주단이 1958년 4월 25일 금요일 카페 보헤미아에서, 지미 주프리

3중주단과 같은 무대에 올라 첫 공연을 열었다는 사실이다. 한 가지 더하자면, 에번스는 그날 자기도 모르게 깊은 물속에 내던져졌지만 놀랍게도 그는 가라앉지 않고 잘 버텨냈다.

"나는 언제나 마일스 데이비스를 마음 깊이 존경해왔어요." 세월이 조금 흘러 그가 말했다. "그가 나에게 밴드 합류를 청했을 때 깨달았어요. 내 연주에 대한 나의 견해를 수정해야 한다는 걸요. 내가 계속 피아니스트로서 스스로를 부족하다고 느낀다면 데이비스에 대한 내 존경심을 부정하는 셈이 되니까요. 그래서 내게 주어진 자리를 받아들이기 시작했어요."[51]

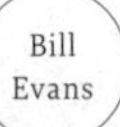

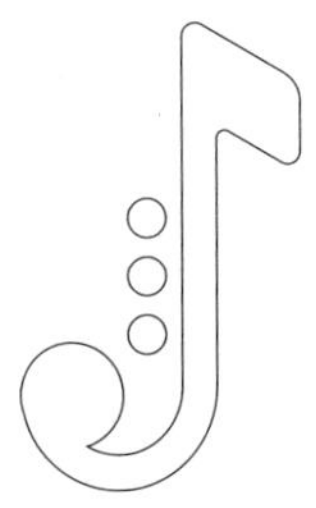

13

블루스 작살내기

Miles Davis, John Coltrane, Bill Evans

1958년 5월 17일 토요일 밤, MBS 라디오 방송국의 프로그램 「밴드 스탠드 유에스에이Bandstand USA」가 카페 보헤미아에서 생중계되었다. 출연진은 마일스 데이비스 6중주단의 마일스, 콜트레인, 체임버스, 필리 조, 그리고 안경을 쓴 새 피아노 주자였다(이날 밤은 캐넌볼 애덜리가 빠져 실제로는 5중주단이었다). 진행자는 밴드를 소개하며 이렇게 말했다. "논란의 중심에 서 있는 마일스 데이비스입니다. 논란이라고 한 이유는, 어떤 사람들은 그를 좋아하고 어떤 사람들은 그렇지 않기 때문이죠. 우리는 그를 정말 사랑합니다. 여러분도 사랑하도록 만들려고 노력 중이고요. 오늘밤, 마일스를 처음 듣는 분이라면 끝나고 난 뒤 분명 그를 사랑하게 될 거라고 믿습니다."[1]

논란이라니? 무슨 말이었을까. 알고 보니 마일스와 콜트레인과 에번스에게는 논란이 충분하다 못해 남아돌 판이었다.

그날 밤 라디오 방송을 들은 청취자들 중 일부는 관객을 노려보거나, 등을 돌린 채 연주하고, 곡명 소개조차 거부하는 마일스를 직접 본 적이 있었을 것이다. 하지만 대다수 청취자들은 음반을 통해 마일스를 알았을 것이다. 조지 아바키언이 대중, 특히 백인 대중을 겨냥해 기획한 그의 최신 앨범 《Miles Ahead》가 여전히 잘 팔리고 있었다. 최근 게재한 신디케이트 신문 칼럼에서 아바키언은 재즈 음반 판매의 "이례적인" 호황에 대해 열정적으로 소개했다. 그는 대중들이 재즈에서 멀어지게 된 원인이 바로 비밥이었다며 비밥의 쇠퇴에 안도감을 표했다. 또 재즈 스타일과 뮤지션들을 열거한 일종의 인명사전을 제시했는데, 아무리 좋게 말해도 보수적으로 편향된 목록이었다. 일례로 그는 "누가 뭐래도 데이브 브루벡은 오늘날 재즈계의 거물이다"라고 썼다. 한편 그는 마일스 데이비스 5중주단의 "탁월한 즉흥 연주"를 침이 마르도록 칭찬하고 소규모 레이블들에게도 약간의 공을 돌렸다(구체적인 회사 이름은 전혀 언급하지 않았다). 그에 따르면 독립 레이블은 "메이저 레이블에 비해 비용 위험이 덜하기 때문에 … 최고의 재즈 음반을 상당수" 제작하고 있었다.[2]

보헤미아 방송 이틀 전, 프레스티지는 데이비스의 컬럼비아 앨범 성공에 편승할 속셈으로 1956년 중후반에 녹음해두었던 《Relaxin' with the Miles Davis Quintet》을 마침내 발매했다. 『다운비트』는 별 다섯 개 중 네 개를 주면서, 테너 색소폰 주자의 이른바 실력 부족을 탓하며 또다시 데이비스 LP를 깎아내렸다.

콜트레인의 연주에는 멈칫거림과 선율 부재가 느껴지는 순간들이 있으며, 이런 점이 연주의 효과를 떨어뜨려 LP의 평점을 깎아먹는다. 특히 앞의 두 곡이 심한데, 그의 솔로는 다소 방향성을 잃은 감이 있으며 약간 거친 듯하다. …[3]

이미 보았듯 콜트레인의 탐색적인 솔로 연주는 듣는 이의 환심을 사기보다 새로운 가능성을 실험하는 쪽에 더 가까웠고, 이런 그의 스타일이 처음에는 데이비스의 인내심조차 시험한 바 있다. 하지만 마음속으로는 그를 기용한 이유가 다른 테너 색소폰 주자들이 가지 않으려는 곳들로 가게 하려는 것임을 마일스는 알고 있었다. 그리고 《Relaxin'》은 콜트레인의 음악적 진화 과정의 초기 단계를 보여주는 창이었다. 그는 1956년 이래로 실력이 일취월장했다.

그날 밤 보헤미아에서 밴드는 네 곡을 연주했다. 〈Four〉 〈Bye Bye Blackbird〉 〈Walkin'〉 〈Two bass Hit〉. 〈Blackbird〉에서 마일스는 솔로 중에 「웨스트사이드 스토리」의 〈Maria〉를 한 번도 아닌 두 번이나 인용해 넣었다(레니 번스타인이 와 있기라도 했나?). 마일스와 초기에 녹음한 솔로 중 하나인 이 연주에서 에번스는 빛나는 기량을 뽐내기보다 화합의 연주를 들려주었다. 방송 내내 5중주단은 탄탄한 연주를 보여주었지만 압도적이지는 않았다.

보헤미아 무대가 다음 날 밤 마무리되었고, 또 하나의 소란스러운 이별이 이어졌다. "필리의 약쟁이 짓에 모두가 신물이 났고 더는 감당이 안 됐다." 마일스의 말이다.[4] 닷새 후 또다시 재편되어 빌리지 뱅가드 무대에 선 데이비스 6중주단의 드러머 자리에는 지미 코브가 앉아 있었다. 필리 조는 자신의 밴드를 만들겠다며 떠났다. 마일스, 콜트레인, 애덜리, 에번스, 체임버스, 코브, 마침내 이 여섯 명으로 구성된 그룹은 이제 곧 새로운 역사를 써내려갈 터였다.

1958년 5월 26일 월요일, 마일스는 그의 서른두 번째 생일날에 30번가 스튜디오에서 이 6중주단으로 컬럼비아와의 첫 녹음 세션을 진행했다. 선선하고 화창한 봄날 아침이었다. 연주자들이 하나둘 들어와 가벼운 인사를 나누고 각자 자리에 앉았다. 컨트롤 부스에는 워너브라더스와 새 음반 레이블을 설립하기 위해 로스

앤젤레스에 가 있던 조지 아바키언을 대신해 캘 램플리라는 새로운
프로듀서가 들어와 있었다. 흑인인 램플리는 어떤 면에서 보자면 마
일스가 가지 않은 길을 상징하는 인물이기도 했다. 그는 줄리아드에
서 정식 교육을 받은 피아니스트이자 작곡가로 컬럼비아에서 일하
며 밥벌이를 하고 있었다. (또한 백인 뮤지션들과 작업한 최초의 흑인
프로듀서가 되었다.)

월요일의 평범한 녹음 세션이었다. 단, 피터 페팅거는 이렇게 쓰
고 있다. "아무도 이 세션의 결과를 예측할 수 없었을 것이다. 격렬
함, 영성, 그리고 천상의 아름다움이 어우러진 이날의 연주는 예술의
역사에서 가장 결정적인 순간들 중 하나로 평가된다. 그리고 이후 모
든 게 전과 달라졌다."[5]

밴드는 이날 발라드 세 곡을 녹음했다.[6] 폴란드 작곡가 브로니
스와프 카페르의 〈On Green Dolphin Street〉, 마일스의 오리지널 곡
〈Fran-Dance〉, 그리고 네드 워싱턴과 빅터 영의 스탠더드 곡 〈Stella
by Straight〉로, 컬럼비아가 1959년 말 발매한 LP 《Jazz Track》의 뒷면
을 꽉 채웠다. 앞면은 마일스가 영화 「사형대의 엘리베이터」를 위해
녹음한 사운드트랙을 담았다.

카페르와 영의 곡은 둘 다 영화에서 출발했다. 〈On Green Dolphin
Street〉는 MGM이 1947년 제작한 역사 재난 영화(19세기 뉴질랜드에
서 발생한 지진 및 해일 사고를 소재로 했다) 「그린 돌핀 스트리트Green
Dolphin Street」§의 영화 음악으로 카페르가 작곡했다. 비슷하게
1944년 공포 영화 「초대받지 않은 사람들The Uninvited」‡의 영화 음악
을 맡은 빅터 영이 작곡한 〈Stella by Starlight〉는 영화에서는 연주곡
으로만 쓰였다가 2년 후 네드 워싱턴이 가사를 붙여 팝송으로도 재

Miles
Davis

John
Coltrane

Bill
Evans

즈 연주곡의 소재로도 인기를 얻게 되었다.

〈On Green Dolphin Street〉는 마일스가 관심을 갖기 전에는 그렇게 많이 녹음된 곡은 아니었다. 캐넌볼 애덜리가 마일스에게 추천했다는 이야기도 전해진다.[7] 지미 도시와 그의 오케스트라가 보컬 버전이 포함된 영화 사운드트랙을 남겼고, 또 아마드 자말과 기타리스트 바니 케슬이 각자 3중주단 편성으로 이 곡을 녹음한 바 있었다. 하지만 데이비스 6중주단의 해석은 차원이 다른 장엄함을 보여주는 독보적인 연주로, 단숨에 이 곡을 재즈 스탠더드 반열에 올려놓았다.

마일스는 연주를 시작하자마자 멜로디를 망가뜨린다. 늘 그렇듯 본인의 곡으로 만들기 위한 그만의 방식이다.[8] 그리고 솔로를 이어가는데 맑은 하늘에 먹구름이 빠르게 지나가는 초봄 날씨처럼 분위기가 바뀌며 아련함과 침울함과 기쁨 사이를 오간다. 애덜리와 콜트레인의 솔로 모두 황홀한 연주를 들려준다(두 솔로가 매끄럽게 섞여들며 이어진다. … 애덜리는 놀랄 만큼 유려하고, 콜트레인 역시 그렇지만 훨씬 거칠고 기묘하다). 에번스의 솔로도 마찬가지다. 체임버스는 잔잔하면서도 추진력 있게 그들을 이끌며 종종 한 음을 길게 끌어 숨죽인 듯한 긴장을 만들어낸다. 코브는 시종 경쾌하게 스윙을 이어간다.

마일스의 새 피아노 주자는 기교를 훨씬 뛰어넘는 무엇인가를 밴드에 가져다주었다. "터치가 전부예요." 피아니스트 겸 밴드 리더 존 바티스트가 내게 말했다. "터치야말로 대부분의 사람들이 알아차리는 요소니까요. 터치가 바로 목소리죠."[9]

§ 한국에서는 「파도」로 개봉.

‡ 한국에서는 「유령의 집」으로 개봉.

이 역사적인 세션에서 녹음된 첫 곡에서 온전히 구현된 에번스의 목소리는 그 자체로 재즈의 신기원이었다. "[〈On Green Dolphin Street〉]의 첫 코드에서부터 그는 자신의 진짜 본질을 건드렸다." 역시 바티스트의 말이다.

피아노는 개인의 표현이 불가능한 악기라고 말하는 기교파 피아니스트들의 입장을 반박하고 있다. 터치에 무게를 주는 방법, 음색을 배분하는 방법, **들어봐요**라고 속삭이듯 전하는 방법이 **분명** 존재한다. 상상력은 상아, 펠트, 강철, 가문비나무를 숭고한 목적을 위해 **조종할 수** 있다. 에번스는 이를 피아노에 감정을 불어넣는 것이라 불렀고 그게 가능하다는 것을 증명했다. 물질을 초월한 예술가의 정신이다. 이날 그가 창조한 소리는 너무도 경이로워서 마치 그가 새로운 악기를 발명한 것처럼 들렸다. 결코 평범한 피아노가 아닌, 익숙한 악기를 초월한 새로운 생명체였다. 사실 안타깝게도 스튜디오 피아노는 조율 상태가 엉망이었는데 우리는 거의 알아차리지 못했다. 오히려 그 반대로 아름다운 피아노 소리라는 인상만이 영원히 우리 마음에 남아 있다. 연주자가 전하는 메시지의 깊이 덕분이다.[10]

자신에게 이런 메시지를 전달할 능력이 있다는 걸 에번스는 최근에야 깨달았다. 버드처럼, 마일스처럼, 콜트레인처럼, 그 또한 기술적 기량이란 예술의 정상을 향해 가는 여정에서 잠시 머무르는 중간 지점에 불과하다는 것을 발견했다. "내 안에 있는 무언가를 손을 통해 피아노로 전달할 수 있게 되려면 건반 앞에서 아주 많은 시간을 보내야 해요." 그의 말이다.

아주 여러 해 동안 그것 때문에 끊임없이 좌절했어요. 그 표현력이란 걸 집어넣고 싶은데 도무지 되지가 않는 거예요. 스물여섯 살 때, 마일스랑 함께하기 1년쯤 전인데, 처음으로 내 연주에 어느 정도 표현이 담기더군요. 정말이지 그전에도 재즈는 정말 많이 연주했거든요. 열세 살에 시작했으니까요. 내 감정을 얼마간 피아노에 싣기는 했어요. 물론 감정을 갖고 있는가는 또 다른 문제, 별개의 사안이겠지만요.[11]

〈On Green Dolphin Street〉에서 에번스가 힘겹게 얻은 서정주의는 마일스의 것과 만나 완전히 새로운 대화를 시작했다. 〈Fran-Dance〉(동요 〈Put Your Little Foot Right In〉을 마일스가 재해석한 곡)와 〈Stella by Starlight〉가 그 대화를 이어갔다. 그해 봄 마일스는 다시 사랑에 빠졌다. 최근 브로드웨이에서 「웨스트사이드 스토리」에 출연 중이던 프랜시스 테일러와 우연히 마주쳤고 그 후로 자주 만나기 시작한 것이었다. 5월에 그녀는 57번가와 58번가 사이 10번로 881번지에 있는 그의 널찍한 로프트로 이사를 와 동거를 시작했다. 그리고 둘은 이듬해 결혼하게 된다.

마일스가 주도하던 조용한 혁명의 일부는 솔로에 대한 새로운 강조였다. "그전에 나는 솔로를 밴드의 부차적인 것쯤으로 여겼어요." 훗날 잡지 『재즈』 인터뷰에서 캐넌볼 애덜리는 아이라 기틀러에게 이렇게 말했다.

앙상블이 중심이었죠. 깔끔함, 전체적인 조화, 음악의 모든 기본들 같은 거요. 그런데 마일스를 들어보면, 그는 실력 있는 트럼펫 주자가 아니라 위대한 솔로 연주자잖아요, 무슨 말인지 아시죠? 갑자기 기본 따위는 별로 의미가 없어지더라고요. 다른 면에서 너무나도 탁월하니까요. 그의 솔로는 작품에 대한 그의 생각 그 자체예요. 솔로가 **가장** 중심이 되어버리는 거예요. … **곡**은 따분해진 거고요. 그는 "누가 멜로디를 연주하고 그다음 다 같이 연주하고 다시 누가 멜로디를 연주하고 끝내면 그게 재즈 공연인 거야"라고 말해요. 제대로 표현되면 솔로가 곧 작품이라고 생각하는 거죠.[12]

애덜리는 이 점을 점진적으로 이해하게 된다. 반면 콜트레인은 즉각 알아차렸고, 아울러 즉각 역풍을 맞았다. "《Jazz Track》 앨범이 프랑스에 도착하자 CBS 인터내셔널이 항의 서한을 보내왔다." 스웨드의 글이다. "B면 1번과 2번 트랙[〈On Green Dolphin Street〉와 〈Fran-Dance〉]의 색소폰 솔로가 **이상하다**며, 트랙에 기계적 왜곡이 있는 건 아닌지 품질 관리부에서 확인했으나 문제가 없었다는 내용이었다. [컬럼비아의 프로듀서] 테오 마세로가 회신했다. '잘못된 것은 하나도 없고, 존 콜트레인은 위대한 뮤지션입니다.'"[13]

우리가 듣기에 5월 26일에 녹음한 그의 솔로는 실로 위대하다. 다만 스웨드가 썼듯 이 사실은 기억해두는 게 좋겠다. "오늘날 이 음악은 재즈의 뿌리에서 곧바로 뻗어나온 고전 발라드처럼 들린다. … 당시만 해도 이 녹음들은 충격적이기에 충분했다."[14] 훗날 미술 평론가 로버트 휴스가 종전 이후 미국 재즈의 흐름과 비슷한 궤적을 그리며 진화하던 미국 추상표현주의 회화의 불안한 힘을 묘사하며 말했듯,

새로움의 충격은 점점 더 충격적인 것으로 진화해가는 법이다.

세션의 세 번째 곡 〈Stella by Starlight〉에 이르러서 지친 캐넌볼 애덜리가 연주에서 빠져 있다가 이내 스튜디오 안에서 잠들어버렸다. 그 사이 나머지 다섯 명의 연주자들은 몇 번이고 녹음을 되풀이해야만 했다. 컨트롤 부스에서 기술적 문제가 생긴 데다 답답하게도 아무리 다시 해도 뜻한 대로 연주가 나오지 않아서였다. 다섯 번째 테이크에 이르자 마일스의 인내심이 바닥을 드러냈다. "폴, 대체 뭐가 문제야?" 시작부터 삐끗한 체임버스에게 그가 쏘아붙였다. 또 한 번 테이크가 금세 중단되어버렸다. 스튜디오 안에 크고 특이한 소음이 돌았기 때문이었다. 애덜리가 코고는 소리였다. "야, 누구, 캐넌볼 좀 깨워봐." 마일스가 말했고, 누군가가 그를 깨웠다. "인마, 내 솔로에 코를 골아?" 마일스의 말에 모두가 웃음을 터뜨렸다.[15]

♪♪♪

마일스는 논란이 많았고, 콜트레인도 논란이 많았으며, 에번스역시 마찬가지였다. 6중주단은 1958년 하반기 내내 순회공연과 녹음 스튜디오를 오가며 바삐 보냈는데 연주하러 가는 곳마다 흑인 청중과 뮤지션들 사이에서 수군거리는 소리가 들려왔다. 물론 더 심한 소리도 있었다. 마일스 데이비스 밴드에 저 고지식하게 생긴 백인이 웬 말이야? 왜 마일스는 우리 형제들의 일자리를 빼앗는 거지?

칙 코리아는 자신의 고향인 보스턴의 스토리빌에서 마일스 6중

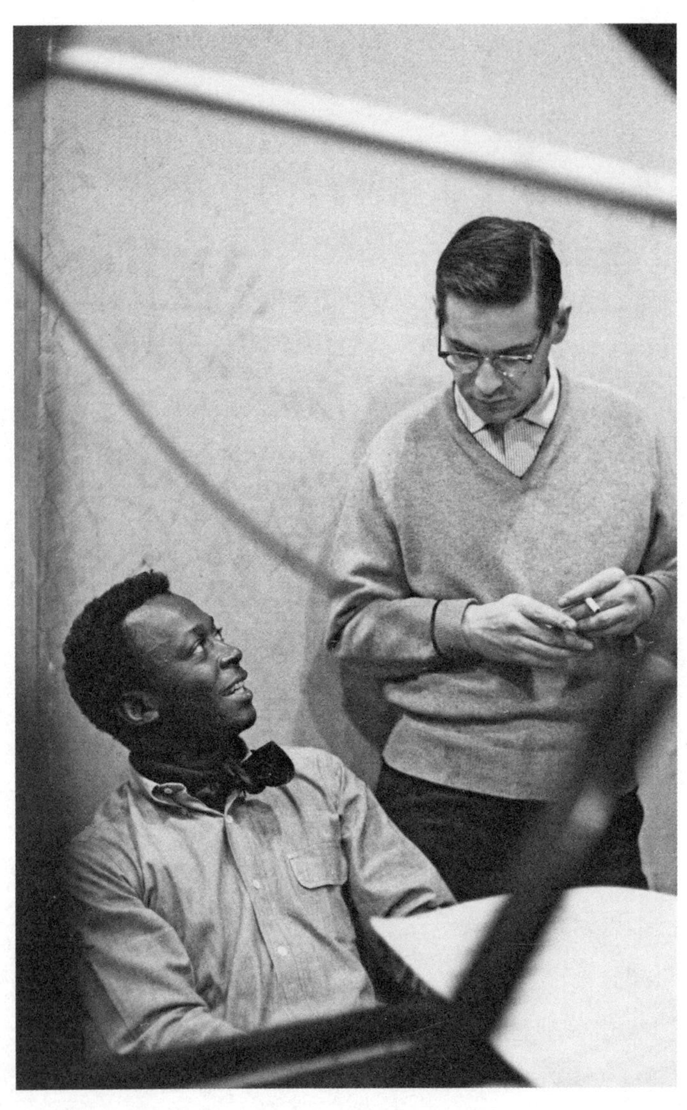

스튜디오에서 《Kind of Blue》 앨범을 녹음 중인 마일스 데이비스와 빌 에번스. 뉴욕, 1959.

주단에 속해 연주하던 에번스를 처음 보았던 때를 이렇게 기억했다. "드럼 치는 친구 레니와 함께였어요." 그가 내게 말했다. "우리는 무대 바로 옆 첫 번째 테이블에 앉았어요. 고작 20센티미터 높은 단상이 무대였죠. 밴드가 나왔어요. 폴 체임버스, 지미 코브, 캐넌볼, 콜트레인. 마일스. 이어서 뿔테 안경을 쓴 백인 피아노 주자가 걸어 나와 피아노 앞에 앉는 거예요. 제기랄, 엄청 실망스럽더라고요."[16]

많은 관객들이 실망했다. 특히 흑인 관객들이. 그리고 많은 팬들이 강하게 실망감을 표출했다. "내가 최고의 소규모 재즈 밴드를 이끌면서 연주자에게 가장 많은 보수를 주는 마당이니 피아노에도 흑인 연주자를 써야 한다고 느낀 흑인들이 많았다." 마일스의 회고다. "난 그런 따위의 말은 받아들일 수 없다. 나는 그저 내 밴드에 최고의 연주자들을 쓰고 싶었을 뿐이다. 그들이 검든 희든 파랗든 빨갛든 노랗든 상관없다. 내가 원하는 연주를 해줄 수만 있으면 그걸로 된 거다."[17]

하지만 데이비스도 처음부터 빌 에번스의 피부색을 예민하게 의식하고 있었다. 수줍고 교수 같은 분위기를 풍기는 이 남자는 뿔테 안경, 말끔하게 뒤로 빗어 넘긴 머리, 윌리엄 블레이크와 토머스 하디를 향한 열광, 선불교와 크리슈나무르티 같은 독서 취미, 그리고 스트라빈스키와 라벨과 라흐마니노프와 하차투랸에 대한 사랑에 이르기까지 그야말로 뼛속까지 백인이었다. 마일스를 잡아끈 것은 마지막 부분이었다. 그의 비길 데 없는 귀와 무한한 음악적 호기심이 말했다. 에번스는 밴드의 역량을 높여줄 뿐 아니라 마일스 자신에게도 뭔가 가르쳐줄 수 있는 사람일 거라고. 게다가 인종 문제에 대한 그의 예민한 안테나는 에번스가 자신을 깊이 존경한다는 사실을 단박에 포착했다.

일종의 로맨스가 시작되었다. 시작은 까칠했다. 마일스는 가까운 관계일수록 거친 면과 부드러운 면을 뒤섞는 경향이 있었다. 인종과 관련한 색안경을 벗어던졌다고 선언했지만, 그는 가끔 에번스를 맹비난했다. "지미 [코브]가 내게 그러는데," 월리스 로니의 말이다. "음악 이야기를 나누거나 할 때 에번스가 뭐라고 한마디 하면 마일스가 '백인 의견은 사절이야!'라고 말하곤 했다더군요."[18]

다음은 별명이었다. 재즈 세계에서 별명은 때로 결정적인 요소가 되곤 한다. 마일스가 빌리 엑스타인 밴드에서 배우던 초창기에 엑스타인은 자기 나름의 이유로 그를 데이비스 딕Dick이라고 불렀다. 이제 마일스는 그 나름의 이유로—외모가 닮아서 그런 건 아니었겠지만—코미디 그룹 세 얼간이Three Stooges의 바가지머리 대장 이름을 따 그를 에번스 모Moe라고 불렀다.

그다음은 믿기 힘든 신고식 소식이 전해졌다. 에번스가 6중주단에 들어오고 얼마 지나지 않아 마일스가 그를 불렀다.

"빌, 이 밴드에서 활동하려면 뭘 해야 하는지 알지?"

그가 어리둥절한 얼굴로 나를 보며 고개를 저었다. "아니, 마일스. 뭘 해야 되는데요?"

내가 말했다. "빌, 우리는 다 한 형제고 뭐 한배를 탄 거니까, 자네가 해야 하는 건 뭐냐 하면, 모두와 자야 한다 이거야. 알아듣겠어? 밴드 멤버들이랑 섹스를 해야 한다고." 물론 나는 장난이었지만 빌은 콜트레인처럼 정말 진지했다.

그가 15분 정도 곰곰이 생각한 다음 내게 돌아와 말했다. "마일스,

Miles Davis

John Coltrane

Bill Evans

방금 한 말 생각해봤는데요. 아무래도 못하겠어요. 모두를 기쁘게 해주고 싶고 여기서 다 함께 행복하면 좋기는 하겠는데, 그건 도저히 못하겠어요."

나는 그를 보고 미소를 지으며 말했다. "자네 최고야!" 그제야 그도 내가 장난을 치고 있다는 걸 알았다.[19]

대체로 그랬으리라. 빌은 정말 콜트레인처럼 진지했다. 단 마일스도 콜트레인에게는 밴드 멤버들과 섹스를 하라는 농담은 한 번도 하지 않았다. 혹시 이 장난은 마일스의 무의식적인(또는 의식적인) 바람에서 나왔을까? 에번스는 날씬하고 우아했다. 소년 시절 그는 운동을 잘했고, 어릴 때 아버지가 운영하던 골프 연습장에서 보낸 시간 덕에 하고많은 종목 중에 하필 능숙한 골퍼이기도 했다. 전형적인 미국인다운 잘생긴 외모에 교수 같은 진중한 인상은 여성들에게 매력적으로 다가왔고, 마일스 데이비스에게도 그랬다. 마일스는, 아주 최소한으로 말해, 에번스에게 음악적으로 반했다("빌에게는 내가 피아노에서 사랑했던 점인 조용한 열정이 있었다. … 그의 사운드는 수정 같은 음색이랄까, 또는 맑은 폭포에서 쏟아지는 반짝이는 물 같았다."[20]). 아치 셉은 에번스가 밴드에 합류한 직후였던 1958년 필라델피아의 한 나이트클럽에서 목격한 감동적인 순간을 기억하고 있었다. "빌 에번스가 피아노 앞에 팔짱을 끼고 앉아 있는데 마일스가 빌 뒤에서 양팔을 빌의 어깨를 감싸듯 두른 채로 보이싱 몇 가지를 보여주더라고요."[21] 이 장면은 레드 갈런드가 밴드를 떠나기 직전 마일스가 불만스러운 표정의 갈런드에게 했던 강압적인 자세와 정확하게 같은 동작이었다. 그러나 이번에는 음악적인 친밀함을 반영하는 것이었고, 이는 앞으로 놀라운 결과물을 낳게 된다.

둘은 마일스의 집에서 시간을 함께 보냈다. 몇 시간이고 음악 이야기를 나누고 클래식 음반을 듣고 피아노로 곡을 구상해보기도 했다. 가끔은 밤에 마일스가 에번스에게 전화를 걸어 연주를 듣고 싶으니 그냥 수화기를 내려놓고 있어달라고 부탁했다. "마일스는 빌을 **사랑했어요.**" 로니가 말했다.[22]

에번스는 미국 최고의 소규모 재즈 밴드에서 피아노를 친다는 것이 너무도 짜릿했다. 전국의 모든 피아니스트들이 시기할 만한 자리였다. 하지만 그의 흥분에는 불안감도 드리워 있었다. 흑인 뮤지션들의 불만 섞인 목소리를 똑똑히 들었을 뿐 아니라 스스로를 질책하는 내면의 아우성 또한 똑똑히 듣고 있었기 때문이다. **재즈 뮤지션**으로 성공하겠다고 결심은 했지만 외모도 태생도 한계가 있었다. 그는 뉴저지주 출신의 백인 피아노 연주자였다. 엄격하고 정연한 사고방식을 갖고 있었고(이런 성향은 혼란스러웠던 가족 환경에 대한 반작용이기도 했다), 언제나 사려 깊고 생각을 분명히 표현하는 쪽이었지만, 스스로를 뒤흔들어서라도 그 안에 어울리는 사람이 되고 싶었다.

"군 복무 시절 에번스는 마리화나를 처음 접했고 마리화나가 기억력에 지장을 주었음에도 계속해서 피웠다." 페팅거의 글이다.

오늘날의 대다수 의학적 증거와는 다르게, 그는 마리화나가 헤로인으로 옮겨가는 과정이라고 믿었고 이를 증명이라도 하듯 헤로인도 시도해봤다. 하지만 마일스와 연주를 시작하고부터 그의 헤로인 사용이 실험 수준을 넘어섰다. 그는 마약을 기반으로 한 밴드의 유대감으로부터 절대 멀어지고 싶지 않았다.[23]

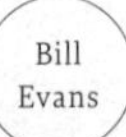

"뉴저지주 플레인필드 출신의 백인 남자, 영락없이 딱 그렇게만 보였던 빌은 그 세계에 진짜로 진입하려면 약쟁이가 되어야 한다고 느꼈던 것 같아요." 1970년대에 에번스의 3중주단에서 연주했던 드럼 주자 엘리엇 지그먼드가 내게 말했다. "아, 맙소사, 진짜 약쟁이가 되어버린 거죠."[24]

6중주단 멤버들은 실제로 유대감이 강했다. 똘똘 뭉쳐 에번스를 감싸줄 정도로 단단한 사이였다. 하지만 정말 마약을 기반으로 한 유대였을까? 콜트레인은 헤로인과 술을 완전히 끊은 것 같았고(단 음식은 못 끊은 것 같았지만), 애덜리는 애초에 중독성 마약을 사용하지 않았던 것으로 보인다. 필리 조는 에번스가 들어오고 고작 3주 만에 밴드를 떠났다(두 사람은 음악과 마약을 매개로 금방 친해져 조는 에번스의 평생 절친—페팅거의 표현을 쓰자면, 약쟁이 동지—이 되었다[25]). 그런가 하면 지미 코브는 수없이 많은 젊은 재즈 연주자들이 '버드 오류'에 빠져 파멸하는 걸 보고 "나는 저렇게 되지 않겠다"고 일찌감치 다짐했다.[26] 이렇게 보면 심한 알코올 중독자에 주기적인 헤로인 사용자였던 폴 체임버스가 필리 조 이탈 이후 밴드에 남은 유일한 현역 중독자였다. 그리고 마일스가 있었다.

마일스에게 헤로인은 과거사였다. 다만 코카인과 술은 그렇지가 않았다. 이제 충분히 구입할 형편이 되는 코카인은 심야 공연과 장시간의 녹음 세션으로 빽빽한 고된 일정을 버티는 데 종종 도움이 되어주었다. 다만 상습 사용자들이 흔히 경험하듯 그의 욱하는 성미를 악화시켰는지도 모른다. 프랜시스 테일러와의 연애로 큰 행복감을 느꼈지만 마일스가 인정한 대로 그들의 사랑도 여자를 때리는 그의 평생 버릇을 비켜가지는 못했다. 테일러의 첫 번째 잘못은 퀸시 존스가 잘생겼다고 말한 것이었다. 질투로 인해 분노가 폭발한 마일스는 "그녀를 때려눕혔고 그녀는 아파트에서 알몸으로 도망쳐 몬티 케이와 다이앤 캐럴의 집으로 피신했다. … 나는 그녀에게 두 번 다시 내 앞에서 퀸시 존스의 이름을 꺼내지 말라고 했고, 그녀는 다시는 그러지 않았다."[27]

한편 에번스의 여자 친구였던 젊은 흑인 여성 페리 커즌스는 그의 악화되는 헤로인 중독을 무력한 슬픔 속에서 지켜보았다. "물론 그것은 우리의 삶을 망가뜨린 재앙이었어요." 그녀가 말했다. 에번스가 왜 마약을 끊지 못했는지에 대해 그녀는 나름의 의견이 있었다. "그가 마약에서 깨어났을 때, 그러니까 마약을 끊었을 때요. 실제로 여러 번 끊은 적이 있거든요. 세상이 … 어떻게 말해야 할지 모르겠는데 … 너무나 아름다웠던 거예요. 그에게는 너무나 선명했던 거죠. 다시 마약에 취해서 스스로 세상을 흐릿하게 만들어야만 했던 것 같아요."[28]

거의 성스러운 느낌마저 주는 말이지만, 그가 흐릿하게 만들고자 했던 것은 단지 아름다움만은 아니었다. 흑인 뮤지션들과 청중들로부터의 역인종차별—"크로우 짐"—뿐 아니라 6중주단 안에서조차 편협함을 마주해야 했다. "콜트레인은 그의 존재를 완전히 인정하지는 않았다"고 페팅거는 쓰고 있다.[29] 거기에 불쑥불쑥 떠오르는 음악적으로 충분하지 못하다는 느낌, 집안 내력인 우울증 경향, 투어 일정으로 인한 피로감까지 더해졌다. 게다가 밴드가 가는 곳마다 그가 세상을 흐릿하게 만들 수 있게 도와줄 마약 공급자들이 있었다. 그는 곧 헤로인 흡입에서 주사로 넘어갔고 뿔테 안경과 뒤로 빗어 넘긴 머리카락은 이제 약간 추레한 분위기를 풍기기 시작했다. 그는 이미 약쟁이 재즈 뮤지션들의 위대한 파멸로 가는 형제단에 합류했고, 어느

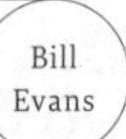

증거로 보나 죽을 때까지 거기 있어 즐거웠던 것 같다.

1958년 2월, 콜트레인은 레드 갈런드 3중주단(갈런드, 폴 체임버스, 아트 테일러)과 함께 리더로서 발표할 네 번째 앨범을 녹음했다. 프레스티지의 관례대로 밴 겔더 스튜디오에서 리허설 없이 한 세션 만에 LP 녹음을 마쳤고, 프로듀서는 밥 와인스톡이었다. 이 앨범에는 《Soultrane》이란 제목이 붙었다.[30]

4중주단은 발라드 네 곡을 녹음했다. 태드 대머런의 〈Good Bait〉, 빌리 엑스타인의 〈I Want to Talk About You〉, 레오 로빈과 줄 스타인의 〈You Say You Care〉, 그리고 최근 사망한 색소폰 주자 어니 헨리를 위한 애가 〈Theme for Ernie〉였다. 녹음이 끝나자 와인스톡은 LP 한 장을 채우기에는 분량이 부족하다는 걸 깨달았다. "곡 하나가 모자랐어요." 그의 회고담이다.

그래서 내가 "존, 옛날 스탠더드 뭐 생각나는 거 없어?" 했더니, 그가 "오케이, 알았어. 준비됐어, 루디?"[§] 이래요. 다들 언제나 "준비됐어, 루디?" 그랬죠. 그러고는 밴드가 〈Russian Lullaby〉를 아주 빠른 템포로 연주했어요. 연주가 끝나고 내가 물었죠. "그 곡 제목이 뭐더라?" 그러자 그가 〈Rushin' Lullaby〉 하는 거예요. 빵 터졌죠. 그에게는 그런 유머 감각이 있었어요. 말장난이나 귀여운 농담 같은 거요.[31]

---

§ 레디, 루디? 발음 말장난.

정신없이 빠른 템포에도 콜트레인은 어빙 벌린이 1927년에 쓴 이 애절한 곡의 가슴 저미는 아름다움을 지켜냈다. 하지만 그의 솔로 연주는 벌린의 얼굴이 허예지게 만들었을지도 모른다. 아이라 기틀러는 앨범의 라이너 노트에 이렇게 썼다.

레드가 템포를 벗어난 자유로운 연주로 〈Russian Lullaby〉의 도입부를 끝내면 콜트레인이 이어받아 맹렬히 불어젖힌다. 이 곡과 [전에 갈런드 3중주단과 녹음한] 〈Soft Lights and Sweet Music〉을 놓고 볼 때 이들은 어빙 벌린을 빠른 속도로 연주하는 걸 꽤 좋아하는 듯하다. 이 자장가라면 니키타 [흐루쇼프]도 분명 밤새 잠 못 자고 스윙을 추지 않았을까. 이후 널리 활용하게 될 콜트레인의 "시트 오브 사운드sheets of sound"는 태그tag§[마지막 솔로] 초반부에서 들을 수 있다.32

시트 오브 사운드. 해럴드 로젠버그의 "액션 페인팅"라는 용어가 추상표현주의의 한 갈래와 1950년대 뉴욕 미술계의 역동성을 정의했던 것과 마찬가지로, 기틀러의 이 예술 용어 역시 빠르게 수용되었다. '시트 오브 사운드'는 콜트레인의 맹렬한 수직적 솔로를 설명하는 용어에 그치지 않고 1950년대 말 재즈가 나아갈 새로운 방향을 가리키는 일종의 나침반 바늘 같은 개념으로 자리 잡았다. 존 콜트레인이 연주한 '시트 오브 사운드'는 곡 안의 코드들이 암시하는 음계를 잇달아 오르내리는 가운데 빛처럼 빠른 아르페지오가 쉴 틈 없이 이

§ 곡의 끝부분에서 마지막 4마디 정도를 몇 번 더 반복하는 재즈 특유의 엔딩 방식.

어지며 마치 종잇장(시트)이 하나씩 겹쳐지는 것 같은 (거의 추상표현주의적인) 이미지를 연상시키는 주법을 가리킨다. (콜트레인은 당시 흥미를 느낀 하프에서도 영감을 얻었다.[33])

이 접근 방식이 재즈의 통상적인 리듬 패턴과 언제나 잘 들어맞는 건 아니었다. 콜트레인은 훗날 어느 인터뷰에서 이렇게 말했다.

> 그 무렵 나는 길게 끊임없이 이어지면서도 휘몰아치는 듯한 사운드를 찾고 있었습니다. 개인적인 발전을 위해 실험을 시작했던 거예요. 아이라 기틀러가 "시트 오브 사운드"라고 부른 길고 빠른 주법까지 시도했죠. … 각 코드의 음계를 전부 다 연주하는 식이었어요. 따라서 주로 빠르게 연주했죠. 때로는 글리산도처럼 들릴 정도로 말이에요.
>
> 일정 시간 안에 연주해야 할 일정 수의 코드 진행이 있다는 걸 발견하게 되었습니다. 8분음표나 16분음표나 셋잇단음표로는 맞지 않았죠. 모든 음을 다 담기 위해서는 다섯 개, 일곱 개처럼 고르지 않은 음표 묶음으로 연주해야 했습니다.[34]

오늘날 팬들에게는 짜릿한 솔로일 수 있지만 당시에는 많은 사람들이 귀에 거슬리는 자기만족적인 연주라고 생각했고 심지어 적대감을 드러내기도 했다. 그해 여름 마일스는 6중주단을 이끌고 뉴포트 재즈 페스티벌로 향했다. 그에게 돌파구가 되어주었던 1955년 출연 이래로 처음이었다. 세속적으로 말해 득의만만한 귀환이었다. 메이저 음반 레이블 소속 대스타가 된 데이비스는 재즈의 신전에 오른 인물이었다. 하지만 『다운비트』의 비평은 이런 광휘에 찬물을 끼얹었다.

안타깝게도 그룹의 연주는 기대에 못 미쳤다. 마일스는 여전히 섬세하고 한계를 모르는 우아한 연주를 들려주었지만 성난 젊은 테너 색소폰 주자 콜트레인 때문에 그룹의 합이 맞지 않았다. 수많은 음들을 흩뿌리며 스스로를 리듬의 막다른 골목으로 몰아넣는 콜트레인의 연주는 재즈계에서 회자되는 '진전 없는 움직임'의 화신처럼 들렸다. 또 하나 중요한 점은 콜트레인의 연주가 애덜리에게까지 영향을 미친 것 같다는 점이다. 애덜리 역시 예전에 비해 선율 구조에 관심이 덜한 연주를 들려주었다.

체임버스는 여전히 가장 날렵한 재즈 베이시스트의 면모를 보여줬으나 코브의 답답한 뒷받침이 그의 연주를 삼켜버렸으며, 에번스 또한 본인 역량만큼 당당한 연주를 드러낼 기회가 적었다.

마일스의 중대한 기여를 제외하면, 그룹은 관객에게 새로운 것을 일깨워주기보다 혼란만 안겨주고 말았다.[35]

콜트레인은 그간의 실험에서 얻은 자신감(마일스의 공이 컸다)을 바탕으로 비로소 자기 위치를 찾아가고 있었다. 음반사도 동료들도 단번에 이를 알아차렸다. 데이비스와 다시 뭉친 순간부터 콜트레인은 리더로도 사이드맨으로도 상당히 많은 녹음을 했다.[36] 마일스의 계약 에이전트 잭 휘트모어가 데이비스 밴드의 일정 사이사이에 콜트레인이 리더로 서는 무대를 잡아주었는가 하면, 마일스의 변호사 해럴드 러빗은 콜트레인을 대리해 음반사를 프레스티지에서 애틀랜틱으로 옮겨주었다. 매년 7000달러 수입 보장에 신형 링컨 콘티넨털

Miles
Davis

John
Coltrane

Bill
Evans

자동차까지 주는 조건이었다.[37]

다만 세상이 그를 따라잡는 속도는 그보다 더뎠다.

콜트레인이 캐넌볼에 미치는 영향이 깊어지는 가운데(물론 애덜리가 위대한 소울 연주자라는 본질만큼은 변함없었다), 페팅거에 따르면 에번스 또한 "밴드에 자신만의 색을 입히며 레퍼토리를 서정적인 방향으로 끌고 갔으며 그 과정에서 흑인 동료들에게 영향을 미친 몇 안 되는 백인 재즈인이 되었다. 위대한 음악이 탄생했고 데이비스의 연주에까지 새로운 깊이를 이끌어내는 촉매 역할을 해주었다."[38] 한편 마일스 자신도 멤버 전원에게 새로운 깊이는 물론 새로운 기준점과 새로운 간결함을 끌어내는 촉매가 되었다. 캐넌볼은 아이라 기틀러에게 자신이 처음 밴드에 들어갔을 때 이야기를 이렇게 전했다.

내 연주에서 마일스 마음에 안 든 것들이 좀 있었는데 마일스 성격상 마음에 안 들면 솔직하게 이야기를 하잖아요. … 처음에는 상심까지는 아니라도 충격이긴 했어요. 근사한 연주를 했다고 생각하고 있는데 이러더라고요. "이봐, 그딴 건 왜 한 거야? 아무 쓸 데도 없는 걸. 의미 없는 음만 늘어놓고 있잖아." 음 하나를 연주하더라도 의미가 있어야 한다는 거예요.[39]

그해 초에 캘 램플리가 마일스에게 전화를 걸어 《Miles Ahead》 후속작 아이디어 이야기를 했다. 조지 거슈윈의 1935년 오페라 「포기와 베스」를 길 에번스가 편곡한 기악곡 버전으로 녹음하자는 것이었다. 데이비스는 램플리의 의견을 단번에 일축했다. 거슈윈의 위대하고 논쟁적인 이 작품은 1958년에도 여전히 세간의 화제였다. 새뮤얼 골드윈 제작에 시드니 포이티어, 도러시 댄드리지, 새미 데이비스 주니어가 주연을 맡은 영화가 제작 중이었고, 이 오페라를 재즈로 해석한 앨범들도 최근 잇따라 발매되고 있었다. 듀크 엘링턴 오케스트라가 (백인) 가수 멜 토메, 프랜시스 페이와 함께 한 1956년 버전, 색소폰 주자 버디 콜레트가 이끄는 6중주단이 연주한 1957년 기악곡 LP, 루이 암스트롱과 엘라 피츠제럴드가 풀 오케스트라 반주로 모든 배역을 노래하는 1958년 음반. 마일스가 보기에 사방이 "포기와 베스" 천지였던 것일지 모른다. 하지만 무슨 이유에서인지 그는 마음이 바뀌었다. 길과 다시 작업할 기회, 혹은 재즈의 정전이 된 작품에 자신의 인장을 찍을 수 있는 기회라고 여긴 걸까.

뉴포트가 폐막하고 몇 주 뒤, 30번가 스튜디오. 데이비스는 길 에번스, 19인조 오케스트라와 함께 앨범 제작에 들어갔다(대부분이 관악기였으며, 캐넌볼, 폴 체임버스, 필리 조도 포함되어 있었다). 에번스의 편곡은 풍성하면서도 낯설었으며 극도로 복잡했다. "길은《Porgy and Bess》를 서사적, 음악적으로 재구성했다"고 스테퍼니 스타인 크리스는 쓰고 있다. "거슈윈의 곡 순서를 거의 완전히 재배열했고, 어떤 곡은 원곡에 충실했으며, 또 어떤 곡은 대폭 다시 작곡했다. 그리고 이 버전에 맞지 않는 곡들은 과감하게 빼버렸다."[40] 길 에번스만이 편곡할 수 있는, 비밥 이후의 빅밴드 음악이었다. 또한 작곡의 많은 부분에서 모달로 전환해가던 마일스의 접근 방식이 반영되었다. 더 적은 코드, 더 많은 솔로, 익숙하지 않은 귀에는 틀린 것처럼 들리는 음들로 이루어진 새로운 음계.

앨범은 오직 기악곡만 실었다. 다만 거기에 마일스가 이 오페라의 남녀 성악곡 전부를 트럼펫과 플뤼겔호른으로 연주했다. 때로는

Miles
Davis

John
Coltrane

Bill
Evans

거칠고 때로는 유려하며 애잔하고 뇌리에 남는, 그리고 가끔은 일부러 불협화음을 내기도 하는 그의 연주는 완전히 새롭고 색다른 무언가를 구현해냈다. 이 앨범은 지금까지 가장 많이 팔린 데이비스의 LP가 되었으며, 그를 재즈의 경계를 넘어선 재즈 스타로 만들고자 했던 조지 아바키언의 계획을 가장 잘 구현한 전형이 되었다. 그런데 의외의 장면도 하나 연출되었다. 바로 흑인 예술가가, 흑인을 주제로 백인 작곡가가 쓴 작품을, 백인 청중에게 선보이는 기묘하고 낯선 상황 말이다.

앨범은 이듬해 3월에 깜짝 놀랄 만큼 근사한, 지금껏 마일스의 앨범 중 최고로 멋진 재킷과 함께 세상에 나왔다. 할렘 태생의 위대한 사진 작가 로이 드카라바가 촬영한 매혹적이고 신비로운 컬러 사진에는 검은 배경 앞에 흰 셔츠를 입고 무릎에 트럼펫을 얹은 흑인 남성의 상반신이 보이고, 초록색 스커트를 입은 인종이 불분명한 여성의 한쪽 다리와 그녀의 금팔찌 찬 손이 트럼펫의 마우스피스 위로 무언가를 찾는 듯 살짝 떠 있는 모습이 포착되어 있다. 색감과 톤에서 얀 페르메이르의 작품을 흐릿하게 처리해 확대한 것 같은 느낌이 든다. 위쪽에 LP의 제목 **마일스 데이비스─포기와 베스**가 붉은 띠 위에 흰색 대문자로 적혀 있고, 조지 거슈윈과 길 에번스의 이름은 검은색 이탤릭체로 그 위와 아래에 적어 상대적으로 거의 안 보인다. 이제는 명실상부한 슈퍼스타 마일스가 이 앨범의 절대적인 주인공인 것이다.

그러는 동안 원심력이 위대한 6중주단을 위협하고 있었다. 콜트레인도 애덜리도 둥지를 떠나 본인이 이끄는 밴드에서, 마일스가 아닌 자신의 음악을 연주하고픈 갈망에 몸이 근질근질했다. 빌 에번스는 스스로의 존재 가치를 입증해야 한다는 끊임없는 압박감에 시달렸고, 나이트클럽들은 그의 서정적 감성을 펼쳐 보이기에 적합한 분위기를 좀체 제공할 수 없었다. 특히 밴드가 레드 갈런드가 연상되는 빠른 곡을 연주할 때 청중은 냉담했다. 호응이 없을수록 불안감이 커졌다. "당시 나는 내가 무능하다고 느꼈어요." 에번스의 회고다.

내가 어디로 가고 있는지 보고 싶었고 그래서 연주를 더 많이 하고 싶었어요. 육체적, 정신적, 영적으로 다 녹초가 돼 있었죠. 왠지는 모르겠어요. 투어 여행이 힘들었을 수도 있겠네요. 그래도 마일스와 함께 일한 시간이 내게는 이전 여러 해 동안 아마도 가장 유익했던 것 같아요. 음악적으로만이 아니라 개인적으로도 말이에요. 좋은 점이 참 많았어요.[41]

그러나 이것은 돌이켜보며 한 말이고, 당시에는 진절머리가 났다.

그해 9월, 컬럼비아는 플라자 호텔의 우아한 페르시안 룸에서 레이블의 재즈 음반 성공을 기념하는 기자 간담회 겸 파티를 열었다. 이 오후 행사는 어빙 타운센트의 아이디어였다. 그는 전에 밴드 리더로 활동하다 컬럼비아에서 광고 카피라이터로 근무를 시작해 정직원 프로듀서까지 올라간 인물이었다. 캘 램플리가 조지 아바키언의 설득으로 로스앤젤레스의 워너 레코드로 이직하면서 타운센트가 마일스 데이비스의 프로듀서로 낙점된 상태였다.

이날 무대에는 마일스의 6중주단과 듀크 엘링턴 오케스트라, 가수 지미 러싱과 빌리 홀리데이가 행사의 공식 공연 순서에 포함되어 있었다. 컬럼비아는 현장에 녹음 장비까지 설치해두었는데 상업적 발매를 위한 게 아닌 기록 보관 용도였다. 그리고 수년 뒤 레이블이 이 행사의 실황을 음반으로 발매한 덕에 그날의 연주를 우리도 들을 수 있게 되었다. 밴드는 전반적으로 훌륭했다. 업타운 특유의 고급스러운 분위기를 풍기는 페르시안 룸에는 조율이 제대로 되지 않은 피아노가 놓여 있었음에도 에번스는 그 악기를 홀려 아름다움으로 바꿔놓았다. 〈My Funny Valentine〉에서 마일스와 나눈 정교한 음악적 대화는 특히 기가 막혔다. 10분 30초에 달하는 소니 롤린스의 열정적인 비밥 곡 〈Oleo〉 연주에서 콜트레인은 이제 익숙해진 수직적 마법, 즉 음계를 오르내리는 '시트 오브 사운드'를 펼쳐냈다. 이어 캐넌볼에게 배턴을 넘기자 그는 그 어느 때보다도 콜트레인을 향한 존경을 담아 고난도의 음악적 곡예술을 보여주는데 그러면서도 특유의 감미로움과 아름다운 선율을 잃지 않는다. 뒤이어 에번스가 버드 파월에 빙의하여 그 구닥다리 피아노를 가지고 비밥 런run§과 클러스터cluster‡를 들려준다.

컬럼비아 레코드의 초청객으로 참석한 랠프 엘리슨은 듀크, 미스터 파이브 바이 파이브✝(최근 엘리슨은 『새터데이 리뷰』에 그에 대한 찬사를 기고했다), 레이디 데이의 공연은 모두 좋았지만 마일스와 그의 밴드의 연주만큼은 탐탁지 않았다. 그는 친구인 작가 앨버트 머리에게 보낸 편지에 이렇게 썼다.

---

§ 비밥 라인을 빠르고 끊김 없이 질주하듯 연주하는 것.

‡ 건반 악기에서 서로 가까운 음들을 동시에 눌러서 내는 불협화음적인 소리.

✝ 지미 러싱의 별칭.

드디어 봤어. … 그 가련한, 사악한, 길 잃은 꼬마 마일스 데이비스. 이번 행사에서 도무지 어쩔 줄을 모르는 것 같더군. 콜트레인도 별 도움이 되지 않았지. 속도 훈련 연습 같은 끔찍한 연주만 해댔으니까. 이 친구들은 길을 잃었어. 블루스를 작살내서 뭔가를 찾으려 하고 있을 뿐이지.[42]

탁월한 교양과 섬세한 감수성을 가진 엘리슨에게 비밥의 "복잡한 사운드와 리듬 구조, 자기주장을 강하게 드러내는 열정"은 여전히 반할 만한 것들이었지만, 이 새로운 것은, 그게 무엇이었든 간에 소음처럼 들릴 뿐이었다. 재즈는 바야흐로 궤도를 이탈하고 있었다.

머리가 이에 동의하며 불만 섞인 답장을 보냈다.

사람들이 길 에번스와 마일스 데이비스의 《Miles Ahead》나 《Porgy and Bess》의 뭘 보고 그토록 혁신적이라고 하는지 죽었다 깨나도 모르겠다니까. 그런대로 듣기에 좋고 즐거운 건 알겠어. 그것 말고는 한 줌의 스튜디오 세션 연주자들이 엘링턴의 예전 파스텔 시절을 흉내 내서 과시용 관현악 편곡 놀이나 하고 있는 게 다 아니야? … 길 에번스, 웃기고 있네. 이놈은 레니 번스타인 상대도 못 될걸.[43]

기세 좋고 말발 센 한창때인 두 사람은 사실 각각 마흔다섯과 마흔둘의 중년이었다. 랠프 엘리슨과 앨버트 머리에게 재즈의 진정한 흥은 아직도 전쟁 전의 저 캔자스시티와 할렘에, 저 듀크와 카운트와 지미 런스퍼드와 피트 존슨과 미드 럭스 루이스의 철도 리듬에 놓여 있었다. 블루스가 작살나기 전의 블루스에 말이다. 어딘가에서 세계

불어 닥치는 이 새로운 바람은 냄새가 좋지 않았다.

　　　　밴드는 이후 두 달간 할렘의 아폴로와 워싱턴 D. C.의 스포트라이트 라운지에서, 그리고 뉴욕으로 돌아와 빌리지 뱅가드에서 계속 무대에 올랐다. 그러다 10월, 에번스가 마일스에게 밴드에서 빠지겠다는 의사를 전했다. 녹초가 되었다고 그리고 플로리다에 계신 아버지가 아프다고. 휴식이, 그것도 짧지 않은 휴식이 필요하다고 했다. 1958년 11월 16일 일요일 뱅가드 공연의 마지막 날, 그날 밤이 에번스와 마일스가 함께 한 마지막 공개 공연 무대가 되었다.

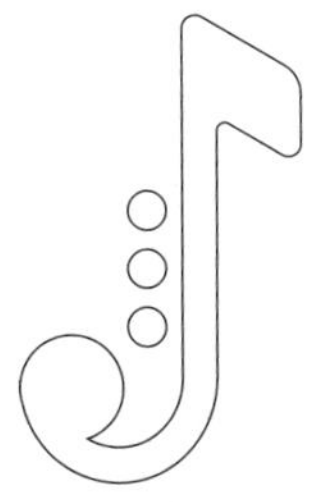

14

시간

밖으로

Miles Davis, John Coltrane, Bill Evans

스튜디오에서 《Kind of Blue》 앨범을 녹음 중인 빌 에번스, 마일스 데이비스, 캐넌볼 애덜리, 존 콜트레인.
뉴욕, 1959.

새해 첫날 뉴욕, 땅은 질척거리고 하늘은 잿빛이었다. 1950년대의 마지막 해, 차라리 속 시원하다. 한산한 목요일이었다. 맨해튼의 대다수 사무실은 월요일까지 휴무였다. 누구든 발이 축축해지는 걸 감수하고서라도 1959년을 맞이하고 싶거나 또는 전날 숙취를 해장술로 달래고자 한다면 선택지는 많았다. 엘 모로코로 프레디 알론소의 룸바 밴드를 보러 갈 수도 있었고, 월도프 애스토리아의 엠파이어 룸으로 매혹적인 어사 키트를 보러 갈 수도 있었으며, 그도 아니면 루스벨트 호텔로 전날 밤의 여진이 여전히 이어지는 중일 가이 롬바도를 보러 가도 좋았다. 모험심이 더 있는 쪽이라면 디지 길레스피의 5중주단이 진 치고 있는 빌리지 뱅가드로 내려가거나, 또는 버드랜드로 건너가 마일스 데이비스의 6중주단을 들을 수도 있었으리라. 『뉴요커』의 풍자적인 화법으로 유명한 '도시는 지금' 섹션에서는 그들을 이렇게 소개했다. "색소폰 주자 존 콜트레인과 캐넌볼 애덜리가 합류하면서 밴드가 이중인격, 아니 어쩌면 삼중인격으로 분할되었다."[1]

사실이었을까? 이 묘사에는 해당 잡지의 재즈 평론가 휘트니 밸리엇의 글 쓰는 스타일이 확실하게 묻어 있다. 아무리 위대한 평론가라도 결코 오류가 없는 건 아니었다. 실제로 불과 얼마 전인 지난해

5월까지만 해도 콜트레인을 "소니 롤린스의 제자"라고 부른 사람이 바로 밸리엣이었다.[2] 인정하건대 이 평가는 이제 막 발매된, 그러나 거의 2년이나 묵은 마일스의 LP《Relaxin'》에 대한 평론에 등장한 것으로, 그때는 아직 콜트레인이 음악적 발판을 찾아 헤매던 시기이기는 했다.

하지만 다중인격 혐의가 전혀 근거 없는 것은 아니었다. 마일스 본인도 "1959년 당시 우리 그룹에는 밴드 리더가 셋 있었고, 내부 상황이 복잡해지기 시작했다"고 말했다.[3] 데이비스와의 공연 사이사이 콜트레인과 캐넌볼 둘 다 각자의 그룹을 이끌며 중요한 녹음들을 해나갔다. 1958년 크리스마스 다음 날 콜트레인은 프레스티지와의 녹음을 주도했다. 레드 갈런드, 폴 체임버스, 그리고 트럼펫 주자 두 명이 번갈아 참여했다. 도널드 버드와 인디애나폴리스 출신의 스무 살 천재 프레디 허버드였다. 첫 곡 〈The Believer〉는 모달의 야심을 품은 블루스로 또 다른 스무 살짜리 신동 매코이 타이너의 곡이었다. 그는 이번 녹음 세션에는 빠졌지만 1964년 이 곡을 제목으로 한 앨범이 나올 즈음에는 콜트레인의 위대한 4중주단에 피아노 주자로 합류했다. 한편 2월 초 마일스 6중주단이 시카고의 서덜랜드 라운지에서 마지막 공연을 마친 다음 날에는 캐넌볼이 콜트레인, 체임버스, 지미 코브, 그리고 데이비스의 새 피아노 주자 윈턴 켈리로 구성한 5중주단으로 LP를 만들었다.

자메이카 이민자의 아들인 스물일곱 살의 다정한 청년 켈리는 인기 많고 다재다능한 반주자였다. 빅밴드와 소규모 밴드 모두를 편안하게 소화했고, 찰스 밍거스, 디지 길레스피와도 공연한 경험이 있었으며, 다이너 워싱턴과 빌리 홀리데이의 반주도 했다. 반짝이는 블루

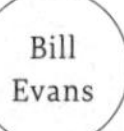

스풍의 기교를 지닌 그는 주도적이면서도 다른 사람들을 받쳐주는 뛰어난 연주 실력을 갖추고 있었다. "윈턴의 연주 방식을 무척 좋아했다." 마일스가 말했다. "레드 갈런드와 빌 에번스를 섞어놓은 것 같았다. 못 치는 게 거의 없었다. 게다가 솔로 주자를 받쳐줄 때는 진짜 끝내줬다. 캐넌볼이랑 콜트레인도 아주 좋아했고, 나도 그랬다."4

애덜리의 앨범 《Cannonball Adderley in Chicago》는 독립 선언이었고, 마일스 없는 마일스 데이비스 6중주단이었다. 활기찬 첫 곡 1921년작 스탠더드 〈Limehouse Blues〉에서 캐넌볼의 솔로는 너무나 환희에 차 있어서 그가 해방감을 느끼고 있다는 인상을 지우기 어렵다. 연주가 얼마나 빠르고 자유분방한지, 옆에 있던 콜트레인이 인정한다는 듯 고개를 끄덕이는 모습이 눈에 선하다. 이어서 콜트레인이 솔로를 연주한다. 몇 초도 지나지 않아 우리는 좀 전에 알토 색소폰이 아무리 대담하게 연주한다고 해도 **곡의 코드 진행을 따르고 있었다**는 사실을 알게 된다. 그런데 지금 이 테너 색소폰 주자는 우리를 지도 밖으로 이끌고 나와 밀림의 덩굴 같은 '시트 오브 사운드'가 걸려 있는 빽빽하고 습윤한 코드의 영역으로 인도한다. 1920년대 웨스트엔드 뮤지컬 극장의 양대 산맥이었던, 〈Limehouse〉의 영국 작사가 더글러스 퍼버와 작곡가 필립 브러햄은 도저히 알아보지도 못했을 영역으로 말이다. 콜트레인이 콜트레인하고 있었던 순간이다. 1959년은 이제 막 그것에 익숙해지기 시작하고 있었다. 이해가 끝날 무렵에는 재즈에서 한 번도 들어보지 못했던 수많은 것들을 듣게 될 터였다.

빌 에번스는 1958년 11월의 나머지 시간을 남부에서 보내며 고단함을 씻어냈다. 플로리다주 오먼드 비치의 부모님 집을 찾아가 아버지의 골프 연습장에서 드라이버 샷을 연습하고 골프를 즐겼으며(9홀 코스에서 당당히 41타를 기록하기도 했다), 사색도 많이 했다. 루이지애나에 사는 형 해리와 보낸 시간이 그에게 영감을 주었다. "배턴루지에서 형과 함께 지내는 동안 내 연주가 어쩐지 새로운 내적 표현력에 다다랐다는 생각이 들었던 게 기억난다. 거의 나도 모르게 찾아온 것이어서 혹시 잃어버릴까봐 몹시 불안했다. 내일 아침 잠에서 깨면 사라져버릴 것만 같았다."[5]

《New Jazz Conceptions》를 낸 이후의 활동은 한없이 자기비판적이고 분석적인 에번스에게 본인이 리더로서 잠재력을 지녔다는 그 어떤 확신도 주지 못했다. 그가 수십 차례 이상의 녹음에 사이드맨으로 참여하며 뛰어난 적응력을 보여주는 동안, 리버사이드 레코드의 오린 킵뉴스는 그에게 3중주단 앨범을 함께 만들자고 끈덕지게 설득해왔다. 하지만 "에번스는 마일스 밴드에 합류하기 전까지 자신에게는 내놓을 만한 신선한 무언가가 없다는 생각이었고, 막상 사실은 그렇지 않다는 걸 깨달았을 때는 밴드와 투어를 다니느라 너무 바빴다"고 페팅거는 쓰고 있다.[6]

단 하나의 예외라면 7월에 녹음되어 그해 가을에 나온 애덜리의 첫 리버사이드 LP 《Portrait of Cannonball》에 수록된 한 곡이었다. 마일스도 녹음 스튜디오에 있었는데, 연주자는 아니고 자신의 알토 색소폰 주자에게 자작곡 〈Nardis〉를 선물하러 온 것이었다. 중동풍의 조성에 굽이진 선율을 가진 수수께끼 같은 이 곡은 〈Caravan〉의 덜 과감한 버전 같았다. 이렇다 할 리듬의 맥박도 없이 최면을 걸듯 길게 펼쳤다가 다시 말아넣었다. 캐넌볼을 비롯해 트럼펫에 블루 미첼, 베이스에 샘 존스, 드럼에 필리 조까지 모두가 이 곡을 재즈로 풀어내느라 고군분투했다. 마일스가 보기에 에번스만 빼고 다 애를 먹었다. 하지만 에번스는 이 곡을 자신의 대표 레퍼토리로 삼아 이후 여러 해 동안 그 심연과 신비를 헤아리며 탐구해나갔고, 다른 많은 연주자들도 이 곡을 좋아하게 되었다. 그러나 데이비스는 〈Nardis〉를 한 번도 녹음하지 않았다.

이제 에번스에게는 숨을 쉴 여유, 새로운 내적 관점, 얼마간의 새로운 아이디어가 생겼다. 12월 15일 그는 《Portrait of Cannonball》을 함께 작업한 동료 샘 존스, 필리 조와 함께 리브스 사운드 스튜디오로 돌아왔다. 단 한 차례의 긴 세션에서 그는 리더로서 자신의 두 번째 앨범 《Everybody Digs Bill Evans》에 들어갈 열 곡을 녹음했다.[7] 여러 장르를 망라한 선곡이었다. 스탠더드(콜 포터의 〈Night and Day〉, 잭 로런스와 월터 그로스의 〈Tenderly〉), 뮤지컬(1944년 뮤지컬 「온 더 타운」에 포함된 레너드 번스타인과 베티 컴든과 아돌프 그린의 〈Lucky to Be Me〉와 〈Some Other Time〉[8]), 원조 하드 밥까지(지지 그라이스의 〈Minority〉, 소니 롤린스의 〈Oleo〉). 이 앨범에는 몽환적이고 명상적인 에번스의 자작곡 〈Peace Piece〉도 포함되었다. 〈Some Other Time〉의 도입부 뱀프vamp§를 바탕으로 하나의 코드 위에서 서정적인 화환을 두르듯 선율을 펼쳐낸 이 곡 또한 에번스 3중주단의 주요 레퍼토리로 자리 잡게 된다.

에번스가 곡을 다루는 방식은 사색적인 쪽에서 활기 넘치는 쪽까지 다채로워 그가 스윙을 못한다는 지적이 근거 없는 비난이었음 또한 입증했다. 게다가 템포가 빨라져도 예전의 재즈에서는 볼 수 없었

---

§ 재즈에서 짧은 코드 진행이나 리듬 패턴을 반복하는 것.

던 화성적인 색채들을 빚어냈다. 하나의 앨범이라는 공간에서(특히 〈Night and Day〉) 에번스는 전통적인 피아노-베이스-드럼이라는 3중주단 개념을 완전히 새롭게 정비했다. 멤버들을 박자를 맞추는 반주자에서 세 방향의 음악적 대화에 동등하게 참여하는 주체로 격상시킨 것이다. 위대한 포터의 스탠더드 곡에서는 필리 조가 특히 돋보였다. 넋을 잃게 만드는 그의 스틱 다루는 솜씨를 집중해 듣다보면 그의 개성이 귀에 각인된다.

최고로 좋아하는 드럼 주자와 다시 작업할 기회는 에번스에게 약쟁이 친구와의 유대를 강화할 기회이기도 했다.

휴식과 새 앨범의 짜릿함으로 재충전된 에번스는 1958년 말과 1959년 초 왕성한 활동을 시작했다. 쳇 베이커의 발라드 앨범에 반주를 맡았고, 여러 뮤지션이 참여한《The Jazz Soul of Porgy and Bess》LP에도 이름을 올렸다. 허드슨가 남쪽에 자리한 클럽 하프 노트에서는 레니 트리스타노를 대신해 즉석에서 무대에 올라 (리 코니츠, 원 마시, 지미 개리슨, 폴 모션과 함께) 연주했다. 이후 옛 친구 토니 스콧이 이끄는 5중주단, 밸브 트롬본 주자 밥 브룩마이어가 이끄는 5중주단과 다시 하프 노트 클럽 무대에 섰다.

그때 한 번 더 마일스에게서 전화가 왔다.

2월 기니의 국립 무용단 레 발레 아프리캥 공연이 브로드웨이의 마틴 벡 극장에서 막을 올렸다. 프랜시스 테일러가 45번가로 당장 보러 가자고 졸랐다(마일스가 자신의 야망은 점점 더 확대해가면서도 프랜시스의 경력은 어떻게든 억누르려는 듯 보였기에 잠시라도 자유를 맛보고 싶었을지도 모른다). 마일스는 무대에서 보고 들은 것에 충격을 받았다. "무용수들의 춤동작, 스텝이며 날아오르는 점프, 그런 온갖 것들에 완전히 맛이 가버렸다. 그날 밤 처음으로 그들이 손가락 피아노finger piano§를 연주하면서 노래하고, 한쪽에서 한 사내가 춤추는 걸 보고 들었다. 정말이지, 엄청난 힘이 느껴졌다."[9]

그는 무용수들의 리듬과 그들을 반주하는 드러머들의 리듬에 매혹되었다. 무대를 보면서 박자를 세보았다. "5/4나 6/8이나 4/4 같은 … 박자들이 마구 바뀌며 튀어나왔다. 그거였다. 그게 바로 그들이 갖고 있는 비밀이자 내면의 어떤 것이었다. … 아프리카인이 아닌 나로서는 단지 그들의 춤을 본다고 해서 따라할 수 있는 게 아니었다. 그래도 정말 멋졌다. 모방하고 싶지는 않았지만, 거기서 콘셉트 하나를 가져왔다."[10]

그가 오랫동안 고민해온 어떤 콘셉트를 그 공연이 반영하고 있었다고 말하는 게 더 정확할지도 모르겠다. 마일스는 적어도 5년 전부터 모달 음악을 구상해왔다. 1954년 작품 〈Swing Spring〉을 보라. 그보다 훨씬 더 거슬러 올라가 줄리아드 시절부터 그는 서양 현대 클래식 음악의 고급 개념들을 탐구해왔다. 길 에번스와 조지 러셀은 그에게 블루스와 아메리칸 송북의 코드 구조 너머에 있는 세계를 보여주었고, 그때 다른 에번스가 라벨과 라흐마니노프와 그런 **코드**를 들고 그의 앞에 나타났던 것이다.

그리고 이제 또 다른 무언가가 거기 있었다. 음비라, 칼림바, 공고마 등 여러 다른 이름으로도 알려진 아프리카의 손가락 피아노는 도

---

§ 칼림바, 음비라 등 아프리카 전역에서 쓰이는 소형 금속 건반악기의 총칭. 엄지 피아노라고도 부른다.

리아, 프리기아, 믹솔리디아 같은 선법(모드)과 (완전히 같지는 않지만) 유사한 음계에 맞춰져 있었고, 거기에 (서양인의 귀에는) 무작위처럼 들리는 부분음들이 섞여 있었다.§ 당당하게 비서구적인 이 악기 소리와 북소리—**다 다 다 다 펑!**—가 뛰어오르는 무용수들을 선동하며 만들어내는 (서양 기준으로는) 찬란하고 시끌벅적한 광경이 마일스를 강렬하게 뒤흔들었다. 그는 공연을 두 번이나 다시 보러 갔는데, 그중 한 번은 길 에번스와 함께 갔다.[11]

마일스는 손가락 피아노가 전해준 감흥을 담아낼 곡을 쓰기 시작했다. 아칸소의 조부모 집을 찾아간 어린 소년의 기억을 불러내는 블루스였다. 그의 가족은 그곳에 머물 때면 교회에 가곤 했다. 마일스는 시골의 신도들이 부르던 가스펠 음악을 기억했다. 메아리치는 음악을 여전히 머릿속에 간직한 채 어둑한 시골길을 따라 집으로 돌아가던 느낌을 떠올려보았다. 그는 다섯 마디쯤 쓴 다음 녹음을 했다. "말하자면 뛰어가는 것 같은 소리를 더해보았는데, 왜냐하면 손가락 피아노 소리를 그렇게밖에 표현할 수 없었기 때문이었다."[12] 마일스는 녹음을 트럼펫으로 했는지 피아노로 했는지도 밝히지 않고, 또 뛰어가는 것 같은 소리가 무엇을 뜻하는지도 설명하지 않는다.

데이비스는 다음 앨범은 어떤 걸 만들고 싶은지 감은 있었지만, 아직 완전히 풀어내지는 못한 감이었다. 그리고 에번스가 그걸 발견하는 데 도움이 되어주길 바랐다. 그동안 연주해온 음악, 음악을 함께 연주해온 뮤지션들이 대부분 잘못된 방향으로 가고 있다고 그는

§ 우리가 듣는 '한 음'에는 사실 배음이나 미세한 음높이 차이로 인한 부분음이 불규칙하게 섞여 있다. 손가락 피아노는 엄지로 금속 건반을 튕기면 금속판이 진동하며 소리가 나고, 나무판과 울림통이 진동을 증폭시켜 독특하고 묘한 울림을 만든다.

느꼈다. 코드가 너무 많았다. 그는 그것들을 연주하고 싶지 않았다. "음악이 너무 빽빽했다."[13]

빌 에번스는 그에게 라벨, 라흐마니노프, 하차투란의 작품들을 소개해주었다. "[데이비스가] 일단 그 음악들을 듣고 나면 둘은 몇 시간씩 악보를 분석하곤 했다"고 스웨드는 썼다.[14] 마일스가 거의 집착하다시피 한 곡은 아르투로 베네데티 미켈란젤리가 1957년 녹음한 라벨의 〈피아노 협주곡 G장조〉였다. 1928년 라벨이 미국 투어를 성공적으로 마친 뒤 탄생한 위대한 작품이었다. 〈피아노 협주곡 G장조〉는 50대의 나이로 경력의 끝자락에 접어든 그가 쓴 두 번째 협주곡으로, 미국의 빠른 속도와 개방성에서 받은 영향이 분명히 드러나며, 여러 악절에서 거슈윈의 교향시 〈파리의 미국인〉이 보여주는 블루 노트 blue note‡와 불타는 추진력을 또렷이 볼 수 있었다. 무겁고 장식적인 19세기 클래식 음악에 대한 반작용이라 할 이 곡은 빽빽함의 정반대에 서 있다. 오히려 채찍 소리 같은 일격으로 시작해 피콜로와 트럼펫이 반짝이며 페가수스처럼 전속력으로 질주한다. 화음과 화음을 넘나들면서도 자기 속도를 유지하며 블루스와 아메리칸 송북 스탠더드에 익숙한 귀가 기대하는 지점에는 결코 머물지 않는다.

그리고 2악장 아다지오 아사이는 한없이 깊은 정적 속에서 피아노 독주로 시작된다.

마일스도 라벨이 그랬듯 자신의 음악에 광활한 공간을 담고 싶었다. 동양 음악을 사랑한 하차투란이 그랬듯 상이한 음계들을 사용하고 싶었다. 페팅거의 글이다.

---

‡ 블루스나 재즈에서 주로 사용하는 음계로 보통은 ♭5, ♭3, ♭7 등의 음이 추가된다.

그는 하나의 모드에 잠재하는 가능성들을 활용하고자 했다. 연관된 코드 진행(또는 코드 시퀀스)으로부터 흥미와 자극을 끌어내기보다 그 음계와 거기서 파생된 코드들을 가지고 즉흥 연주를 하길 원했다. 에번스는 조지 러셀과의 인연을 통해 이 개념을 연주에 받아들일 수 있었고, 마일스도 이를 잘 알았다. 그러므로 에번스의 존재는 그 앨범의 성격을 규정하는 결정적인 요소였다.[15]

결정적인 것 이상이었다. "나는 그 앨범을 빌 에번스의 피아노 연주를 중심으로 구상했다." 마일스가 말했다.[16] 음반에 굳이 이름을 붙여야 한다면 "모Moe의 음악"이라고 부르라고도 했다.[17]

"그룹에서 나와 서너 달 됐을 때였다. 마일스가 전화를 걸어 녹음에 와달라고 했다."[18] 데이비스는 에번스에게 구상 중인 새 앨범에 둘이 함께 분석했던 서양 클래식 음악의 주제들을 활용하고 거기에 음비라 소리와 어린 시절 아칸소에서 어두운 시골길을 걸어 돌아오는 자신의 머릿속에 메아리치던 가스펠 목소리도 넣으려 한다고 말했다. 그게 무슨 말인지 에번스는 알 것 같았다.

2월 말 데이비스의 집에서 만난 두 사람은 모달 언어를 탐험할 대략의 음반 아이디어를 그리기 시작했다. "음울한 걸작"이라 불리는 〈Blue in Green〉이 바로 이 만남에서 출발했다. 에번스는 이렇게 회고했다. "어느 날 마일스의 아파트에서 그가 오선지에 G단조와 A증화음 코드를 그리더니 '이걸로 뭘 할 수 있을까?'라고 했다. 나도 딱히 아는 게 없었다. 그러고는 집에 돌아가 〈Blue in Green〉을 썼다."[19]

"단순하게 가자, 가장 기본 체계의 음악을 연주하자, 가능한 첫 테이크를 살리자는 것이 그들의 생각이었다"고 스웨드는 쓰고 있다. 음반을 만들면서 마일스는 프랭크 시나트라가 영화에 출연하며 지킨 것과 동일한 철학을 견지했다. 첫 테이크가 최고의 테이크다. "첫 테이크의 감정이, 웬만큼만 맞아 떨어진다면, 일반적으로 가장 나아요." 빌 에번스가 말했다.[20] 《Kind of Blue》를 녹음하고 20년이 지난 뒤 가진 라디오 인터뷰에서 에번스는 앨범의 신선함을 이렇게 설명했다.

악보에 놀라울 만큼 단순성이 있었어요. 〈Freddie Freeloader〉나 〈So What〉, 그리고 〈All Blues〉 같은 건 악보 자체가 없었어요. 아, 〈So What〉은 도입부가 한 줄 적혀 있었고, 폴 [체임버스]와 내가 연주하면서 화성을 약간 덧붙였어요. 그것 말고는 다 말로 한 거예요. [마일스가] "이건 예쁘게 연주해봐" 이런 식으로 말해요. "이 음을 **네가** 해봐." "너는 **이** 음을 해봐."[21]

간단한 스케치나("냅킨에 써도 됐을 만큼 아주 단순했다"고 밴드 리더 겸 프로듀서 밥 벨던은 말했다[22]), 아예 구두 지침만으로도 레 발레 아프리캥에서 느꼈던 그 짜릿한 즉흥성을 연주자들로부터 끌어낼 수 있을 거라고 마일스는 믿었다. "무용수들과 드러머들과 손가락 피아노 연주자 사이의 상호 작용 말이다."[23]

늦겨울의 월요일 오후, 연파랑 하늘, 3월 초치고는 온화한 날씨. 어빙 타운센드는 30번가 스튜디오에 컬럼비아 프로젝트 B 43079 녹음을 예약해두었다. 오후 2시 반에서 5시 반까지, 그리고 저녁 7시부터 10시까지, 마일스 데이비스의 두 차례 연이은 세션이었다. 스튜디오는 지난주 토요일에 미치 밀러가 프로듀싱을 맡

은, 팝 가수 제리 베일의 달을 테마로 한 앨범에 수록할 몇 곡을 녹음
한 이후 비어 있었다. 마일스의 월요일 밤 세션이 끝난 뒤에는 트럼
펫 주자 겸 밴드 리더 리 캐슬과 지미 도시 오케스트라가(도시 본인은
1957년 사망한 뒤다) 밤 11시 반부터 새벽 2시 반까지 녹음을 진행할
예정이었다. 컬럼비아 레코드는 잘 돌아가는 기계처럼 시장의 다양
한 수요를 충족시킬 상품들을 착착 찍어내고 있었다.

그 어떤 뮤지션도 역사를 만들 거라는 기대를 품고 녹음실에 들
어가지 않는다. 마일스의 밴드 멤버들은 모두 이미 수십 번의 녹음을
경험해본 사람들이었다. 빌 에번스가 말했다. "프로 연주자들은 수요
일 오전 10시에 들어가서 녹음을 해야 하고, 오늘이 그저 좋은 날이
기를 바랄 뿐이죠."[24] 겉보기에 프로젝트 B 43079에는 특별할 게 없
었다. "지미 코브는 드럼 세트를 설치할 시간과 엔지니어들이 스튜
디오 안에서 드럼 위치를 조정할 시간을 확보하기 위해 일찍 도착했
다." 애슐리 칸의 글이다. "코브가 드럼 세트를 설치하는 동안 다른
멤버들이 속속 도착해 문 옆 옷걸이에 코트를 건 다음 스튜디오 안
여기저기에 놓인 의자나 스툴에 자리를 잡고 앉아 각자 자신의 악기
를 준비했다."[25]

다른 멤버들 중 둘은 서로를 보고 놀랐다. 데이비스의 현재 피아
노 주자 윈턴 켈리는 지하철을 싫어해 브루클린에서 택시를 타고 왔
다. "그래서 빌이 피아노 앞에 앉아 있는 모습을 보고 어처구니가 없
었죠." 지미 코브의 회고다. "그가 '제기랄, 여기까지 정신없이 달려
왔는데 피아노 앞에 다른 사람을 앉혀놨네!' 하더라고요. 그래서 내
가 그랬죠. '잠깐만, 화내지 말고. 너도 하는 거니까.'"[26]

30번가 스튜디오의 컨트롤 부스는 녹음실보다 한 층 위, 옛 교회

Miles
Davis

John
Coltrane

Bill
Evans

의 발코니가 있던 자리에 있었다. 타운센드, 녹음 엔지니어 프레드 플라우트, 플라우트의 조수 밥 월러가 위에서 내려다보는 가운데 마일스는 공연 무대 위에 서 있듯 탁 트인 공간에 배치된 연주자들과 대화하고 있었다. 어떤 녹음 세션에서는 컬럼비아 프로듀서들이 이동식 칸막이로 연주자나 가수를 분리시켜 소리가 새어들어오는 것을 막곤 했는데, 이날 세션에서는 데이비스의 결정에 따라 모든 연주자들이 서로의 연주를 끊임없이 의식하고 그로부터 영감을 받도록 칸막이 없이 진행하기로 했다. 한 연주자의 마이크에서 나는 소리가 다른 연주자의 마이크에도 들어가는 것은 예상되는 일일 뿐 아니라 오히려 꼭 필요한 요소였다. 모든 멤버가 각자 텔레풍켄 U-49 마이크를 썼고, 예외적으로 코브만 스네어 드럼의 울림줄에 하나, 심벌즈 소리를 위해 머리 위에 하나, 이렇게 두 개를 사용했다. 1959년 당시 스튜디오 녹음 여건에서는 각 악기의 음량을 엔지니어가 아닌 뮤지션들이 알아서 연주의 강약이나 마이크와의 거리로 조절해야 했다. 데이비스가 트럼펫을 집어들자 월러는 암펙스 오픈릴 녹음기에 테이프(마스터본 하나와 백업용 하나)를 돌리기 시작했고, 타운센드는 인터콤 버튼을 눌렀다. "기계 돌아갑니다, 시작하죠. CO 62290, 무제, 테이크 원."[27]

마일스가 나중에 〈Freddie Freeloader〉라는 제목을 붙일 CO 62290은 윈턴 켈리가 피아노를 맡은 정통 블루스였다.[28] 이 곡을 첫 순서로 녹음한 데에는 켈리를 달래주려는 의도가 있었을 수도 있지만, 블루스라는 비교적 단순한 형식으로 시작하면 연주자들의 몸이 풀리리라는 점도 데이비스는 알았을 것이다. (블루스는 빌 에번스가 결코 완전히 편안하게 느끼지 못했던 형식이기도 했다. "[그것을] 연주할 때 나의 최고 기량을 발휘하지 못한다"고 그는 느꼈다.[29] 데이비스는 켈리, 콜트레인, 애덜리를 가리키며 솔로 순서를 일러주었다. "여기, 나, 저기, 너." 그가 말했다. 그리고 "이봐, 윈턴 … 캐넌볼 다음에 네가 다시 연주하면 우리가 들어와서 끝낼게."

마일스가 가벼운 발 박자로 카운트를 세고 6중주단이 연주에 들어갔다. 8초 후 그가 휘파람과 손짓으로 테이크를 중단시켰다. "너무 빨라." 그가 쉰 목소리로, 짧은 한마디에 백과사전만큼이나 많은 함의를 담아 말했다. 그가 구상했던 앨범의 차분한 분위기와 맞지 않았던 것이다.

그러자 타운센드가 인터콤을 눌렀다. "마일스, 이제 어디서 할 거예요?" 그는 마이크에서 잠시 물러선 데이비스에게 어느 위치에 서서 연주할 것인지를 묻고 있었다.

"바로 여기."

"좋아요. 더 물러나면 소리가 안 담겨요. 조금 전 그 자리가 딱 좋았어요."

"연주할 때 트럼펫을 좀 들어 올릴게." 마일스가 말했다. 무대 위에서나 녹음실에서나 그는 습관적으로 트럼펫을 바닥 쪽으로 향하게 두고 연주했다. 그 자세로 인해 사색과 쓸쓸함이 전달되었지만 사실은 음색을 조절하는 것이 주목적이었다. "이거 조금 끌어와도 돼?" 마이크를 말하는 거였다.

"마이크를 움직이는 건 규정 위반이에요." 타운센드가 짐짓 진지하게 답했다.[30] 옛 교회에 웃음소리가 울려 퍼졌다.

중단된 출발이 세 번 더 있었다. 51초에 한 번, 1분

21초에 또 한 번, 그리고 4초에 다시 한 번. 그다음 마침내 10분에 달하는 온전한 테이크가 완성되었다. 먼저 세 대의 관악기가 유니슨으로 부드럽고 그윽한 분위기를 잡는데 박이 살짝 뒤에 놓인다. 그리고 윈턴 켈리의 솔로가 이어진다. 재즈 피아니스트로는 드물게 과시하듯 요란한 연주보다 컴핑을 선호하는 그는 반짝거리고 맛깔스러운 아름다움을 만들어낸다. 마일스는 두 코러스짜리 솔로를 약음기 없이 연주하는데 때로는 사색적이고 때로는 약간 머뭇거리는 듯도 하다. 쿨하면서도 간신히 억누른 감정으로 가득한 그의 연주는 분명 표현력이 넘치고 거장답다. "그 트랙에서 연주한 마일스의 블루스 솔로는 내가 가장 좋아하는 것 중 하나예요." 20년 후 인터뷰에서 에번스가 말했다. "몇몇 대목에서는 하나의 음에 너무나 많은 의미가 담겨 있어서 믿어지지 않을 정도예요."[31]

이어 콜트레인이 강렬하게 입장했다. "콜트레인은 내가 들어본 가장 소리가 크고 가장 빠른 색소폰 주자였다." 마일스가 언젠가 말했다. "색소폰을 입에 대면 마치 신들린 사람 같았다."[32] 〈Freddie〉에서 그는 곡 전체의 부드럽고 그윽한 분위기와 박을 살짝 뒤로 미는 그루브라는 틀을 벗어나지 않으면서도 빠르고 대담한 런을 들려준다. 그의 연주는 과거 술집에서 '바 위를 걸으며' 했던 연주, 클린헤드 빈슨 밴드 시절의 연주를 떠오르게 한다. 이제는 존 콜트레인으로 진화했지만 여전히 한때의 블루스 뮤지션답게 절규하듯 연주할 수 있음을 보여준 것이다.

거의 알아채기 힘든 악기 배턴 터치 후에(훗날 콜트레인과의 작업을 회고하며 애덜리는 "한 악기가 끝나고 다른 악기가 시작되는 순간을 구분하기 어려울 때가 종종 있었다. 마치 계속 이어지는 악구처럼 들렸다”고 말했다[33]), 캐넌볼 또한 플로리다의 허름한 술집들에서 동생과 함께 공연하던 블루스 연주자를 불러냈다. 그의 솔로는 콜트레인 것보다 선율이 풍부했고 보다 고전적인 블루스다웠다. 주니어 파커의 당시 최신 R&B 히트곡 〈Next Time You See Me〉를 인용한 부분도 있다.[34] 찰리 파커가 그랬듯, 소니 롤린스와 덱스터 고든이 그랬듯, 애덜리는 솔로에 익숙한 멜로디 조각을 집어넣기 좋아하는 재즈의 도둑 까치였다. 콜트레인은 오직 신의 소리만 인용하는 듯했다.

30번가 스튜디오 밖에서는 맨해튼이 맨해튼답게 살아 움직이고 있었다. 둥근 버스와 커다란 노란 택시들이 삐걱거리며 대로를 남북으로 오르내렸다. 자동차 경적과 라디오 음악 소리, 보행자들의 목소리가 그늘이 짙게 내린 골목길마다 울려 퍼졌다. 바깥은 1959년 늦겨울 오후 도시의 일상적인 소음으로 가득했지만, 안에는 시간에서 분리된 듯한 짙은 정적이 흐르고 있었다. 〈So What〉이란 제목이 붙을 CO 62291 녹음이 시작되었다. 《Kind of Blue》로 발매될 앨범의 첫머리를 장식하게 될 곡이었다.

첫 테이크가 시작되었다. 시작이 잘못돼 4초 만에 끝난 첫 테이크에 이어 두 번째 테이크는 49초 만에 부스에서 타운센드가 중단시켰다. 뭔가가 깊은 고요함을 방해하고 있었다. “잠깐,” 프로듀서가 말했다. “미안한데, 자, 주의해주세요. 음, 전체적으로 잡음이 들어오고 있어요. 워낙 조용하게 시작하는 곡이라서. 딸깍 소리, 스네어 소리도 마찬가지예요. … 지금 거기서 진동이 들어오거든요.”

우연에도 의미가 있다고 생각하는 마일스가 이의를 제기했다. “뭐, 그것도 음악에 딸려오는 거야. 그 **모든** 게 음악의 일부지.”

"좋아요." 타운센드가 승낙했다. "하지만 다른 잡음들은 좀 …"[35]

또 출발이 틀려 17초 만에 테이크가 끝났고, 1분 11초 만에 또 중단됐다. 컨트롤 부스에서 전화벨이 울렸다. 조용해진 뒤 다시 각각 16초, 7초, 15초 만에 중단된 틀린 출발 세 차례.

그리고 역사가 탄생했다.

누군가가 간단한 단선율 도입부를 스케치했다. 길 에번스라는 사람도 있고, 피터 페팅거와 월리스 로니는 빌 에번스라고 주장한다. 피아노와 베이스의 숨죽인 대화가 꿈결 같은 속도로 흘러가며 유럽 예술가곡을 연상시키는 사색적인 코드 위로 쌓인다(낮은 음과 높은 음 사이에 흰 건반 두 개의 간격이 있는 4도 코드로 신비롭게도 장조로도 단조로도 들리지 않는다). 그런 다음 두 악기가 유니슨으로 단음들을 건너뛰며 연주한다. 이어 폴 체임버스가 리듬을 잡기 시작한다. 불멸이 된 여덟 개 음 패턴을 연주하며 〈So What〉의 리드미컬한 콜 앤드 리스폰스call-and-response§의 시작을 연다. 에번스가 그에 화답하고 나머지 멤버들이 뒤따른다.

"피아노가 (이어서 밴드가) 화답하는 '아멘'(또는 'so what') 리프는 주로 4도를 쌓아 만들었다." 페팅거의 글이다. "조성 체계의 기본인 3도에 기반한, 예컨대 넉 달쯤 전에 녹음된 보비 티먼스의 곡 〈Moanin'〉과 비교하면 그 대비가 뚜렷하다."[36]

아트 블레이키의 재즈 메신저스 멤버였던 피아니스트 티먼스는 고작 스물두 살에 〈Moanin'〉을 썼다. 콜 앤드 리스폰스 형식으로 작곡했고, 마일스의 곡과는 달리 강인하고 견고한 가스펠 느낌을 지

§ 재즈에서 연주자들 간에 대화하듯 이뤄지는 연주 형태.

니고 있다. 콜 앤드 리스폰스는 아프리카의 의례, 공동체 활동, 음악에 뿌리를 둔 유서 깊은 형식이다. 그것이 아메리카 대륙으로 건너와 1619년부터 아프리카계 미국인들의 노동요와 종교 의식에 바탕이 되었다. 블레이키의 5중주단, 호러스 실버의 곡 및 밴드와 마찬가지로 티먼스의 곡은 재즈를 소울적인 방향으로 이끄는 데 지대한 영향을 미쳤다. 마일스는 그 곡을 잘 알았을 것이었다. 그는 구식이지만 전심을 다한 그 열정을 좋아했을까? 아니면 못 견뎌 했을까? 어느 쪽이든 상관없었다. 마일스는 자신의 음악적 길을 따라 걷고 있었다. 날카로운 지성과 반항 정신이라는 프리즘과 필터를 거친 강렬한 감정들을 흘려보내고 있었다. 어떤 이들은 그것을 '쿨'이라고 불렀다. 표면 아래는 전혀 그렇지가 않았지만.

온전한 세 번째 테이크는 9분 35초 동안 이어진 음악적 초월의 시간이었다. 마일스의 솔로는 그 자체로 즉흥적인 작곡이었고, 불멸성을 획득하게 될 터였다. 수세대에 걸쳐 수많은 뮤지션들이 이 곡의 한 음 한 음을 외우게 될 것이다. 마일스는 그 솔로에서 인간 목소리의 중음역대에서 연주하며 듣는 이에게 말을 걸어온다. 할 말이 무척 많다. 짧게 또는 길게. 시작했다가 멈추고 다시 시작하여 계속 간다. 그가 그 **순간에**, 그토록 적은 음으로, 얼마나 많은 것을 표현할 수 있는지에 우리는 새삼 경탄한다. 에번스는 《Kind of Blue》라이너 노트에서 이 앨범의 즉흥성을 일본의 수묵화에 비유했다.

[수묵화의 화가는] 팽팽하게 펼친 얇은 종이 위에 특별한 붓과 먹물로 그림을 그리는데, 부자연스럽거나 끊긴 붓질은 선을 망친다. … 지우기도 고치기도 불가능하다. 따라서 화가들은 반드시 특별한

규율을 수련해야 한다. 다시 말해 구상하고 있는 생각이 손을 통해 직접적으로 표현되도록 하는, 심사숙고나 계산이 개입할 수 없게 하는 훈련이다.

그렇게 완성된 그림은 보통 회화에서 볼 수 있는 복잡한 구성이나 질감은 부족하지만, 그것을 보는 이들은 말로는 설명하기 어려운 무언가가 담겨 있음을 발견한다고들 한다.[37]

각 솔로 주자들이 단 두 개의 코드, 즉 D와 E플랫 도리아 선법을 바탕으로 즉흥적으로 창조할 수 있었던 풍성함은 마일스가 구현하고자 한 모달 개념의 정당성을 입증해준다. 콜트레인은 요란하고 빠른 연주가 아닌 탐구적인 태도로 음계들을 오르내리며 긴장감 속 쾌감을 찾아간다. 캐넌볼 역시 탐색은 하되 언제나처럼 풍성한 음색으로 이 최소한의 틀 안에서조차 선율과 음악적인 장식을 끌어내지 않고는 못 배긴다. 에번스의 솔로는 아마도 곡의 숨죽인 단순성과 가장 궤를 같이할 것이다. 조용한 아르페지오와 복잡한 코드를 처음에는 좀 수줍게, 그러다 차츰 보다 단호하게, 놀랍게 연주해나간다. "빌의 〈So What〉 솔로 끝부분을 생각해요." 허비 행콕이 애슐리 칸에게 말했다. "그 악구를 2도로 연주해요. 2도라고요." 40년이 지났는데도 여전히 경이에 차 있던 행콕은 피아노에서 음정이라고도 할 수 없는 음정, 즉 나란히 붙어 있는 두 건반을 동시에 누르는 것에 대해 이야기하고 있었다. 그 자체로는 불협화음이지만 여기서는 놀랍도록 표현력이 풍부하다. "누구한테서도 못 들어본 거였어요. 그는 모달 개념을 충실히 따르고 있어요. 그 어떤 연주자보다 훨씬 더. 나에게 완전히 새로운 지평을 열어주었죠."[38]

녹음 당일 CO 62291에는 공식 제목이 붙지 않았다. 그러나 《Kind of Blue》 발매 후 수년 동안 자기가 제목의 주인공이라고 나선 사람이 몇 되었다. 스웨드는 이렇게 쓰고 있다. "어쩌면 [마일스의 여자 친구이자 훗날 노먼 메일러의 네 번째 아내가 될] 베벌리 벤틀리가 제안했을지도 모른다. 그녀는 이 제목이 마일스가 상대의 말에 대꾸할 가치가 없다는 식으로 넘길 때 즐겨 쓰던 표현과 비슷하다고 말했다. 한편 이스트 세인트루이스 쪽 사람들은 1944년에 마일스가 뉴욕으로 갈 거라고 하자 '그래서 뭐So what?'라고 쏘아붙인 그의 매형에게서 나왔다는 설을 믿는 편이다."[39] 배우 데니스 호퍼는 자신이 데이비스의 가까운 친구였다며 이렇게 회상했다. 그 말은 우리 둘이 티격태격할 때 마일스가 나불거리면 자기가 잽처럼 빠르게 날리던, 본인이 자주 쓰던 표현이라는 것이다. "오 제발, 마일스, 그래서 뭐?" 그리고 덧붙였다. "언젠가 재즈 클럽에 갔더니 나더러 '자네를 위해 작은 곡을 썼어' 하면서 〈So What〉을 연주하더군요."[40]

"시대를 초월한timeless"이라는 말은 사치품 판매에 사용되는 진부한 문구가 되었다. 그럼에도 《Kind of Blue》는 시대를 초월한 앨범이고, 그중에서도 〈So What〉은 대표곡이라 할 수 있다. 이유가 뭘까? 60년이 넘도록 재즈와 팝 음악은 이야기를 들려주는 노래로 이루어져왔다. 가사로 분명하게 이야기하거나 곡의 구성 자체로 이야기하거나. 두 장르에서 가장 흔한 곡의 골격은 이른바 AABA, 즉 두 번의 코러스 뒤에 브리지가 이어지고(채널, 릴리즈, 또는 미들 에이트), 마지막에 다시 코러스로 끝나는 방식이다. (20세기 전반기의 팝 음악은 거기에 버스verse, 즉 간단한 설명을 담은 짧은 도입부로

418

시작하는 경우도 많았다. 버스는 공연이나 녹음에는 포함이 될 수도 안 될 수도 있다.) 이렇게 만들어진 곡은 제시부와 해결부가 어우러진 만족스러운 소리를 낳았다. 명시적으로든 암시적으로든 재즈 곡의 바탕이 되곤 했던 팝송들은 특정 조성으로 작곡되었고 도중에 코드가 방황할 수는 있지만—오스카 해머스타인과 제롬 컨의 〈All the Things You Are〉, 또는 리처드 로저스와 로렌즈 하트의 〈Have You met Miss Jones?〉의 브리지 부분을 보라—결국에는 만족스럽게 처음의 코드로 돌아오는 경향이 있었다. 하물며 제약적이면서도 깊은 만족감을 주는 1도-4도-5도 고유 포맷의 블루스는 더욱 그랬다. 이야기가 펼쳐지고 설령 슬픈 것일지언정 결과를 들었다(〈Moanin'〉을 보라). 어떻게 끝날지 이미 알았지만, 어쩌면 노래가 시작되기도 전에 알았을지도 모르지만, 그럼에도 듣다보면 잠시나마 시름을 잊거나 가수나 연주자의 근심에 공감하는 것이다.

하지만 마일스에게는 삶에서든 예술에서든 드러내지 않고 남겨둔 무언가가 중요했다. 그리고 모달 음악의 본질, 즉 〈So What〉의 본질은 결말이 어떻게 될지, 아니 결말이 나기나 할지조차도 모른다는 데 있었다. 당시 세상이 거의 그렇게 보였고, 어쩌면 (그렇게 생각할 수밖에 없었는데) 앞으로도 줄곧 그럴 것 같았다.

1959년이었다. 세상이 요동치고 있었다. 미국의 자동차들이 이중 헤드라이트와 테일 핀을 달고 출시되었다. 풀헨시오 바티스타가 아바나에서 도주하고 피델 카스트로가 입성했다. 니키타 흐루쇼프가 마오쩌둥을 만났고, 디즈니랜드를 방문했고, 모스크바에서 열린 미국 국립 박람회에서 리처드 닉슨과 '부엌 논쟁'을 벌였다. 알래스카와 하와이가 연방에 편입되면서 성조기에 별 두 개가 추가되었다. 상업 항공기 추락이 우울할 만큼 일상적인 사건이 되었다. 아이오와주 클리어레이크에서 음악이 죽었다.§ 캔자스주 홀컴에서는 클러터 일가족이 죽었다. 열여덟 살의 미대생 존 레넌이 이끄는 영국의 기타 3중주단 조니 앤드 더 문도그즈가 드러머만 구할 수 있다면 언제든 리버풀 곳곳에서 공연을 했다(밴드 멤버는 열일곱 살의 폴 맥카트니, 열여섯 살의 조지 해리슨). 애니메이션 시리즈 「록키와 불윙클 쇼」와 드라마 시리즈 「보난자」가 컬러 방송으로 첫 선을 보였다. 제록스 복사기도, 바비 인형도 그해에 나왔다. 미국항공우주국이 최초의 우주 비행사 일곱 명을 지명하면서 우주 시대가 열렸다. 브로드웨이 뮤지컬 「집시」와 「사운드 오브 뮤직」과 「태양 아래 건포도」가 초연되었다. 보잉 707과 대륙간탄도미사일이 등장했다. 이제 여행객들은 전례 없는 속도로 먼 곳까지 날아갈 수 있게 되었고, 핵폭탄도 마찬가지였다.

그래서 뭐.

두 곡은 녹음을 마쳤고 한 곡만 남았다. 5시 30분부터 저녁 식사 겸 휴식 시간을 갖기로 되어 있었다. 그들은 스튜디오의 고요한 작은 세계를 떠나 소란하고 북적거리는 맨해튼으로 향했을까? 3월 초의 늦은 오후, 해가 저물 무렵 도시의 강에 비친 불빛은 부드러웠을 테고 자동차와 버스의 매연으로 가득한 대기에 희미한 봄기운이 스며 있었을 것이다. 윌라 캐더가 언젠가 썼던 대로 모든 것

§ 돈 매클레인의 〈American Pie〉에 나오는 표현으로 로큰롤 스타 버디 홀리, 리치 밸런스, 빅 보퍼가 비행기 추락 사고로 사망한 사건을 가리킴.

이 집으로 돌아가는 시간이었다. 거리는 퇴근길에 오른 인파로 가득했을 테지만 이 여섯 명은 곧 자기 일터로 돌아갈 것이었다.

앨범의 세 번째 곡을 둘러싸고 얼마간의 논란이 쌓여갔다. "빌이 《Kind of Blue》 음악의 공동 작곡자라고 하는 사람들이 있었다." 마일스가 회고록에서 말했다.

그건 사실이 아니다. 모두 내가 쓴 곡들이고 콘셉트도 내 것이다. 나는 빌 덕에 클래식 작곡가들에게 관심을 갖게 되었고 그들의 영향을 받았다. 하지만 빌이 그 음악을 처음 본 건 다른 멤버들과 똑같이 내가 한번 보라고 스케치를 건네준 그날이었다.[41]

에번스는 한 가지 반론을 제기했다. "〈Blue in Green〉은 내가 스케치한 내 곡이었어요." 여러 해 후에 그가 말했다. "멜로디와 코드 진행을 스케치해 멤버들에게 보여줬어요."[42]

하지만 앨범에는 데이비스 작곡으로 기재되어 있고 저작권도 그에게 있었다. 그런데 왜 에번스가 사망한 지 거의 10년이나 지나서야 마일스는 거짓말을 하며 그렇게 많은 것을 가르쳐준 옛 친구 모를 깎아내렸을까?

세월이 흘러 어느 라디오 인터뷰에서 진행자가 에번스의 친구인 작곡가 겸 편곡가 얼 진다스에게 이 곡이 빌의 단독 작곡인지 물었다. "확신합니다. 내가 알아요. … 내 집에서 썼거든요. 그때 이스트할렘의 엘리베이터도 없는 5층 건물에 살았는데, 새벽 3시까지 안 자고 그 여섯 마디를 치고 또 쳤어요."[43]

"앨범 크레디트에 마일스 이름이 올라가 있다는 건 나도 알아요."

에번스가 재즈 기자 브라이언 헤너시에게 말했다. "하지만 그는 에디 빈슨의 〈Tune Up〉하고 〈Four〉도 그렇게 했어요. 내게는 대단치 않은 일이지만 누가 물어본다면 진실을 말할 수밖에요."[44] 1978년 에번스가 매리언 맥파틀런드가 진행하는 NPR 프로그램 「피아노 재즈」에 출연했을 때 맥파틀런드는 〈Blue in Green〉을 작곡했냐고 단도직입적으로 물었다. "사실 내가 썼어요." 에번스가 말했다. "무슨 큰일이라도 되듯 떠벌리고 싶지는 않지만 음악이 존재하고 인세는 마일스가 받는 게 사실이니까요."[45] 말년에 에번스는 한 친구에게 이렇게 털어놓았다. 인세의 일부는 나도 받을 자격이 있다고 마일스에게 말하자 그가 25달러 수표를 써주더라고.

앨범 수록곡 중 가장 짧은 5분 30초 분량의 〈Blue in Green〉은 음악이라기보다 분위기 중심의 곡에 가깝다. 깊은 생각에 잠겨 있고 슬픈 느낌인데 곡의 아름다움 덕분에 침울함까지 내려가지는 않는다. 코드를 바탕으로 쓴 곡이지만 밀어붙인다거나 해결의 느낌을 주지 않는다. 느긋하게 최면에 걸린 듯 그저 걷는다. 에번스와 마일스의 솔로가 이어지고, 그 후 마일스와 에번스가 콜트레인의 41초짜리 중심 솔로 양쪽에서 균형 있게 대칭 구조를 이룬다. 애덜리가 빠진 것은 두 배로 적절했던 것 같다. 애덜리 특유의 활기가 겉돌았을 것이다. 《Kind of Blue》의 중심에 있는 세 천재에게는 너무도 깊은 멜랑콜리가 새겨져 있기에 〈Blue in Green〉은 그룹의 그런 성격을 드러내는 선언처럼 느껴진다.

한 달 후, 6중주단 멤버 대부분이 CBS의 TV 프로그램 「로버트 헤리지 극장」에 출연해 연주했다. 캐넌볼은 편두통으로 빠지고 에번스 대신 윈턴 켈리가 들어왔다. 헤리지는 매주 이 프로그램에서 서양 클래식과 재즈 둘 다를 소개하던 진지한 문화인 유형의 인물이었다. 맨해튼 웨스트사이드에 위치한 CBS 스테이지 61, 금속과 콘크리트 중심으로 꾸며진 무대를 배경으로 밝은색 정장에 어두운 색 스웨터를 입고 목에 반다나를 두른 우아한 차림의 마일스가 밴드를 이끌고 〈So What〉을 살짝 빠른 속도로 더없이 쿨하게 연주했다. 이날의 연주는 1년이 넘게 지난 1960년 7월에서야 전파를 탔는데, 방송이 되자마자 재즈를 거의 또는 전혀 모르던 폭넓은 시청자들에게 깊은 인상을 남겼다. "《Kind of Blue》를 위시한 마일스의 모든 음반에 더없이 귀중한 홍보 효과를 [가져왔다]"고 애슐리 칸은 쓰고 있다. "또한 가파르게 상승하는 마일스의 경력에 추진력을 [더함으로써] … 재즈 천재 마일스 데이비스는 바야흐로 스타 마일스로 거듭나고 있었다."[46]

《Kind of Blue》의 두 번째이자 마지막 녹음 세션은 첫 번째보다 훨씬 짧았다. 6중주단은 4월 22일 수요일 오후 2시 반에서 5시 반 사이에 단 두 곡을 녹음했다. 〈Flamenco Sketches〉는 여섯 번의 테이크가 진행되었고, 그중 두 번은 끝까지 연주했다. 반면 〈All Blues〉는 단 한 번의 테이크로 상당히 아름다운 결과물을 얻었다.

〈Flamenco Sketches〉는 3월 2일 아침, 앨범의 첫 세션 준비로 빌 에번스가 마일스의 집을 찾았을 때 탄생했다. 전에 에번스의 자작곡 〈Peace Piece〉─뮤지컬 「온 더 타운」에 포함된 베티 컴든, 아돌프 그린, 레너드 번스타인의 〈Some Other Time〉 도입부 뱀프 위에서 평화롭고 사색적인 대화가 이어지는 곡[47]─를 들은 적이 있었는데, 마일스는 그 곡을 LP에 넣고 싶었다. 이미 캐넌볼과 그 곡을 녹음한 적이 있던 에번스의 의견은 달랐다. 〈Peace Piece〉의 뱀프에서 시작해 다섯 가지 선법을 훑어가는 곡을 만들어보자고 마일스에게 제안했다. 피아노 앞에서 함께 작업하며 둘은 비슷하게 천상의 곡을 스케치했다. 《Kind of Blue》에서 데이비스와 에번스가 최고의 협업을 보여준 곡이자 〈Blue in Green〉을 제외하면 미리 방향을 설계하고 녹음한 유일한 곡이기도 했다. 제목은 스페인풍의 네 번째 선법에서 나왔다.

첫 번째 녹음 세션을 블루스로 시작했고 마지막 세션 역시 블루스로 마무리되었지만, 그 곡은 마일스가 이제 뒤에 두고 떠나려는 형식(블루스)을 우아하게 담아내면서도 동시에 초월하고 있었다. 〈All Blues〉에는 마일스답게 단순해보이지만 묘하게 강력한 새 아이디어 두 개가 담겨 있었다. 일반적인 G 블루스는 첫 네 마디 후에 4도 코드, 즉 C로 바뀐다. 그러나 데이비스의 G 블루스는 첫 여덟 마디 동안 G를 유지하다가 G7에서, 지미 히스가 말한 "G단조 음"으로 전환된다. 이는 "[마일스의] 즉흥 연주를 약간은 불협화음처럼 그리고 좀더 세련되게 들리게 만든다."[48] 코드가 적을수록 모드는 많아진다. 일종의 블루스Kind of blue다.

또 하나의 미묘한 변화는 솔로 사이에 더 많은 공간을 두는 것이었다. 앞에서도 보았듯 마일스는 여백을 사랑했다. 에번스는 이렇게 회고했다. "〈All Blues〉를 녹음할 때 마일스는 '악보대로 연주해. 각 연주자가 솔로로 나서기 전에 특정 멜로디를 뱀프처럼 연주하면서 다음 솔로가 들어오게 끌어주자고'라고 했어요"[49]

에번스의 피아노 트레몰로로 시작해 마일스의 약음기를 낀 페이드아웃까지, 따뜻하고 고요하면서도 "왈츠 같은 리듬감" 속에 조용한 기쁨이 스며 있다.[50] 그리고 시종 예상 밖이다. 하몬 약음기를 끼고 테마를 연주한 뒤에 마일스는 약음기를 빼고 솔로로 전환한다. 마일스 다음으로 콜트레인이 아닌 애덜리가 첫 솔로를 맡는데, 두 색소폰 주자 모두 각자의 R&B 시절을 불러와 더없이 감미로운 연주를 이어간다. 그리고 에번스의 차례가 되었을 때 그는 이전까지는 어쩐지 불편했던 이 형식을 마음껏 즐기며 선명한 4도 음정을 잇달아 흩뿌린다. 마치 훗날 매코이 타이너와 존 콜트레인의 작업을 예고하는 것 같다.

4도 음정에는 장조도 단조도 아닌 모호성이 깃들어 있다. 해결되지 않은 채 여전히 질문을 던진다. 《Kind of Blue》라는 앨범의 제목부터 그러했듯이. 1950년대 중후반 하드 밥이라고도 불린 음악은 재즈에 감정을 되살리기 위해 블루스와 가스펠의 요소를 차용했다. 음악은 환희를 노래하고, 힘 있게 울려 퍼졌으며, 이제 막 시작된 흑인 해방이라는 힘을 불러냈다. 다른 한편으로 《Kind of Blue》는 거세게 몰아치는 재즈의 급류에서 늘임표 같은 존재였다. "대부분의 재즈가 훨씬 더 공격적인 자세를 취하던 시절, 그것은 사색적이고 여유 있게 들렸다"고 로런 쇼언버그는 말했다.[51] 이 앨범은 하루가 다르게 더 빠르고 더 요란해지는 세상에서 한적하고 신비로운 섬 같았다. 그것은 마일스, 콜트레인, 에번스가 블루스를 뒤로 하고 미지의 영역으로 향하던 순간이었다.

그리고 그것은 이 6중주단이 함께 한 마지막 연주였다.

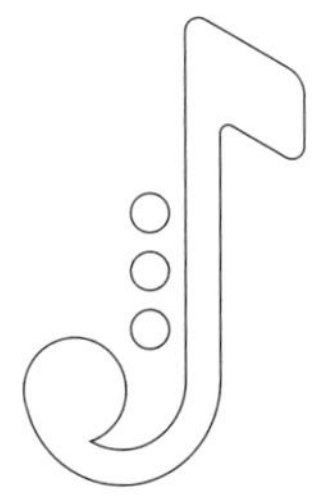

15

기적의

해

Miles Davis, John Coltrane, Bill Evans

《Kind of Blue》의 두 번째이자 마지막 녹음 세션이 있던 날로부터 2주도 채 지나지 않아 존 콜트레인은 그의 애틀랜틱 레코드 첫 앨범 《Giant Steps》 제작에 들어갔다. 이름에 딱 맞는 '거대한 도약'이었던 이 LP는 콜트레인이 처음으로 자작곡으로만 채운 앨범이기도 했다. 여전히 데이비스의 6중주단 멤버였으나 콜트레인은 자신의 날개를 한껏 펼쳐 보였다. 마일스가 허락한, 아니 허락을 넘어 강하게 요구한 예술적 자율성을 활용해 그는 자신만의 색을 만들어가고 있었다. ("여기서 나는 정말 자유로웠어요." 한 인터뷰에서 색소폰 주자는 6중주단에서 보냈던 시간에 대해 말했다. "내가 해보고 싶은 건 거의 전부 다 환영받는 분위기였어요. 무슨 말인지 알죠?"[1])

이 앨범의 타이틀곡인 동명의 〈Giant Steps〉는 상냥한 괴물이자 수직성으로 가득한 놀이터였다. 눈부신 햇살 아래 변화무쌍하게 질주하는 롤러코스터처럼 장3도 간격으로 떨어진 B장조, G장조, E플랫장조를 빠르게 훑어나간다. 〈Have You Met Miss Jones?〉의 브리지와 비슷한 이 시퀀스는 곧 **콜트레인 체인지**로 알려지게 된다. 이 곡은 1960년 초 앨범이 발매되자마자 단숨에 고전의 반열에 오르며 미래의 색소폰 주자들에게 극한의 연습곡으로 남게 된다.

앨범에서 고전이 될 또 하나의 곡은 (12월에 녹음할 예정이던)

〈Naima〉였다. 느리고, 안개에 싸인 듯한 이 사랑의 발라드는 콜트레인이 아내를 위해 쓴 곡이었다. 최근까지도 콜트레인을 성난 젊은 테너 색소폰 주자라 부르던 이들에게 보내는 회답의 곡이기도 했다. 앨범의 라이너 노트에 냇 헨토프는 이렇게 썼다.

> 콜트레인이 발전시키고 있는 스타일 가운데 그의 치열하고 대담한 화성적 상상력이 특히 뮤지션들에게 가장 매혹적으로 다가온다는 사실에는 이론의 여지가 없다. 하지만 그보다 근본적인 점은 뮤지션이 아닌 일반 청자에게는 콜트레인이 본인의 진가를 발휘할 때 유난히 강렬한 정서적 충격을 준다는 사실이다. … 그의 연주 대부분에서 느껴지는 분노의 일부는 탐색의 분노, 자신이 들을 수 있는 또는 듣기를 원하는 모든 것을, 그것도 종종 한꺼번에 연주해야 한다는 강박에서 비롯된다. 동시에 본인의 표현대로 "좀더 남들 앞에 내놓을 만하게 다듬어진" 음악이어야 했기 때문이다.[2]

"음색 면에서 좀더 아름다운 소리를 만들 수 있었으면 좋겠어요." 콜트레인의 설명이다. "하지만 지금은 무엇보다 내가 가진 것, 내가 아는 것을 더 **서정적인** 선율로 녹여내는 데 관심을 두고 있어요. 그게 내가 말하는 아름다움이에요. 더욱 서정적인 것. 쉽게 이해될 수 있도록, 알죠?"[3]

콜트레인은 경력 초기 꽤 오랜 시간 동안 너무도 쉽게 이해되는 뮤지션이었다. 찰리 파커의 영향을 지워내려 애쓰면서도 자신에게 요구되는 것만 연주하는, 음악계의 카멜레온으로 보였던 것이다. 마일스가 그에게 더 많은 것을 요구하기 전까지는. 이제 서른세 살의 그는 **존 콜트레인**으로 우뚝 섰다. 그의 영향력이 너무도 거대해서 미 전역에 있는 재즈 기자들(당시에는 전국에 재즈 기자가 있었다) 사이에서 콜트레인의 제자들이라는 표현이 회자될 정도였고, 심지어 그가 끼치는 영향이 지나치게 커서 젊은 뮤지션들이 스스로 독창성을 찾아가는 여정에 걸림돌이 되는 건 아닌지 걱정해야 할 정도였다. 아트 블레이키와 재즈 메신저스의 최신 앨범을 소개하는 1월의 기사에서는 블레이키의 테너 색소폰 주자, 즉 콜트레인의 절친이자 오랜 음악 동료 베니 골슨을 칭찬한 다음 "이따금 그가 근래 존 콜트레인을 꽤 많이 들었다는 것이 느껴졌다"고 덧붙였다.[4]

골슨은 콜트레인보다 더 겸손한 성품을 지닌, 위대한 연주자이자 위대한 작곡가였다. 그때나 이후에나 그는 콜트레인의 위대함을 찬미하는 데 주저함이 없었다. "존은 그 누구의 발자취도 따라가지 않는, 그 자체로 하나의 현상이라는 것을 모두가 마침내 인정해야 했다." 기품 있는 회고록에 그는 이렇게 썼다. "존은 음악적으로 전인미답이었던 곳들을 탐색했다. 지도에도 없는, 이름조차 붙일 수 없는 참신한 발상들로 가득한 미지의 음악적 영토들. 그와 함께 걸어간 사람은 아무도 없었다. 우리는 따라갈 수 있다면 따라갔고, 아니면 그저 앞서 나가는 그를 지켜볼 뿐이었다."[5]

1959년은 인정사정없는 속도로 재즈의 미래를 불러오고 있었다. 이는 음악의 과거가 저물어가고 있다는 뜻이기도 했다. 3월 15일, 레스터 영이 마흔아홉의 나이로 세상을 떠났다. 공식적인 사인은 심장마비였지만 더 정확히는 인생, 바꿔 말하면 미국에서 흑인 재즈 뮤지션으로 살아가는 것 자체가 만든 조건 때문이었다. 영에게는 자신만의 세계관이 있었고 그것을 말하는 자신만의 언어도 있었다. 그는 돈을 **빵**이라고 부른 최초의 인물이었을지도 모른다. 빌리 홀리데이에게 레이디 데이Lady Day라는 별명을 붙여주었고, 답례로 프레즈Prez, 즉 재즈 대통령president of jazz이라는 별명을 받았다. (홀리데이는 영보다 겨우 넉 달 더 살았다. 7월 17일, 그녀 역시 인생 때문에 마흔넷에 세상과 이별했다. 그녀를 죽이는 동시에 간신히 살려놓던 마약을 소지한 혐의로 체포된 뒤 할렘 병원 침상에서 수갑이 채워진 채.) 남자들이 페도라를 쓰던 시절에 영은 위가 납작하고 챙이 넓은 전혀 다른 종류의 모자를 즐겨 썼다. 그와 닮은 사람은 없었고, 그처럼 말하는 사람도 없었다. 연주가 비슷했던 사람은 많았는데 그에게서 배웠기 때문이었다.

그해 봄 찰스 밍거스가 영을 위해 쓴 잊을 수 없는 추모곡 〈Goodbye Pork Pie hat〉는 5월 초 30번가 스튜디오에서 녹음된 컬럼비아 앨범 《Mingus Ah Um》에 두 번째 트랙이 되었다. 이 LP는 야누스의 얼굴처럼 밍거스의 음악적 뿌리를 돌아보는 동시에(〈Jelly Roll〉〈Open Letter to Duke〉〈Boogie Stop Shuffle〉), 어둡고 복잡다단한 현재와 미래를 내다보고 있었다(〈Better Get It in Your Soul〉〈Fables of Faubus〉). 실력은 뛰어났지만 다혈질이었던 밍거스는 콜트레인과 달리 정말로 성난 젊은 재즈 뮤지션이었다. 그는 기백이 넘치는 뛰어난 연주자들(색소폰에 존 핸디와 부커 어빈과 샤피 하디, 트롬본에 윌리 데니스와 지미 네퍼, 피아노에 호러스 팔런, 드럼에 대니 리치먼드)을 모아 자신의 서정성, 박수, 발 구르기, 반항적인 영혼까지 이 앨범에 모두 쏟아부었다. 그 결과물은 한없이 아름다운 예술 작품이면서 동시에 무자비하게 인종차별적인 미국 사회 속 흑인의 영혼이 지닌 황홀하고도 고통스러운 울부짖음이었다. 본래 반골 기질이 강한 밍거스는, 마일스와는 달리, 컬럼비아 레코드의 스타 제작 기계에 뛰어들 준비가 되어 있지 않음을 곧 깨달았다. 하지만《Mingus Ah Um》은 1959년이라는 놀라운 해를 대표하는 예술 혁명의 이정표 중 하나로 평가받고 있다. 한편 음악에서는 또 다른, 훨씬 더 급진적인 변화가 이미 진행되고 있었다.

랜돌프 데너드 오넷 콜먼은 수줍고 사려 깊고 예술적 탐구심이 강한 색소폰 연주자였다. 텍사스 출신인 그는 우상인 찰리 파커처럼 주로 독학으로 음악을 배웠고, 존 콜트레인처럼 블루스와 R&B 밴드들에서 수련했다. 콜먼의 경우 미국 남부와 남서부 지역을 중심으로 활동했다. 심지어 오합지졸의 민스트럴 쇼 유랑단 '뉴올리언스에서 온 사일러스 그린'에 몸담기도 했다. 장발에 수염까지 기른 열아홉 살 청년 오넷은 영락없는 채식주의자 원조 히피의 전형으로 보였다. 배턴루지의 댄스홀 무대에서 일하던 중에 파커의 릭lick을 한번 해봤는데 손님들이 춤을 멈췄다. 그의 연주는 물론 그의 외모, 행동까지 다 마음에 안 들었던 젊은 흑인 남자 대여섯 명이 몰려가 콜먼을 패고 그의 테너 색소폰마저 박살냈다. 그가 (결국) 겨우 살 수 있었던 유일한 대체 악기는 크림색 그래프턴 플라스틱 알토 색소폰으로, 언제나 남달랐던 그는 평생 이 악기를 고수했다. 이 색소폰은 따뜻한 비금속성 음색을 갖고 있었는데 콜먼은 그것으로 기막힐 만큼 사람 목소리와 비슷한 소리를 냈다.

1950년대 초 그는 로스앤젤레스에 도착했다. 그를 포함해 그곳에 있는 재능 있는 뮤지션 대다수가 버드의 강한 영향력 아래 놓여 있었다. 그는 이런 분위기가 금세 지겨워졌다. "음 하나하나를 찰리 파커와 똑같이 연주할 수 있었지만 그건 기법일 뿐이었어요. 그래서 거기

서부터 어디로 나아가야 할지 고심하게 됐어요."[6]

그가 고심 끝에 도달한 곳은 스스로 하몰로딕harmolodics이라고 부른 스타일로, 뮤지션이 아닌 대부분의 사람들에게는 프리 재즈라는 이름으로 알려지게 된다. 비밥, 하드 밥, 심지어 모달 재즈와도 다른 콜먼의 새로운 음악은 대개 멜로디 또는 멜로디의 암시로 시작하고 끝났지만, 그 사이에 모든 악기의 연주자들이(보통 4중주단) 코드 구성, 알아볼 수 있는 화성, 전통적인 리듬 같은 건 전혀 고려하지 않은 채 순간의 감정에 따라 즉흥 연주를 하는 방식이었다.

어떤 면에서 이는 예견된, 어쩌면 생각보다 늦게 도래한 진전이었다. 아르놀트 쇤베르크, 알반 베르크, 안톤 베베른 등의 유럽 클래식 작곡가들은 50년도 더 전에 무조 음악 실험을 시작했다. 전통적인 조성에 익숙한 청자들은 이런 혁신 앞에서 격분에 가까운 반응을 보였는데, 콜먼의 연주 또한 마찬가지로 재즈 세계에서 비슷한 분노를 불러일으켰다. 재즈 역시 나름의 전통적인 틀과 배타성을 지닌 세계였기 때문이다. 그의 탐구(그중 하나는 "원래보다 조금 높거나sharp 낮은flat 음, 즉 음정에서 벗어난 소리도 곡조에 맞출 수 있다"는 깨달음[7])는 그가 즉흥 연주를 하기 위해 다른 밴드의 무대에 올랐을 때 무대 위 몇몇 뮤지션이 자리를 박차고 나가게 만들었다. 그의 흰색 플라스틱 색소폰 역시 (버드도 한동안 그런 색소폰으로 연주했음에도 불구하고) 어떤 이들에게는 그가 진지한 연주자는 아니라고 판단하는 근거가 되었다. "로스앤젤레스 뮤지션들은 콜먼을 거세게 배척했다"고 전기작가 존 리트와일러는 쓰고 있다. "어느 날 밤 콜먼이 덱스터 고든의 리듬 섹션과 연주하고 있는데 고든이 클럽에 늦게 나타나서는 지금 곡만 끝내고 당장 무대에서 내려오라고 명령했다."[8] 콜먼은 가끔은

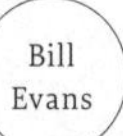

HE'LL LEAD SUPER-CHORUS — Director of the 600-voice choirs of 15 junior colleges in their annual music festival here tonight will be Dr. Charles C. Hirt, nationally-known choral and music festival director.

Music Festival Tonight

A massed chorus of 700 voices and a 100-piece concert orchestra are expected to thrill a full house at the Long Beach Municipal Auditorium at 8 tonight when the Southern California Junior College Music Assn. rings up the curtain on its second annual festival here.

The choir will present selections including "Thanks Be to God" from the oratorio "Elijah." The group will represent 14 junior colleges.

The festival orchestra, under the direction of guest conductor Stanley Chapple, will deliver selections from Mendelssohn. The program is free to the public.

Tonight's concert will mark the climax of three days of almost continual rehearsal for the young musicians. Directors of the participating groups dined in the Sky Room of the Wilton Hotel last night, with Dr. Charles Hirt, of USC, and Chapple of the University of Washington, as special guests of the association.

Illinois ROTC Honors Midshipman From L.B.

Midshipman Darrell L. Johnson of 5798 Chestnut Ave. was honored yesterday at the annual Reserve Officers Training Corps review at the University of Illinois, the school reported.

Johnson was awarded a watch, silver citizenship medal and certificate of merit for demonstrating "outstanding qualities of naval leadership."

(politics, war, etc.)?

Well, then, hie yourself ov to the Apple Valley Steak Hou tonight and order the followin 1—For an appetizer, fresh who cracked crab flown to Ellbee fro San Francisco and served shaved ice with two sauces. 2 Mixed chef's salad with aroma Green Goddess dressing (wo give you the ingredients in a lat column). 3—A two pound D monico steak (cut crosswise a charcoal broiled) served wi Maitre D'Hotel compressed butt

*   *   *

SINGER-PIANIST DAN Sim monds, who opened this wee at Vivian Laird's Jungle Roon now draws a fat salary. Nothing like the first pay he got fo singing. When Dan was a ki an uncle paid him five cent each for singing "Tip-to Through the Tulips" and "I' Parting the Clouds With Sun shine."

*   *   *

DISCRIMINATORY POOCH Neal Harrington, city personn director, owns a cocker span named Pat. Pat is a great o for running out in the yard eve day and bringing in the paper.

Now the point of this story that Harrington subscribes to tw papers—and a lot of throw-awa are left in his yard besides. B Pat always trots in with t Independent.

Why? So he can read "Bo," course.

*   *   *

MR. BROWN DERBY—Whe Paul Sorichta, now chef a Joseph Levy's Coast Inn

L.B. Sarge's Plane Completes 100 Mission

Tech. Sgt. Donald Roscan 1460 Clark Ave. is pretty hap these days.

Roscamp, crew chief of a lig bomber attached to the 452 Bomb Wing, has kept his craft top condition. The airship h completed 100 bombing missio over Korea, and never has h to turn back because of mecha ical difficulty.

Births

『롱비치 인디펜던트 신문』 왼쪽 하단에 오넷 콜먼이 연주하는 댄스 공연 광고가 실려 있다. 1951년 5월 5일.

음악으로, 대부분은 다른 일을 해서 간신히 생계를 꾸려나갔다.

1950년대 후반 무렵, 콜먼은 로스앤젤레스의 불럭스 백화점에서 엘리베이터 안내원으로 일하며 뜻을 같이하는 핵심 연주자들을 모았다. 트럼펫 주자 돈 체리, 베이스 주자 찰리 헤이든, 드럼 주자 에드 블랙웰과 빌리 히긴스였다. (피아노가 빠진 것은 주목할 만하다. 제리 멀리건도 피아노 없는 4중주단으로 활동했고, 소니 롤린스도 베이스와 드럼만으로 연주한 경우가 있긴 했다. 다만 멀리건과 롤린스가 만들던 재즈는 콜먼과는 전혀 달랐다.) 그들은 돈 되는 무대가 없어 꾸준히 연습만 계속했다.

1958년 초 비밥 베이스 주자 레드 미첼이 웨스트코스트의 음반 레이블 컨템퍼러리의 창립자 레스터 코에닉에게 콜먼 이야기를 꺼냈다. 코에닉은 롤린스의 위대한 (피아노 없는) 1957년 앨범《Way Out West》외에도 쳇 베이커, 아트 페퍼, 앙드레 프레빈 등의 LP를 제작했다. 또한 아르놀트 쇤베르크를 친구로 둘 정도로 음악적인 귀가 밝은 사람이었다. 콜먼과 체리를 불러 오디션을 보게 한 그는 새로운 사운드에 완전 흥분하여 이 색소폰 주자와 조건부로 음반 두 장을 발매하는 계약을 맺었다. 그해 2월과 3월 콜먼은 체리와 히긴스, 그리고 베이스 주자에 헤이든 대신 돈 페인을 앉히고, 코에닉의 요구에 따라 피아노 주자 월터 노리스를 더해 앨범을 녹음했다. 이 앨범은 새로움을 강조하는 감탄 부호가 네 개나 붙은《Something Else!!!! The Music of Ornette Coleman》이라는 제목으로 발매되었다.

기묘한 음반이다. 아니 더 정확히 말하자면 귀에 거슬릴 수 있는 비전형성과 밝고 쉽게 접근할 수 있는 익숙함 사이의 싸움에 갇혀 자기 안에서 충돌하는 음반이다. 이 녹음 세션의 프로듀서를 맡은 레스터 코에닉의 탓도 있었다. 노리스는 연주를 얼마든지 조정할 수 있는 능숙한 피아노 주자이기 때문에 콜먼의 의도적인 우연을 강조한 접근을 충분히 반영할 수 있었을 것이다. 그러나 전부 콜먼 작곡인 LP 수록곡들은 비밥 스타일의 피아노와 누구도 흉내 낼 수 없는 기이한 색소폰이 따로 노는 것처럼 들린다. ("노리스는 화성에 대해 너무 잘 알았기 때문에 오넷과 연주할 때도 그걸 잊지 못했다"고 찰리 헤이든이 나중에 말했다.9) 1958년 9월 발매된 《Something Else!!!!》는 작은 반향과 아주 작은 판매고를 올렸다. 콜먼이 이제 곧 재즈에 몰고 올 지각변동의 조짐은 낌새조차 없었다.

1959년 초, 그러니까 마일스와 빌 에번스가 《Kind of Blue》로 이어질 모달 혁신 작업을 시작할 무렵 오넷은 레스터 코에닉을 설득해 다음 앨범은 피아노 없이 가도 좋다는 허락을 받아냈다. 첫 앨범과 마찬가지로 두 번째 앨범 《Tomorrow Is the Question! The New Music of Ornette Coleman!》도 전곡을 콜먼의 자작곡으로 채웠다. 돈 체리가 돌아와 이번에는 터키산 포켓 트럼펫을 불었고, 노련한 셸리 맨이 드럼을 맡았다. 레드 미첼이 연주하는 걸 몇 곡 들어본 다음 콜먼과 체리는 베이스 주자를 바꿔야 한다는 데 의견을 같이했다. 찰리 헤이든은 일정이 맞지 않아서 (아니면 코에닉의 승인을 받지 못해) 그들은 샌프란시스코로 차를 몰았다. 블랙 호크 클럽에서 공연하던 모던 재즈 쿼텟의 퍼시 히스를 섭외하기 위해서였다. 두 사람은 히스 기용에 성공했을 뿐만 아니라, MJQ의 무대에 올라 즉흥 연주까지 하게 되면서 리더 존 루이스에게 강렬한 인상을 남겼다. "오넷 콜먼과 돈 체리 같은 연주는 한 번도 들어본 적이 없었다. 오넷이 주역인데, 거의 쌍둥이 같았다. 둘의 연주는 그 누구의 합주에서도 들어본 적 없는 놀라움 그 자체였다."[10]

전통적인 리듬의 테두리에서 자유로워진다는 것은 콜먼의 음악 구상 전반에서 아주 중요한 부분이었다. 체리는 그것을 완전히 이해했으나 《Tomorrow Is the Question!》에서 미첼, 히스, 맨은 콜먼이 원하는 만큼 자유로운 즉흥 연주를 꺼리거나 혹은 못하는 듯 보였다. 셋은 "각자의 파트를 정해놓고 자기가 하고 싶은 대로 연주했다"고 재즈 피아니스트 겸 평론가 이선 아이버슨은 썼다. "그들의 해법은 흥미롭지만 이상적이지는 않다. … 이 사람들은 '밀교 모임'에 속한 뮤지션이 **아니다**."[11] 돈 체리 말고는, 콜먼은 녹음 스튜디오에 데려갈 만한 '모임' 멤버를 아직 찾지 못했다.

콜먼과 체리에 대한 존 루이스의 열광은 어딘가 역설적이었다. 의도적으로 격식을 중시하는 루이스의 모던 재즈 쿼텟은 유럽 클래식의 영향을 받은 (그리고 상업적으로도 크게 성공을 거둔) 그룹이었다. 또한 비밥의 출현 이후 재즈가 나아간 방향에 대해 루이스가 느낀 복잡한 감정을 단적으로 보여주는 사례이기도 했다. 여러 해가 흐른 뒤, 케니 클라크는 로런 쇼언버그에게 자기가 1955년 그룹을 떠난 이유가 루이스가 비밥을 싫어했기 때문이라고 말했다.[12] 하지만 1959년의 루이스에게 오넷 콜먼은 신선한 생명의 숨결로 보였다. 루이스는 MJQ의 (그리고 콜트레인의) 레이블인 애틀랜틱의 재즈 부문 대표 네수히 에르테군에게 콜먼을 추천했다. 애틀랜틱 레코드의 공동 창립자가 바로 네수히의 동생 아흐메드 에르테군이었다. 루이스의 제안을 들은 네수히는 오랜 친구 코에닉의 허락을 구했다(네수히는 애틀랜틱에 들어오기 전 컨템퍼러리에서 잠시 일한 적이 있었다). 코에닉은 콜먼에 대해 상업적으로 아무런 성과를 내지 못했다고 인정했고, 에르테군은 콜먼과 계약을 체결했다.

그렇게 해서 《Giant Steps》와 《Mingus Ah Um》이 태어난 그 요란한 5월에 오넷 콜먼은 할리우드의 라디오 리코더스 스튜디오에서 그의 세 번째 앨범 《The Shape of Jazz to Come》을 만들었다. 콜먼이 아니라 에르테군의 발상이긴 하지만 도발적이고 거의 우스꽝스러울 만큼 대담한 이 제목은, 곧 드러나듯, 콜먼에게 제목에 걸맞은 자격이 있음을 보여주게 된다. 겨우 스물아홉 살이었지만 그는 이미 이 장르에 지울 수 없는 흔적을 남겼다. 11월에 《The Shape of Jazz to Come》이 발매되었을 때 그의 예술이 남긴 충격은 마일스, 콜트레인, 빌 에번스와 맞먹을 정도로 강력했다.

그해 여름 로스앤젤레스에서 오넷 콜먼이 아직 무명 신세로 허우적대는 동안, 멤버의 넷 중 셋이 백인인, 이제는 명사로 떠받들어지던 데이브 브루벡 4중주단이(브루벡, 알토 색소폰에 폴 데즈먼드, 베이스에 유진 라이트, 드럼에 조 모렐로) 컬럼비아의 30번가 스튜디오에서 피아니스트 브루벡의 스물아홉 번째 앨범 《Time Out》을 녹음했다. 국무부가 후원한 유럽과 아시아 투어에서 최근 돌아온 브루벡은 이 경험에서 얻은 영감을 바탕으로 이국적인 템포를 활용한 곡들을 담은 실험적인 LP를 구상했다. 이를테면 터키의 거리 음악가들이 연주하던 9/8박자 민속 노래 같은 것 말이다. 앨범에 실린 곡들은 한 곡을 제외하고는 모두 브루벡의 자작곡이었다. 그 한 곡이 바로 데즈먼드가 5/4박자로 쓴 모험적인 곡 〈Take Five〉로, 이후 이 앨범 최고의 히트곡이 될 터였다.

《Time Out》은 재즈 음반 사상 최초로 100만 장이 팔리고, 〈Take

Five〉는 같은 기록을 세우는 최초의 재즈 싱글이 된다. 이 LP가 오늘날까지 널리 사랑받는 명반이 된 데는 브루벡의 그 모든 혁신적인 의도에도 불구하고 너무 깊게 파고들거나 듣는 이를 시험하지 않기 때문이다. "실험적인 음악이었지만 부드럽게 실험적이었다"고 스웨드는 쓰고 있다. "그의 4중주단은 그를 지켜보아온 사람들에게 여전히 친근하게 들렸다."[13] 그의 팬들 대부분이 백인이라고 해서 (또 아직도 그렇다고 해서) 이 앨범의 중요성이 반감될까? 재즈의 광범한 영역을 넘나들며 음악을 감상할 만큼 큰 귀를 가진 사람이라면 흑인 뮤지션과 백인 뮤지션을 막론한 모두가 브루벡을 존경했고 지금도 존경한다. 브루벡의 곡 〈In Your Own Sweet Way〉와 엘링턴에게 바친 〈The Duke〉를 아름답게 연주해 녹음했던 마일스 데이비스도 그중 한 명이었다.

너무 그럴 듯해서 완전 꾸며낸 것 같지는 않은 일화가 하나 있다. 1960년대 초 어느 밤, 브루벡이 마일스 5중주단의 연주를 들으러 블랙 호크에 갔다. 새벽녘 밴드가 마지막 세트를 마무리할 즈음 엘라 피츠제럴드가 클럽에 들렀다. 그녀는 노래를 좀 하고 싶다며 브루벡에게 반주를 청했다. 노래가 끝나자 마일스가 말했다. "데이브, **당신**은 스윙을 해. 그런데 당신의 빌어먹을 **밴드**는 스윙을 못해."[14]

스윙할 수 있는 능력은 지금껏 보아왔듯 마일스가 가장 높이 평가한 음악적 가치 중 하나였다. 그런데 리듬이라는 개념 자체를 흔들어버리는 재즈 뮤지션을, 밴드를 만났을 때 그는 과연 어떤 기분이었을까?

1959년 8월, 오넷 콜먼과 돈 체리는 매사추세츠주 레녹스에 위치한 뮤직 인에서 매년 열리는 '스쿨 오브 재즈' 세션에 참석했다. 올해로 3회째 열리는 이 여름 학교는 첫발을 내딛는 젊은 뮤지션들에게 조언과 지원을 제공한다는 취지로 만들어졌으며, 존 루이스와 건서 슐러가 운영했다. 교수진에는 루이스의 모던 재즈 쿼텟 동료 멤버들을 비롯해 조지 러셀, 케니 도럼, 맥스 로치, J. J. 존슨, 밥 브룩마이어, 지미 주프리, 짐 홀, 빌 에번스가 이름을 올렸다. 뉴욕의 재즈 기자들, 그중에서도 특히 (단명한) 잡지 『재즈 리뷰』의 공동 창립자 냇 헨토프와 마틴 윌리엄스가 새로운 재능을 발굴하기 위해 현장을 찾았다.

프레디 허버드, 피아니스트 스티브 쿤, 비브라폰 주자 게리 맥팔런드 등 곧 스타로 떠오를 이들은 이미 등록이 결정됐지만 학교의 여러 관계자들의 눈에 콜먼과 체리는 전혀 다른 차원이었다. "실질적으로 [오넷은] 학생이라고 보기 어려웠어요. … 레녹스에서 사실 교수를 가르쳐도 될 실력이었거든요." 슐러가 회고했다. "그는 이미 완전히 갖춰진 채로 혜성같이 나타났어요."[15] 그리고 교수진은 두 부류로 갈라졌다. 일간지 『버크셔 이글』의 문화 칼럼니스트 밀튼 R. 배스에 따르면, 일부는 "[콜먼의 연주를] 작고한 찰리 '야드버드' 파커의 전유물이라 여겨진 음색을 낼 줄 아는 정통 재즈의 새로운 계승자로 평가했다. 반면 또 다른 교수진은 모든 기준을 무너뜨리는 그의 형식 없는 연주, 격렬하게 솟구치며 사운드를 지배하는 쓰디쓴 울림을 비난했다."[16]

콜먼과 잼 세션을 하다 지나치게 틀에 짜맞춘 방식의 연주라는 일침을 들은 지미 주프리는 "가장 거칠고, 가장 광란의 음악을 연주하게" 되었다고 슐러는 말했다. "지미가 바닥에 등을 대고 누워 테너 색소폰을 불던 모습이 기억난다. 초고음들을 뿜어대며 비명을 지르고 울부짖는 듯한 소리를 내고 있었다. 테너 색소폰으로 오넷 콜먼을 연출하고 있었다고 할까.”[17] 한편 밥 브룩마이어는 “젠장, 음정 좀 맞게 불어!” 하고 소리친 뒤, 오넷에게 쏠린 관심에 항의하며 교수진에서 사임했다.[18]

“학교의 학생들은 커다란 충격을 받았다.” 배스는 이렇게 썼다. “우상들로부터 권위 있는 선언과 가르침 같은 걸 들을 줄 알고 왔는데 여러 파벌로 나뉘어 시작도 중간도 끝도 없는 싸움을 벌이고 있었기 때문이다. 그 현장에 있다는 게 신도 났지만 어디서 벼락이 내리칠지 알 수 없었다.”[19]

콜먼과 체리의 레녹스 참석은 사실 존 루이스의 교묘한 작전이었다. 네수히 에르테군이 콜먼과 체리가 로스앤젤레스에서 체류하는 데 필요한 여비와 학비 일체를 지불했는데, 다 동부에서 그들의 인지도를 높이기 위해서였다. 작전은 성공했다. 오넷에 대해 중립적인 입장을 가진 사람은 아무도 없었다. 『뉴욕 타임스』와 『새터데이 리뷰』에 재즈 칼럼을 쓰는 유력 평론가 마틴 윌리엄스도 레녹스에서의 소동을 목격했다. 그는 오넷 연주를 듣고 난 뒤 콜먼과 그의 밴드에게 동부에서의 데뷔 무대, 즉 파이브 스폿 무대를 마련해주기 위해 친구 조 터미니와 이기 터미니에게 로비를 하기 시작했다. 터미니 형제는 콜먼 4중주단을 2주간 고용하기로 했고, 공연은 11월 17일 화요일에 막을 올렸다.

컬럼비아 레코드의 홍보 담당자 데버라 이슐런은 지난 1년간 『타임』 『뉴욕 타임스』 『에스콰이어』 등에 마일스의 특집 기사를 따냄으로써 이미 높아져 있던 그의 위상을 한층 더 끌어올렸

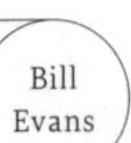

다. 1959년 여름 내내 벌인《Kind of Blue》를 위한 집중적인 홍보 캠페인에, 프로듀서 테오 마세로가 재즈 디제이들에게 퍼뜨린 입소문까지 가세하면서 재즈계는 앨범 발매일인 8월 17일을 들뜬 마음으로 기다렸다. "사우스사이드 철로 아래 조그만 레코드 가게 앞에 서 있던 게 기억나요." 당시 시카고 대학 학부생이었던 피아니스트 워런 번하트가 애슐리 칸에게 말했다. "음반을 실은 트럭이 어서 오기를 한 무리의 사람들이랑 같이 기다렸죠."[20]

그러나《Kind of Blue》발매는 세상을 뒤흔들지 않았다. 『빌보드』의 평은 신중했다. 마일스는 "쿨 재즈의 **내면적** 스타일이라 할 만한 한계 안에 머무르고 …" 있었다고 업계 전문지는 썼다.[21] 『메트로놈』은 10월호에서 "훌륭한 앙상블 연주"이며 "깔끔하고 단순한 편곡"이라는 찬사와 함께 "마일스는 매번 더욱더 스스로를 제약하고 있는 것처럼 보인다. … 매번 점점 더 축소되는 한계 안에서 연주할 뿐 모험은 전혀 없다"는 비슷한 불만을 덧붙였다.[22] 음악 칼럼니스트 잭 코프먼은 6중주단의 통합된 사고와 "극도로 미묘한 사운드"를 칭찬하면서, 묘하게도 "기술적 완성도만 가지고는 음반이 잘 팔릴 수 없다. 이 연주의 문제 중 하나는 도무지 스윙하지 않는다는 것이다"라는 의견을 덧붙였다.[23]

오늘날 관점에서는 1959년 당시에 이 음악이 얼마나 새롭고 낯설게 들렸을지 간과하기 쉽다. 재즈를 잘 아는 사람들에게조차 말이다. 마일스의 팬이자 친구인 가수 겸 피아니스트 셜리 혼은 버드랜드에서 우연히 스탠 게츠를 만났던 경험을 회고했다. 그곳에서 마일스 6중주단이 앨범 수록곡들을 연주하던 때였다. "[우리는] 포옹을 하고 거기 서서 연주를 들었어요. 내가 '어때요?' 하고 묻자 그가 '모르겠어요…' 하기에 '나도 모르겠어요' 했죠. 아름다우면서도 혼란스러웠거든요."[24]

『샌프란시스코 이그재미너』의 칼럼니스트 C. H. 가리규스만 홀로 유별난 의견을 냈다.

> 이것은 마일스의 훌륭한 음반 중 하나다. … 어쩌면 버드와 함께 한 시기 이후로 최고의 음반일 수도 있다. … 음반을 사서 한밤중에 조용히 틀어보라. … 십중팔구 이것은 결코 복제될 수 없는 재즈라는 데 동의할 것이다.[25]

그건 사실이었다. 하지만 그 이유를 아는 사람은 아무도 없었다. 《Kind of Blue》는 어두운 호수에 던져진 돌과 같았다. 그 힘이 만들어 낸 동심원의 파문이 부드럽고 조용하게 사방으로 퍼지고 있었다.

이 앨범이 지닌 실체 없는 힘을 구체적으로 입증하듯 음반은 계속해서 팔려나갔다. 발매되자마자 대히트를 친 《Porgy and Bess》와 달리 《Kind of Blue》의 인기는 천천히 그러나 가속도를 붙이며 상승했다. 애슐리 칸은 "컬럼비아의 자료를 바탕으로 한 비교 판매 조사에 따르면, 1962년 1월까지 데이비스의 《Kind of Blue》는 8만 7000장이 팔려 그의 음반 중 단연 최고 판매량을 기록했음을 알 수 있다. 《Porgy and Bess》만이 유일하게 그에 근접했다"고 썼다.[26] 음반 판매량은 이후 수십 년간 꾸준히, 점점 가파르게 상승했다.

6월, 도러시 킬갤런의 가십 칼럼에 묘한 내용이 실렸다. "모던 재즈를 대표하는 인물 중 한 명인 소니 롤린스가 이제 그의 음반사에 가장 큰 골칫거리 중 하나가 될 판이다." 칼럼에 따르면 MGM 레코드 산하의 메트로-재즈가 레너드 페더에게 롤린스의 새 앨범 준비와 프로듀싱을 맡겼다. 로스앤젤레스에 도착한 페더가 스튜디오를 잡고 사이드맨까지 고용해놨는데 정작 롤린스가 나타나지 않았다. 이유를 묻자 그는 "그냥 녹음 날짜에 가지 않기로 결정했을 뿐"이라는 대답을 내놓았다.[27]

이는 아마 1959년 여름 소니 롤린스가 겪었던 예술적, 정신적 위기의 첫 신호였을 것이다. 이 위기는 그의 유명한 안식년으로 이어졌다. 그는 2년간 녹음도 공연도 하지 않고, 매일 아침 로어 이스트사이드 아파트를 나서 윌리엄스버그 다리로 가 그곳에서 날씨가 맑든 궂든 온종일 하루도 빠짐없이 연습을 했다. 일각에서는 롤린스의 공백기가 존 콜트레인의 빠르게 진화하던 연주 스타일의 가장 최신 버전을 듣고 좌절한 나머지 무너져버린 결과라고 말했다. 윌리스 로니는 그게 사실이라고 단정했다. 오넷 콜먼의 등장에 충격을 받았을지 모른다는 주장도 있었다. 그러나 2019년 나와의 대화에서 롤린스는 그 원인이 외부라기보다 내면에 있었다고 말했다.

"오넷 연주를 들은 것은 맞아요.《Kind of Blue》에서 구현된 모달 음악도 들었고요. 하지만 나는 모달 연주를 배우려고 한 적이 없어요. 프리 재즈를 배워보려고 한 적도 없고요. 내가 원했던 건 나의 내면으로 들어가 그곳에 있는 걸 발전시키는 일이었어요. 어쩌면 당시 일어나던 모든 것들만큼 나도 인정받기를 바랐는지도 모르겠습니다. 하지만 그들을 흉내 내려던 건 아니었어요."

"사람들은 내게서 아주 많은 걸 기대했어요. 소니 롤린스, 소니 롤린스, 소니 롤린스, 이러면서요. 엘빈 존스하고 했던 공연이 특별히 기억에 남는데, 그때 내 연주가 사람들이 원한 게, 그들이 듣고 싶던 게 아니었어요. '좋아, 어쩐지 전달이 안 되는 것 같군. 그래도 내 이름값이 있는데 이렇게 사람들을 실망시키면 안 되지' 그런 생각이 들더라고요. 그럴 순 없잖아요. 내가 왜 거기 있었겠어요? 당시 최고 연주자들이 받는 그 쥐꼬리만 한 돈 좀 벌자고? 돈은 고려 사항이 아니었어요. 핵심은 사람들을 만족시키지 못하면 나는 사기꾼이라는 거예요. 정신을 차려 다시 나를 추스르고 연습을 더 해야 되겠다 싶었죠."

콜트레인은 경쟁자가 아니라 가까운 친구였다. (그해에 녹음한 앨범에서 콜트레인은 롤린스의 이름을 따 곡에 〈Like Sonny〉라는 제목을 붙이기도 했다.) 또한 그 무렵 콜트레인은 롤린스를 자주 찾아가 위로하고 지지를 보냈고, 일종의 정신적 조언자 역할까지 맡았다. "우리 집에 자주 들렀어요." 롤린스의 말이다. "음악 이야기도 나눴고 나에게 수피즘을 소개해주기도 했어요. 마침 요가에 취미를 붙이고 있던 때였거든요. 사실 다 똑같아요. 수피즘이나 요가나. 쓸데없는 구별이죠."28

놀랍게도 11월 초 《The Shape of Jazz to Come》이 발매되자 『빌보드』는 이 앨범의 판매 잠재력 항목에 별 세 개를 주었다. 같은 지면에 케이트 스미스, 조니 풀레오와 그의 하모니카 갱, 콜럼버스 소년 합창단 LP의 평도 실려 있었다. 《The Shape of Jazz to Come》의 짧은 비평은 이렇게 시작했다. "오넷 콜먼은 모던 재즈 신에 등장한 논란 많은 신예 아티스트 중 한 명이다."

어떤 이들은 그를 중요한 신진 혁신가이자 창작자로 여기는가 하면, 너무 파격적이라 진지하게 고려하기 어렵다는 이들도 있다. 도널드 체리가 코넷을, 찰리 해든[헤이든의 오기]이 베이스를, 빌리 히긴스가 드럼을 맡아 콜먼의 자작곡들을 함께 연주한다. 콜먼의 알토 색소폰은 작정하고 독창적이어서 대중적인 호소력은 없을 것이다. 하지만 아방가르드 재즈 애호가들의 관심을 끌 만큼 독특하기는 하다. 최고의 면side은 ⟨Peace⟩와 ⟨Lonely Woman⟩이다.[29]

우스워서 그렇기도 하고 이상해서 그렇기도 한데, 재미있는 건 각각 9분 5초와 5분 2초 분량인 오넷 콜먼의 두 곡을, 마치 페리 코모가 동시대에 발표한 ⟨Catch a Falling Star⟩나 코니 프랜시스의 ⟨Lipstick on Your Collar⟩ 혹은 심지어 ⟨So What⟩을 지칭하기나 하듯, "면"이라고 부른 점이다. "면"은 LP 이전 시대에 쓰던 용어로, 녹음된 노래가 고작 3분, 즉 78회전 음반 한 면에 담기는 길이였기 때문이다. 한 면은 곧 춤을 추거나, 따라 부르거나, 손가락을 튕겨 박자를 맞추거나, 낭만적으로 빠져들 수 있는 노래를 가리켰다.

⟨Peace⟩와 ⟨Lonely Woman⟩은 물론 《The Shape of Jazz》에 실린 나머지 네 곡 모두가 앞서 언급한 것들 어디에도 속하지 않았다. 아니, 전부 다 합쳐놓은 것일 수도 있었다. 중요한 것은 이 앨범이, 오넷 밴드의 실제 공연처럼, **귀 기울여 듣기**를 요구했다는 사실이다. 청자들의 반응은 열광에서 불신까지 매우 다양하고 폭발적이었다(지금도 여전히 그렇다). 60년도 더 지난 지금 들어도 여전히 도발하는 힘이 느껴진다. 최고 히트곡 ⟨Lonely Woman⟩은 소름이 돋는다. 고통의 절규이자 어두운 음향의 풍경에서 울부짖는 인간의 목소리이며(멍크의

〈'Round Midnight〉의 잔향은 우연일 리 없다), 위대한 아름다움을 지닌
동시에 오넷이 텍사스의 블루스 뮤지션이라는 그의 뿌리를 상기시
켜준다. 음악에서 알아볼 수 있는 리듬의 맥박과 따라 부를 수 있는
멜로디는 곡에 호감을 갖게 하는 강력한 요소들로 《Kind of Blue》와
《Giant Steps》, 그리고 당연히 《Time Out》에도 이 두 요소가 확실히 들
어 있다. 반면 《The Shape of Jazz to Come》에는 이런 요소가 상대적으
로 부족하기에 일부 청자에게는 이 앨범에 수록된 대다수의 곡이 감
각적인 즐거움보다 지적인 즐거움으로 다가온다.

하지만 지적 즐거움이라고 해서 하찮은 건 아니다! 그리고 지식
인들은 때로 고집스럽게 과거만을 바라보는 우리를 일깨울 힘을 지
니고 있다.

물론 1959년 오넷 콜먼의 음악은 도발 이상이었
다. 그것은 충격이었다. 춥고 비 내리는 11월 17일 화요일 밤, 파이브
스폿에서 콜먼 4중주단의 기자 시사회가 열렸다. 뉴욕에서 재즈로 글
좀 쓴다 하는 이들이라면 필히 참석해야 할 행사였다. 『다운비트』의
칼럼니스트 조지 호퍼가 시사회 직후 쓴 글이다.

들어왔다가 술 한 잔을 다 비우기도 전에 나가는 사람들, 그들의
사운드에 넋을 놓고 앉아 있는 사람들, 옆 사람과 끊임없이 조잘대
는 사람들, 바에서 술잔을 손에 든 채 언쟁을 벌이는 사람들이 있었
다. 어찌됐건 수년 내에 재즈계에서 열린 행사 중 가장 많은 VIP가
참석한 자리였다.[30]

논란으로 인해 파이브 스폿으로 발 디딜 틈도 없이 많은 손님들이 몰려들자 터미니 형제는 4중주단의 무대를 2주에서 두 달 반으로 연장했다. 별안간에 1957년 여름이 재현된 것 같았다. 이번에는 멍크 대신 오넷이 재즈의, 더 나아가 새 시대 미국 문화의 예언자로 떠올랐다. 유행에 밝은 사람과 유행을 좇는 사람들이 쿠퍼 스퀘어 5번지로 몰려가 그 안에서 들을 수 있다는 이상한 사운드에 젖어들 기회를 얻기 위해 기꺼이 줄을 섰다. 영국의 역사학자 에릭 홉스봄은 재즈에 관한 글을 쓸 때 사용한 필명인 프랜시스 뉴턴 이름으로 이렇게 썼다.

파이브 스폿의 청중은 젊은 백인 지식인 또는 보헤미안이 압도적이다. 여기 "스티븐슨을 뽑자Draft Stevenson" 배지§를 가슴에 단 (백인 또는 유색인) 재즈 팬들이 1.5달러짜리 맥주를 앞에 두고 멍하니 앉아 있다. 만약 콜먼이 할렘의 스몰스 패러다이스 클럽에서 연주했다면 그곳 사람들은 5분 안에 싹 다 나가버렸을 것이다. 콜먼 같은 부류의 뮤지션들은 자기 집단의 일반적인 청중과는 단절된 듯 보인다. 마치 베베른이 파일리 마을에 있는 [영국 중산층의 휴양 캠프] 버틀린을 찾는 일반 대중과 맞지 않았던 것처럼 말이다. 그들의 주요 지지층은 스스로 소외되기를 자청한, 즉 사회의 주류와 거리를 둔 미국의 내적 망명자들이다.[31]

그 밖의 내적 망명자들, 즉 화가와 시인과 뮤지션 들도 찾아와 경

---

§ 1960년 민주당 대선 후보로 아들라이 스티븐슨을 추대하려는 지지자들의 운동이 있었는데, 이 배지를 만들어 홍보물로 활용했다. 여기에서는 청중이 정치적으로 진보 성향이었다는 의미.

의를 표했다. 뜻밖의 일들이 있었다. 콜먼과 연주하며 순간순간 즉흥 연주의 달인이 된 찰리 헤이든은 어느 날 연주 도중 깜짝 놀라고 말았다. "어느 날 밤, 또 눈을 감은 채 연주하고 있었어요. 그런데 눈을 떠보니 누군가 무대에 올라와서 내 베이스의 F홀에 귀를 대고 있지 뭐예요. '콜먼, 이 사람 누구야? 얼른 무대에서 내려 보내.' 그러자 그가 이러더군요. '레너드 번스타인이잖아.'"[32]

오넷을 천재라고 단언했던 번스타인은 나중에 피아노 앞에 앉아 4중주단과 즉흥 연주도 했다.[33] 찰스 밍거스도 그랬는데, 그는 세상 전반에 대해, 특히 재즈 동료들에 대해 보였던 특유의 날카로운 태도를 오넷에게도 취했다. "모두가 콜먼처럼 연주해야 한다는 것은 아니다." 그는 『다운비트』에 이렇게 썼다. "하지만 이제 버드 흉내는 멈춰야 한다. … [콜먼의 음악은] 체계화된 혼란, 또는 틀린 음이지만 오히려 더 좋게 들리게 연주하는 것과 비슷하다. … 그리고 그것은 마치 드러머처럼 감정을 건드린다."[34] 조건부이긴 하나 가차 없이 솔직한 밍거스가 안 하고는 못 배긴 칭찬이었다. 밍거스도 천재였지만 그는 소통 능력까지 뛰어났다. 그의 혁명은 이미 정립된 음색과 리듬의 경계 안에서 이루어졌다. 그의 결정타는 음악적 소양이 전혀 없는 청자라도 금방 알아볼 수 있었다. 콜먼은 아예 다른 차원이었다.

이 주제에 관해 콜먼의 재즈 동료들은 의견이 갈렸는데 반드시 나이로 나뉘지는 않았다. 마흔여덟 살의 로이 엘드리지는 "온갖 방식으로 그의 연주를 들어봤다. 마약에 취해서도 들었고 맨 정신으로도 들었다. 심지어 함께 연주도 했다. 내가 보기에는 다 허풍이다"라고 했다.[35] 반면 쉰한 살의 라이어널 햄프턴은 항상 뭔가 새로운 것을 찾아다니는 사람이라는 디지 길레스피의 표현답게 콜먼에 매료되었다.[36] 디지는 아니었다. "처음에는 오넷 콜먼이 마음에 안 들었다. 내 연주를 처음 들었을 때 나를 함부로 대하던 나이 든 사람들과 똑같이 굴고 말았다." 디지도 결국 마음이 바뀌었다.[37]

맥스 로치는 처음에는 특히 더 콜먼을 좋아하지 않았다. 오넷이 훗날 음반 프로듀서 존 스나이더에게 한 말에 따르면, 로치가 "왜들 다 소란인지" 들어보려고 파이브 스폿에 와서는 세트가 끝나자 콜먼에게 다가와 그의 얼굴에 주먹을 날렸다. 그게 끝이 아니었다. 로치는 이튿날 새벽 4시에 콜먼이 살던 동네에 나타나서 "너 거기 있는 거 다 알아, 이 새끼야! 어서 내려와, 흠씬 패줄 테니까!"라고 길길이 소리를 질렀다.[38]

하지만 실력 있는 동료 색소폰 주자들은 대부분 처음부터 강한 흥미를 느꼈다. "컨템퍼러리 음반《Something Else!!!!》로 오넷 연주를 처음 들었는데 좋았어요." 소니 롤린스가 내게 말했다. "'아, 이건 다르구나' 그러지는 않았어요. 사실 다르게 들리지 않았거든요. 어떤 면에서 그냥 찰리 파커 연주처럼 들렸어요. 내게는 다르다기보다 같은 쪽에 더 가까웠어요."[39]

1년쯤 뒤 한 인터뷰에서 콜먼을 어떻게 생각하는지 묻는 질문에 콜트레인은 "사랑하죠"라고 말하며 웃음을 터뜨렸다. "맞아요, 정말 좋아해요. 나는 그가 앞장서 간 길을 따르고 있어요. 무엇을 할 수 있는지 내 눈을 뜨게 해준 사람이에요. … 그에게 감사해요. 왜냐하면 그가 등장했을 무렵에 나는 이미 한참 활동을 해왔던 터라 다음은 뭐가 기다리고 있는지 몰랐거든요. 코드 체계를 버려야 하나 하는 생각이나 했을지 어떨지 잘 모르겠어요. 어쩌면 아예 생각 자체를 안 했을 수도 있고요. 그런데 그가 나타나서 해버린 거예요. 그걸 듣고 '음,

그러니까 이게 답이로군' 하는 생각이 들었어요."[40]

코드 체계를 버릴 생각은 전혀 없었으나, 귀를 기울이고 있던 빌 에번스도 곧 뛰어들었다. 폴 모션과 베이스 주자 스콧 라파로와 팀을 이뤄 1년간 투어와 녹음을 해오던 에번스는 1960년 말 존 루이스와 네수히 에르테군이 프로듀싱하고 건서 슐러가 편곡한 애틀랜틱의 앨범 《Jazz Abstractions》의 연주자로 참여했다. 슐러가 작곡한 〈Variants on a Theme of Thelonious Monk (Criss-Cross)〉에서 에번스는 오넷을 포함한 비브라폰, 바이올린, 비올라, 첼로 등 아홉 명의 다른 연주자들과 함께 드문드문 배치된 달콤한 불협화음 코드로 완벽한 반주를 해냈다. 그 코드는 〈So What〉에서 연주했던 2도 코드와 매우 닮아 있었다.

그리고 마일스가 있었다.

《Kind of Blue》와 《The Shape of Jazz to Come》은 석 달이 채 못 되는 간격을 두고 발매되었다. 재즈 문화에서 데이비스는 늘 관심의 중심이었고, 더 넓게는 미국 문화에서 재즈의 검은 화신으로 일컬어졌다. 그는 얼마 전인 8월에 버드랜드 앞에서 "꺼져"라는 요구를 거부했다가 뉴욕 경찰에게 피투성이가 되게 구타당한 사건으로 언론의 큰 주목을 받기도 했다. 그런데 오넷의 앨범이 일으킨 소동과 파이브 스폿에서의 상주 공연을 놓고 벌어진 소란 사이에서 마일스는 졸지에 대중의 눈 밖으로 살짝 밀려나게 되었다. 그는 그 상황이 마음에 안 들었다. "제기랄, 그가 쓰는 곡이며 연주를 좀 들어봐요" 당시 콜먼에 대해 그는 이렇게 말했다. "심리적으로 말해서 내면이 완전히 망가진 인간이에요."[41] 다른 자료에 따르면 그보다 더 신랄한 말도 했다.

수십 년 후 퀸시 트루프와 이야기를 나누면서도 마일스는 이 왕

좌의 도전자에 대해 독설을 퍼부으면서도 자기모순적인 태도를 보였다. 마일스 스스로도 인정했듯, 콜먼은 "뉴욕에 [나타나서] 재즈 세계를 완전 뒤집어놓았다. 그냥 완전 조져버린 거다." 예전에 그는 버드에 대해서도 비슷한 말을 했었다. 그러나 파커는 젊은 마일스가 간절히 올라타기를 원했던 마차였다. 이제 마일스는 서른을 훌쩍 넘긴 나이였고, 중대한 흐름이 그를 빼놓은 채 굴러가고 있었다. 더 고약한 것은 "나를 보러 오던 많은 '스타'들, 그러니까 도러시 킬갤런이며 레너드 번스타인(듣자니까 번스타인은 어느 날 밤에 벌떡 일어나서 '이거야말로 재즈 역사상 가장 위대한 일입니다!'라고 외쳤다고 한다) 같은 사람들이 이제 오넷에게 달려가고 있었다."[42]

마일스가 보기에 콜먼의 음악은 시시한 엉터리였다. "인간 오넷과 돈 [체리]는 좋아했다." 그의 말이다.

> 오넷이 돈 체리보다 더 많이 연주한다는 생각이 들었다. 하지만 혁명적이라거나 그런 건 그들 연주에서 그다지 보이지도 들리지도 않았다. 그래서 그대로 말했다. 콜트레인은 나보다 자주 가서 지켜보고 듣고 했는데, 나처럼 대놓고 말하지는 않았다. 오넷을 깎아내린다고 젊은 연주자들과 평론가들이 비난을 해댔다. "시류에 뒤떨어졌다"느니 어쩌느니 하며 나불거렸다. 하지만 그들 연주가 마음에 들지 않았다. 돈 체리가 그 조그만 트럼펫을 갖고 하는 건 더 그랬다. 내가 보기엔 그냥 음을 잔뜩 쏟아내면서 심각한 체만 하고 있는데 사람들은 좋아했다. 뭔지 이해 못하겠어도 충분히 과장된 홍보만 있다면 사람들은 뭐든 따라가기 마련이다. 힙한 사람이 되고 싶어서, 힙하지 않은 사람으로 보이지 않기 위해 항상 새로운 것에

속하길 원한다. 백인들이 특히 그렇다. 흑인이 자기들이 이해하지 못하는 뭔가를 하고 있다면 더더욱.[43]

근거가 전혀 없는 말은 아니다. 하지만 콜먼이 들고 나온 것을 좋아했던, 심지어 사랑했던 이들은 그저 따라쟁이 백인이나 유행을 좇는 사람들만은 아니었다. 단지 파이브 스폿에 와서 어쩐지 슬럼가 탐방을 하는 것 같은 느낌, 아니면 기껏해야 인류학적 조사 같은 태도를 풍기던 그 고상한 레너드 번스타인만 콜먼의 음악을 좋아한 건 아니었다는 말이다. 소니와 콜트레인과 햄프턴과 존 루이스도 있었다. 밥 브룩마이어조차 생각을 바꿔 동참했다.[44]

그리고 번스타인, 밍거스, 엘드리지, 햄프턴, 퍼시 히스처럼 마일스도 콜먼의 4중주단과 즉흥 연주를 했다. 마일스의 경우 "괜찮은 친구" 돈 체리의 청이 있었다. 별다를 바 없는 경험이었다고 그는 말했다. "누구하고든, 어떤 스타일로든" 연주할 수 있기 때문에 "그냥 무대에 올라 그들이 연주하는 걸 연주했을 뿐이다."[45]

뮤지션 오넷을 무시하고(마일스는 콜먼이 "당시 한 가지 방식으로밖에 연주하지 못했다"고 비난했다), 시기심에 찬 장광설을 늘어놓고서도 데이비스는 뻔뻔하게 콜먼을 "질투가 많은 사람"이라고 했다. "그는 다른 뮤지션들의 성공을 배 아파했다. 대체 왜 그러는지 모르겠다."[46] 다만 마일스가 전혀 틀리지만은 않았다는, 오넷도 마일스만큼이나 결국은 인간이었다는 증거가 있긴 하다. 수십 년 뒤 어느 기자에게 콜먼은 데이비스가 '무대에 올라 연주에 끼어든 이야기'에 대한, 이전과 다른 날카로운 해석을 내놓았다. "이름을 말하지는 않을 건데, 어느 트럼펫 주자가 내게 와서는 '자네가 하는 걸 나는 잘 모르지만 내가 자네와 연주하는 모습을 사람들에게 보여주고 싶네. 블루스를 좀 연주하지 그래. 그러면 나도 올라가 함께 할 테니' 이러더군요. 그래서 '좋아요' 하고 그가 찰리 파커랑 연주했던 몇 곡을 같이 연주했어요. 그래놓고 사람들이 내 음악을 어떻게 생각하는지 묻자 '아, 그 친구는 완전 엉망이에요. ⋯ 들어보면 바로 알지'라고 대답한 거예요. 그건 사실이 아니었어요."[47]

"1940년대의 비밥 혁명은 성공한 쿠데타였다." 재즈 평론가이자 수필가 프랜시스 데이비스가 1985년에 쓴 글이다. "오넷 콜먼이 시작한 혁명은 결코 완전히 성공하지도 실패하지도 않을 것이다. 콜먼의 혁명은 영구적인 것임이 입증되었다. 그것이 빚은 여러 충돌들은 모더니즘의 모든 이중성과 모순을 품은, 본격적인 현대 예술로서의 재즈의 출현을 예고했다."[48]

모더니즘의 한정된 청중도 빼놓을 수 없다.

2011년, 트럼펫 주자이자 도발적인 재즈 평론가 니컬러스 페이턴은 좋은 의미로든 그 반대든 어쨌든 유명한 에세이 「왜 재즈가 더 이상 쿨하지 않은지에 대하여」를 발표했다.[49] 이 글은 문단 형식이 아니라 비트겐슈타인식의 일련의 신랄한 명제 형식으로 구성되어 있는데 음악에 대한, 논쟁의 여지는 있지만 사실상 반박하기 어려운 주장들을 내놓고 있다. 첫 번째 문장부터 확 주목을 끈다.

재즈는 1959년에 죽었다.

이어서,

재즈는 미국의 대중음악에서 스스로를 분리시켰다.

큰 실수였다.

음악은 결코 회복되지 못했다.

오넷은 재즈를 재즈로부터 구원하기 위해 다시 뉴올리언스의 뿌리로 돌려놓으려 했지만,

그의 노력은 지나치게 난해했다.

재즈는 1959년에 죽었고, 그것이 바로 오넷이 1960년 "재즈를 해방Free Jazz"시키고자 한 이유였다…[50]

존 콜트레인은 끝내주는 연주자였지만, 재즈는 1959년 이후 더 이상 쿨하지 않게 되었다.

재즈가 이러해야 한다는 생각을 고수하는 사람이 아주 많다는 사실 자체가

재즈를 더 이상 쿨하지 않게 만든다…

재즈는, 부처처럼, 죽었다.

떠나보내라, 사람들이여, 떠나보내라…

죽은 자의 애무는 그만 멈추고, 산 자를 끌어안아라.

재즈는 쿨하기에는 자기 걱정이 너무 많다.

재즈는 1959년에 죽었다.

최고의 재즈 음반은 마일스 데이비스의 카인드 오브 블루다.

1959년은 재즈 역사상 가장 쿨한 해였다.

재즈는 그 자신의 굶주린 귀신에 사로잡혀 있다.

그냥 죽게 두어라.

Miles
Davis

John
Coltrane

Bill
Evans

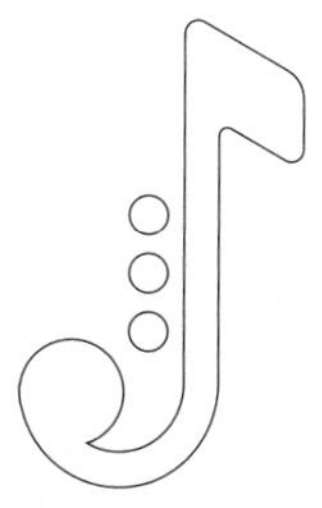

16

그 후

Miles Davis, John Coltrane, Bill Evans

재즈가 정말 1959년에 죽었다면, 그것은 굉장히 생기 넘치는 시체였다. 1960년대가 시작할 때 미국 전역에는 날로 활황인 재즈 클럽, 공연, 페스티벌이 넘쳐났다. 크고 작은 음반사들이 재즈 앨범들을 계속 출시하고 계속 팔았다. 재즈 기자들과 음반 평론가들의 칼럼이 전국의 여러 신문에서 적지 않은 지면을 차지했다. 재즈는 여전히 멋짐의 본질이었고 배경 음악이었다. 어딘가에서 불길한 연기를 내뿜는 활화산이 도사렸지만 아무도 신경 쓰지 않았다. 1960년 2월 일간지 『산 마테오 타임스』는 마일스 데이비스 5중주단이 새너제이 시빅 오디토리엄과 샌프란시스코 시빅 오디토리엄(둘 다 작은 공연장이 아니었다)에서 공연을 앞두고 있다고 보도하면서, 서른세 살의 트럼펫 주자를 그저 단순한 재즈 뮤지션이 아닌 미국을 상징하는 인물이라며 격찬했다.

그는 재즈 팬이 아닌 대중에게도 엄청난 매력을 지닌 인물이다. 또한 루이 암스트롱과 듀크 엘링턴처럼 음악의 질을 낮추거나 기준을 타협하지 않고도 대중적인 인기를 얻은, 극히 드문 재즈 혁신가들과 어깨를 나란히 한다. …
그와 함께 무대에 오를 이들은 마일스 데이비스 5중주단을 모던 재즈의 혁신적인 존재로 자리매김하게 한 역사적인 앨범들을 함께 만든 올스타 멤버들이다. 테너 색소폰 존 콜트레인, 피아노 윈턴 켈리, 베이스 폴 체임버스, 드럼 제임스 코브.[1]

두 명의 이름이 빠져 있다. 빌 에번스는 1959년 4월《Kind of Blue》의 두 번째 세션을 마친 뒤 10개월 전 마일스와 갈라섰다. 그는 자신만의 3중주단을 만들고 싶었다. 그가 원한 것은 베이스와 드럼이 단순히 박자만 맞추는 역할을 너머 피아노와 동등한 창작의 자율권을 갖는 새로운 구성의 3중주단이었다. 우호적인 결별이었지만, 훗날 데이비스는 본인에게 가장 상처를 주었던 실패한 관계들에 앙금이 남아 있는 듯 냉담한 시선으로 당시를 돌아보았다. 에번스는 "그런대로 훌륭한 피아노 주자였지만 그 후로는 나와 연주했던 때만큼 좋은 연주가 안 나왔던 것 같다"고 퀸시 트루프에게 말했다.[2]

　캐넌볼, 다정하고 빛나는 그 캐넌볼은 9월 마일스에게 씁쓸함을 넘어 상실감을 안겨주고 떠났다. "그는 다시는 돌아오지 않았다." 늘 외로움을 안고 살아온 데이비스는 그의 트럼펫 연주 속 한 악절처럼 간결하고 애절하게 썼다.[3] 애덜리는 다시 한번 동생 냇과 밴드를 결성했는데 이번에는 불이 붙었다. 그들이 10월에 만든 리버사이드 앨범《The Cannonball Adderley Quintet in San Francisco》는 획기적이었다. 시끄러운 클럽(재즈 워크숍)에서 공연 실황을 녹음한 앨범이 예술적으로도 상업적으로도 성공할 수 있음을 입증했다. 연주에 앞서 청중에게 작품을 소개하는 캐넌볼의 방식은 전염성 강한 새로운 스타일을 만들어냈다. 프로듀서 오린 킵뉴스가 이 소개말을 음반에 남기는 현명한 선택을 했다. "불을 좀 꺼주세요, 분-위-기 좀 살리죠."

진한 플로리다 억양으로 애덜리가 말했다.

이제 우리의 피아노 주자 보비 티먼스의 곡을 연주할 건데요. 재즈 왈츠지만 온갖 **특징**이 있답니다. 외치는 것 같기도 하고, 단순하고 반복적인 성가 같기도 하죠. 교회 음악의 뿌리나 그런 온갖 것들을 좀 아시면 더 좋고요. 제가 말하는 건 **소울** 교회 음악이에요. 바흐의 코랄이 아니라. 완전히 **다른** 거거든요. 무슨 말인지 아시죠? 이건 **소울**이에요.

그럼 보비 티먼스의 곡을 연주하겠습니다. 원래 제목은 〈This Here〉인데 소울 느낌 제대로 내려고 일부러 바꿔봤습니다. "Dish Heah."**4**

곡의 구성이나 공연의 방식이나 마일스와 연주할 때와는 완전 딴판이었다. 최근에 아트 블레이키를 떠나 캐넌볼에 합류한 티먼스는 즐거움이 넘치는 연주자였다. 이미 보았듯 그의 음악적 뿌리는 가스펠에 있었다. 그리고 애덜리는 타고난 밴드 리더이자 위대한 뮤지션이었다. 그의 밝은 에너지와 매력이 넘치는 외향적인 성격은 비극적으로 짧았던 경력 내내 그에게 큰 자산이 되었다. 그는 1975년 마흔넷의 나이에 뇌출혈로 삶을 마감했다.

애덜리의 무대 매너는 환심을 사려는 행동과는 거리가 멀었다. 무대 위에서 그는 친근하면서도 위엄을 갖춘, 말하자면 목사와 교사 두 가지 면모를 다 지닌 사람이었다. 그의 음악은 쿨하기보다 꾸밈없고 따뜻하고 소울이 넘쳤다. 이런 특징 덕분에 젊은이들이 어깨를 들썩이게 만드는 음악을 찾게 될 격변의 시기에도 그는 상업적 성공과 예술적 성공을 이어갈 수 있었다. 영혼을 흔드는 티먼스의 곡은 재즈의 고전으로 자리 잡았고, 캐넌볼 하면 떠오르는 패기 넘치는 몇 곡 역시 마찬가지다. 그중에서도 특히 당시 애덜리의 피아노 주자 조 자비눌이 작곡한 1967년작 〈Mercy, Mercy, Mercy〉가 대표적이다. 이 곡은 엄청난 히트 싱글이 되었는데, 마일스는 나름의 이유로(의심의 여지 없이 격렬한 시기심도 그중 하나) 이 곡을 고집스럽게 'Country Joe'라고 불렀다.

1959년 9월 애덜리가 탈퇴하면서 마일스는 콜트레인의 연주를 보완해주는 색소폰 목소리를 잃게 되었고, 이 일은 마일스에게 깊은 상처를 남겼다. 5중주단은 이제 "모달 음악에 들어가기 전 스타일"로 돌아가야 했다.[5] 그것은 퇴보였고, 예술적 후퇴였으며, 가장 자존심 세고 가장 앞을 내다보았던 위대한 예술가에게는 패배나 다름없었다. "캐넌볼의 알토 색소폰 목소리가 빠지고 나니 내가 이 작은 밴드에게서 원하던 소리에 대한 아이디어마저 고갈되고 말았다. 벽에 부딪친 느낌이었다. 그저 휴식이 필요하다는 생각이 들었다." 데이비스는 이렇게 썼다.[6]

마일스가 말한 휴식은 길 에번스와 또 하나의 앨범을 만드는 것이었다. 호아킨 로드리고의 1939년 클래식 기타 작품 〈아랑후에즈 기타 협주곡〉에서 영감을 받아 탄생한 《Sketches of Spain》은 데이비스와 에번스가 함께 창작한 세 번째이자 마지막 서드 스트림 작품이었다. 다만 《Birth of the Cool》이나 《Porgy and Bess》와 달리 재즈보다는 유럽 클래식 전통에 더 깊이 닿아 있었다. 조용하고 짙은 감정을 담고 있으며 때로 황량할 만큼 아름다운 이 앨범은 마일스에게 의미 있는 음악적 여정이었다. 반응은 뜨거웠지만 평가는 극명하게 엇갈렸다.『다운비트』의 평론가는 길게 극찬했다. "이 음반은 이 세기가 지금껏 산출한 가장 중대한 음악적 성과 중 하나다"라고 빌 매튜는 썼다.[7] 런던에서는 장차 미국에서 엄청난 인기를 누리게 될 열네 살 영국 소녀 메리앤 페이스풀이 팝 음반보다《Sketches》가 더 좋다고 말했다. 반면 뉴욕에서는 미래에 음악 평론가가 될 열여덟 살 로버트 크리스트고가 이 앨범에 크게 실망해 훗날 이런 글을 남겼다. "1960년에 이 앨범은 데이비스를 일약『플레이보이』를 읽는 부류의 남자들이 호감 가질 만한 사람으로 만들어버렸고, 나에게는 재즈에 대한 환멸의 한 시기를 열어주어 결국 나를 로큰롤로 돌아가게 했다."[8]

무엇보다도 마일스의 앨범《Sketches of Spain》은 골드 인증[§]을 받았다. 재즈는 확장하고 있었을까, 아니면 스스로를 재정의하다가 존재 자체를 잃어버리게 된 것일까?

마일스가 잃은 건 에번스와 애덜리만이 아니었다. 콜트레인이 독립을 원한다는 사실을 안 지도 꽤 됐지만 마일스는 독재자답게 그 전환이 콜트레인이 아닌 자신의 방식대로 이루어져야 한다고 강요했다. 강요한다고 해서 뜻대로 되는 건 아니었다.《Kind of Blue》를 마치고 얼마 지나지 않아, 콜트레인이 서부 해안의 재즈 기자 러스 윌슨("백인 녀석")과 인터뷰하면서 본인의 밴드 계획을 꺼냈고, 이를 들은 마일스는 노발대발했다. 그를 더 화나게 한 건 마일스가 콜트레인을 대신할 연주자로 지미 히스를 염두에 두고 있다는 것까지 폭로해버렸다는 사실이었다.[9]

콜트레인은 1959년의 나머지 기간과 1960년의 상반기를 앞으로

---

§ 음반 판매량이 50만 장을 달성하면 주는 인증.

무엇을 해야 할지 고민하며 보냈다. 마일스와 일하며 벌이가 쏠쏠했다(주급 350달러를 받았는데, 오늘날 가치로 환산하면 대략 열 배 정도의 금액과 맞먹는다). 또한 남편으로서, 양아버지로서, 주택 소유주로서 져야 할 책임이 있었다. 그러나 파이브 스폿의 조 터미니가 끈질기게 그를 설득했다. 조는 형 이기와 함께 세인트 마크스 플레이스에 재즈 갤러리라는 새 클럽을 막 시작한 참이었다. "모두들 존에 관해 이야기하고 있었어요." 훗날 루이스 포터에게 조 터미니가 말했다. "그래서 내가 말해줬어요. '존, 너의 그룹을 만들어. 정말 때가 됐어.'"[10]

터미니는 콜트레인에게 파이브 스폿과 재즈 갤러리 두 곳을 합쳐 매년 최소 10주간의 공연을 보장해주고, 마일스와 동일한 보수를 지급하겠다고 약속했다. 그해 봄 데이비스와 함께 한 유럽 투어 중간에 콜트레인은 데이비스에게 탈퇴 의사를 전했다(훗날 마일스는 자기가 허락했다고 말했다). 1960년 5월 3일 화요일 재즈 갤러리에서 그의 새로운 밴드가 첫 무대에 올랐다. 스티브 쿤이 피아노를, 콜트레인의 옛 필라델피아 친구 스티브 데이비스가 베이스를, 피트 라 로카가 드럼을 맡았다. 훌륭한 리듬 섹션이었고 콜트레인의 이름값만으로도 관객을 끌어모으기에 충분했지만, 이 밴드는 그가 진정으로 원한 밴드가 아니었다.

콜트레인이 진짜로 원한 연주자들은 모두 다른 일정이 있었다. 스물한 살이 채 안 됐으나 1957년 이래 콜트레인의 절친이자 음악적 동지였던 매코이 타이너는 아트 파머와 베니 골슨이 함께 이끄는 재즈텟이라는 그룹과 투어 중이었다. (11월에 오넷 콜먼이 파이브 스폿에서 첫 공연을 했던 날 재즈텟도 같은 무대에서 연주했다). 베이스 주자 아트 데이비스는 디지 길레스피와 여행 중이었다. 위대한 엘빈 존스는 최근 헤로인 소지 혐의로 체포되어 리커스섬에 수감되어 있었다.

처음에는 누구랑 연주하건 별 문제가 될 것 같지 않았다. 멍크와 콜트레인이 함께 했던 파이브 스폿이 그랬듯, 재즈 갤러리는 곧바로 재즈 신의 중심이 되었다. 콜트레인의 임시 사이드맨들조차 그에게 감탄했다. "그는 내게 그때나 지금이나 신이다." 쿤의 말이다.

그는 나보다 겨우 열 살 많았지만, 백 년은 더 산 사람이라 해도 이상할 것이 없었다. 음악적으로 완벽하게 성숙한 사람이었고, 무대에 그와 나란히 서는 것만으로도 진짜 배움의 시간이었다. 전류가 흐르는 느낌이라고 할까. 객석에서 사람들이 열광하는 모습은 … 거의 부흥회 같았다. … 그가 매일 밤 무대 위에서 쏟아낸 에너지는 정말 믿기 힘들 만큼 엄청났다.[11]

4중주단의 레퍼토리에 포함된 곡들을 꼽아보면 콜트레인 자작곡인 〈Giant Steps〉〈Countdown〉(일명 〈Tune Up〉) 〈Naima〉〈Straight Street〉〈Spiral〉〈Cousin Mary〉〈Like Sonny〉, 빌리 엑스타인의 발라드 〈I Want to Talk About You〉, 거슈윈 형제의 〈Summertime〉, 재즈의 고전을 콜트레인이 〈Giant Steps〉의 코드로 화성을 재구성한 두 곡 〈How High the Moon〉과 찰리 파커의 〈Confirmation〉 등이었다. 콜트레인도 캐넌볼만큼이나 상당히 정열적으로 연주할 수 있었지만 에너지가 달랐다. 콜트레인 음악의 황홀감은 육체적이기보다 영적이었다. 또한 눈을 감은 채 웃음기 없이 그 어느 때보다 진지했다. 초창기에 그는 술집의 바 위를 걸으며 연주하고 있어도 연주할 때만큼은 본연의 자신일 수밖에 없다는 사실을 일찍이 깨달았다. "내가 연예 산업에 몸담고 있다는 걸 잘 알고 있습니다. 그래서 나는 청중을 편안하게 해주는 그런 사람이 되고 싶어요." 한 영국의 저널리스트에게 그가 말했다.

웃음기 없이 음악을 연주하면 사람들은 내가 행복하지 않은 줄 알아요. 나는 내게 없는 걸 바라는 사람은 아니지만, 조금 밝은 성격이면 좋겠다는 생각은 자주 합니다. 디지는 바로 그 아름다운 재능을 갖고 있죠. 나는 "다들 행복하세요"라는 말도 할 성격이 못 되거든요. 다만 자기 본성에 충실해야 하는 거겠죠. 한말씀 드리자면, 내가 누군가의 연주를 들으러 갔는데 연주자가 무대에서 예의 있게 행동하고 내 마음을 움직이는 음악을 들려주면 나는 그걸로 만족합니다. 그가 혹시 웃는다면 내가 이미 받은 선물에 덤이라고 여깁니다. 안 웃어도 걱정하지 않습니다. 그게 음악에 반드시 필요한 게 아니라는 걸 아니까요.[12]

"그렇게 음악에만 백 퍼센트 전념하는 사람은 본 적이 없다." 쿤의 회고다.[13]

첫 공연의 막이 오르고 한 달 후, 매코이 타이너의 재즈텟 활동이 끝나자 콜트레인은 필라델피아의 옛 친구를 낚아챘다. 스티브 쿤에게는 이미 더 이상 함께 하지 못할 것 같다고 한없이 따뜻하게 말해두었다. 타이너는 새롭고 혁명적인 음악적 요소를 가지고 밴드에 합류했다.[14] 바로 양손—빌 에번스처럼 그도 왼손잡이였다—을 유려하게 구사하며 4도 코드를 타악기처럼 활용하는 연주였다. (본인의 강점을 이야기하는 데 쑥스러움이 없는) 매코이는 이를 "메트로놈 같은 리듬의 정확성"이라고 불렀다.

"3도 코드에는 일종의 소박한 친근함이 있는 데 반해 4도 코드는 추상적이다. 3도 코드를 바탕으로 한 귀에 익은 팝송 느낌을 피하기 때문인지 4도 코드는 콜트레인 음악에 영적 깊이를 더해주는 것 같다." 루이스 포터의 말이다.[15]

9월 말 또 하나의 퍼즐 조각이 완성되었다. 엘빈 존스가 합류할 수 있다고 연락을 해온 것이었다. "엘빈이 밴드에 들어온 첫날 밤, 연주가 진짜 강렬하고 소리도 커서 클럽 밖 길 건너까지 들릴 정도였다." 스티브 데이비스가 회고했다. "콜트레인이 원한 바로 그것이었다. 그는 제대로 강하게 몰아붙이는 연주를 할 수 있는 드러머를 원하고 있었고, 엘빈이야말로 세상에서 가장 강하고 가장 거칠게 연주하는 드러머 중 한 명이었다. 공연이 끝난 뒤 콜트레인은 엘빈의 어깨에 팔을 두르고 길모퉁이에 있는 고깃집에 데려가 갈비를 사주었다."[16]

엘빈 존스는 마일스가 콜트레인을 기용했을 때와 비슷하게 "별로 알려지지 않았고 과소평가되어 있었다"고 콜트레인은 말했다. 그러나 곧 달라지게 된다.[17] 라인배커§ 같은 다부진 체격에 흑단처럼 짙은 피부와 강인한 이목구비를 가진 그는 위대한 드러머이자 막강한 존재감으로 전설처럼 회자되는 인물이었다. 하지만 존스가 가져온 것은 단지 육체적 힘뿐만이 아니라 "리듬을 뒤섞고 흔드는 능력"도 포함되어 있었다고 콜트레인은 말했다. "그는 항상 주변에서 일어나고 있는 모든 일을 알고 있어요. 동시에 세 곳에 존재하는 능력을 지녔

---

§ 미식축구에서 상대의 공격을 저지하는 수비수.

다고 해도 좋을 것 같아요."[18]

그러나 중독 때문에 존스는 정해진 시간에 정해진 장소에 와 있지 못할 때도 있었다. 이럴 때마다 콜트레인은 공연을 코앞에 두고 엘빈과는 한참 동떨어진 기량의 대체 연주자를 구해야 했다. 짜증스러웠지만 그는 늘 드러머를 용서했다. 1961년 디트로이트의 한 클럽에서도 비슷한 상황이 발생했다. 대체 연주자를 구해 첫 두 세트를 연주하던 중 밤늦게 존스가 갑자기 나타나서 드럼 앞에 앉더니 장내를 열광의 도가니로 몰아넣었다. 나중에 콜트레인이 마이크 앞에 가서 말했다. "보셨죠? 저 친구는 천재예요. 무슨 말이 더 필요하겠어요. 그냥 천재라는 말밖에."[19]

세 명의 천재 콜트레인과 타이너와 존스에 스티브 데이비스가 뭉친 4중주단은 1960년 10월 말 전무후무한 녹음 행진에 들어갔다. 세 차례 세션 동안 열아홉 곡의 비범한 트랙을 녹음했다. 그중 열여덟 곡은 애틀랜틱 레이블의 기념비적인 앨범 두 장 《My Favorite Things》와 《Coltrane's Sound》에 나눠 넣었고, 나머지 한 곡은 통통 튀듯 발랄한 앨범 《Coltrane Plays the Blues》에 수록했다.

콜트레인은 일찍이, 1958년 무렵부터 소프라노 색소폰을 갖고 실험을 해왔던 것으로 보인다.[20] 소프라노 색소폰은 20세기 초 뉴올리언스의 위대한 연주자 시드니 베세가 재즈에서 처음 본격적으로 도입했으나 이후 점차 인기를 잃었다. 1960년 봄 유럽에서 마일스와 마지막 투어를 하던 중에 데이비스가 그에게 골동품 소프라노 색소폰을 선물했다. 내색은 안 했으나 고별 선물이었을 것이다. 콜트레인은 금세 이 악기에 매혹되었다. "그의 테너 색소폰 연주에도 영향을 미쳤다"는 것이 마일스의 주장이다.

그 소프라노 색소폰을 받기 전까지 그는 아직도 덱스터 고든, 에디 "록조" 데이비스, 소니 스팃, 버드처럼 연주하고 있었다. 그러다 그 악기를 받고 나서 스타일이 바뀌었다. 오직 그 자신 외에 다른 누구처럼도 들리지 않게 되었다. 소프라노를 쓰면 테너 색소폰보다 더 경쾌하고 빠르게 연주할 수 있다는 것을 그는 깨달았다. 이 발견에 그는 몹시 흥분했다. … 테너 색소폰보다 소프라노를 쓰면 … 더 잘 생각하고 더 잘 들을 수 있다는 사실을 깨달은 것이다. 얼마 후 그가 소프라노 색소폰을 연주하면 거의 사람의 목소리처럼, 사람이 울부짖는 것처럼 들렸다.[21]

콜트레인의 친할아버지와 외할아버지는 둘 다 아프리카 감리교 시온 교회의 안수받은 목사였다. 콜트레인은 영적 탐구의 한복판에 있었던 셈이다. 그는 세상의 종교들, 특히 아프리카와 인도의 종교를 통해 무언가를 찾고자 했다. 음악학자 마이클 버즈가 "모든 신앙을 하나로 아우르는 보편적인 개념"이라 부른 그것을 어떻게든 자신의 음악 안에서 통합하려 했다.[22] 이 새 색소폰으로 그는 하나의 목소리를, 어쩌면 하나의 길을 발견한 것이었다.

콜트레인은 재즈 갤러리 무대를 시작으로 줄곧 공개적으로 소프라노 색소폰을 공연에 사용했다. 그해 여름에도 이 악기로 로저스와 해머스타인의 〈My Favorite Things〉를 연주한 적이 있었다. 다만 녹음으로 남긴 적은 없었는데, 1960년 10월 21일 바로 그날 콜트레인은 타이너, 데이비스, 존스와 함께 뮤지컬 「사운드 오브 뮤직」의 발랄하고 희망적인 노래 〈My Favorite Things〉를 재즈의 고전으로 바꿔놓았다.

리처드 로저스의 원곡은 멜로디가 왈츠다. 콜트레인 역시 자신의 버전을 왈츠라고 불렀지만, 그는 템포를 상당히 높여 3/4 박자에서 6/8 박자로 바꿔 연주했다. 로저스와 해머스타인의 원곡은 AAAB 형식으로 작곡되었다. 위대한 작사가의 손에서 반짝이듯 감각적으로 묘사된 A 섹션의 좋아하는 것들―아기 고양이의 수염, 반짝이는 구리 주전자, "날개 위에 달빛을 안고 나는 기러기"―은 싫어하는 것들―개에게 물리는 것, 벌에 쏘이는 것, 슬픔―이 묘사된 B 섹션과 대조를 이룬다.

콜트레인은 코드 구조를 급진적으로 단순화하려던 마일스의 예술적 시도에서 영감을 받았다. 그의 천재성은 13분 46초 버전의 〈My Favorite Things〉 거의 전부가 A 섹션의 두 개 화성에 바탕을 두고 있다는 데 있다. 그와 관련해 콜트레인은 훗날 "우리는 화성을 … 곡 전체에 걸쳐 늘렸다"고 말했다.[23] 그의 버전에서 B 섹션은 곡 전체에서 정확히 11초를 차지하는데, 트랙이 끝나기 직전에 잠깐 연주될 뿐이다. A 섹션 전체에 걸친 그의 즉흥 연주는 지금까지의 그 어떤 녹음보다 대담하다. 타이너와 스티브 데이비스의 페달 포인트가 만들어내는 윙윙 소리를 배경으로 E단조 음계를 전광석화 같은 속도로 오르내린다. 이는 당시 콜트레인이 연구 중이던 인도의 위대한 음악가 라비 샹카르의 라가raga 연주를 연상시킨다.

더 길고 더 담대한 솔로들이 이어진다.

콜트레인이 〈My Favorite Things〉를 녹음하기 열흘 전, 마일스는 다시 파리의 올랭피아 무대에 섰다.《Kind of Blue》시절의 리듬 섹션(윈턴 켈리, 폴 체임버스, 지미 코브)과 콜트레인을 대체한 테너 색소폰 주자 소니 스팃과 함께였다. 데이비스보다 두어 살

위였던 스팃은 뛰어난 기량은 물론 적응력까지 갖춘 뮤지션이었다. 초창기에는 알토 색소폰을 불었는데 찰리 파커와 하도 비교를 당하자 일종의 자기방어로 테너 색소폰으로 전향한 바 있었다. 그의 연주가 여전히 비밥에 뿌리박고 있다고 말하는 것은 결코 그의 가치를 깎아내리는 표현이 아니다. 스팃도 훌륭했지만, 콜트레인은 콜트레인이었다. 새 5중주단의 올랭피아 버전 〈So What〉은 〈Milestone〉 같은 느낌으로, 즉 질주하는 빠른 템포로 연주했고 정말 아름다웠다. 하지만 이렇게 말하면 너무 야박한 걸까? 그 연주에는 깊이와 자기 성찰이 부족했다고. 의미를 보다 콕 집어 말하자면, 거기에 콜트레인과 에번스가 없었다고.

데이비스의 전기 작가 이언 카는 이렇게 쓰고 있다.

마일스에게 콜트레인의 탈퇴는 엄청난 상실이었다. 필라델피아에서 있었던 마지막 공연에서 그는 참지 못하고 흐느껴 울었다. 감정에 북받쳐 마이크를 잡고 트럼펫 주자가 곧 탈퇴한다고 발표했다. 지미 코브의 말대로 "그는 본래 아무하고도 아무 말도 안 하는 성격인데 그랬던 걸 보면 콜트레인 일에 대해서만큼은 정말 특별한 감정이었던 것 같다." 이 색소폰 주자는 어떤 면에서 마일스가 결코 다시 메울 수 없는 빈자리를 남기고 떠났다.[24]

마일스는 당시 새롭게 떠오르던 젊은 천재, 뉴어크 출신의 색소폰 주자 겸 작곡가 웨인 쇼터를 기용하려고도 해봤지만 쇼터는 아트 블레이키와 재즈 메신저스에서 안정적으로 자리를 잡아 이후 4년간 밴드에 머물며 음악감독 자리에까지 올랐다. 1960년 말 스팃도 떠났다. (음주 문제로 마일스가 해고했다는 설도 있는데, 그렇다면 술과 헤로인에 이중으로 중독된 체임버스와는 왜 계속 함께 했는지가 설명되지 않는다.) 이후 데이비스는 행크 모블리를 영입했다.

한편 마일스를 장르를 넘나드는 스타로 만들겠다는 조지 아바키언의 원대한 계획이 계속 결실을 맺으면서 성공의 위안도 찾아왔다. "오늘날 마일스는 부유한 남자다. 그는 약 5만 달러어치 주식을 보유하고 있다." 영국의 음악 잡지 『멜로디 메이커』에 실린 긴 분량의 인물 특집 기사에서 레너드 페더는 다분히 속물적인 어투로 이렇게 썼다.

> 그는 최근 맨해튼의 좋은 동네에 건물 한 채를 통으로 구입했다. 1층과 2층에는 본인이 살고 나머지 층은 여러 공간으로 분리해 세를 놓았다. 그는 1만 2500달러짜리 페라리를 몰고, 속도를 즐긴다. 그는 컬럼비아 레코드로부터 연간 다섯 자리 숫자의 상당한 수입을 올리고 있다. 무대 위 마일스의 무심한 태도에 여자들은 속절없이 빠져들었다. 그의 잘생긴 외모는 그의 가장 서정적인 솔로보다 더 거부할 수 없는 매혹으로 다가왔다. 그는 최근 무용을 가르치는 아름답고 가녀린 아가씨 프랜시스 테일러와 결혼했다. 그는 조혼에서 얻은 딸 하나와 아들 둘(각각 열일곱 살, 열네 살, 열 살)과도 가깝게 지낸다.[25]

마일스가 구입했다는 건물은 웨스트 77번가 312번지, 러시아 정교회 예배당을 개조한 5층짜리 브라운스톤 건물을 말한다. 마일스는 이후 20년 동안 좋은 시기든 나쁜 시기든 그곳에서 살았다. 지하에는 아무도 방해하지 않고 연습할 수 있는 운동 공간과 음악 작업실을 설

Miles
Davis

John
Coltrane

Bill
Evans

치했다. 1층에는 널찍한 주방과 거실이, 2층에는 침실들이 있었다. 뒷마당에는 아담한 정원도 있었다. "이 당시 우리는 아주 편안했다." 마일스가 말했다.[26]

이 말은, 레너드 페더의 주장처럼, 사실이면서 사실이 아니었다. 마일스는 재즈 뮤지션치고는 굉장히 잘살았다. 마일스는 훗날 이 시기에 자기가 다섯 자리를 훨씬 넘는 돈(연간 20만 달러)을 벌었다고 주장하며, 신문에서 자신이 보유한 주식의 동향을 살피곤 했다고 시인했다. 감당해야 할 큰 고정 지출이 있었고 벌어들이는 족족, 아니 그보다 빠르게 돈이 나갔기 때문에 불안해서 그랬던 것일지도 모른다.[27] 아이린과는 결혼하지 않았고 그녀와 낳은 자녀 셋과는 가까이 지냈을 뿐 아니라 함께 살았다. 프랜시스 테일러의 아들 역시 함께 살았다. 그리고 그와 테일러는 『멜로디 메이커』 기사가 나올 당시에는 결혼 전이었으나 12월에 비로소 결혼했다. 막 서른을 넘긴 "아름답고 가녀린 아가씨"는 (열아홉 살에) 파리 오페라 발레단에서 공연한 최초의 아프리카계 미국인 발레리나이자 캐서린 던햄 무용단의 수석 무용수였다. 브로드웨이 최고 뮤지컬 중 하나의 초연 멤버이기도 했는데, 1958년 3월 "여자란 남자 곁에 있어야 해. 「웨스트사이드 스토리」는 그만둬"라는 마일스의 강요로 하차해야 했다.[28] 개인 무용교습이 마일스가 그녀에게 허락한 유일한 일거리였다.

떠날 수 있었지만 그녀는 떠나지 않았다. 어느 결혼이든 내막은 모르는 법이고, 프랜시스와 마일스는 적어도 한동안은 서로 사랑했던 것 같다. 마일스는 프랑스 요리와 흑인 전통요리를 직접 만들어 먹는 것을 좋아했고 그녀에게 요리를 가르쳐주기도 했다. 두 사람이 함께 가족 식사를 준비하곤 했다. 빌 에번스의 영향이 남긴 흔적처럼 집 안의 첨단 오디오 시스템에서는 늘 재즈가 아닌 클래식("스트라빈스키, 아르투로 미켈란젤리, 라흐마니노프, 아이작 스턴"[29])이 흘러나왔다. 이언 카의 말대로 이것은 "아마 마일스가 남편이자 아버지로서 평범한 가정생활을 누린 유일한 시기였을 것이다."[30]

하지만 만사형통과는 거리가 멀었다. 마일스는 최근에 겸상 적혈구 빈혈증 진단을 받았고, 특히 왼쪽 고관절을 포함해 고질적인 관절통에 시달렸다. 헤로인은 더 이상 사용하지 않았지만, 통증을 완화하고 기운을 북돋아주는 다른 임시방편 처방, 다시 말해 술과 점점 더 많은 코카인에 갈수록 의존했다. 약물은 그의 신장, 간, 소화기에 장기적인 손상을 입혔고 불면증, 급격한 기분 변화, 짜증, 편집증, 우울증 등 즉각적인 부작용을 일으켰다. 이 모든 것이 본래부터 어두웠던 그의 성격에 더 짙은 그림자를 드리웠다.

그중에서도 가장 최악은 그의 존재의 근원인 음악이 엉망이 되었다는 것이었다. 행크 모블리는 세계적 수준의 색소폰 주자였음에도 마일스의 극도로 까다로운 귀에는 존 콜트레인을 대체하기에 턱없이 부족하게만 들렸다. 그는 "행크와의 연주는 즐겁지가 않았다. 그는 나의 상상력을 자극하지 못했다"고 말했다.[31] 다른 사람의 말이었다면 고압적으로 들렸겠지만 결코 안주하는 법이 없는 마일스로서는 단순한 사실 진술일 뿐이었다.

1960년 11월, 존 F. 케네디가 대통령에 당선되었다. 케네디는 노먼 메일러가 예견했던, 미국 사회의 "깊은 곳을 흐르며 아직 표출되지 않은 격렬하고 고독하고 낭만적인 욕망들, 그리고 그 욕망들이 꿈꾸던 삶의 황홀함과 폭력성을 그대로 구현한" 상징적인 인물이었다.[32] 그로부터 정확히 일주일 뒤, 마일스의 5중주단은 빌리지 뱅가드에서

2주간의 공연을 시작했다. 빌 에번스의 3중주단도 같은 무대에 섰는데, 이 기간에 에번스는 최근의 상황 때문에 갑자기 시의적절하게 느껴진 어떤 곡을 자주 연주했다. 바로 지난해 스콧 라파로, 폴 모션과 함께 녹음한 첫 앨범《Portrait in Jazz》에 수록된 〈Someday My Prince Will Come〉이었다. 프랭크 처칠과 래리 모리의 이 곡은 1937년 월트 디즈니의 애니메이션 영화 「백설 공주와 일곱 난쟁이」에 사용되었다. 데이브 브루벡이 이 곡의 재즈 가능성을 먼저 알아보고 디즈니 음악을 재해석해 1957년에 발표한 LP에 포함시킨 일이 있었다. 에번스 역시 이 곡에서 "탐구해볼 가치가 있는 신선함과 강인함"을 보았다고 페팅거는 썼다.[33] 마일스도 이 곡에 강하게 끌렸다.

《Kind of Blue》의 첫 세션으로부터 거의 정확히 2년이 지난 1961년 3월 7일, 그리고 이번에도 30번가 스튜디오에서, 데이비스는 이 디즈니 곡을 중심으로 한 새 LP를 만들기 시작했다. 앨범명은 그 곡의 제목에서 따왔다. 두 번째 세션은 2주 후에 있었는데 애틀랜틱과 계약 중이던 존 콜트레인이 스튜디오에 나타났다("어느 날 오후에 슬쩍 가서 [녹음]했다"고 훗날 그는 회고했다[34]). 데이비스의 지시하에 콜트레인은 모블리 대신 〈Someday My Prince Will Come〉 연주에 참여했고, 더없이 우아하고 경쾌한 리듬의 사랑스러운 솔로로 이 곡이 마일스의 최고의 발라드 중 하나가 되는 데 기여했다.

마일스가 자신이 연주하는 음악에 얼마나 만족하지 못하고 있건, 컬럼비아가 떠맡긴 스타덤에 얼마나 불만이 많았건("사람들은 그저 나를 보려고 왔다. 내가 뭘 할 건지, 뭘 입었는지, 무슨 말을 할 거고 누구를 욕할 건지 보려고, 내가 빌어먹을 동물원의 유리 우리에 갇힌 괴물이라도 되는 양."[35]), 녹음에서는 전혀 눈치 챌 수 없을 것이다. 한 달 뒤 그가 모블리, 켈리, 체임버스, 코브와 함께 샌프란시스코의 블랙 호크에서 라이브로 녹음한 연주 말이다. 참으로 훌륭한 재즈였다. 부드럽게(아내의 이름을 딴 〈Fran-Dance〉와 〈I Thought About You〉), 전염성 강한 경쾌함으로(〈All of You〉와 〈Bye Bye Blackbird〉), 감전된 듯 짜릿하게(〈Walkin'〉) 연주했다. 또한 현장의 열광적인 청중들은 분명 단순히 그를 보려고 온 것이 아니었다.

그 기간, 마일스는 아팠고 지쳐 있었다. 블랙 호크 공연 중 그는 러스 윌슨—콜트레인이 경솔한 발언을 했던 인터뷰를 담당한 바로 그 "백인 녀석"—에게 말했다. 은퇴할 거라고. "이제 주당 1000달러씩 들어오기 때문에 일할 필요가 없어요. 22년 동안 연주를 해왔어요. 아주 긴 시간이죠."[36] 다음 달에 평론가 길버트 밀스타인은 웨스트 77번가 312번지에서 기절이라도 한 듯 힘없이 누워 있던 그와 마주했다.

자택의 침대 위에 누워 … 한쪽 팔을 이마에 올려 불빛을 가린 채 그가 말했다. 기운이 없고 짜증이 났다가도 멀쩡히 무대에 올라 공연한다고. "음악은 중독 같은 거예요." 그가 말을 이었다. "이것만큼은 끊을 수가 없어. 보통 사람들은 전혀 느낄 수 없는 거지." 그가 팔꿈치를 짚고 몸을 일으켜 돌아누웠다. "언젠가는 무대에서 내려와야 할 테고, 다시는 연주하지 못하리라는 걸 알아요. 뭔가가 나를 건드리겠지. 그리고 그 일이 생기면, 나는 트럼펫과 헤어질 겁니다."[37]

Miles
Davis

John
Coltrane

Bill
Evans

♪♪♪

　뉴욕에 돌아온 마일스는 익숙한 위안과 익숙하면서도 새로운 고민에 맞닥뜨렸다. 캐넌볼과 콜트레인이 찾아와 지하 작업실에서 잼 세션을 함께 해주어 기뻤고, 반면 에번스가 더 이상 찾아오지 않는 것은 걱정스러웠다. 이제 헤로인에 완전히 중독되었다는 걸 잘 알았기 때문이다. "정말 속이 뒤집혔다. 빌이 처음에 조금씩 그걸 할 때 내가 말해줬는데 제대로 안 들었던 모양이다. … 그렇게 아름다운 뮤지션인데 다른 사람들, 하물며 이제 소니 롤린스나 재키 매클레인까지 손을 떼던 시기에 오히려 중독에 빠져들고 있었다니."[38]

　중독에 빠져 있으면서도 에번스는, 콜트레인이 그랬듯 그리고 마일스와는 달리, 연말에서 연초로 넘어가던 시기에 예술적 정점에 도달해 있었다. 수많은 시행착오 끝에 마침내 자신의 독특한 콘셉트와 완벽히 화합하는 베이스 주자 라파로와 드럼 주자 모션을 찾아 3중주단을 결성한 것이었다. "우리 3중주단이 그저 한 명이 불고 나면 다른 한 명이 또 부는 식이 아니라 동시에 즉흥 연주를 하는 방향으로 성장하기를 바랐다." 그가 말했다. "예를 들어 베이스 주자가 어떤 아이디어를 듣고 거기에 응답하고 싶다면 왜 뒤에서 4/4 박자나 계속 튕기고 있어야 하는가? 나와 작업할 동료들은 일반적인 연주 방식은 이미 다 배웠으니 이제 그걸 바꿔볼 자격을 갖췄다고 생각한다."[39]

　그의 베이스 주자는 일반적인 연주 방식이 지루하기만 했다. 에번스는 1956년 로스앤젤레스에서 스콧 라파로의 연주를 처음 들었다. 갓 스무 살이 된 라파로가 쳇 베이커의 오디션을 보는 중이었다. 그가 기억하는 첫인상은 이랬다. "놀라운 베이스 주자였다. 가진 재능이 대단했는데, 그 재능이 안에서 끓어올라 폭발하듯 분출되고 있었다. 수많은 아이디어들이 닥치는 대로 쏟아져 줄줄이 쌓이면서 스스로도 감당할 수 없는 지경이었다. 날뛰는 야생마 같았다."[40]

라파로, 에번스, 모션이 함께 《Portrait in Jazz》를 만들 무렵, 스물셋이라는 지긋한 나이가 된 라파로는 연주를 완전히 장악해 놀라운 기량을 보여주었다. 캐럴린 리와 사이 콜먼의 곡 〈Witchcraft〉를 3중주단이 연주한 버전을 들어보면 스윙 시대에 듀크 엘링턴과 연주했던 지미 블랜턴 이래 가장 혁신적인 재즈 더블 베이스 접근법 중 하나가 귀에 들어올 것이다. 라파로는 단순히 박자를 맞춰주는 역할은 커녕 (그리고 솔로 차례를 기다리는 대신) 첫 출발부터 에번스의 피아노 라인에 맞서 리듬으로나 멜로디로나 대담하고 활기찬 연주를 들려준다. 상당히 공격적인 그의 베이스 라인에 피아노 주자 또한 신이 난 것이 분명하다.

1961년 2월 2일 단 하루 만에 녹음한 두 번째 앨범 《Explorations》에서 세 사람은 에번스의 콘셉트를 더욱 진전시켰다. 하지만 재즈 3중주단 예술의 혁명이 진정으로 구현된 곳은 녹음 스튜디오가 아니었다. 에번스의 말이다. "우리 3중주단의 특별함은 셋의 음악적 지향이 같다는 것, 또 함께라면 더 많은 것을 해낼 수 있을 거라는 기대감에서 비롯되었다. 공연을 거듭할수록 음악이 발전했고, 이 모든 것이 실제 공연 무대에서 그대로 드러났다."[41]

에번스의 새로운 공연 무대는 7번로 남단에 자리한 재즈의 작은 신전 빌리지 뱅가드였다. 불과 몇 년 전 그곳은 이 피아니스트가 "스타들의 공연 세트 사이사이에 공백을 메우는" 연주를 시작했던 장소였다고 뱅가드의 주인 맥스 고든은 회고록에 썼다.[42] 1961년의 에번

Miles
Davis

John
Coltrane

Bill
Evans

스는 빠른 속도로 스타가 되어가고 있었다.

그룹의 뱅가드 무대가 끝나가던 6월 25일 일요일, 리버사이드의 오린 킵뉴스는 3중주단의 말로 정의하기 어려운 정수를 담아내기 위해 뱅가드에 녹음 장비를 들여왔다. 오후에 두 세트, 저녁에 세 세트, 총 다섯 번의 공연을 녹음했고, 그 결과물은 대단한 성공을 거둔 LP 《Sunday at the Village Vanguard》로 탄생했다. 그리고 2005년에 역사적인 3CD 세트 《The Complete Village Vanguard Recordings, 1961》로 재발매되었다. 2005년 음반은 클럽의 현장 분위기를 더 실감나게 전달하기 위해 리마스터링하고, 조용히 곡 제목을 말하는 에번스의 목소리도 포함시켰다.

킵뉴스가 관객들에게 공연이 녹음될 거라고 알리자 에번스가 라파로 쪽으로 몸을 돌려 말했다. "자네 곡부터 하지. 방금 전 했던 그걸로."

"흠, 고약하군." 라파로가 앳된 목소리로 불손하게 대꾸하자 에번스가 웃었다.

그 곡은 바로 라파로가 작곡한 〈Gloria's Step〉으로, 〈Nardis〉풍의 질문을 던지는 듯한 단조 곡이다. 연주도 아름답거니와 에번스의 초기 관객들과는 달리 이날의 관객들은 경건하게 침묵을 지킨다. 그리고 이 연주는 아름답기만 한 것이 아니라, 대부분의 피아노 기반 재즈 3중주단과 달리 세 뮤지션이 놀랍게도 각자 독립적으로 자기만의 표현을 들려주면서도 그것이 나머지 둘과 완벽한 조화를 이룬다. 어느 재즈 기자가 썼듯 "완벽한 공감 속에서 텔레파시를 주고받으며."[43]

열하루 뒤, 스콧 라파로가 죽었다. 스물다섯 살이었다.

뉴포트 재즈 페스티벌에서 스탠 게츠의 반주를 맡아 무대에 올랐던 날로부터 나흘이 지난 7월 6일 늦은 밤, 고등학교 친구와 함께 뉴욕주 서부에 있는 부모님 집으로 돌아가던 중이었다. 가로등 없는 시골길에서 차가 도로를 이탈해 나무를 들이받았다. 운전 중에 잠들었던 것 같다. 두 청년 모두 그 자리에서 즉사했다.

이 소식을 접한 에번스는 비탄에 빠졌다. 인간적으로도 예술적으로도 큰 타격이었다. 그는 이 소년 같은 베이스 주자를 무척 아꼈다. 그의 비범한 재능이나 젊음의 활기 때문만이 아니라 폭발적인 창의력을 발휘하며 3중주단의 마법 같은 시너지에 녹아드는 대체 불가능한 능력 때문이기도 했다. "걸출한 연주자들의 특별한 개성에 기반한 연주라는 콘셉트를 오랜 시간에 걸쳐 발전시켜왔는데 그들이 다 사라져버린다면 대체 어디서부터 다시 시작해야 할까요?" 훗날 그가 말했다.[44]

이후 여러 달 동안 에번스는 이 질문에 답할 수 없었다. "음악적으로 모두 중단되어버린 것 같았어요. 집에서도 전혀 연주하지 않았습니다." 그런가 하면 거슈윈의 애절한 곡 〈I Loves You Porgy〉를 강박적으로 반복해 쳤다는 말도 있다. 3중주단의 빌리지 뱅가드 녹음에 포함된 이 곡을 눈물 없이 듣기란 쉽지 않은 일이다.

라파로가 세상을 떠나기 얼마 전에 에번스는 페리 커즌스와 헤어졌다. 1960년대 초 미국에서 인종이 다른 커플로 산다는 것 자체만도 버거웠지만 피아니스트의 중독은 둘 사이에 끊임없는 불화를 초래했다. 그 무렵 어느 파티에서 메스칼린에 취한 그는 방 저쪽에서 작은 체구에 강렬한 인상을 지닌 한 여자를 보았다. 나중에 친구들에게 털어놓기를, 정신이 폭발하는 것 같았다고 했다. 환각 상태에서 첫눈에 반하는 경험이었다. 그녀의 이름은 엘레인 슐츠였다. "조그맣고,

피부색이 짙고, 유대인이었요. 불안한 에너지로 가득 차 있고 줄담배를 피웠죠"라고 해리 에번스의 아내 팻이 회고했다.[45] 대화를 나누기 시작한 순간 슐츠와 에번스는 서로가 중독자임을 알아보았다. 둘은 이후 12년 동안 함께하게 된다.

존 콜트레인은 1954년 로스앤젤레스에서 그곳 출신인 에릭 돌피를 만났다. 당시 콜트레인은 조니 호지스와 투어 중이었다(그리고 투어에서 해고되었다). 돌피는 알토 색소폰, 베이스 클라리넷, 플루트를 불 줄 알았고 체계적인 정규 음악 교육을 받았을 뿐 아니라 실험적인 성향을 지닌 음악가였다. 둘은 금세 친구가 되어 자주 음악적인 아이디어를 나눴다. 1961년 초,《My Favorite Things》앨범과 동명의 싱글이 발매되면서 단숨에 유명해진 콜트레인은 돌피에게 자신의 밴드에 들어와달라고 청했다. 두 사람이 함께 연주하기 시작한 음악은 즉각적인 반발을 불러일으켰다. 코드 구조와 멜로디에서 급격히 이탈한, 탐색적인 모달 음악이었던 탓이다.
『다운비트』의 부편집장 존 타이넌은 이렇게 썼다.

최근 할리우드의 르네상스 클럽에서 있었던 이른바 아방가르드 음악의 지지자 중에서도 선두에 선 이들[콜트레인과 돌피]의 연주에서 나는 점점 커져가는 반反-재즈 경향을 보여주는 끔찍한 시연을 들었다.
뛰어난 리듬 섹션이 … 두 관악기 연주자의 허무주의적 연습 뒤에서 낭비되고 있었다. … 콜트레인과 돌피는 [스윙을] 파괴하는 데 혈안이 된 것 같다. … 그들의 음악은 반-재즈라고밖에 달리 칭할 말

이 없는, 무정부주의적 길을 좇는 데 열중해 있다.[46]

"반-재즈"라는 용어가 즉시 유행처럼 번져나갔고 평론가들의 압력이 점점 맹렬해지면서 콜트레인은 돌피를 내보내야 하는 상황에 몰렸다. 그런 와중에 신생 재즈 전문 레이블 임펄스!의 창립자이자 프로듀서 크리드 테일러가 콜트레인의 애틀랜틱 계약을 인수했고, 이 색소폰 주자는 명성을 굳힐 일련의 앨범들을 만들기 시작했다. 작곡가, 섬세하기 그지없는 발라드 연주자, 테너 색소폰과 소프라노 색소폰으로 난해한 음악 영역을 누비는 두려움 없는 탐험가.

무대 위의 탐험도 이어졌다. 그의 솔로 연주는 때로 음악을 잘 아는 청자에게조차 무한히 이어지는 것처럼 들리기도 했다. "모든 솔로 주자들이 곡이 제시하는 모든 길을 탐구하려 하기에 길어질 수밖에 없다"고 그는 변명했다. "솔로에서 각자가 가진 모든 자원을 활용해보고 있어요. 다들 탐구하고 발전시켜야 할 것들이 상당히 많습니다."[47]

리더는 특히 그랬다. 피아니스트이자 정신과 의사인 데니 자이틀린은 1963년 어느 날 밤 파이브 스폿에서 콜트레인 4중주단의 공연을 본 일을 회상했다. "어떤 곡에서 그가 코다를 길게 늘여 연주했습니다. 첫 2~3분은 아주 흥미롭게 느껴지더군요." 그가 내게 말했다. "그러다 문득, 뭐야, 이 친구 지금 자기 방에 돌아가서 연습하고 있잖아! 싶더라고요. 그냥 쓰잘데기 없는 것들을 하고 있어요! 거기 서서는 거의 30분을 온갖 릭이며 리프며 음계며 그런 대안적인 것들을 불어대는데, 제기랄 대체 **이게** 무슨 짓이야? 이봐, 정신 좀 차려? 당신 음악 사랑하지만 여기서 이러는 건 아니지! 그런 생각만 들더라고요. 내가 웬만해서는 안 그러는데 완전히 김이 팍 새더군요. 그것만 빼면 그의 연주는 정말 **끝내줬어요**. 이야, 그가 엘빈과 함께 들려주는 라이브의 경험이란 … 정말이지, **빌어먹게** 좋았습니다."[48]

많은 사람들이 이렇게 양가적인 감정을 느꼈다. 1962년 앨범 《"Live" at the Village Vanguard》의 『다운비트』 평론에서 피트 웰딩은 〈Chasin' the Trane〉 속 콜트레인의 긴 블루스 솔로를 두고 "폭우처럼 쏟아지는 고뇌의 분출, 부인할 수 없는 힘과 확신, 그리고 거의 악마적이라 할 맹렬함이 응축된 연주"라는 표현을 쓰며 그것은 "놀랄 만한 인간의 기록"이지만 "연주를 끌어내는 감정의 강렬함 자체가 오히려 음악 체험으로서의 효과를 약화시킨다"고 썼다.[49] 오랜 기간 콜트레인의 가장 중요한 옹호자 중 한 명이었던 아이라 기틀러는 더 신랄했다. "어쩌면 콜트레인이 새로운 표현의 길을 찾고 있는 건지도 모른다. 다만 그걸 으르렁거림이나 꽥꽥거림, 끝없이 반복되는 패턴 형태로만 할 거라면 그냥 연습실에서 나오지 않는 게 어떨지."[50]

임펄스!에서 발매한 콜트레인의 초기 앨범들은 《Giant Steps》와 《My Favorite Things》로 얻은 커다란 인기를 발판 삼아 올라가는 데 실패했다. 그는 사실상 '시대를 너무 앞서간 예술가들' 영역으로 옮겨졌다. 《Africa/Brass》의 빅밴드 편성은 아름다웠지만 어려웠다. 마틴 윌리엄스는 난감한듯 이중적인 태도로 이렇게 썼다. "콜트레인은 이 곡들을 통해 최근 공연에서 자주 해왔던 일을 음반에서도 해버렸다. 바로 모든 것을 한 줌의 코드로, 대체로 고작 두세 개 정도의 코드로 압축한 뒤 그 코드를 가능한 온갖 방식으로 변주하며 탐구하는 것 말이다."[51] 뱅가드 실황 음반에 대한 평론가들의 악평 세례에 7월에 발매된 앨범 《Coltrane》이 묻혀버렸다. 《Coltrane》은 모달 재즈의 걸작으로, 해럴드 알렌과 조니 머서가 쓴 〈Out of This World〉, 말 월드론의 〈Soul Eyes〉, 콜드레인이 위대한 재즈 곡으로 탈바꿈시킨 또 하나의 영화(1952년 뮤지컬 영화 「한스 크리스티안 안데르센」) 주제곡 프랭크 레서의 〈The Inch Worm〉 등을 수록했고, 모든 연주가 각 곡의 결정판이었다. 상황이 이러하자, 임펄스! 소속의 콜트레인 담당 프로듀서 밥 틸은 피해 수습에 들어가 누구의 심기도 건드릴 리 없을 앨범 세 장을 잇달아 출시했다.

재미있는 건 1963년 2월에 나온 《Duke Ellington & John Coltrane》, 1963년 3월에 나온 《Ballads》, 1963년 7월에 나온 《John Coltrane and Johnny Hartman》, 이 세 장의 앨범이 예술적 타협이 결코 아니었다는 점이다. 각각의 음반은 나름대로 중요한 앨범이었다.

엘링턴과 함께 만든 《Duke Ellington & John Coltrane》은 듀크(피아노)와 콜트레인에 베이스와 드럼만 더한 편성으로 진행했다. 네 명이 연주했지만 결과물은 스물네 명이 연주한 것만큼이나 강력했다. 60대에 접어든 듀크는 사람들로부터 시대에 뒤떨어졌다며 평가절하되었지만 당시는 물론 1974년에 사망하기 전까지 줄곧 그는 화성 면에서 콜트레인 못지않은 모험가였다(이 앨범 녹음 바로 전주에 듀크는 찰스 밍거스, 맥스 로치와 훌륭한 앨범 《Money Jungle》을 만들었다). 콜트레인이 태어나기 전부터 녹음을 해온 그는 음악 작업의 이상과 현실 양면에서 훨씬 현명했다. 녹음 세션 도중에 틸이 테이크가 한 차례 더 필요할지 묻자 엘링턴은 지혜로운 충고를 하나 던져주었다. "그에게 더 하라고 하지 말게. 어차피 결국 자기 자신을 흉내 낼 뿐이니까."[52]

콜트레인은 그때도 그 후로도 스스로에게 최고의 편집자는 못 되었다.

《Ballads》 앨범에 수록된 곡은 한 곡만 빼고 모두 아메리칸 송북 스탠더드였다. 지미 맥휴와 프랭크 레서의 〈Say It (Over and Over Again)〉, 아서 올트먼과 잭 로런스가 썼으며 프랭크 시나트라와는 떼려야 뗄 수 없는 〈All or Nothing at All〉, 로저스와 하트의 〈It's Easy to Remember〉까지. 콜트레인은 곡 하나하나를 애정 어린 관심과 진실한 아름다움을 담아 연주했다. 맥휴와 해럴드 애덤슨의 〈Too Young to Go Steady〉라는 알려지지 않은 곡도 품격 있게 살려냈다. "모두 내 선곡이었어요." 훗날 인터뷰에서 그가 말했다. "어린 시절에, 혹은 내 삶의 언젠가부터 늘 마음속에 남아 있던 곡들이었거든요. 그래서 꼭 해야만 했어요."[53]

콜트레인이 비단결 같은 목소리를 지닌 바리톤 조니 하트먼과 함께 한 협업 《John Coltrane and Johnny Hartman》은 또 다른 차원으로 올라섰다. 1950년 둘이 디지 길레스피 밴드의 멤버였을 때부터 콜트레인은 하트먼을 존경해왔다. 어렵기로 정평이 났으나 하트먼이 완벽한 기품으로 소화한 〈Lush Life〉를 포함해 앨범에 들어간 곡들 대부분이 스탠더드였다. 다만 피터 드로즈와 새미 갤럽의 1945년 댄스곡 〈Autumn Serenade〉는 생소했다. 귀에 남는 가벼운 단조풍의 곡인데, 어쩌면 콜트레인이 10대 시절부터 기억하고 있던 노래일지도 모르겠다. 그의 테너 색소폰과 하트먼의 매혹적인 바리톤이 주고받는 가운데 진부한 노랫말이 희미해지면서, 시대를 초월한 장엄한 명곡이 되었다.

1962년은 마일스에게 혼란과 전환의 시기였다. 5월에 아버지가 돌아가셨다. 몇 달 전 철도 건널목에서 차가 기차에 부딪치는 사고를 겪은 뒤 시작된 신경 손상 때문이었다. 음악 활동도 불안정했다. 길 에번스와의 네 번째 (결국 마지막이 된) 스튜디오 협업을 통해 만든 앨범은 라틴아메리카를 주제로 삼았다. 스탠 게츠의 LP 《Jazz Samba》와 거기 포함된 대히트 싱글 〈Desafinado〉가 불붙인 보사노바 열풍에 편승하기 위해 기획된 것이었다. 하지만 마일스가 그 음악에 흥미가 부족해 흐지부지되고 말았다. "이 앨범에서 우리가 만든 음악에 대해 아무 감흥도 느낄 수 없었다. … 음반에 보사노바 따위 비슷한 걸 끼워 넣어보려 했던 것이다."[54]

브라질 장르의 궁극적인 음악적 가치를 두고야 얼마든지 의견이 갈릴 수 있을 것이다. 그러나 마일스가 음반에 수록된 안토니오 카를로스 조빔의 곡 〈Corcovado〉에 그야말로 아무런 연결고리를 맺지 못했다는 사실로 미루어볼 때, (막연하지만 노스텔지어라고 옮길 수 있을) 조빔의 **사우다지**saudade와 데이비스의 외로운 쿨함은 본질적으로 양립 불가능한 것이었다. 컬럼비아가 풀 오케스트라를 동원해가며 막대한 비용을 들여 여러 차례 녹음 세션을 진행했지만, 결국 쓸 만한 음악은 고작 20분 정도에 불과했다. 테오 마세로는 이를 만회하기 위해 《Quiet Nights》라는 앨범을 급조했다. 데이비스의 또 다른 프로젝트인 《Seven Steps to Heaven》에서 녹음했으나 앨범에 실리지 않은 〈Summer Night〉를 덧붙이는 방식으로 앨범을 제작한 것이다. 자신의 생각에 미완성인 작품을 음반사에서 발매했다는 사실에 격분한 마일스는 이후 3년간 마세로와 말도 섞지 않았다.

마일스의 회고록에서 마일스와 트루프는 1962년과 1963년 초에 그가 돈 되는 공연 계약들을 포기했던 (그리고 공연을 막판에 취소하는 바람에 클럽 업주들에게 수만 달러의 막대한 위약금을 물어줘야 했던)

유일한 이유가 인적 문제였다고 암시하고 있다. 사실 큰 문제이기는 했다. 윌리엄스버그 다리 시절 이후 데이비스와 잠깐 연주했던 소니 롤린스가 본인 그룹을 결성하겠다며 떠났고, 윈턴 켈리와 폴 체임버스는 보수를 올려주지 않으면 자신들도 나가서 따로 그룹을 차리겠다고 불평하고 있었다. 하지만 동시에 마일스의 건강 문제가 더욱 심각해지고 있었고 결혼 생활도 파탄 지경이었다. 갈수록 악화되는 고관절 통증을 약 대신 술과 코카인으로 달래는 중이었다. 그뿐이 아니었다. 스웨드의 글이다.

> 편집증이 점점 심해지고 있었다. 프랜시스와 그는 어디를 가든, 그가 잘 알려지지 않은 곳이라면 항상 그녀가 먼저 들어가 예약이나 테이블을 확인해야만 했다. 피부색으로 인해 거절당하는 일을 피하고 싶어서였다. 대화하기 어려운 사람이 되어갔고, 그녀가 무슨 말을 하면 그는 아내 입에서 나오는 말이 먼 옛날 어머니한테 들었을 법한 소리와 비슷하다는 이유로 ("그때는 어쩔 도리가 없었지"라고 말하며) 그녀의 뺨을 후려갈겼다.[55]

1963년 초, 윈턴 켈리가 자신의 3중주단을 결성하겠다며 폴 체임버스와 지미 코브를 데리고 떠났다. 마일스는 완전히 처음부터 다시 시작해야 했다. 멤피스 출신의 연주자인 테너 색소폰에 조지 콜먼, 알토 색소폰에 프랭크 스트로지어, 피아노에 해럴드 메이번과, 디트로이트 출신의 젊은 베이스 주자 론 카터, 그리고 재키 매클레인이 추천한 에너지 넘치는 어린(열일곱 살!) 드럼 주자 토니 윌리엄스를 기용했다.

마일스는 메이번과 스트로지어가 "아주 좋은 연주자였지만 다른 유형의 밴드에 더 잘 맞는다는" 것을 곧 파악했다.[56] 알토 색소폰 없이 6중주단이 아닌 5중주단으로 가도 됐지만 피아노만은 꼭 필요했다. 서부 해안에서 공연하던 중 영국 출신의 뛰어난 피아니스트 빅터 펠드먼을 발견했으나, 펠드먼은 제아무리 마일스 데이비스라고 해도 밴드의 사이드맨보다 로스앤젤레스의 스튜디오 뮤지션으로 일하는 게 훨씬 돈이 된다는 현실을 깨달았다. 뉴욕에 돌아온 마일스는 허비 행콕에게 전화를 걸었다.

이제 막 스물세 살이 된 행콕은 클래식 교육을 받은 왕년의 신동이자, 그리넬 대학에서 음악과 전기공학을 전공한 대졸자(1960년 졸업)였다. 또 1962년 데뷔 앨범 《Takin' Off》의 첫 트랙 〈Watermelon Man〉으로 빌보드 톱 100 차트에 오른, 장차 슈퍼스타가 될 인물이었다. 마일스는 그를 집으로 불러 카터, 윌리엄스와 연습해보라고 했고 인터콤으로 몰래 들은 셋의 합주가 아주 마음에 들었다. 마일스는 30번가 스튜디오에서 진행된 《Seven Steps to Heaven》의 최종 세션에 행콕을 초대했다. 새 멤버들에 고무된 데이비스는 4월 할리우드에서 녹음했던 빠른 템포 곡들을 다시 녹음하기로 했다. "그렇다면 내가 그룹에 들어온 건가요?" 테이크 중간에 행콕이 물었다.

"지금 나랑 음반을 만들고 있지 않은가?" 마일스가 말했다.[57]

새 밴드를 이끌고 투어를 떠나 메인의 보든 대학, 세인트루이스의 재즈 빌라, 시카고의 서덜랜드 라운지, 클리블랜드의 재즈 템플을 거쳐 뉴욕의 뱅가드로 돌아온 마일스는 여전히 들떠 있었다. 윌리엄스 때문이라고, 그는 말했다. 젊은 드럼 주자는 불가사의할 만큼 자신감이 넘쳤을 뿐만 아니라 마법 같은 기운이 있었다.

Miles
Davis

John
Coltrane

Bill
Evans

그는 그룹 멤버 모두에게 커다란 자극을 주었다. 나도 연주를 하도 많이 해서 한동안 나를 괴롭혀온 지긋지긋한 관절통을 다 잊어버릴 정도였다. 토니와 이 그룹이라면 원하는 것은 뭐든 연주할 수 있겠다는 생각이 들기 시작했다. 토니는 항상 그룹의 모든 사운드가 그를 축으로 돌아가게 하는 중심이었다. 정말 끝내주는 친구였다. … 나는 그를 아들처럼 아꼈다.[58]

마일스와 토니 사이에서 트럼펫과 드럼 간의 아주 오랜 유대가 꽃을 피웠다. 밴드에서 가장 큰 소리를 내는 두 악기는 재즈의 기원부터 자연스러운 짝으로 여겨져왔다. 그 이상이었을지도 모른다. 재즈계에서 동성애란 그때도 어쩌면 지금까지 금기시되었지만, 친구들과 옛 밴드 동료들의 증언에 따르면 마일스는 범성애자凡性愛子의 분위기를 풍겼다(어쩌면 실행으로 옮겼을지도 모른다). 그리고 마일스는 처음부터 윌리엄스도 비슷한 성향임을 알아보았던 것 같다("여자 친구 같은 건 필요 없을 거야." 데이비스는 훗날 묘하면서도 의미심장한 말을 했다. "그러니까 생각이 트여 있지."[59]). 그를 보호해주고 싶었다. 어쨌든 드러머는 아직 법적으로 성인도 아니었기 때문이다. (1963년 9월 샌프란시스코의 재즈 워크숍에서 새 5중주단이 공연을 했는데, 지방 경찰이 "미성년자 고용" 사유로 공연장을 폐쇄하고 업주를 기소한 일도 있었다.[60]) 윌리엄스는 질과 양 모두에서 전례 없던 에너지를 가져다주었고, 밴드 멤버들이 전혀 경험해보지 못한 차원의 드럼 연주를 선보였다. 소리가 컸고(특별히 무거운 스틱을 사용했다) 유연했으며 **빨랐다**. 그는 서로 다른 두 리듬을 동시에 치는 폴리리듬을 구사했으며, 자유자재로 박자를 바꿔 다른 뮤지션들이 매순간 극도로 집중하게 만들었다. 사실상 밴드를 이끌고 있었던 것이다. 그는 그때부터 그의 짧은 생애(1997년 쉰한 살의 나이로 사망했다) 내내 독보적인 존재였다. 로버트 크리스트고는 1970년에 아주 약간의 과장을 섞어 윌리엄스야말로 "아마 세계 최고의 드러머"일 거라고 단언했다.[61]

"새로운 목소리를 내고 있다는, 새 지평을 열고 있다는 느낌이 들었어요." 윌리엄스의 회고다. "마일스의 밴드에 들어가기 전까지 나에게는 오넷 콜먼의 음악이 중요한 위치를 차지하고 있었고 그래서 당시 아방가르드라고 불리던 음악의 영향을 아주 강하게 받았거든요. … 드럼을, 드럼 세트를 전혀 다른 방식으로 표현하는 데 관심이 있었죠."[62]

허비 행콕이 말했다. "우리가 마일스의 밴드에서 하려고 했던 것은, 아니 적어도 내가 그랬고 다른 동료들도 그랬다고 내가 **느끼는** 것은, 우리 모두에게 영향을 미치던 것들을 받아들여 하나로 융합하는 일이었습니다. 사람들이 우리 연주를 들을 때 듣는 사람들이 각자의 방식으로, 그러니까 한편으로는 아방가르드를, 다른 한편으로는 거기까지 이른 재즈의 역사를 들을 수 있도록 말이죠. 마일스 자신이 **바로** 그 역사였으니까요. 그가 연결고리였던 겁니다."[63]

펠드먼 대신 행콕이 피아노 앞에 앉은 새 밴드가 빅터 펠드먼의 곡 〈Joshua〉를 신나게 빠른 속도로 다시 녹음한 버전을 들어보면, 영감이 충만하고 활력을 되찾은 마일스를 만날 수 있다. 한 발은 《Kind of Blue》의 모달 음악이라는 가까운 과거에, 다른 한 발은 역동적인 (그리고 빠른) 미래에 두고 있는 마일스 말이다.

"내가 밴드에 들어갔을 때 모든 게 올라갔다." 조지 콜먼이 회고했다. "모든 템포가 빨라진 것이다. 마일스는 내가 빨리 연주할 수 있다는 걸 알았고 템포를 끌어올렸다. 마일스와 함께하면서 나는 모든 걸 경험했다. 빠른 템포, 화성 진행의 상황들, 과감한 시도 … 그러면서 점차 모험심을 갖기 시작했다."

하지만 토니 윌리엄스에게는 충분히 모험적이지 않았다. 그는 콜먼이 자기 기준에는 별로 힙하지 않다고 불평을 늘어놓기 시작했다. 마일스는 콜먼이 "호텔방에서 까다로운 작은 패턴 몇 가지를" 연주하는 걸 듣고 화가 났다.[64] 그리고 훗날 유명해진 분노의 발언을 내뱉었다. "무대 **위에서** 연습하라고 돈 주는 거야."[65]

조지 콜먼은, 이 글을 쓰고 있는 현재에도 살아 있는 재즈계의 위대한 거장 중 한 명으로 국립예술기금NEA 재즈 마스터 상을 수상했다. 힘, 서정적 상상력, 뛰어난 음악적 기량을 겸비한 연주자로서 수십 년 동안 재즈 장르의 불멸의 인물들에게 수많은 러브콜을 받았다. 하지만 젊고, 오넷과 콜트레인과 아치 셉의 자유분방한 탐구에 흠뻑 빠져 있던 토니 윌리엄스에게 콜먼은 지나치게 올곧은 사람처럼 여겨졌다. 마일스가 "모든 것을 거의 완벽하게 연주하는 지독하게 훌륭한 뮤지션"이라고 평한 그 연주자를 말이다. 윌리엄스는 "음이 틀린 것 같은 실수를 저지르는 뮤지션을 좋아했다"고 마일스는 말했다.[66] 조지 콜먼은 그런 연주자가 아니었다. 밴드에 들어와달라는 마일스의 부탁에 우쭐했던 콜먼은 리더의 허세에 점점 환멸을 느꼈다. 1963년 여름, 파리와 앙티브 재즈 페스티벌에서 공연했을 때 특히 그랬다. "마일스의 생활 방식이 내게는 너무 어찔했다. … 그는 음악보다 자기 자아가 중심이었다. … 늘 요구가 많았다. 샴페인, 여자, 차, … 그가 갖고 싶은 것은 무엇이든."[67]

한편 마일스의 고관절 문제가 날로 심각해지고 있었다. 무대를 비우는 일이 잦았는데, 마일스가 없으면 '수감자들'—행콕, 카터, 윌리엄스—이 '병동'을 접수했다. 밴드가 윌리엄스가 좋아하는 프리 재즈로 옮겨가, 말 그대로 자유로운 연주를 할 수야 있지만 그럼으로써 그저 그런 연주를 하고 싶지 않았던 콜먼을 밀어내는 결과로 이어졌다. 마일스가 1964년 7월 일본에서 공연할 거라는 소식을 밴드에 알리자(마일스에게 일본은 처음이었다) 콜먼은 빠지겠다고 했다. 그러면서 토니 윌리엄스가 마일스에게 줄곧 밀었던 보스턴 출신의 혁신적인 테너 색소폰 주자 샘 리버스가 콜먼의 자리를 메웠다. 하지만 그즈음 이미 모든 것이 변했다.

1964년 2월 9일 일요일 밤, 리버풀에서 날아온 네 명의 젊은 뮤지션이 TV 프로그램 「에드 설리번 쇼」에 출연했다. 그들이 선사한 단 몇 분간의 즐거움은(어쨌든 백인 미국인들에게는 즐거움이었다) 케네디 암살 이후 드리워졌던 애도의 장막을 걷어냈을 뿐만 아니라 잠재적 재즈 팬들이던 수백만 명의 사춘기 (백인) 소년들이 전기 기타를 사러 달려가게 만들었다.

그리고 기타 코드 세 개를 익히는 건 테너 색소폰의 기초보다 훨씬 쉬웠다.

1950년대 중반에 카페 보헤미아에서 재즈를 즐기던 사람들, 그러니까 도러시 킬갤런이 목격했던 "턱수염을 기른 남자들, 연분홍 립스틱을 바른 아가씨들, 그리고 … 아이비리그 대학생들"의 1964년판 젊은이들이 순식간에 비틀스의 음반을 사들이고 있었다. 그들은 더 이상 보헤미아, 하프 노트, 파이브 스폿 같은 클럽 앞에 길게 줄지어 서 있지 않았다. 1년 사이에 "뉴욕에서 록의 기세가 느껴지기 시작했고

재즈의 기반이 무너져내리고 있었다"고 아트 파머는 휘트니 밸리엣에게 말했다.[68]

뉴욕에서 재즈의 기반이 무너지고 있었다면 다른 곳은 더 심했다. 록의 혁명이 몰고 온 영향을 가장 뼈저리게 체감한 쪽은 2선에 포진해 있던 뛰어난 재즈 뮤지션들이었다. 아트 파머, 행크 모블리, 소니 스팃, 듀크 조던, 케니 도럼, 진 애먼스, 부커 어빈 같은 이들 말이다. "실력 좋은 재즈 뮤지션들은 녹음 스튜디오나 텔레비전 토크쇼에서 사이드맨 일거리를 찾았다"고 AP 통신의 메리 캠벨은 썼다.[69] (그것도 악보를 읽을 줄 알아야 가능했다.) 디지와 듀크와 루이 암스트롱, 그리고 물론 마일스와 콜트레인, 그에는 조금 못 미치지만 빌 에번스 같은 슈퍼스타들은 일종의 평행 우주에 살았다. 비록 전보다는 조금 축소된 세계였지만 그곳에서 그들의 음악은 팬들에게 변함없이 소중했고, 그들의 수입도 여전히 괜찮았다.

일본에서 돌아온 마일스는 반가운 소식을 들었다. 웨인 쇼터가 아트 블레이키와 일하기를 점점 더 못 견뎌 하고 있다는 것이었다. 관객 입장에서 블레이키의 재즈 메신저스는 하드 밥의 흥분을 상징했지만 내부를 들여다보면 그들의 공연은 이미 만들어진 부품을 조립해 내놓는 방식에 가까웠다. "블레이키와의 연주는 연출된 쇼에 출연하는 것 같았다." 쇼터가 말했다. "모든 곡에 정해진 구조가 있었고 솔로를 제외하면 변주의 공간이 없었다. 심지어 솔로조차 기존 구조에 좌우되고 있었다."[70]

몇 년 전 시카고의 리걸 극장에서 《Kind of Blue》 음반 멤버들로 구성된 마일스 6중주단의 공연이 있었는데, 메신저스가 그 공연의 오프닝 무대를 섰다. 그날 쇼터는 그들의 자유와 신비에 감탄했다.

모든 연주자들이 발휘하는 자기만의 개성과 주관적 해석의 힘에
귀를 기울이고 있었어요. 캐넌볼, 콜트레인, 그리고 그때 피아노가
누구였더라, 아마 윈턴 켈리였던 것 같고 베이스는 폴 체임버스였
죠. 〈All Blues〉로 막을 올렸는데 내가 듣고 느낀 건, 뭔가를 꿰뚫는
것 같은 … 그러니까 쇼 같은 데서 갑자기 쾅 하고 터지는 그런 게
아니라 … 알죠? 피아노 트레몰로로 시작하는 거예요. 라벨 음악 같
은. 이 트레몰로가 들리자 객석에는 정적이 흘렀어요. 메신저스가
으레 "쾅!" 하면서 시작하는 것과는 달랐죠. … 그들의 음악은 듣는
이를 일상에서는 가보지 못한 어떤 곳으로 데려가는 것 같았어요.[71]

그 트레몰로는 물론 빌 에번스가 개발한 것이었고 그의 지대한
예술적 영향은 마일스와 마일스 밴드에 오래도록 남아 있었다. 그리
고 1964년 9월 웨인 쇼터가 데이비스 밴드에 합류하면서 또 다른 광
활한 예술적 감수성, 작곡가의 영혼, 가르치고 배우는 힘이 더해졌
다. 그의 합류는 마일스의 두 번째 위대한 5중주단의 출발을 의미했
다. 아미리 바라카의 잊히지 않는 표현에 따르면, "시대를 초월한 최
고의 수소 폭탄과 잭나이프 밴드"였다.[72] 새 5중주단은 이후 4년간 팬
들을 열광시키며 번성했다. 다만 「에드 설리번 쇼」에서 훨씬 더 강력
한 폭발이 일어났고, 마일스도 이를 피해가지 못했다.

비틀스의 「에드 설리번 쇼」 출연, 텔로니어스 멍
크의 『타임』 표지 장식 등 특이한 일이 많았던 1964년의 2월이 끝나
갈 무렵, 클레오타 데이비스가 세인트루이스에서 세상을 떠났다. 마
일스는 프랜시스와 함께 어머니의 장례식에 참석하기 위해 비행기에

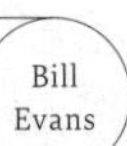

494

올랐으나 비행기가 엔진 문제로 이륙하지 못하고 다시 게이트로 돌아왔다. 불길한 예감에 사로잡힌 마일스는 비행기에서 내려 혼자 집으로 돌아가버렸다. 아내는 결국 홀로 운명에 몸을 맡기고 그 없이 그의 어머니 장례식에 참석했다. "나는 … 염병할 밤새도록 울고 울다가 거의 앓아누웠다." 그가 말했다. "어머니가 돌아가시고야 내가 얼마나 어머니를 사랑했는지 제대로 알게 되었다." 양면성을 지닌 말이다. "걸핏하면 나를 죽도록 패던" 여인이 죽어 땅에 묻히고 나서야 비로소 안전하게 사랑할 수 있게 되었다는 말처럼 들린다. "나는 어머니를 사랑했고 어머니에게서 많은 걸 배웠다."[73] 다른 사람을 매질하는 법도 당연히 포함되어 있었으리라.

케니 도럼은 마일스의 새 5중주단의 첫 앨범《E.S.P.》가 마음에 들지 않았다. (ESP는 extrasensory perception, 즉 초능력을 말한다. 마일스는, 빌 에번스와 라파로와 모션의 3중주단이 그랬듯, 이 밴드 역시 말하지 않아도 호흡이 척척 맞는다고 느껴 음반 제목을 이렇게 붙였다.) 찰리 파커 밴드에서 마일스가 빠진 뒤 그 자리를 대신한 도럼은 다재다능한 트럼펫 연주자로 널리 인정받아왔다. 재즈계에서 중요하다고 여겨지는 거의 모든 연주자들의 반주자로 함께 했을 뿐 아니라 본인의 밴드를 이끌기도 했다. "음반 전체에 감정이 부족하다"고 도럼은 『다운비트』의 평론에 썼다. "머리로만 만든 음악이다. … 전반적으로 단조로워 길게 이어지는 하나의 지속음drone처럼 들린다."[74]

이토록 활기 넘치는 앨범에 대한 묘사치고는 이상하다. 이 음반에서 마일스는 분명 지적으로도 감정적으로도 꽤나 흥분된 상태에서 연주하고 있다. 본인보다 상당히 나이가 어린 새 연주자들을 그는 사랑했다. 이런 애정과 유대감을 입증하듯 《Kind of Blue》 이후 처음으로 음반의 수록곡 전체를 밴드 내부에서 창작한 오리지널 곡으로만 채웠다. 웨인 쇼터가 쓴, 빠른 속도에 뚜렷한 선율이 없는 동명의 타이틀곡은 콜트레인의 〈Giant Steps〉에 대한 일종의 응답이자, 새로운 시대의 도래를 예고하는 것 같았다. 재즈가 예술적 야망을 확장하고, 대중문화 전반에 미치는 영향력이 축소되며, 수십 가지의 다양한 스타일 파편들로 폭발하듯 분화되는, 이 모든 일이 동시다발적으로 일어나고 있는 새로운 시대.

《E.S.P.》 앨범은 가슴이 아닌, 머리를 위한 음악이었을까? 케니 도럼의 서정적인 취향에는 맞지 않았을지도 모른다. 그렇다고 오넷 콜먼, 앨버트 에일러, 세실 테일러가 연주하던 프리 재즈도 아니었다. 코드 구조와 일정한 리듬의 맥박을 완전히 저버리지는 않았다. 오히려 《Seven Steps to Heaven》에서 이룬 진전을 기반으로, 존 스웨드의 표현대로, 추상적인 것과 세속적인 것을 결합한다.[75] 코드도 전통적인 조바꿈도 적긴 했으나 마일스 데이비스의 음악처럼 **느껴진다**. 흥얼거릴 만한 선율은 없어도 충분히 듣기 좋은 음악이었다. 그리고 케니 도럼이 뭐라고 하건, 몸을 들썩이게 만들었다.

《E.S.P.》는 1965년 1월 할리우드에서 녹음되었다. 밴드가 뉴욕에 돌아온 뒤에 마일스의 고관절 통증이 심해져 수입이 짭짤했을 공연 몇 개를 취소해야 했다. 4월에 고관절 교체 수술을 받았지만 결과가 좋지 않았다. 8월에 아들들과 장난을 치다 고관절이 골절되었고 이번에는 플라스틱 관절을 삽입하는 수술을 받았다. 병원에서 퇴원한 후에도 통증은 여전히 극심했다. 그는 고통을 달래기 위해 코카인을 복용했고, 예상대로 공격성과 편집증이 심해졌다. 그리고 그달,

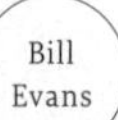

《E.S.P.》가 발매된 바로 그달에 그는 약에 취해 며칠간 종적을 감췄다가 환각 증세를 보이며 돌아왔다. "뒤에서 쫓아오는 목발 소리보다 더 무서운 것은 없었어요." 프랜시스 테일러 데이비스의 회고다.

그러니까 집에 들어오면 내가 놀아났다는 상상 속의 남자를 찾아다니는 거예요. 침대 밑을 뒤지고, 옷장을 들여다보면서. 물론 아무도 없죠. 무슨 소리가 들렸다며 식칼을 들고서 나를 끌고 지하실로 내려갔어요. 거기도 당연히 아무도 없었죠. 내 손목을 틀어쥐고는 위층으로 올라가는데 … 그 순간 불현듯 머릿속에 뭔가가 확 떠오르더라고요. 내가 말했어요. "집 안에 누가 있어! 경찰을 부를게!" 그리고는 현관문 쪽으로 가려는 나에게 그가 말하더군요. "넌 아무 데도 못 가."[76]

컬럼비아에서 발매한 《E.S.P.》 앨범 커버에는 프랜시스의 사진이 실려 있다.[77] 밥 케이토가 찍은 이 사진은 다소 이상하다. 사진 속 데이비스는 자택 뒷마당에 앉아 아름다운 테일러를 올려다보고 있다. 그 옆에서 검은 상의에 꽃무늬 치마를 입고 서 있는 테일러는 사진작가를 쳐다보며 눈을 크게 뜬 채 수수께끼 같은 표정을 짓고 있다. 입술은 뭔가를 말하려는 듯 살짝 벌어져 있다. ("도와줘요"였을까?)

친밀하고 신비로운 소통 방식을 뜻하는 제목을 붙인 앨범의 커버에 서로를 바라보지도 않는 부부의 사진을 썼다는 아이러니는 굳이 지적할 필요도 없을 것이다.

마일스의 표정은 그다지 신비롭지 않다. 거의 연극적이다. 생각에 잠긴 듯 손가락을 입술에 대고 미간을 찡그린 채 그녀를 올려다보

마일스 데이비스의 앨범 《E.S.P.》 커버. 컬럼비아 레코드, 1965.

고 있다. 평가하듯, 걱정하듯. 이 매혹적인 전리품이 내 손아귀에서 빠져나가려는 건가? 그의 예감은 현실이 되었다. 마일스가 또다시 프랜시스를 폭행했을 때 그녀는 정말로 경찰을 불렀다. 그리고 웨스트 77번가 312번지가 공무 수행 절차로 복작거리는 틈을 타 몰래 빠져나와 달아났다. 그녀는 다시는 돌아오지 않았다.

♪♪♪

1960년대 초 언제쯤, 정확한 시점은 알 수 없지만, 재즈의 남작부인 니카 드 쾨니히스바르터는 재즈 뮤지션들에게 단 하나의 질문을 던진 다음 그들의 대답을 모아 책으로 엮는 작업을 시작했다. 당신이 정말 이루고 싶은 소원 세 가지는 무엇인가요?

존 콜트레인은 꽤나 자기 고백적인, 예언이라고까지 할 만한 응답을 내놓았다.

1. 무궁무진한 음악적 신선함. 지금 나는 퀴퀴하다.
2. 질병이나 건강 악화로부터의 면역.
3. 지금보다 세 배 강한 성적 능력. 그리고 하나 더: 사람들에 대한 보다 자연스러운 사랑. 다른 항목에 추가해도 됨.[78]

겉보기에는 조용하고 순수한 삶의 방식, 음악 외에는 거의 관심이 없는 자기만의 세계에 살았다는 동료들의 전언과 달리, 콜트레인은 나이마와의 결혼 생활 초기에 투어를 다니는 뮤지션들, 특히 유명

세를 얻은 이들이 맞닥뜨리는 대표적인 유혹 중 하나에 굴복하고 말았다. 1958년 콜트레인이 아내의 도움으로 마약과 술을 끊은 지 얼마 지나지 않았을 때 뉴저지주의 어느 여인이 그의 딸을 낳았다. "존의 아이라는 그녀의 주장을 받아들이고 양육을 지원했다"고 콜트레인의 사촌 메리 알렉산더는 루이스 포터에게 말했다. 그러나 이 관계는 양육 지원 선에서 끝나지 않았다. 실라는 (엄마와 함께였는지는 확실하지 않지만) 최소한 두 번 콜트레인의 집을 방문한 것으로 보인다. "나이마는 품위와 이해심을 갖고 이 상황에 잘 대처했던 것 같다"고 포터는 쓰고 있지만, 그 말이 전적으로 설득력 있게 들리지는 않는다.[79]

그로부터 얼마 후 디트로이트에서 공연하던 중 콜트레인은 앨리스 매클라우드라는 키가 크고 예쁘고 몹시 부끄럼을 타는 젊은 여성을 만났다. 파티에서 그는 누군가 그녀에게 "오늘 밤 일하는 줄 알았는데, 앨리스. 네 연주를 듣고 싶었거든" 하고 말하는 소리를 들었다. 콜트레인은 이 수줍은 여인에게서 눈을 떼지 못했다. 그녀는 알고 보니 비밥에 재능이 있는 그 지역 출신 피아니스트였다. 콜트레인은 그녀에게 다가가 이렇게 말했다. "당신이 뮤지션인 줄 몰랐어요. 더 이야기해줄래요?"

"나를 바라보는 눈빛만으로도 다시 만나게 되리라는 걸 알았다." 그녀가 훗날 회고했다.

매클라우드가 콜트레인을 다시 본 건 1960년 3월 파리 올랭피아 극장 객석에서였다. 그곳에서 그는 마일스와 연주하고 있었다. 그녀가 거기 있는 걸 그가 알았건 몰랐건 "존의 음악을 통해서 그의 메시지를 받고 있다고 느꼈다. 나에게 개인적으로 말을 거는 것 같았다"

고 그녀는 말했다.[80]

두 달 후, 마일스를 떠나 재즈 갤러리에서 첫 무대를 시작하던 즈음에 콜트레인은 또 다른 여성과 관계를 시작했다. 백인 여자였는데 그 사실은 당시에도 지금도 어떤 의미를 지닌다. 색소폰 주자의 첫 전기 작가 J. C. 토머스가 "트레인의 여인"이라 부른 그녀는 처음부터 작정하고 콜트레인을 노렸던 것 같다. 그가 좋아하는 고구마 파이를 만들어 클럽에 들고 가 공연 첫 세트가 끝난 뒤 그에게 직접 건넸다. "선물을 가져왔어요"라고 말했다고 전해진다.[81]

"당신이?" 콜트레인이 능청을 떨었다.

"내가요." 그녀가 확인해주었다.

동료들이 말하는 수줍고 비사교적인, 마일스에 따르면 바로 앞에 아름다운 여자가 알몸으로 서 있어도 모를, 그런 콜트레인과는 완전 딴판이었다. 둘의 관계는 1960년을 넘어 1961년 끝까지 지속되었고, 이 기간 동안 나이마는 두 번째 유산을 겪었다(첫 번째는 1957년이었다).

1962년 여름, 콜트레인은 4중주단의 유럽 투어에 나이마를 데리고 갔다. 그러나 그녀에게는 고통스러울 만큼 그가 멀게만 느껴졌다. 혹시 유산 때문이냐고, 아니면 내가 했거나 하지 않은 어떤 말이나 행동이 문제냐고, 그녀가 물었다. 그는 퉁명스러운 말투로 짧게 답했다. "아니야."[82]

사실 콜트레인은 그 무렵 개인적으로도 직업적으로도 고통스러운 소용돌이의 한가운데에 있었다. 그의 애정은 다른 곳을 향해 있었고, 주류 평단이 그의 음악을 "반-재즈"라고 공격하면서 음악적 평판마저 흔들리고 있었다. 그는 훗날 비평가들을 용서하게 되는데, 그들

역시 먹고살기 위해 자신이 제대로 이해하지 못하는 음악에 대해 글을 쓸 수밖에 없었다는 사실을 깨달았기 때문이었다. "『다운비트』 사람들에게 마음의 문을 닫았던 시절이 있었어요." 훗날 작가 프랭크 코프스키에게 그가 말했다. "자신들의 약점에 떠밀려 행동하고 있다고 느꼈거든요. … [하지만] 시험은 내 몫이죠. … 그들은 뭐든 원하는 대로 하면 되니까. 중요한 건 내가 하고 있는 일을 흔들림 없이 지켜내는 거였어요. 참 묘한 시절이었지. … 왜냐하면 내 인생에서 꽤 많은 변화를 겪고 있었거든요, 가정생활 면에서도 그렇고 … **전부 다요.**"[83]

《A Love Supreme》 앨범의 라이너 노트에는 보다 격식을 차려 표현했다. "과연 우유부단의 시기가 있었다. 존경받는 길을 벗어나 서약과 어긋나는 국면에 들어섰다."

1963년 7월 말, 존 콜트레인 4중주단은 (중독을 끊겠다고 렉싱턴의 연방 시설에 간 엘빈 존스를 대신해 루이스 헤이스가 참여한 편성으로) 비브라폰 연주자 테리 기브스의 4중주단과 함께 버드랜드 무대에 섰다. "트레인의 여인"의 일기 한 부분이다.

> 7월 18일. 존은 버드랜드에서 테리 기브스와 같은 무대에서 공연 중. 나중에 그곳에 들렀는데 앨리스 매클라우드와 이야기를 나누었다고 내게 말해줌. 기브스 밴드에서 피아노를 치고 있음. 두통이 있다고 해놓고 에어컨 앞에 서 있어서 옥신각신함. 몸에 안 좋으니까.[84]

매클라우드는 피아노만 친 것이 아니었다. 테리 기브스는 이날

무대에서 "두 개의 바이브"라는 이름의 압도적인 퍼포먼스를 선보였
다. 피아니스트 매클라우드가 비브라폰으로 자리를 옮겨 테리 기브
스와 네 마디씩 주고받으며 연주를 이어간 것이었다. 공연이 끝나고
콜드레인이 매클라우드에게 다가갔다. 본래 부끄러움이 많았던 둘
은 언제 그랬냐는 듯 과감해졌다.

"비브라폰을 칠 줄 아는지 전혀 몰랐어요."

"나에 대해 많은 걸 전혀 모르잖아요."

"좋아요. 이제부터 내가 할 수 있는 한, 당신이 어떤 사람인지 모
든 걸 알아내는 일을 내 업으로 삼아야겠군요."

오랜 세월이 흘러 앨리스 콜트레인이 이 만남을 회상했다.

우리가 정말 제대로 만났을 때는 마치 아주아주 오래 알아온 두
친구가 다시 만난 것 같은 느낌이었다. 무척 아름다웠다. 그렇게 내
모든 계획이 멈췄다. 그는 나에게 "당신은 지금 이 그룹과 연주 여행
을 다니고 있지요. 이제는 전 세계 어디든지 나와 함께 여행할 수 있
도록 당신 어머니에게 허락을 받아주기를 바랍니다"라고 말했다.
나는 만약 어머니의 허락과 축복을 받는다면 그룹을 떠나 당신과
같이 여행을 떠나겠다고 답했다. 그래서 어머니에게 전화를 걸었
고, 허락을 해주셨다. …85

두통이 있는 것도 당연하다.

"나이마, 변화를 좀 줄 생각이야." 그 여름날 그가 아내에게 한 말
은 이게 전부였다. 그녀는 슬펐지만 놀라지는 않았다. "머잖아 그런
일이 일어날 것 같았다." 그녀의 말이다. "아무런 설명도 없었다. 그

냥 뭔가 해야 할 일들이 있다고만 하고는 옷가지와 색소폰들만 갖고 떠나버렸다. 그는 호텔에서 지내기도 했고 필라델피아 어머니 집에서 지내기도 했다."[86]

그리고 곧 앨리스 매클라우드와 지냈다. "우리는 둘 다 특정한 영적 방향으로 나아가고 있었다. 그러니 합치는 게 자연스럽게 느껴졌다." 그녀가 훗날 말했다.

신이 두 영혼을 합쳐주는 것 같았다. 다만 존이 다른 여자와 결혼했을 수도 있다고 생각한다. 꼭 나여서가 아니라, 내가 뮤지션이어서가 아니라, 신이 그에게 원하는 평생의 사명을 완수할 수 있도록 그를 도와줄 특정한 자질과 성품을 지닌 여자라면 누구든 괜찮을 테니 말이다.[87]

마일스 데이비스는 그의 긴 회고록에서 종교를 단 한 차례 언급한 바 있다. 그나마도 "영적이다"라든가 "영혼을 [믿는다]"라는 정도였다는 사실이 너무나도 마일스 데이비스답다. 그는 영적이라는 것이 무엇을 뜻하는지에 대해 설명하지 않는다. 더 높은 권위에 순종하는 것에 대해서도 아무 말이 없다. 반면 영혼에 대해서는 말이 많다. 부모님, 그리고 퀸시 트루프와 함께 책을 쓰던 1980년대 말 당시 이미 세상을 떠난 "멍크, 밍거스, 프레디 웹스터, 팻 걸 … 콜트레인이나 길이나 필리" 같은 죽은 뮤지션들,[88] 그러니까 망자들이 그를 찾아온다고 했다. 심지어 원하면 그들을 불러낼 수 있다고 했다. 그러면 그들이 나타나, 사실상 알랑거린다고 했다. 언제나처럼 주도권은 마일스가 쥐었다.

예상할 수 있듯 존 콜트레인의 종교관은 이와는 판이했다. 그는 만사에 겸허한 자세로 임했다. "이해 못하는 것이 있다면 겸손하게 다가가야죠."[89] 몇 년 전 신앙을 되찾았다고 1965년 여름 그는 프랑스 기자에게 말했다. "이미 여러 번 찾았다 잃어버렸다 했습니다. 나는 믿는 집안에서 자랐어요. 내 안에 씨앗은 있으니까 어떤 순간들에 다시 믿음을 찾게 되죠. 그 모든 것이 결국 인생과 연결되는 거예요."

"종교가 삶에, 연주에 도움을 주나요?" 기자가 물었다.

"종교는 나의 전부예요. 나의 음악은 신에게 감사드리는 방식입니다."[90]

또는 신에게 말을 거는 방식이기도 했다. 버밍햄 교회 폭탄 테러가 일어나고 두 달 뒤 (그리고 나이마에서 앨리스로 옮겨간 지 넉 달 뒤) 그는 반은 라이브, 반은 스튜디오 녹음인 앨범 《Live at Birdland》를 위해 여태껏 써 온 곡들과는 극적으로 다른 오리지널 곡 하나를 녹음했다. 〈Alabama〉는 일종의 기도문 같은 선율로 시작한다. 매코이 타이너의 극적이고 거의 위협적인 트레몰로 위로 테너 색소폰이 연주하는 구슬픈 전주곡에 이어 4중주단 전체가 참여하는 묘하게 스윙하는 중간부로 옮겨간다. 슬픔, 분노, 체념 등 온갖 감정이 뒤섞인 악절이 계속된다. 그러다 다시 '곡 안에 또 하나의 곡' 같은 콜트레인의 침울한 연주로 돌아간다. 전체적으로 압도적인 효과를 남긴다. "콜트레인이 어떻게 그리 빨리 그리 커다란 경외감을 불러일으킬 수 있었는지 조금이라도 이해하고 싶다면 아마도 〈Alabama〉에서 그 이유를 찾을 수 있을 것이다." 벤 래틀리프의 글이다. "그의 긴 즉흥 연주가 불러일으키는 주술 같은 격렬함, 화성에 대한 기민한 이해, 작곡 방식 … 그 모든 것이 다 무척 인상적이다. 하지만 〈Alabama〉는 한 시대의 정확한 심리적 초상이기도 하다. 이처럼 복잡한 기분을 이보다 훌륭하게 제시한 뮤지션은 없었다."[91]

콜트레인의 기분도 마찬가지로 복잡했다. 1960년대 초, 그는 정체된 느낌이었다. 〈My Favorite Things〉를 끝도 없이 반복 연주하는 틀에 갇힌 채, 무너져가는 결혼 생활 속에 갇힌 채. 그리고 파국의 주된 원인은 다름 아닌 그 자신이었다.

자기 자신에 대한 짜증을 원동력 삼아 그는 오랜 기간 작곡에 몰두했다. 그리고 1961년의 〈Impressions〉, 1963년의 〈Alabama〉와 〈After the Rain〉 같은 보석들을 낳았다. 1964년 봄, 4중주단은 훌륭하지만 저평가된 앨범 《Crescent》를 녹음했다. 애슐리 칸의 표현에 따르면 이 앨범은 "양식상의 휴식 지점",[92] 즉 갑자기 산 정상이 또렷하게 보이는 산 중턱의 한 지점에 잠시 멈춘 순간이었다.

《Crescent》에는 눈에 띄게 빼어난 곡이 두 개 있었다. 하나는 느리고 사색적인 타이틀곡 〈Crescent〉, 다른 하나는 마음에 남는 구슬픈 발라드 〈Wise One〉이다. 〈Wise One〉은 어쩌면 나이마 또는 앨리스(혹은 둘 다)에게서 영감을 받았을지도 모르는데, 한 여자에서 다른 여자로 옮겨가는 일의 서글픔을 말하는 것 같다. 이 관조적인 음반은 광포하고 격앙된 시대의 한가운데 놓인 고요한 점이었다. 4중주단이 빽빽한 공연 일정을 소화하는 동안, 콜트레인은 절친한 친구의 죽음과(6월에 에릭 돌피가 당뇨병을 진단받지 못한 채 위중한 상태에 빠져 서른여섯의 나이에 인슐린 쇼크로 사망했다), 첫아이의 탄생을(8월에 존 윌리엄스 콜트레인 주니어가 태어났다) 맞았다. 모든 일은 시대적 격변을 배경으로 일어났다. 로큰롤의 폭발적인 부상, 가속화하는 베트남 전쟁과 반전 운동, 블랙 파워 운동, 프리덤 서머§, 민권법, 할렘 폭동. 1964년 여름 이 격랑의 시기 한복판에서 콜트레인과 앨리스 매클라우드는 어린 딸 미셸과 함께 롱아일랜드 외곽의 부유한 흑인 마을 딕스 힐스로 이사했다. 그곳의 1만 6000제곱미터 대지에 지은 멋진 랜치 스타일 벽돌 저택이 그들의 새 보금자리였다. 그들이 찾아낸 이 고요한 섬에서 콜트레인은 신께 드리는 감사의 형식으로 초월적 아름다움과 고요를 표현한 위대한 작품을 창조했다.

콜트레인의 너무도 인간적인 과오들—우리가 거듭 목격한 대로 상실감과 결핍의 깊고 어두운 구렁텅이에서 비롯된 결함들—을 감안하면, 그의 시도를 가볍게 치부해버리기 십상이다. 그의 이런 작업을 약간 (또는 꽤나) 위선적인 행위라거나, 적어도 과장된 행위, 즉 자기 잘못을 만회하려는 죄인의 보여주기식 속죄라고 여길 수 있다. 하지만《A Love Supreme》은 그야말로 위대한 예술 작품이다. 통절 형식으로 작곡된 모음곡이면서, 역설적이게도《Kind of Blue》가 그랬듯 사전에 급하게 대충 쓴 메모에서 출발해, 역시《Kind of Blue》가 그랬듯 사실상 거의 현장에서 즉흥적으로 만들어졌다. (다만 마일스와《Kind of Blue》처럼 콜트레인과 그의 밴드는 사전에《A Love Supreme》의 최소 두 섹션을 클럽에서 연주해보며 다듬었다.) 동등한 힘과 위엄을 지닌 네 부분으로 이루어진 이 앨범의 모든 곡은 유럽 클래식 음악의 사랑받는 작품들처럼 첫 음부터 마지막 음까지 기억에 남고 중요한 작품이다. 그리고 이 모든 것은 1964년 12월 9일 저녁 8시부터 자정까지 루디 밴 겔더의 엥글우드 스튜디오에서 열린 단 한 차례의 녹음 세션으

§ 1964년 여름 인종차별이 가장 심했던 미시시피주에서 흑인 유권자 등록과 시민권 운동을 확대하기 위해 대학생과 활동가들이 대규모로 참여한 민권 운동 캠페인.

로 완성되었다.

루이스 포터의 글이다.

작품에는 면밀하게 짜여진 계획이 있었다. 《A Love Supreme》의 네 섹션 〈Acknowledgement〉(감사), 〈Resolution〉(결심), 〈Pursuance〉(추구), 〈Psalm〉(찬미)은 일종의 순례자의 천로역정을 암시한다. 이 여정에서 순례자는 신에게 감사를 표하고, 신을 추구하기로 결심하고, 탐색하고, 마침내 얻어진 것을 노래로 찬미한다. 모음곡의 네 파트는 아치형의 극적인 흐름을 이룬다. 첫 파트는 서곡의 역할을 하고, 두 번째 파트에서는 긴장이 고조되고, 가장 빠른 템포의 세 번째 파트에서 절정에 이른다. 긴 무반주 베이스 솔로가 열어주는 마지막 파트는 비교적 차분한 종곡이다.[93]

음악 자체는 수차례에 걸쳐 묘사되어왔다. 그러나 언어는 결국 더 많은 언어로 이어지는 세계다. 그 영역은 작가의 능력 혹은 무능력으로 둘러싸여 있으며, 작가의 허영심이 만들어낸 거짓된 빛 아래 놓여 있다. 우리가 해야 할 유일한 일은 듣고 또 듣는 것뿐이다. 엘빈 존스가 치는 중국 징의 첫 울림과 콜트레인이 〈Acknowledgement〉에서 들려주는 장엄하고도 평온한, 무에진muezzin§을 연상시키는 도입부 악절에서부터, 〈Psalm〉의 마지막에 들리는 심벌즈와 베이스와 피아노의 사라져가는 소리까지. 처음부터 끝까지 경외감으로 직조된 《A Love Supreme》은 한 위대한 뮤지션의 평생에 걸친 구도의 정점을

§　이슬람 지역에서 이른 새벽에 크고 청아한 목소리로 기도 시간을 알려주는 사람.

보여준다. 그 과정의 첫 번째 단계는 버드에게 그랬듯 콜트레인에게도 머릿속에서 들리는 소리를 연주해내기 위한 고군분투이고, 두 번째 단계는 그 소리를 실제로 연주할 수 있게 되는 것이다. 그리고 (그 뮤지션이 진정 위대하다면) 세 번째 단계는 연주자가 창작 과정에서 느낀 경외감을 청자에게 전달할 수 있는 능력을 갖추는 것이다.

세속 음악은 물론 종교 음악도 작곡했던 듀크 엘링턴은 이 과정을 "나는 그저 신의 심부름꾼일 뿐입니다"라고 표현했다. 존 콜트레인은《A Love Supreme》의 라이너 노트에서 이와 무척 비슷한 말을 하고자 했다.

친애하는 청자에게. 모든 찬양을 받으실 자, 하나님께 모든 찬양을 드립니다. 올바른 길 위에서 하나님을 따릅시다. 네, 맞습니다. "구하라, 그리하면 너희가 찾을 것이다." 오직 그분을 통해서만 가장 경이로운 유산을 알 수 있습니다. …

그는 이어서 자신의 영적 깨달음과 "우유부단의 시기 … 존경받는 길을 벗어나 서약과 어긋나는 국면"에 대해 언급한다. 그러나 지금, 그는 이렇게 쓴다. 그저 감사하다고.

신의 한 치의 오차도 없는 자비로운 손길을 통해, 나는 그분의 **전능하심**과 우리가 그분을 필요로 하고 그분께 의지하고 있음을 분명히 깨닫고 다시 상기하게 되었습니다. 이제 여러분께 말씀드립니다. **무슨 일이 있든지 … 신과 함께입니다.** 그분은 은혜와 자비가 넘칩니다. 그분의 길은 사랑 안에 존재하며 그 사랑을 통해 우리가 존재합니다.

그것은 진정으로 … 지고의 사랑A Love Supreme입니다. …94

음악을 통해 황홀한 감사를 함께 나누자는 초대다. 어떤 이들은 그럴 수도 있을 것이다. 하지만 모든 청자, 또는 이 곡을 사랑하는 대부분의 청자에게 《A Love Supreme》이 그 자체로 종교적 체험이 되리라 여기는 것은 잘못된 생각일 수 있다. 경이로 가득 찬 이 작품은 〈Acknowledgement〉로 무대를 연다. 희미하게 빛나는 징 소리를 시작으로 지미 개리슨의 심장을 뛰게 만드는 네 음으로 된 주제가 사실상 제목—애슐리 칸의 표현으로는 만트라mantra—을 말해준다. 다시 이어 콜트레인이 모든 조성을 돌며 이 만트라를 반복한 다음, 실제로 제목인 'a love supreme'을 자신의 목소리로, 똑같은 리듬과 음정에 실어 열아홉 번을 되풀이해 읊는다(다음 날 오버더빙했다).95

몇 번을 들어도 매번 전율이 느껴진다. 전율의 이유는, 신이 이 음악과 관계가 있든 없든, 훌륭한 재즈이기 때문이다. 〈Resolution〉의 긴박하고 열정적인 도입부는 그저 우유부단의 해결책만이 아니다. 그것은 너무나도 멋진 재즈 곡이다. 또한 그의 다른 작품들에 포함된 주제며 악구들과의 유사성을 단번에 확인할 수 있을 만큼 뼛속까지 콜트레인답다. 그리고 〈Acknowledgement〉의 네 음짜리 만트라는? 1953년 아트 파머와 퀸시 존스가 쓰고 파머의 7중주단이 연주한 라틴풍의 〈Mau Mau〉를 들어보라. 이 귀에 감기는 맘보 곡은 클라베 퍼커션이 일품이다. 약 1분 30초경에 바리톤 색소폰이 네 음 음형을 연주하는데, 콜트레인의 1964년 주제와 **정확히 똑같다**. 콜트레인이 알고 차용한 것이든, 칸의 주장대로 "많은 이들이 다녀간 블루스의 깊은 우물에서 영감을 길어냈을 뿐"이든,96 다 그냥 재즈일 뿐이다.

Miles
Davis

John
Coltrane

Bill
Evans

그리고 《A Love Supreme》은, 마일스의 최고의 찬사를 빌리자면, 스윙한다.

그러면서도 《Kind of Blue》처럼 음악에 깃든 평온함과 장엄함이 이 앨범을 콜트레인의 다른 작품들을 포함한 그 어떤 재즈 앨범보다 한 차원 위로 끌어올린다. 음악이 불러일으킨 감정은 종교적이든 아니든 분명 깊었다. LP는 비평적으로도 엄청난 성공을 거두었다. 『다운비트』와 『재즈』 모두 《A Love Supreme》을 1965년 올해의 앨범으로 선정했고, 『다운비트』 독자들은 콜트레인을 올해의 재즈맨과 최고의 테너 색소폰 주자로 뽑았다. 또한 『다운비트』의 '명예의 전당'에도 이름을 올렸는데, 테너 색소폰 연주자로는 레스터 영, 콜먼 호킨스에 이어 세 번째였다. 《A Love Supreme》이 발매된 1965년은 젊은 세대가 일으킨 화려한 축제 같은 불길 속에서 팝 음악 세계가 폭발하듯 요동친 한 해였다. 수백만의 젊은 백인 음반 구매자들이 재즈에서 이탈해 비틀스, 롤링 스톤스, 밥 딜런뿐만 아니라 이 시기에 새롭게 등장한 여러 밴드들, 예컨대 어소시에이션, 블루스 프로젝트, 캔드 히트, 도어스, 일렉트릭 프룬스, 그레이트풀 데드, 제퍼슨 에어플레인, 러빙 스푼풀, 마마스 앤드 파파스, 서 더글러스 퀸텟, 스톤 포니스(린다 론스탯이 속했던 그룹) 등으로 옮겨갔다. 이렇듯 혼란스럽고 과도기적인 해에 《A Love Supreme》은 1월 발매와 동시에 팔려나가기 시작했고 결코 멈추지 않았다. 1970년까지 약 50만 장이 판매되었는데, 이는 콜트레인이 임펄스!에서 발매한 다른 앨범들보다 최소 열 배 이상 많은 판매량이었다.

하지만 《A Love Supreme》은 존 콜트레인의 작품 중 대중에게 쉽게 다가갈 수 있는 마지막 작품이기도 했다. "〈Resolution〉은 콜트레인이 마지막으로 남긴 위대한 선율이었다”라고 벤 래틀리프는 쓰고 있다.

그 이후로는 대부분 노래를 위해 만들어진 노래가 아니었다. 선율은 이제 음 간격과 세포 단위의 문제였고, 지속음을 건강하게 유지시키기 위한 음악적 비타민에 불과했다. 〈Suite〉는 진짜 중요한 모음곡§을 녹음하고서 6개월이 지난 시점에 녹음[그리고 콜트레인 사후인 1970년에 발매한 《Transition》 앨범에 수록]되었는데, 그다지 독특한 데가 없다. 콜트레인 4중주단의 후기가 시작되는 것을 알리는 작품으로, 이 시기의 음악은 서로 연결된 하나의 노래라는 특징으로 귀결된다. 그것은 명상과 성가聖歌의 음악, 다시 말해 콜트레인 내면의 우주의 소리다.[97]

그렇다면 질문이 떠오른다. 존 콜트레인의 내면의 우주는 우리가 기꺼이 받아들일 수 있는 것일까? 아니, 과연 우리가 감당할 능력이 있을까?

1965년 봄, 콜트레인은 자기만의 천상계를 향해 빠르게 상승하고 있었다. 관객은 줄고 있어도 그의 신화는 커져갔다. 그해 봄, 그는 개리슨, 타이너, 존스와 함께 하프 노트에서 두 번의 전설적인 공연을 했다. 그중 하나에 갔던 댄 모건스턴은 본인의 취향이 뒤에 나타난 경향보다는 아직 스윙과 비밥 쪽이었음에도 그날 보고 들은 것에 완전히 반해버렸다. “그들은 정말 믿기지 않을 만큼 강렬한 분위기를 만들어냈다.” 그의 회고다.

§　《A Love Supreme》을 말함.

아직도 그게 **느껴진다**. 재즈라 불리는 음악에서 경험한 그 어떤 느낌과도 달랐다. … 그것은 우리를 다른 세상으로 데려갔다. 그렇게 자신을 내맡기자 너무나도 황홀한 느낌에 휩싸였다. 그런 황홀경이야말로 콜트레인이 자신의 음악에서 찾고 있던 것이 아닐까 싶다.[98]

콜트레인이 세상을 떠나고 38년이 지난 2005년에야 발매된 앨범 《Live at the Half Note: One Down, One Up》을 들어보면, 오래전 그 저녁 모건스턴이 느낀 힘을 불완전하게나마 체험할 수 있다. 경험으로 보면 인상적이지만 음악만 보면 분열적이다. 클럽이라는 좁은 공간에서 네 명의 비범한 존재들, 그리고 그들이 각자 또 함께 빚어내는 비범한 소리를 듣는 경험은 숨이 멎을 만큼 압도적이었을 것이다. 그 저녁을 상상하면서 오직 청각으로만 경험하는 건 전혀 다르다. 27분 길이의 타이틀곡 안에는 13분간 이어지는 구간이 있는데, 타이너와 개리슨이 연주에서 빠지고 콜트레인과 존스가 둘 사이의 깊은 음악적 연결을 보여주는 강렬한 듀엣을 펼친다. 이는 이성적으로 경외심이 들 만한 일이며, 자신을 내맡기면 감각적으로도 그렇다. 모든 것은 듣는 이의 감각이 어떤 성향인지에 달려 있다.

♪ ♪ ♪

《A Love Supreme》 이후, 콜트레인은 프리 재즈에 점점 더 매료되었다. 그중에서도 특히 클리블랜드 출신 색소폰 주자 앨버트 에일러에 푹 빠졌는데, 그는 오넷 콜먼이나 세실 테일러보다도 프리 재즈

존 콜트레인 클래식 4중주단, 존 콜트레인, 매코이 타이너, 지미 개리슨, 엘빈 존스(왼쪽 위부터).
오슬로, 1963년 10월 23일.

장르를 더 멀리 밀고 나간 인물이었다. 그는 단순한 음악 그 자체보다 악기가 격정적으로 쏟아내는 소리를 우위에 둠으로써 아방가르드의 지평에 자신만의 작은 영역을 개척했다. 그해 여름 콜트레인은 어느 인터뷰에서 에일러를 듣거나 만나기도 전인 7, 8년 전에 이런 스타일로 연주하는 밴드를 꿈꾼 적이 있었다고 말했다.[99] 이제 그에게는 그 꿈을 실현시킬 문화적 영향력도, 상업적 힘도 있었다. 6월 말 그는 루디 밴 겔더의 스튜디오에 열 명의 뮤지션을 불러 모았다. 4중주단 멤버 셋, 그리고 프레디 허버드, 아트 데이비스, 프리 재즈 주창자 아치 셉과 파로아 샌더스를 포함한 일곱 명까지 모두 그보다 어렸다. 에일러의 구상에 근접한 어떤 것을 대규모 앙상블 형식으로 포착해보려는 시도에 선 라와 세실 테일러의 영향을 뒤섞었다. 그 결과 나온 앨범이 임펄스!에서 발매된《Ascension》이었다.

이 음반에는 내적 완전성이 있다. 콜트레인이 일련의 크레셴도와 데크레셴도, 앙상블 파트와 솔로 파트의 배열을 세심하게 구성해두었기 때문이다. 리허설은 없었고 연주자들이 스튜디오에 도착한 다음에야 계획을 말해주었다. 두 번의 테이크로 각각 약 20분 길이 두 곡의 녹음을 마쳤다. 전부 즉흥 연주였기에 훈련되지 않은 귀에는 간신히 통제된 혼돈처럼 들린다. 어쩌면 훈련된 귀에도 그럴지 모르겠다. 전언에 따르면 두 번째 섹션의 두 번째 테이크 말미에서 엘빈 존스가 "스네어 드럼을 스튜디오 벽에 집어던져 오늘 자기 세션이 끝났음을 알리는 의사 표시를 했다."[100]

콜트레인에게, 그리고 보기에 따라 재즈 그 자체에도 분수령이 된 앨범이었다. 데이브 리브먼은《Ascension》이야말로 "프리 재즈 운동에 불을 붙인 횃불이었다"고 말했다. "그러니까 물론 1959년

에 세실과 오넷이 시작한 거지만, 《Ascension》이 마치 수호성인처럼
'괜찮다, 이건 정당한 음악이다'라고 말해준 거예요. 솔직히《A Love
Supreme》보다 모두에게 더 큰 영향을 미친 앨범이라고 생각해요."[101]
조지 러셀에 따르면 이것은 "콜트레인이 돈에 등을 돌린 순간"이었
다. "이 앨범은 새로운 것New Thing§과 그 연주자들을 콜트레인이 온
전히 포용했음을 알리는 신호였다. 그는 마침내 아방가르드의 완
전한 일원이 되었고, 다시는 돌아가지 않았다"고 에릭 니셴슨은 썼
다.[102]

다른 한편으로는 색소폰 주자 프랭크 포스터의 말대로, "이 앨범
은 일부 뮤지션들에게 하나의 전환점이 되었다. 그때까지 콜트레인
의 열렬한 지지자였던 사람들이 그 이후로 등을 돌렸다."[103]

음반을 녹음하고 일주일 뒤 콜트레인은 4중주단을 이끌고
1965년 뉴포트 재즈 페스티벌 무대에 올랐다. 〈One Down, One Up〉을
연주한 뒤, 이어 〈My Favorite Things〉로 분위기를 한층 부드럽게 만들
었다. 7월 2일 저녁 세션이었다. 같은 날 오후, 피아니스트 겸 재즈 교
육자이자 국내외 여러 곳을 다니며 음악을 전파해온 재즈 홍보 대사
빌리 테일러는 아치 셉 4중주단을 이렇게 소개했다. "이 새로운 음악
을 듣는 이라면 누구나 명백하게 알게 되는 것이 하나 있습니다. 무
슨 일이 일어나고 있는지를 제대로 들으려면, 선율 라인과 리듬 라인
에 의식적으로 주의를 기울여야 한다는 것 말입니다. 편하게 듣는 음
악은 아니지요. 그런 노력을 기울이기로 선택하신 여러분께 감사의
인사를 드립니다."[104]

하지만 예전에 빌리지 뱅가드에서 셉과의 연주를 거부하고 무대에서 내려왔던 마일스 데이비스의 지적처럼("그는 연주를 할 줄 몰랐다. 그러니 연주 못하는 저 머저리 같은 놈이랑 거기서 그러고 서 있을 이유가 없었다"), 이런 노력을 기울이는 사람은 날로 줄어들었다.

불과 몇 년 전까지만 해도 우리가 연주하는 음악은 첨단이었고 들어주는 사람도 많고 인기도 무척 많았다. 그런데 모든 것이 멈추기 시작했다. 비평가들, 특히 백인 비평가들이 이 프리 어쩌고 하는 걸 지지하고, 대부분 사람들이 하던 음악보다 그걸 더 밀어주기 시작했을 때 말이다. 재즈는 이 무렵부터 대중적인 매력을 잃기 시작했다.[105]

그해 8월 시카고에서 열린 『다운비트』 페스티벌에서는 셉이 콜트레인 4중주단의 무대에 즉흥 연주를 하러 올라오자 일부 관객들이 자리를 박차고 나가버렸다. 앞에서 말한 대로 젊은 백인 팬들이 무더기로 재즈를 떠나고 있었다. 그러나 재즈는 그보다 훨씬 본질적인 청중을 잃고 있었다. 몇 년이 지나 베티 카터는 아트 테일러에게 이렇게 말했다. "업타운 사람들한테 아치 셉이 누군지 물어보면 열이면 열 다 몰라요. 그의 음악을 듣는 청중의 90퍼센트는 백인이에요. … 오늘날 우리 뮤지션들 대다수가 흑인을 기피합니다. 오넷 콜먼처럼요. 그들 공연에 가보면 흑인 관객을 찾아볼 수가 없어요."[106]

프리 재즈, 또는 흑인 뮤지션 일부가 불렀던 대로 '자유의 음악'은 두 가지 근본적인 문제를 안고 있었다. 먼저, 그것은 재즈를 비밥보다 더 댄스 음악으로부터 멀어지게 만들었다. 흑인의 몸을 자유로운 존재로 인정하지 않던 미국 사회에서 신체적 표현은 흑인들의 신성한 전통이었다. 또 하나, 별다른 기술 없이도 연주할 수 있었다. 아니, 적어도 그럴싸하게 흉내는 낼 수 있었다. 그냥 나팔을 들고 불기만 하면 되는 것이다. "'프리'라는 용어는 내가 봤을 때 어떤 경우에는 완전 초보에 대한 완곡한 표현이었다." 아치 셉이 말했다. "물론 음악에도 여러 수준이 있었고, 콜트레인 같은 연주자는 아프리카계 미국인의 즉흥 연주 전통 안에서 완벽한 관악기 연주자였다."[107]

하지만 많은 청자들, 심지어 콜트레인에게 가장 호의적인 사람들조차 그 음악을 이해하지 못했다. 아니, 이해하고 싶어 하지 않았다. 작곡가이자 다중 악기 연주자 앤서니 브랙스턴은 하프 노트에서 있었던 극적인 순간을 기억했다. "어떤 여자가 클럽에 들어와서는 4중주단과 연주 중인 [콜트레인의] 팔에 우산 손잡이를 걸어서 잡아당기려고 하는 겁니다. 죽여버리고 싶을 만큼 화가 났어요. 한 세트가 끝나자 여자가 다가와서는 시끄러운 광란의 음악이라며 존을 꾸짖지 뭡니까. 그런데도 존은 여자에게 무척 친절하게, 이해심을 갖고 대했어요."[108]

그러나 그는 이전으로 돌아갈 생각이 전혀 없었다. 오히려 더욱 강하게 미래를 밀어붙였다. 마치 많은 이들이 짐작했듯 자신에게 남은 시간이 많지 않다는 사실을 알았던 것 같다. "곧 떠난다는 걸 그는 알았어요. 떠나기 전에 그걸 했다는 게 감사할 따름이죠." 데이브 리브먼의 말이다. "아마도 1965년일 거예요. 그는 폴 체임버스에게 본인이 살날이 얼마 남지 않았다고 말했어요. 2년인가 뭐 그 정도요. 그게 사실인지 꾸며낸 소린지 모르겠어요. 하지만 그때 이미 건강이 나빴어요. 보면 알 수 있었죠. 좀 과체중이었고. 물론 여전히 강렬하게 연주했어요. 하지만 밴드의 두 번째 색소폰인 파로아가 부담을 덜어준 덕도 사실 컸어요."[109]

콜트레인은 1959년 마일스와 서부 해안 투어 중에 오클랜드에서 리틀록 출신의 패럴 샌더스를 만났다. 아직 10대였던 샌더스는 R&B 밴드들에서 전통적인 도제 수업을 받고 있었지만 더 높은 차원의 음악을 열망했다. 1961년 뉴욕으로 건너와서는 한동안 노숙 생활도 했다. 그러다 선 라가 그에게 일거리를 주었고, 이름을 파로아로 바꿔보라고 권했다. 1963년 어느 날 밤 샌더스는 하프 노트 앞에 서 있었다. 남루한 차림에 굶주린 기색이 역력했는데, 그 행색 때문에 클럽 입장을 거절당한 참이었다. 휴식 시간에 밖에 나온 콜트레인이 샌더스를 발견했고, 클럽 문지기에게 말해 자신의 손님으로 들여보내게 하면서 샌더스에게 꼭 연락하라고 당부했다. 어느 정도 콜트레인의 영향 덕분에 그는 1964년 리더로서 두 장의 앨범을 녹음했다.

샌프란시스코 베이 지역으로 돌아간 샌더스는 1965년 9월 샌프란시스코의 재즈 워크숍으로 콜트레인 4중주단의 공연을 보러 갔다. 그 자리에서 콜트레인이 그에게 "그룹을 바꾸고 음악을 바꿔 다른 사운드를 구현해볼 구상을 하고 있다며 나더러 같이 연주하자고 했다."[110]

콜트레인이 말한 다른 사운드란 "음 너머의" 음악적 영역을 의미했다. 샌더스는 이 접근법에 동의했다. "코드 변화는 나에게 그리 중요하지 않았다. 그것은 내가 경험하고 그래서 내 음악 안에서 흘러나오는 모든 것을 담아내기에는 너무 좁았다."[111]

"콜트레인은 이제 빠르게 나아가고 있었다." 포터의 글이다.

뭔가 괜찮은 것에 도달했음을 직감한 그는 곧바로 수많은 젊은 뮤지션들과 다양한 영향을 밴드에 받아들였다. 그는 더 이상 스윙을 원하지 않았다. 이 시점부터 개리슨은 다시는 워킹 베이스walking bass§를 하지 않았고 짧은 악구와 스트러밍strumming‡으로 박자를 잘게 쪼갰다. 존스는 전력을 다해 스틱을 휘둘렀고 타이너의 섬세한 연주는 점점 더 배경으로 물러났다.[112]

그는 더 이상 스윙을 원하지 않았다. 이것은 음악적 수준이 높은 청자들에게조차 근본적이고 감각적인 문제였다. 젊은 (그리고 흑인) 색소폰 연주자 지망생 데이비스 S. 웨어는 1960년대 중반에 뉴어크의 집에서 맨해튼까지 통근을 하다시피 하며 우상의 연주를 들어왔다. 그가 애슐리 칸에게 한 말이다. "리듬만이라도 꾸준히 가져가준다면 아방가르드에 원하는 만큼 가깝게 갈 수 있었어요. 그런데 콜트레인은 그 박자를 버리고 다른 세계로 들어가 동시에 다양한 방향으로 박자를 건드리는 실험을 시작했고, 수많은 팬을 잃었습니다."[113]

다른 세계는 또 있었다. 콜트레인의 친구 몇몇은 그가 1965년에 LSD를 복용하기 시작했다며 "공연 도중에 LSD로 인해 정신이 너무 혼란해져 중간 휴식이 끝나고 다시 무대에 오를 때 누군가의 부축을 받아야 했다"고 포터에게 말했다.[114]

타이너도 존스도 밴드 사운드의 변화가 불만스러웠다. 1965년 말 빌리지 게이트에서 공연하던 중 상황이 급격히 악화되었다. 콜트레

---

§ 곡의 코드 진행을 따라 4분음표를 지속적으로 연주하면서 즉흥으로 구성하는 베이스 라인.
‡ 기타 등의 악기에서 손가락이나 피크로 여러 줄을 쓸어내려 소리를 내는 기본적인 연주 기법.

Miles
Davis

John
Coltrane

Bill
Evans

인이 옛 필라델피아 친구 라시드 알리를 두 번째 드러머로 데려왔던 것이다. 곧 한 무대에 타악기 주자 둘(타이너까지 치면 사실상 셋)을 올리는 것이 리더의 순간적인 변덕이 아니라 영구적인 계획이라는 사실이 분명해졌다. 존스와 알리는 개인적으로 또 음악적으로 서로 싫어했고, 그러면서 상대보다 더 요란하게 연주하려고 드는 타악기 전투가 이어졌다. 첫 번째 (그리고 예측 가능한) 결과는 불협화음이었고, 더 심각했던 부수적 결과는 5년 반 동안 함께했던 매코이 타이너가 밴드를 떠난 것이었다.

뮤지션으로 계속 성장하기 위해서는 홀로 서야 했다고 피아니스트는 어느 인터뷰에서 말했다. 하지만 훗날 다른 작가에게 보다 솔직하게 털어놓았다. "나 스스로가 그 음악에 어떤 식의 기여도 하지 못한다고 생각했다. 때로 다른 멤버들의 연주가 하나도 들리지 않았다! 들리는 거라고는 그저 지독한 소음뿐. 그 음악에 아무 감정도 느껴지지 않았고, 감정이 없으니 연주 자체가 되지 않았다."[115] 앨리스 콜트레인이 피아노와 하프를 맡아 그의 자리를 대신했다.

엘빈 존스도 이내 뒤따라 밴드를 탈퇴했다. 그 역시 『다운비트』에 거의 똑같은 말을 했다. "때로 내 연주 소리가 하나도 들리지 않았습니다. … 아니, 그 누구의 연주 소리도 안 들렸어요. 그저 지독한 소음뿐이었죠."[116]

"1965년에 콜트레인은 로스앤젤레스의 잇 클럽을 관객들로 가득 채웠다. 그런데 그가 파로아 샌더스, 앨리스 콜트레인, 지미 개리슨, 라시드 알리와 함께 돌아온 다음 해의 공연장에서 내가 본 관객은 고작 세 명이었다"고 스탠리 크라우치는 썼다.[117]

휘트니 밸리엣은 후기 콜트레인은 **진짜** 콜트레인이 아니라고 단언한다. 위대한 4중주단이 해체된 후부터 충격적으로 이른 나이에 세상을 떠나기까지 색소폰 주자가 했던 18개월간의 작업, 즉 그의 음악이 지구의 대기를 뚫고 성간 우주로 점점 더 빨리 치솟던 시기의 그 말이다. "평화롭고 서정적이고 풍부한 음색을 지녔고 신을 사랑하던 콜트레인, 불경한 비명과 한 번에 두 음을 내는 이중음과 창고에 짐을 쌓듯 코드 위에 코드를 덧쌓는 방식으로 우리를 괴롭히는 음악을 결코 편안하게 여기지 않았던 그 콜트레인. … 사람들은 콜트레인의 기괴한 음악에서 검둥이의 어두운 밤을 들었다고 했지만 그들이 실제 들은 것은 자신의 힘에 속수무책인 영웅적이고 유일무이한 서정적 목소리였다."[118]

밸리엣은 이 작품들에서 느꼈던 자신의 불편한 마음을 창작자에게 투영했던 걸까? 그렇지는 않았던 것 같다. 마일스 데이비스에 따르면 콜트레인 "본인조차 당시 하는 음악보다 예전에 하던 음악이 더 좋다"고 말했다고 한다.[119]

"후기 콜트레인은 어느 청자에게나 난해해요." 데이브 리브먼이 내게 말했다. "어려운 음악이었어요. 혼란스럽고 시끄럽고 불협화음이었죠. 오랫동안 모든 이들이 후기 콜트레인 이야기를 하면서 '왜 그런 건지 모르겠어. 정신이 나갔어. LSD를 너무 많이 한 탓이야. 왜 그런 건지 도무지 모르겠어' 이런 반응 일색이었어요."

"어려운 음악이었어요. 하지만 지독하게 깊었죠."[120]

"애당초 어려워야 **맞아요**." 로런 쇼언버그가 말했다. "우리의 한계에 관한 거니까요. 발장단을 맞추는 종류의 음악이 아니에요. 〈Someday My Prince Will Come〉 같은 노래가 아니라고요. 내 해석은

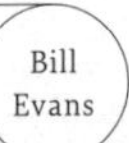

이래요. 위대한 아프리카계 미국인 재즈 아티스트들의 모든 음악, 그리고 비非 아프리카계 미국인 재즈 아티스트들이 그들의 음악을 반영하는 것은 문화를 바꾸는 일이에요. 어떻게 해서든 이 사회에 흑인 천재들이 있다는 것을 알리는 일, 그들에 대한 관점을 근본적으로 재고해야 한다는 것을 알리는 일인 겁니다. 이건 모두 천재의 음악이고 따라서 어떤 식으로든 우리의 기존 질서를 뒤엎을 수밖에 없기 때문에 그래요. 그 위에 잼이 발라져 있을 수도 있고 먹음직스러운 롤빵처럼 보일 수도 있겠죠. 그럼에도 불구하고 어떤 의미에서는 이 음악이 우리를 불편하게 만들기 위해 존재한다는 사실을 직면해야 합니다. 그리고 콜트레인이 마침내 **이 모든 것이 이루어지는** 지점에 도달한 거예요. 오넷이 있었어요. 이런 게 다 있었어요. 이미 다 벌어졌어요. 어쩌면 그는 자기가 병들었다는 것을 알았을지도 모릅니다. 몰랐을 수도 있고요. 환각제들을 갖고 실험하고 있었는지도 모르죠. 아니, 그 모든 게 아무 의미가 없었을지도 모르고요. 어쨌든 결국 사람들이 그의 연주를 들으러 옵니다. 그런데? 그는 우리가 불편하기를 **바라요**. 잭슨 폴록이나 피카소가 관람객이 불편하길 바랐던 바로 그 방식으로 말이에요."

"존 루이스는 내게 콜트레인이 재즈를 죽였다고 했어요." 쇼언버그의 말이 이어진다. "그게 무슨 뜻인지 나도 압니다. [루이스의] 평생 목표는 모던 재즈 쿼텟을 통해 사람들이 쉽게 접근할 수 있는 재즈를 만드는 것이었어요. 매우 지적이고, 수준 높은 음악이었지만 암스트롱과 엘링턴이 그랬듯 사람들이 듣고자 하는 것과 어떤 교차점이 있었어요. **어떻게든** 팝 음악이란 세계의 일부가 되기를 원했단 말이죠. 내 생각에 존의 말은 콜트레인이 재즈를 어떤 지점, 그러니까

[그와 그의 추종자들이] 사람들이 듣기를 원하는지 따위는 아랑곳하지 않는 곳으로 재즈를 끌고 갔다는 의미일 거예요."[121]

"재즈의 지적인 거장 중 한 사람이며, 위대한 블루스 연주자이자 가장 독창적인 스윙의 달인이자 발라드의 대가였던 그가, 어떻게 그토록 감정적으로 편협하고 그의 뿌리와 성취로부터 동떨어진 세계로 들어가게 되었을까?" 스탠리 크라우치는 이런 질문을 던졌다.[122]

관대하고 사려 깊은 콜트레인이 일부러 청중을 불편하게 만들기 위해 그랬으리라고 상상하기는 어렵다. 그보다는 자기 안으로 침잠하면서 그의 내부와 외부에 존재하는 거대한 세계와의 연결을 추구했다고 생각하는 편이 자연스럽다. "음악이 이상하게 들린다는 건 아니. 하지만 그 소리에 뭔가가 있어." 콜트레인이 언젠가 드러머 잭 디조넷에게 한 말이다.[123] "다들 내가 예전에 했던 음악을 듣고 싶어 하지, 지금 하는 음악을 듣고 싶어 하지 않습니다." 콜트레인이 어느 기자에게 말했다. "나는 이상한 경력을 쌓아왔어요. 아직도 어떤 연주를 하고 싶은지 확실하게 찾지를 못했습니다. 지난 몇 년간 일어난 일의 대부분은 질문들이었어요. 언젠가 답을 찾게 되겠죠."[124]

"콜트레인은 정말로 우주와 하나가 되려고 했던 것 같아요." 윌리스 로니가 내게 말했다. "그 소리를 얻기 위해 애썼다는 걸 알아요. 지금은 허블 망원경이 듣고 있는, 우주의 그 음높이 말이에요. 창조의 시작 같은. 그리고 콜트레인은 진동을 찾으려고 했어요. 그 진동이 무엇에 맞춰 떨리는지를 알아내려고 했던 거죠. 내 생각에는, 우리가 기술적으로 음악이라고 알고 있는 것 이상의 어떤 것과 연결된 음악을 찾고자 했던 것 같아요."

"어쩌면 그의 영혼이 육체보다 커져버렸던 것인지도 모르죠."[125]

그리고 어쩌면 존 콜트레인은 재즈를 죽인 것이 아닐지도 모른다. 어쩌면 그냥 재즈를 남겨두고 떠난 것일지도.

1966년 7월 콜트레인은 처음으로 일본 투어에 나섰다. 도쿄에서 열린 기자 회견에서 일본 기자가 앨리스 옆에 앉아 있는 그에게 질문을 던졌다. 통역사가 최선을 다해 옮겼다. "10년 또는 20년 뒤에 어떤 모습이기를 원합니까, 어떤 상황에 있고 싶으세요?"

"뮤지션으로서? 아니면 인간으로서?" 콜트레인이 물었다.

"인간으로서라고 하죠."

"음악에서든 인간으로서든, 나는 성인saint이 되고 싶습니다." 그가 말하고 웃음을 터뜨렸다. 앨리스도 덩달아 웃었다.[126]

그에게는 정확히 1년이 남아 있었다.

"콜트레인이 죽기 바로 직전에 이야기를 나눴어요." 소니 롤린스가 내게 말했다.

"어떻던가요?"

"평상시 그대로, 진지했죠. 하지만 그 대화에서 뭔가 다른 게 느껴졌어요. 목소리도요. 음악에 배음overtone이라는 게 있잖아요. 한 음을 연주하는데 다른 음이 들리는 거요. 콜트레인이 뭐라고 말하는데 목소리 톤에 배음의 고음 부분이 들렸어요."

그것이 무엇을 말하는 거냐고 내가 물었다.

"음, 뭘 말해준 건 없고요. 그냥 '우와' 그랬죠"라고 말하며 그가 웃음을 터뜨렸다. "하지만 언제고 콜트레인과 하는 대화에는 뭔가 초월적인 기운이랄까, 그런 게 있어요. 그렇게 특별한 일은 아니었죠."[127]

마크 두스, St. John Coltrane The Divine Sound Baptist, 1992년.
나무 패널에 아크릴과 금박, 38 x 34 1/2".

우리는 콜트레인의 세속적인 면을 보여주는 증거를 이미 많이 보았다. 그리고 비록 자기 세계에 있고 싶은 강한 욕구를 갖고 있었지만("그는 그런 유형의 사람, 사교적인 걸 좋아하지 않는 사람이었다. 나 역시 사교적인 걸 좋아하지 않았고. 그래서 그게 그냥 우리의 모습이었다"고 앨리스 콜트레인은 회고했다[128]), 그럼에도 그는 딕시 힐스에서의 가정생활을 무척 즐겼다. 앨리스의 딸, 그리고 둘 사이의 아들 셋까지, 어린아이가 넷이나 있었으니 집 안은 늘 활기가 넘쳤으리라. 거실에 놓인 하프와 그랜드 피아노는 집 안을 음악으로 가득 채웠을 것이다. (존은 TV 편성표에서 막스 형제의 영화 재방송을 샅샅이 찾았는데, 특히 하포§의 연주를 보는 걸 좋아했다). 뒷마당에는 밤하늘을 관찰할 수 있는 망원경이 있었고, 서가에는 철학과 영성 관련 도서가 가득 꽂혀 있었다.

그리고 세상에는 물론이고, 심지어 직계가족에게도 숨긴 것이 있었다. 바로 그의 병이었다. 일본에서 돌아온 뒤 그는 그해 11월로 예정되어 있던 유럽 투어를 취소했다. 공연 횟수가 점점 줄었고 장소도 점점 집에서 가까운 곳들로 제한되어갔다. 무대에서는 의자에 앉아 연주하기 시작했다. 어느 기자가 파로아 샌더스를 밴드의 두 번째 테너 색소폰 주자로 두고 있는 게 어떠냐고 묻자 그가 대답했다. "어떤 때는 덕분에 살아남는다 싶어요. 왜냐하면 육체적으로, 아, 내가 살아온 삶의 속도가 굉장히 빨랐잖아요. 게다가 체중도 많이 늘어서 육체적으로 힘들 때가 있거든요. 기운이 아예 없을 때를 대비해서 누가 거기 있어주는 게 좋아요. 밴드의 어딘가에 그런 힘이 있다는 게 마

---

§ 막스 형제 중 둘째인 아서 "하포" 막스. 하프 연주자였다.

음에 듭니다."[129]

그는 건강한 사람이었지만 오랫동안 다양한 방식으로 몸을 학대해왔다. 이제 그가 알고 싶지 않았던, 아내를 비롯해 누구에게도 말하고 싶지 않았던 무엇이 몸 안에서 자라고 있었다. 1967년 5월 7일, 그는 볼티모어에 있는 페이머스 볼룸에서 그의 마지막이 될 무대에 올라 연주했다. 며칠 후 복통이 너무 심해 병원을 찾았고, 생체 검사를 받았으나 수술은 거부했다. 이후 그는 고통스러운 몇 주를 보냈다. 거실 소파에 누워 최근에 녹음했던 세션을 듣는 동안 앨리스는 아이들이 그를 방해하지 못하도록 애썼다. 7월 16일 더는 통증을 참기 어려워지자 앨리스는 그를 태우고 20분 거리에 있는 헌팅턴 병원으로 차를 몰았다. "워낙 건강한 사람이라 직접 걸어서 나갔다." 앨리스의 회고다. "느리기는 했지만 끝까지 걸었다. 그다음부터는 급격하게 나빠졌다."[130] 다음 날 새벽 4시, 그는 간암으로 숨을 거두었다. 1967년 7월 17일, 마흔한 번째 생일을 불과 두 달하고 엿새 앞둔 날이었다.

콜트레인의 죽음에 대한 마일스의 반응은 버드의 죽음 때와 거의 똑같았다. "7월에 콜트레인이 죽었고, 모두를 조져버렸다."[131] 재즈계의 모든 사람이 충격을 받았다고 그는 말했다. 콜트레인은 건강해 보이지 않았다. 누가 봐도 체중이 늘었다. 연주 횟수가 줄었다. 그래도 그렇지, 죽었다고? 데이비스와 콜트레인 둘 다를 대리했던 변호사 해럴드 러빗조차 짐작도 못했던 것 같았다. 재즈계에서 가장 속을 드러내지 않던 천재는 최후의 순간까지 승산 없는 패를 깊숙이 숨겨두고 있었다.

버드의 죽음과 마찬가지로 특정 음악 양식의 중심에 있던 거대한 인물―파커는 비밥, 콜트레인은 프리 재즈―이 사라지자 제자들과 아류들이 방향을 잃고 표류했고, 음악은 사실상 거의 하루아침에 뒤바뀌었다. 버드의 죽음이 가져온 결과는 기쁨에 찬 재탄생, 불사조처럼 다시 날아오른 새롭고 더욱 소울풀한 음악이었다. 존 콜트레인의 죽음은 좀더 골치 아픈 결과를 낳았다. 로큰롤의 재즈 공격이 계속되는 가운데 도어스의 〈Light My Fire〉가 어딜 가든 들리던 시절이었다. 라디오에서 또 그 빌어먹을 노래가 나오자 프랭크 시나트라가 차의 라디오를 발로 차 대시보드까지 박살내버렸다.

"레드 갈런드가 콜트레인에게 그가 하고 있던 것, 그러니까 **새로운 것**을 이끄는 일을 정말 믿는 거냐고 묻자 색소폰 주자는 만약 지금 그만둬버리면 자기를 따르던 그 모든 사람들을 저버리는 셈이 될 거라고만 대답했다." 크라우치는 이렇게 썼다. "콜트레인의 제자들이 그를 따라 예술의 구렁텅이로 굴러떨어졌다고 믿는 사람들이 그때도 많았고 지금도 그렇다."[132]

오넷 콜먼, 세실 테일러, 선 라, 앨버트 에일러, 파로아 샌더스 등은 프리 재즈의 창시자일지 모르지만 결국 소수 마니아층에게만 알려진 인물이었다. 그에 반해 콜트레인은 베스트셀러 앨범《A Love Supreme》(프리 재즈는 아니었지만 그에게 그 길로 가도록 문을 열어주었던 작품)을 통해 재즈계뿐 아니라 그 너머, 더 넓은 (더 백인 중심의) 세계의 상상력까지 사로잡았다. 그는 스스로 하나의 아이콘이 되었다. 현대의 변질된 의미가 아니라 본래의 종교적 의미에 가까운 방식으로 말이다. "그의 삶이 끝날 무렵, 쉴 새 없이 카메라에 포착되던 콜트레인의 모습은 마치 구세주처럼 보이기 시작했다." 휘트니 밸리엇의 글이다. "보통 옆모습으로 찍힌 사진 속에서 그의 길고 잘생기고 고요한 얼굴은 바위처럼 진지했으며(조각상 〈생각하는 사람〉의 포즈와 비슷했다), 카메라로 얼굴을 돌리면 우리의 머릿속을 꿰뚫어보는 것 같았다."[133]

콜트레인이 세상을 떠난 뒤 그의 아이콘적 위상은 더욱 커졌다. 마일스에 따르면, 흑인에게 콜트레인의 후기 음악 속 불꽃과 열정은, 사람들이 알아들을 수 있건 없건, "H. 랩 브라운, 스토클리 카마이클, 흑표당Black Panthers, 휴이 뉴턴이 말로 전했으며 라스트 포이츠와 아미리 바라카가 시로 전했던 것"을 표현하고 있는 것처럼 보였다. 흑인 해방 운동은 "아프로 머리, 다시키 셔츠, 블랙 파워, 공중으로 치켜든 주먹과 더불어" 콜트레인을 혁명의 상징으로 삼았다. "콜트레인은 그들의 자부심이었다. 아름답고 검고 혁명적인 자부심."[134]

다른 사람들, 예컨대 데이비스가 쓴 대로 "많은 백인과 아시아계 지식인들과 혁명가들"에게도 콜트레인의 이미지와 음악은 깊은 울림을 주었다. 깊이 분석된 것은 아니었지만 깊이 느낄 수 있었다. 어떤 사람들에게 그는 록에서 재즈로 건너가는 다리였다. 내가 뉴욕 대학교 신입생이던 1960년대 후반에 같은 기숙사에 살던 한 흑인 친구는 화려한 재킷 디자인을 자랑하는, 콜트레인과 다른 뮤지션들의 임펄스! 앨범들로 꽉 찬 책장을 자랑스럽게 보여주면서 그중 몇 장을 (거의 하나도 알아듣지 못하는) 나에게 들려주었다. 비록 나의 이해도는 빵점에 가까웠지만 씨앗은 하나 뿌려졌던 셈이다.

성인이 되고 싶다던 그의 말은 대체로 농담—어쩌면 일부는 진심?—이었겠지만, 또 어느 인터뷰에서 기독교 창시자와 이름의 머리글자가 같다는 말을 듣고 불쾌한 반응을 보였지만, 그가 죽고 2년이 지난 뒤 샌프란시스코의 성직자 부부 프랜조 W. 킹과 마리나 킹은 그를 시성諡聖하여 수호성인으로 모시는 세인트 존 콜트레인 교회를 설립했다. 처음에 킹 부부는 콜트레인의 음반에서는 별다른 감흥이 없었는데, 재즈 워크숍에서 열린 그의 공연에 갔다가 모든 것이 바뀌었다. "마치 그가 방언을 하는 가운데 하늘에서 불이 내려오는 것 같았어요. 소리의 세례였죠." 프랜조 킹이 회고했다. "그때부터 우리에게 점진적인 변화의 과정이 시작되었습니다. 주의 기름 부음을 받은 소리를 믿는 신자로 거듭나게 되었습니다. 우리는 신의 정신으로부터 천국의 소리가 내려왔다고, 그를 창조의 벽에서 걸어 나와 육신을 입은 소리라고 생각했습니다. 우리는 그의 아름다움을 보았습니다. 존이라고 불리는 자였지요."[135]

마일스는 종교와는 거리가 멀었지만 콜트레인이 세상을 떠난 이후로 줄곧 침실 벽에 그의 사진을 걸어놓았다.

빌 에번스는 그런 영광은 얻지 못했다. 적어도 마일스가 보기에 (그리고 다른 몇몇이 보기에도) 그는 다시는 마일스와 함께하던 때만큼 좋은 연주를 들려주지 못했을 뿐 아니라, (마일스가 보기에) 특별한 죄를 범했기 때문이다. "많은 백인 연주자들에게는, 물론 다는 아니지만 대부분에게는 이상한 점이 하나 있다. 그들은 흑인 그룹에서 성공하고 나면 나가서 백인들끼리만 팀을 이뤄 연주한다. 흑인 동료들이 그렇게 잘 대해주었는데도 말이다." 데이비스가 말했다. "빌도 그랬다. 반드시 스콧이나 폴보다 나은 흑인 연주자들을 구할 수 있었을 거라고 말하려는 건 아니다. 다만 그런 일들이 되풀이해서 일어나는 걸 보고 하는 말이다."[136]

잭 디조넷이 들었다면 어이없어했을 것이다. 그는 1968년부터

1969년까지 에번스의 밴드에서 드럼을 쳤는데, 그 자리를 통해 마일스의 눈에 띄었고, 이후 마일스가 그를 낚아채 《Bitches Brew》 녹음을 위해 꾸린 밴드의 리듬 섹션을 주도하는 역할을 맡겼다. 하지만 다른 경우 확실히 그런 패턴이 있었고, 마일스와의 결별 이후 20년 넘게 이어진 에번스의 경력은 다른 측면들과 함께 광범한 비판과 논란의 대상이 되어왔다. "내 생각에 빌은 다른 선택을 할 수도 있었어요. 3중주단에 흑인 연주자를 더 많이 쓸 수도 있었잖아요." 이선 아이버슨이 내게 말했다. "마일스 데이비스에게서 기름 부음을 받았으니 흑인 연주자들에게 조금 더 손을 뻗고, 조금 더 노력했더라면 좋았을 거예요."[137]

스콧 라파로가 죽고 반 년 동안 에번스는 비탄의 안개 속을 헤맸다. 그러다 새로운 베이스 주자를 찾았다. 자신감 넘치는 스물다섯 살 청년 척 이즈리얼스였다. 에번스는 다시 공연과 녹음을 시작하며 경력 재건에 나섰다. 리버사이드 레코드의 오린 킵뉴스가 이 과정에서 중요한 역할을 했다. 진 리스가 소개시켜준 새 매니저 헬렌 킨 또한 마찬가지였다. 재즈를 사랑했던 그녀는 에번스의 연주를 처음 듣자마자 완전히 넋이 나갔다. 또한 그와 일하는 것이 얼마나 큰 시련이 될지를 처음부터 알았다. "아, 안 돼 … 이 사람은 안 돼. 이 사람은 내 마음을 산산이 부숴버릴지도 몰라."[138]

하지만 킨은 무척 똑똑하고 강인했다. 그녀는 피아니스트의 남은 생애 동안 매니저뿐만 아니라 열렬한 지지자, 의지할 만한 벗, 심지어 음반 프로듀서까지 많은 역할을 도맡았다. 에번스가 경력을 쌓고 또 그가 완전히 망가지지는 않게 지켜주는 최고의 공을 세웠다. "그녀는 빌의 든든한 버팀목이었어요." 리스의 말이다. "그녀가 없었다면 그는 죽었을 거예요. 그녀가 없었다면 그가 이룬 모든 성취는 불가능했을 거라고 생각합니다."[139]

그의 연주와 새 3중주단은 굳건해져가고 있었지만 역설적이게도 에번스의 "삶과 경력은 끔찍하게 엉망이었다"고 리스는 회고했다.[140] 에번스의 가까운 친구이면서 비공식적인 사업 고문이기도 했던 리스는 1962년 여름에 그를 워런 번하트라는 젊은 피아니스트에게 소개했다. 위스콘신 출신인 번하트는 빌 에번스의 팬이었다. 셋은 함께 아침을 먹었고, 번하트는 그에게 완전히 빠져버렸다. "그에게, 그의 온화한 성품에 곧바로 마음을 빼앗겼다." 그의 회고담이다.

식사를 하고 빌의 집에 갔는데 집 안이 꽤 더럽고 어수선했다. 엘레인과 그들의 깡마른 고양이 하모니를 거기서 처음 만났다. 주방에는 오래된 신문 더미가 천장까지 쌓여 있었고 싱크대와 냉장고로 가는 좁은 길만 간신히 남아 있었다. 괴상한 광경이었지만 아름다운 중형 크나베 그랜드 피아노가 거실에 있었다. 그가 있는 앞에서 피아노를 건드리기가 두려웠다. 빌은 그 피아노를 치지는 않았지만 그날 저녁 폴 모션, 척 이즈리얼스와 함께 하는 뱅가드 공연에 나를 초대해주었다.[141]

그날 밤 뱅가드는 손님들로 꽉 찼지만 에번스는 번하트를 위해 클럽에서 가장 좋은 자리를 예약해두었다. "마법 같았다." 번하트의 회고담이 이어진다.

빌의 오른손 바로 옆자리였다. 거리가 1미터도 채 안 됐다. … 비어 있는 내 좌석에 스포트라이트가 비추는 것 같았고, 바로 그 순간 내 인생이 바뀌었다. 그의 옆에, 그와 함께 있는 경험은 내 인생에서 가장 아름다운 순간이었고, 그의 연주는 내가 들어본 가장 훌륭한 소리였다(어린 시절 깊은 감명을 받은 라흐마니노프의 자작곡 연주 녹음 몇 개만 빼고).

우리는 휴식 시간에 함께 담배를 피우고 음악 이야기를 나누었다. 천국에 있는 기분이었다. 빌은 휴식 시간 동안 테이블 위에 놓여 있는 빌리지 뱅가드의 카드 두어 장에 코드 진행을 적어주기도 했다. 그 바쁜 사람이 젊은 팬에게, 그날 처음 만난 애송이에게, 이 얼마나 너그럽고 다정한 행동인가! 그는 심지어 빈 카드 위에 세심하게 오선까지 그려 넣었다.[142]

번하트는 단순한 젊은 팬 이상이었다. 겨우 스물네 살이었지만 클래식 음악 교육을 받은 후 재즈계에서 활동하는 피아니스트였으며, 폴 윈터 6중주단과 함께 한 남아메리카 투어에서 방금 돌아온 참이었다. 그의 전문적이고 뛰어난 기교가 그를 더할 나위 없는 에번스 팬으로 만들어주었을 것이다. 빌 에번스가 무엇 때문에 특별한지를 제대로 이해할 만큼 음악을 잘 아는 사람이었던 것이다.

번하트의 눈(그리고 귀)에 아무리 콩깍지가 씌었어도 에번스의 집 안 꼴이 게으름뱅이의 기행을 넘어선 수준임을 모를 수는 없었다. "엘레인은 마치 강제 수용소에 갇힌 사람처럼 보였고, 빌의 두 손에는 주사 자국이 가득했다. 기타 등등."[143]

이 '기타 등등'에는 길게 설명하기에는 너무나 고통스러운 사실이 감춰져 있었다. 이들은 서로에게, 그리고 아마도 그에 못지않게 마약과 사랑에 빠진 두 약쟁이였다. 마약 밀매업자들은 그들을 좋아했다. 단골만 한 좋은 고객은 없는 법이다. 에번스의 두 손에 가득했던 주사 자국들은 보이지 않는 것을 암시하기도 했다. 두 팔, 두 다리, 두 발. 늘 새로운 주사 부위를 찾게 만드는 손상된 정맥. 클럽을 찾아온 눈 밝은 팬들은 왼손잡이 에번스가 오른쪽 손과 팔에 과도하게 주사를 놓아 신경 손상에까지 이르렀다는 것을 알아차렸다. 1963년 초 "그는 뱅가드에서 공연하는 일주일 내내 한 손으로만 연주했다." 페팅거의 글이다. "왼손과 고난도 페달 기법으로 고음부 선율을 받쳐주며 풍부한 화성을 유지할 수 있었다. 병적 호기심에 싸인 다른 피아니스트들이 이 광경을 보겠다고 찾아왔다."[144]

베이스 주자 빌 크로는 또 다른 장소에서 그것을 목격했다. "신경이 죽은 손을 건반 위에 느슨하게 걸쳐놓고 검지손가락을 떨어뜨려 손의 무게로 건반을 눌렀다. 나머지 연주는 모두 왼손으로 했다. 유심히 보지 않으면 무슨 문제가 있는지 간파하기가 쉽지 않았다."[145]

이 장면은 너무도 간절하고 절박해서 오히려 감탄하게 된다. 에번스의 재간과 고난도 기교에 혀를 내두르지 않을 수 없다. 동시에 인간으로서, 남자로서의 그의 삶은 급속도로 허물어지고 있었다. 마일스가 뼈저리게 깨달았듯 헤로인은 절대 만족시킬 수 없는 아귀였다. 더 많이 할수록 효과가 줄고, 효과가 줄수록 욕망은 더 커지니까. 크고 작은 돈이 하수구로 빨려 들어갔다. 한 가까운 친구이자 동료 뮤지션은 길에서 에번스를 보고는 슬그머니 방향을 틀었던 일을 회상했다. 그가 돈을 빌려달라고 할 게 뻔했기 때문이었다.[146] 찰리 파커와 마일스에 대해서도 많은 사람들이 전했던 똑같이 슬픈 이야기다. 천재도 원숭이를 등에 업으면 나락으로 떨어진다.

라파로의 죽음으로 인한 깊은 슬픔에서 벗어나면서 부리나케 음반 녹음에 착수한 이유는 삶으로 복귀하기 위한 것뿐만 아니라 마약 살 돈이 필요하기 때문이기도 했다. 사채업자들이 손가락을 부러뜨리겠다고 위협하고 있었다. 1962년 여름 프레디 허버드, 짐 홀, 퍼시 히스, 필리 조 존스와 함께 《Interplay》 앨범을 녹음한 직후, 에번스는 또 다른 5중주단 LP 아이디어를 들고 오린 킵뉴스를 찾아갔다. 이번에는 전곡을 자작곡으로 채우겠다며 마침 악보를 갖고 있다고 했다. "벌 수 있는 최대한의 돈을 벌려고 밀어붙이고 있는 게 분명했다." 페팅거의 글이다. "녹음 일정이 잡혀야만 에번스의 악보 출판사가 돈을 지급하기 때문일 거라고 킵뉴스도 짐작했다."[147] 이용당하는 느낌이 긴 했지만 약쟁이의 호소에 수많은 사람들이 넘어갔듯 킵뉴스도 프로젝트를 승인했다. "이번에는 인도적인 이유와 현실적인 필요라는 두 가지에 근거해 나의 행동을 정당화했다." 킵뉴스는 나중에 이렇게 썼다. "주요한 창작 예술가이자 나의 친구였기에 돈이 필요하다는 그의 절박한 청을 차마 외면할 수 없었다."[148]

돈줄은 오래가지 못했다. 1964년 레이블의 공동 설립자 빌 그라우어의 갑작스러운 사망 이후 리버사이드는 파산하게 된다. 하지만 그러는 동안 에번스는 버브와 두둑한 새 계약을 맺어놓고 있었다. 버브는 노먼 그랜츠가 1956년 설립한 레이블이었다. 1960년 그랜츠가 버브를 MGM에 매각하고 몇 달 후, 크리드 테일러가 임펄스!를 떠나 버브의 총괄 이사 자리로 옮겼다. 그는 판매 실적이 떨어지는 아티스트들을 내보내고 상업적으로 가장 광범위한 성공을 거둘 수 있는 재즈를 녹음하는 데 집중했다. 그는 특히 스탠 게츠의 연주를 통해 안토니오 카를로스 조빔의 보사노바를 미국에 알려 큰 성공을 거둔 바

있었다. 그런 그가 이제는 빌 에번스를 스타로 만들고야 말겠다는 결의를 다지고 있었다.

1963년 초, 평론가들조차 그가 음악적으로 유아론적 경향을 보인다고 비판하는 가운데 에번스는 오버더빙을 통해 스스로 반주까지 도맡은 앨범을 만들기 시작했다. 고도의 기교를 요하는 대담한 작업이었고, 녹음 시간도 상당히 소요되었다. 버브/MGM의 탄탄한 자금력과 헬렌 킨과 진 리스의 참을성 있는 지원이 없었다면 불가능했을 프로젝트였다. 에번스는 녹음 세션 도중 헤로인 금단 증상에 시달리기 시작했지만 끝까지 마치겠다고 고집했다. 킨과 리스는 "스튜디오 조명을 낮추고 진심을 다해 그를 격려했다."[149] 이렇게 나온 앨범 《Conversations with Myself》는 1964년 그래미상을 수상했다.

하지만 에번스의 서정성이 아니라 내향적 성향을 우려하는 이들이 있었다. 휘트니 밸리엣은 그의 연주를 "완전히 사적인, 내면의 귀로만 들을 수 있는 음악을 하고 싶은 강렬한 열망과 자신의 내면에서 그런 음악을 발견한 기쁨을 표출하고픈 또 다른 강렬한 열망이 벌이는 대결"로 보았다.[150] 『뉴욕 타임스』의 유력 팝 음악 및 재즈 비평가 존 S. 윌슨도 『다운비트』에 기고한 글에서 비슷한 견해를 피력했다. "생각에 잠긴 채 신중하게 되새기는 피아노 솔로는 그를 현대 재즈의 보기 드문 낭만주의자로 자리매김하게 한다. 3중주단과 연주할 때 그는 주변 세상으로부터 스스로를 단절시킨 채 황혼에 물든 안식처로 들어가, 반쯤 혼미한 상태로 유영하며 손끝으로 길을 더듬듯 길고 사색적인 악구들을 풀어낸다."[151]

손가락들이 다 작동하지 않을 때도 있었다. 이런 몽상과 헤로인 도취 사이의 유사성을 헤아려보지 않을 수 없다.

어쩌면 그는 3중주단의 나머지 멤버들로부터도 스스로를 단절시키고 있었는지 모른다. 단 한 번의 예외만 빼고 에번스는 1960년대부터 1970년대 초까지 사이드맨을 빈번하게 교체했다. 사정상 불가피한 때도 있었고(1960년대 척 이즈리얼스와 폴 모션은 종종 3중주단을 떠나 다른 밴드들과 연주했다), 보다 신랄한 이유가 작용한 때도 있었다. 폴 모션은 에번스와 베이스 주자 게리 피콕과 함께 (나는 마음에 들지만 페팅거는 별로라던[152]) 앨범《Trio '64》를 만들고 난 뒤 밴드에서 완전히 탈퇴했다. 페팅거에 따르면 "3중주단에서 경험해온 자유를 보다 아방가르드적인 맥락에서" 개발시키기 위해서였지만,[153] 훗날 모션은 이선 아이버슨에게 지루해서 떠났다고 말했다.[154]

1965년이 되자 존 S. 윌슨은 빌 에번스를 더는 참아줄 수가 없었다. 자기중심적인 것만도 심각한 문제인데 무색무취하다는 건 도를 넘는다고 느꼈다. 7월 15일 『다운비트』에 그는 이렇게 썼다.

에번스의 연주를 들으면 들을수록 에번스의 신비로움 운운은 최근에 벌어진 아주 대단한 사기극 중 하나라는 확신이 든다. 그의 연주는 … 깔끔하고 정돈되어 있지만, 관심을 끌지도 붙잡아두지도 못한다. 적어도 내게는 그렇다. 에번스의 연주는 자기를 감추려는 특징으로 인해 음악이 청자의 귀에서 사라져버린다. 그렇기에 계속 듣기 위해서는 의식적으로 집중해 들으려는 노력이 필요하다. 이것이 위대한 재즈인가? 쾌적한 분위기를 조성해주되 주의를 끌지 않는 우수한 배경 음악에 더 가깝다. 그런 종류의 음악이 나쁘다는 말이 아니고, 에번스는 그것을 아주 잘 해낸다. 하지만 재즈 숭배자들이 열광할 만한 것은 아닌 듯하다. 여하튼 에번스는 기어코 해냈다.[155]

격한 표현이었다. **칵테일 음악**이라고 꼬집지는 않았지만 굳이 그럴 필요도 없었다. 예측대로 에번스 편과 반대편으로 나뉜 독자들의 편지가 날아들었다. 하지만 윌슨이 에번스를 혹평한 이후 2년 반 동안 엄청나게 많은 역사가 일어났다. 1960년대sixties가 60년대the Sixties§로 빠르게 변화하고 있었다. 재즈 청중은 사라지고 있었으며, 빌 에번스는 마약 중독에 점점 더 깊이 빠져들어 이제는 그의 음악에서 중독을 분리할 수조차 없게 되었다. 1966년 초, 척 이즈리얼스는 "편곡과 작곡 공부를 이어가기 위해 … [또한] 피아니스트의 마약 사용이 더 이상 견디기 어려운 지경이 되었기 때문에" 밴드를 떠났다.[156] 그를 대신해 스물한 살의 에디 고메즈가 합류했고, 그는 이후 11년 동안 에번스와 함께하게 된다.

그해 2월, 몇 차례의 뇌졸중을 겪은 끝에 에번스의 아버지가 세상을 떠났다. 그 직후 에번스는 ⟨In Memory of His Father, Harry L. Evans, 1891-1966⟩라는 제목의 피아노 솔로를 위한 진혼곡을 썼다.

맨정신일 때는 온화하고 느긋한, 술에 취하면 분노에 가득 차 폭력을 일삼던 아버지였지만 빌 에번스는 좋은 점만 기억하기로 했다.

---

§ 반전 운동, 히피 문화, 민권 운동, 성 해방 등 사회적 저항과 문화 혁신이 응축된 1960년대의 시대정신을 지칭하는 말.

"그가 내게 들려준 아버지 이야기는 무척 즐거운 것들이었어요." 에번스의 말년의 연인이었던 로리 버코민이 내게 말했다. "아내를 때렸다거나 [빌과 해리를] 때렸다는 이야기는 해주지 않았어요. 기업가인 아버지가 골프 연습장을 세웠고 가족이 다 함께 연습장 일을 거들었다는 이야기들뿐이었어요."[157]

　　　　　이 책에 등장하는 주요 인물 셋 중에《Kind of Blue》 이후 음악적으로 가장 덜 성장한 사람으로 빌 에번스를 꼽는 주장에 많은 이들이 동의한다. 음악 저술가 스티브 실버먼도 그중 한 명이다. "수십 년에 걸쳐 에디 고메즈 같은 걸출한 사이드맨들이 라파로가 남기고 간 공백을 메우려고 의연히 노력한 반면, 에번스는 매너리즘이 되어버린 습관적 표현들과 자기만의 클리셰에 안주했다. 그의 팬들이야 여전히 매혹되었지만 결국은 창의적 성장의 발목을 잡았다."[158]

"그는 더 나아가지 않고 안전한 연주를 택했어요. 알죠?" 잭 디조넷이 내게 말했다. "훨씬 더 많은 걸 해낼 수 있었을 텐데 말이죠. 일종의 패턴, 정형화된 연주 방식에 빠져버렸어요. 그러니까 곡만 달랐지 접근법은 똑같았던 거죠."[159]

데이브 리브먼은 1970년대 후반에 그가 피아니스트 리치 바이락과 함께 대학 공연에서 연주했던 일화를 내게 들려주었다. 그 공연에는 에번스도 출연했는데, 마지막 반주자들이었던 드러머 조 라바베라와 베이시스트 마크 존슨과 함께였다. "리치와 나는 〈All Blues〉를 자주 연주했는데 상당히 모던하게 했어요. 무대 뒤로 가보니 빌이 조랑 마크랑 앉아 있더군요. 빌이 '흥미로운 버전이네요, 제군들' 하는 거예요."

Miles
Davis

John
Coltrane

Bill
Evans

"좋은 뜻인지 아닌지 우리도 몰랐어요. 그런데 리치가 좋은 질문을 던졌죠. 바로 〈So What〉의 도입부에 나오는 두 개의 코드에 대한 거였어요. 재즈에서 좀처럼 사용되지 않았던 일정 방식, 즉 4도로 보이싱된 코드였거든요. 스크랴빈이 썼던 거예요. 클래식 쪽이 훨씬 앞서나갔으니까요. 그리고 빌이 그런 코드를 쓴 거죠. 마일스한테 배운 보이싱은 아니라고 봐요. 빌이 직접 한 거예요. 그런데 빌은 그걸 계속 발전시키지 않았어요. 매코이는 그렇게 했고요. 매코이의 음악 언어 전체가 그 보이싱에 바탕을 두고 있으니까요."

"리치가 던진 질문은 '빌, 왜 그걸 계속하지 않은 거예요? 당신이 만들어낸 건데요'였고 빌의 대답은 '충분히 서정적이지 않아서'였어요. 맞는 말이었어요. 4도는 3도와는 다르죠. 훌륭한 대답이에요. 나는 제자들을 가르칠 때 이 일화를 들려주곤 합니다. 연주할 때 모든 것을 무無에서 창조할 수는 없다는 걸 보여주려고요. 무언가는 희생해야 하잖아요."[160]

프리 재즈는 에번스의 악기 속성상 구현이 어려웠다. "키스 자렛이 말하길, 피아노로는 사실상 자유로운 연주가 불가능하다고 했어요." 이선 아이버슨이 내게 말했다. "그 의미를 나는 알았어요. 레버[와 해머] 시스템 때문이라고, 그냥 안 되는 거라고 하더라고요. 앨버트 에일러를, 그 가스펠의 울부짖음을 피아노로는 할 수 없는 거예요. 세실 [테일러]는 도약 기법§을 사용하는 유럽 클래식 음악과 유사하게 들려요. 폴 블레이도 굉장히 **아방가르드**하게 연주하지만 서정성을 갖고 있고요."[161]

---

§ 멜로디나 화성에서 음정을 크게 띄워 연주해 음악에 생동감과 긴장감을 주는 표현 방식.

하지만 로런 쇼언버그는 에번스에 대해 이런 의문을 제기했다. "그의 성장이 덜했다고 해야 할까요, 아니면 그보다 그의 연주라는 맥락 안에서, 그 하나의 고랑 속에서만 기하급수적으로 성장했다고 해야 할까요?"[162]

페팅거는 1966년 2월 타운 홀에서 열린 에번스의 뉴욕 데뷔 공연에 대해 이렇게 썼다(그는 그날 솔로로, 3중주단으로, 그리고 풀 오케스트라와 협연으로 연주했다). "에번스는 이제 완전히 자신만의 화성 언어를 창조했다. 완성도 측면에서 이는 거슈윈, 메시앙, 혹은 신고전주의 시기의 스트라빈스키에 비견할 만한 성취다. 그의 화성 언어는 팝 음악의 조성 체계에 기반해 만들어졌고, 특유의 고통스러울 만큼 느린 속도로 진화해왔다. 이 창작자는 결코 서둘러 내달리는 일 없이 차분하게 한 걸음씩 보이싱을 더하고 화음을 강화하면서 이 모든 것을 통합시켰다."[163]

피아니스트이자 밴드 리더인 존 바티스트도 이에 동의한다. "이 셋[마일스, 콜트레인, 에번스] 중에서 빌 에번스가 자신의 구상에 가장 깊이 천착했다는 게 내 생각이에요." 그가 내게 말했다. "마일스는 항상 변했죠. 하나를 깊이 파고드는 대신 그걸 탐구하고 필요한 함의들을 그 안에 다 깔아둠으로써 나머지가 그걸 받아 계속 이어가도록 했다는 의미로요. 마일스의 밴드를 떠난 사람들을 보면 알 수 있죠. 특히 허비와 론과 웨인과 함께했던 시기의 밴드가 그런데, 모두가 밴드를 나와 퓨전, 화성, 리듬, 즉흥 연주, 인상주의 같은, 마일스가 최초로 제시한 개념들을 이어받았어요. 그러면 그는 다음 것으로 옮겨갔고요."

"콜트레인도 비슷한 방식으로 단계적 변화가 있었어요. 어떤 것에 몰입해서 철저히 탐구하고 끝까지 밀고 나가죠. 그렇게 해서 끝을 보고 나면 그게 완전히 다른 무엇인가로 진화해 있는 거예요. 반면에 빌 에번스는 초기에 확립한 자기의 개념이 기반하고 있는 하나의 뿌리만을 줄곧 다뤄왔어요."

"빌에 대해서 또 하나 말하고 싶은 건《Conversations with Myself》 같은 앨범을 들어보면 오버더빙으로 연주를 하는데, 콜트레인은 한 번도 그러지 않았어요.§ 마일스도 마찬가지고요. 내가 보기에는 오늘날 힙합 음악에서 볼 수 있을, 그런 선구적인 발상이에요. 오버더빙은, 말하자면 자기 연주를 샘플링하는 거니까요. 내가 봤을 때 이 세 사람이 후기에 발표한 작품을 통틀어서 가장 혁신적인 음반들 중 하나 같아요."164

에번스 본인은 어떻게 생각했을까? 1970년대에 그는 『다운비트』의 렌 라이언스에게 이렇게 토로했다. "'누가 가장 모던한가'에 대한 집착 말고 '누가 가장 아름답고 인간적인 음악을 만드는가'를 봐야죠. [가장 아름다운] 음악이 가장 모던한 음악일 수도 있는 건데, 아방가르드를 유일한 기준으로 삼는 것이 거의 병적인 현상처럼 되어버렸어요. 특히 재즈에서는."165

마일스는 자신의 길을 갔다. 콜트레인처럼 선율과 리듬을 회피하지도, 에번스처럼 화성적 탐구에 깊이 빠져들지도 않았다. 그는 모드와 리듬을 지속적으로 탐색하면서 끝없이 음들을 덜어내고 정형화된 코드 진행에 저항했다. 그리고 이중성을 유지하며

---

§ 《A Love Supreme》에서 'A Love Supreme'을 되풀이해 읊는 부분은 오버더빙된 것이긴 하다. (저자)

활동했다. 녹음에서는 레퍼토리와 접근 방식을 시험할 수 있었고, 라이브 공연에서는 (콜트레인과 달리) 관객들에게, 적어도 명목상으로라도, 곡이나 레퍼토리 면에서 익숙한 발판을 제공해야 한다는 의무감을 느꼈다.

1965년과 1966년 사이, 데이비스는 늘 위태로운 건강 상태로 인해 음악에 집중하기가 어려웠다. 1965년 8월에 받은 두 번째 고관절 수술에서 채 회복하기도 전인 1966년 1월 이번에는 간 감염—코카인과 음주 습관으로 악화되었다—으로 입원하여 그해 첫 세 달간을 병상에서 보냈다. 5중주단이 다시 투어에 나섰을 때 마일스는 매니저에게 대학 공연 위주로 일정을 잡게 했다. 클럽들에 비해 부담이 덜하고 유혹도 덜했기 때문이다.

병원에 입원하지 않았던 짧은 틈새 기간 동안 마일스는 늘 그렇듯 크리스마스 시즌을 보내기 위해 시카고로 날아갔다. 그곳에서 5중주단은 2주 동안 예전부터 좋아하던 클럽들 중 하나인 플러그드 니켈의 무대에 섰다. 컬럼비아는 12월 22일과 23일 밤 공연을 녹음했고, "시대를 초월한 최고의 수소 폭탄과 잭나이프 밴드"(마일스, 쇼터, 행콕, 카터, 윌리엄스)의 힘과 자유로움이 전력을 다해 질주하고, 때로 혼돈 가운데 비상하는 연주 안에 고스란히 담겼다. "플러그드 니켈 무대에서 우리는 완전 난장을 벌였다. 무대에서 내려왔을 때는 말 한마디 할 기력조차 없었다"고 웨인 쇼터는 회상했다.[166]

《The Complete Live at the Plugged Nickel 1965》는 매혹적이다. 〈Walking'〉 〈On Green Dolphin Street〉 〈'Round Midnight〉로 시작해 〈So What〉까지 표면적으로는 오래된 고전들이었지만, 마일스가 이 곡들을 다루는 방식은 결코 향수에 젖어 있지 않았다(밴드 멤버들 또한 언

제나 그렇듯 명확한 지시 없이 리더가 주는 거의 텔레파시 수준의 신호를 따라갔다). 1965년 말의 데이비스는 곡 제목을 말하지 않았을 뿐만 아니라 곡의 끝마무리조차 하지 않았다. 각 곡은 끊김 없이 다음 곡으로 자연스럽게 흘러 들어갔다.

곡들 자체도 탈바꿈했다. 〈So What〉은 〈왕벌의 비행〉만큼, 아니 그보다 더 빨랐다. 곡을 지배하던 감미롭고 음울하고 명상적인 분위기가 마약에라도 취한 듯 들뜬, 심지어 분노에 찬 분위기로 바뀌었다. 1961년 블랙 호크의 라이브 녹음 〈Walkin'〉을 4년 반 뒤의 플러그드 니켈 녹음 버전과 나란히 놓고 들어보라. 앞의 것은 1950년대 중반의 프레스티지 음반보다는 상당히 빠르지만 제법 진지하고 선율도 있다. 1965년 버전은 알아볼 수 있는 선율을 잠깐 드러냈다가 (빠르게) 걷어내고는 반쯤 추상적인 영역으로 뛰어든다. 완전한 프리 재즈도 아니고 완전한 모달도 아니지만, 속도는 어마무시하게 빠르다 (윌리엄스와 카터의 리듬은 무자비하다). 마일스의 트럼펫은 성질 급한 말벌처럼 위로 아래로 옆으로 날아다니며 여기에 착지하고 저기서 튀어 오르고, 오직 자기만의 박자를 따라간다.

《E.S.P.》 녹음 이후 거의 2년 만에 녹음한 5중주단의 두 번째 앨범 《Miles Smiles》는 일종의 이정표로 여겨진다. '이 밴드가, 이 새로운 사운드가 도착했다.' LP에는 쇼터의 신곡이 세 곡 수록되어 있는데, 그중 하나인 〈Footprints〉는 재즈의 고전으로 자리매김하게 된다.[167] 마일스의 신곡 〈Circle〉도 있다. 또 커버곡으로 비밥풍 하드 밥 두 곡 지미 히스의 1964년작 〈Gingerbread Boy〉와 에디 해리스의 1965년작 〈Freedom Jazz Dance〉를 마일스 스타일로 사랑스럽게 재해석해 수록했다.

데이비스는 밴드가 공연에서 연주하는 것과 음반에 녹음하는 것을 명확히 구분 짓겠다는 전략을 갖고 있었다. 라이브 공연을 찾는 재즈 관객이 쪼그라들고 있었고, 사람들은 어떤 형태로든 익숙함을 갈망했기 때문이다. 스웨드는 이렇게 쓰고 있다. "이 당시 [마일스는] 청중으로부터 스스로를 단절시킬 수도 있는 위험을 감수할 의향이 없었다. 어디까지가 선인지 그는 알았다."[168]

이런 방식이 밴드 멤버들에게 항상 받아들여졌던 건 아니었다. 그들은 모두 뛰어난 젊은 아티스트들이었고, 저마다 음악적인 아이디어가 있었으며, 이미 밴드를 이끌어보았거나 앞으로 이끌 운명이었다. 회고록에서 마일스는 매일 밤 같은 연주를 반복해야 하는 것이 그의 연주자들에게 고역이었다고 시인했다. 앨범 준비를 하면서 함께 치열하게 작업을 해놓고 공연에서는 음반 수록곡을 하나도 연주하지 않는 게 힘들었다고도 고백했다. "앨범에 싣는 새 곡들을 라이브 무대에서 개발시키기보다 옛 음악을 우리가 녹음하던 새 음악처럼 들리게 만들 방법을 찾았다." 그 방법 중 하나는 옛 음악을 빠르게, 더 빠르게 연주하는 것이었다. 하지만 "그러다보면 속도로 인해 할 수 있는 게 점점 제한되는데, 왜냐하면 이미 빠른데 거기서 더 빨라질 수가 없었기 때문이었다."[169]

또한 단순히 템포만 올려서는 연주자들의 창의성을 완전히 충족시키기 어려웠다. 저항이 시작되었다. 쇼터는 가끔 취해서 무대에 올라갔다. 사실상 공동 리더였던 윌리엄스는 종종 자신의 조언을 수용하지 않는 밴드 동료의 솔로에 드럼 반주를 거부하기도 했다. 화성 아이디어가 넘쳤던 허비 행콕은 당혹스러워웠다. 허비는 "이제 뭘 쳐야 할지 모르겠다"고 말했다. 쇼터의 회고다.

그러면 마일스가 말해요. "그럼 연주하지 마. 하고 싶을 때만 해." 그래서 우리끼리 무슨 곡을 연주하는 동안 허비는 무릎 위에 손을 올려놓고 앉아 있었죠. … 그러다 갑자기 허비가 음 하나를 쳤어요. 그러자 마일스가 "방금 그 음, 진짜 죽여줬어"라고 하는 거예요. 우리 모두가 뭔가 일어나고 있다는 걸 본 거죠. … 그때부터 우리는 코드 없이 곡을 연주하기 시작했어요.[170]

1967년 봄 론 카터가 다른 일정으로 자리를 비운 사이, 베이스 주자 버스터 윌리엄스가 합류해 라이브 무대에 함께 섰다. 그는 공연의 첫 곡으로 《E.S.P.》 앨범의 기발한 곡 〈Agitation〉을 연주했던 일을 떠올렸다. 윌리엄스에 따르면 "유일하게 멜로디 비슷한 것이 있는 곡"이었다.

그다음부터는 완전히 전위적이었다. 토니의 연주를 들어봤는데 토니로부터 뭘 어떻게 해야 할지 전혀 감이 잡히지 않았다. 그래서 허비 쪽으로 귀를 돌렸다. 그런데 허비는 절반은 손놓고 있었다. 웨인은 그냥 주변을 떠돌고 있는 것 같았고, 마일스는 자기 연주만 딱 하고 바에 가버렸다. 어떻게 해야 할지 알 수가 없었다. 그저 베이스만 치는 수밖에 …

나는 머릿속에 구조를 유지한 상태에서 느슨하게 코드 진행을 연주하는 법을 터득했다. 듣는 사람들이 이 음악에 구조가 있는지 없는지조차 눈치 못 채게 한참 동안 연주할 수 있었다. 그러다 어떤 포인트에서 탁 쳐주면서 사실 내내 구조를 따라 연주하고 있었다는 걸 드러내는 것이다. 이런 포인트를 들으면 사람들은 이렇게 말한다. "우와, 투명 인간 같네. 여기 있던 사람이 안 보이더니 갑자기 저기서 나타났어."[171]

사라지고 있던 것은 청중이었다. 1960년대 후반에 이르러서는 조지 아바키언이 구상한 마일스 데이비스, 즉 발라드를 히트시키며 수백만 장의 음반을 팔아치울 그 아티스트는 창작에 대한 끝없는 강박의 희생양이 되어 과거 속으로 사라지고 없었다. 그의 생활은 익숙해진 방식을 계속 따라갔지만, 《Miles Smiles》에 이어 1967년 《Sorcerer》, 1968년 《Nefertiti》까지 그의 음반은 이제 수십만 장이 아니라 수만 장씩 팔렸다. 길 에번스와 새 앨범을 내겠다고 약속하고 컬럼비아로부터 거액의 선급금을 받았으나 음반은 나올 기미가 안 보였다. 계속 공수표만 날리며 시간을 버는 그에 대한 경영진의 우려가 커졌다. 1967년 10월 13일, 테오 마세로는(《Quiet Nights》 사건 이후 이제 데이비스와의 관계가 회복되었다) 컬럼비아의 서른다섯 살 신임 사장 클라이브 데이비스에게 이렇게 보고했다. "일전에 마일스와 그의 앨범 가능성을 논의했지만 현재로서는 단지 가능성일 뿐입니다. 이 사람들[데이비스와 길 에번스]은 벌써 3년 반째 이 가능성에 대한 작업에만 매달려 있는 중이니까요."

곧 구식 재즈 뮤지션 여러 명을 제거하게 될 클라이브 데이비스는 이 보고에 친필로 회신했다. "젊은 세대에 어필하는 몇 안 되는 거장 중 하나입니다. 계속 재촉해야겠네요."[172]

1966년 초 병원에서 퇴원한 뒤 마일스는 인근 리버사이드 공원에서 때로는 친구와(가까운 사이가 된 댄 모건스턴이 바로 옆에 살았다) 때로는 혼자 산책을 하곤 했다. 어느 날 산책을 하다가 전에 한두 번 본 적이 있는 시슬리 타이슨과 마주쳤다. 그녀가 전통적인 남자 역할을 맡아 여기 자주 오냐고 그에게 물었다. 그녀의 강렬한 눈빛, "내면에서 타오르는 듯한 불길"에 약간 기가 눌린 남자, 검은 눈빛으로 많은 이들을 겁먹게 하던 그 남자는 정직하게 대답했다. 목요일마다 산책을 나옵니다. 이후 그녀는 그가 산책할 때마다 나타났고, 두 사람의 만남이 시작되었다.

마일스의 회고록에 따르면 둘의 관계 발전을 주도한 건 타이슨이었고, 프랜시스가 떠난 후 내면의 공허감을 느끼던 마일스는 처음에는 저항했다. 하지만 그녀는 "인내심이 있었고 끈질겼다." 마일스는 곧 그녀의 마력에 완전히 사로잡혔다. "그녀는 즉각 내 안에, 그리고 내 일에 깊숙이 들어왔다(다만 자기에 대해서는 아무것도 말하지 않았다)."[173] 그의 일에 들어왔다는 것은 금전 거래에 관한 것보다는(그건 해럴드 러빗이 맡았다) 자신의 몸을 최악의 본능에 방치해온 탓에 걱정스러울 만큼 쇠약해진 마흔 살의 남자를 돌보았다는 뜻 같다. 일례로 그녀는 마일스에게 독주 대신 맥주를 마시게 했는데 이 정도가 간 질환 이후 그가 선택한 절제였다. 이렇게 때로는 격렬하게 부딪혔고, 만남과 이별을 반복하며 이어간 23년간의 관계(1981년부터 1989년까지는 부부)가 시작되었다. 스웨드에 따르면 "수많은 질병에 시달리던 그를 문자 그대로 살아 있게 해준" 유대였다.[174]

두 번째 위대한 5중주단을 3년간 함께해오면서 연주자들에게서 많이 배웠다고 데이비스는 솔직하게 인정했다. 연주자들 또한 훗날 마일스에게서 얼마나 많이 배웠는지 술회한 바 있다.

그와 그의 젊은 천재들로 이루어진 그룹은 재즈를 새로운 정점에 올려놓았다. 하지만 윌리스 로니는 내게 "초음속급으로 연주했어요. 캐넌볼 애덜리의 밴드와 같은 무대에서. 마일스 말이 '우리가 **똥줄 빠지게** 연주를 하니 사람들이 **좋아 죽었지**. 그런데 캐넌볼이 무대에 올라오더니 조 자비눌의 일렉트릭 피아노와 함께 'Country Joe'를 시작하는 거야'"라고 말하고는 웃었다. "〈Mercy, Mercy, Mercy〉를 가리킨 거겠죠."

"그러니까 사람들이 **열광**을 하더래요. 캐넌볼이 사람들을 완전히 **사로잡은 거죠**. 그때까지만 해도 둘이 같은 무대에 올라가면 마일스가 캐넌볼보다 우세였을 건데요. 그런데 **그날** 밤에는 조 자비눌과 'Country Joe'와 청중들이 뭔가 '그래, 이거야!' 하는 것 같으니까, 마일스가 **신경**이 쓰인 거예요."

"그러다 앤디 워홀 파티에서 공연을 했어요. 조 코커, 재니스 조플린, 라산 롤런드 커크 등 그러니까 재즈랑 록이 섞인 무대였죠. 마일스는 그날 나타나지 않았어요. 토니와 나머지 멤버들이 연주를 하고 있는데 옆에서 조 코커가 코카인을 흡입하면서 여자들이랑 그 짓을 하고 있었대요. 그러자 토니가 허비에게 '우리도 **이** 신에 끼어야 해'라고 했어요."

"토니가 마일스에게 말하기 시작했어요 '우리도 밴드에 기타 주자를 하나 넣어서 **록** 스타일로 연주해보면 어때요?' 마일스는 '뭐? 뭐라고? 그런 헛소리는 듣고 싶지 않아' 하며 묵살했죠. 마일스는 젊은 제자를 잃고 싶지 않았어요. 그런데도 토니는 자꾸만 그 이야기를 꺼냈어요."[175]

마일스도 곰곰이 생각을 해보았다. 회고록에서 그는 시카고에서 공연할 때면 월요일 밤마다 블루스 클럽인 사우스 사이드에 가서 머디 워터스를 즐겨 들었다고 말한다. "1달러 50센트짜리 드럼과 하모니카, 두 개의 코드로 연주하는 블루스 … [워터스가] 하는 그런 걸 내 음악에 조금 집어넣어야 한다는 걸 알았다. … 우리가 하던 음악이 점점 너무 추상적인 방향으로 흐르고 있었기 때문이다."[176]

12월 말의 녹음 세션에서 허비 행콕은 뜻밖에도 어쿠스틱이 아닌 일렉트릭 피아노가 자기를 기다리고 있는 것을 보고 불쾌했다.[177] "그러나 마일스가 고집했고, 마지못해 [악기] 앞에 앉았을 때 그의 의구심이 눈 녹듯 사라졌다. 토니 윌리엄스의 드럼을 뚫고 자신의 연주 소리가 들린다는 사실을 깨달았던 것이다." 스웨드의 글이다.[178]

1월 초의 한 세션에는 재즈 기타리스트 버키 피자렐리가 나타났다. 그리고 나흘 뒤에는 떠오르는 신예 조지 벤슨이 마일스의 꼬드김에 넘어가 그 자리를 대신했다. 벤슨은 이런 제안을 받고 우쭐했으나 마일스의 방식은 당황스러웠다. 마일스는 "들어와서 … 서너 음을 불더니 트럼펫을 싸서 나갔다." 이튿날도, 그다음 날도, 또 그다음 날도 같은 일이 되풀이됐다. 이렇게 녹음도 안 하면서 돈 받기는 싫다는 벤슨의 말에 마일스는 녹음할 거니까 걱정 말라고 안심시켜주었다. 녹음이 시작되었다. 벤슨은 솔로를 하고 싶었으나, 마일스는 그냥 베이스 라인을 같이 쳐주기를 원했다. 한편 (벤슨이 "버클리 음악대학 출신 천재"라고 떨떠름하게 말한) 윌리엄스가 벤슨에게 어떤 코드를 연주하라고 계속 일러주었다.[179] 대체 누가 리더지? 도대체 뭘 연주하는 거지?

"그렇게 마일스가 음반에 기타를 넣기 시작해요." 월리스 로니의 말이다. "하지만 토니는 '아니, [피자렐리나 벤슨 따위가 아니라] 지미 헨드릭스 같은 거 말이에요' 이랬죠. 그러다 마일스가 베티와 결혼을 하고, 베티도 지미 헨드릭스 이야기를 해요. 마일스는 자기 아내가 사고 싶어 할 만한 음반을 만들고 싶어졌죠. 그리고 토니가 떠나지 않을 밴드로 유지하고 싶은 것도 있었고요. 나가서 **자기** 밴드를 시작하겠다고 으름장을 놓고 있었거든요. 그렇게 흘러간 거예요."[180]

베티란 베티 마브리를 말했다. 마일스와 만났을 때 그녀는 겨우 스물세 살이었다. 베티는 스타일도 좋지만 내실까지 겸비했고 발랄하며 재기가 넘쳤다. 큰 키에 긴 다리, 눈부시게 아름다운 외모, 자부심 가득한 커다란 아프로 헤어스타일, 그녀는 맨해튼의 핫한 인물이었다. 슬라이 스톤과 지미 헨드릭스의 친구였으며, 싱어송라이터였고(체임버스 브러더스의 베스트셀러 LP《The Time Has Come》에 수록된 〈Uptown〉을 썼다), 패션 디자이너이자 모델로서 『에보니』『세븐틴』『제트』『글래머』 같은 잡지에도 등장했다. 마일스는 그녀에게 완전히 빠져버렸다. 그리고 그것으로 시슬리 타이슨과의 애매한 로맨스는, 일단, 끝났다.

그는 이제 마흔이 넘었고, 그건 몸이 알았다. 타이슨은 마일스보다 거의 두 살이 많았다. 그런데 여기 눈앞에 너무나도 멋지고 불처럼 뜨거운 젊은 여자가 있었다. 다시 태어날 기회, 그는 그 기회를 붙잡았다. 베티는 마일스를 데리고 다운타운으로 가 스타일을 완전히 바꿔주었다. 칼라가 없는 셔츠와 나팔바지를 입기 시작했고, 글리슨 체육관에 돌아가 운동을 했고, 담배를 끊었다. 그녀는 마일스의 팔짱을 끼고 친구인 지미(데이비스를 매혹시키면서도 혼란스럽게 했던 음악의 주인공)와 슬라이(록과 R&B를 섞은 독창적이고 생동감 넘치는 음악으로 마일스를 사로잡은 뮤지션)를 찾아가 그에게 소개해주었다. 로큰롤은 대형 경기장을 꽉 채웠지만, 마일스의 5중주단은 반은 빈 클럽에서 연주했다. 변화가 필요한 시점이었다. 1월과 5월 그는 새로운 LP 《Miles in the Sky》를 녹음했다(노골적으로 비틀스를 참조한 제목도, 사이키델릭한 음반 재킷도 컬럼비아 측의 권유였다). 카터가 마지못해 일렉트릭 베이스를 연주했고, 행콕이 데이비스 작곡의 〈Stuff〉에서 일렉트릭 피아노를 맡았으며, 조지 벤슨이 〈Paraphernalia〉에 참여했다.

마지막 곡 〈Country Son〉은 다양한 스타일과 템포가 섞인 잡탕이었고, 모든 것을 쓸어버릴 듯한 윌리엄스의 역동적인 드럼 연주가 주도했다. 《Miles in the Sky》는 재즈였을까? 록이었을까? 그 중간쯤의 무엇, 아니면 두 장르를 섞은 새로운 혼성체였을까? 마일스에게 딱지는 상관없었다. 그 순간 그가 듣고 싶은 음악이었을 뿐이다. 하지만 음악 평론가들에게는 딱지가 중요했다. 그래서 그들이 곧 퓨전이라고 부르게 될 음악이 공식적으로 시작되었다.

"일전에 허비에게 말한 것처럼 블루스는 이제 더는 안 할 거야." 그 무렵 마일스가 말했다. "블루스는 백인들에게 줘버려. 그자들이 가져갔으니 갖고 있으라지. 우린 다른 걸 연주하자고."[181]

그해 봄 5중주단이 서부 해안 투어 중일 때, 레너드 페더가 간단한 인터뷰를 위해 마일스의 할리우드 호텔 스위트룸에 들렀다. 그곳에서 목격한 장면에 그는 경악했다. "제임스 브라운,

디온 워릭, 토니 베넷, 버즈, 어리사 프랭클린, 피프스 디멘션 등의 음반, 카세트테이프 케이스들이 여기저기 널려 있었다. 재즈 기악 음반은 단 한 개도 없었다."[182]

흐리멍덩하고 고지식한 게 페더다웠다. 그는 자기 면전에서 자기를 쳐다보고 있는 사람이 누구인지조차 몰랐다. 왜 마일스가 다른 사람의 재즈 연주를 들어야 하는가? 그가 **곧** 재즈인데.

1968년 6월, 에디 고메즈의 추천으로 잭 디조넷이 빌 에번스 팀에 합류했다. 새 3중주단은 먼저 그리니치빌리지에 있는 탑 오브 더 게이트 클럽 무대에서 첫 선을 보인 뒤, 제2회 몽트뢰 재즈 페스티벌에 참가하기 위해 스위스로 떠났다. 디조넷은 피아노 주자 키스 자렛, 베이스 주자 세실 맥비와 함께 찰스 로이드의 4중주단에서 활동하고 있었다. 테너 색소폰 겸 플루트 주자 찰스 로이드가 이끄는 가장 진보적이고 힙한 밴드였다. 몽트뢰에서 디조넷은 3중주단에 합류하여 새로운 에너지를 더했고, 그들이 첫 곡으로 연주한 〈One for Helen〉에서부터 젊음과 역동성이 확연히 드러났다. 킨에게 바친 이 아름다운 곡이 거의 광적인 속도로 펼쳐졌다. 디조넷의 타닥거리는 드럼과 고집스러운 라이드 심벌, 그리고 고메즈의 전속력으로 질주하는 베이스 라인에 고무되어, 에번스도 12년 전 조지 러셀의 〈Concerto for Billy the Kid〉 이래 좀처럼 보여준 바 없던 속도로 연주했다.

실로 새로운 에번스였다. 그는 묻는 사람 누구에게나 새 드럼 주자로부터 영감을 얻는다고 말했다. "사실을 말하자면 그 친구 덕에 내가 엉덩이를 떼고 음악을 하게 된 거예요." 에번스가 당시 한 말이다.[183]

반세기가 지난 후 에번스의 이 말이 무슨 뜻이었을지 묻는 질문에 디조넷이 살짝 웃더니 말했다. "내가 아는 건 그가 전에는 허리를 굽히고 연주를 했는데 나와 연주하고부터는 허리를 세웠대요. 꼿꼿이 앉았다는 거죠."

그의 새로운 자세가 코카인과 관련이 있었을까? 드러머는 잠시 망설이다 신중하게 입을 열었다. "가끔 템포를 너무 빠르게 몰아갔어요. 그것 말고는 괜찮았어요."

페팅거의 생각은 달랐다. "에번스는 머리를 낮출수록 연주가 더 좋았다."[184]

같은 6월, 베트남 전쟁 반대 시위에 마틴 루서 킹과 로버트 케네디 암살 사건으로 온 나라가 불타는 동안, 마일스는 《Filles de Kilimanjaro》가 될 고요하고 아름다운 앨범의 작업에 착수했다. 밴드 멤버 간의 관계는 전혀 고요하지 않았다. 허비 행콕이 9월에 진행된 두 번째 녹음 세션에 빠지자—그는 신혼여행 중에 브라질에서 병에 걸렸다—마일스는 그를 해고했다. 토니 윌리엄스의 추천으로 데이비스는 칙 코리아를 영입했다. 윌리엄스가 보스턴에서 코리아와 함께 공연한 적이 있었다. 비슷한 시기에 론 카터는 마일스에게 더 이상 일렉트릭 베이스를 연주하고 싶지 않다고 말했다. 데이비스는 곧바로 그 자리를 영국 청년 데이브 홀랜드로 교체했다. 윌리엄스 역시 여러 문제, 특히 데이비스가 두 번째 드럼 주자를 기용하려는 계획으로 갈등을 겪고 있었다(콜트레인/엘빈 존스/라시드 알리를 보라). 윌리엄스의 탈퇴는 예정된 수순이었다.

한편 세월의 흐름과 이런저런 혼란 속에서도 마일스와 길 에번스의 따뜻한 우정은 계속 이어졌다. 《Kind of Blue》를 작업할 때 빌 에번스를 불러 화성에 대한 그의 전문성을 활용했던 것과 비슷하게, 이번에도 마일스는 새 앨범 작업에 길의 도움을 구했다. 이전 음반과 비슷한 점이 또 하나 있다. 크레디트의 일체(또 그로부터 발생한 수익의 거의 다, 어쩌면 전부)가 마일스 데이비스에게만 갔다는 사실이다.

길은 《Filles de Kilimanjaro》의 구상과 창작에 깊이 관여했다. 베이스 라인을 편곡했고, 관악기 파트를 설계했으며, 11/4 박자의 밝고 긴장감 넘치는 빠른 곡 〈Petits machins(Little Stuff)〉를 공동 작곡했다(이 앨범에도 이후 재발매된 음반에도 그의 이름은 크레디트에 실리지 않았다).[185] 마일스처럼 지미 헨드릭스를 좋아한 길은 데이비스를 도와 헨드릭스의 〈The Wind Cries Mary〉를 부드럽고 사색적이고 아름다운 〈Mademoiselle Mabry〉로 재해석했다. 마일스의 젊은 새 연인에게 바치는 곡이었다.

데이비스와 마브리는 1968년 9월 30일에 시카고에서 결혼식을 올렸다. 그의 누나와 남동생이 입회인으로 참석했다. 비록 1년밖에 지속되지 않았지만, 마브리와의 결혼 생활은 그에게 힘을 북돋워주었고, 그와 그의 음악이 새로운 방향으로 나아가는 데 큰 도움이 되었다.

"내가 밴드에 있을 때 토니 [윌리엄스]와는 6개월 정도 함께 있었어요." 칙 코리아가 내게 말했다. "그다음에 잭 [디조넷]이 들어오면서 모든 게 변했죠. 잭은 자유분방하고 거침없는 스타일이었고, 마일스는 백 비트가 들어간 곡들을 시도하고 있었어요. 음악과 그루브만 바뀐 게 아니라 많은 것들이 덩달아 변했어요. 어느새 우리는 다시키 셔츠를 입고 헤드밴드를 하고 있었죠."[186]

1969년 초《Filles de Kilimanjaro》가 발매되었다. 재킷에는 데이비스가 내건 조건에 따라 패션 사진작가 히로가 찍은 아름다운 베티 마브리의 굉장히 인상적인 이중 이미지가 실렸다.[187] 바로 그 시점에 마일스는 "흑인 아티스트에 대한 홍보가 부족하다"는 이유로 컬럼비아를 공개적으로 비판하고 있었다.[188] 『워싱턴 포스트』는 이 비판을 보도하며 익명의 흑인 소식통을 인용했다. "컬럼비아 같은 회사의 문제는 훌륭한 흑인 아티스트가 있는데도 제대로 홍보를 안 한다는 거예요. 흑인 대상 매체에 돈을 거의 쓰지 않죠. …"[189]

하지만 컬럼비아의 홍보 부서가 록 음악을 전문적으로 다루는 인쇄 매체들에 이 앨범을 알리는 데 들인 특별한 노력은 큰 효과를 봤다(재즈 부문 대표는 직원들에게 보낸 업무 지시에 이렇게 적었다. "《Filles》는 록 음악 구매자들도 관심을 가질 만함. 반드시 언더그라운드 신문§에도 광고를 게재할 것"). 『롤링스톤』은 열광했다. "앨범에 수록된 곡 하나하나를 상세히 묘사한다 해도 앨범의 아름다움과 강렬함을 온전히 전달하기엔 역부족이다. 다섯 곡이 수록되어 있지만 이 곡들은 기본적으로 같은 곡의 다섯 가지 표현으로, 일관된 하나의 작품으로 딱 맞물린다."[190] 일관된 분위기는 한 곡에서 다음 곡으로의 유려한 전환, 그리고 다섯 곡 모두가 같은 F 장조라는 사실 덕분에 더욱 강화되었다. 『롤링스톤』 기사는 어느 백인 청년이 향 냄새와 마리화나 냄새가 가득한 기숙사 방에서《Filles de Kilimanjaro》를 처음 들었던 순간과 거의 일직선으로 연결할 수 있다.

---

§ 1960~1970년대 기성 언론에 반대하며 등장한 비주류, 대안적, 반체제 성향의 독립 신문들.

테오 마세로는 그 자체가 음악적으로 막강한 인물이었다. 줄리아드에서 작곡을 전공했고, 무조 음악과 서드 스트림 음악을 작곡했으며, 재즈 색소폰 연주자였고, 찰스 밍거스와 함께 재즈 작곡가 워크숍을 공동 설립했다. 이후 1957년 컬럼비아 레코드에 입사한 다음에는 프로듀서(그리고 자주 편곡자)로서 조니 매시스, 레너드 번스타인, 텔로니어스 멍크 등 다양한 아티스트들의 팝, 클래식, 재즈 앨범 수백 장을 작업했다. 그는 또 다정하고 허세 없는 성품에 뉴욕주 북부 이탈리아계 미국인 특유의 편안한 유머 감각을 갖고 있었다.

재즈는 마세로의 전문 분야이자 첫사랑이었다. 브루벡의 1959년 대히트 앨범 《Time Out》을 프로듀싱했으며, 밍거스, 멍크, 기타리스트 찰리 버드의 컬럼비아 계약을 성사시켰고, 어빙 타운센드가 서부로 전근 간 직후 그가 맡고 있던 《Kind of Blue》의 프로듀서 작업을 이어받아 앨범을 완성했다. 이것은 그와 마일스 데이비스의 긴밀하면서도 때로는 요동쳤던 직업적 관계의 시작이었다.

제2차 세계대전 이후 음반 업계에 자기 테이프가 도입되면서 프로듀서들은 녹음의 품질을 개선하는 방법으로 테이프를 잘라 이어 붙이는 스플라이싱splicing 기법을 활용하기 시작했다. 곧바로 아방가르드 작곡가들도 자신의 목적에 맞춰 스플라이싱, 루핑looping, 샘플링sampling 등의 방법을 오리지널 곡 창작에 적용했다. 오래지 않아 천성이 아방가르드에 있었던 마세로도 테이프 스플라이싱을 음반 프로듀싱의 중요 도구로 이용하기 시작했고, 마일스도 곧이어 열정적으로 동참했다. "테오는 … 《Porgy and Bess》에서 처음 테이프 스플라이싱을 시작하더니 이어 《Sketches of Spain》에서도 그렇게 했다." 데이비스의 회고다. "[〈Someday My Prince Will Come〉에서도] 마찬가지였다. 그 앨범들에서 우리는 솔로를 나중에 따로 녹음했다. 콜트레인과 내가 관악기 파트를 추가로 연주했다. 이후 빈번히 활용된 흥미로운 과정이었다."[191]

더욱더 빈번해졌고, 더욱더 흥미로워졌다.

《Bitches Brew》라 불리게 될 앨범의 녹음 세션은 1969년 8월 19일에 시작되었다. 원래는 해양 박람회라는 이름으로 홍보했던, 뉴욕주 화이트레이크에서 열린 나흘간의 음악 페스티벌이 막을 내린 다음 날이었다. 이 축제는 곧 우드스톡으로 불리게 된다. 40만 명의 젊은이들이 간헐적인 비, 진창, 열악한 위생 시설, 마약으로 인한 환각을 견디며 존 바에즈, 제퍼슨 에어플레인, 산타나, 그레이트풀 데드, 슬라이 앤드 더 패밀리 스톤, 지미 헨드릭스 등 서른두 팀의 공연을 관람했다. "한 공연에 그렇게 많은 사람이 모이면 다 미쳐버린다. 더군다나 음반을 만드는 사람이라면 특히." 마일스가 말했다. "그들의 머릿속에는 오직 한 가지 생각뿐이다. 어떻게 하면 저 많은 사람들에게 항상 음반을 팔 수 있을까? 우리가 지금껏 그렇게 하지 못했다면 앞으로 어떻게 해야 하지?"[192]

이 생각은 마일스의 머릿속에도 들어차 있었다. 그는 지속적으로 꽤 큰 금액의 선인세를 요구했고 받아왔기에 컬럼비아에 상당한 채무가 있었다.[193] 새 LP들이 차트에 오르긴 해도 잘해야 5만 장대 판매 정도로 빚을 탕감하기에는 턱없이 부족했다. 레이블의 록 아티스트들이 우드스톡을 통해 올리던 판매고에 대면 새발의 피였다. 이 문제로 그는 클라이브 데이비스를 협박해왔고 제법 겁먹게 했던 듯하다.

"쉰 목소리에 낮은 톤이었다." 음반 회사 중역의 회고다.

전화선을 따라 불같은 속삭임이 전해져왔다. 대체 이자가 얼마를 원하는지 알아내려 애쓰고 있었다. 그는 상대를 사로잡는 힘이 있었고 언변도 좋았다. … 그러던 어느 날 마일스가 전화를 걸어 음반 판매량에 대해 불평했다. 시들한 판매고가 지긋지긋하다고, 화가 난다고 했다. 그의 말투는 제법 전투적이었다. 자신의 것을 엄청나게 베껴 쓴 블러드 스웨트 앤드 티어스와 시카고는 수백만 장씩 팔고 있다고, 이 젊은 **백인** 아티스트들이 돈을 갈퀴로 거둬들이는 판에 자신은 매번 선인세나 받으며 연명하는 형편이라고. 그러다 하는 말이 나를 **재즈인**으로 부르지 말고 그냥 이 사람들 옆에서 같이 팔면 더 많이 팔릴 거라고 했다.[194]

놀라운 일이었다. 미국에서 50여 년 사이에 "재즈"라는 단어는 섹스, 스캔들, 센세이션에서 음반 가게의 염가 판매대에 처박히는 신세로 전락했다.

더 큰 변화가 필요했다.

마일스는 이스트 52번가에 위치한 컬럼비아 스튜디오 B를 예약했다(《Filles de Kilimanjaro》의 최종 세션이 그에게는 30번가 스튜디오에서의 마지막 녹음이 되었다). 날짜는 8월 19일부터 21일까지 사흘간, 매일 오전 10시부터 오후 1시까지였다. 첫날 아침 데이비스, 쇼터, 코리아, 홀랜드, 디조넷이 모두 제 시간에 나타났다. 다만 연주자가 더 있었다. 베이스 클라리넷 주자, 두 번째 일렉트릭 피아노 주자(조 자비눌), 일렉트릭 베이스 주자, 그리고 퍼커션 주자 세 명을 마일스가 추가로 고용했던 것이다.

그와 밴드는 그해 여름 투어 중에 신곡 세 곡을 연습했다. 7월 뉴 포트 공연에서(그해 재즈 페스티벌에는 레드 제플린, 슬라이 앤드 더 패 밀리 스톤, 제트로 툴을 비롯한 록 밴드들도 포함되어 있었는데, 조지 와 인은 훗날 이 결정을 후회했다), 그중 〈Miles Runs the Voodoo Down〉과 〈Sanctuary〉 두 곡을 연주했다. 이 곡들은 직전 앨범《In a Silent Way》 에서·선보였던 몽환적인 음악이 아니었다. 새로운 곡들은 마치 폭풍 우가 몰려오기 직전의 어두컴컴하고 긴장된 여름 공기를 연상시키 듯 거칠고 날카롭고 긴박했다.

새 세션들에서 이 곡들을 녹음할 예정이긴 했지만(세 번째 곡은 〈Spanish Key〉), 상세한 악보는 없었다. 예전처럼 몇 개의 코드와 리듬 을 스케치해두었으나 마일스가 뮤지션들에게 원한 것은 즉흥성이었 다. 최고 수준의 즉흥 연주. 그리고 그는 연주자들이 찾아내는 모든 것을 원했다. 처음으로 마세로에게 전 세션의 녹음 장비 운용을 맡겼 다. 마일스는 녹음 현장에서 지휘했다. 각 연주자들 사이를 걸어 다 니며 소리를 더 크게 더 작게 연주하라는 제스처를 보내고, 종종 알 쏭달쏭한 말 한두 마디를 속삭이기도 했다. 그루브가 시작했다 멈추 고 다시 시작되곤 했다. 이 세션들을 칙 코리아는 이렇게 회상했다. "약간 싱겁게 그냥 지나가버렸다. 내 기억에 녹음 자체가 리허설 같 은 느낌이었다. … 나에게는 낭만적이거나 극적인 순간이 별로 없었 다."195

마일스의 기억은 다르다. "정말이지 훌륭한 녹음 세션이었다. 그 리고 내가 기억하기에는 아무런 문제도 없었다. 예전에 비밥 시절에 민턴스에서 벌이던 옛날식 잼 세션 같았다. 매일 세션이 끝나고 스튜디오를 나올 때면 모두가 신이 나 있었다."[196]

이 앨범이 어떤 사운드로 태어날지 데이비스는 사전에 알았을까? 전혀 놀랍지 않게도, 그랬다는 것이 그의 주장이다. 상세한 편곡을 미리 쓰지 않은 것은 "내가 뭘 원하는지 몰라서가 아니었다. 내가 원하는 것이 과정을 통해 자연스럽게 나타날 것임을 알았기 때문이다. 미리 계획한 쓰레기 같은 게 아니라." 그 과정에 확신이 있었건 아니건, 그리고 본인이 인정하듯 그의 들끓는 내면에는 상당한 불확실성이 존재했지만, 확신이 있어 **보이는** 것이 얼마나 중요한지 그는 알았다. 관례를 깨고 녹음 일정 내내 베티가 스튜디오에 와 있었다(맥스 로치도 마찬가지다). 리더 데이비스가 젊은 아내에게 자신의 리더십을 보여주고 싶었던 것이리라.

그리고 위대한 예술가 마일스는 《Bitches Brew》의 완전한 소유권을 원했다. "《Bitches Brew》가 클라이브 데이비스 아니면 테오 마세로의 아이디어였다고 쓴 사람들이 있다." 그가 익숙한 감정을 담아 말했다. "그건 거짓말이다. 그 사람들은 아무런 관여도 하지 않았다. 또다시 백인들이 자격도 없는 다른 백인들에게 공을 밀어주려는 속셈이다. 이 앨범이 돌파구가 되는 개념을 제시했기 때문이다. 굉장히 혁신적이었다."[197]

앨범을 만들기로 한 것이 클라이브 데이비스나 테오 마세로의 아이디어는 아니었을지 모르지만, 위대한 편집자 마세로는 《Bitches Brew》가 최종적으로 그런 모습으로 나오기까지 중대한 역할을 했다. 무려 아홉 시간에 가까운 분량의 테이프를 가지고, 그는 녹음 엔지니어 레이 무어, 마일스와 함께 한 달이 넘게 믹싱과 스플라이싱 작업을 했다. 카를하인츠 슈토크하우젠조차 감명받았을 수준이었

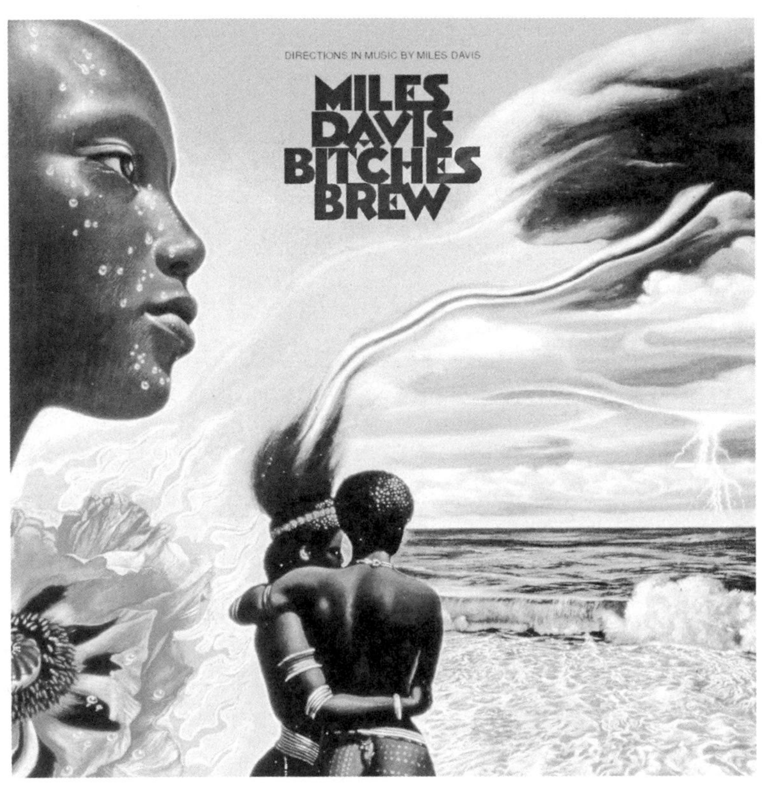

마일스 데이비스의 앨범 《Bitches Brew》 커버. 컬럼비아 레코드, 1970.

다. 스플라이스가 딱 한 군데 있었던 《Kind of Blue》와 비교하면 이 LP가 보여준 차이는 더없이 극명했다. "그 많은 음악으로 우리가 아는 《Bitches Brew》와는 다른 버전을 스무 가지는 만들 수 있었어요." 거의 30년이 지난 뒤 앨범이 재발매되던 시점에 프로듀서 밥 벨던이 말했다. "테오는 논리적이고 음악적으로 흥미로운 방식으로 그걸 제시했던 거죠."[198]

1970년 3월 앨범이 발매되기 몇 달 전, 마세로는 홍보용 녹음본을 음악 매체를 통틀어 아마도 마일스의 최고 팬이었을 랠프 J. 글리슨에게 보냈다(조만간 글리슨은 《Bitches Brew》 앨범에 격찬으로 가득한 e. e. 커밍스 스타일의 라이너 노트를 쓰게 된다). 녹음본을 들은 글리슨은 농담 반 진담 반으로 비꼬았다. "재즈가 죽었다고들 하는데 당신 같은 자들이 죽이고 있었구만." 테오가 화답했다. "내가 재즈를 죽였을지도 모르지. 물론 새로운 음악을 확립했고 말이야. 그동안 자네는 뭘 했나?"[199]

당시로서는 대담했던 제목(외설이 일상인 힙합이 지배하는 요즘에 와서 《Bitches Brew》라는 제목을 놓고 컬럼비아가 대경실색했다는 사실을 생각하면 예스럽고 살짝 정겹기까지 하지만, 우려에 찬 문건들이 컬럼비아 내부에 나돈 끝에야 간신히 승인이 떨어졌다[200])에서부터, 인종적 자부심과 인종 갈등 둘 다를 말하고 있는 것 같은 독일 화가 마티 클라바인의 몽환적이고 불길한 재킷 커버, 어둡게 메아리치는 긴박감과 "정글의 혼돈을 연상시키는 선명하고 전염성 강한 에너지"를 지닌 음악 자체에 이르기까지,[201] 앨범은 전국적으로 즉각적인 그리고 예상대로 엇갈린 관심을 이끌어냈다. 샌안토니오 지역의 한 평론가는 "대체로 허세만 가득했지 지루한 음악으로 채워진 두 장짜리 앨범"이라고 평하며 이렇게 덧붙였다. "랠프 J. 글리슨이 쓴 의식의 흐름 투의 해설은 세상을 바꿀 새로운 콘셉트라고 앨범을 치켜세운다. 두고 볼 일이다."[202]

하지만 AP통신 기자 메리 캠벨은 장문의 신디케이트 기사에서 마일스를 빈사 상태에 빠진 음악의 구세주로 그려냈다.

> 스윙 다음에 비밥이 왔고 비밥 다음에 쿨 또는 프로그레시브 재즈가 뒤따랐다. 음악은 날로 이지적이고 내향적으로 변하며 갈수록 좁아지는 길을 추구했고, 그 길을 따르려는 청자는 점점 더 줄어들었다. 재즈는 죽었다고들 했고, 버터낼 한계 너머까지 밀어붙인 끝에 재즈를 죽인 범인이 바로 쿨 재즈라고들 했다. …
>
> 하지만 업계 안팎의 많은 재즈인들은 재즈가 프로그레시브를 넘어 전진하기를, 쿨이 모든 걸 차갑게 만들지 않았음을 입증해주기를 기다려왔다. 우리는 지금 바로 그 순간에 와 있는지 모른다. 감사하게도 그러기를 바란다.
>
> 컬럼비아는 《Bitches Brew》라는 마일스 데이비스의 두 장짜리 LP를 막 내놓았다. 지독하게 짜릿하다.
>
> 새로운 방향이며 쿨을 이어가면서도 길을 확장하는 것처럼 들린다. 쿨 재즈를 좋아했던 이들이라면 이 앨범을 사랑할 것이다. 따뜻하게 맞아주는 열린 사운드로 보건대 수많은 새 청자들이 합세할 것이 분명하다.[203]

수많은 새 청자들이 합세했다. 컬럼비아 레코드의 역사를 연구한 게리 마모스타인은 이렇게 썼다. 《Bitches Brew》는 "데이비스의 다른 앨범들보다, 아니 그 시기 다른 재즈 앨범들보다 차트에 더 높이 더 오래 머물렀다. 부두voodoo 주제를, 시선을 사로잡는 밝은 색채로 표현한 마티 클라바인과 [컬럼비아의 아트 디렉터] 존 버그의 재킷은 들어가는 음반 가게마다 진열되어 있는 것 같았다."[204]

《Bitches Brew》는 재즈였을까? "앨범 전체가 재즈는 살아 있고 정상 궤도를 되찾았다는 사실을 알려줌으로써 사람들을 환호하게 만든다"고 메리 캠벨은 썼다.[205] 그러나 까칠한 원리주의자 스탠리 크라우치의 의견은 달랐다.

1969년 《In a Silent Way》를 시작으로 데이비스의 사운드는 전자 악기들 속에 파묻혀 대부분 사라져버렸다. 긴 넋두리 같은 곡 안에서 웅웅거리는 배경 음악에 불과하다. 그리고 1년이 지나 나온 《Bitches Brew》는 데이비스가 변절자의 길에 들어섰음을 확인시켜주었다. 이 앨범은 데이비스의 어떤 음반보다도 많이 팔렸고, 여러 건반 악기와 일렉트릭 기타와 고정된 비트 그리고 어수선함이 합세하여 재즈-록을 본격적으로 출범시켰다.[206]

마일스가 남동생에게 전화를 걸어 앨범 일부를 들려주자 "나는 별로야"라고 했다. 왜냐고 묻자 버넌 데이비스가 대답하길, 그간 마일스의 앨범을 빠짐없이 구매했던 국세청 여자 동료가 이번에는 이렇게 말했다는 것이었다. "이제 그는 우리를 잃었어요."[207]

데이비스는 컬럼비아 경영진이 선인세를 계속 지급하고 회수는 못하는 것에 불만을 갖고 있음을 뼈저리게 인식하고 있었다. "그들이 이해하지 못한 게 있다." 마일스가 말했다.

나는 아직 추억으로 남을 준비가, 컬럼비아의 이른바 고전의 명단에 올라갈 준비가 안 되어 있었다. 나는 내 음악의 미래를 보았고 항상 그래왔듯 그걸로 승부를 걸어보려 하고 있었다. 컬럼비아나 그들의 음반 판매량 따위 때문도, 웬 젊은 백인 음반 구매자들을 확보하기 위해서도 아니었다. 나 자신을 위해서, 내가 내 음악에 원하고 필요로 한 것을 위해서였다. **내가** 방향을 바꾸고 싶었던 거다. 내 일을 계속 믿고 사랑하려면 **바꿔야만** 했다.[208]

그리고 두말할 것도 없이 그동안 벌어오던 만큼의 돈을 계속 벌기 위해서이기도 했다. 하지만 클라이브 데이비스가 그에게 뉴욕의 필모어 이스트나 필라델피아의 일렉트릭 팩토리 같은 대형 록 무대에서 연주하면 청중을 더 넓힐 수 있지 않겠느냐고 제안하자 마일스는 격노했다. "그는 '그놈의 장발 백인 꼬맹이들'을 위해 연주할 생각은 없다"고 컬럼비아 사장에게 잘라 말했다. "'사기'를 당할 거라고 했다. [록 공연 기획자] 빌 그레이엄은 그에게 **돈**도 제대로 지불하지 않을 거라고 … 그는 '이 빌어먹을 레이블에서 당장 나가고' 싶다고 했다."[209]

그는 곧 생각을 고쳐먹게 된다.

1970년 3월 마일스와 5중주단은 브라질 출신 퍼커션 주자 아이르토 모레이라가 추가된 편성으로 필모어 이스트에서 닐 영 앤드 크레이지 호스, 그리고 스티브 밀러 밴드의 오프닝 무대에 섰다. 한 달 뒤에는 역시 같은 편성의 밴드로 샌프란시스코의 필모어 웨스트에서 그레이트풀 데드의 오프닝 무대를 맡았다. 마일스에 따르면 6중주단이 연주하는 동안 관객석에 있던 장발 백인 꼬맹이들이 처음에는 걸어 다니고 수다를 떨었지만, 곧 귀 기울여 듣기 시작했다. "《Bitches Brew》그거 말이다. … 걔네들의 넋을 완전히 빼버렸다." 마일스가 회고했다.

"그 시기에 빌 [그레이엄]이 잡아준 무대들이 청중을 확장하는 데 도움이 되었다. 온갖 종류의 사람들 앞에서 연주했다. 로라 니로와 그레이트풀 데드를 보러 온 사람들이 나를 들으러 온 사람들과 섞여 있었다. 그러니 모두에게 좋은 일이었다."[210]

한편, 부분적으로 마일스의 청중이 넓어진 덕분에, 그리고 컬럼비아 고위층에게는 더없이 기쁘게도《Bitches Brew》는 날개 돋친 듯 팔려나갔다. 앨범은 마침내 100만 장 이상 판매되며 재즈 음반 가운데《Kind of Blue》에 이어 두 번째로 많이 팔린 앨범으로 기록되었다.

찰스 로이드의 밴드가 해체되자마자 키스 자렛이 곧바로 마일스의 밴드에 합류했다. 자렛은 칙 코리아와 함께 연주하다가, 1970년 말에 코리아와 데이브 홀랜드가 (짧은 기간 활동한 서클이라는 이름의 4중주단을 결성하러) 떠났고, 그는 1971년까지 남아 있었다. 자렛은 마일스를 숭배했지만 그룹이 연주하던 음악은 끔찍이도 싫어했다. 다른 뮤지션들에 대한 존중도 별로 없었다. "펑크와 과거에 대한 무지가 밴드에 타격을 입히고 있었어요." 그가 말했다.

마일스와 나는 2중주단이나 다름없었어요. 나머지 멤버들은 자기들이 뭘 하는지도 몰랐죠. 마일스가 보스턴의 어느 클럽에서 예전 곡들을 다시 연주했는데 형편없었어요. 그 곡들을 아는 사람이 나 말고는 없었으니까. 베이스 주자는 거의 베이스 초짜처럼 연주를 하더군요. 나머지 멤버들은 외계인이었고요. [마일스는] 상태가 안 좋았어요.[211]

♩♩♩

비틀스는 1970년에 해체되었다. 지미 헨드릭스는 같은 해 9월 스물일곱의 나이로 세상을 떠났다(어머니의 장례식에도 불참했던 마일스가 시애틀까지 날아가는 성의를 보였다). 다음 달에는 재니스 조플린이 역시 같은 나이에 죽음을 맞았다. 역시 스물일곱 살이던 짐 모리슨은 이듬해 7월에 영원히 잠들었다. 록이 이런 연속된 타격으로 휘청거리는 동안 퓨전이라 불리던 음악은 만개했다. 토니 윌리엄스 라이프타임은 1969년에 결성되었다. 조 자비눌과 웨인 쇼터는 1970년 웨더 리포트를 만들었다. 이듬해 존 매클로플린이 마하비시누 오케스트라를, 허비 행콕이 므완디시를 결성했다. 칙 코리아는 서클 이후 한동안 솔로로 활동하다 1972년에 리턴 투 포에버를 시작했다. 이 밴드들에는 강렬한 리듬과 생동감뿐만 아니라 많은 경우 기억에 남는 선율까지 있었다. 그들은 재즈(또는 재즈 같은 무언가)를 오락으로서 살아 있게 만들었다.

모두 마일스의 아이들이었고 모두 마일스보다 음반을 잘 팔았다.

　　1971년 컬럼비아 대학 라디오 방송 WKCR-FM의 학생 진행자가 찰스 밍거스에게 마일스의 새 음악을 어떻게 생각하느냐고 물었다.

밍거스 누구요?

진행자 마일스 데이비스요.

밍거스 들어본 적 없는데. 그 이름 가진 사람 중에 버드와 연주하곤 했던 남자를 알긴 하지만, 죽은 줄 알았는데요.[212]

♪♪♪

　　1970년 초, 공연차 소련으로 향하던 빌 에번스는 여행 가방 안에 있던 헤로인이 적발되어 존 F. 케네디 국제공항에서 체포되었다. 구금은 되었지만 기소는 면했는데, 로리 버코민에 따르면, 엘레인의 정치적 연줄 덕분이었다. 그 결과 (그리고 석방 조건에 따라) 에번스와 엘레인은 헤로인을 끊고 록펠러 대학의 메타돈 실험 프로그램에 참여했다. 새로운 10년의 시작에 맞춰 새로운 인생을 시작한 셈이었다.

　　일반적으로 경구 투여하는 합성 오피오이드인 메타돈은 헤로인에 대한 갈망을 완화하고 금단 증세를 없애주는 효과가 있다. 메타돈 자체도 중독성이 있지만, 철저하게 관리되는 유지 요법하에서는 정맥 주사로 인한 여러 위험들을 포함한 헤로인과 관련된 병폐 전반에 (의학적으로나 사회적으로나) 위생적인 대안이 되어준다. 페팅거의 글이다.

프로그램 참여와 함께 [에번스의] 생활은 알아볼 수 없을 만큼 개선되었다. … 친구들과 팬들은 거의 변신이라 해도 좋을 그의 성격 변화를 목격했다. 이전에는 자주 침울하고 내성적이며 접근하기 어려운 인물이었던 그가 이제 주변 사람들에게 알은 체를 하는 등 솔직한 면모를 새로이 보여주었다. 무대 위에서도 마찬가지였다. 청중의 존재에 무심해 보이던 태도가 사라지고, 비록 절제되긴 했지만, 청중의 환대에 미소와 고갯짓으로 화답하는 모습으로 바뀌어 있었다.[213]

하지만 메타돈 치료는 "[빌과 엘레인의] 관계를 말하자면 끝장냈다고 할 수 있어요. 예전 같지가 않았거든요"라고 버코민은 내게 말했다. "빌은 아이를 갖고 싶었는데 엘레인은 불임이었어요. 둘이 11년 동안이나 약쟁이로 살았으니까요."[214]

사랑에 빠진 약쟁이들. 헤로인이 만든 비극적 로맨스—마약 구하기, 주사하기, 비교할 수 없는 도취감, 다시 구해야만 한다는 초조한 긴박감, 그 모든 것을 함께 하며 주고받았던 그들만의 어두운 농담들—가 두 사람 삶의 중심이었는데, 이제 그 중심이 사라졌던 것이다.

♪ ♪ ♪

빌 에번스는 퓨전에 유혹을 느끼지 않았다. 마일스와는 달리 그는 람보르기니도 표범 가죽 코트도 필요하지 않았다. 그의 명성과 헬렌 킨 덕분에 큰돈은 아니어도 재즈 클럽에서 꾸준히 연주를 이어갈 수 있었다. 재즈를, 그리고 에번스를 우러러보던 유럽에서의 정기 공연 일정도 있었다. 그는 검약한 생활, 여행 가방 하나로 사는 떠돌이 삶에 익숙해져 있었다.

1970년대는 에번스에게도 영향을 미쳤다. 약쟁이 대학 교수 같던 외모는 헤로인 습관과 함께 사라졌다(심하게 손상된 치아도 사라졌다. 런던 투어 중에 재즈 팬인 한 영국 치과 의사가 전체 틀니를 무료로 제작해주었다). 체중이 늘었고 사자 갈기처럼 머리를 기르더니 콧수염을 기르고 이어 턱수염까지 무성하게 길렀다. 셔츠 컬러도 커졌고, 무늬가 들어간 폴리에스테르 셔츠를 즐겨 입는 유감스러운 취향도 덩달아 커졌다.

음악적 성장은 다른 문제였다. 전자 베이스 픽업의 등장이 큰 몫을 하면서 3중주단에서 에디 고메즈가 가장 실험적인 멤버라는 말이 돌았다. 많은 평론가들이 지적했듯 이 시기에 피아니스트는 창작의 정체기에 빠져 있던 반면, 일부 관찰자들이 개탄하듯 베이스 솔로가 과도하게 부상했다.

에번스는 개의치 않는 듯했다. 해외에서의 열광적인 호응에 그는 계속 힘을 얻었다. 영국, 스칸디나비아, 유럽 각국의 극장들을 가득 메운 청중들은 그가 피아노 앞에 앉으면 경외감에 숨을 죽였다. 미국 클럽들과는 분위기가 전혀 달랐다. 1973년 초 3중주단의 첫 일본 투어 때 "우리가 … 도착하자 TV 카메라, 현수막, 꽃다발, 그야말로 군악대만 빼고 모든 게 다 있었다." 헬렌 킨의 회고다. "호텔 벨보이부터 웨이터, 사인북을 들고 키득거리는 소녀들까지, 모두가 빌이 누군지 아는 것 같았다. 그리고 언제나 그랬듯 그는 모든 상황 하나하나에 진솔한 매력으로 다가갔다. 빌의 성격에서 가장 사랑스러운 면 중

빌 에번스 3중주단. 에디 고메즈, 엘리엇 지그먼드, 빌 에번스, 1975년경.

하나는 그가 어디를 가든 받았던 스타 대접을 거의 아이처럼 순수하
게 기뻐했다는 점이라고 생각한다."[215]

　미국으로 돌아오자마자 에번스는 캘리포니아주 레돈도 비치에
있는 새로 생긴 클럽 '콘서츠 바이 더 시'의 무대에 올랐다. 허모서 비
치에 라이트하우스를 세운 하워드 럼지의 최신 사업이었다. 거기서
그는 네넷 자자라는 젊은 칵테일 웨이트리스를 만났고 둘은 번개
라도 맞은 듯 서로에게 성적 매혹을 느꼈다. 꿀빛 머리카락과 풍만한
몸매를 지니고 있었고, 넓게 떨어져 있는 두 눈에는 위험한 기운이
감돌았다. 생기와 관능과 도발이 넘쳤고 에번스의 아이를 낳아줄 수
있다는 가능성까지, 한마디로 말해서 엘레인이 가지지 못한 전부를
갖고 있었다. (네넷은 맥신이라는 어린 딸을 혼자 키우는 싱글맘이었다.)
그녀는 재즈에는 별 관심이 없었지만 빌의 지성과 건조한 유머 감각
을 사랑했고 특히 침대에서의 그를 사랑했다. 짧고 격렬한 연애 끝에
에번스는 그녀에게 청혼했고, 그녀는 수락했다.

　뉴욕에 돌아온 에번스는 엘레인에게 이 사실을 털어놓았다. 그들
은 12년 동안 모든 것을 함께 나눈 사이였다. 주삿바늘(그리고 고통)
을 포함해 허시스 초콜릿 시럽(빌)이나 하겐다즈 커피 아이스크림
(엘레인)을 섞은 우유와 소금 크래커로 때우던 끼니까지. 전기가 끊
겨 냉골인 아파트에 나란히 누워 있기도 했고, 복도에서 전원을 끌어
와 TV를 겨우 틀어놓기도 했다. 헤로인과 양초와 엘레인이 직접 낳았
다고 농담하던 쌍둥이 샴 고양이 하모니와 멜로디의 사료를 사는 데
빌의 수입을 모두 탕진하기도 했다. 어떤 면에서 그녀는 그에게 연인
이라기보다 자식을 끔찍이 아끼는 어머니 같은 존재가 되어 있었다.
처음에는 에번스와의 결별을 받아들이는 듯싶던 엘레인은 그가 캘

리포니아로 돌아가자 공동 은행 계좌에서 돈을 전부 인출해 라스베이거스로 날아가 도박으로 날려 없앤 뒤 뉴욕으로 돌아와 지하철에 몸을 던졌다. 헬렌 킨이 찾아가 그녀의 가냘픈 몸을 확인해야 했다.

에번스와 네넷은 그해 8월에 플라자 호텔에서 성대한 결혼식을 올렸다.

1972년의 나머지 시간들을 마일스는 자주 스튜디오에서 보내며, 시타르와 타블라가 포함된 세미 일렉트릭 9중주단 편성으로 공연도 몇 차례 가졌다. 그의 음악은《Bitches Brew》의 맥을 계속 이어갔다. 전자적이고, 울림 있고, 긴박하고, 음울한 음악이었다. 〈Ife〉〈Chieftain〉〈Rated X〉 같은 곡들에서 마일스는 솔로보다는 짧은 악구 위주의 작업을 계속해나갔다. 트럼펫 대신 오르간을 연주하는 일도 많았다. 트럼펫에 전자 픽업을 써온 지는 꽤 되었는데, 그는 이제 종종 와와 페달을 쓰기도 했다.[216] 이러한 혁신은 랜디 브레커에게서 익혔을지도 모르겠다. 9월에 링컨 센터에서 열린 공연의 관객석에는 열두 살의 재즈 신동 월리스 로니가 있었다. "내 평생 가장 훌륭한 공연 중 하나였어요." 로니가 내게 말했다.

마일스의 새 6중주단이었죠. [드럼 주자] 앨 포스터가 막 합류했고, [소프라노 색소폰 주자] 칼로스 가넷, [키보드 주자] 세드릭 로슨, [일렉트릭 베이스 주자] 마이클 헨더슨, [퍼커션 주자 제임스 음투메 포먼, 지미 히스의 아들] 음투메 이렇게요. [막 발매된 LP]《On the Corner》의 곡들을 연주했어요. 나도 잘 아는 곡들이었는데요. 마일스가 와와 페달을 사용해 연주하는 건 처음 들었죠. 하지만 여전히 밴드에 피아노 주자가 있었어요. 칙이나 키스랑 하던 밴드와의 연결고리가 아직 남아 있었던 거죠. 그 시절 사운드가 있었어요.[217]

그로부터 3주 후, 데이비스의 건강 문제가 한층 악화되었다. 팰로앨토에서 공연을 마치고 돌아온 그는 시차로 인해 피곤했던지 웨스트사이드 하이웨이에서 람보르기니를 몰다 깜빡 잠이 들었고, 잔디가 깔린 중앙 분리대에 충돌하며 양쪽 다리가 골절되는 큰 사고를 당했다. 몇 주간 병원 신세를 지고 퇴원한 다음 1972년의 남은 시간은 집에 틀어박혀 요양해야 했다.

하지만 1973년 초 그는 다시 왕성한 투어 활동에 돌입했다. 처음에는 9중주단과, 5월 이후부터는 새 7중주단과 함께 무대에 올랐다. 7중주단의 멤버는 데이브 리브먼이 테너 색소폰과 소프라노 색소폰과 플루트를, (헨드릭스처럼 연주했던) 피트 코지와 레지 루커스가 일렉트릭 기타를, 마이클 헨더슨이 일렉트릭 베이스를, 앨 포스터가 드럼을, 음투메가 콩가 등 퍼커션을 맡았다. 마일스를 제외한 모두가 20대였고 리브먼을 제외한 모두가 흑인이었다. "로드 매니저를 빼면 백인은 나뿐이었어요." 리브먼이 내게 말했다.

이때가 1973년, 흑표당 활동이 활발하던 시기였어요. 그야말로 짐승의 뱃속에 있었죠. 야마하 장비도 붉은색, 초록색, 검정색, 이렇게 흑표당 깃발 색깔로 칠해져 있었어요. 그런데 거기에 이 데이브가, 작고 왜소한 유대인이 있는 거예요. 팽팽한 긴장감이 감돌았죠. 밴드 멤버들 중에도 내가 거기 있는 걸 못마땅해하는 사람들이 있었어요. 개인적인 감정 때문에 그런 건 전혀 아니었고요. 어느 날 그냥 쉬고 있는데 마일스가 난데없이 불쑥 "쟤들은 너 싫어해" 이러더군요. 그래서 내가 "쟤들 누구요?" 하자, 밴드 멤버 두엇을 특히 한 명을 짚어주더라고요. "걔네한테 너는 색이 없는 거라고 말해줬어. 괜찮지?" 하더라고요. 그래서 "고마워요, 마일스" 하고 대답했어요.[218]

그룹은 일본, 스위스, 프랑스, 이탈리아, 스웨덴, 덴마크, 독일, 유고슬라비아, 영국 등 다양한 국가를 다니며 광범위한 투어를 했다. 다만 데이비스는 건강 문제로 지각이 빈번했고 간혹 공연이 취소되는 일도 있었다.

"내가 함께한 동안 마일스는 진통제에 중독되어 있었어요." 리브먼이 말했다. "나도 같이 했어요. 그가 하는 건 뭐든 나도 했거든요. 퍼커댄 말이에요. 100알 있던 게 다 사라졌죠. 그는 하루에 열 알을 삼키기도 했어요. 화장실을 어떻게 갔을지 상상조차 안 돼요."

"제가 같이 있어줬어요. 잠을 잘 못 잤고, 혼자 있는 걸 못 견뎌 했거든요. 함께 많은 시간을 보냈죠. 얼굴을 마주하고서요. 하지만 그의 말을 반이나 알아들었는지 모르겠어요. 모두 다 아는 으르렁대는 목소리 때문만은 아니었어요. 사실 [마약] 때문이거든요."[219]

"2월 10일 일요일, 전설적인 마일스 데이비스는 디트로이트의 머소닉 템플에서 그의 생애 최악이라 할 연주를 선보였다." 1974년의 어느 비평은 이렇게 시작했다.

시작부터 엉망이었다. 마일스는 한 시간 반이나 늦게 왔다. … 마침내 그가 나타났을 때 상황은 더욱 나빠졌다. 그의 밴드는 환상적이었다. 아니, 형언할 수 없을 만큼 훌륭했다. 하지만 마일스는 몸이 안 좋아 보였고, 어쩌면 취한 건지 맥 빠지고 음정을 벗어난 연주를 했다. 자꾸 바닥에 침을 뱉어 청중을 역겹게 만들었다. 휘파람과 야유 속에서(바지조차 흘러내리고 있었다), 마일스는 결국 무대에서 내려갔다. 그러나 백스테이지에서 열띤 언쟁을 벌인 끝에 다시 등장했고, 이후로도 맥없는 연주를 이어갔다. 밴드의 다른 멤버들은 훌륭한 기량을 보여주었으며 그들도 마일스의 이례적인 기행에 짜증스러운 기색이 역력했다는 것을 생각하면 슬프기까지 하다. …[220]

저런, 그다지 이례적일 것도 없는 일이었다. 그는 (가벼운 증상으로 일상생활에는 큰 지장이 없는) 보행성 폐렴을 앓고 있었다. 침을 뱉은 것도 그래서였다. 물론 수많은 건강 문제들도 있었고.

그럼에도 리브먼은 마일스와 2년 반을 함께하면서 지난 30년간 무엇이 리더로서, 또 연주자로서 그를 천재로 만들어주었는지 매우 분명하게 이해하게 되었다. "마일스에게서 내가 발견한 한 가지는 그가 굉장히 자신만만하다는 점이었어요." 리브먼의 말이다.

그는 자신의 연주에 조금의 의구심도 없었어요. 절대로 답을 찾아 두리번거리지 않았어요. 질문도 던지지 않았고요. 오직 선언을 했을 뿐이죠. 그토록 확신에 찬 사람을 나는 한 번도 본 적이 없어요. 알베르트 아인슈타인이 아마 [그랬을까] 모르겠어요. 어쨌든 나는 그처럼 절대적으로 "방금 내 연주가 전부야 … 다른 건 **아예 없어**"라고 말하는 듯한 사람은 본 적이 없어요.[221]

♪♪♪

마일스는 1950년대 말부터 은퇴를 하겠다고 으름장을 놓았다. 기자들이 바짝 신경을 쓰고 주목하게 만드는 훌륭한 방법이었다. 1971년 건강 문제가 나날이 악화되는 가운데 그는 일시적으로 투어를 중단했다. "[그가] 한여름쯤에 은퇴한다는 보도들이 있었다"고 스웨드는 쓰고 있다.[222] 물론 그는 그러지 않았다. 하지만 1974년 봄 브라질 투어 도중에 보드카, (평소에는 하지 않던) 마리화나, "다량의 코카인", 퍼커댄까지 마구 퍼넣다가 결국 병원에 입원하게 되었다. 그는 이제 정말 그만둬야 할지 진지하게 고민하기 시작했다.

그는 일종의 기적적인 회복을 하여(죽지 않았다는 정도의 뜻이다), 여름을 지나 가을까지, 기력이 약해지긴 했으나 8중주단을 이끌고 허비 행콕의 몹시 핫하던 재즈/펑크/록 6중주단 헤드 헌터스와 함께 미국 투어에 나섰다. 행콕에 앞서 마일스 8중주단이 **오프닝** 무대를 맡았는데, 행콕의 《Head Hunters》 LP가 마일스의 《On the Corner》보다 열 배나 더 많이 팔리고 있었다. "내심으로는 정말 화가 났다." 마일스가 말했다. 하지만 내심 정도가 아니었다. 인사차 대기실에 들른 행콕에게 마일스는 "너는 밴드 멤버가 아니고 대기실은 밴드 멤버 외에는 출입 금지라고 말했다."[223] 회고록 버전이 그랬다. 마일스가 실제 허비에게 한 말은, 윌리스 로니에 따르면, "당장, 꺼져"였다.[224]

여러 연주자들이 씁쓸하게 인정하듯 투어를 다니는 재즈 뮤지션의 삶은 가정생활에 도움이 되지 않는다. 1974년 말 잭 디조넷의 후임으로 들어온 드러머 마티 모렐은 캐나다 여성과 결혼하고 토론토에 정착하기로 결정하면서 빌 에번스 3중주단의 활동을 끝냈고, 밴드에는 공백이 생기게 되었다.

모렐의 드러머 친구 엘리엇 지그먼드는 에번스가 빌리지 뱅가드에서 오디션을 연다는 소식을 들었다. 헬렌 킨과 일정을 잡고 오디션을 치른 후, 본인으로서는 뜻밖에도 합격하게 되었다. 뱅가드에서 몇 주 공연한 뒤 3중주단은 유럽과 스칸디나비아 투어에 나섰다.

"나는 서른 살이었어요." 지그먼드가 말했다. "그래서 빌을 신처럼 우러러봤죠. 나는 그 세대 사람들에게, 그중에서도 혁신적인 음악적 업적을 이룬 그에게 굉장한 경외감을 느끼고 있었어요." 젊은 드러머는 에번스가 친절하지만 다소 거리감이 있다고 느꼈다. "그 당시 내가 내 삶에 좀더 자신감이 있었다면 그와 깊은 우정을 쌓을 수 있었을 거라고 생각해요. 하지만 그는 매우 신비로운 사람이기도 했어요. 당시에 몇 주씩 투어를 다닐 때 그가 갑자기 사라지곤 했어요. 그냥 호텔방에 틀어박혀 있는 거예요. 방에서 나오지도 않고 서로 어울리지도 않았죠. 마지막 세트가 끝나고 고개를 돌려보면 사라지고 없어요. 그럼 우리는 **빌은 어디 간 거지?** 이랬죠. 그 나이에 그렇게 많은 투어를 다녔으니 번아웃이 올 만했겠다, 이제는 알겠어요."[225]

에번스와 네넷과 네넷의 어린 딸 맥신은 맨해튼 바로 북쪽의 조용한 동네인 리버데일에 있는 아파트에서 살고 있었다. 그러다 1975년 초 네넷이 임신하자 에번스는 뉴저지주 버건 카운티의 녹음이 우거진 교외 지역인 클로스터에 집을 샀다. 숲과 이어진 커다란 뒷마당이 딸린 널찍한 집이었고, 주택 담보 대출금을 갚느라 에번스는 거의 쉬지 않고 투어를 다녀야 했다.

엘리엇 지그먼드가 내게 말했듯, 그래도 에번스의 생에서 비교

적 좋은 시절이었다. "그는 정말 건강을 챙기려고 노력했어요. 메타
돈 유지 복용 치료를 받고 있었죠. 새로 얻은 아내에 새 아기까지 있
었으니까요." 그가 오랫동안 기다려온 첫아이 에번 에번스는 1975년
9월에 태어났다. "그리고 삶에 매우 긍정적이었어요. 마약 없이 살기
위해 무척 노력했고요. 내가 밴드에 있던 동안 정맥 주사 마약은 한
번도 사용하지 않았죠." 에번스는 코카인도 완전히 끊은 듯 보였다.
더 이상 템포를 몰아붙이지 않았다.

에번스는 비교적 깨끗하고 건강했지만 이상한 향수병을 앓았다.
"빌은 뮤지션으로서의 역사보다 마약 중독자로서의 역사를 더 낭만
적으로 돌아봤어요." 지그먼드가 내게 말했다. "가끔 비행기에 나란
히 앉으면 그는 마약을 구하느라 했던 이상한 짓들을 회상하곤 했는
데, 어딘가 신비롭고 낭만적인 느낌이 있었죠. 자신의 마약 경험을
거의 **누아르** 대하듯 하더라고요."

드러머가 웃음을 터뜨렸다. "그는 **배지**, 그러니까 진짜 경찰관 배
지를 갖고 있었어요. 마약을 사다 걸리거나 할렘에서 무슨 일로든 곤
경에 처하면 슬쩍 보여주는 거죠. 그는 또 마약을 구하러 지독하게
이상한 곳들에 갔더라고요. … 빌리지에 가도 되고, 전화를 걸어 길
거리에서 만나도 되는데. 내가 들은 바로는 1970년대에 다시 [마약
을] 하게 되었을 때 할렘까지 올라가서 마약을 구했다고 해요. 그때
는 사실 웬만하면 어디서든 마약을 구할 수 있던 시절인데. 내 생각
에는 그게 재즈 뮤지션으로 첫출발하던 시절의 낭만을 되살려주었
던 것 같아요."226

당시 그는 또 하나의 진정한 행복을 맛보았다. 에번스와 토니 베
넷은 긴 세월 서로를 존경해온 사이였고, 둘은 공항에서 마주치는 일

도 종종 있었다. 1975년 중반 함께 음반을 만들자는 아이디어가 빠르게 현실이 되었다. 6월, 이틀에 걸쳐 캘리포니아주 버클리에 있는 판타지 스튜디오에서 두 사람은 《The Tony Bennette/Bill Evans Album》을 녹음했다. 조용하고 장엄했다. 녹음실에는 두 뮤지션, 녹음 엔지니어, 헬렌 킨만 있었다. 두 거장의 내밀한 예술이 완벽하게 어우러진 앨범이었다.

에번스는 작가 렌 라이언스에게 아들의 출생이 자신에게 삶이 완성되었다는 느낌을 주었다고 말했다. "지난 몇 년 동안 내 개인적인 삶은 굉장히 행복해졌어요. 가정을 이루고 집을 사고 아빠가 되었죠. 이 모든 것이 내게 동기 부여가 되어주고 있어요. 누구의 삶에나 존재하는 신비로운 요소죠. …"

"이제 나는 이전보다 더 살아 있음을 느껴요. 단순히 뮤지션이나 음악계에 있는 한 개인으로서가 아니라, 보다 넓은 방식으로 살아 있다는 느낌이에요. 아이가 있으면 미래에, 또 세상에서 일어나는 모든 일들에 좀더 연결되는 것 같아요."227

마일스는 남은 1974년과 1975년 초를 매우 고된 투어 일정을 소화하며 보냈다. 클리블랜드, 샌프란시스코, 로스앤젤레스에 이어 1월과 2월에는 일본에서 3주간 머물렀다. 3월에는 허비 행콕과 화해한 뒤 다시 한번 자존심을 누르고 7중주단과 함께 그의 오프닝 무대에 섰다. 워싱턴 D. C.에서 출발한 투어가 미국 중서부 지역으로 이어졌다. 3월 말 세인트루이스의 키얼 오페라하우스에서 열린 공연을 마치고 참석한 파티에 아이들의 엄마 아이린 올리버가 나타나 소란을 피웠다. 아들 그레고리와 마일스 4세 둘 다 하나같이 인생의 낙오자에 실패작이라고, 그게 다 마일스 탓이라고 그녀는 주장했다. 데이비스에 따르면 파티 참석자들이 그가 반격하기를, 어쩌면 따귀라도 갈겨주기를 기대했지만 그는 그대로 서서 흐느꼈다고 했다. 그녀의 말이 다 사실이라는 걸 알고 있었기 때문이다. 그리고 얼마 지나지 않아 마일스는 출혈성 궤양으로 쓰러졌고, 또다시 입원했다.

그리고 이내 다시 연주 활동을 재개했다. 다만 무엇을 연주했느냐가 진정한 문제다. 데이비스는 그것을 가리켜 "깊은 아프리카적인 무언가, 아프리카계 미국인들의 진한 그루브였다. 개인별 솔로가 아니라 드럼과 리듬에 중점을 두었다"고 합리화했다. 슈토크하우젠을 연구해왔다고, "과정으로서의 공연"이라는 개념을 받아들이고 있다고, 그는 말했다.[228] 그게 무슨 뜻이든 간에.

한 가지 확실한 것은 마일스에게 있어 (그가 이 단어를 쓰지는 않았지만) 오락으로서의 재즈 개념은, 즉 그가 항상 (좋게 말해도) 모호한 입장을 취했던 그 콘셉트는 이제 완전히 지나갔다는 것이었다. "더 이상 여덟 마디씩 이어지는 연주는 하고 싶지 않았다. 나 스스로를 **창조적** 예술가로 계속 생각하려면 내가 하고 있는 방식으로 해야만 했다."[229]

마음이 넓은 디지는 마일스를 옹호했다. "창작자들은 계속 앞으로 나아가야 하는 법이다. 그래서 나는 마일스를 인정할 수 있다. 그의 음악을 좋아하건 아니건 그는 분명 앞서 나아갔다. 개인의 취향 문제이기는 하지만, 음악이 거기에 있고 좋은지 아닌지 맛을 볼 수는 있지 않은가. 그는 거기서 한 걸음 더 올라설 용기를 가진 사람이었다."[230]

하지만 한 걸음 물러설 지혜는 없었다. 1975년 7월 1일 데이비스는 에이버리 피셔 홀에서 공연을 했다. 쉬익쉬익-거리는 사운드, 펑크 스타일 리듬, 와와 페달 효과음 등이 뒤엉켜 피곤하게 느껴지는 음악 배경 위로 가끔 그가 짧은 트럼펫 연주를 집어넣긴 했으나 거의 알아볼 수 없는 마일스 데이비스의 흉내에 불과했다. 단 하나 말할 수 있는 것은 음악이 얼마나 엉성했든, 구슬 목걸이를 주렁주렁 걸고 커다란 선글라스를 낀 이 조그맣고 야윈 남자가, 세계사에 길이 남을 이 인물이, 어쨌든 거기 있었다는 것이다. 그것은 **마일스 데이비스**였다. 하지만 그뿐이었다. 그는 하나의 볼거리로 전락하고 말았다.

다만 그렇게 간단하지만은 않을지도 모른다. 마일스에 관한 한 간단한 것은 아무것도 없었다. 다음 달 컬럼비아는 더블 앨범 《Agharta》를 발매했다(전설 속 지하 도시의 이름에서 따온 제목이다). 데이비스의 2월 오사카 공연 실황을 녹음한 것이었다. 당시 『빌리지 보이스』의 재즈 비평가 게리 기딘스는 "음반을 **혹평**했다. 마일스의 연주가 너무 형편없다는 이유였다." 하지만 기딘스는 나중에 생각이 바뀌었다. "[색소폰 주자] 소니 포천은 지금까지의 녹음 중에 가장 좋은 연주를 들려주었고, 피트 코지의 기타도 굉장하다. 그렇다, 마일스의 연주는 형편없다. 하지만 그는 **안무를 짜고 있다**." 기딘스는 본인의 비평을 사과하고 있었다.[231] 1976년과 1977년 두 장의 비슷한 실황 앨범 《Pangaea》와 《Dark Magus》가 나왔고 《Agharta》와 함께 지금까지도 꾸준히 팬층을 유지하고 있다. 설령 본인이 주역을 맡지 못하더라도 마일스는 여전히 젊은 뮤지션들을 활용해 지금껏 들어본 적 없었던 즉흥적인 작품을 만들어낼 수 있었다. 그가 만든 음악은 여전히 새롭다. 마음에 들건 아니건.

하지만 1975년 9월 센트럴 파크에서 열린 셰이퍼 뮤직 페스티벌에 출연한 다음, 마일스는 진심으로 은퇴를 결심했다. "예술적으로 고갈된 느낌이었다. 너무 지쳤다. 음악적으로 달리 하고 싶은 말도 없었다." 30년 넘게 프로 연주자로 살아오면서 처음으로 가져본 진짜 휴식이었다. "몸이 좀 나아지면 정신적으로도 나아질 거라고 생각했다. 병원을 들락날락하고 발을 절름거리며 무대에 올라갔다 내려오고 하는 게 신물이 났다. 나를 보는 사람들 눈에서 동정이 보이기 시작했다. 약쟁이 시절 이후 본 적 없는 눈빛이었다. 정말 싫었다. 내 인생에서 가장 사랑한 음악을 내려놓기로 했다. 모든 것이 다시 회복될 때까지."[232]

그는 6개월이면 될 줄 알았다. 거의 6년이 걸렸다.

빌 에번스와 그의 어린 가족들이 함께 사는 클로스터의 집을 찾아간 워런 번하트는 아늑한 가정생활의 한 장면을 보았다. 식탁 아래에서 아기가 잠들어 있는 동안 두 피아니스트는 라흐마니노프의 〈피아노 협주곡 3번〉을 분석하고 연주했다. 리치 바이락도 찾아가 보고는 깜짝 놀랐다. "정말 진심으로 행복해 보이는 게 우리가 아는 그와는 너무도 달랐어요. 모두 다 당황했죠."[233]

하지만 곧 끔찍한 사실 하나가 분명해진다. 에번스는 자신이 새로 얻은 행복을 옛 신에게 바칠 준비가 되어 있었다. 누군가가 그에게 코카인을 건넸고(가까운 뮤지션이었다는 말도 있다), 가망 없는 중독자였던 그는 고마워하며 덥석 받았다. "그러더니 그냥 뛰어든 거예요." 지그먼드가 말했다. "빌 에번스 말고는 정맥 주사로 코카인을 맞는다는 말은 들어보지도 못했어요. 게다가 **엄청난** 양을 맞았어요. 마약 정맥 주사로 돌아가는 순간 바로 자살과 다름없다고 했던 의사의 경고를 잘 알면서도 말이에요."[234]

그가 엄청난 양의 코카인을 사용한 것은, 대출금이야 제때 갚건 못 갚건, 공연을 계속하기만 하면 꾸준히 돈이 들어오기 때문이었다. 마약 중독이 재발했다는 사실을 금방 알아차린 네넷은 아이들을 마약 가까이에 두고 싶지 않았다. 1978년 초 그녀는 맥신과 에번을 데리고 코네티컷 해안에 있는 집으로 이사했다. 빌은 치커링 베이비 그랜드 피아노와 함께 조지 워싱턴 다리 바로 남쪽에 있는 뉴저지주 포트리의 폭이 좁고 하얀 고층 아파트 9층으로 혼자 이사했다.

허드슨강 건너편에서 마일스 또한 자기만의 어둠 속으로 가라앉고 있었다. 웨스트 77번가에도 날이 가고 계절이 바뀌었지만 그는 집 안에 틀어박혀 있었다. 세상과 연결되는 유일한 통로는 결코 꺼지지 않는 TV와 이따금 들른 친구들뿐이었다. 길 에번스, 앨 포스터, 잭 디조넷, 맥스 로치, 디지 길레스피, 허비 행콕, 론 카터, 토니 윌리엄스, 필리 조 존스, 리처드 프라이어, 시슬리 타이슨이 찾아왔다. 때로는 그들조차 집 안에 들이지 않았다. 몇 번 퇴짜를 맞고 나면 대부분 발길을 끊었다.

그 자신의 판단에 따르면 그는 "은둔자"였다.[235] 베티 마브리와의 1년간의 결혼 생활은 그의 불만과 권태라는 암초에 걸려 침몰했다. 그는 그녀를 "매우 재능 있지만 … 스스로의 재능을 신뢰하지 못하는 고급 소녀 팬"으로 보게 되었다.[236] 그녀가 재킷 커버를 장식했던 앨범의 그 평화로운 순간은 연기처럼 사라져버렸다. 하지만 어차피 평화로움 따위는 질색이었다. 아직 마브리와 함께였던 동안 그는 두 명의 다른 여자를 동시에 만나기 시작했다. 마거리트 에스크리지와 재키 배틀이었다. 둘 다 젊고 흑인이었고 아름답고 조용하고 침착했으며 자신감이 있었기에 그를 두고 경쟁을 벌일 일은 없었다. 1971년 마거리트는 마일스의 아들 에린을 낳기도 했으나 코카인으로 인한 마일스의 광증은 두 여인 모두를 밀어냈다. 그는 코카인뿐 아니라(하루에 500달러씩 썼다) 퍼커댄과 세코날에도 중독되어 있었고 하이네켄 맥주와 코냑도 엄청나게 마셔댔다. 그의 삶을 지배한 전반적인 혼란이 모든 사람들을 밀어냈다.

그의 집은 "엉망진창이었다. 옷들이 아무 데나 내동댕이쳐져 있었고 싱크대에는 사용한 식기들이 쌓여 있고 바닥에는 신문과 잡지와 맥주병과 휴지와 쓰레기가 널려 있었다. 바퀴벌레들만 신이 났다"고 그는 말했다.[237] 청소부들도 자꾸만 교체되었다. 그녀들을 질겁하게 만든 건 더러움만이 아니었다. 마일스도 무서웠다. 그래서 그만두었다.

그래도 섹스만큼은 지속되었다. 그것도 아주 많이. 몸이 쇠약해지고 광장 공포증이 있는 마흔아홉 살 남자라는 것은 문제가 되지 않았다. 수많은 젊은 여자들이 잇달아, 때로는 한 번에 여럿씩 들어왔고, 가능한 온갖 변태 행위가 실험되었다. 모두가 만족했고 모두 합의에 따른 행위였다는 것이 마일스의 주장이다. 폴라로이드 사진도 많이 찍혔다. 그는 아무 변명도 하지 않았다.

시간이 흐르면서 쾌락이 무뎌지는 건 피할 수 없는 일이었다. 고립감도 커져갔다. 늘 노스탤지어에 저항해왔던 그가 결국 그것에 굴복하고 말았다. 자신과 함께 했던 천재들이, 그들과 함께 빚어내던 마술이 그리워졌다. 사람과의 접촉에 너무나 목말랐다. 이 시기에 마일스를 찾아갔던 잭 디조넷은 내게 이렇게 말했다. "그는 함께 작업했던 뮤지션들 사진을 벽에 줄줄이 걸어놓고 있었어요."[238] 버드. 콜트레인. 디지. 맥스. 대다수가 그를 떠났지만 그 사진들이 마일스의 벗이 되어주었다.

에번스와 10년 넘게 함께해온 에디 고메즈가 결별을 결심했다. 영영 빌 에번스의 베이스 주자로 남게 될까 두렵기도 했고, 전임자 마티 모렐과 마찬가지로 가족과 좀더 시간을 보내고 싶기도 했다. 같은 시기에 엘리엇 지그먼드도 떠났다. "내가 똑같은 열 곡, 열두 곡을 연주하고 또 연주하고 있다는 걸 문득 깨닫게 돼요. 의욕이 잘 생기지 않는 밤에는 그게 참 힘들게 느껴지기 마련이죠." 그가 말했다.[239] 1978년 1월, 에번스는 새 베이스 주자를 구하기 위한 오디션을 열었고 그 결과 조용한 힘과 섬세한 터치가 인상적이었던 마이클 무어가 낙점되었다. 드럼은 과거 동료였으며 조용함이나 섬세함뿐 아니라 여러 문제로 잘 알려져 있던 위대한 필리 조 존스가 임시로 맡아주기로 했다.

무어는 빌 에번스에 대한 존경심으로 시작했지만 합류 결정을 금세 후회했다. 에번스는 또다시 빠른 곡들을 몰아치듯 연주했고 필리 조는 얼씨구나 거기에 동조했다. "약쟁이 친구 증후군이 다시 시작된 셈이었다." 페팅거의 글이다. "예전에는 같이 헤로인에 빠졌던 에번스와 존스는 이제 하나는 코카인에 다른 하나는 술에 중독되어 있었다. 둘은 전용 클럽에 속한 뱀파이어들 같았다. 현실과 동떨어진 다른 행성에서 자기들끼리만 이야기를 주고받았다."[240]

무어는 곧 옛이야기가 되었고, 그의 후임으로 들어온 사람은 댈러스 출신의 스물네 살 베이시스트 마크 존슨이었다. 존슨 또한 위대한 빌 에번스와 연주하게 된 것에 경외감을 느꼈다. 그는 음악적 창의성과 에번스를 향한 진심 어린 존경심을 갖고 있었고, 이 점이 에번스에게 영감을 주었다. 곧 3중주단의 음악적 호흡도 전보다 훨씬 나아졌다. 필리 조가 떠나야 할 때가 되자 에번스는 친구인 기타리스트 조 퓨마가 추천한 뉴욕 북부 출신의 서른 살 조 라바베라를 오디션에 불렀다. 에번스는 그가 마음에 들었다. 그렇게 새로운 빌 에번스 3중주단이 탄생했다. 마지막이 될 3중주단이었다.

라바베라는 음악적인 가정에서 재즈 피아노 연주를 많이 들으며 자랐다. 하지만 "빌 에번스의 연주는 제 인생을 바꿔놓은 경험이었어요." 그가 내게 말했다. 에번스의 친구가 된 것도 그랬다. 새 드럼 주자는 따뜻하고 너그러운 사람이었고, 에번스는 그에게 진심으로 다가갔다.

"그를 형처럼 좋아하게 됐어요." 라바베라가 말했다. 처음 3중주단에 합류할 무렵 그와 그의 아내는 막 첫아이를 얻었고 그래서 맨해튼을 떠나 뉴욕 북부의 우드스톡으로 이사를 한 터였다. "시내에서 공연이 있으면 빌은 자기 거실의 접이식 침대에서 자게 해줬어요. 그러면서 함께 많은 시간을 보내게 됐죠."

"우리 둘 사이에 공통점이 **많았기** 때문에 그를 좋아하게 됐어요." 라바베라가 말했다. "우리 둘 다 같은 음악을 많이 들어왔어요. 빌이 나보다 한 세대 위였는데도요. 냇 콜, 레스터 영, 얼 하인스. 물론 버드도. 그뿐 아니라 빌도 나도 보이스카우트였어요. 그 얘기를 하며 많이 웃곤 했죠. 둘 다 군 복무를 했고요. 육군 군악대에서요. 다른 시대, 다른 장소였지만 공감할 수 있는 비슷한 경험을 한 셈이죠."

"거기다 인간적으로도 그는 아주 매력적인 사람이었어요. 무척 개방적이고 상냥한 데다 굉장히 지적이었죠. 함께 있는 게 편했어요. 자기가 누구고 어떤 사람이고 그런 잘난 척이나 허세가 없었거든요. 음악에 관한 본인의 능력을 아주 잘 알았고 그걸 이루기까지 열심히 노력했어요. 하지만 그게 전부였어요. 무대에 올라가면 우리 셋은 **언제나** 음악이라는 공통 목표를 위해 함께 일하는 동료였어요. '내가 스타고 너희들은 날 받쳐주는 거야' 그런 게 절대 없었어요. **전혀요.**"[241]

새 3중주단은 빠르게 자리를 잡았다. "강인하고 탄탄한 상호 작용 … 내적인 결속력, 건강한 삼자 간의 역동성"이라고 페팅거는 썼다. 라바베라는 이렇게 회상했다. "그와 함께 연주를 시작하는 순간부터, 바로 첫 음이 나오는 순간, 그에게는 자신의 방향에 대해 강한 확신이 있었고 긍정이 있었다. 뮤지션이라면 누구나 그가 어디로 이끌고 싶은지를 직감적으로 알 수 있었다. 그는 절대로 '이렇게 해, 저렇게 해' 같은 말을 하지 않았다. 우리 힘으로 찾아낼 수 있는 공간을 주려고 했다."[242]

1979년 초 그들은 투어에 나섰다. 캐나다 앨버타주 에드먼턴에 있는 한 클럽에서 공연이 있었다. 그곳은 교회를 개조한 장소였고, 그들의 연주에 압도된 재즈 전공 대학생들과 교수들로 가득 차 있었다. 클럽에서 공연하던 중 에번스는 로리 버코민이라는 스물두 살의 웨이트리스를 만났다. 그녀는 아담한 체구에 예쁜 얼굴, 큰 눈, 무용수처럼 날씬한 몸매를 갖고 있었다. 뭐라도 마시겠느냐는 그녀의 질문에 그는 이따가 시간이 되느냐고 되물었다. 할 말이 있다면서.

버코민은 서빙을 하다 "음악의 강렬함과 그것이 이 공간 전체에 드리운 마법"에 깊은 인상을 받았다. "팬들은 그의 음악에 몰입하느라 내가 테이블에 다가오는 것도 모를 정도였어요. 나는 최대한 소리를 안 내려고 했어요. 뭐라고 말만 하면 다들 인상을 쓰고 쳐다봤거든요."

"당신하고 시간을 좀 보내고 싶은데요." 공연이 끝난 후 에번스가 그녀에게 말했다. "우리는 내일 캘거리로 가는데 내 호텔에서 몇 시간 함께 보낼 수 있어요?"

"좋아요." 그녀가 대답했다. "내 남자 친구를 데려가도 돼요? 선생님의 열렬한 팬이거든요."

그가 가볍게 웃음을 터뜨렸다. "아니, 그건 내 계획하고 맞지 않아서요."243

그녀는 자칭 "말랑말랑한 밀랍"이었다. 어리고 외부의 영향에 쉽게 휘둘리며, 학대하는 아버지와 에드먼턴의 죽은 듯 지루한 삶에서 벗어나고 싶어 안달이 나 있었다. 에번스가 그녀의 아파트로 향할 때 그들은 단 둘이 아니었다. 끈질긴 재즈 팬 한 무리가 따라붙었다. 그녀는 에번스에게 차를 만들어주고 마약 밀매업자 친구 대신 보관하고 있던 코카인도 주었다. 그는 헬렌 킨의 명함을 꺼내 뭐라고 쓴 뒤 그녀에게 건넸다. 명함 뒷면에는 깔끔한 필체로 쓴 짧은 메모("로리, 당신은 무척 특별한 사람 같군요 - 빌 (에번스)")와 함께 그의 포트리 주소, 전화번호가 적혀 있었다.

1979년 4월 26일, 그는 피닉스에서 투손으로 향하는 비행기 안에서 그녀에게 편지를 썼다.

사랑스런 편지 고마워요. 무척 흥미로운 사르트르 인용문도. 특히 나 반갑게 받았던 이유는 지난 금요일에 형이 세상을 떠났기 때문입니다. 나의 유일한 형제였고, 부모님보다도 더 가까운 사이였거든요. 나보다 두 살 위였던 형은 내게 스포츠와 음악과 재즈를 알게 해주었고, 모든 면에서 나의 귀감이고 영웅이었어요. 교육자로서 루이지애나주 배턴루지의 학교 164곳에 시대를 앞서가는 음악 교육 체계를 구축한 교육자였습니다. 학교 음악부 하면 떠오르는 '미식축구 마칭 밴드'의 틀을 뛰어넘는 이상에 헌신했어요.

너무도 큰 충격이었고, 배턴루지에서 돌아와보니 당신 편지가 와 있었어요. 만나게 된다면 더 이야기해줄게요.

그는 그녀에게 향후 일정을 알려주었다. 5월 하순에 시간이 남. 일을 쉬거나 뉴욕에서 일을 하거나(29일부터 뱅가드에서 일주일). 6월도 대부분 시간이 남. "그러니까 나하고 며칠간 함께 있고 싶다면 정말 근사할 것 같아요." 그가 이렇게 썼다. "전화만 해요. 항공권을 예약해줄 테니까." 그는 편지 말미에 **사랑**을 담아 서명했다.[244]

그녀는 5월 말에 동부로 날아갔다.

피터 페팅거는 해리 에번스가 심각한 우울증으로 인해 총을 쏴 자살했다고 썼다. 진상은 그보다 복잡했다. 빌은 해리가 조현병을 앓고 있었다고 로리 버코민에게 말했다. 그는 "우주의 본질에 대한 [형의] 편집증적인 횡설수설을 몇 시간이고 들어주곤 했던" 기억을 떠올렸다. "해리가 그저 시대를 앞서간 사람이었기를, 세상이 아직 이해하지 못하는 무언가를 발견한 사람이기를 얼마나 믿고 싶어 했는지도."[245]

그녀가 도착하자마자 그는 포트리 아파트의 치커링 피아노 의자에 앉아 이런 이야기들을 들려주었다. 그리고 해리가 죽기 직전 쓰기 시작한 곡을 연주해주었다. 그 곡을 〈We Will Meet Again〉이라고 부르기로 했다고 했다.

그녀의 첫 방문은 일주일 만에 끝났다. 하지만 일정은 빡빡했다. 꾸준히 코카인을 흡입하고 사랑을 나누는 와중에 틈을 내 로리와 빌은 맨해튼 다운타운을 돌아다녔다. "까칠한 뉴요커"인 빌리지 뱅가드의 주인 맥스 고든과 그의 아내 로레인과 저녁 식사를 함께 했고, 경마장에도 갔다. 거기서 에번스는 "말에 내기를 거는 평범한 뉴저지 출신 남자"였다. 그의 경마장 친구들인 "끈적거리고 가슴에 털이 많은 뉴욕 남자들"이 그의 젊은 여자 친구를 음흉한 눈으로 힐끔거렸다. 에번스는 로리에게 마일스 데이비스를 만나보고 싶으냐고 물었다. 우디 앨런이 클라리넷을 연주하는 마이클스 펍에 데려가주겠다고도 했다. 캐나다의 시골에서 날아온 어린 아가씨에게는 머리가 핑핑 도는 낯선 경험이었다.

어느 날 에번스는 완전히 솔직한 모습이 둘의 새로운 관계를 더 깊게 만들어줄 것이라는 천진한 믿음으로 버코민에게 지난 몇 년간 그가 섹스를 나눈 여자들로부터 받은 편지와 사진 한 무더기를 보여주었다.

아내와 별거를 시작한 이후의 일이라고 그는 강조한다. 그는 그 사진들을 애정 어린 눈길로 바라본다. 그에게는 성적/감정적 경험이 담긴 보물 상자다. 사진 속 여자들의 표정은 갈망이라는 주제의 다양한 변주다. 모두 그와 함께하기를 갈망했던 것이리라. 기혼도 있고 미혼도 있다. 전부 다 무척이나 젊다. 그가 어떻게 이 여자들의 영혼 깊은 곳으로 들어갈 수 있었는지 알고 싶다. 마약일까? 섹스? 아니면 음악일까? 나에게는 그의 투명함이다. 그것은 내가 나일 수 있게 해준다.

에번스가 마지막으로 보여준 사진은 네넷이었다. 피아니스트의 아내가 얼마나 젊고 매력적인지 보고 버코민은 순간 마음이 찔린 듯 아팠다. 네넷의 풍성한 금발을 부러운 눈으로 바라보았다. 에번스는 로리에게 그의 가족을 만나러 코네티컷에 함께 가줄 수 있는지 물었다. "그의 눈빛을 보았다. 그에게 정말 중요한 일이었다." 버코민은 이렇게 썼다. "이 남자를 위해서라면 뭐든 할 수 있을 것 같았다."

코네티컷에서 네넷은 로리와 마리화나를 피우며 당신, 즉 로리는 "빌이 만나보라고 자신에게 데려온 수많은 여자들 중 한 명일 뿐이라고 말했다. 그리고 그의 건강과 그에 대한 우려를 내게 [말했다.]" 에번스는 "헤로인 중독 시절 여러 차례 간염을 앓은 탓에 간이 8분의 1밖에 남지 않았다고, 그리고 … 술 한 잔만으로도 그의 병에 치명적일 수 있다고 의사가 경고했다고 했다."

이상한 일이라고 생각했다. 에번스는 술을 전혀 안 마셨기 때문이다. 네넷이 그의 코카인 사용을 말하는 건가보다 짐작했다.[246]

로리 버코민은 마일스를 소개시켜주겠다는 에번스의 제안을 거절했다. "마일스 데이비스를 만나기는 겁이 났어요. 그에 관한 미친 이야기를 너무 많이 들었거든요." 그녀가 내게 말했다. "빌은 마일스와의 우정을 다시 시작해보려는 중이었는데 마일스는 정말 어두운 시기를 보내고 있었어요. 그리고 무서운 시기이기도 한 것 같았어요. 아주 제대로 방탕을 탐닉하고 있었으니까요."[247]

그해 7월, 에번스는 WKCR-FM 라디오에서 며칠 간 진행된 마일스 데이비스 페스티벌 특집 방송에서 마련한 전화 인터뷰에 응했다. 마일스는 이제 거의 4년째 완전히 종적을 감춘 상태였고 건강이 상당히 좋지 않다는 소문이 무성했다. 에번스는 그와 길 에번스가 최근 데이비스의 집으로 찾아가보았는데 몸도 정신도 좋아 보였다고 말했다. 빌은 "세상이 당신을 기다리고 있다고 설득을 좀 해봤다"고 진행자에게 말했다.[248]

타락과 마약이 지루해진, "늘상 망가져 있는 것에 진절머리가 난" 마일스는 세상의 간절한 요청에 귀를 기울이기 시작했다. 1978년 컬럼비아 레코드의 재즈 및 프로그레시브 음악 A&R의 신입 책임자 조지 버틀러는 그의 복귀를 종용하는 조용한 작전에 들어갔다. 데이비스가 다시 연주를 하리라고 믿지 않는, 레이블 내부 반대자들의 저항이 만만치 않았다. 버틀러는 우선 전화를 걸어 이야기를 나눴고 곧 웨스트 77번가 312번지에 직접 찾아가기 시작했다. 마일스는 호락호락한 상대가 아니었다. "처음에는 그의 말에 관심을 전혀 안 보였기 때문에 내가 [돌아오지] 않을 거라고 생각했을 거다. 그런데 정말 지독하게 끈질긴 데다 집에 찾아오든 전화로 이야기를 나누든 그는 기분 좋게 다가왔다. 가끔은 아무 말 없이 그냥 나란히 앉아 같이 TV를 보는 날도 있었다." 마일스의 회고다.[249]

버틀러가 흑인이고, 차분하고, 위안이 되는 존재감과 기품이 있었다는 점도 큰 도움이 되었다. 그는 복장과 태도 모두에서 보수적이었으며 음악 교육 석사라는 학력을 갖고 있었다. 마일스는 다시 트럼펫을 들어볼까 하는 가능성을 고려하기 시작했다. 그리고 피아노 앞에 앉아 코드를 몇 개 쳐보았다. 기분이 좋았다.

머리가 좀더 맑아졌다는 점도 도움이 되었다. 그 시기에 시슬리 타이슨이 마일스의 삶에 돌아와 있었다. 처음에는 들르는 정도였으나 곧 상황을 장악하기 시작했다. 그녀는 강한 성격을 발휘하여 그의 집에 있던 부도덕한 인물들을 몰아내고, 마일스의 몸과 마음도 돌보아주었다. 그에게 건강식을 챙겨주고 야채를 먹게 했으며 담배를 끊지 않으면 키스를 하지 않겠다고 말했다. 마약을 끊고 술도 줄여야 한다고 했다. 그는 대체로 그녀의 말을 따랐다. 다만 본인 말에 의하면 코카인을 끊기도 했고, 계속 하기도 했다. ("나를 망가뜨린 건 코카인이 아니야. 바로 위스키였지." 그가 내게 말했다. "코카인의 유일한 단점은 경찰에 잡혀간다는 거야."[250])

1980년 초 그는 조지 버틀러에게 전화를 걸어 다시 녹음을 하고 싶다고 했다.

빌 에번스와 함께한 시간을 담은 회고록에서 로리 버코민은 케네디 공항에 처음 도착했을 당시 본인의 차림을 이렇게 묘사했다. "내 아버지 또래의 남자나 매력적으로 봐줄 만한, 1940년대 스타일이었다. 긴 주름치마, 통굽 구두, 고지식한 흰 블라우스에 트위드 재킷." 그의 아파트로 가는 길에 그들은 24시간 슈퍼마켓에 들러 "몇 가지 물건을 샀다(그의 핫도그, 펩시콜라, 담배, 그리고 나의 청량음료)." 그리고 계산대 앞에 줄을 서 있는데 "사람들이 나를 그의 딸이라고 생각하지 않을까 싶은 생각이 들었고, 왠지 짜릿하게 느껴졌다. 몰래 뭔가를 저지르고 있는 것 같은 기분이랄까."251

"그는 주로 나 같은 여자들을 끌어당기는 듯해요." 버코민이 내게 말했다. 에번스의 이야기를 할 때 자주 그러듯 현재형을 쓰고 있었다. "그가 사귀었던 여자들은 모두 치유받아야 할 상처를 안고 있어요. 빌을 그런 트라우마의 치유자로 여기고요. 대부분 그녀들의 아버지가 깊이 연관되어 있죠."

에번스도 아버지 문제가 있었다. "자신이 성인 남자라는 느낌이 안 든다고 내게 말하더군요. '나는 아직도 **소년이야**'라고요. 그 말이 많은 것을 설명해줬죠. 그가 왜 그렇게 부드럽고 수용적이고 세상에 길들지 않을 수 있었는지. 그러니까, 굳어지지 않을 수 있었는지 말이에요. 그는 자신의 여성적인 면과 매우 깊이 연결되어 있었어요. 나에게 그는 내가 음식을 잘라주고 목욕을 시켜주고 온전히 돌봐줄 수 있는 아이 같은 존재일 뿐 아니라 내 아빠도 되었던 거예요! 그는 공연을 이끌고 사람들에게 지시하고 나를 보호해주는 남자였어요."252

풋풋한 얼굴의 스물두 살 여자가 이 황폐해진, 쉰 살이 다 된 남자를 아기처럼 보살피고 심지어 목욕까지 시켜주는 상상은 기괴하고도 불온하다. 회고록에서 버코민은 20년간의 마약 주사로 인해 이곳저곳이 움푹 패이고 흉터투성이인 에번스의 앙상한 다리를 처음 보았을 때를 이렇게 묘사한다. "달 표면 비슷한 … 그런 흉터는 이제껏 본 적이 없었다." 그녀의 시선에 그는 수치심이나 후회의 기색 없이 "오래된 흉터라 이제 아프지도 않다"고 설명한다.253

16개월간 이어진 관계의 전반기 동안 그들은 따로 지냈다. 버코민이 주기적으로 캐나다 서부에서 미국이든 해외든 투어 중인 에번스를 찾아 날아가 함께 지내곤 했다. 이것이 그에게는 가장 익숙하고 그가 가장 좋아했던 생활이었다. "평생이 호텔 생활이나 다름없었거든요." 버코민이 내게 말했다. "그게 굉장히 효율적인 삶의 방식인 거예요, 그에게는. 룸서비스를 좋아했고 생활을 간소하게 유지했어요. 그래서 …" 그녀가 서글프게 웃었다. "둥지를 틀거나 그런 게 필요 없도록요. 그는 여행자였어요. 이 세상을 스쳐 지나가는, 커다란 여행 가방을 끌고서 지구를 돌고 또 도는 떠돌이였죠."

그녀는 유럽에서 재즈가 대우받는 방식과 미국에서 재즈가 받아들여지는 방식이 극명하게 다른 것에 깜짝 놀랐다. "유럽에서 재즈는 굉장히 존중받아요. 거기서는 정말 고급 예술로 취급해요. 오페라하우스에서 공연하고 우리는 아름다운 호텔에서 묵었어요. 그리고 빌은 돈을 **많이** 벌었죠. 그런데 미국에 돌아오면, 글쎄요, 뱅가드를 보세요. 성지로 여겨진다는 건 아는데 기껏해야 아흔다섯 명 들어가잖아요."[254]

에번스가 번 돈의 대부분은 코카인 밀매업자의 주머니로 직행했다. 그리고 채권자들과 국세청까지 그를 노리고 들었으니 더 많은 돈을 벌어야 했다. 1979년 말 3중주단은 유럽 투어 길에 올랐다. 24일간 스물한 개 도시를 도는 강행군이었다. 파리에서는 750석 규모의 에스파스 카르뎅에서 열린 두 차례의 (매진된) 공연을 라디오 프랑스가 녹음했다. 그리고 1983년 워너브라더스 산하의 엘렉트라-뮤지션 레이블에서 이 녹음을 《The Paris Concerts, Editions One and Two》라는 음반으로 발매했다. 페팅거는 이 공연들을 "빌 에번스 3중주단 최고의 명연주로 오랫동안 칭송받아온 공연"이라 부르며 "공기 중의 흥분감, 언제라도 무슨 일이든 일어날 수 있다는 느낌"을 언급했다.[255]

그러나 피아니스트 케니 워너는 그 흥분감에 숨은 조증 속성을 감지했다. "전에는 없던 강렬함을 들을 수 있는데 그 또한 헤로인에서 코카인으로 바꾼 것과 관련이 있어요." 그가 내게 말했다. "그는 가장 소중한 자산, 즉 터치감을 잃었어요. 이제 대신 공격성이 생겨버렸죠."[256]

관계가 시작될 때부터, 심지어 같이 마약을 하면서도, 에번스와 버코민은 그녀가 그를 중독으로부터 구원해줄 천사라는 공통의 환상을 키워왔다. "이를테면 '내게는 이런 문제가 있어. 그래서 도와달라고 당신을 데려온 거야' 같이 말이죠. 물론 나는 빌이 약을 끊기를 바랐어요."[257] 하지만 에번스에게 끊는다는 건 애당초 선택지에 없었다.

"이 문제에 관한 한 그는 몹시 완강했어요." 조 라바베라가 내게 말했다. "정말이지 그를 아끼는 수많은 사람들이 처음부터 설득을 시도했거든요, 스콧 라파로도 그랬고, 헬렌 킨도 입이 닳도록 이야기했죠. 나도 **아주** 여러 번 이야기를 해보려 했고요. 서로 고함을 치고 다툰 일도 있었어요. 정말이지 그는 습관을 바꿀 생각이 **전혀** 없었어요."

"어느 날 차를 타고 가는데 그가 '이봐, 자네가 좋은 뜻으로 그러는 건 아는데 나를 도우려고 하지 마' 이러더군요. '이건 내가 내린 개인적인 결정이야. 누구의 도움도 필요하지 않아.'"[258]

1980년 봄, 에번스는 버코민에게 말했다. "이제 여기서 나하고 같이 살자."

그녀가 도착했을 때 "그는 편집증이 심각한 상태였다"고 버코민이 말했다. "FBI가 자신을 쫓고 있다고, 우리가 가는 호텔마다 도청 장치가 설치되어 있다고 생각했어요." 포트리 집의 침실 창문을 담요로 막고 못질을 해놓기까지 했다고 그녀가 말했다.

그럼에도 불구하고 "그는 내가 그것 때문에 불안해하지 않게 해주었어요. 상황을 어떻게든 웃기게 만드는 거예요." 도청 장치가 있나 뒤져보겠다는 그녀에게 "'아니야, 그자들은 당신이 그걸 찾아볼 거라는 걸 미리 알고 아주 잘 감춰놓거든' 이러더군요." 그녀가 웃음을 터뜨렸다. "내가 무슨 말을 하든 상관없이 그 사람의 정신은 이미 평행 우주를 만들어놓았던 거죠. 그래서 나는 그냥 존중할 수밖에 없었어요. 흠 그래, 지금 그는 **저** 우주에 살고 있는 거야, 이렇게 말이에요."

그리고 구원에 대한 환상 또한 변했다. "죽음에 정말 가까워지고 있다는 걸 그도 알았던 것 같아요. 그리고 죽음을 맞이할 순간에 옆에 있어줄 누군가가 필요했던 거고요." 그녀가 맡아왔던 역할—천사, 어머니, 딸—들도 모두 변했다. "그건 다만 무대 의상 같은 거고 환상에 불과하다는 것을, 그리고 그보다 훨씬 거대한 일이 일어나고 있다는 것을 우리는 잘 알았어요. 그건 매순간 존재하는 것과 관련이 있어요. 죽음을 인식할 때 존재라는 선물을 얻기 때문이죠. 정말 믿기지 않는 강렬한 인식의 상태예요. 이게 그냥 언제고 끝나버릴 수 있음을 항상 알고 있는 것 말이에요."[259]

"내 겉모습은 쇠퇴하고 있지만 내 안에는 온전히 순수한 핵심이 있어. 내 영혼은 순수하지." 에번스가 라바베라에게 말했다.[260]

메타돈과 코카인과 필터 없는 카멜 담배에 의존하며 그는 연주를 계속했다. 6월에 뱅가드에서, 7월에 런던의 로니 스콧츠 재즈 클럽에서, 그리고 8월 말에 할리우드 볼에서. 이 공연이 있던 날 오후, 에번스는 호텔방에서 "또 한 번 의심스러운 양의 메타돈을 복용한 뒤 마침내 겨우 긴장을 풀고 있었다. 높은 혈압 때문에 두통과 근육 긴장이 왔고 열이 내리지 않아 에어컨 바람을 막기 위해 이불을 뒤집어썼다"고 버코민은 쓰고 있다. 침대에서는 겨우겨우 내려왔지만 공연장에 도착하자마자 대기실 바닥에 누워 마크 존슨과 조 라바베라에게 연주를 할 수 있을지 모르겠는데 일단 해보겠다고 했다. 버코민은 이렇게 쓰고 있다. "무대에 오를 시간이 되자 그는 일어나 무대로 비칠비칠 걸어가더니 내가 여태껏 본 것 중 가장 강렬한 공연을 펼쳤다. 객석에 앉아 … 나는 빌의 연주가 지닌 압도적인 힘에, 이 거대한 원형 극장을 순수한 에너지로 가득 채우는 그의 능력에 경외감이 들었다."261

9월 둘째 주에 그는 뉴욕에 돌아가 팻 투즈데이 클럽 무대에 섰다. 원래 독일맥주 술집이었던 곳으로 3번로와 17번가가 만나는 지점에 있었다. 그는 9일 화요일에 첫 공연 무대에 올랐고, 10일 밤에도 연주했다. "하지만 둘째 날 밤에는 차에서 피아노까지 그야말로 들어서 옮겨야 했어요." 라바베라가 회고했다. 그런데도 피아노 앞에 앉기만 하면 "신기하게도 그 어떤 육체적 제약도 사라진 것처럼 **혼신의 힘을 다해** 연주하는 거예요. 정말이지 믿어지지 않았어요."

11일 밤 그는 버코민을 태우고 FDR 고속도로를 운전해 클럽으로 가던 중 깜빡 조는 바람에 고가도로 교각에 차를 받을 뻔했다. 그녀의 비명 소리에 놀란 덕에 간신히 사고를 면했다. 그는 충격 속에서 고속도로를 빠져나왔고, 그녀가 택시를 불렀다. 팻 투즈데이에 도착한 에번스는 존슨과 라바베라에게 연주를 못하겠다고 했다. 대타 피아니스트를 섭외했고, 빌과 로리는 포트리로 돌아갔다.

에번스의 아파트 거실에 놓인 접이식 침대에서 신세를 지던 라바베라는 무대를 끝내고 귀가한 일요일 밤 자기와 버코민이 마침내 에 번스를 설득해 다음 날 입원을 시키기로 했다고 말했다. "사실 꽤 들 떠 있었어요. '세상에, 정말 다행이다'라고 생각했죠." 라바베라의 회 상이다.[262]

9월 15일 월요일 아침, 에번스는 부축을 받아 로비를 통과하여 차 의 뒷좌석에 들어가 앉았다. 라바베라가 운전석에, 버코민은 그 옆 에 앉았다. 차가 다리를 건너 맨해튼에 들어섰다. 시내 교통에 막혀 차 속에 앉아 있는 동안 에번스가 아름다운 여성을 발견하고는 "이제 정말 끝인가 보네. 저런 여자를 봐도 아무 느낌이 없는 걸 보면" 하고 말했다. 셋은 웃음을 터뜨렸다.

버코민은 이 기회를 이용해 심각한 주제를 가볍게 농담조로 꺼냈 다. 에번스의 끊임없는 경제적 어려움 말이다. "있잖아, 빌. 당신을 위 한 기금 마련 추모 공연 어때요?"

"헌정 공연이겠지, 자기야. 나 아직 살아 있잖아." 그가 건조하게 말했다.

셋은 다시 웃었고, 에번스가 피를 토하기 시작했다. 순식간에 그 의 입에서 피가 줄줄 흘렀다. 폭소가 공포로 돌변했다. 에번스는 라 바베라에게 마운트 시나이 병원으로 가라고 했다. "경적을 울려봐, 조." 그가 말했다. "비상 상황이란 걸 알려줘야지."

버코민은 몸을 돌려서 에번스를 절박하게 지켜보고 있었다. "나 를 바라보는 그의 눈에 두려움이 가득하다." 그녀의 글이다. "나는 그 에게 당신이 더 필요하다고, 우리는 아직 끝나지 않았다고 말하고 싶 다. 그가 내게 말한다. '나 익사할 것 같아.' 인간이 그렇게 많은 피를 흘릴 수 있는 건지 나는 가늠할 수가 없다."[263]

그들은 병원 앞에 차를 세웠다. 라바베라의 말이다. "허깨비처럼 가벼운 그를 업고 응급실로 갔어요."[264] 에번스의 피가 사방에 흩뿌려져 대기실에 흔적을 남겼다. 그를 이송 침대에 눕혔고 의사와 간호사들이 달려왔다. 버코민은 대기실에서 그의 재킷을 무릎에 덮고 앉아 청소부들이 그의 피를 걸레로 닦는 모습을 지켜보았다. "간호사가 나타나 부드러운 목소리로 빌의 상태를 그저 지혈이 필요한 코피 같은 것으로 묘사한다." 버코민 옆에 앉은 여자가 남편이 겪었던 비슷한 경험을 자세히 들려주었다. 여자는 남편에 대해 현재형으로 말했다. 젊은 의사가 나와 버코민을 작은 상담실로 데리고 갔다. "그를 살릴 수 없었습니다." [265]

"빌 에번스는 음악 역사상 가장 길고 가장 느리게 자살했다"고 진 리스는 말했다.[266]

마일스는 회고록에 이렇게 썼다.

에번스의 죽음은 나를 너무나도 슬프게 했다. 그는 약쟁이가 되었고 그 합병증으로 인해 죽었을 것이기 때문이다. 빌이 죽기 한 해 전에는 찰스 밍거스가 죽었다. 많은 친구들이 죽어갔다. 때로는 우리들 중 아주 몇 명만 그 옛날로부터 살아남은 것 같다. 하지만 나는 그 옛날에 대해 생각하지 않으려 노력하고 있었다. 젊게 살고 싶거든 과거는 잊어야 한다고 믿어서다.[267]

그는 다시 녹음을 시작했다.

조지 버틀러가 입맛 도는 뇌물—야마하 그랜드 피아노—을 보내주었고, 누나 도러시의 아들 빈센트 윌번 주니어가 꽤 괜찮은 재즈 드러머로 성장한 것도 도움이 되었다. 1980년 5월, 마일스는 컬럼비아 스튜디오 B로 복귀했다. 이번에는 조카 윌번, 조카의 시카고 친구 셋(일렉트릭 베이스, 신시사이저, 첼레스타), 가수 앤절라 보필, 그리고 데이브 리브먼이 데이비스에게 소개해준 젊은 신인 색소폰 주자와 함께였다. 색소폰 주자의 이름이 아이러니하게도 빌 에번스였다.

그들이 녹음한 곡 〈The Man with the Horn〉이 마일스의 첫 컴백 앨범의 타이틀곡이 되었다. 블랙스플로테이션Blaxploitation 영화§의 주제곡 같은 사운드에 영화 「샤프트」를 떠올리게 하는 가사가 어우러진, 부드럽고 유유히 흘러가는 감미로운 곡이었다.

부드럽고, 세련되고, 멋들어진—정말로 보기 드문 사나이,

훌륭한 와인처럼, 나이 들수록 더 원숙해지지. 그는 트럼펫을 든 남자.

바로 그 남자는 배경으로 물러나 하몬 약음기를 끼고 와와 효과와 강한 에코를 넣어 연주했다. 마일스임을 알아차릴 정도는 되었다. 애수는 분명 있었으나 힘없고 약간 낙심한 듯 들렸다. 윌번과 그의 친구들이 시카고로 돌아간 뒤 마일스는 새 밴드를 꾸렸다. 에번스

§ 1970년대 초반 미국에서 생겨난 영화 장르. 흑인 배우들이 주인공으로 등장하고, 영화 음악은 펑크와 소울을 주로 사용했다.

에게 소프라노 색소폰과 테너 색소폰과 플루트와 일렉트릭 피아노를 맡겼고, 기타에 마이크 스턴, 일렉트릭 베이스에 마커스 밀러, 드럼에 다시 앨 포스터, 퍼커션에 새미 피게로아를 기용했다. 이 진용으로 앨범의 나머지 대부분을 녹음했는데 마일스는 이들과 더 편안해보였다. 앨범에서 더 완성도 있는 곡들, 예컨대 마브리에게 바치는 삐딱한 헌정곡 〈Back Seat Betty〉나 〈Ursula〉에서 그는 보다 전면에, 중앙에 나섰다. 하지만 이는 또한 그의 연주가 더 적나라하게 드러난다는 의미이기도 했다.

평론가들이 불평을 늘어놓았지만("번트 안타" "수 마일Miles 빗나갔다"[268]), 늘 그렇듯 데이비스는 신경 쓰지 않았다. 그가 음악으로부터 스스로를 유배 보낸 긴 시간은 오히려 전설적인 그의 지위를 더욱 빛나게 만들었을 뿐이다. 아직도 재즈를 아끼는 얼마 남지 않은 음악 팬들은 그를 생각하고 걱정하고 갈망했다. 신문 기사들은 그를 "재즈 트럼펫의 그레타 가르보"‡라 불렀는가 하면[269] "맨해튼 브라운스톤에서의 5년 칩거 사유가 … 건강 문제였을까" 하는 의문을 제기하기도 했다.[270]

대중이 그토록 열망하는 것을 주기 위해 (그리고 은행 계좌에 돈도 좀 채워 넣기 위해) 그는 새 그룹을 이끌고 투어에 나섰다. 첫 시작은 6월 말 (본래 디스코텍이었던) 보스턴의 400석 규모 클럽 킥스에서 예정된 나흘간의 공연이었다. 나흘 공연 모두 전석이 빠르게 매진되었다. 마일스의 컴백은 획기적인 사건이었다. 저 멀리 일본에서까지

‡ 할리우드의 인기 여배우로, 서른여섯 살에 돌연 은퇴한 뒤 전혀 소식이 알려지지 않아 은둔 생활로 유명했다.

기자들이 날아올 정도였다. 그리고 그는 그에 걸맞은 볼거리를 제공했다. 데이비스는 노란색 페라리를 타고 클럽에 도착했다. 옆에는 시슬리 타이슨이 앉아 있었다. 검은색 점프슈트를 입고 커다란 선글라스를 썼으며, 가장 극적 효과가 높았던 건 덱스터 고든 시절에는 기를 수 없었던 수염이었다. 그는 턱수염과 콧수염을 기르고 나타났다. 그의 작고 여전히 소년 같은 얼굴에 기이하게 붙어 있는 수염은 어쩐지 가짜처럼 보였다.

우리는 마일스를 원한다. 관객들이 연호했다.

『보스턴 글로브』는 열광적인 평을 실었다.

> 어젯밤 마일스 데이비스는 그가 돌아왔음을 확실히 증명했다. 그의 기량은 변함없이 인상적이며 전설적인 신비로움 역시 조금도 흐려지지 않았다. … 데이비스는 깊은 생각에 잠긴 듯 길게 이어지는 선율과 짧고 리듬감 있는 스윙 구간을 번갈아가며 연주했다. 소프라노 색소폰의 에번스는 훌륭했고, 데이비스의 리드 아래 멤버들 간의 상호 작용이 활기차게 펼쳐졌다. 5년이라는 공백이 무색할 만큼 그는 노련하고 자신감 있게 연주했고, 긴장한 구혼자처럼 연주 중간중간에 일시적인 정적을 끼워 넣었다.[271]

그런데 이 평은 음악에 대한 것이었을까, 아니면 신비로움에 대한 것이었을까? 그의 신비로움은 그의 가장 훌륭한 창작품 중 하나였고, 점점 더 그에게 남은 유일한 것이 되어갔다.

데이비스와 타이슨은 1981년 추수감사절에 빌 코즈비의 매사추세츠 시골 저택에서 결혼식을 올렸다. 애틀랜타 시장 앤드루 영이 주례를 맡았고 디지 길레스피, 맥스 로치, 딕 그레고리를 비롯한 많은 하객이 참석했다. 모두가 축하하는 성대한 자리여야 했지만 안타깝게도 신랑의 건강 상태가 심각했다. "얼굴이 죽기 직전처럼 거의 잿빛이었다." 마일스가 회고했다. "시슬리도 알아챘다. 금방이라도 죽을 것 같다고 그녀에게 말했다. 여름에 다리에 마약을 좀 맞았던 것이 몸을 조져놨다."[272]

그는 건강을 챙기려는 노력을 기울이지 않았다. 코카인을 줄이기는 했지만 하이네켄 맥주를 들이켜고 하루에 몇 갑씩 카멜 담배를 피워댔다. 소변에 피가 섞여 나왔다. 간이 심하게 손상되었다. 살고 싶으냐고, 의사가 단도직입적으로 물었다. 그렇다고, 마일스가 대답했다. "그렇다면, 마일스. 지금 하는 모든 걸 싹 다 끊어야 합니다. 담배도 포함해서."[273] 마일스는 하던 대로 계속했다.

왜 그는 타이슨과 결혼했을까? 회고록에서 그는 그녀에 대한 성적 감정은 모두 사라진 터였다고 말했다. 그녀는 로맨스를 갈망했고 그는 줄 게 없었다. 그녀는 마일스보다 한 살 반 더 많았고 그는 노화의 아픔을 달래줄 젊고 예쁜 여자들의 관심이 필요했다. 그녀는 그를 어미닭처럼 지성으로 돌봐주었는데 그는 그것이 필요했지만 싫기도 했다. 결혼식이 끝난 지 불과 닷새 만에 그는 불륜을 저질렀다. 타이슨이 1982년 초 영화 촬영을 위해 아프리카에 간 틈을 타 그는 방탕한 나날을 보냈다. 어느 날 아침 일어나보니 오른쪽 팔이 마비되어 있었다. 처음에는 이른바 밀월 증후군이라는 반쯤 신화처럼 여겨지는 질환을 앓고 있다고 생각했다. "아내하고 사랑을 나누잖아." 그가 내게 말했다. "사랑을 너무 많이 나누다 팔에 감각이 없어지는 거라네."[274] 하지만 알고 보니 경미한 뇌졸중이었다. 타이슨이 그를 보살

피기 위해 아프리카에서 돌아왔다. 그녀는 그의 생명을 유지시켜주
었고 그는 우정과 관심으로 보답했다. 또 끝없이 바람을 피웠고 가끔
때리기까지 했다.

1982년 2월 17일, 멍크가 세상을 떠났다. 예순넷이
었다. 재즈는 춤을 떠났을지 몰라도 텔로니어스는 경력의 마지막 순
간까지 계속 춤을 추었다.

마일스는 물리치료 덕분에 트럼펫을 다시 불 수
있을 만큼 손의 감각을 회복했다. 의료진의 만류에도 아랑곳없이 그
는 다시 투어에 나섰다. "죽음이 코앞에 닥친 사람처럼 보인다는 것
은 알고 있었다. 피골이 상접했고 머리도 거의 다 빠졌다. … 기운이
하나도 없어 앉아서 연주해야 한 적도 많았다."[275] 그가 빠뜨린 말은
때로 휠체어에 앉아서 연주했다는 것이다.[276] 하지만 별로 상관없었
다. 그는 일본, 스웨덴, 덴마크, 독일, 런던, 로마, 파리, 어디를 가든 열
광적인 환영을 받았다. 연주를 잘하든 못하든 (또는 아예 안 하든) 말
이다. 예전처럼 트럼펫을 내려놓고 일렉트릭 오르간을 톡톡 치는 일
도 많았다. 그가 연주를 잘하든 못하든 그는 빈틈없는 밴드를 이끌고
있었고, 미세한 눈짓이나 몸짓만으로 밴드를 지휘하는 독보적인 천
재성 또한 있었다.

그것은 재즈였을까? 마일스가 참여한 것이니 그랬으리라. 최소한
다들 그렇게 생각했다.

"그가 왜 컴백했냐고요? 돈이 필요해서죠!" 여전히 뉴욕에서 종
종 데이비스의 무대에 올라 즉흥 연주를 하던 데이브 리브먼의 말이

다. "그게 그의 컴백 이유예요. 그 망할 돈이 필요했던 거예요. 컬럼비아에서 나오는 수표로 근근이 살아가고 있었는데요. 수표를 받으면 81번가와 브로드웨이 모퉁이에 있는 중국 식당에 가서 현금으로 바꿔오라면서 우리한테 주곤 했어요. '거기로 수표를 갖고 가봐. 내가 누군지 아니까' 이러면서요. 나 같은 사람이 아시아 데 쿠바 식당에 수표를 들고 가는 거죠. 뭐 한 600달러인가, 그 정도. 600달러를 받아다 그에게 줘요. 그럼 그는 곧장 코카인을 사러 갔어요."

하지만 데이비스에 대한 리브먼의 존경과 애정은 결코 흔들리지 않았다. "내가 봤을 때 1980년대의 마일스는 또 한 세대에게 그를 볼 수 있는 기회를 준 거예요. [컴백을 안 했다면] 그를 몰랐을 거잖아요. 내게 찰리 파커가 그렇듯 역사 속 인물로서만 알았겠죠. 그런데 이 세대가 실제로 가서, 연주하는 그를 보고 들을 수 있게 된 겁니다. 나에게는 적어도 사람들이 그의 연주를 다시 볼 수 있게 되었다는 사실이 정말 기뻤어요. 비록 음악이 약해지긴 했지만."[277]

마일스는 1983년 5월에 일본의 네 개 도시, 10월에 바르샤바와 베를린 등 몇 차례의 투어를 마치고 11월 초 뉴욕에 돌아왔다. 그리고 라디오 시티 뮤직홀에서 열린 대규모 축하 행사에 참석했다. 이 행사는 컬럼비아 레코드와 시슬리가 공동 주최한 "마일스 어헤드: 미국 음악의 전설에 바침"이란 제목의 공연이었다. 코즈비가 사회를 맡았고 퀸시 존스가 이끄는 빅밴드, 허비 행콕과 론 카터와 토니 윌리엄스의 3중주단, 지미 히스, 필리 조 존스, 웨인 쇼터를 포함해 10여 명 이상이 참여한 마일스 데이비스의 전 밴드 멤버들로 구성된 올스타 밴드가 출연했다. 추억으로 물든 저녁이었지만 데이비스는 그럴 기분이 아니었다. "마일스에게 옛 스타일의 연주를 해달라는 부탁이 여러 번 있었지만 그는 그 청을 무시하고 대신 현재의 밴드와 함께 30분짜리 세트를 선보였다." 스웨드의 글이다. 기타 주자 둘, 드럼 주자 둘, 클라리넷과 신시사이저 주자 각각 하나, 그리고 데이비스는 오른손으로 신시사이저를 치고 왼손으로는 트럼펫을 불었다. 고도의 예술적 기교였으며 노스탤지어를 자극하는 분위기에 던지는 결정적 한 방이었다.[278]

긴 밤을 가득 채운 수많은 하이라이트들 가운데 가장 인상적이었던 순간은 공연 전반부의 웅대한 피날레, 즉 일곱 대의 트럼펫이 마일스를 위해 연주한 팡파르였다. 이는 자정 공연을 위한 서곡이었다. 마일스가 받은 각종 상들 중 하나였던 피스크 대학 명예 음악박사 학위 수여식도 있었다. 팡파르를 연주한 트럼펫 주자들은 모두 올스타 밴드로 50대(아트 파머와 메이너드 퍼거슨)와 30대(지미 오언스, 루 솔로프, 랜디 브레커, 존 패디스)가 주를 이루었고, 가장 막내는 워싱턴 D. C. 출신의 넓적한 얼굴이 잘생긴 스물세 살 청년이었다. 10대 시절에만 두 번이나 『다운비트』의 올해 최우수 젊은 재즈 뮤지션 상을 받았던 인물, 그의 이름은 바로 월리스 로니였다.

그로부터 8년이 흘렀다. 세월은 마일스에게 친절하지 않았다. 프레디 웹스터 이후 유일하게 가까운 친구였던 길 에번스가 1988년 복막염으로 세상을 떠났다. 데이비스가 예순다섯에 가까워지고 또 그 나이를 넘어서는 동안 본인의 여러 병도 점점 악화되기만 했다. 인공 고관절이 영 자리를 잡지 못해 늘 절뚝거렸고, 당뇨도 관리가 되지 않았으며, 시력이 저하되었고, 호흡에 어려움을 겪었다. 가뜩이나 뼈만 남았는데 체중은 자꾸 줄어만 갔다. 그럼에도 불구하고 그는 계속 나아갔다. 그것이 그가 가장 잘 아는 일이었다. 1991년 7월, 그는 재즈 페스티벌 무대에 오르기 위해 스위스 몽트뢰로 향했다. 퀸시 존스가 15년간 설득한 끝에 마침내 성사된 무대로, 길 에번스가 편곡했던 빅밴드 명반인 《Birth of the Cool》《Porgy and Bess》《Sketches of Spain》의 회고 공연이었다.

노스탤지어가 안 통하던 마일스 데이비스가 마침내 노스탤지어에 무릎을 꿇은 것이었을까? 몽트뢰 공연에 마일스의 초대로 밴드에 합류한 월리스 로니는 그렇지 않다고 단언했다. 1년 전만 해도 데이비스가 옛 음악들을 연주하기로 했다고 누군가 말했다면 "'웃기고 있네. 그러면 **좋겠다**는 거겠지' 이랬을 거예요. 하지만 이제는 마일스가 **완전히** 몰입해 있다는 걸 알았어요. 그건 **과거**를 돌아보는 것하고는 달랐어요. '한번 개발해보자. 이 음악을 연주해보자. 연주 안 한 지 꽤 됐으니까' 그런 시선으로 보는 거였어요."[279]

로니는 말 그대로 그리고 비유적으로 마일스의 발치에 앉아 지난 8년을 보냈다. 그에게 연주를 들려주고 그의 연주를 들어주고 그의 음악적 아이디어들을 흡수했다. "그가 말하는 것이라면 모두 배우고 싶었어요. 그래서 열심히 들었어요." 그가 내게 말했다.

하지만 이 단순한 음악적 우정을 둘러싼 온갖 소동들, 예컨대 억지로 갖다 붙인 로니와 마살리스의 라이벌 구도, 마일스와 마살리스의 대립, 1986년 밴쿠버 사건으로 정점을 찍은 논쟁까지, 이 모든 일은 1991년 7월에 이르자 옛이야기가 되어버렸다. 마살리스는 슈퍼스타였고 로니는 틈새시장에서 그런대로 나쁘지 않다 할 경력을 이루었으며 마일스는 급격히 쇠퇴하고 있었다.

그러다 마치 마법 같은 일이 일어났다. 데이비스와 시간을 그렇게 많이 보내면서도 로니는 단 한 번도 그와 **함께** 트럼펫을 연주한 일이 없었다. "내가 [그의] 집에서 연주하거나 그가 뭔가를 연주하면 내가 따라서 해보거나 그런 정도였어요." 그가 내게 말했다. 8일 오후 리허설 때도 로니는 그와 함께 연주할 엄두조차 못 냈다. "그가 다가왔는데 나는 뒤로 물러섰어요."

하지만 그날 밤 공연에서 "야, 이제 그가 **아들**의 연주를 듣겠구나. 자기 음악을 연주하는 아들을" 하는 생각이 들었다고 말하며 로니는 웃음을 터뜨렸다. "그 모든 레슨, 내가 배운 그 모든 걸. 맙소사, 거기서 〈Boplicity〉랑 이런 걸 연주하는데요. 아, 모르겠어요. 꿈같더라고요. 처음에는 어쩌지? 내 연주를 어떻게 생각하고 있을까? 이러고 있는데, 그가 나한테 다가와서는 귓속말로 **이걸 4분음표의 셋잇단음표로 연주해봐** 하는 거예요."

"내가 연주하는데 그가 귓속말을 하더니, 트럼펫을 꺼내더라고요. 그리고 나랑 **함께** 연주하기 시작했어요. 백만 번은 들은 소리였어요. 하지만 바로 내 연주 바로 옆에서 하는 건 … 아, **정말**. 맙소사! 정말이지, 그건 **마일스 데이비스**였어요."

"그래서 나도 점점 편안해지더라고요. 내가 **연주**를 하고요. 우리가 연주를 하고 있는데, 아마 〈Sketches of Spain〉이었을 텐데, 갑자기 마일스가 **중단하는** 거예요. 연주를 중단했다니까요. 화가 난 표정이에요. 그러더니 무대에서 내려가요. 퀸시도 무대에서 내려가고요."

"퀸시가 돌아와서 하는 말이 '자, 쇼는 계속되어야지' 이래요. 우리는 모두 마일스가 '제기랄, 이거 하기 싫어' 그랬나보다 생각했죠. 나는 혹시 내가 건방을 떨었나, 그러니까 내가 **선을 넘었나** 싶었어요. 마일스는 **가버렸어요**. 우리는 계속 〈Sketches of Spain〉을 연주했죠. 이제는 그가 옆에 있지도 않고 그래서 나는 **아주** 맹렬하게 갔어요. 마일스의 빈자리를 채워야 하니까요. 마치 내가 밴드를 이끌기라도 하듯 연주했어요. 혼신의 힘을 다해서. 곡이 끝나니까 마일스가 돌아왔어요. 그냥 쉬고 싶었다고, 그뿐이라고 해요. 왜 진작 그렇게 **말하지** 않았는지 모르겠어요."

하지만 마일스는 마일스가 늘 해오던 대로 했을 뿐이었다. 무대에서 내려간 행동은 두 가지 목적을 달성했다. 그의 연주자 중 한 명에게 스포트라이트를 양보하는 것, 그리고 관객이 계속 그를, 즉 마일스를 생각하게 하는 것(어디 간 거지?). 그리고 늘 그랬듯 거의 누구도 그의 의도를 제대로 이해하지 못했다.

데이비스가 돌아왔을 때 로니의 기억에 따르면 그는 제자의 어깨에 팔을 두르고 이렇게 말했다. (로니는 여기서 마일스의 목소리를 흉내 냈다.) "오늘 연주 진짜 끝내주던데."

"그래서 내가 그랬어요. '아니에요, 선생님의 연주를 하고 있었을 뿐인 걸요.' 그러자 마일스가 '아니야, 월리 … 그러지 마. 겸손은 이제 그만. 오늘 연주 **정말** 멋졌어' 그러더라고요."

"하지만 겸손하지 않을 도리가 없었어요." 로니가 내게 말했다. "그래서 '선생님, 저는 그냥 선생님한테 배운 걸 연주했을 뿐이에요' 그랬어요."

"그러자 그가 나를 보더니, '그래, 인정하지. 나는 디지의 음악을 프레디 웹스터의 톤으로 연주하고 있을 뿐이니까'라고 했어요."[280]

8월 말, 마일스와 그의 밴드는 할리우드 볼에서 공연했다. 공연에 함께 출연한 웨인 쇼터가 대기실로 데이비스를 찾아왔다. "7월에 봤을 때보다 살이 더 빠져 있었다." 그의 회고다. "하지만 피부와 얼굴, 또 모든 곳에서 어떤 광채 같은 게 났다. 안에서부터, 안에서 밖으로 발산되는 희미한 빛이 있었고, 뭔가 달라졌다는 걸 알 수 있었다."[281]

노동절 연휴 동안 마일스는 각혈을 시작했다. 그의 마지막 연인이던 미술가 조 겔바드가 차를 몰아 산타모니카에 있는 세인트 존 병원으로 그를 데리고 갔고, 거기서 그는 또다시 폐렴 진단을 받고 입원했다. 며칠 후에는 뇌졸중을 일으켜 왼쪽 몸에 마비가 왔다. 몹시 불안해하며, 잠들지 않으려 안간힘을 쓰며, 그가 계속 말했다. "난 죽고 싶지 않아."

그는 아직도 왕성한 삶을 살고 있었다. 여전히 그림을 그렸고, 힙합 앨범을 작업 중이었고, 프린스와의 콜라보 앨범도 준비하고 있었다. 푸치니의 〈토스카〉를 녹음하고 싶었고 자신의 일대기를 그린 브로드웨이 뮤지컬에 출연하고 싶었다. 언제나 불안하게, 시간과 질병이라는 시시한 굴레 앞에서 몸부림치며.

"몸에 꽂힌 줄이며 관들을 자꾸 뽑아냈다." 겔바드가 회고했다. "상황이 점점 더 감당하기 힘들어졌다. 체중이 36킬로그램까지 빠졌다." 남자 간호사 하나가 가까스로 그를 침상에 도로 데려다놓았고, 겔바드가 그 옆에 누웠다. 갑자기 그의 몸에서 힘이 완전히 빠져나가는 것이 느껴졌다. 혼수상태에 빠진 것이다.[282]

그리고 그는 다시는 의식을 회복하지 못했다. 3주 후, 1991년 9월 28일, 그는 세상과 영영 이별했다. 아주 늙은 (그리고 아주 젊은) 예순다섯 살이었다.

♪♪♪

    나는 다른 인터뷰를 마치고 웨스트사이드를 따라 차를 몰다가 이 소식을 들었다. 어쩐지 비현실적으로 느껴졌다. 머릿속 생각이 2년 반 전, 그와의 인터뷰를 끝내고 떠나려던 그 순간으로 돌아갔다. 배낭을 어깨에 걸치고 그의 딱딱하고 기다란 손을 맞잡으며 감사와 작별 인사를 건네는 나를 그는 반짝이는 검은 눈으로 바라보았다. "또 올 건가?" 그가 물었다.

감사의 말

2017년 가을, 나는 주인공 없는 전기 작가였다. 방향타도 돛도 없이 바다를 떠도는 신세였다. 프랭크 시나트라의 두 권짜리 전기의 두 번째이자 마지막 권이 2년 전에 출간되었고, 앞으로 내가 뭘 쓰게 될지에 대한 고민은 시나트라의 첫 번째 부인 낸시가 왜 재혼하지 않았느냐는 질문에 대해 내놓은 답변과 닮은 데가 있었다. "프랭크 시나트라 다음에 누구하고요?" 그만큼 거대하고 영향력 있는 전기의 주제를, 아니 어떤 논픽션이든지 간에 새로운 주제를 찾아내는 일이 엄청 버거운 과제처럼 느껴졌다. 그래서 나는 허우적대며 밀어붙였다. 작가로서 더없이 괴로운 시간이었다. 그해 가을 나는 리턴 스트레이치의 『저명한 빅토리아인들Eminent Victorians』과 비슷한 방식으로, 1955년에 죽은 네 명의 남자들을 다룬 집단 전기물 기획안을 썼다. 알베르트 아인슈타인, 찰리 파커, 월리스 스티븐스, 제임스 딘. 겉보기에는 기발한 아이디어였다. 네 사람 모두 개성이 뚜렷했고 또 서로 극명하게 다른 인물들이었으니까. 하지만 스트레이치의 소재들은 특정한, 그리고 어쩌면 더 단순했던 시대를 규정하고 있었다. 반면 내 제안서 속 네 사람의 연결고리는 그들의 사망년도가 같다는 우연 외에 무엇이 있단 말인가? '저명한 아이젠하워 시대의 인물들Eminent Eisenhowerians'은 아무래도 같은 울림을 주지 못했다.

내 기획안을 읽은 편집자들은 기발하지만 설득력이 없다고 봤다. 하지만 그중 한 명, 펭귄 프레스의 스콧 모이어스는 만나서 아이디어를, 다른 아이디어를 논의해보겠냐고 내게 물었다. 그래서 몹시 추웠던 12월의 어느 오후, 스콧과 나는 6번로 아래쪽에 있는 타파스 식당에서 커피를 앞에 두고 처음 만났다. 인사말을 나눈 뒤 그가 **본인**이 갖고 있는 책 아이디어를 꺼냈다. 마일스 데이비스, 존 콜트레인, 빌 에번스, 역사적인 재즈 앨범《Kind of Blue》의 세 천재에 대한 책이었다.

내 반응은 즉각적이었다. "합시다." 내가 말했다.

몇 가지 이유로 흥분할 만한 생각이었다. 첫째, 많은 사람들이 그렇듯, 재즈 마니아든 보통 청자든지 간에, 나 또한 사상 최고 판매량을 기록한 재즈 앨범《Kind of Blue》를 알고 또 사랑했다. 1959년에 발매된 이 음반은 시간을 초월한 독보적인 경지에 올라 있는 작품이었다. 깊고 신비롭고 초월적인 음악이었다. 둘째, 나는 1989년에 그의 회고록 출간에 맞춰 기획된 『배니티 페어』 기사를 쓰기 위해 마일스를 인터뷰한 일이 있었다. 무시무시한 세간의 평판과 달리 그는 다정하고 탁 트인 사람이었다. 나는 그가 무척 좋았다.

나는 곧바로 스콧의 아이디어를 확장한 아이디어를 냈다. 재즈 저술가 애슐리 칸이《Kind of Blue》앨범 제작에 대한 다소 전문적이지만 탁월하고 잘 읽히는 책을 출간한 사실을 알고 있었다. 그러나 나는 그저 앨범에 대해 쓰기보다 이 명반을 위해 한자리에 모였던 위대한 아티스트 3인에 대한 이야기를 쓰면 어떨까 하는 생각이 들었다. 인간으로서 뮤지션으로서 이 음반의 녹음 이전, 녹음 과정, 녹음 이후에 있었던 이야기를 풀어내면 어떨까? 그 안에는 많은 것이 담겨 있었다. 음악적으로, 역사적으로, 심리적으로. 그리고 인종적으로. 여기에는 미국에서 탄생한 유일한 순수 예술 형식인 재즈의 단계적 변화 과정이라는 큰 줄기가 있었다. 재즈는 20세기 후반 한때 온 나라를 하나로 모으고 춤추게 만들었던 음악에서 예술 음악, 소수의 음악, 갈수록 대부분의 사람들에게 이해되지도 주목받지도 못하는 음악으로 변해갔다.《Kind of Blue》는 1950년대 재즈의 황금기와 이후 난해함 속으로 추락해가는 시점 사이의 경계선에 거의 정확히 위치한 것처럼 보였다. 나는 이 모든 것을 스콧에게 말했다.

"합시다." 이번에는 그가 말했다.

그래서 우리는 했고, 이 책이 바로 그 결과물이다. 끝없는 고마움을 스콧 모이어스에게 바친다. 그는 탁월하고 독창적이고 관대한 편집자다.

마일스 데이비스에게 커다란 빚을 졌다. 무지한 생짜 기자에게 보여준 친절도 그렇지만 이 위대한 음악을 사랑하고 이해하도록 이끌어준 것도 정말 고맙다.

마일스 인터뷰를 나의 주머니에 넣고 이 프로젝트를 시작할 수 있었던 건 행운이었다. 작업이 진행되는 중에도 행운이 이어졌다. 최고 역량을 지닌 수많은 뮤지션들을 인터뷰할 수 있었기 때문이다. 그 시작은 위대한 소니 롤린스였다. 그는 솔직함, 너그러움, 음악과 그 너머의 문제들에 대한 사려 깊은 견해들로 나를 놀라게 했다.

마일스의 유일한 제자이자 본인도 천재인 월리스 로니는 놀랄 만큼 너그럽게 시간을 내어주었고 내가 다루는 세 인물들이 살았던 음악적 시대와 그들 각각의 창조적 진화 과정에 대한 날카롭고 깊이 있는 통찰을 보여주었다.

내가 이야기를 나눈 뮤지션들 모두가 놀라운 이야기를 해주었고 그 덕분에 많은 것을 배울 수 있었다. 몬티 알렉산더, 존 바티스트, 랜디 브레커, 칙 코리아, 잭 디조넷, 존 패디스, 빌리 하트, 에디 헨더슨, 이선 아이버슨, 실라 조던, 리 코니츠, 조 라바베라, 데이브 리브먼, 크리스천 맥브라이드, 케니 워너, 데니 자이틀린, 엘리엇 지그먼드에게 특히 감사드린다.

게리 기딘스, 댄 모건스턴, 테드 팽컨, 그리고 로런 쇼언버그는 아낌없이 시간을 내어준 음악의 박식가들이다. 깊이 감사드린다.

모니카 게츠, 맥신 고든, 로리 버코민은 그 시대와 삶에 대한 더없이 귀중한 세부 내용들과 통찰을 제공해주었다.

제시카 버틀러는 이 책에 실린 아름다운 사진들을 찾느라 크게 수고해주었다.

앤디 알레오, 제시카 브레커, 스테퍼니 크리스, 마크 굴드, 에밀리 헌트, 에런 캐플런, 제이컵 캐플런, 피터 로신, 그리고 레이프 보 피터슨에게도 감사드린다.

미아 카운실, 톰 더셀, 헬 페센든, 새라 헛슨, 대니얼 래긴, 헤더 루이스, 대런 해거, 대니엘 플래프스키, 몰리 리드, 그레그 빌피크, 첼시 코언, 클레어 바카로, 에릭 웩터, 앨리 다마토, 앤 고도프, 이상 펭귄 프레스 팀에게도 깊이 감사드린다.

참된 친구 켄 랭곤에게 아주 특별히 감사하다.

그리고 오랜 세월을 함께해온 나의 에이전트, 위대한 조이 해리스에게, 또 한 차례의 항해에 동행하며 앞길을 두려워하지 않게 격려해준 것에 다시 한번 깊이 감사드린다.

세 아들 제이컵, 에런, 에이버리는 음악과 각기 다른 관계를 맺고 있지만 음악에 대한 열정만큼은 모두 똑같다. 나에게 계속해서 영감과 가르침을 준다.

그리고 나의 아내 캐런 컴버스에게 한없는 감사를 드린다. 나와 함께 살아준 것에. 내가 절망할 때 희망을 준 것에. 그리고 라디오에서 흘러나오는 색소폰 주자가 누군지 알아내겠다고 몇 번째인지도 모르게 입에 손가락을 갖다 대며 '쉿' 하는 나를 견뎌준 것에.

들어가며

1) 22년 후, 탤리즈는 그의 베스트셀러 *Thy Neighbor's Wife*에서 더 이색적인 즐거움을 찾아 헤매는 권태로운 교외의 부부들에 대해 쓰게 된다.

2) John S. Wilson, "Thelonious Monk Plays Own Works," *New York Times*, Mar. 2, 1959.

3) 같은 신문.

1장

1) James Kaplan, "Miles Davis Blows His Horn," *Vanity Fair*, Aug. 1989.

2) Francis Davis, "You're Under Arrest," *Rolling Stone*, July 4, 1985.

3) Gourse, *Wynton Marsalis: Skain's Domain*, p. 89.

4) 필자와 마일스 데이비스의 인터뷰.

5) Wynton Marsalis blog, wyntonmarsalis.org/blog/entry/my-1986-encounter-with-miles-davis-in-vancouver.

6) United Press International (UPI) report of July 2, 1986.

7) Davis and Troupe, *Miles*, p. 374.

8) 같은 곳.

9) Wynton Marsalis blog, wyntonmarsalis.org/blog/entry/my-1986-encounter-with-miles-davis-in-vancouver.

10) 필자와 윌리스 로니의 인터뷰.

11) 내가 마일스와 했던 인터뷰를 돌이켜보면, 세 시간이 넘는 대화에서 그가 '머더퍼커'라는 단어를 쓴 건 고작 네 번뿐이었다.

12) 스탠리 크라우치는 이렇게 썼다. "그 책은 전반적으로 설득력 없는 감정 폭발, 욕설, 오류, 자기 과시, 그리고 기생충처럼 잭 체임버스의 저서 *Milestones* 속 글을 가져와 살짝만 바꿔 적은 문장으로 가득 차 있다." (Crouch, *Considering Genius*, pp. 252~53).

13) 완전히 무관한 이야기는 아니라 덧붙이자면, 마일스의 방대한 회고록 말미에 실린 인명 색인을 보면 20세기 재즈 뮤지션의 이름이 거의 총망라되어 있는데도 리 모건과 프레디 허버드의 이름은 어디에도 없다.

2장

1) Davis and Troupe, *Miles*, p. 14.

2) "Entertainments, Society and Meetings, Upper Alton," *Alton Evening Telegraph*, Mar. 7, 1925, p. 3.

3) Davis and Troupe, *Miles*, p. 14.

4) Early, *Miles Davis and American Culture*, p. viii.

5) 아이린(1924~2007)은 평생 세 개의 성을 썼다고 알려져 있다. 태어났을 때

코손(Cawthon), 이후 계부의 성을 따라 버스(Birth), 마지막으로 아마 마일스와 헤어진 뒤 결혼한 남자의 성으로 보이는 올리버(Oliver). 다음을 보라. wikitree.com/wiki/Cawthon-223.

6) Gillespie and Fraser, *To Be, or Not … to Bop*, p. 190.

7) 같은 책, p. 188.

8) 같은 책, p. 190.

9) Davis and Troupe, *Miles*, p. 7.

10) 같은 책, p. 8.

11) Gillespie and Fraser, *To Be, or Not … to Bop*, p. 191. 마일스는 밴드에서 자신이 막내였기 때문에, 엑스타인의 지시에 따라 공연 중에 의자가 아닌 나무로 된 코카콜라 상자에 앉아야 했다고 회상했다(Davis and Troupe, *Miles*, p. 154). 또한 세탁소에서 리더의 슈트를 찾아오는 일이나, 담배 심부름, 엑스타인의 구두를 반짝거리도록 닦는 일도 맡아야 했다.

12) Davis and Troupe, *Miles*, p. 9.

3장

1) Davis and Troupe, *Miles*, p. 52.

2) DeVeaux, *The Birth of Bebop*, p. 350.

3) Davis and Troupe, *Miles*, p. 55.

4) DeVeaux, *The Birth of Bebop*, p. 284.

5) Shaw, *52nd Street*, p. 280.

6) Russell, *Bird Lives!*, p. 171.

7) 같은 책, p. 172.

8) Gillespie and Fraser, *To Be, or Not … to Bop*, p. 203.

9) Giddins, *Visions of Jazz: The First Century*, p. 89.

10) Davis and Troupe, *Miles*, p. 55.

11) 같은 곳.

12) 같은 책, p. 56.

13) 같은 책, p. 60.

14) 같은 책, p. 59.

15) 필자와 마일스 데이비스의 인터뷰.

16) Davis and Troupe, *Miles*, pp. 60~61.

17) 같은 책, pp. 73~74.

18) 필자와 마일스 데이비스의 인터뷰.

19) Early, *Miles Davis and American Culture*, p. 83.

20) Gillespie and Fraser, *To Be, or Not … to Bop*, p. 226.

21) Davis and Troupe, *Miles*, p. 62.

22) 웹스터가 투약한 헤로인에 오염 물질—어쩌면 배터리 산(battery acid)이나 스크리크닌—이 섞여 있었을지도 모른다는 소문이 돌았다. 돈을 떼인 것에 앙심을 품은 마약상이 소니 스팃을 노리고 준비해둔 것이라는 말도 있었다.

23) Davis and Troupe, *Miles*, p. 65.

24) 필자와 마일스 데이비스의 인터뷰.

25) Giddins, *Celebrating Bird*, p. 95.

26) Gillespie and Fraser, *To Be, or Not … to Bop*, p. 177.

27) Gioia, *The History of Jazz*, p. 231.

28) Spunt, *Heroin and Music in New York City*, p. 53.

29) Davis and Troupe, *Miles*, p. 163.

30) Stearns, *The Story of Jazz*, p. 159.

31) Hayde, *Stan Levey, Jazz Heavyweight*, p. 68.

32) Giddins, *Celebrating Bird*, pp. 95~96.

33) DeVeaux, *The Birth of Bebop*, p. 417.

34) *Dizzy Gillespie/Charlie Parker: Town Hall, New York City, June 22, 1945*, Uptown Jazz CD, June 2005.

35) Gillespie and Fraser, *To Be, or Not … to Bop*, p. 223.

36) 버드와 바이어스를 제외하고, 이 그룹의 멤버는 피아노에 앨 헤이그, 베이스에 컬리 러셀, 드럼은 스탠 레비 아니면 맥스 로치였던 것 같다.

37) Davis and Troupe, *Miles*, p. 68.

38) 같은 곳.

39) 같은 곳. 마일스와 트루프는 공연 무대를 쓰리 듀시스라고 잘못 썼다. 다음을 보라. Peter Losin's authoritative Parker chronology: http://www.plosin.com/milesAhead/Bird/Charlie%20Parker%20Chronology%201945.html.

40) 필자와 데이브 리브먼의 인터뷰.

41) Davis and Troupe, *Miles*, pp. 68~69.

42) Gillespie and Fraser, *To Be, or Not ... to Bop*, pp. 215~16.

43) 필자와 로런 쇼언버그의 인터뷰.

44) 고든은 로스앤젤레스 흑인 사회에서 정통 명문가 출신이었다. 그의 아버지는 로스앤젤레스 최초의 아프리카계 미국인 의사 중 한 명으로 듀크 엘링턴과 라이어널 햄프턴의 주치의였다. 어머니는 미서전쟁에서 명예훈장을 받은 군인의 딸이었다.

45) Davis and Troupe, *Miles*, pp. 110~11.

46) 같은 책, p. 111.

47) "4 Night Clubs Penalized," *New York Times*, Nov. 5, 1945, p. 21.

48) Davis and Troupe, *Miles*, p. 72.

49) Gillespie and Fraser, *To Be, or Not ... to Bop*, p. 211.

50) "4 Night Clubs Penalized."

51) Broven, *Record Makers and Breakers*, pp. 57~59.

52) Scott Yanow, "Artist Biography: Herman Lubinsky," *All-Music*, allmusic.com/artist/herman-lubinsky-mn0000678736/biography.

53) Ritz, *Faith in Time*, p. 71.

54) 흑인 재즈 뮤지션들은 이슬람교를 받아들였고, 1940대 후반부터 이미 무슬림 이름을 사용했다.

55) Dave Gelly, "The Immortal Charlie Parker," *Jazz Journal*, Feb. 5, 2020. 흥미롭게도, 음반에 실린 〈Ko-Ko〉의 최종 버전이 아닌 다른 버전에서는 연주자들이 실제로 〈Ko-Ko〉의 기반이 된 레이 노블의 〈Cherokee〉를 연주하기 시작한다. 그러자 리그가 컨트롤 룸에서 뛰어나와 "멈춰! 멈춰!"라고 소리를 지르며 손뼉을 치고 휘파람을 분다. 이 위험한 상황의 싹을 자르지 않았다면 허먼 루빈스키의 주머니에 들어갈 돈이 노블의 주머니로 갔을 것이다. 다음을 보라. https://www.npr.org/2000/08/27/1081208/-i-ko-ko-i.

56) Davis and Troupe, *Miles*, p. 75.

57) "마치 머리가 둘 달린 한 사람이 연주하는 것 같았어요." 베이스 주자 레이 브라운이 말했다. "어느 시대를 돌이켜봐도 두 악기가 이보다 더 완벽하게 어우러진 사례를 찾기 어려울 겁니다. 게다가 둘 다 환상적인 솔로 연주자였어요. 그들은 완전히 새로운 것을 하고 있었죠." (Gillespie and Fraser, *To Be, or Not ... to Bop*, p. 250).

58) Davis and Troupe, *Miles*, p. 76.

59) Russell, *Bird Lives!*, p. 211.

60) Davis and Troupe, *Miles*, p. 89.

61) 같은 책, pp. 89~90.

62) Russell, *Bird Lives!*, p. 211.

63) 같은 책, p. 212.

4장

1) Bob Bernotas, "Moving Ever Forward: Benny Golson," jazzbob.com/articles.php?id=8.

2) 1942년 곡인 이 곡의 원저작자는 확실하지 않다. 찰리 파커가 작곡자로 알려지기도 했다. 이 곡 하면 떠오르는 옥타브 점프 리프는 카운트 베이시와 글렌 밀러의 1941년 녹음에도 등장한다.

3) John Coltrane with Don DeMicheal, *DownBeat*, Sept. 29, 1960.

4) Bob Bernotas, "Moving Ever Forward: Benny

Golson," jazzbob.com /articles.php?id=8.

5) Porter, *John Coltrane*, p. 60.

6) 같은 책, p. 43.

7) Russell, *Bird Lives!*, p. 243.

8) Porter, *John Coltrane*, p. 44.

9) 같은 책, p. 39.

10) 이 녹음이 어떻게 발견되었는지는 다음을 보라. Porter, *John Coltrane*, p. 308. 이 녹음은 유튜브에서 들을 수 있다. (Bernie's Bootlegs: "Young John Coltrane Live w/Navy Band '46 & Johnny Hodges '54," YouTube audio, 42:29, Sept. 17, 2017) at youtube.com /watch?v=3Qn7123lcTM.

11) Porter, *John Coltrane*, p. 50.

12) 같은 책, p. 40.

13) DeVito, *Coltrane on Coltrane*, p. 62.

14) 같은 책, p. 33.

15) Tom Steadman, "Coltrane: The Quiet Boy Who Grew Up in High Point and Became a Jazz Legend," Greensboro.com, Sept. 21, 1991, greensboro.com/coltrane-the-quiet-boy-who-grew-up-in-high-point-and-became-a-jazz-legend /article_b7bcc0dc-0d9b-5d95-9561-0d2ce971bb75.html.

16) DeVito, *Coltrane on Coltrane*, p. 62. 콜트레인은 R&B를 로큰롤이라고 잘못 사용하고 있다. 로큰롤이 대중음악 장르를 지칭하는 용어로 쓰이기 시작한 것은 1950년대 초반부터로, 그가 고등학교를 졸업하고도 몇 년이 지난 뒤의 일이다.

17) Porter, *John Coltrane*, p. 31.

18) 같은 책, p. 33.

19) DeVito, *Coltrane on Coltrane*, p. 130.

20) Advertisement, *Philadelphia Inquirer*, May 20, 1917, p. 19.

21) Porter, *John Coltrane*, p. 35.

22) 같은 책, p. 36.

23) 같은 책, p. 33.

24) DeVito, *Coltrane on Coltrane*, p. 130.

25) 같은 책, p. 62.

26) Losin, *Miles Ahead*, jam session of Feb. 19, 1947, plosin.com /milesAhead/Bird/ Charlie%20Parker%20Chronology%20 1947.html.

27) Porter, *John Coltrane*, p. 79.

28) 스미스소니언 협회 재즈 구술사 프로그램: 루이스 포터와 지미 히스의 인터뷰. 1995년 3월 3일, 4일

29) *The Autobiography of Malcolm X*를 보면 말콤의 젊은 시절을 포함해 20세기 초중반에 흑인 남성들이 콩크 헤어스타일을 하기 위해 겪어야 했던 고통이 자세히 설명되어 있다.

30) "Eddie Vinson Puts Emphasis on Youth," *Detroit Tribune*, Screen/Radio/Stage section, Jan. 15, 1949, p. 15.

31) Porter, *John Coltrane*, p. 74.

32) 같은 책, p. 73.

33) "Jazzman of the Year: John Coltrane," *DownBeat's Music 1962—The 7th Annual Yearbook*, 1962, pp. 66~69.

34) 같은 책, p. 66.

35) 같은 책, p. 63.

5장

1) Crease, *Gil Evans*, p. 138.

2) Travis, *An Autobiography of Black Jazz*, p. 318.

3) Davis and Troupe, *Miles*, pp. 98~99.

4) 1947년 2월 7일 챈 리처드슨에게 보낸 편지 in Russell, *Bird Lives!*, p. 238.

5) Losin, *Miles Ahead*, Three Deuces stand of Aug. 7–Sept. 24, 1947, plosin.com/ milesahead/Bird/Charlie%20Parker%20 Chronology%201947.html

6) Russell, *Bird Lives!*, p. 243.

7) Davis and Troupe, *Miles*, pp. 101~02.

8) 같은 책, p. 102.

9) 역사는 그것을 기록하는 사람에게 가혹할 때가
　　있다. 베네데티가 〈All the Things You Are〉를
　　녹음한 직후 듀시스의 매니저 새미 케이는
　　베네데티를 내쫓았다. 클럽에 앉아 있으면서
　　음식이나 술을 전혀 주문하지 않는다는
　　이유였다.

10) 철두철미하고 믿을 만한 재즈 연구자 레이프
　　보 피터슨은 그 세션이 1947년 10월 28일에
　　있었다고 말한다. 다음을 보라. Losin, *Miles
　　Ahead*, plosin.com/milesahead/Bird/
　　Charlie%20Parker%20Chronology%20
　　1947.html

11) Russell, *Bird Lives!*, p. 249.

12) 같은 책, p. 250.

13) Davis and Troupe, *Miles*, p. 105.

14) 필자와 존 바티스트의 인터뷰.

15) Priestley, *Chasin' the Bird*, p. 73; Giddins,
　　Celebrating Bird, p. 135; Reisner, *Bird*, p. 229.

16) Crease, *Gil Evans*, p. 130.

17) Davis and Troupe, *Miles*, p. 120.

18) Crease, *Gil Evans*, p. 131.

19) 같은 책, pp. 131~32.

20) 사실 그 녹음은 5중주단의 변형된
　　버전이었다. 피아노를 듀크 조던 대신
　　버드 파월이 연주했다. 조던이 훌륭한
　　연주자였다면 파월은 뛰어난 연주자였다.
　　하지만 마일스에 따르면(Davis and Troupe,
　　pp. 75, 114), 파월과 버드는 서로를 좋아하지
　　않았기 때문에 함께 연주하는 경우가 거의
　　없었다. 〈Donna Lee〉 제목은 컬리 러셀의 딸
　　이름에서 따왔다.

21) Marc Crawford, "*Miles* and Gil: Portrait of a
　　Friendship," *Down-Beat*, Feb. 16, 1961.

22) Davis and Troupe, *Miles*, p. 104.

23) 같은 책, p. 104.

24) 같은 책, p. 108.

25) 같은 책, p. 120.

26) Crease, *Gil Evans*, p. 156.

27) 같은 책, p. 157.

28) Davis and Troupe, *Miles*, p. 116. 트루프는
　　제리 멀리건의 유명한 발언을 완곡하게
　　변형한 것 같다. "마일스가 리허설을
　　소집했고, 홀을 빌렸으며, 연주자들을 불러
　　모았고, 요컨대 채찍을 휘둘렀다." (Cook, *It's
　　About That Time*, p. 16).

29) Crease, *Gil Evans*, p. 156.

30) 필자와 월리스 로니의 인터뷰. "팻 걸(Fat
　　Girl)"은 마일스가 나바로를 부르던 별명이다.
　　나바로는 마일스를 "밀리(Millie)"라고
　　불렀다.

31) Crease, *Gil Evans*, p. 157.

32) 같은 책, pp. 114~15.

33) Losin, *Miles Ahead*, recording session of
　　Sept. 25, 1948, plosin .com/milesAhead/
　　Sessions.aspx?s=480925.

34) Davis and Troupe, *Miles*, p. 117.

35) Losin, *Miles Ahead*, Royal Roost concert
　　of Sept. 4, 1948, plosin.com/milesahead/
　　Sessions.aspx?s=480904.

36) Joey Soane, "Music Makers …" *Lyndhurst*
　　(N.J.) *Leader*, Sept. 23, 1948, p. 10.

37) Chambers, *Milestones*, p. 106.

38) Losin, *Miles Ahead*, Royal Roost concert
　　of Sept. 18, 1948, plosin.com/MilesAhead/
　　Sessions.aspx?s=480918b.

39) Davis and Troupe, *Miles*, p. 123.

40) "In the Groove," Amarillo (Tex.) *Sunday
　　News-Globe*, Mar. 13, 1949, p. 13.

41) Ed Caswell, "'Say, Man, What's This Bebop
　　Got That Dixieland Ain't Got?,'" *Stanford
　　Daily*, July 22, 1949, p. 8.

42) Howard Lee, Record Parade column,
　　Cleveland Call and Post, Mar. 19, 1949, p. 9–B.

43) Davis and Troupe, *Miles*, p. 126.

44) Russell, *Bird Lives!*, pp. 270~71.

45) Morgenstern, *Living with Jazz*, p. 214.

46) Davis and Troupe, *Miles*, p. 126.

47) Russell, *Bird Lives!*, p. 271.

48) Davis and Troupe, *Miles*, p. 126.

49) 같은 책, p. 127.

6장

1) Gillespie and Fraser, *To Be, or Not ... to Bop*, p. 355.

2) 같은 책, p. 356.

3) 같은 책, pp. 356~57.

4) 같은 책, p. 357.

5) Porter, *John Coltrane*, p. 62.

6) 같은 책, p. 85.

7) 히스는 자기가 콜트레인의 목숨을 구했다고 믿었다. 그는 자신의 회고록에서 이렇게 회상했다. "콜트레인이 먼저 시작했다. 물건을 조제하고 주사기에 뽑아 올린 다음 자기 팔에 찔렀다. 그는 곧바로 바닥에 쓰러졌다. 물건을 판 남자가 아직 식당에 있었는데 그에게 우유를 가져다달라고 했다. 콜트레인을 살려보려고. 우유가 해독제가 될지도 모른다고 생각했다. 우리는 그를 깨우려고 뺨을 때리고 얼굴에 물을 끼얹으며 흔들었다. 남자가 우유를 가져오자 우리는 우유를 콜트레인의 목에 부었고, 마침내 콜트레인이 정신이 들었다. 기절 직전에 마지막으로 기억나는 게 '이봐 어서, 어서, 다 써버리자고'라는 말이었다고 했다. 그를 살려내지 못했다면 틀림없이 약물 과다 복용으로 죽었을 테고 그럼 지금 사람들이 아는 콜트레인은 결코 존재하지 못했을 것이다. 그때는 《My Favorite Things》도 《A Love Supreme》도 나오기 전이었다. 그의 괴물 같은, 전설적인 경력은 나중 일이다. 물론 우리가 그를 살린 건 그가 역사를 쓸 인물이어서가 아니었다. 우리의 친구였기 때문이었다." (Heath and McLaren, *I Walked with Giants*, pp. 69~70).

8) 지미 히스에 따르면 디지의 말은 이랬다. "이 빌어먹을 약쟁이야, 넌 해고야." (Heath and McLaren, *I Walked with Giants*, p. 70).

9) Steve Voce, "Obituary: Red Rodney," *The Independent*, May 30, 1994, independent.co.uk/news/people/ obituary-red-rodney-1439684.html.

10) Lees, *Cats of Any Color*, p. 103.

11) Jonnes, Hep-Cats, *Narcs, and Pipe Dreams*, p. 119.

12) Hawes, *Raise Up Off Me*, p. 14.

13) 같은 책, p. 15.

14) 같은 곳.

15) 마이크 헤너시와 덱스터 고든의 인터뷰. July 26, *1966,* in *Melody Maker*, a British music magazine.

16) 필자와 소니 롤린스의 인터뷰.

17) Russell, *Bird Lives!*, pp. 260~61.

18) Björn Fremer, "The John Coltrane Story, as Told to Björn Fremer," *Jazz News*, May 10, 1961.

19) 같은 글, p. 77.

20) 버드랜드는 브로드웨이와 52번가 교차로에 있는 화려하고 웅장한 클럽으로 1949년 12월 15일에 문을 열었다. 찰리 파커의 명성을 빌려 홍보 효과를 누리고자 이름을 '버드랜드'로 지었지만, 아이러니하게도 이름을 따온 그 인물은 계속 돈을 요구하며 정작 그곳에서는 거의 연주하지 않았다.

21) Bernie's Bootlegs, "Dizzy Gillespie & John Coltrane, Live at Birdland 1951—Unknown Radio Broadcast," 32:13, Sept. 18, 2017, youtube.com/watch?v=A63IsX -5HM8&t=595s.

22) DeVito, *Coltrane on Coltrane*, p. 131.

23) Porter, *John Coltrane*, p. 86.

24) 지미 히스는 자신이 1947년 12월 필라델피아의 다운비트 클럽에서 처음으로 콜트레인을 마일스에게 소개했다고 믿었다. (Porter, *John Coltrane*, p. 60) 당시 마일스는 찰리 파커 5중주단과 함께 그곳에 와 있었다. 한편

마일스는 1950년 여름 콜트레인이 길레스피와 함께 "할렘의 한 클럽"에서 연주할 때 콜트레인을 처음 만났다고 기억했다. (Davis and Troupe, *Miles*, p. 133). 루이스 포터는 콜트레인이 마일스, 소니 롤린스, 버드 파월, 아트 블레이키와 오듀본 볼룸에서 댄스 공연을 했다며 그 날짜를 1951년 3월이라고 쓰고 있다. (*John Coltrane*, p. 86)

25) John Coltrane with Don DeMicheal, *DownBeat*, Sept. 29, 1960.

26) Fremer, "The John Coltrane Story, as Told to Björn Fremer."

27) Porter, *John Coltrane*, p. 92.

28) 같은 곳.

29) 같은 곳. 잭슨의 가장 널리 알려진 곡은 아마 1952년에 발표한 〈Big Ten Inch Record〉일 것이다.

30) Coltrane Research, "John Coltrane with Johnny Hodges 1954," YouTube audio, 30:00, publication date unknown, youtube.com/watch?v=OCTXcUGKcw8&t=245s.

31) DeVito, *Coltrane on Coltrane*, p. 42.

32) Porter, *John Coltrane*, p. 62. 1950년대의 80달러를 오늘날의 가치로 환산하면 900달러가 넘는다.

33) 같은 책, p. 91.

7장

1) Davis and Troupe, *Miles*, p. 129.

2) Morgenstern, *Living with Jazz*, p. 214.

3) Szwed, *So What*, p. 88.

4) Davis and Troupe, *Miles*, p. 132.

5) Szwed, *So What*, p. 86.

6) 같은 책, p. 87.

7) The Negro Travelers' Green Book, Spring 1956, issuu.com/dafiyab.benibo/docs/negro_traveler_s_green_book.

8) Davis and Troupe, *Miles*, p. 136.

9) 같은 책, p. 136.

10) Szwed, *So What*, p. 90.

11) Davis and Troupe, *Miles*, p. 136.

12) wikitree.com/wiki/Davis-7198; legacy.com/obituaries/name/muhammad-abdullah-obituary?pid=176218353.

13) 마일스 4세(1949~2015)는 성인이 되었을 때 아버지 마일스와 전혀 닮지 않았다. 그는 이후 무함마드 압둘라(Muhammad Abdullah)로 개명했다. wikitree.com/wiki/Davis-7198.

14) Davis and Troupe, *Miles*, p. 138.

15) Owen Callin, "Record Reviews," *Bakersfield Californian*, Sept. 8, 1950, p. 23.

16) Davis and Troupe, *Miles*, p. 139.

17) Reich, *The World of Jim Crow America*, p. 34; Taylor, *Notes and Tones*, p. 240.

18) Szwed, *So What*, p. 94.

19) "경찰들은 전부 남부 출신이고, 전부 시비를 걸지." 필리 조 존스가 아서 테일러에게 말했다. "경찰은 공무원이고, 시민을 보호해야 하잖아. 캘리포니아에서는 정반대야. 거기는 그냥 나치 친위대야. 그냥 나치 돌격대라고. (Taylor, *Notes and Tones*, p. 43).

20) Gordon, *Sophisticated Giant*, p. 102.

21) Nick La Tour, "On the Scene in Harlem Town," *Jackson Advocate*, Nov. 18, 1950, p. 4.

22) Pat Harris, "Nothing but Bop? 'Stupid,' Says Miles," *DownBeat*, Jan. 27, 1950.

23) Vail, *Miles' Diary*, p. 35.

24) 같은 책, p. 36.

25) Michael Jarrett, Penn State York, unpublished fall 1995 interview with Bob Weinstock, audio file at https://dcr.lib.unc.edu/record/4e4804f4-3b90-4ba0-8f8e-dd90f121413c.

26) Miles Davis Official Artists Channel, "Miles Davis—Meeting Producer Bob Weinstock

(from The Miles Davis Story),” YouTube audio, 2:53, Aug. 18, 2017, youtube.com/ watch?v=tVdYzPXlGgM.

27) Vail, *Miles’ Diary*, p. 37.

28) Davis and Troupe, *Miles*, p. 140.

29) 같은 책, p.143.

30) Goldberg, *Jazz Masters of the 50s*, p. 70.

31) 헤드 어레인지먼트: 외워서 연주하고 귀로 배움.

32) Gillespie and Fraser, *To Be, or Not ... to Bop*, p. 360.

33) 같은 곳.

34) Davis and Troupe, *Miles*, pp. 142~43.

35) Jack Tracy, review of “Morpheus” and “Blue Room” (Prestige 734), *DownBeat*, Apr. 6, 1951.

36) Davis and Troupe, *Miles*, p. 143.

37) Cab Calloway, “Is Dope Killing Our Musicians?,” *Ebony*, Feb. 1951.

38) Nisenson, *Open Sky*, p. 39.

39) David Hutchings, “Jazz Great Dexter Gordon Blows an Elegant New Note as an Actor,” *People*, Nov. 24, 1986, p. 113.

40) 같은 곳.

41) Nisenson, *Open Sky*, p. 39.

42) Gourse, *Art Blakey*, p. 38.

43) Davis and Troupe, *Miles*, p. 96.

44) Heath and McLaren, *I Walked with Giants*, p. 71.

45) 필자와 랜디 브레커의 인터뷰.

46) DeVito, *Coltrane on Coltrane*, p. 25.

47) Vail, *Miles’ Diary*, p. 40.

48) Jack Tracy, review of “Down” and “Whispering” (Prestige 742), *DownBeat*, Sept. 7, 1951.

49) 와인스톡은 현명하게도 마일스가 1월에 진행한 첫 번째 프레스티지 세션에서 형편없이 연주한 곡들로 시작하기 않기로 했다. 그 트랙들은 이후 프레스티지의 다른 LP들에 수록되었다.

50) Jack Tracy, review of “Dig (I & II)” (Prestige 777), *DownBeat*, Dec. 3, 1952. 〈Dig〉은 나중에 〈Donna〉로 제목이 바뀌었고, 작곡자는 재키 매클레인으로 표기되었다.

51) *DownBeat*, Apr. 3, 1953.

52) 쉰 목소리 전의 마일스 데이비스의 음성은 1953년 7월 또는 8월에 세인트루이스에서 진행된 라디오 인터뷰에서 길게 들을 수 있다.: Miles Davis Jazz Central, “Miles Davis 1953 Interview with DJ Harry Frost on KXLW, East St. Louis,” YouTube audio, 12:26, Aug. 31, 2020. youtube.com/ watch?v=5CvG3jEGr9w.

53) Davis and Troupe, *Miles*, p. 148.

54) 같은 책, p. 149.

55) 같은 책, p. 150.

56) 수년 동안 이곳에서 치료를 받은 재즈 뮤지션에는 덱스터 고든, 재키 매클레인, 쳇 베이커, 샘 리버스, 윌버 웨어, 소니 스팃, 레드 로드니, 엘빈 존스, 리 모건, 테드 대머런, 소니 롤린스 등이 있었다. “수년에 걸쳐 렉싱턴에 워낙 많은 뮤지션들이 있었기 때문에, 그 시설에는 빅밴드는 물론 여러 개의 소규모 캄보도 있었다.”(Barry Spunt, *Heroin and Music in New York City*, p. 64). “그들은 그 치료를 치유라고 불렀고, 네 달 반이 걸렸다.” 롤린스가 회상했다. “그들은 약물 중독을 범죄가 아닌 질병으로 다루었고, 그래서 죄수라기보다 환자라고 느꼈다. 아주 특별한 치료였다. 그들은 메타돈의 초기 형태인 돌로핀을 사용했다.”(Nisenson, *Open Sky*, p. 68). 그 시설에 3년 동안 수감되어 있었던 대머런은 그 경험을 통해 변화되었다. 그의 전기 작가는 “태드는 최근 몇 년간 헤로인으로 인한 무기력 속에서 잃어버렸던 작곡에 대한 열정을 다시 불태웠다. 그는 [렉싱턴의] 여러 밴드를 활용해 본인의 새로운 작품뿐 아니라 다른 이들의 곡들도 실험했다.

대부분이 작곡이나 편곡을 해본 적이 없는 사람들이었다. 태드는 그들 모두에게 작곡을 해보라고 격려했다. (MacDonald, *Tadd*, p. 61).

57) 어쩌면 그랬을지도 모른다. 마일스는 그저 혼자 있는 것을 지나치게 좋아했기에 중독된 동료 뮤지션들과 함께 있고 싶지 않았다. 당시 렉싱턴에 수감되어 있던 레드 로드니는 마일스가 이곳에 온다는 소식을 듣고 몹시 들떠 그를 맞이하러 달려갔지만, 도착했을 때는 이미 데이비스가 떠난 뒤였던 일을 회상하며 씁쓸해했다. (Vail, *Miles' Diary*, p. 42).

58) Leonard Feather, "Poll-Topper Miles Has Been at a Standstill Since Back in 1950," *Melody Maker*, Feb. 23, 1952.

59) Davis and Troupe, *Miles*, p. 156.

8장

1) Losin, *Miles Ahead*, recording session of May 9, 1952, plosin.com/milesAhead/Sessions.aspx?s=520509.

2) Vail, *Miles' Diary*, p. 44.

3) 마일스 외에 J. J. 존슨, 재키 매클레인, 밀트 잭슨, 퍼시 히스, 케니 클라크가 있었다. 투어 도중 매클레인이 떠나고 잠시 테너 색소폰 주자인 주트 심스가 그 자리를 대체했으나, 곧 심스도 떠나면서 지미 히스로 교체되었다.

4) 그들의 투어 일정에는 흑인 클럽도 여럿 있었다.

5) Vail, *Miles' Diary*, p. 44.

6) Davis and Troupe, *Miles*, p. 159.

7) Dorothy Kilgallen, The Voice of Broadway, syndicated column, Aug. 15, 1952.

8) Davis and Troupe, *Miles*, p. 160.

9) Losin, *Miles Ahead*, recording session of April 20, 1953, plosin.com/milesAhead/Sessions.aspx?s=530420.

10) Losin, *Miles Ahead*, recording session of Jan. 30, 1953, plosin.com/milesahead/Sessions.aspx?s=530130.

11) Davis and Troupe, *Miles*, p. 161.

12) 같은 곳.

13) John Tebben, Jazz Mill column, *Independent Press-Telegram South-land Magazine* (Long Beach, CA), Nov. 1, 1953.

14) Davis and Troupe, *Miles*, p. 164.

15) 물론, 그들이 와주기만 한다면 말이다. 주로 백인들로 구성된 럼지의 밴드를 '라이트급 올스타'라고 부른 이들도 있었다. 라이트하우스에서 볼 만한 공연은 워델 그레이나 로치 같은 흑인 거장들이 합류했을 때뿐이라고 말하기도 했다. 웨스트코스트 재즈는 녹음의 대부분을 딕 보크가 설립한 퍼시픽 재즈 레이블에서 했는데, 이는 더 많은 분열을 초래했다. "동부의 재즈는 무겁고 흑인의 것이었고, 서부의 재즈는 가볍고 백인의 것이었어요. 사운드가 그랬어요." 테너 색소폰 주자 테디 에드워즈는 1994년 한 인터뷰에서 말했다. "[서부 해안 쪽에는] 실력 있는 연주자들이 많았어요. 소니 크리스, 햄프턴 호스, 워델, 우리 다요. 하지만 우리는 녹음 기회를 얻지 못했죠. 대체로 인종 문제 때문이에요. 인종주의가 원인이었죠. Bob Rusch, "Teddy Edwards Interview Taken & Transcribed by Bob Rusch," *Cadence*, Apr. 1994.

16) Davis and Troupe, *Miles*, pp. 165~66.

17) 같은 책, p. 167.

18) 같은 곳.

19) Don DeMicheal, "Miles Davis: The *Rolling Stone* Interview," *Rolling Stone*, Dec. 13, 1969.

20) Davis and Troupe, *Miles*, pp. 169~70.

21) 같은 책, p. 170.

22) Bjorn and Gallert, *Before Motown*, pp.

134~35.

23) Szwed, *So What*, p. 109.

24) Davis and Troupe, *Miles*, p. 172.

25) Szwed, *So What*, pp. 109~10.

26) Davis and Troupe, *Miles*, p. 174.

27) 같은 책, p. 175.

28) 같은 곳.

29) 마일스는 경쟁심이 강했기에 실버가 최근 아트 블레이키와 연주하고 녹음했으며, 그 5중주단에 클리퍼드 브라운이 포함되어 있다는 사실을 분명 의식하고 있었을 것이다.

30) Bloom, *Thomas Pynchon*, p. 1.

31) 사실 그곳은 밴 겔더의 부모님 집이었다. 그 집의 거실은 녹음에 적합한 음향 효과를 낼 수 있었을 뿐만 아니라 아름다운 스타인웨이 그랜드 피아노도 있었다.

32) Szwed, *So What*, p. 111.

33) 같은 곳.

34) 이 곡의 도입부 음이 로저스와 하트가 1935년 발표한 스탠더드 곡 〈The Most Beautiful Girl in the World〉의 도입부와 거의 똑같다고 봐도 될 정도로 비슷하다.

35) Losin, *Miles Ahead*, recording session of Mar. 15, 1954, plosin.com /milesahead/ Sessions.aspx?s＝540315.

36) 그의 연주가 버드와 너무나 비슷해서 몇 달 뒤 『다운비트』 블라인드 테스트에서 그 음반을 들은 찰스 밍거스는 실드클라우트를 파커로 착각할 정도였다. 마일스는 자신의 회고록에서 이 젊은 알토 색소폰 주자의 이름을 아예 언급조차 하지 않는 방식으로 보답했다.

37) 마일스는 이 곡을 분명 기타리스트 척 웨인이 1940년대 중반에 작곡한 〈Sonny〉에서 가져왔다. 당시 요절한 트럼펫 주자 소니 버먼에게 이 곡을 헌정했지만 저작권 등록은 되어 있지 않았다. 마일스가 붙인 제목은 '날 잡아봐라' 식의 말장난 같은 농담이다. 다른 사람의 곡을 슬쩍 가져오는 마일스의 습관은

이미 정평이 나 있었고, 이는 5년 뒤 《Kind of Blue》의 연주에서도 드러나게 된다.

38) Losin, *Miles Ahead*, recording session of Apr. 3, 1954, plosin .com/milesahead/ Sessions.aspx?s＝540403.

39) Vail, *Miles' Diary*, p. 58.

40) Szwed, *So What*, p. 113.

41) 같은 곳.

42) 같은 책, p. 114.

43) Davis and Troupe, *Miles*, p. 177.

44) 마일스가 해석한 〈Walkin'〉은 완전히 새로웠다. 이 곡은 진 애먼스가 1950년에 녹음한 〈Gravy〉에서 시작되었으며, 그는 이 곡의 작곡자로 테너 색소폰 주자이자 작곡가 겸 편곡가인 지미 먼디를 크레디트에 올렸다. 마일스는 이 곡에 때때로 〈Weirdo〉나 〈Sid's Ahead〉라는 제목을 붙이기도 했다.

45) Vail, *Miles' Diary*, p. 59.

46) J. D. Considine, "When Miles and Trane Made History," Special to *The Globe and Mail*, May 27, 2006, theglobeandmail.com/ arts/when-miles-and-trane-made-histo ry/article18164154.

47) 예를 들어, 다음을 보라. the Feb. 11, 1953, *DownBeat review of Young Man with a Horn* (Blue Note 5013).

48) 현재는 컴필레이션 음반인 《Miles Davis: The Complete Prestige 10-Inch LP Collection》에 수록되어 있다.

49) Greg Cwik and David Marchese, "Understanding Miles Davis, in 9 Parts," *Vulture*, Sept. 25, 2015, vulture.com/2015/09/miles-davis-lives-9-p arts.html.

50) Crouch, *Considering Genius*, pp. 46~47.

51) Tyson, *Just as I Am*, p. 168.

52) Davis and Troupe, *Miles*, p. 180.

9장

1) Golson and Merod, *Whisper Not*, p. 110.
2) 같은 책, p. 111.
3) 같은 곳.
4) Brian Hennessey, "Bill Evans: A Person I Knew," *Jazz Journal International*, Mar. 1985, pp. 8~11.
5) Louis Cavrell이 감독한 1966년 영화, *The Universal Mind of Bill Evans*, 에번스가 형 해리와 함께 음악에 대해 이야기하는 장면.
6) Don DeMicheal, untitled essay in Bill Evans Plays, a 1969 booklet of Evans transcriptions. Downloadable at https://www.scribd.com/doc/284267153 /Bill-Evans-Plays.
7) 같은 곳.
8) Pettinger, *Bill Evans*, p. 16.
9) Don Nelsen, "Bill Evans: Intellect, Emotion, and Communication," *DownBeat*, Dec. 8, 1960, pp. 16~19.
10) Hennessey, "Bill Evans: A Person I Knew."
11) Cavrell, dir., *The Universal Mind of Bill Evans*.
12) 필자와 로리 버코민의 인터뷰.
13) Pettinger, *Bill Evans*, p. 5.
14) 같은 곳.
15) Reminiscence of Pat Evans at https://harryevanstrio.com/The_Two_Brothers.pdf, pp. 3~4.
16) 같은 글, p. 3.
17) 같은 글, p. 4.
18) 같은 글, p. 2.
19) 같은 곳.
20) 같은 글, p. 5.
21) 같은 글, p. 2.

10장

1) Kelley, *Thelonious Monk*, p. 106.
2) 퀸시 트루프와 마일스 데이비스의 인터뷰 녹취, June 16, 1988, Quincy Troupe Collection, Schomburg Center for Research in Black Culture.
3) 같은 곳.
4) Kelley, *Thelonious Monk*, p. 107.
5) 퀸시 트루프와 마일스 데이비스의 인터뷰 녹취.
6) Kelley, *Thelonious Monk*, pp. 165~66.
7) 같은 책, p. 166.
8) 같은 책, p. 183.
9) Davis and Troupe, *Miles*, p. 187.
10) Losin, *Miles Ahead*, recording session of Dec. 24, 1954, plosin .com/milesahead/Sessions.aspx?s=541224.
11) Gourse, *Straight, No Chaser*, p. 96.
12) Kelley, *Thelonious Monk*, p. 183.
13) ktdchon22, "The Man I Love (take 1)—Miles Davis," YouTube audio, 8:31, Aug. 28, 2017, youtube.com/watch?v=f13hyaCuU9U.
14) Kelley, *Thelonious Monk*, p. 182.
15) Davis and Troupe, *Miles*, p. 187.
16) Kelley, *Thelonious Monk*, p. 182.
17) Vail, *Miles' Diary*, p. 64.
18) Szwed, *So What*, p. 116.
19) Santoro, *Myself When I Am Real*, p. 112.
20) Russell, *Bird Lives!*, p. 359.
21) "Charlie Parker, Jazz Master, Dies," *New York Times*, Mar. 15, 1955.
22) Davis and Troupe, *Miles*, p. 188.
23) 냇 헨토프는 『다운비트』 리뷰에서 마일스 데이비스의 첫 번째 12인치 음반 《The Musings of Miles》에 별 다섯 개를 주었다. (*DownBeat*, Nov. 2, 1955).
24) Szwed, p. 118. 해킷(1915~1976)은 스윙 시대의 트럼펫 연주자이자 코넷 연주자로 마일스는 그의 유려하고 서정적인 스타일을 깊이 존경했다.
25) Wein, *Myself Among Others*, p. 457.
26) 같은 책, p. 458. 여러 출처에 따르면

휘트모어는 뉴포트 이후에 마일스의
에이전트가 되었다.

27) 그가 5중주단에서 함께 일하고 싶었던
연주자는 롤린스, 갈런드, 체임버스, 필리
조였지만, 그는 그럴 형편이 되지 못했다.
마일스가 뉴포트로 향하기 나흘 전, 그
다섯은 그리니치빌리지에 새로 문을 연 카페
보헤미아에서 연주를 했다. 다만 단발성 특별
공연일 뿐, 정기 공연은 아니었다.

28) Milestones: A Miles Davis Archive,
"All Star Jam Session featuring Miles
Davis—July 17, 1955 Newport Jazz
Festival, Newport," YouTube audio,
24:36, July 16, 2016, youtube.com/
watch?v=1UxxXnfgmmU&t=167s.

29) Davis and Troupe, *Miles*, p. 121.

30) "All Star Jam Session featuring Miles
Davis—July 17, 1955."

31) Davis and Troupe, *Miles*, p. 191.

32) Stuart Nicholson, "Miles Davis—Highs and
Lows at Newport," *Jazzwise*, April 21, 2016,
jazzwise.com/profile/article/miles–davis–hi
ghs–and–lows–at–newport.

33) Szwed, *So What*, p. 117.

34) John McDonough, "Fifty Years Later, George
Avakian Remembers Miles Davis," *Wall
Street Journal*, July 7, 2005, wsj.com/articles/
SB112068802064678822.

35) Liner notes, *Miles Ahead*.

36) McDonough, "Fifty Years Later, George
Avakian Remembers Miles Davis."

37) 같은 글.

38) 같은 글.

39) Szwed, *So What*, p. 118.

40) 오늘날 가치로 약 2만 1000달러 정도이다.

41) Ratliff, *Coltrane*, p. 20.

42) Dorothy Kilgallen, Voice of Broadway
syndicated column of May 12, 1955.
"그리니치빌리지에 새로 생긴 실존주의

스타일의 공간, 카페 보헤미아는 [버드랜드의
난쟁이 MC] 피 위 마켓의 다운타운 버전과
멋진 재즈 음향이 있는 곳임을 자랑한다.
이곳에는 보조 출연자 섭외 업체에서 바로
데려온 듯한 전형적인 유형의 손님들이
가득하다. 턱수염을 기른 남자들, 연분홍색
립스틱을 바른 아가씨들, 들러리처럼 섞여
있는 아이비리그 대학생들. 가끔 외지인들이
관광차 이곳에 들어오곤 하는데, 그들의 놀란
표정은 정말 볼 만하다!"

43) Sheridan, *Dis Here*, pp. xvi~xviii.

44) Dorothy Kilgallen, Voice of Broadway
syndicated column, Sept. 26, 1955.

45) Sheridan, *Dis Here*, p. 3.

46) Davis and Troupe, *Miles*, p. 193.

47) Sheridan, *Dis Here*, p. 9.

48) Szwed, *So What*, p. 120.

49) Davis and Troupe, *Miles*, pp. 194~95.

11장

1) Priestley, *John Coltrane*, p. 29.

2) Porter, *John Coltrane*, p. 95.

3) 같은 곳.

4) Davis and Troupe, *Miles*, p. 200.

5) DeVito, *Coltrane on Coltrane*, p. 131.

6) Davis and Troupe, *Miles*, p. 195.

7) 같은 곳.

8) 같은 책, p. 196.

9) 세 단어로 된 제목이 일반적으로
사용되었지만, 멍크는 'about'이 없는 제목을
더 선호했다.

10) Losin, *Miles Ahead*, recording session of
Oct. 26, 1955, plosin.com /milesAhead/
Sessions.aspx?s=551026.

11) John McDonough, "Fifty Years Later, George
Avakian Remembers Miles Davis," *Wall
Street Journal*, July 7, 2005, wsj.com/articles/

SB112068802064678822.

12) 필자와 로런 쇼언버그의 인터뷰.

13) 빌 골드버그, 에디 카프와 빌 에번스의 인터뷰, WKCR, New York, July 4, 1979, jazz.fm/rare-interview-with-bill-evans-recounts-the-story-of-miles-davis-and-kind-of-blue.

14) 필자와 소니 롤린스의 인터뷰.

15) Kitty Grime, "John Coltrane Talks to Jazz News," *Jazz News*, Dec. 27, 1961.

16) Szwed, *So What*, p. 122.

17) Morgenstern, *Living with Jazz*, p. 217.

18) Davis and Troupe, *Miles*, p. 196.

19) Porter, *John Coltrane*, p. 99.

20) Kahn, *Kind of Blue*, p. 57.

21) Porter, *John Coltrane*, p. 99.

22) 《Relaxin'》 앨범의 〈Woody 'n' You〉 마지막 부분에서 마일스가 와인스톡에게 "오케이?" 하고 묻자 와인스톡이 한 번 더 해야 한다고 농담한다. 마일스가 가짜로 날카로운 척을 하며 "왜?"라고 반응한다. 그때 콜트레인이 "맥주 병따개 좀 줄래요?"라고 묻는다. 완전 대학 동아리 공연 같다!

23) Miles Davis Official Artist Channel, "Sweet Sue, Just You (false start with discussion by Leonard Bernstein & Miles Davis)": YouTube audio, 1:56, Dec. 26, 2016, youtube.com/watch?v=RDGb_H3nxvQ.

24) Bill King, "Rare interview with Bill Evans recounts the story of Miles Davis and Kind of Blue," jazz.fm, May 24, 2019, jazz.fm/rare-interview-with-bill-evans-recounts-the-story-of-miles-davis-and-kind-of-blue/.

25) Louis Cavrell,이 감독한 1966년 영화, *The Universal Mind of Bill Evans*, 에번스가 형 해리와 함께 음악에 대해 이야기하는 장면.

26) Pettinger, *Bill Evans*, p. 25.

27) Don Nelsen, "Bill Evans: Intellect, Emotion, and Communication," *DownBeat*, Dec. 8, 1960, pp. 16~19.

28) Pettinger, *Bill Evans*, p. 55.

29) 같은 책, pp. 31~32.

30) Liner notes for Russell's Decca album *Jazz in the Space Age*, 1960.

31) 같은 글.

32) Kelley, *Thelonious Monk*, pp. 185, 190.

33) 이 곡의 제목은 문자 그대로 다섯 박자로 구성된 마디 묶음에서 따온 것이지만, 마일스 (그리고 에디 빈슨)의 1954년 하드 밥 고전 〈Four〉에 대한 존경을 익살맞게 언급한 것이기도 하다.

34) Pettinger, *Bill Evans*, p. 37.

35) 브라이언 헤너시와 빌 에번스의 인터뷰, *Along Came Bill*, BBC Radio 2, 1990.

36) Nisenson, *Ascension*, p. 30.

37) Szwed, *So What*, p. 125.

38) Porter, *John Coltrane*, p. 104.

39) Szwed, *So What*, p. 125.

40) Vail, *Miles' Diary*, p. 84.

41) 같은 책, p. 86.

42) Davis and Troupe, *Miles*, p. 209.

43) Szwed, *So What*, p. 139; Vail, *Miles' Diary*, p. 95.

44) Davis and Troupe, *Miles*, p. 209.

45) Porter, *John Coltrane*, p. 104.

46) Szwed, *So What*, pp. 127~28.

47) Davis and Troupe, *Miles*, p. 212.

48) 같은 책, p. 207. 마일스는 회고록에 그 폭행 사건이 1956년 10월, 데이비스가 콜트레인을 처음으로 해고했을 때 일어났다고 쓰고 있다. 그러나 루이스 포터는 그 시점에 멍크가 콜트레인에게 일을 제안할 수 없었을 거라고 말한다. 당시 멍크는 카바레 카드가 없었기 때문이다. 또한 포터는 회고록에 이런 경고를 덧붙인다. "안타깝게도 [마일스(의 회고록)은] 주의해서 읽어야 한다. 트루프는 회고록을 쓰면서 마일스를 인터뷰한 내용에 다른 출판물에서 가져온 자료를 출처 표기도

없이 섞었기 때문에, 어떤 내용이 실제
마일스가 트루프에게 말한 것이고, 어떤 것이
토머스에게서 가져온 것인지 알기 어렵다.
여기서 토머스는 *Chasin' the Trane: The Music
and Mystique of John Coltrane*을 쓴 J. C.
토머스를 말한다. (Porter, *John Coltrane*, p.
317).

12장

1) Kelley, *Thelonious Monk*, p. 209.
2) 같은 책, p. 212.
3) Porter, *John Coltrane*, p. 105.
4) Rothschild, *The Baroness*, p. 187. 멍크의
    블루스 곡 〈Ba-Lue Bolivar Ba-Lues-Are〉는
    호텔의 이름을 따 지은 제목이다.
5) Kelley, *Thelonious Monk*, p. 218.
6) Rothschild, *The Baroness*, p. 187.
7) DeVito, *Coltrane on Coltrane*, pp. 17~18.
8) Bret Primack, "The Real McCoy," *Jazz Times*,
    Jan.-Feb. 1996.
9) Liner notes, *A Love Supreme*, 1964.
10) Ira Gitler, "'Trane on the Track," *DownBeat*,
    Oct. 16, 1958.
11) Liner notes, *Dakar* (1981 compilation album,
    Prestige 24104).
12) 트럼펫 주자 조니 스플론, 바리톤 색소폰
    주자 사힙 시합, 폴 체임버스, 투티 히스가
    참여했고, 피아니스트 레드 갈런드와 말
    월드론은 각각 앨범의 한 면을 맡아 연주했다.
13) Nat Hentoff, *Brilliant Corners* review,
    DownBeat, June 13, 1957.
14) Kelley, *Thelonious Monk*, p. 225.
15) 같은 책, p. 222.
16) 같은 책, p. 227.
17) 같은 곳.
18) Baraka, *The Autobiography of LeRoi Jones/
    Amiri Baraka*, p. 133.
19) 정확히 말하면 5개월 22일이다. 5중주단의
    파이브 스폿 마지막 공연은 1957년 12월
    26일이었다.
20) Porter, *John Coltrane*, p. 110.
21) 같은 곳.
22) DeVito, *Coltrane on Coltrane*, pp. 17~18.
23) LeRoi Jones, "The Acceptance of Monk,"
    DownBeat, Feb. 27, 1964.
24) Porter, *John Coltrane*, p. 110.
25) 같은 책, p. 132. 초반에 던롭이 노조 문제에
    얽히면서 그 자리에 윌슨이 들어왔다. 해외에
    거주하는 색소폰 연주자 스티브 포츠는 10대
    시절 파이브 스폿에 몰래 들어가곤 했다.
    그는 내 친구 앤디 알레오(프랑스 낭트에서
    활동하는 뮤지션 겸 교사)와 대화 중에 당시
    일을 회상했다. 1960년대 초 어느 날 밤,
    멍크의 밴드 멤버들이 늘 그렇듯 아직 오지
    않은 피아니스트를 기다리고 있었다. 밖에서
    소란스러운 소리가 들려 포츠가 무슨 일인가
    싶어 나가보니, 멍크가 길거리에서 춤을 추고
    있고, 사람들이 그에게 동전을 던지고 있었다.
    포츠가 멍크에게 밴드가 기다리고 있다고
    말하자, 멍크는 연주하는 것보다 춤추는 게
    더 돈이 된다고 말하더니 집에 가겠다고 했다.
    (Andy Arleo, email).
26) DeVito, *Coltrane on Coltrane*, p. 21.
27) 같은 책, p. 19.
28) 필자와 월리스 로니의 인터뷰.
29) 같은 곳.
30) John Tynan, "Caught in the Act: Miles Davis
    Quintet," *DownBeat*, May 2, 1957.
31) Davis and Troupe, *Miles*, p. 216.
32) Crease, *Gil Evans*, p. 191. 저자에 따르면
    마일스는 그 악기에 대한 조언을 얻기 위해
    클라크 테리를 찾아갔다.
33) Liner notes, *Miles Ahead*.
34) Davis and Troupe, *Miles*, p. 184.
35) Crease, *Gil Evans*, p. 192.
36) Giddins, *Visions of Jazz*, p. 347.

37) Davis and Troupe, *Miles*, p. 215.

38) 같은 책, p. 122.

39) Vail, *Miles' Diary*, p. 106.

40) 필자와 윌리스 로니의 인터뷰.

41) John Coltrane with Don DeMichael, *DownBeat*, Sept. 29, 1960.

42) 같은 글.

43) Paul Little, Needle in the Groove column, *Arlington Heights Herald*, June 27, 1957, p. 35.

44) Davis and Troupe, *Miles*, p. 223.

45) 이 곡의 제목에 대해 처음에 약간의 혼란이 있었다. 마일스가 찰리 파커와 연주하던 시절인 1947년에 존 루이스가 마일스를 위해 작곡한, 같은 제목의 전혀 다른 곡을 녹음한 적이 있기 때문이다. 1958년 컬럼비아에서 발매된 앨범 《Milestones》의 초판본에는 이 곡이 〈Miles〉라는 제목으로 단순하게 표기되었는데, 이후 곧 LP와 같은 제목인 〈Milestones〉로 바뀌었다.

46) Szwed, *So What*, pp. 158~59.

47) 필자와 윌리스 로니의 인터뷰.

48) Davis and Troupe, *Miles*, p. 224.

49) Pettinger, *Bill Evans*, p. 52.

50) 같은 곳.

51) Vail, *Miles' Diary*, p. 117; Mike Hennessey, "Evans the Jazz," *Melody Maker*, Feb. 27, 1965.

13장

1) Milestones: A Miles Davis Archive, "Miles Davis—May 17, 1958 Café Bohemia, New York City," YouTube audio, 20:07, May 16, 2016, youtube.com/watch?v=pag1SFz341g&t=728s.

2) George Avakian, "Jazz Record Sales Reach All-Time Peak," *Syracuse Post-Standard*, Nov. 17, 1957.

3) Don Gold, review of *Relaxin' with the Miles Davis Quintet*, *DownBeat*, May 15, 1958.

4) Davis and Troupe, *Miles*, p. 229.

5) Pettinger, *Bill Evans*, p. 54.

6) 세션 말미에 기분을 풀기 위한 연주가 하나 더 있었다. 체임버스와 코브가 억제하며 연주하느라 인내심이 한계에 이르렀기 때문이었다. 그들은 콜 포터의 〈Love for Sale〉을 12분 동안 신나게 연주했다. 이 버전은 1975년이 되어서야 음반으로 발표되었다.

7) Pettinger, *Bill Evans*, p. 56.

8) 이 주장에 대해서는 다음을 보라. Ira Gitler, "Julian 'Cannonball' Adderley, Part I," *Jazz*, Summer 1959.

9) 필자와 존 바티스트의 인터뷰.

10) Pettinger, *Bill Evans*, p. 55.

11) Lyons, *The Great Jazz Pianists*, pp. 224~25.

12) Gitler, "Julian 'Cannonball' Adderley, Part I."

13) Szwed, *So What*, pp. 162~63.

14) 같은 책, p. 162.

15) Losin, *Miles Ahead*, recording session of May 26, 1958, plosin.com/milesAhead/Sessions.aspx?s=580526.

16) 필자와 칙 코리아의 인터뷰.

17) Davis and Troupe, *Miles*, p. 231.

18) 필자와 윌리스 로니의 인터뷰.

19) Davis and Troupe, *Miles*, p. 226.

20) 같은 곳.

21) Kahn, *Kind of Blue*, p. 207.

22) 필자와 윌리스 로니의 인터뷰.

23) Pettinger, *Bill Evans*, p. 61.

24) 필자와 엘리엇 지그먼드의 인터뷰.

25) Pettinger, *Bill Evans*, p. 62.

26) 지미 코브의 스미스소니언 재즈 구술사 프로그램 인터뷰, July 26-27, 2010, americanhistory.si.edu/sites/default/files/file-uploader/Jimmy-Cobb-Transcription-2020.pdf.

27) Davis and Troupe, *Miles*, p. 228.

28) Pettinger, *Bill Evans*, p. 62.

29) 같은 곳. 놀랍게도 에번스는 콜트레인에 대한 존경을 표현한 공식적인 기록이 꽤 많은 반면, 콜트레인의 수많은 인터뷰 중 에번스에 대한 언급은 거의 찾아볼 수 없다.

30) 더 이상 우리에게 설명해줄 수 없는 사람들만이 알고 있는 이유로, 테드 대머런이 자신의 1957년 앨범 《Mating Call》을 위해 작곡한 아름다운 발라드 〈Soultrane〉은 (콜트레인이 녹음에 참여했음에도) 이 LP에 수록되지 않았다.

31) Porter, *John Coltrane*, pp. 252~53.

32) *Soultrane* liner notes.

33) Porter, *John Coltrane*, p. 138.

34) John Coltrane with Don DeMicheal, *DownBeat*, Sept. 29, 1960.

35) Don Gold, review of the Davis sextet's performance at the 1958 Newport Jazz Festival, *DownBeat*, Aug. 7, 1958.

36) 녹음 작업은 리더로서 하는 게 가장 이상적이다. 이는 마일스의 모든 밴드 멤버들에게 경제적인 필요이기도 했다. 초기에는 멤버들에게 정기적으로 고정급을 주는 실험도 해보았으나 잘 되지 않았다. 데이비스는 컬럼비아에서 받는 돈으로 호화롭게 살았지만—1958년에는 걸윙 도어 메르세데스를 빨간색 페라리로 바꿨다—그의 사이드맨들은 공연을 할 때마다 건별로 돈을 받았다. (Pettinger, p. 57).

37) Porter, *John Coltrane*, p. 140.

38) Pettinger, *Bill Evans*, p. 63.

39) Gitler, "Julian 'Cannonball' Adderley, Part I."

40) Crease, *Gil Evans*, p. 199.

41) Don Nelsen, "*Bill Evans*," *DownBeat*, Dec. 8, 1960.

42) Ellison and Murray, *Trading Twelves*, p. 193.

43) 같은 책, p. 202.

14장

1) *New Yorker*, Goings On About Town, Jan. 3, 1959.

2) Whitney Balliett, Jazz Records column in *New Yorker*, May 17, 1958.

3) Davis and Troupe, *Miles*, p. 233.

4) 같은 곳.

5) Orrin Keepnews, liner note to *Peace Piece and Other Pieces*, Milestone M–47024, 1975에서 인용.

6) Pettinger, *Bill Evans*, p. 67.

7) 존스들 따라잡기: 샘 존스와 필리 조 존스는 친척이 아니었고, 둘 다 카운트 베이시 밴드의 위대한 드러머 조 존스와 아무 관계도 없었다. 또한 이 셋 중 누구도 콜트레인의 위대한 5중주단의 드러머가 될 엘빈 존스와 관련이 없다. 엘빈 존스는 피아니스트 행크 존스와 트럼펫 연주자, 작곡가, 밴드 리더인 새드 존스를 배출한 저명한 음악가 집안의 막내였다. 마찬가지로 다재다능한 퀸시 딜라이트 존스 역시 이 모두와 족보상 전혀 무관하다.

8) 이 곡은 LP에는 수록되지 않았지만 1987년에 CD로 재발매된 앨범에는 보너스 트랙으로 포함되었다.

9) Davis and Troupe, *Miles*, p. 225.

10) 같은 책, p. 226.

11) Szwed, *So What*, p. 173.

12) Davis and Troupe, *Miles*, p. 233.

13) 같은 책, p. 230.

14) Szwed, *So What*, p. 161.

15) Pettinger, *Bill Evans*, p. 81.

16) Davis and Troupe, *Miles*, p. 233.

17) Szwed, *So What*, p. 173.

18) Pettinger, *Bill Evans*, p. 82.

19) 같은 곳.

20) Kahn, *Kind of Blue*, p. 105.

21) 빌 골드버그, 에디 카프와 빌 에번스의 라디오 인터뷰, WKCR–FM, New York, July 4, 1979.

Transcribed by Allan Chase, 2019: allanchas
e.files.wordpress.com/2019/05/bill-evans-i
nterview-wkcr-7.4.79c.pdf.

22) Kahn, *Kind of Blue*, p. 99.

23) Davis and Troupe, *Miles*, p. 234.

24) Kahn, *Kind of Blue*, p. 145.

25) 같은 책, pp. 94, 96.

26) 같은 책, p. 95.

27) Losin, *Miles Ahead*, recording session of
Mar. 2, 1959. plosin.com/milesAhead/
Sessions.aspx?s=590302. 컬럼비아 레코드는
전체 프로젝트 번호 외에, 그날 오후에 녹음될
아직 제목이 정해지지 않은 곡들에 세 개의
연속된 카탈로그 번호를 부여했다.

28) 이 곡의 제목은 마일스가 실제 인물인 프레드
톨버트에게 붙여준 별명에서 유래했다. 그는
필라델피아 출신의 괴짜 바텐더이자 유명인
주변을 어슬렁거리는 사람이었다. (Kahn,
Kind of Blue, p. 104).

29) Pettinger, *Bill Evans*, p. 37.

30) Losin, "Miles Ahead": recording session of
Mar. 2, 1959.

31) 골드버그, 카프의 라디오 인터뷰.

32) Davis and Troupe, *Miles*, pp. 222~23.

33) Kahn, *Kind of Blue*, p. 107.

34) 같은 책, p. 110.

35) Losin, *Miles Ahead*, recording session of
Mar. 2, 1959, plosin.com/milesAhead/
Sessions.aspx?s=590302.

36) Pettinger, *Bill Evans*, p. 82.

37) *Kind of Blue* liner notes.

38) Kahn, *Kind of Blue*, p. 117.

39) Szwed, *So What*, p. 175.

40) arte.tv, "Dennis Hopper—Interview
Retrospective 2008/part 1": YouTube
audio, 8:09, Dec. 20, 2008, youtube.com/
watch?v=3VM-vYafxtM.

41) Davis and Troupe, *Miles*, p. 234.

42) 골드버그, 카프의 라디오 인터뷰.

43) 같은 곳.

44) Brian Hennessey, "Bill Evans: A Person I
Knew," *Jazz Journal International*, Mar. 1985,
pp. 8~11.

45) Marian McPartland, *Piano Jazz*,
recorded Nov. 6, 1978, broadcast May
27, 1979, npr.org/2010/10/08/92185496/
bill-evans-on-piano-jazz.

46) Kahn, *Kind of Blue*, p. 130.

47) 에번스와 토니 베넷은 1975년에 발매된 LP
《The Tony Bennett/Bill Evans Album》에서
〈Some Other Time〉을 녹음했다.

48) Kahn, *Kind of Blue*, p. 142.

49) 같은 곳.

50) 같은 곳.

51) 필자와 로런 쇼언버그의 인터뷰.

15장

1) DeVito, *Coltrane on Coltrane*, p. 57.

2) Liner notes, *Giant Steps*.

3) DeVito, *Coltrane on Coltrane*, p. 56.

4) Bob Snead, "Jazz Corner" column, *Cleveland
Call and Post*, Jan. 24, 1959.

5) Golson, *Whisper Not*, pp. 34~35.

6) John Tynan, "Ornette: The First Beginning,"
DownBeat, July 7, 1960.

7) Litweiler, *Ornette Coleman*, p. 25.

8) 같은 책, p. 45.

9) Ethan Iverson, "Ornette 2: This Is
Our Mystic," ethaniverson.com/
rhythm-and-blues/this-is-our-mystic.

10) Litweiler, *Ornette Coleman*, p. 66.

11) Ethan Iverson, "Ornette 2: This Is Our
Mystic."

12) 필자와 로런 쇼언버그의 인터뷰.

13) Szwed, *So What*, p. 169.

14) 같은 책, p. 419.

15) Gunther Schuller, "Two Reports on the School of Jazz," *Jazz Review*, Nov. 1960.

16) Milton R. Bass, The Lively Arts column, *The Berkshire Eagle*, Sept. 10, 1959.

17) 같은 글.

18) Litweiler, *Ornette Coleman*, p. 70.

19) Bass, The Lively Arts.

20) Kahn, *Kind of Blue*, p. 157.

21) review (unbylined) of *Kind of Blue*, *Billboard*, Aug. 31, 1959.

22) B.C., review of *Kind of Blue*, *Metronome*, Oct. 1959.

23) Jack Coffman, Just Jazz column, *Hutchinson* (Kansas) *News*, Nov. 1, 1959.

24) Kahn, *Kind of Blue*, p. 160.

25) C. H. Garrigues, "Recapturing the Magic of Miles," *San Francisco Examiner*, Oct. 11, 1959.

26) Kahn, *Kind of Blue*, p. 194.

27) Dorothy Kilgallen, Voice of Broadway syndicated column of June 9, 1959.

28) 필자와 소니 롤린스의 인터뷰.

29) review (unbylined) of *The Shape of Jazz to Come*, *Billboard*, Nov. 9, 1959.

30) George Hoefer, "Caught in the Act," *DownBeat*, Jan. 7, 1960.

31) Francis Newton in *New Statesman*, Nat Hentoff in *Jazz Review*, Nov. 1960에서 인용.

32) Will Friedwald, "At the 92nd Street Y, Jazz for All," *New York Sun*, July 24, 2008.

33) Lee Santa, "Celebrating 100 Years of Jazz in America," *The Reader*, Sept. 2, 2015, sandpointreader.com/celebrating-100-years -of-jazz-in-america.

34) Charles Mingus, "Mingus on Ornette Coleman," *DownBeat*, May 26, 1960.

35) Nat Hentoff, "Ornette Coleman: Biggest Noise in Jazz," *Esquire*, Mar. 1961.

36) Gillespie and Fraser, *To Be, or Not … to Bop*, p. 105; Michael J. West, "Ornette Coleman's Music Polarized Jazz, then Became Part of Its DNA," *Washington Post*, June 11, 2015.

37) Gillespie and Fraser, *To Be, or Not … to Bop*, pp. 486~87.

38) Litweiler, *Ornette Coleman*, p. 83.

39) 필자와 소니 롤린스의 인터뷰.

40) DeVito, *Coltrane on Coltrane*, p. 102.

41) Goldberg, *Jazz Masters of the 50s*, p. 231.

42) Davis and Troupe, *Miles*, pp. 249~50.

43) 같은 책, pp. 250~51.

44) Litweiler, *Ornette Coleman*, p. 82.

45) Davis and Troupe, *Miles*, p. 250.

46) 같은 곳.

47) Kart, *Jazz in Search of Itself*, p. 179.

48) Francis Davis, "Ornette's Permanent Revolution," *The Atlantic*, Sept. 1985.

49) Nicholas Payton, "On Why Jazz Isn't Cool Anymore," on Nicholas Payton's personal website, November 27, 2011, nicholaspayton. wordpress.com/2011/11/27/on-why-jazz-isn t-cool-anymore/.

50) '프리 재즈'는 1960년 발표된 오넷 콜먼의 앨범 제목이었다. 이 표현은 곧 콜먼, 세실 테일러, 앨버트 에일러를 필두로 다른 많은 이들이 연주하던 스타일, 다시 말해 대중이 통상적으로 이해하는 리듬, 화성, 선율에 기반하지 않은 음악을 가리키는 용어가 되었다.

16장

1) "Jazztet of Miles Davis in Concert," unbylined article, *San Mateo Times*, Feb. 20, 1960.

2) Davis and Troupe, *Miles*, p. 232.

3) 같은 책, p. 240.

4) *Cannonball Adderley Quintet in San Francisco*, CD remastered in 2007.

5) Davis and Troupe, *Miles*, p. 240.

6) 같은 책, p. 241.

7) Bill Mathieu, review of *Sketches of Spain*, *DownBeat*, Sept. 29, 1960.

8) Robert Christgau, "Jazz Annual," *The Village Voice*, May 21, 1970.

9) Davis and Troupe, *Miles*, p. 237. 히스는 1959년 잠시 마일스의 밴드에 합류했지만 곧 그만둘 수밖에 없었다. 그는 최근에 (헤로인 소지 혐의로) 수감되었다가 조기 석방되었는데, 가석방 조건에 따라 이동 반경이 필라델피아에서 약 80~96킬로미터까지로 제한되었기 때문이다. (Jimmy Heath, *I Walked with Giants*, p. 98.)

10) Porter, *John Coltrane*, p. 171.

11) 같은 책, p. 173.

12) Kitty Grime, "John Coltrane Talks to *Jazz News*," *Jazz News*, December 27, 1961.

13) Porter, *John Coltrane*, p. 176.

14) Postif, *Les Grandes Interviews de Jazz Hot*, pp. 133~34.

15) Porter, *John Coltrane*, p. 177.

16) Thomas, *Chasin' the Trane*, p. 130.

17) DeVito, *Coltrane on Coltrane*, p. 128.

18) Nat Hentoff's liner notes for *John Coltrane "Live" at the Village Vanguard*, 1962에서 인용.

19) Porter, *John Coltrane*, p. 180.

20) 혁신적인 아방가르드 리드 악기 연주자 스티브 레이시를 제외하고.

21) Davis and Troupe, *Miles*, p. 224.

22) Scott Anderson, "John Coltrane, Avant Garde Jazz & the Evolution of 'My Favorite Things,'" honors thesis, Gustavus Adolphus College, St. Peter, Minnesota, Spring 1996, coltrane.room34.com/thesis.

23) DeVito, *Coltrane on Coltrane*, p. 133.

24) Carr, *Miles Davis: The Definitive Biography*, p. 164.

25) Leonard Feather, "Miles Davis," *Melody Maker*, Sept. 17, 1960.

26) Davis and Troupe, *Miles*, p. 255.

27) 같은 곳.

28) Szwed, *So What*, p. 147.

29) Davis and Troupe, *Miles*, p. 256.

30) Carr, *Miles Davis: The Definitive Biography*, p. 170.

31) Davis and Troupe, *Miles*, p. 252.

32) Norman Mailer, "Superman Comes to the Supermarket," *Esquire*, Nov. 1960.

33) Pettinger, *Bill Evans*, p. 94.

34) DeVito, *Coltrane on Coltrane*, p. 233.

35) Davis and Troupe, *Miles*, p. 252.

36) Russ Wilson, "Miles Davis to Retire?," *DownBeat*, July 6, 1961.

37) Gilbert Millstein, "On Stage: Miles Davis," *Horizon*, May 1961.

38) Davis and Troupe, *Miles*, p. 256.

39) Pettinger, *Bill Evans*, p. 91.

40) Liner notes by Conrad Silvert, *Spring Leaves* (Milestone compilation, 1976).

41) Brian Hennessey, "Bill Evans: A Person I Knew," *Jazz Journal International*, Mar. 1985, pp. 8~11.

42) Gordon, *Live at the Village Vanguard*, pp. 84~85.

43) C. Michael Bailey, *All About Jazz* website, Nov. 1, 2005, allaboutjazz.com/bill-evans-trio-sunday-at-the-village-vanguard-and-waltz-for-debby-by-c-michael-bailey.

44) Hennessey, "Bill Evans: A Person I Knew."

45) Bruce Spiegel, dir., *Bill Evans: Time Remembered*.

46) John Tynan, Take 5 column, *DownBeat*, Nov. 23, 1961.

47) Don DeMicheal, "John Coltrane and Eric Dolphy Answer the Jazz Critics," *DownBeat*, Apr. 12, 1962.

48) 필자와 데니 자이틀린의 인터뷰.

49) Pete Welding, untitled review, *DownBeat*,
April 26, 1962.

50) Ira Gitler, review of *Coltrane "Live" at the
Village Vanguard, DownBeat*, April 26, 1962.

51) Martin Williams, review of *Africa/Brass,
DownBeat*, Jan. 18, 1962.

52) Gene Lees, liner notes for the LP *John
Coltrane Quartet: Ballads*, Jan. 1963.

53) Frank Kofsky, "John Coltrane: An
Interview," *Jazz and Pop*, Sept. 1967.

54) Davis and Troupe, *Miles*, p. 259.

55) Szwed, *So What*, p. 235.

56) Davis and Troupe, *Miles*, p. 262.

57) 같은 책, p. 263.

58) 같은 책, p. 264.

59) ALL MAN CORP, "TALKING
MILES DAVIS.mpg," YouTube video,
7:43, Mar. 13, 2010, youtube.com/
watch?v＝QRl3weG4HIs.

60) Losin, *Miles Ahead*, concert recording of
Sept. 20, 1963, plosin.com/milesAhead/
Sessions.aspx?s＝630920. 다음 해 4월
밴드가 다시 재즈 워크숍 무대로 돌아왔을
때 내건 공연 홍보 문구는 1963년이 아닌
1863년에 온 듯한 느낌을 풍겼다. "앞으로
2주 동안 열여덟 살 검둥이 소년이 드럼을
연주해야 하므로 이 살롱의 주류 판매가 일시
중단될 예정입니다."

61) Robert Christgau, Consumer Guide, *Village
Voice*, Apr. 23, 1970.

62) *Miles Ahead: The Music of Miles Davis*, 1986
documentary.

63) 같은 곳.

64) Szwed, *So What*, pp. 240~41.

65) Tingen, *Miles Beyond*, p. 35.

66) Davis and Troupe, *Miles*, p. 268.

67) Szwed, *So What*, pp. 240~41.

68) Balliett, *American Musicians II*, p. 443.

69) Mary Campbell, "Miles Brews Up New Life

for Jazz," Associated Press, May 20, 1970.

70) Szwed, *So What*, p. 251.

71) Liner notes, *Miles Davis Quintet, 1965–1968*.

72) Szwed, *So What*, p. 252.

73) Davis and Troupe, *Miles*, pp. 26, 267.

74) Kenny Dorham, review of *E.S.P., DownBeat*,
Dec. 30, 1965.

75) Szwed, *So What*, p. 252.

76) 같은 책, p. 249.

77) 첫 번째는 《Someday My Prince Will Come》
앨범.

78) Howison, *God's Mind in That Music*, p. 108.

79) Porter, *John Coltrane*, p. 270.

80) Thomas, *Chasin' the Trane*, p. 173.

81) 같은 책, p. 138.

82) 같은 책, p. 157.

83) DeVito, *Coltrane on Coltrane*, p. 303.

84) Thomas, *Chasin' the Trane*, pp. 162~63.

85) Porter, *John Coltrane*, p. 272.

86) Thomas, *Chasin' the Trane*, p. 166.

87) 같은 책, p. 172.

88) Davis and Troupe, *Miles*, p. 411.

89) DeVito, *Coltrane on Coltrane*, p. 314.

90) 같은 책, p. 245.

91) Ratliff, *Coltrane*, p. 86.

92) Kahn, *A Love Supreme*, p. 79.

93) Porter, *John Coltrane*, p. 232.

94) Liner notes, *A Love Supreme*, 1964.

95) 이 전조에 대한 탐구를 포터는 콜트레인이
"신이 어디에나, 즉 모든 음역과 모든 조성에
존재함을 전하는 것"이라고 말한다. (*John
Coltrane*, p. 242). 이는 시적이고 설득력 있는
해석이지만, 또 다른 (꼭 상반되는 것은 아닌)
해석도 있다. 이 악구가 "콜트레인의 경력
후반에 나타나는 극단적인 실험을 예고하는
것"이라는 해석이다. (Kahn, *A Love Supreme*,
p. 103). 또는 데이브 리브먼에 따르면, "그가
곧 들어서게 될 세계, 즉 아주아주 자유롭고
조성에 얽매이지 않는 즉흥 연주를 향해

나아가고 있는 것"이다. (같은 책).

96) Kahn, *A Love Supreme*, p. 99.

97) Ratliff, *Coltrane*, p. 92.

98) Porter, *John Coltrane*, p. 217.

99) DeVito, *Coltrane on Coltrane*, pp. 247~48.

100) Kahn, *The House That Trane Built*, p. 137.

101) Kahn, *A Love Supreme*, pp. 181~82.

102) Nisenson, *Ascension*, p. 173.

103) Kahn, *A Love Supreme*, p. 182.

104) Billy Taylor—Topic, "Spoken Introduction to Archie Shepp's Set by Billy Taylor (Live, 1965 Newport)," YouTube audio, 2:02, July 26, 2018, youtube.com /watch?v=n8N6TRUpJhM.

105) Davis and Troupe, *Miles*, pp. 268, 271.

106) Taylor, *Notes and Tones*, p. 278.

107) Kahn, *A Love Supreme*, p. 184.

108) Porter, *John Coltrane*, p. 252.

109) 필자와 데이브 리브먼의 인터뷰.

110) Elizabeth van der Mei, "Pharoah Sanders," *Coda*, June-July 1967, p. 4.

111) 같은 글, p. 5.

112) Porter, *John Coltrane*, pp. 264~65.

113) Kahn, *A Love Supreme*, p. 183.

114) Porter, *John Coltrane*, p. 265.

115) 같은 책, pp. 266, 42.

116) 같은 책, p. 266.

117) Crouch, *Considering Genius*, p. 213.

118) Balliett, *Collected Works*, pp. 828~29.

119) Davis and Troupe, *Miles*, p. 286.

120) 필자와 데이브 리브먼의 인터뷰.

121) 필자와 로런 쇼언버그의 인터뷰..

122) Crouch, *Considering Genius*, p. 214.

123) 필자와 잭 디조넷의 인터뷰.

124) Graham Lock, "Trane Talk," *Wire*, Apr. 1991.

125) 필자와 월리스 로니의 인터뷰.

126) DeVito, *Coltrane on Coltrane*, p. 270.

127) 필자와 소니 롤린스의 인터뷰.

128) Ratliff, *Coltrane*, p. 90.

129) Frank Kofsky, "John Coltrane: An Interview," *Jazz and Pop*, Sept. 1967.

130) Garland, *The Sound of Soul*, p. 227.

131) Davis and Troupe, *Miles*, p. 285.

132) Crouch, *Considering Genius*, p. 213.

133) Balliett, *Collected Works*, p. 828.

134) Davis and Troupe, *Miles*, p. 286.

135) M. H. Miller, "The Canonization of Saint John Coltrane," *T: The New York Times Style Magazine*, Dec. 3, 2021.

136) Davis and Troupe, *Miles*, p. 232.

137) 필자와 이선 아이버슨의 인터뷰.

138) Lees, *Meet Me at Jim and Andy's*, p. 154.

139) Bruce Spiegel, dir., Bill Evans: Time Remembered.

140) Lees, *Meet Me at Jim and Andy's*, p. 152.

141) Pettinger, *Bill Evans*, p. 133.

142) 같은 책, pp. 133~34.

143) 같은 책, p. 150.

144) 같은 책, p. 145.

145) booklet accompanying the CD compilation *Bill Evans—The Secret Sessions (Recorded at the Village Vanguard 1966–1975)*, Milestone, 1996에서 인용.

146) Bruce Spiegel, dir., *Bill Evans: Time Remembered*.

147) Pettinger, *Bill Evans*, p. 137.

148) Orrin Keepnews, liner notes to *The Solo Sessions, Vol. 1*, Milestone, 1989.

149) Pettinger, *Bill Evans*, p. 144.

150) Balliett, *Such Sweet Thunder*, p. 80.

151) John S. Wilson, *Moonbeams* review, *DownBeat*, Jan. 31, 1963.

152) "[그] 앨범은 급하게 준비되었으며 [단 하루 만에 녹음했다] 이 앨범에 참여한 아티스트들은 다른 곳에서 이뤄낸 성과를 여기에서는 제대로 보여주지 못했다."(Pettinger, *Bill Evans*, p. 153). 그럴

수도 있다. 그러나 에번스는 재즈 스타일로 바꾸기 어려운, 어빙 벌린의 노골적으로 감상적인 곡 〈Always〉에 진지하게 노력을 기울이는 안목과 용기를 지녔다. 또한 〈Little Lulu〉를 매력적인 버전으로 녹음할 수 있는 안목과 용기, 더불어 유머 감각까지 갖추고 있었다. 버디 케이, 프레드 와이즈, 시드니 리프먼이 함께 쓴 〈Little Lulu〉는 마저리 헨더슨 부엘("마지")이 창조한 위대한 만화 캐릭터를 주인공으로 한 1940년대 단편 만화 시리즈의 주제곡이다.

153) Pettinger, *Bill Evans*, p. 153.

154) 필자와 이선 아이버슨의 인터뷰.

155) John S. Wilson, *Trio '65* review, *DownBeat*, July 15, 1965.

156) Pettinger, *Bill Evans*, p. 173.

157) 필자와 로리 버코민의 인터뷰.

158) Steve Silberman, "Broken Time: 'Nardis' and the Curious History of a Jazz Obsession, *The Believer*, Aug. 1, 2018.

159) 필자와 잭 디조넷의 인터뷰.

160) 필자와 데이브 리브먼의 인터뷰.

161) 필자와 이선 아이버슨의 인터뷰.

162) 필자와 로런 쇼언버그의 인터뷰.

163) Pettinger, *Bill Evans*, p. 173.

164) 필자와 존 바티스트의 인터뷰.

165) Len Lyons tape recording, Institute of Jazz Studies, Rutgers University, Newark, N.J.

166) Szwed, *So What*, p. 256.

167) 쇼터는 이 곡을 이미 녹음해 그의 앨범 《Adam's Apple》에 수록했지만, 그 앨범은 마일스의 《Miles Smiles》가 발매된 지 1년 뒤인 1967년 10월에야 출시되었다. 두 버전 다 불멸의 재즈 명곡이 되었다.

168) Szwed, *So What*, p. 256.

169) Davis and Troupe, *Miles*, pp. 278~79.

170) Scherman and Rowland, *The Jazz Musician*, p. 13.

171) Berliner, *Thinking in Jazz*, p. 340.

172) Teo Macero Collection, Music Division, New York Public Library for the Performing Arts.

173) Davis and Troupe, *Miles*, p. 284.

174) Szwed, *So What*, p. 258.

175) 필자와 월리스 로니의 인터뷰.

176) Davis and Troupe, *Miles*, p. 288.

177) Losin, *Miles Ahead*, recording session of Dec. 28, 1967, plosin.com/milesAhead/Sessions.aspx?s=671228. 이 자료에 따르면 실제로는 두 대의 피아노, 즉 월리처와 RMI 일렉트라가 사용되었다.

178) Szwed, *So What*, p. 266.

179) 같은 책, p. 267.

180) 필자와 월리스 로니의 인터뷰.

181) Chambers, *Milestones*, p. 135.

182) Leonard Feather, "Miles Davis Blindfold Test," *DownBeat*, June 13, 1968.

183) McPartland, *All in Good Time*, p. 107.

184) Pettinger, *Bill Evans*, p. 166.

185) 스테퍼니 스타인 크리스에 따르면 "길은 몇 년 후 새로운 밴드를 결성했고, 이 곡에 관현악 색채를 더하고 구조를 새롭게 구성하는 방식으로 곡을 발전시켰다. 〈Eleven〉으로 제목을 바꾼 이 곡은 길의 대표 레퍼토리가 되었다. 이후 에번스의 앨범에 이 곡이 수록될 때는 데이비스가 공동 작곡자로 표기되었다. (Crease, *Gil Evans*, p. 199).

186) 필자와 칙 코리아의 인터뷰.

187) 또한 마일스의 강력한 요구에 따라 그의 이름 위에 "DIRECTIONS IN MUSIC BY MILES DAVIS"라는 문구가 표기되었다. 그는 『롤링스톤』과의 인터뷰(1969년 12월 27일)에서 "그 문구는 내가 모두에게 무엇을 해야 할지를 지시한다는 뜻입니다. 이건 내 세션이니까. '프로듀서 누구, 누구' 이런 식으로 써 있는 걸 보는 것도 질렸습니다. 내 녹음 세션에서는 내가 모든 걸 감독합니다"라고 말했다. 아마도 테오

마세로를 향한 직접적인 반발이었을 것이다.
그는 데이비스의 LP 제작에 점점 더 깊이
관여하게 되었고, 앨범 《Quiet Nights》의
커버에 "produced by Teo Macero"라는
문구를 눈에 띄게 인쇄하여 마일스를
짜증나게 만들었다.

188) Marmorstein, *The Label*, p. 419.

189) Hollie I. West, "Black Tune," *Washington Post*, Mar. 13, 1969.

190) Unbylined review of *Filles de Kilimanjaro*, *Rolling Stone*, Apr. 19, 1969.

191) Davis and Troupe, *Miles*, p. 252.

192) 같은 책, p. 297.

193) 6월 18일, 테오 마세로는 마일스에게 받은 메모를 컬럼비아 사장에게 전했다. "[클라이브 데이비스에게 전할 것] 나 2만 달러 필요해. 내 앨범들 잘 나가고 있어. 나는 스타야. 올해 앨범을 세 장 더 낼 거야. 돈이 필요해."(Teo Macero Collection, Music Division, New York Public Library for the Performing Arts).

194) Davis with Willwerth, *Clive*, p. 260.

195) Pete Gershon, "Class of '69," *Signal to Noise* (Nov.–Dec. 1998), p. 22.

196) Davis and Troupe, *Miles*, p. 300.

197) 같은 곳.

198) Tom Moore, "Bitches Back," *Guitar World*, Dec. 1998.

199) Teo Macero Collection, Music Division, New York Public Library for the Performing Arts.

200) 테오 마세로가 현 컬럼비아 부사장 어빙 타운센트에게 보낸 보고. "마일스가 새 앨범의 제목을 Bitches Brew로 하고 싶어 합니다. 의견 부탁드립니다." 같은 곳.

201) Sharee Fruck on Steve Hoffman Music Forums, Feb. 5, 2020, forums.stevehoffman.tv/threads/miles-in -a-silent-way-re-imagined-as-bitches-br

ew.933244/page-5.

202) Jeff Duffield, Records column, *San Antonio Express and News*, May 17, 1970.

203) Mary Campbell, "Miles Brews Up New Life for Jazz."

204) Marmorstein, *The Label*, p. 421.

205) Mary Campbell, "Miles Brews Up New Life for Jazz."

206) Crouch, *Considering Genius*, p. 251.

207) Szwed, *So What*, p. 303.

208) Davis and Troupe, *Miles*, p. 298.

209) Davis and Willwerth, *Clive*, p. 261.

210) Davis and Troupe, *Miles*, p. 301.

211) The Man with a Horn, radio series produced for the Canadian Broadcasting Company (CBC) by Ross Porter, 1994.

212) 샤리프 압두스-살람과 찰스 밍거스의 인터뷰, WKCR-FM, New York, July 6, 1971. Szwed, *So What*, p. 313.

213) Pettinger, *Bill Evans*, p. 198.

214) 필자와 로리 버코민의 인터뷰.

215) Helen Keane, booklet accompanying *The Complete Fantasy Recordings*, 1989.

216) 필자와 랜디 브레커의 인터뷰.

217) 필자와 월리스 로니의 인터뷰.

218) 필자와 데이브 리브먼의 인터뷰.

219) 같은 곳.

220) Losin, *Miles Ahead*, concert recording of Jan. 27, 1974, plosin .com/milesAhead/ Sessions.aspx?s=740127.

221) 필자와 데이브 리브먼의 인터뷰.

222) Szwed, *So What*, p. 320.

223) Davis and Troupe, *Miles*, pp. 330~31.

224) 필자와 월리스 로니의 인터뷰.

225) 필자와 엘리엇 지그먼드의 인터뷰.

226) 같은 곳.

227) Lyons, *The Great Jazz Pianists*, p. 220.

228) Davis and Troupe, *Miles*, p. 329.

229) 같은 곳.

230) Gillespie and Fraser, *To Be, or Not ... to Bop*, p. 487.

231) 필자와 게리 기딘스의 인터뷰.

232) Davis and Troupe, *Miles*, p. 332.

233) Interview by Win Hinkle in the 1989–1994 bimonthly newsletter *Letter from Evans*, vol. 5, no. 3.

234) 필자와 엘리엇 지그먼드의 인터뷰.

235) Davis and Troupe, *Miles*, p. 335.

236) 같은 책, p. 305.

237) 같은 책, p. 335.

238) 필자와 잭 디조넷의 인터뷰.

239) 필자와 엘리엇 지그먼드의 인터뷰.

240) Pettinger, *Bill Evans*, p. 254.

241) 필자와 조 라바베라의 인터뷰.

242) Pettinger, *Bill Evans*, p. 262.

243) Verchomin, *The Big Love*, p. 31.

244) 같은 책, pp. 28~36.

245) 같은 책, p. 42.

246) 같은 책, pp. 43~54 참조.

247) 필자와 로리 버코민의 인터뷰.

248) Pettinger, *Bill Evans*, p. 263.

249) Davis and Troupe, *Miles*, p. 339.

250) 필자와 마일스 데이비스의 인터뷰.

251) Verchomin, *The Big Love*, p. 39.

252) 필자와 로리 버코민의 인터뷰.

253) Verchomin, *The Big Love*, pp. 40~41.

254) 필자와 로리 버코민의 인터뷰.

255) Pettinger, *Bill Evans*, p. 267.

256) 필자와 케리 워너의 인터뷰.

257) 필자와 로리 버코민의 인터뷰.

258) 필자와 조 라바베라의 인터뷰.

259) 필자와 로리 버코민의 인터뷰.

260) 필자와 조 라바베라의 인터뷰.

261) Verchomin, *The Big Love*, p. 120.

262) 필자와 조 라바베라의 인터뷰.

263) Verchomin, *The Big Love*, p. 131.

264) 필자와 조 라바베라의 인터뷰.

265) Verchomin, *The Big Love*, pp. 131~32.

266) Lees, *Friends Along the Way*, p. 284.

267) Davis and Troupe, *Miles*, p. 345.

268) H. A. H., Reflections in Vinyl column, *Blytheville* (Arkansas) *Courier News*, Sept. 11, 1981.

269) 같은 글.

270) James V. Murray, Knight-Ridder News Service, July 26, 1981.

271) Ernie Santosuosso, "Miles Is Back, No Mistake," *Boston Globe*, June 27, 1981.

272) Davis and Troupe, *Miles*, p. 348.

273) 같은 곳.

274) 필자와 마일스 데이비스의 인터뷰.

275) Davis and Troupe, *Miles*, p. 350.

276) Szwed, *So What*, p. 360.

277) 필자와 데이브 리브먼의 인터뷰.

278) Szwed, *So What*, p. 364; "Musicians Pay Tribute to Jazzman Miles Davis," Associated Press, Nov. 8, 1983.

279) 필자와 윌리스 로니의 인터뷰.

280) 같은 곳.

281) Szwed, *So What*, p. 399.

282) 같은 곳.

Baker, Chet. *As Though I Had Wings: The Lost Memoir*. New York: St. Martin's Press, 1997.

Baldwin, James. *The Fire Next Time*. New York: The Dial Press, 1963.

Balliett, Whitney. *American Musicians II: Seventy-One Portraits in Jazz*. Jackson: University Press of Mississippi, 2006.

──────── . *Collected Works: A Journal of Jazz, 1954-2001*. New York: St. Martin's Press, 2002.

──────── . *Such Sweet Thunder: 49 Pieces on Jazz*. Indianapolis: Bobbs–Merrill Company, 1966.

Baraka, Amiri. *The Autobiography of LeRoi Jones/Amiri Baraka*. New York: Freundlich Books, 1984.

Berliner, Paul F. *Thinking in Jazz: The Infinite Art of Improvisation*. Chicago: University of Chicago Press, 2009.

Bernotas, Bob. *Reed All About It: Interviews and Master Classes with Jazz's Leading Reed Players*. Candler, N.C.: Boptism Music Publishing, 2002.

Bjorn, Lars, and Jim Gallert. *Before Motown: A History of Jazz in Detroit 1920–1960*. Ann Arbor: University of Michigan Press, 2001.

Bloom, Harold. *Thomas Pynchon: Bloom's Modern Critical Views*. New York: Chelsea House, 2003.

Broven, John. *Record Makers and Breakers: Voices of the Independent Rock 'n' Roll Pioneers*. Champaign: University of Illinois Press, 2011.

Carr, Ian. *Miles Davis: The Definitive Biography*. Boston: Da Capo Press, 2006.

Chambers, Jack. *Milestones: The Music and Times of Miles Davis to 1960*. Sag Harbor, N.Y.: Beech Tree Books, 1983.

Cook, Richard. *It's About That Time: Miles Davis On and Off Record*. New York: Oxford University Press, 2007.

Crease, Stephanie Stein. *Gil Evans: Out of the Cool*. Chicago: Chicago Review Press, 2003.

Crouch, Stanley. *Considering Genius: Writings on Jazz*. New York: Basic Books, 2009.

──────── . *Kansas City Lightning: The Rise and Times of Charlie Parker*. New York: HarperCollins, 2013.

Davis, Clive, and James Willwerth. *Clive: Inside the Record Business*. New York: William Morrow, 1975.

Davis, Miles, and Quincy Troupe. *Miles: The Autobiography*. New York: Simon & Schuster, 1990.

DeVeaux, Scott. *The Birth of Bebop: A Social and Musical History*. Oakland: University of California Press, 1997.

DeVito, Chris. *Coltrane on Coltrane*. Chicago: Chicago Review Press, 2012.

Early, Gerald Lyn. *Miles Davis and American Culture*. St. Louis: Missouri Historical Society Press, 2001.

Ellison, Ralph. *Shadow and Act*. New York: Vintage Books, 1995.

Ellison, Ralph, and Albert Murray. *Trading Twelves*. Washington, D. C.: National Geographic Books, 2001.

Gabbard, Krin, editor. *Representing Jazz*. Durham, N.C.: Duke University Press, 1995.

Garland, Phyl. *The Sound of Soul: The Story of Black Music*. Bloomington: Indiana University Press, 1969.

Gavin, James. *Deep in a Dream: The Long Night of Chet Baker*. Chicago: Chicago Review Press, 2011.

Giddins, Gary. *Celebrating Bird: The Triumph of Charlie Parker*. Minneapolis: University of Minnesota Press, 2013.

——————— . *Visions of Jazz: The First Century*. New York: Oxford University Press, 2000.

Gillespie, Dizzy, and Al Fraser. *To Be, or Not ... to Bop*. Minneapolis: University of Minnesota Press, 2009.

Gioia, Ted. *The History of Jazz*. New York: Oxford University Press, 1997.

Goldberg, Joe. *Jazz Masters of the 50s*. Boston: Da Capo Press, 1983.

Golson, Benny, and Jim B. Merod. *Whisper Not: The Autobiography of Benny Golson*. Philadelphia: Temple University Press, 2016.

Gordon, Max. *Live at the Village Vanguard*. Boston: Da Capo Press, 1982.

Gordon, Maxine. *Sophisticated Giant: The Life and Legacy of Dexter Gordon*. Oakland: University of California Press, 2020.

Gourse, Leslie. *Art Blakey: Jazz Messenger*. New York: Schirmer Trade Books, 2002.

——————— . *Straight, No Chaser: The Life and Genius of Thelonious Monk*. New York: Schirmer Trade Books, 1997.

——————— . *Wynton Marsalis: Skain's Domain*. New York: Schirmer Trade Books, 1999.

Griffin, Farah Jasmine, and Salim Washington. *Clawing at the Limits of Cool: Miles Davis, John Coltrane, and the Greatest Jazz Collaboration Ever*. New York: Thomas Dunne Books, 2013.

Hawes, Hampton, and Don Asher. *Raise Up Off Me: A Portrait of Hampton Hawes*. Boston: Da Capo Press, 2001.

Hayde, Frank R. *Stan Levey: Jazz Heavyweight*. Solana Beach, Calif.: Santa Monica Press, 2016.

Heath, Jimmy, and Joseph McLaren. *I Walked with Giants: The Autobiography of Jimmy Heath*. Philadelphia: Temple University Press, 2010.

Hentoff, Nat. *Jazz Is*. New York: Random House, 1976.

Howison, Jamie. *God's Mind in That Music: Theological Explorations Through the Music of John Coltrane*. Eugene, Or.: Wipf and Stock Publishers, 2012.

Jones, LeRoi (Amiri Baraka). *Black Music*. Brooklyn: Akashic Books, 2010.

Jonnes, Jill. *Hep-Cats, Narcs, and Pipe Dreams: A History of America's Romance with Illegal Drugs*. Baltimore: Johns Hopkins University Press, 1999.

Kahn, Ashley. *A Love Supreme: The Story of John Coltrane's Signature Album*. New York: Penguin, 2003.

——————— . *Kind of Blue: The Making of the Miles Davis Masterpiece*. Boston: Da Capo Press, 2000.

——————— . *The House That Trane Built: The Story of Impulse Records*. New York: W. W. Norton & Company, 2007.

Kart, Larry. *Jazz in Search of Itself*. New Haven: Yale University Press, 2008.

Kelley, Robin D. G. *Thelonious Monk: The Life and Times of an American Original*. New York: Free Press, 2009.

Lees, Gene. *Cats of Any Color: Jazz Black and White*. New York: Oxford University Press, 1994.

——————— . *Friends Along the Way: A Journey Through Jazz*. New Haven: Yale University Press, 2003.

——————— . *Meet Me at Jim & Andy's*. New York: Oxford University Press, 1988.

Liebman, Dave, and Lewis Porter. *What It Is: The Life of a Jazz Artist*. Lanham, Md.: Scarecrow Press, 2012.

Litweiler, John. *Ornette Coleman: A Harmolodic Life*. New York: William Morrow, 1992.

Losin, Peter. *Miles Ahead* website, www.plosin.com/milesahead/.

Lyons, Leonard. *The Great Jazz Pianists*. Boston: Da Capo Press, 1989.

MacDonald, Ian. *Tadd: The Life and Legacy of Tadley Ewing Dameron*. London: Jahbero Press, 1998.

Marmorstein, Gary. *The Label: The Story of Columbia Records*. New York: Thunder's Mouth Press, 2007.

McPartland, Marian. *All in Good Time*. New York: Oxford University Press, 1987.

Mingus, Charles. *Beneath the Underdog: His World as Composed by Charles Mingus*. New York: Alfred A. Knopf, 1971.

Morgenstern, Dan. *Living with Jazz*. New York: Pantheon, 2009.

Nisenson, Eric. *Open Sky: Sonny Rollins and His World of Improvisation*. New York: St. Martin's Press, 2000.

——————— . *The Making of Kind of Blue: Miles Davis and His Masterpiece*. New York: St. Martin's Press, 2001.

——————— . *Ascension: John Coltrane and His Quest*. Boston: Da Capo Press, 1995.

Pearson, Nathan W. *Goin' to Kansas City*. Champaign: University of Illinois Press, 1987.

Pepper, Art, and Laurie Pepper. *Straight Life: The Story of Art Pepper*. New York: Schirmer, 1979.

Pettinger, Peter. *Bill Evans: How My Heart Sings*. New Haven: Yale University Press, 1998.

Porter, Lewis. *John Coltrane*. Ann Arbor: University of Michigan Press, 1999.

Postif, François. *Les Grandes Interviews de Jazz Hot*. Paris: Editions de l'Instant, 1989.

Priestley, Brian. *Chasin' the Bird: The Life and Legacy of Charlie Parker*. New York: Oxford University Press, 2007.

——————— . *John Coltrane*. New York: Apollo Publishing International, 1987.

Ratliff, Ben. *Coltrane: The Story of a Sound*. New York: Macmillan, 2007.

Reich, Steven A., editor. *The World of Jim Crow America: A Daily Life Encyclopedia* [two volumes]. Santa Barbara: ABC–CLIO, 2019.

Reisner, Robert. *Bird: The Legend of Charlie Parker*. Boston: Da Capo Press, 1977.

Ritz, David. *Faith in Time: The Life of Jimmy Scott*. Boston: Da Capo Press, 2009.

Rothschild, Hannah. *The Baroness: The Search for Nica, the Rebellious Rothschild*. New York: Vintage Books, 2013.

Russell, Ross. *Bird Lives!* Boston: Da Capo Press, 1996.

Santoro, Gene. *Myself When I Am Real: The Life and Music of Charles Mingus*. New York: Oxford University Press, 2001.

Scherman, Tony, and Mark Rowland. *The Jazz Musician: 15 Years of Interviews. The Best of Musician Magazine*. New York: St. Martin's Press, 1994.

Schoenberg, Loren. *The NPR Curious Listener's Guide to Jazz*. New York: Penguin, 2002.

Shaw, Arnold. *52nd Street: The Street of Jazz*. Boston: Da Capo Press, 1977.

Sheridan, Chris. D*is Here: A Bio-Discography of Julian "Cannonball" Adderley*. Westport, Conn.: Greenwood Publishing Group, 2000.

Spunt, Barry. *Heroin and Music in New York City*. New York: Springer, 2014.

Stearns, Marshall W. *The Story of Jazz*. New York: Oxford University Press, 1970.

Szwed, John. *So What: The Life of Miles Davis*. New York: Simon & Schuster, 2004.

Taylor, Arthur. *Notes and Tones: Musician-to-Musician Interviews*. Boston: Da Capo Press, 2009.

Thomas, J. C. *Chasin' the Trane*. Boston: Da Capo Press, 1976.

Tingen, Paul. *Miles Beyond: Electric Explorations of Miles Davis, 1967–1991*. New York: Billboard Books, 2001.

Travis, Dempsey Jerome. *An Autobiography of Black Jazz*. Chicago: Urban Research Institute, 1983.

Troupe, Quincy. *Miles and Me*. Oakland: University of California Press, 2000.

Tyson, Cicely. *Just as I Am*. New York: HarperCollins, 2021.

Vail, Ken. *Miles' Diary: The Life of Miles Davis 1947–1961*. London: Sanctuary Publishing, 1996.

Verchomin, Laurie. *The Big Love: Life & Death with Bill Evans*. Scotts Valley, Calif.: CreateSpace, 2011.

Wein, George, and Nate Chinen. *Myself Among Others: A Life in Music*. Boston: Da Capo Press, 2009.

Werner, Kenny. *Effortless Mastery*. Van Nuys, Calif.: Alfred Music, 1996.

Wilmer, Val. *As Serious as Your Life: Black Music and the Free Jazz Revolution, 1957–1977*. London: Profile Books, 2018.

X, Malcolm, and Alex Haley. *The Autobiography of Malcolm X*. New York: Grove Press, 1965.

인명

ㄱ

윌리엄스, 버스터 Williams, Buster 547
윌리엄스, 토니 Williams, Tony 38, 51, 487~492,
    544~547, 550~553, 555~556, 569, 586
윌번, 빈센트 주니어 Wilburn, Vincent, Jr. 604
윌슨, 섀도 Wilson, Shadow 63, 326, 342
유럽, 제임스 리스 Europe, James Reese 24
음투메 Mtume 575~576
이거, 앨런 Eager, Allen 155
이븐 알리, 하산 Ibn Ali, Hasaan 177
이즈리얼스, 척 Israels, Chuck 532~533, 538~539

ㅈ

자렛, 키스 Jarrett, Keith 541, 554, 568, 576
자말, 아마드 Jamal, Ahmad 82, 245, 277, 310, 373
자비눌, 조 Zawinul, Joe 462, 550, 560, 569
재스퍼, 보비 Jaspar, Bobby 351
재킷, 일리노이 Jacquet, Illinois 138
잭슨, 밀트 Jackson, Milt 72, 155, 168, 175, 235,
    268~270, 278, 318
잭슨, 처비 Jackson, Chubby 92
조던, 듀크 Jordan, Duke 139, 493
조던, 루이스 Jordan, Louis 93, 124, 177
조빔, 안토니아 카를로스 Jobim, Antonio Carlos
    486, 536
조플린, 스콧 Joplin, Scott 24
조플린, 재니스 Joplin, Janis 550, 569
존스, 르로이 Jones, LeRoi → 바라카, 아미리
존스, 새드 Jones, Thad, 231
존스, 샘 Jones, Sam 402~403
존스, 엘빈 Jones, Elvin 49, 231, 446, 464, 467~469,
    502, 508, 512~515, 520~521, 555
존스, 조 Jones, Jo 120, 296
존스, 퀸시 Jones, Quincy 383~384, 510, 609, 611
존스, 필리 조 Jones, Philly Joe 37, 46, 126, 223, 231,
    277, 292, 296~297, 299~300, 306, 319, 322, 324,
    329, 355, 362, 504, 536, 586, 588, 609
존스, 행크 Jones, Hank 139
존슨, J. J. Johnson, J. J. 167, 173, 189, 220, 222, 241,
    340, 441

존슨, 마크 Johnson, Marc 540, 588, 601
존슨, 버드 Johnson, Budd 95, 138, 192
존슨, 벙크 Johnson, Bunk 196
존슨, 사이 Johnson, Sy 305
존슨, 제임스 P. Johnson, James P. 24
존슨, 피트 Johnson, Pete 160, 394
주프리, 지미 Giuffre, Jimmy 365, 441
즈웨린, 마이크 Zwerin, Mike 156
지그먼드, 엘리엇 Zigmund, Eliot 383, 573,
    580~581, 585, 588

ㅊ

처칠, 프랭크 Churchill, Frank 475
체리, 돈 Cherry, Don 436~438, 440, 453~454
체임버스, 폴 Chambers, Paul 28, 37, 215, 277, 292,
    300, 305~306, 319, 328, 343~345, 348, 355, 358,
    362, 369, 371, 373, 377, 379, 383, 385, 388, 390,
    400, 409, 415, 460, 470, 472, 476, 487, 494, 518
치텀, 독 Cheatham, Doc 49

ㅋ

카터, 론 Carter, Ron 38, 487~488, 492, 542,
    544~545, 547, 553, 555, 586, 609
카터, 베니 Carter, Benny 62, 88, 104~105, 517
카페르, 브로니스와프 Kaper, Bronisław 372
캐리시, 조니 Carisi, Johnny 149, 152, 348, 350
캐츠, 딕 Katz, Dick 329
커즌즈, 페리 Cousins, Peri 384, 480
커크, 라산 롤런드 Kirk, Rahsaan Roland 550
컬버트슨, 덱스터 Culbertson, Dexter 117, 120~121
케네디, 존 F. Kennedy, John F. 474, 492
케슬, 바니 Kessel, Barney 373
케이, 코니 Kay, Connie 220, 235, 279, 281
케이지 존 Cage, John 342, 350
켄턴, 스탠 Kenton, Stan 278
켈리, 윈턴 Kelly, Wynton 214, 348, 400, 410~413,
    423, 460, 470, 476, 487, 494
코긴스, 길 Coggins, Gil 195, 220
코니츠, 리 Konitz, Lee 146~147, 155~156, 158, 198,

296, 331

히스, 지미 Heath, Jimmy 112~113, 116, 126,
　129~130, 167~170, 177, 206, 222, 224, 424, 463,
　545, 575, 609

히스, 퍼시 Heath, Percy 126, 168, 175, 202, 208,
　222~223, 235~241, 243, 245, 268, 279, 281, 296,
　437~438, 454, 536

힌턴, 밀트 Hinton, Milt 314, 357

용어

국제 재즈 페스티벌 160

뉴포트 재즈 페스티벌 37, 277~278, 280~281, 286,
　344, 387, 390, 479, 516, 561

다이얼 레코드 105, 107, 129, 141~143, 196~199, 285

라이트하우스 226, 228, 574

레 발레 아프리캥 404, 409

로열 루스트 154~158, 160, 196~197

로큰롤 124, 168, 463, 506, 529, 553

리버사이드 레코드 316~317, 329, 333, 335, 402,
　460, 479, 532, 536

머소닉 템플 557

머큐리 레코드 201, 223, 290

모던 재즈 쿼텟 235, 268, 278~279, 281, 318, 321,
　346, 437~438, 441, 523

몽트뢰 재즈 페스티벌 554, 661

민턴스 72, 78, 88, 95, 99, 272, 561

밴쿠버 재즈 페스티벌 40

버드랜드 87, 175~177, 188~189, 207, 219~220,
　225~226, 240, 244, 274, 285, 295, 310, 351, 365,
　399, 443, 452, 502

버브 레코드 536~537

베트남 전쟁 555

브라스 소사이어티 346

블루 노트 (클럽) 276, 292, 327~328

블루 노트 레코드 37, 197, 220, 223~224, 235, 238,
　277, 285, 349, 354~355

블루 데블스 60~62

블루 버드 231~232

비틀스 492, 494, 511, 553, 569

빌리지 뱅가드 52, 318, 339, 371, 395, 399, 474,
　478~480, 483, 488, 517, 533~535, 580, 592~593,
　598, 600

사보이 레코드 100, 119, 143, 149, 153, 196, 198, 257

사보이 볼룸 72

「사형대의 엘리베이터」 352, 372

스쿨 오브 재즈 440

쓰리 듀시스 73~74, 76, 88~89, 93~94, 99, 103,
　138~141, 148~149, 154

애틀랜틱 레코드 388, 429, 438, 452, 468, 475, 482

엠알씨 레코드 290

MGM 레코드 445, 536~537

오닉스 클럽 77, 99, 140~141, 154

오듀본 볼룸 208, 298

우드스톡 559

일레이트 클럽 볼룸 112~113, 116, 127, 180

임펄스! 482~484, 511, 515, 530, 536

재즈 갤러리 464~465, 469, 501

재즈 메신저스 46, 415, 431, 471, 493

재즈 시티 305

재즈 워크숍 (RCA 음반) 314

재즈 워크숍 (클럽) 460, 489, 519, 531

재즈 작곡가 워크숍 558

재즈텟 464, 466

제2차 세계대전 24, 284, 314, 558

카페 보헤미아 289~290, 297, 320~324, 327, 339,
　343~345, 350~351, 353, 365, 369~371, 449, 492

캐피틀 레코드 157~160, 189, 200, 207, 211, 248, 287

컨템퍼러리 레코드 436, 438, 451

컬럼비아 레코드 28, 37~39, 46, 50, 284~285,
　287~288, 300, 306~307, 323, 329, 346~350,
　359~360, 370~372, 376, 392~393, 409~411, 432,
　439, 442, 444, 472, 475, 486, 497~498, 544, 548,
　553, 557~560, 563~568, 584, 595, 604, 609

클럽 플랜테이션 65~66

탑 오브 더 게이트 554

테이프 스플라이싱 558, 562

음반 및 곡

블루의 세 가지 빛깔

초판 1쇄 발행 2025년 12월 29일

지은이 제임스 캐플런
옮긴이 김재성
감수 이기준

펴낸이 서지원
책임편집 홍지연
디자인 박대성

펴낸곳 에포크
출판등록 2019년 1월 24일 제2019-000008호
주소 서울시 용산구 한강대로 95, A동 1315호
전화 070-8870-6907
팩스 02-6280-5776
이메일 info@epoch-books.com
인스타그램 @epoch.books

ISBN 979-11-991266-5-7(03670)
한국어판 ⓒ 에포크, 2025

• 책값은 뒤표지에 있습니다.
• 잘못된 책은 구입하신 곳에서 교환해 드립니다.